2021年度湖北省高等學校哲學社會科學研究重大項目

〔明〕楊漣 著

陳于全 孫智龍 點校

楊漣集（上）

荆楚文庫編纂出版委員會
華中科技大學出版社

楊漣集

YANGLIAN JI

圖書在版編目（CIP）數據

楊漣集 /〔明〕楊漣著；陳于全，孫智龍點校.
—武漢：華中科技大學出版社，2023.5
ISBN 978-7-5680-8855-8
Ⅰ．①楊…
Ⅱ．①楊… ②陳… ③孫…
Ⅲ．①楊漣－文集
Ⅳ．① Z448
中國版本圖書館CIP數據核字（2022）第199772號

項目編輯：袁　冲　周清濤
責任編輯：封力煊　李　鵬
整體設計：范漢成　曾顯惠　思　蒙
責任校對：張匯娟
責任印製：周治超
出版發行：華中科技大學出版社（中國•武漢）
地　址：武漢市東湖新技術開發區華工科技園
電　話：（027）81321913　郵政編碼：　430223
錄　排：華中科技大學惠友文印中心
印　刷：湖北新華印務有限公司
開　本：710 mm×1000 mm　1/16
印　張：38.25 插頁：4
字　數：550 千字
版　次：2023 年 5 月第 1 版第 1 次印刷
定　價：198.00 元（全二冊）

《荆楚文庫》工作委員會

主　　　任：王蒙徽

副　主　任：李榮燦　許正中

成　　　員：韓　進　張世偉　丁　輝　鄧務貴　黄劍雄
　　　　　　李述永　趙淩雲　謝紅星　劉仲初

辦公室

主　　　任：鄧務貴

副　主　任：趙紅兵　陶宏家　周百義

《荆楚文庫》編纂出版委員會

主　　　任：王蒙徽

副　主　任：李榮燦　許正中

總　編　輯：馮天瑜

副總編輯：熊召政　鄧務貴

編委（以姓氏筆畫爲序）：　朱　英　邱久欽　何曉明
　　　　　　周百義　周國林　周積明　宗福邦　郭齊勇
　　　　　　陳　偉　陳　鋒　張建民　陽海清　彭南生
　　　　　　湯旭巖　趙德馨　劉玉堂

《荆楚文庫》編輯部

主　　　任：周百義

副　主　任：周鳳榮　周國林　胡　磊

成　　　員：李爾鋼　鄒華清　蔡夏初　王建懷　鄒典佐
　　　　　　梁瑩雪　丁　峰

美術總監：王開元

出版說明

　　湖北乃九省通衢，北學南學交會融通之地，文明昌盛，歷代文獻豐厚。守望傳統，編纂荆楚文獻，湖北淵源有自。清同治年間設立官書局，以整理鄉邦文獻爲旨趣。光緒年間張之洞督鄂後，以崇文書局推進典籍集成，湖北鄉賢身體力行之，編纂《湖北文徵》，集元明清三代湖北先哲遺作，收兩千七百餘作者文八千餘篇，洋洋六百萬言。盧氏兄弟輯錄湖北先賢之作而成《湖北先正遺書》。至當代，武漢多所大學、圖書館在鄉邦典籍整理方面亦多所用力。爲傳承和弘揚優秀傳統文化，湖北省委、省政府決定編纂大型歷史文獻叢書《荆楚文庫》。

　　《荆楚文庫》以"搶救、保護、整理、出版"湖北文獻爲宗旨，分三編集藏。

　　甲、文獻編。收錄歷代鄂籍人士著述，長期寓居湖北人士著述，省外人士探究湖北著述。包括傳世文獻、出土文獻和民間文獻。

　　乙、方志編。收錄歷代省志、府縣志等。

　　丙、研究編。收錄今人研究評述荆楚人物、史地、風物的學術著作和工具書及圖册。

　　文獻編、方志編錄籍以 1949 年爲下限。

　　研究編簡體橫排，文獻編繁體橫排，方志編影印或點校出版。

《荆楚文庫》編纂出版委員會
2015 年 11 月

前　　言

　　楊漣（1571—1625），字文孺，號大洪，湖廣應山（今湖北廣水）人，明末著名諫臣。萬曆三十五年進士，授常熟知縣。在任期間，勤政愛民，多有作爲，受到當地民衆敬重，考核爲全國廉吏第一。萬曆四十年冬入京後，長期得不到授官。萬曆四十八年始，先後官户科給事中、兵科給事中。明神宗病危時，楊漣力主太子朱常洛進宫服侍。光宗即位後，楊漣極力反對封鄭貴妃爲皇太后，避免其干預朝政。光宗病重，楊漣多次上疏，獲得光宗召見，成爲顧命諸臣之一。光宗去世後，李選侍欲挾太子朱由校把持朝政。楊漣等率諸朝臣闖乾清宫，擁熹宗即位，逼李選侍移出乾清宫，安定了朝局。熹宗即位後，楊漣爲避免朝廷紛争，辭官歸里。天啓二年，朝廷先後任命楊漣爲禮科都給事中、太常少卿。天啓三年夏，楊漣入朝到任。冬，又拜爲督察院左僉都御史。天啓四年初，爲左副都御史。天啓四年六月，楊漣憤激於閹璫禍國，上疏劾魏忠賢二十四大罪，十一月被朝廷革職歸里。天啓五年，魏忠賢指使黨羽誣陷楊漣受熊廷弼賄銀二萬兩。楊漣被捕入詔獄，遭受酷刑，慘死獄中，是"東林六君子"之一。崇禎元年，楊漣獲朝廷昭雪，被追贈爲太子太保、兵部尚書，謚號"忠烈"。

　　楊漣在萬曆、泰昌、天啓三朝變革時期，竭力維護朝綱；在反閹黨鬥争中，率先彈劾魏忠賢。楊漣的人格風範被世代褒揚，楊漣在吏治、禮教、軍事、財税、水利等方面的才幹與思想以及不俗的詩文成就，也值得学术界深入研究。

　　楊漣作品代有流傳，明末收集本多已散佚。今存可觀的是《楊大洪先生忠烈實録》，崇禎元年德安知府胡繼先編，有崇禎元年海虞毛氏世美堂刊本和順治元年重刻本。入清以後，楊漣作品集主要有兩類：一類是家傳本系列，如楊漣冢孫楊苞的三卷本、七世孫楊徵策的五卷本、八世孫楊祖憲的十卷本，楊祖憲本有道光十三年刻本和同治四年重刻本。在楊徵策本基礎上形成了大《乾坤正氣集》中五卷本，此五卷本又有多種單行本。在楊祖憲本的基礎上形成了胡鳳丹的十卷本，由胡鳳丹在主持崇文書局時期刊刻。這些刻本都題作《楊忠烈公文集》。一類是非家傳本系列，如湖北巡按御史李贊元的六卷本《楊忠烈公文集》，有順治十七年刻本；張伯行康熙年間所刻"正誼堂叢書"中"氣節部"有楊漣作品，但已散佚，今存爲光緒十三年十月續刊本《楊大洪文集》二卷，此本也有多種單行本。關於楊漣集版本問題，寇甲、孫林《〈楊忠烈公文集〉版本考述》（《蘭州大學學報》2019年第2期）有詳細考述。

家傳本系列，互相之間承續明顯，最終至於胡鳳丹本，最爲完善。以李贊元六卷本爲代表的非家傳本，雖然也與家傳本有各種聯繫，但是與家傳本之間差別還是比較大的。所以這次整理，選用胡鳳丹十卷本（後簡作胡鳳丹本）為底本，以李贊元六卷本（後簡作六卷本）爲主要校本，參校以楊苞的三卷本（後簡作三卷本）、《正誼堂全書》中的二卷本（後簡作二卷本）、楊祖憲十卷本（後簡作楊祖憲本）以及以其他資料。點校中的其他情況，具體說明如下。

1. "序"部分所收錄者，除了李長庚所作，均爲歷代版本之"序"中所錄，今依次先後錄入。重複者不收。首篇是李長庚爲《楊大洪忠烈實錄》所作序，其他分別錄自六卷本、三卷本、二卷本、楊祖憲本、胡鳳丹本。

2. 書中各篇出處，均在校記中指出。一般指出六卷本收存情況，又因爲三卷本是家傳本的源頭，所以也指出其收存情況。其他一些重要收存情況以及底本、六卷本未錄入的，也會特別說明出處。

3. 由於底本與六卷本的差異主要表現在文字細節方面，因此在校記中，主要是列出二者差異。如果對底本文意有重要補充或有其他價值的，則加以必要的辨析。

4. 底本中的七、八兩卷，部分篇章與六卷本相應內容差別很大，差異幅度達到百分之七八十，如作比勘校記，會非常零散；而且這些差異中，對文意有實質影響的却並不多，因此進行比對的意義也有限。所以，此次整理時，將六卷本中相應文章直接附録於校記中。至於對底本文意補充有參考價值的，依然作校記説明。爲了保證閲讀方便，所附録内容，納入校記第一條，其他需要説明的，再依次列出。

5. 同題有多篇的，底本作"又"，今爲便於查閲，作"其一""其二"等。

6. 古今字、通假字、異體字、訛誤字、繁簡字、俗體字、避諱字等問題，一律依照《荆楚文庫》編輯體例要求處理。

7. "表忠録"部分，在楊祖憲本中有《表忠録》不分卷，同治四年重刻本有所增改。而底本在二者基礎上又有增改，共《表忠録》二卷、《表忠録續集》三卷，體例還是比較雜亂。今增補一些内容，重新分卷，編爲四卷。底本已有的篇目，順序儘量不動。新增篇目，一般以作者生卒時間爲順序。

8. "楊大洪先生忠烈實録"部分，選擇崇禎元年世美堂刻本加以附録。其中有些篇章，本書前面已經收録，將省略處理。其他細節問題，作校記説明。

《楊漣集》作爲《荆楚文庫》計劃之一，歷時數年，終於完成。期間得到衆多單位及師友相助，尤其是華中師範大學周國林教授、湖北省圖書館馬志立老師、周嚴老師都給我提供了很多專業上的幫助，研究生高一諾、田依平、周欣怡同學以及已畢業的研究生徐晶晶也爲本書完成付出很多。本書出版過程中，也得到了《荆楚文庫》編委會和華中科技大學出版社的支持，這裏一併致謝！這次整理尚有許多缺憾，責任在我，歡迎讀者朋友多加指教！

陳于全
2023 年 1 月

目 錄

序 …………………… (1)
　序/李長庚 …………… (1)
　序/魏裔介 …………… (3)
　序/趙開心 …………… (4)
　序/任克溥 …………… (6)
　序/李贊元 …………… (7)
　原刻疏稿舊敘/楊之易 … (9)
　序/薛所蘊 …………… (10)
　序/許作梅 …………… (12)
　跋/楊苞 ……………… (14)
　序/張伯行 …………… (15)
　乾隆丁丑年制文 ……… (17)
　序/鄭鄤 ……………… (18)
　序/茹棻 ……………… (20)
　序/錢清履 …………… (21)
　乾隆諭文 ……………… (22)
　序/楊懌曾 …………… (23)
　序/王贈芳 …………… (25)
　序/陳運鎮 …………… (27)
　序/陳繼儒 …………… (29)
　序/翁長庸 …………… (31)
　序/于鼎培 …………… (33)
　序/朱士彥 …………… (34)
　重刻楊忠烈公文集序
　　/胡鳳丹 …………… (35)
　序/劉斯嵋 …………… (36)
　序/陳嘉樹 …………… (37)
　序/蔣立鏞 …………… (38)
　序/程度 ……………… (40)
卷一 ……………………… (42)
　奏疏 …………………… (42)
　　劾史繼偕疏一（萬曆
　　四十八年）………… (42)
　　劾史繼偕疏二（萬曆
　　四十八年）………… (45)
　　言邊事疏一（萬曆
　　四十八年）………… (47)
　　言邊事疏二（萬曆
　　四十八年）………… (49)
　　言邊事疏三（萬曆
　　四十八年）………… (51)
　　言邊事疏四（泰昌元年）
　　………………………… (52)
　　請立東宮疏（泰昌元年）
　　………………………… (53)
　　申明禮制疏（泰昌元年）
　　………………………… (55)

慎擇東宮近侍疏（泰昌元年）……（59）
劾内官崔文昇疏（泰昌元年）……（60）
乞早清宮禁疏（泰昌元年）……（63）
敬述移宮始末疏（泰昌元年）……（65）

卷二……（70）
  奏疏……（70）
    劾本兵黃嘉善八大罪疏（天啟元年）……（70）
    乞歸田里疏一（天啟元年）……（73）
    乞歸田里疏二（天啟元年）……（76）
    辭免太常恩命疏一（天啟三年）……（77）
    辭免太常恩命疏二（天啟三年）……（78）
    止內批屢降疏（天啟四年）……（79）
    劾魏忠賢二十四大罪疏（天啟四年）……（82）

卷三……（89）
  參……（89）
    兵科抄參三首……（89）
      一……（89）
      二……（89）
      三……（90）
    揭……（92）
    兩朝登極始末揭（附原跋）……（92）
    請告在籍揭……（99）
    起補禮科都給事中升太常寺少卿揭……（100）
    被逮赴都揭……（102）
  家書……（104）
    家書一（在太常時）……（104）
    家書二（在協院時）……（105）
    家書三（甲子參璫後）……（107）
    家書四（被逮途中寄）……（108）
    獄中血書……（109）
    獄中寄母書（乙丑七月）……（110）
    獄中遺子……（110）
    獄中寄子書……（111）

卷四……（112）
  書簡……（112）
    寄高貴大兄五首……（112）
      其一……（112）
      其二……（114）

其三 …………… (116)	其二 …………… (137)
與梅長公四首……… (118)	其三 …………… (138)
其一 …………… (118)	其四 …………… (138)
其二 …………… (119)	答朱巡道 ………… (140)
其三 …………… (120)	與楊按臺 ………… (141)
其四 …………… (121)	與某公祖 ………… (141)
寄羅山畢太守 …… (122)	寄張山是 ………… (142)
寄孫漕院 ………… (122)	寄張涵月撫臺二首
賀龐清軍擢大理守	…………………… (143)
…………………… (123)	其一 …………… (143)
復申陽楊刺史 …… (123)	其二 …………… (145)
答閻鳳陽 ………… (124)	與鄭司理三首 …… (145)
與南直毛學臺 …… (124)	其一 …………… (145)
與李戀明 ………… (125)	其二 …………… (146)
寄翁完虛 ………… (126)	其三 …………… (147)
與周季侯 ………… (126)	寄李本寧太史 …… (147)
候吳安節老師 …… (127)	寄李本寧宗伯 …… (148)
答同門 …………… (128)	寄友 ……………… (150)
與游肩生道長 …… (129)	與周敬松 ………… (155)
與房老師 ………… (131)	與延陵長 ………… (156)
與官太常 ………… (131)	與錢秀峯公祖 …… (157)
與李淮撫二首 …… (132)	與湖廣熊撫臺 …… (158)
其一 …………… (132)	與薛撫臺三首 …… (159)
其二 …………… (133)	其一 …………… (159)
答王軒籙太守 …… (135)	其二 …………… (160)
與王軒籙兵參 …… (135)	其三 …………… (161)
與鄒南皋老師四首 … (136)	與舒按臺二首 …… (162)
其一 …………… (136)	其一 …………… (162)

其二 …………… (163)	與李湘洲宗伯……… (180)
與攝篆藩司………… (164)	寄張學海………… (182)
與分守周道尊……… (165)	與荊州太守……… (183)
與李方伯…………… (166)	寄路吏部………… (183)
與糧儲楊道尊三首	與福建提學……… (184)
………………… (167)	與李夢白司農……… (185)
其一 …………… (167)	與楊總督二首……… (186)
其二 …………… (168)	其一 …………… (186)
其三 …………… (169)	其二 …………… (187)
柬隨州相公………… (169)	與豫州方伯……… (188)
與李心白…………… (170)	與董誼臺………… (188)
與鄖襄道尊………… (171)	與蒲圻長………… (189)
柬南學院蕭元恒二首	寄李侍御………… (190)
………………… (171)	寄方孩未………… (191)
其一 …………… (171)	寄友人…………… (192)
其二 …………… (172)	寄周守道………… (192)
與馮少墟…………… (172)	與游侍御肩生……… (193)
與蘇吏部…………… (173)	寄左浮丘二首……… (194)
與開封范司理……… (174)	其一 …………… (194)
與王崑璧…………… (174)	其二 …………… (195)
與曹真于…………… (175)	與蘇抑臺………… (196)
與同年某…………… (176)	與劉咨伯………… (197)
與周太宰…………… (177)	與劉念劬………… (198)
卷五 ………………… (178)	答傅東濮………… (199)
書簡 ………………… (178)	與鄭文水………… (199)
寄夏父臺…………… (178)	答祝東阿………… (200)
與夏予蘭父母……… (179)	答雲南羅汝元巡撫
與成密宇宮坊……… (180)	………………… (201)

答甘肅李巡撫……（201）
答宣府王巡撫……（202）
寄友……（202）
答岳撫院……（203）
與熊操江……（204）
答浮梁張令……（205）
答按臺周來玉……（205）
回馬總戎……（206）
答四川按院……（206）
答項工部……（207）
答劉侍御……（207）
答順天鄧巡撫……（208）
答大理同知王育德
　……（209）
答程啟寰道尊……（209）
答侯御史……（210）
答陝西李按臺……（210）
答南兵部岳……（211）
答休寧侯大尹……（211）
答山西巡鹽李……（212）
答貴州巡按侯……（212）
答福建巡撫南居益二首
　……（213）
　其一……（213）
　其二……（213）
答朱總督……（214）
答邱御史二首……（214）
　其一……（214）

　其二……（215）
答廣西王御史二首
　……（216）
　其一……（216）
　其二……（216）
答陸御史……（217）
與祝秀水……（218）
答黃汝良老師……（219）
答陝西霍巡按二首
　……（220）
　其一……（220）
　其二……（220）
與蘇松察院……（221）
與河南程巡撫……（221）
與貴州巡撫……（222）
答四川朱撫臺……（223）
答直隸劉巡按……（223）
與孫學院……（224）
與孫侍御……（224）
候房老師……（225）
與王蔥嶽二首……（226）
　其一……（226）
　其二……（227）
與張蓬……（228）
與李侍御……（229）
答王明珍州守……（229）
答張盤老……（230）
答劉道尊……（231）

答邱毛伯 …………… (231)
答崇智宗侯 ………… (232)
失題（台臺於今英犖慷慨）
　…………………… (233)
失題（客秋一接）
　…………………… (234)
失題（客歲一函附候）
　…………………… (234)
失題（恭惟臺下）
　…………………… (235)
失題（憶在長安）
　…………………… (235)
失題（稔惟老年丈）
　…………………… (236)
失題（憶當年）…… (237)
与高景逸二首 ……… (237)
　其一 …………… (237)
　其二 …………… (238)
與錢牧齋 …………… (239)
答顧端文書 ………… (240)
雙忠遺翰石刻 ……… (240)
楊忠烈家書卷/陸心源題識
　…………………… (246)
明賢遺墨真跡/端方題識
　…………………… (247)
明楊漣周順昌行書尺牘
　合冊/葛嗣浵題識 … (248)

卷六 ………………… (250)

啟 …………………… (250)
答同鄉柯太守 ……… (250)
答同鄉袁兵備 ……… (250)
答關內楊大參 ……… (251)
與孝昌令 …………… (252)
與承天某別駕 ……… (252)
答金大行 …………… (253)
賀王軒錄公祖 ……… (253)
賀李方伯 …………… (254)
答侯侍御 …………… (255)
答王兵備 …………… (255)
答王參議 …………… (256)
謝邱餉院魏按院祝壽啟
　…………………… (257)
回新春啟 …………… (257)
答程啟寰道尊 ……… (258)
祝沈太封翁 ………… (259)

卷七 ………………… (261)

序 …………………… (261)
贈別駕郭公禱雨序
　…………………… (261)
邢太守臺薦序 ……… (265)
賀夏父臺薦舉卓異序
　…………………… (268)
賀夏明府薦舉卓異序（代李本寧太史作）
　…………………… (272)
賀雪蒼艾父臺考績序
　…………………… (275)

贈吳封君天與暨配鍾太君六十雙壽序 …… （278）
賀劉母封太孺人序 …… （281）
太宜人傅母李太君六裘序 …… （283）
壽甘母葉孺人六裘 …… （285）
贈國醫彭月塘先生序 …… （287）
司理鄭公十議序 …… （290）
兵巡朱公《城守管窺》序 …… （292）
修海虞學志序 …… （294）
艾侯循政紀序 …… （297）
書安陸白兆寺募藏經引 …… （299）
修復高貴山靈境小引 …… （301）
賀程宿崖七十序 …… （304）
贈彭淳吾道兄雲水遊序 …… （305）
記 …… （307）
　應山新修儒學記 …… （307）
傳 …… （311）
　清如子傳 …… （311）
卷八 …… （314）
　行狀 …… （314）

黃州儒學司訓節孝先生心一陳公行狀 …… （314）
中憲大夫廣東韶州府知府酉室柯公行狀 …… （321）
贈文林郎常熟縣知縣劍山楊公及元配贈孺人劉母行狀 …… （325）
誌銘 …… （330）
　孝介先生湖山羅公墓誌銘 …… （330）
　處士程公率崖繼配朱孺人合葬誌銘 …… （334）
卷九 …… （339）
文 …… （339）
　告常熟城隍文 …… （339）
　祭趙我白老師文 …… （340）
　祭徐京咸兵部文 …… （342）
　祭大中丞文 …… （344）
　祭周參議文 …… （345）
　祭詹隱君文 …… （346）
　祭王母馮太恭人文 …… （348）
　寄奠程率崖文 …… （350）
　輓劉玉磊文 …… （351）
　原任左副都御史今革職爲民楊漣聞逮奏玉帝文 …… （353）
　禱岳武穆王文 …… （354）

湖廣按察司副使石公
　墓志铭……………（356）
　書獄神廟壁文………（360）
卷十…………………………（364）
　詩……………………………（364）
　　古體詩……………………（364）
　　　神仙篇………………（364）
　　　被逮賦別崇智宗侯
　　　　……………………（365）
　　　宿漢口回龍寺爲恒空
　　　　上人作……………（365）
　　近體詩……………………（365）
　　　寄老僧筇杖……………（365）
　　　失題五首………………（366）
　　　同友人登眺漫和老僧
　　　　口號………………（366）
　　　山居陳元樸見訪限
　　　　香韻………………（367）
　　　曾子山…………………（367）
　　　贈諶心宇五十……（368）
　　　楚闈中秋………………（368）
　　　贈彭淳吾雲水遊（有序）
　　　　……………………（369）
　　　題畫………………（369）
　　　看山宿鐵佛寺……（369）
　　　題柏子園青芸閣
　　　　……………………（370）
　　　秋日移居石龍寺用九

　　　　龍碑詩韻紀勝二首
　　　　……………………（371）
　　　　其一………………（371）
　　　　其二………………（371）
　　　偶坐申陽青蓮庵
　　　　……………………（371）
　　　輓彭烈婦二首……（372）
　　　　其一………………（372）
　　　　其二………………（372）
　　　龍思霖遊龍興寺懷詩見訪
　　　　用韻答之………（372）
　　　送醫士彭月潭還吳
　　　　……………………（373）
　　　贈水心老僧……（373）
　　　喜友人至寺見訪
　　　　……………………（374）
　　　答魏兌贈畫鷹
　　　　……………………（374）
　　　贈彭月潭八十舉子
　　　　……………………（374）
　　　輓水心和尚………（375）
　　　題四賢祠…………（375）
　　　丁酉中秋對讀所感賦
　　　　……………………（375）
　　　積雨小霽同劉生伯王思延
　　　　出遊賢隱寺………（376）
　　　送遊叔燦入北雍二首
　　　　……………………（377）

其一 …………… （377）	武时县丞主簿也许贼陷城同死於難）
其二 …………… （377）	…………………… （382）
遊北固望金焦紀事十首（今遺其六，聞南中有石刻云） ………… （377）	詞 ………………… （383）
	題箋上蓮花 ……… （383）
送程存質南歸二首 ………………… （378）	補遺 ……………………… （384）
	誥命　諭祭文　書簡文
其一 …………… （378）	時文　年譜 ……… （384）
其二 …………… （378）	崇禎誥命 ………… （384）
送劉宗乙赴試武昌二首 ………………… （378）	崇禎諭祭文 ……… （384）
	與秦貞予刺史書 …… （385）
其一 …………… （378）	賑荒紀事文 ……… （385）
其二 …………… （378）	文質彬彬 ………… （386）
遊靈崖望太湖過西施洞二首 …………… （379）	今夫天（二節） …… （387）
	大匠誨人必以規矩，學者亦必以規矩 …… （388）
其一 …………… （379）	
其二 …………… （379）	君子以人治人 ……… （389）
贈融和尚（有序） ………………… （379）	君子之仕也行其義也 ………………… （390）
和友人七夕韻 …… （380）	君子依乎中庸 ……… （391）
遊雙泉寺次彭熙陽先生韻二首 ………… （380）	孟子謂萬章曰"一鄉之善士"至"是尚友也" ………………… （392）
其一 …………… （380）	
其二 …………… （380）	君子矜而不争 ……… （393）
和家兄韻寄王陽奇 ………………… （381）	楊忠烈公年譜 ……… （394）
	天啟誥命 …………… （407）
贈夏予蘭父母 …… （381）	表忠録 ……………………… （411）
吊朱敬潘宗尭（二公洪	卷一　表忠歌　古今體詩

禱文　祭祀　哀吊 ……… (413)
　表忠歌 ……………… (413)
　　表忠歌/周嘉謨 …… (413)
　古今體詩 …………… (416)
　　五古四章/李汝崏 … (416)
　　七古一章/諸鎮 …… (417)
　　七律二章/翟夢陽 … (418)
　禱文 ………………… (419)
　　合邑祈禱生還文/閔致
　　　………………… (419)
　祭祀 ………………… (421)
　　楊忠烈公卹典疏/沈維炳
　　　………………… (421)
　　常熟令應山楊公去思
　　祠記/錢謙益 ……… (423)
　　重修楊忠烈公虞邑生
　　祠碑記/盧紘 ……… (425)
　　常熟縣楊忠烈公祠碑
　　記/姚孔鍚 ………… (426)
　　郡伯傅公重修忠烈公
　　祠記/張希良 ……… (427)
　　德安府祠碑文/羅暹春
　　　………………… (429)
　　謁忠烈公祠/閔衍 … (430)
　　謁忠烈公祠見古井函月
　　並製憲阮芸臺送來墨蹟
　　一軸/周開謨 ……… (430)
　　謁忠烈公祠/樊恭懋
　　　………………… (431)
　　明楊忠烈公祠/陳文述
　　　………………… (431)
　　楊忠烈公祠/沈德潛
　　　………………… (432)
　　楊忠烈公（漣）祠/錢大昕
　　　………………… (432)
　　楊忠烈公祠/趙懷玉
　　　………………… (433)
　　吊楊忠烈公祠文/魏閥
　　　………………… (433)
　　四忠祠記/張希良
　　　………………… (433)
　哀吊 ………………… (435)
　　楊忠烈墓志銘/錢謙益
　　　………………… (435)
　　望大洪山遙拜忠烈公墓
　　/張九鉞 …………… (440)
　　謁忠烈公墓/閔衍 … (441)
　　謁忠烈公墓/錢清履
　　　………………… (441)
　　輓楊忠烈/胡維霖 … (442)
　　輓楊忠烈公（六首）/陳愚
　　　………………… (442)
　　哀應山/尤侗 ……… (443)
　　哀應山/鮑桂星 …… (443)
　　吊忠詩（爲楊大洪先生
　　作也）/曾異 ……… (444)

過應城弔楊大洪先生
/盧綋 ………………（444）

楊忠烈公漣/吳應箕
 ………………（444）

過天竈山/陳兆崙 …（445）

祭楊忠烈公文（代魏子
存學憲作）/錢澄之
 ………………（445）

弔楊忠烈公/錢載 …（447）

過應山縣弔楊忠烈公
/喬萊 ……………（447）

經應山縣弔楊忠烈
/吳壽昌 …………（448）

應山弔楊忠烈公/孟超然
 ………………（448）

過應山楊大洪故宅
/彭遵泗 …………（449）

哭先憲副公/楊可銑
 ………………（449）

卷二 遺像 題像 遺碧贊
 ………………（450）

遺像 ……………（450）

題像 ……………（451）

題楊忠烈公小像/陳于廷
 ………………（451）

楊忠烈公小像記/陳珏
 ………………（451）

重覲先大父小像記/楊苞
 ………………（452）

題楊忠烈公小像/楊懌曾
 ………………（454）

前題/蔣祥墀 ………（454）

前題/易元善 ………（454）

前題/戴修道 ………（455）

前題/喬用遷 ………（455）

前題/易鏡清 ………（456）

前題/金光杰 ………（456）

前題/劉誼 …………（457）

前題/朱材哲 ………（457）

前題/何天衢 ………（458）

前題（并序）/徐嘉瑞
 ………………（458）

前題/劉夢蘭 ………（459）

前題/蔡紹江 ………（460）

前題/胡美彥 ………（460）

前題/史致蕃 ………（461）

前題/馮春暉 ………（461）

前題/郭道闇 ………（461）

前題/陳光亨 ………（462）

前題/潘焕龍 ………（462）

前題/喻樹儔 ………（463）

前題/陳元弼 ………（463）

前題/林繼光 ………（463）

前題/儀克中 ………（464）

前題/譚大勳 ……… （464）
前題/丁澍 ………… （465）
前題/汪世學 ……… （465）
前題/譚敬昭 ……… （466）
前題/呂庭栩 ……… （466）
前題/謝丙 ………… （467）
前題/祝慶穀 ……… （467）
題彭衣春所藏宋明人畫
像冊/翁方綱 ……… （468）
瞻楊大洪遺像/鄧顯鶴
………………………（469）
題楊忠烈公遺像/徐寶善
………………………（469）
明贈太子太保兵部尚書
楊忠烈公畫像/熊少牧
………………………（470）
敬題先忠烈公像/楊可銑
………………………（471）
遺碧贊 ………………（472）
楊忠烈公遺碧贊/鄭鄖
………………………（472）
題楊忠烈公血影石歌
（在刑部堂階下）/秦瀛
………………………（473）
前題/王友亮 ……… （473）
前題/何道生 ……… （474）
前題/李鴻賓 ……… （475）
前題/沈欽韓 ……… （475）

楊忠烈公血影石歌/張塤
………………………（476）
楊忠烈公血影石/陸元鉉
………………………（477）

卷三　題跋　遺墨　其他
………………………（478）
題跋 …………………（478）
讀忠烈公文集書後
/喻文鏊 …………（478）
前題/陳若霖 ……… （479）
前題/邱樹棠 ……… （479）
前題/帥承瀚 ……… （480）
前題/程德潤 ……… （480）
前題（四首）/石時渠
………………………（481）
前題/黃士瀛 ……… （481）
前題/熊莪 ………… （482）
前題/奚先凱 ……… （483）
前題/單懋謙 ……… （483）
前題/胡思賢 ……… （484）
前面/葉爲珪 ……… （484）
前題/祝維則 ……… （484）
前題/方燧 ………… （485）
前題（二首）/戴廷謨
………………………（486）
前題（二首）/劉體仁
………………………（486）

先君遺稿序/楊之易
………………（486）
原序/楊苞 ………（487）
耿耿二章/鄭鄤 ……（487）
　其一 ……………（488）
　其二 ……………（488）
楊忠烈公奏疏書後有序
/詹應甲 ……………（488）
讀楊漣劾魏忠賢二十四
大罪疏/弘晝 ………（489）
原跋/汪廷珍 ………（490）
讀楊忠烈公文集書後
/張祥河 ……………（490）
楊忠烈公集跋/蔡紹江
…………………（491）
表忠録跋/達鏞 ……（492）
讀楊忠烈公文集書後
/吴詠棣 ……………（493）
景慕詩讀楊大洪黄石齋
兩先生集/俞聘 ……（493）
　其一 ……………（493）
　其二 ……………（493）
　其三 ……………（494）
原序/劉繹 …………（494）
敬書先忠烈公集後
/楊徵午 ……………（495）
書楊漣左光斗傳後

/方濬頤 ……………（495）
楊忠烈公全集跋/楊祖憲
…………………（498）
遺墨 ……………（499）
題楊忠烈手書五劄
/胡維霖 ……………（499）
楊忠烈公絶筆跋/姚希孟
…………………（499）
五忠手蹟跋/孫奇逢
…………………（500）
前明五君子墨蹟册子爲彭
進士（紹升）作/蔣士銓
…………………（500）
五君子遺墨跋/彭紹升
…………………（501）
五忠手蹟跋/黄彭年
…………………（502）
東林五君子書劄册
/顧文彬 ……………（503）
題東蒙秦氏藏忠烈公墨
蹟卷/葉澤森 ………（504）
跋楊忠烈公與王軒麓司馬
往復書/徐元文 ……（505）
雙忠遺翰跋/宋犖 …（505）
書雙忠遺翰卷後/邵長蘅
…………………（506）
跋楊忠烈公尺牘家書卷

/何紹基 …………（507）
楊忠烈三劄卷/李佐賢
　………………………（508）
跋楊忠烈公遺墨/陳祖范
　………………………（509）
跋楊忠烈遺劄/彭紹升
　………………………（509）
楊忠烈公漣疏稾跋
/梁同書 …………（510）
明忠節諸君子手牘
/翁方綱 …………（510）
書楊忠烈公寄唁許
（手簡後）/孫原湘
　………………………（511）
題楊忠烈公寄常熟許若
水手劄後/梁章鉅 …（511）
明楊忠烈公手劄五通
左忠毅公手劄五通
/吳慶坻 …………（512）
跋楊忠烈公與吳司馬公
三書/方東樹 ………（513）
楊忠烈公與吳大司馬書跋
尾/姚瑩 ……………（514）
題荇農丈所藏應山楊忠烈公
尺牘墨蹟卷後/曾紀澤
　………………………（515）
其他 ………………（517）

忠俠堂記/李之椿 …（517）
崇效寺 ………………（519）
觀廉泉師藏楊忠烈公牙印
（一白文楊漣之印一朱文
文孺）/蔣敦復 ……（519）
楊忠烈公劍歌/謝啟昆
　………………………（520）

卷四　友人信箋　傳記
其他 ………………（521）
友人信箋 ……………（521）
寄贈楊大洪年兄/梅之煥
　………………………（521）
送楊大洪之官常熟
/何慶元 …………（521）
答楊大洪父母一/高攀龍
　………………………（522）
與楊大洪二/高攀龍
　………………………（522）
與楊大洪中丞三/高攀龍
　………………………（522）
與楊大洪四/高攀龍
　………………………（523）
同楊大洪都諫共觀
/胡維霖 …………（523）
楊大洪疏逆璫廿四大罪
遂送大夫人南歸過邢書
來謂元配願與大洪同死

不得與大夫人同生還余因遣人護送並詩寄大洪悲而壯之占得文字作溥毋行/胡維霖 ……（523）

答堂翁楊大洪問去留書/黃尊素 …………（524）

寄楊大洪副院書（甲子）/茅元儀 ……（525）

送楊掌院漣赴司敗/甘籌……………（526）

啟都諫楊大洪/冒日乾……………（526）

柬應山楊大洪都諫/冒日乾 ………（527）

寄楊大洪/繆昌期 …（527）

與楊大洪/繆昌期 …（527）

民部劉念劬枉函並致到楊大洪手劄卻寄（劉任滸關）/繆昌期 ……（528）

與楊大洪/魏大中 …（528）

寄楊大洪/魏大中 …（529）

獄中同楊大洪魏廓園顧塵客周衡臺袁熙宇夜話/左光斗 ………（529）

楊大洪歸里後感示惠元孺給諫二首/左光斗

…………………（530）

一 ……………（530）

二 ……………（530）

檻車至濠梁時楊大洪書至/左光斗 ………（530）

傳記……………（531）

天人合徵紀實/燕客具草

…………………（531）

楊忠烈公傳/陳仁錫

…………………（537）

贈太子太保謚忠烈楊公/金日昇 …………（541）

天啟六君子贊並序/袁翼 …………（542）

楊漣/周聖楷 ………（544）

楊忠烈傳/鄒漪 ……（547）

楊漣/計六奇 ………（550）

楊漣/朱彝尊 ………（551）

楊忠烈公傳/趙吉士

…………………（552）

楊忠烈公/吳肅公 …（555）

楊大洪/蒲松齡 ……（555）

楊大洪先生/高廷珍

…………………（556）

楊漣傳/王頌蔚 ……（556）

楊忠烈傳附汪文言/汪有典 …………（558）

楊忠烈漣/嚴遂成 …（561）

其他 …………………（562）
　奏父死難慘狀泣請贈序疏
　　/楊苞 ……………（562）
　特贈江南按察司副使楊公
　　勉齋狀畧/楊苞 ……（562）

魏忠賢始末/趙吉士
　………………………（565）
表忠錄敘/黃興道 ……（569）
楊大洪先生忠烈實錄……（571）

序

序/李長庚

　　人臣爲國家建持大議、規利除害，惟其言之得行也。所爲者大，所損者小；大者子孫黎民，小者一家一身也。而所謂行者，有行於當時，有行於後日；行在後日，何必當時。故忠臣不難以殉身者，一時之禍；而竟以志酬者，後日之效。此其苦心，原爲國家千百世治安起見，不以一時之禍福升沈計也。彼喜同惡異，慘心毒手，此内璫之常，原不足怪。其幸明者，謂天下之良心清議在也。國家不患刑賞一時之倒置，而患良心清議一時之不在斯民。夫刑賞出内璫，一時之熒惑耳。若使良心不死，清議猶存，則上者抗之，中者亦不之附也。舉世不附，則璫止一人，其何能逞？況抗者懼禍太烈，不附者禍亦輕，何難爲焉？乃楊公一疏初上之日，人心羣然是之。及見被禍，則指爲激，漸而指爲非，且下之石。明以爲非者，或迫於一時之勢；而暗非者，則并其五夜之心、平旦之氣亦化，而見以爲真非。天下事至此，可勝慨哉？兹幸乾坤在御，陰翳潛消，寘璫於法，盡反所爲，寰宇再睹太平。而郡守胡公下車之日，先爲傾囊贖宅，綱紀其家，輯《忠烈錄》而梓之，俾公心事曉然於天下。一郡之内而前有李夏，後有胡公，能從患難敵彊禦以救忠臣，尤人所難者。一時刑賞，賴皇上而正；良心清議，賴諸公而明矣。議者又謂今上躬不世出之資，遠軼堯舜。堯舜在上古之世，洪水之災，乃開闢以上山川未瀋所留之害，非人有意爲之也。舉世之人，莫不以洪水爲當治也，未有一人出而誦洪水之當行者。至於今日，羣然奉洪水而揚其波，皇上一人不動聲色而除之。此其天縱聖明，千古無兩。一切褒嘉，咸出獨斷，申以特諭，可謂千秋殊恩。蓋楊公之疏，初猶疑其太過，及内璫之毒烈日甚，而後公之疏始驗。初猶疑其難入，及皇上一一見之實政，而後公之言始行。人臣遭時遇主，豈必盡在生前？公死而得皇上知之行之。公不與逆璫計恩怨，不與紛紛者争是非，獨賴皇上爲知己，公不可謂不遇矣。此書行，公於九原下稽首拜恩起且掀髯而笑，此一場熱血，不空灑圜扉也。

【校記】此序底本及其他各本均未録，僅見清黄宗羲《明文海》卷二百二十七"序"十八（清涵芬樓鈔本）"李長庚《楊忠烈實録序》"。李長庚（1572—1641），字酉卿，號孟白，或作夢白，湖廣麻城（今湖北麻城）人。萬曆二十三年進士，授户部主事，歷官江西左、右布政使、山東巡撫、右副都御史、順天府尹、吏部尚書等，爲官不植黨援，剛直不阿。

序/魏裔介

　　嘗讀《皇明從信錄》及《通紀》諸書，至楊左諸君子以忠節被害死，未嘗不涕泗交頤，有郭景純投笏之嘆，曰："嗟乎！善人，國之紀也；忠言，道之典也。滅紀廢典，其可久乎？"昔李杜隕身於漢室，楊左奮節於明時，並以玄黃之戰，致世運顛覆。揆厥所繇，今古同軌矣。猶記兒時讀書先君子側，每見讀邸報，則憤憤不平，或驚叫失色。余時怪問之，先君子愀然曰："童子烏用知之？"然余時竊聽之，則已知楊忠烈先生爲正人第一，又以擊奸爲逆璫讐殺也，固已心竊恨之。既而二十年後，而國事乃大壞，遂以淪亡。使當時能用楊公之言，早誅賊子，俾海内正人，拔茅彙征，雖啟禎之代，比隆於成弘可也。往事已不勝嘅，時移事變，獨有遺編殘瀋，足供後人憑吊。而應山先生産於楚，其遺文亦在楚。直指使者李君望石自楚還，蒐采而補葺之。示予讀，予讀未竟，而耿耿長虹之氣如在屋梁落月間。烈矣哉，先生之所爲也！吾聞嘉靖時忠直最著者楊繼盛、楊最、楊爵，丹誠激發，日月争光。而應山先生生於陽九之季，遇害爲尤慘，豈清白子孫之苗裔耶？何世有高節，異時異地而同揆與？余既慕先生忠節，而又嘉李君之意，將付之剞劂，以廣其傳。夫先生之忠節固不待文而傳，而況其文又足以傳也。奮乎百世之上，百世之下聞而興起者，端在乎先生之人與先生之文矣。順治己亥秋日，太子太保、御史大夫、栢鄉魏裔介題於燕邸之青雲堂。

　　【校記】底本未録，見六卷本。清魏裔介《兼濟堂文集》卷四（清文淵閣四庫全書本）有載，文字畧有出入。魏裔介（1616—1686），字石生，直隸栢鄉（今邢臺市栢鄉縣）人。順治三年進士，曾官左都御史、吏部尚書、太子太傅等。魏裔介入閣時年僅四十餘歲，鬚髮皆黑，時稱"烏頭宰相"。

序 / 趙開心

余楚自三閭大夫懷忠被謗，行吟澤畔，自沉汨羅，迄今《離騷》《天問》不堪痛讀。後宋玉、賈誼、淮南、東方朔之流，著爲《招魂》《九辯》《惜誓》《招隱》諸篇，讀之益深感慨唏噓。雖班孟堅訾其露才揚己，責數懷王；愁神苦思，忿懟不容。然史遷終謂其忠而過。過於忠，則貞臣義士肝腸，到底抹殺不得，宜乎揭日月而行天壤。千百年後，余楚忠烈楊公應運而生，文章氣節卓冠全楚。筮仕吳地，居然慈母神君，士民尸祝而俎豆之，閱數十年如一日。及擢列諫垣，職司蹇諤，遭邦不造，以致神廟賓天，光宗宴駕。值主少危疑之際，適權璫窺竊之時，婦寺專擅於內，奸黨鴟張於外，天下事岌岌乎殆哉！忠烈公幸以給諫官得隨諸大臣後，親承顧命，正色抗爭。爭醫藥之誤，爭封后之非，爭登極之速，爭移宮之亟。於是幼主始得克承丕基，海內知有共主。大事既定，盡瘁匪他。奈何羣奸側目，謗言日至，頓作犬死弓藏之感。乃身依首丘而心懷君國，詔起田間，徐持風憲。覩逆璫之橫暴，不禁髮指心傷。及二十四惡之疏上，而殺人者有題目矣。或爲發蹤，或爲下石，誣以封疆，誣以贓款。緹騎四出，身家立盡。於是楚紳之受累獨多，楚紳之受禍獨慘。忠烈公固含笑圜扉，甘心鼎鑊，絕無怨懟一語。而全軀保位之徒，尚謂楚紳之禍皆忠烈公有以激之。不思逆璫之播惡在參疏未上之前乎？在參疏既上之後乎？何以前此無一人首發難端，後此無一人同攻鳴鼓乎？嚮使無忠烈公一疏爲博浪沙中之椎，彼時聖子神孫危若朝露，尚望有天日耶？繼而明主當陽，妖氛盡掃，因而表忠旌節，賜之俎豆，賜之贈卹，使忠烈公丹衷俠骨生氣凜凜千秋。是忠烈公之不朽者，夫固不在立言也。然人心不死，天理猶存，屈原已往而歌詞卓起，騷壇竟能作古今忠義之思，不因班固埋沒。今忠烈公嘉謀讜論，動關宗社；長歌短牘，悉本性情；孝子慈孫，忍不誦祝而彰明之？授之剞劂以勒金石？蓋當擊朱泚之笏，已自貫白虹而班青史；今且吊萇弘之血，能不昭天地而泣鬼神哉？

茲公之長孫苞，見任洛陽令，繩其祖武，編輯前徽，極苦心而訂訛字，捐冰俸以付鐫人。是不止於一家言，而爲天下人言；不止爲天下人言，而爲千秋萬世人言也。昔子思能述仲尼，善人有後，豈不信然哉？敬托於楚些之祝誦而爲之序。工部尚書總督倉場戶部侍郎事、前都察院左都御史趙開心頓首拜撰。

【校記】又見六卷本、杨祖憲本。趙開心（？—1662），字靈伯，一字洞門，湖南長沙人。明崇禎七年進士，官至兵部員外郎。入清後，順治元年，授陝西道監察御史。康熙元年，擢總督倉場戶部侍郎，加工部尚書銜。序中"蓋當擊朱泚之笏"後數句，六卷本作："蓋當其擊朱泚之笏，固已貫白虹而班青史；今更吊萇弘之血，益足昭天地而泣鬼神。茲直指李公以順治丁酉啣命按楚，景仰前謨，檄行郡縣，掇取忠烈公文集，壽之梓，俾流傳奕世，將以廉頑而立懦焉。其心其事，始與宋玉賈誼輩後先，繼美在敘《騷經》者。曰：人臣之義，以忠正爲高，以仗節爲賢，故有危言以存國、殺身以成仁。子胥不恨於浮江，比干不悔於剖心。然後德立而行成，榮顯而名稱。故觀風問俗，彰往勸來，憑吊忠良，表揚節烈者，直指大夫之義也。高山仰止，江漢流芳，覩優孟之衣冠，不忍叔敖之泯歿者，後死者之責也。忠烈雖英，得直指公而益著，寧直附青雲而譽顯哉？敬托於楚些之祝誦而爲之序。楚長沙後學趙開心撰。"

序／任克溥

尝慨權奸竊柄，每借莫須有之案以貽禍善良，如秦檜之於岳武穆、嚴嵩之於楊椒山，其最著已。若乃魏璫之於大洪楊忠烈先生，又翻秦嚴之案，而愈出愈奇。彼其商確定計時，不知費幾許籌畫，而代爲籌畫者，又不知費幾許揣摩。舉天道神明而盡瀰漫之，舉寸心五內而盡灰燼之；推其意，謂計必出此而後快，原無奇也。惟是，當之者總以取義成仁爲大節，以排山倒海爲細務。目擊權奸一日未除，自覺精魂千載不泯。死得其所，心本無恨，遑計身後名哉？予聞先生幼厲女貞，長搆豎守，飲異人上池水得活，其於生死關蚤已勘破矣。迨立朝，恥與璫賊爲伍，厭聞擅附，甘尋仇擊。當告歸起用時，陳二十四罪入告請討，又於有死無生籌之熟矣。至械繫入獄，受害極慘，處死極冤。許顯純扃禁不容妄傳片紙，絕筆出自孟淑孔屍背，血書珠商密記外聞。嗚呼！先生之所懼者，徒死以謝先王；先生之尤懼者，後人復徒死以縱賊臣也。乃元憝殄滅，太守胡繼先建祠、贖田、編輯《實錄》，已想見先生之所以爲人及爲國捐軀，數奇輒蹶之嘆，未嘗不怒髮衝冠、目眦盡裂、孤淚數行，未足寫先生之憂也。雖然，先生如面觀矣。古人文章粹精，數值其順；今人忠義文章，境逢其變。即羑里演爻，天王明聖，初終靡懈，慎勿以激切遺章撐吾純素。今三十餘年，繡衣李君望石細撿蠹餘，又得若干珍藏，梓成問序。予曰："李君，天下有心人也。"讀楊先生之文，必諒先生之心；諒先生之心，始敢序先生之文。先生真不朽矣！並拜李君闡幽至意以慶道合，明良君子之福也。是爲序。東昌後學任克溥海眉題。

【校記】僅見六卷本。任克溥（1618—1703），字海眉，山東聊城人。順治四年進士，曾官刑部侍郎。任克溥爲官清正，機智多謀。還鄉後，在聊城北築綺園和敦睦堂。康熙四十二年，帝南巡途中曾至綺園。

序/李贊元

古來忠臣烈士不僅以文章著，然未有不以文章著者，則以其文章本於血性，自然不可磨滅。若莫須有之獄成，而武穆之集終出；瓜蔓族之誅慘，而正學之文竟傳，未或爽也。余讀書中秘，至明季神光熹三廟之間，見應山忠烈楊公當日建言擊璫，罹禍最慘；抵案唏噓之餘，遍搜著述遺文，以不少概見爲恨。歲丁酉，奉簡書按楚至應山，適有司請卜地營建厝兵，云某所有廢祠可。余親詣焉，則見頹垣斷碣，滿目淒涼，即公當年旌忠地也。益徘徊悲愴，亟亟鳩量工材，重新公廟貌，一還榱桷几筵之故而享祀焉。時物色公後，特加存卹。至問其先集，則不勝杞宋之感矣。因檄郡縣旁搜，久之，乃於塵蠹之餘，薈輯抄本六卷，編摹付梓，敬拜手論。列其止封后、請移宮、斥奸醫，則《大易》之"履霜冰至"也。其建國儲、正胄教、肅朝儀，則《戴記》之"陰作""陽來"也。其料邊事、討軍實、釐獘賦，則《周官》之"九伐""六計"也。以及微顯闡幽，臧否人物，登高臨流，感懷賦事，何莫非二百四十二年袞鉞之遺與三百篇美刺之致。若疏，若揭，若書，若牘，若傳，若記，若序，若銘，若述，若誄，歷窮達顯晦常變死生之際，其言有如一日。豈偶然而作哉？蓋公有撤簾之勛，而不蒙韓魏之名；高折檻之風，而獨少朱雲之遇。方其論鄭貴妃、李選侍以及魏、劉、李三閹，侃侃數千餘言，肅凈乾清，正大寶於俄頃。復惓惓請恩撫、請隆遇，禮達分定，恩義均安，真不愧先朝顧命之臣矣。借叢小人造言生事，公惟有一去以謝九廟之靈。及比院再起，逆璫之勢已成。尚欲包荒孚革，收潛移默奪之功。無如空頭之勅不下，含口之蟬滿朝。公乃大聲二十四罪，噴血鋤奸。明知言出禍隨，有所不卻。三褫之後，奸謀愈險。初曰通王安，既曰庇經畧。吉網羅鉗，緹騎橫出。至於遠近悲憤奔走叫號，逮校亦爲心惻。公不投江，不飲藥，不逃亡走四方，怡然就逮，爲屈三閭、張讓、楊伯起諸君子之所不能爲。既而備極荼毒，瘐斃圜中。曾無片語怨及朝廷，忠君愛國，之死靡他。公之行，蓋卓然純忠之行。故發而爲文，皆煌然經術之文。譬如雷鼓，具鈞洪之音，內以和朝廟之節，外以張討伐之聲；大叩大鳴，小叩小鳴，無之而非是矣。方璫獄之興也，楚中正氣獨多，其受禍亦獨慘。家有藏書，目慴厲禁。三紀以來，兵燹相尋。荒草冷煙之中，猶慮爲暴客所攫。而迄今復出，豈非公之精神貫徹其中，有以來五丁之護，而無異於名山之藏也哉？於乎！公之功可以回萬泰兩朝之天，而不可以塞婦寺羣小之口。公之誠可以下旄孺萬里之泣，而不可以拔囊頭飛肉之冤。讀其文，想其人，恨不再起羣奸之屍而戮之，以報公於地下。可知天生網常男子非特不以庸庸厚福摸稜而固寵位者自卑，併不以鹿鹿小成身歿而德無稱者自許。金百煉而益堅，玉三焚而不變，俾凡爲人臣者，聞風而起，莫不即今日之言之文以正其他日之行，還取他日之行以光其今日之言之文。則茲刻也，直堪與《武穆》《正學》二集，同壽天壤。而余向來憑吊搜羅，寤寐不忘之私，藉以少慰。若夫魯魚亥豕之無譌，古義方書之畢考，參訂校讎，未敢謬云善本，尤俟後之博洽君子補余不逮云。順治庚子歲春仲上浣日，觀陽李贊元望石甫題。

【校記】僅見六卷本。李贊元（1623—1678），本名立，順治賜名贊元，字公弼，登州（今山東海陽市）人。順治十二年進士，順治十四年，官湖北巡按御史，盡力懲奸揭善。任山東道御史期間，奏言剛直不諱，順治帝稱爲"真御史"。後官至兵部右侍郎，著有《滴翠園集》。

原刻疏稿舊敘 /楊之易

先君實歷瑣垣僅六月耳。故移宮事外，疏稿無多。事關軍國則訟言之，關主德則涕泣言之，帷籌呼吸則借箸言之，大典禮大法制則張膽言之。至於辯駁執爭、借筆鋒快恩怨，如所謂龍戰馬白不勝不休、而國家禍福安危置之不顧者，先君不爲也。除二十四罪疏與參魏廣微未及上疏，刻在《忠烈實錄》內。李本寧太史選定五疏，刻在《移宮始末》內。各成一帙。兹特輯在科六月數稿，合諸文牘，同付梨棗。不孝男之易記。

【校記】僅見三卷本。《湖北文徵》卷五（湖北省文史研究館編，湖北人民出版社，2014年版，後不再説明）亦收，題《瑣垣疏稿跋》。楊之易，字元仲，楊漣長子。楊漣案昭雪後，官工部虞衡員外郎。入清爲松江府海防同知，順治四年死於吳聖兆兵變。

序/薛所蘊

　　有明三百年養士，其以文章節義並垂天壤者，不少概見，余於忠烈楊大洪先生殆無間然矣。公自釋褐得虞山政成，即受知於神廟，拔居省掖，敭歷光、熹二宗之間，爲朝廷總憲。明大禮，擊大奸，知無不言，言無不盡，後卒以忠死。戊辰，余始通仕籍，輒恨不得與大君子同朝扶義，然心竊嚮往之。公著作甚富，落筆多腥血語。以巢覆卵傾，其書大半亡軼，余所得讀者《二十四罪疏》而外，止李本寧太史選定五疏而已。今公孫苞以公之令虞山者令洛陽，人謂公之慈孫，吾鄉之慈母。收公遺槀，悉付諸梓，凡得奏疏、參、揭、獄中書及雜撰、詩文共三卷，集成問序於余。夫余烏能序公之文哉？公之文悲憤沉痛而能大暢其中之所欲言，其筆穎爲擊秦始之椎、爲中朱泚之笏，其墨瀋爲萇弘未化之血、爲比干既剖之心。其爭封后也，保全貴戚，正所以安先帝之心，而議者謂其過薄。其爭移宮也，嚴毖宮闈，正所以隆選侍之禮，而議者謂其太驟。其爭醫藥也，以聖躬之重，湯餌不可妄投，糾劾庸醫，而議者謂其近猜。其爭璫逆也，以閹禍之深，誅鋤不容稍緩，首疏奸逆，而議者謂其過激。夫以爭封后者爲薄，則奉太妃而加之尊謚，無論名分大乖，即鄭氏之祿，宜其不永，是反得爲厚乎？以爭移宮者爲驟，則天子正位之始，六宮避席爲何等事，而顧可以需遲俟之乎？以爭醫藥者爲猜，則廻護賊醫，加至尊以進御不節之名，益主疾而虧聖德，反謂信之者真乎？以爭璫逆者爲激，則公疏未發，兇焰已張，閣部諸公，無不先後見逐，君子之朋，同心慕義，豈得謂公激之？且全軀保妻子者，至姦逆大白之後，何終無一人與公共聲義鼓乎？當公之就逮也，百姓聚而哭諸道，幾格王命，其持錢而祀生還者無數。迨於獄死，則靈芝產狴楯，京師地震，上天霾而無日，是公之英爽踔厲千秋，亦不在乎區區楮墨間也。而況武侯出師之表、丞相絕命之辭，永炳日星者乎？有明三百年養士，椒山發奸相於前，大洪摘逆璫於後，忠肝磅礴，皆死巨憝之手。至今讀二公遺集者，輒涕泗從之。然則文章節義如二楊先生者，斯誠無間然也已。中州後學薛所蘊沐手題。

【校記】又見三卷本、楊祖憲本。薛所蘊（1600—1667），字子展，河南孟津人。崇禎元年進士，先後官襄陵縣知縣、翰林院檢討、國子監司業。入清，順治二年，官國子監祭酒，奏請選滿漢大臣子弟入國子監讀書，後累官禮部左侍郎。順治十四年致仕歸里，十年後去世。工詩文，著《椰庵集》《澹友軒集》等。

序/許作梅

　　嘗讀史至朱雲請劍清君側也、劉陶請疏宦官重大權也、劉輔請勿后婕妤存國體也,觀其芳踪,想見其丰采,心竊景仰之。後之人臣聞其風者,可以興起矣。余蓋披覽應山楊大洪先生集而有感也。當明天啟時,余初入小學。聞魏忠賢之專權,心甚恨焉;聞楊左諸君子之擊奸,心甚慕焉;卒聞其不免於詔獄也,心甚痛焉。迨筮名仕籍,又歉其生也晚,不獲與諸君子同朝也。皇清順治己亥,大洪先生冢孫竹如以上林遷尹洛陽,謁余京邸。詢先生遺文,尚未能授梓。越三載,康熙元禩,自洛陽遣使持先生全集問序。余素景行先生之爲人,讀其書如見其人矣。先生立朝大節,由諫垣陟中丞,終始以言路顯,請即以諫官之職序。宋歐陽永叔之言曰:"立殿陛之下,與人主爭是非者,諫官也。"補闕拾遺,繩愆糾繆,扶君子而決小人。諫官得人,蒼生之幸,而社稷之福也。朝廷之有諫官,猶天地之有日月乎?天地非日月之照臨,則舉世昏闇;朝廷非諫官之振勵,則盈庭痿痺。故當時望其風烈,如景星卿雲;後世傳其文章,似連城拱璧也。彼魏徵、王禹偁者,夫非唐宋之諫官歟?而報主之疏三百、禦戎之策十二,至今存焉。或曰:與爲鷹鸇,寧爲鸞鳳;寧爲良臣,不爲忠臣。於戲,是與於不忠之甚者也。設使諫官不言,則一人不聞其過,羣臣日行其私;彼全身保祿位之徒,將避鷹鸇之譏、謝寒蟬之誚、借良臣之名、工佞臣之術,致主上孤立,奸雄覬覦。有國家者亦安用若而人爲諫官哉?今讀先生集中移宮一案,知后母儀也。婕妤不可濫其封於帝之生前,選侍豈可據其宮於帝之崩後乎?二十四大罪一疏,知忠賢閹人也。漢天子不可親,明天子豈可任乎?其疏剴切,宣公之奏議也;其詩正變,風人之微旨也;其啟劄,則與當日正人君子反覆相商,爲封疆計安危、爲國祚計靈長也。無如其言出而禍隨也。閱《獄中絕筆》,令人一字一淚,哽咽不能下。後之君子論世至此,斷未有不歎息痛恨於一時者也。迨莊烈御極,睨見陰消,雪先生之冤,進先生之爵,官先生之子，易名表墓，榮遇照汗青不衰。後之人臣讀其書、聞其風者，可以興起矣。或又曰："古人焚諫草，其何爲者耶？"夫諫官者，格君心之非而課宰相之職者也。諫而行，使後世知人君納諫之美；諫而不行，使後世知人君拒諫之非。不然者，韓琦之存槁、任伯雨之戇章，胡弗闕也。余將以先生之集與朱雲之檻並傳云，請質之令尹竹如。康熙元年二月，古新樂城後學許作梅拜題於補袞堂。

【校記】又見三卷本、楊祖憲本。許作梅，字景説，號傅巖，或云字傅巖，河南新鄉人。崇禎十三年進士，崇禎十五年浙江鄉試主考，所選皆才俊。曾官行人、御使。李自成入京，受大順禮部主事職，負責藁葬崇禎及周皇后梓宮，後隱居蘇門山。清順治二年被詔入京，直言敢諫，彈劾不避權貴，歷官工科都給事中、太僕寺少卿，有奏疏詩文集行世。

跋／楊苞

　　苞不孝，席祖蔭，幸爲忠烈公冢孫。惜其生晚，不及從頷頤間字親受遺書。猶幸先大父抗言直節，慷慨立朝，名垂宇宙。予稍长，與先達游，反向從旁聞説先大父遺事。總緣先大父忠貞骨鯁，出於至性，所以發爲文章，皆磊落可傳也。但對客揮毫，避人焚草，以致野有遺書，而家無藏稿。況值魏璫釁起，風雨漂搖，殘篇斷簡，益不可問。後一朝白謗，數世旌忠。於毀室初營、驚魂甫定間，先嚴遠搜廣購，苦心校訂，已得其概。會授工刊鐫，庶幾無郢書燕説之訛。不意兵燹疊見，向所鐫版，又歸於金戈鐵馬中矣。後先嚴宦遊山左，命予寓江南，乃手録遺稿二編，一攜行笥，一付不孝。且戒之曰：「風煙四起，聚散何常。隨時視力，圖付剞劂，以存手澤。小子識之。」時予方諸生，總角長跪，對曰：「大父遺稿，大人屢致慮焉矣。」先嚴復曰：「汝大父忠君愛國，陳悃斥回，則見於奏疏；山水友朋，酬和贈答，則見於尺牘；好風良月，嘯傲煙霞，則見於詩歌。此汝大父至性所出，而激昂忠孝者也，豈獨爲文集也歟哉？」予唯唯不敢忘。嗣後，先大人復殉國難，賫志以没。予則營名雞肋，南北間關。今承乏洛土，謬宰提封，因思古人有以禄養者，我獨不卒不可及已；移之而養志，因以卒先大父已成之志。其幸得爲忠烈公冢孫者，其在斯乎？爰節冰俸，以付梓人，於順治辛丑之秋七月一日始事，凡二閲月而告成。不孝冢孫苞百拜謹跋。

　　【校記】僅見三卷本。楊苞，楊漣冢孫，楊之易長子，曾官廣德知州，著有《桐川紀事》（康熙乙巳刊本）。

序／張伯行

　　有明稱文章節義赫奕古今者，莫盛於二楊：曰椒山，曰大洪。一則發奸相於前，一則摘逆璫於後，而皆不免於巨憝之手。嗚呼，何禍之烈也！蓋二公懷忠義之性，抱貞直之操，均所謂丹可磨而不可改其色，蘭可燔而不可滅其香，玉可碎而不可移其白，金可銷而不可易其剛。其質賦於天，其學成於人。夫孰得而撓之者？余觀忠烈公大洪先生，浩氣磅礴，踔厲千秋。當主少危疑、權璫窺竊之際，親承顧命，正色抗爭，雖羣奸側目，有所勿恤。方是時，忠烈公一諫垣職耳，乃諸大臣所欲言而未言者，公獨迫切言之。諸大臣所欲行而未行者，公輒果決行之。一念孤忠，明目張膽，此其潛消隱禍於將萌，而匡扶社稷以勿替者。煌煌大節，其誰不耳而目之哉！奈事權既定，謗議紛然，竟以此犯宵小之忌。而公亦踧踖不自安，乞身引退，得非見機而作、不俟終日者歟？無何詔起田間，旋司風憲，惓惓君國，鬱勃於中。彼夫奸黨之鴟張，婦寺之專橫，表裏扶同。其焰焰燎原之勢，縱曰遽難撲滅，而實不得不嚮邇，是故公之聲罪致討也。惟是賴祖宗之靈，或得冀幸萬一。而至熟覩乎其勢，則早已付生死於度外矣。迄今讀公奏疏，痛切糾參，詞嚴義正，直足奪奸惡之魄，而斬逆閹之魂。至於擊之而勝，固國家之福、蒼生之幸也。一或不勝，則爲朱雲之檻、爲侍中之血，何所不可？亦求吾盡吾心而已耳。公之言曰："雷霆雨露，莫非天恩。吾不爲張儉之逃亡、楊震之仰藥。跟蹡赴逮，以身之生死歸之朝廷。白日冥冥，於我何有！"此心果未嘗死也。況天理在人，不容澌滅。睍見陰消，道所固然。奕世而下，猶知有義士貞臣，揭日月而昭雲漢者，易名表墓，光照汗青。尚何所懼而獨不爲君子？又何所戀而更甘爲小人哉？竊慨當日之媚璫者，或爲上公敕書，或爲生祠碑版，或爲賀殿工之表箋，他如像贊榜額，種種諛詞，一聞二十四罪之諫草，倘有人心，吾不知其顏靦何地也？有真節義，自有真文章，公果與椒山同不朽。而有明二楊之盛，遠哉，弗可及也已！

余彙刻"氣節部",因以公爲之殿,且弁其端云。後学敬庵张伯行撰。

【校記】又見二卷本、楊祖憲本。張伯行《正誼堂文集》卷七(清乾隆刻本)有録。二卷本末署云:"康熙四十九年庚寅仲秋穀旦,儀封後學張伯行題於姑蘇之正誼堂。"張伯行(1651—1725),字孝先,河南儀封人。康熙二十四年進士,累官禮部尚書,康熙稱爲"天下清官第一"。學宗程朱,及門受學者數千人。文中"公果與椒山同不朽"句,底本作"公果於椒山同不朽",據二卷本改,文意更通順。

乾隆丁丑年制文

　　乾隆丁丑年高宗純皇帝御制《閱楊漣〈劾魏忠賢二十四大罪疏〉文》：自古寺宦之亂人家國者多矣，其始未嘗不爲小忠小信以結人主之知，使外言不得而入，人主信之不疑。然後攬權肆虐，無復忌憚，而君上之操柄失矣。縱復疾其所爲，欲引廷之助以除之，而近在肘腋，禍起蕭牆，望夷之事、甘露之變，良可寒心。予讀楊漣《劾魏忠賢二十四大罪疏》，而知其不爲趙高、仇士良之所爲者，亦幾希耳。而熹宗畧不加省，專意庇璫；吾以爲熹宗之黯直，甚於彼二主耳。蓋二世、文宗猶能知其爲不善，而欲去之。熹宗則始終信任之靡他，且囑懷宗以信任忠賢。吁，惑之甚矣。然使熹宗而有欲去忠賢之心，忠賢其遂甘心以受熹宗之斥哉？是知人主不可不延納賢良以自爲助。而宵人在側，附者如蟻，大權已歸，雖欲去之，其可得乎？故熹宗之用忠賢也，王心一首言之，侯震暘繼言之，周宗建又繼言之，文震孟因講學之疏而直陳其奸，劉之鳳因內操之疏而指其不測，至楊漣二十四罪之疏上，而忠賢之奸佞畢露，蓋不可一日而容於天地之間矣。使熹宗觀此疏而赫然震怒，大振乾綱，申《春秋》"無將"之誅，比"漢法不道"之律，則忠賢之羽翼猶未成，而忠賢之流禍固亦未甚酷也。至楊漣、左光斗輩駢首被戮，而毒流搢紳，元氣凋喪。余謂有明之亡，不亡於崇禎之有流賊，而亡於天啟之用魏璫。然則楊漣此疏，明室存亡之所繫也。而不用，且加誅焉。甚矣，熹宗之黯也。廷試孝廉方正、山東博平縣知縣臣楊祖憲敬録。

　　【校記】又見楊祖憲本。原題《御制文》，此題今擬。

序／鄭鄤

應山楊公以天啟五年乙丑七月二十四日慘死詔獄，附逆者嗾逆魏死之也。越三年戊辰，而今上龍飛，首雪公冤，賜謚忠烈，贈廕祭葬如制。公子之易，三疏鳴冤，皆得溫諭。今癸酉夏，走千里，過毘陵，出公遺文，屬鄤編定。鄤立朝淺，不識公。而以《論留中疏》有"權璫煬竈"語，早被摧折。公糾逆疏，猥荷齒及。景行之思與知己之感，耿耿十年。乃受編摹之役，篝燈結集，與之易相對飲泣。置而復理者三，凡十日成書。鄤爲之序。鄤惟公之精忠，光於日月；公之大節，鑒在聖明；兒童走卒，皆知公名，其何所俟敘述？獨是小人之傾公與君子之惜公者，世或未晰，鄤得而論列之。小人之傾公者，其說有二：曰移宮，曰封疆。夫移宮以尊朝廷，恩禮以安選侍，皆公言也。執公之後一言，以罪公之前一言，可乎？經畧之敗，公告君父有參疏，告朋友有恨書，直以楚人故，羅之曰護熊，可乎？蓋小人之言此者，借也。依違於小人之言者，借小人也。乃若君子惜公，其說亦有二：曰移宮太驟，糾逆近激。夫天子正位，宮人避席，何驟之有？公疏未發之前，逐閣輔、逐冢宰、逐宗伯司寇，璫燄何嘗不烈？君子之禍，何嘗不棘？又誰激之耶？凡爲此者，與於小人之甚者也。余觀公論事甚平，聞公與人甚和，嘗怪何以得禍至此。及讀遺編，憪然而歎：人事忌認真，而公最真；物情忌勘透，而公最透。一薰一蕕，迎而其氣不相入，不必待抨抨若瓦石之擊也。若夫大人乘願持世，亦爲天地間完一事兩事而已。宮移而公歸，逆糾而公死。先之未死，天以後一事屬公也。糾逆之疏出，而逆狀曉然於天下，奸魄斬矣。三年之內，次第誅戮其黨，而終於開我聖明，乾坤不毀者，公之功也。三朝大業，公隻手扶之，而公可以死矣。惟今皇上受命同於唐堯，而首行舜殛四兇之事。知我公爲第一忠也，表章獨先。恩卹獨渥，以教忠儀直於千百萬世，而公可以死矣。四朝知遇之盛，我公之報之未有已也。世道何以終泰而不否，人材何以有忠而無佞？我公之靈，在帝左右，神之聽之,能無念哉!集奏議、詩文、書牘各一卷,總若干萬言。崇禎六年五月十五日翰林院庶吉士毘陵鄭鄤序。

【校記】又見楊祖憲本。明鄭鄤《峚陽草堂詩文集·文集》卷五有録,題《楊忠烈公集序》,文字署有出入。鄭鄤(1594—1639),字謙止,常州人。天啟二年進士,因同情楊漣等,遭削職爲民。崇禎八年復起用,後因温體仁誣陷,被凌遲處死。

序/茹棻

余家有姚孟常文遠集，目載《楊忠烈神道碑》，而文顧闕焉。其書問中屬忠烈寄所撰《庚申紀事》，《明文海》又有李夢白《楊忠烈實錄序》。是二書者，余皆不及見也。嘉慶六年，視學楚北，按試安州，始得其裔孫所刻遺集而雒誦焉。其間頗殘缺失次，爲之歎息者久之。甲子季秋，試事既竣，其家將重付剞劂，而文孫徵策乃請序於余。余惟忠烈當泰昌天啟之交，義膽忠肝，志安社稷，被禍最慘，得名益彰，以至於今兒童、走卒罔不知其姓字、爲之感奮而興起，前賢之序詳哉！其言之尚安事余之贅述者，抑余更有説焉。爲常人子孫易，爲清白吏子孫難。何則？鄉黨無聞之人稍稍能自立，即可以小致聲譽；名臣之後，耳目所歸，其學其行有一不足以愜人心，則指而摘之者必衆。蓋望之者殷則責之者備，其勢然也。以余所聞忠烈之子之易死叛臣吴兆勝之難，贈卹有加；而比部可鏡，清名猶奕奕在郎署，庶幾不失門風者。今其家乃能擺脱常務，以重梓先集爲謀，亦可謂知所先後矣。故諾其請而序之，且爲釐訂其次序，校補其闕畧，俾就完好；而又以爲忠烈公之後人勖，使知夫象賢之難，不徒貌榮名而已也，徵策勉之矣。嘉慶九年歲次甲子十月上浣，湖北提督學政、會稽後學茹棻頓首拜撰。

【校記】又見楊祖憲本。茹棻（1755—1821），字稚葵，會稽（今浙江紹興）人。乾隆四十九年狀元，授翰林院修撰，歷官湖北學政、左都御史、兵部尚書等。文中"茹棻"，底本作"茹芬"，據楊祖憲本改。

序/錢清履

余束髮受書，讀《明史》，參家乘，即知先中丞公於前熹宗朝守大名時，縛治虎弁田爾耕，而又不爲禮於魏南樂，直聲日起，私怨日深；楊左獄興，閹黨相與嗾之，合爐以煅，削籍提問。是時璫焰甚烈，海内俊傑羅織殆盡；先相國文貞公亦以力爲高邑趙忠毅、同里魏忠節道地，涉冰履尾，幾至不測，未嘗不歎息君子道消小人道長也。忠烈楊公，當泰昌天啟交，主少危疑，權奸窺伺，而力爭封后移宫，首安宗社，此其意不僅以廷諍博忠直譽也。迨其後二十四罪之疏上，逆閹生畏辭廠，公之亢直足以震懾奸魄矣。然而宵人煽虐，鍛鍊借題，卒以莫須有之案，巋清廉之士，慘以忠死。天乎，冤哉！余承乏應山，爲公故里，敬瞻祠宇，并得遺集而竟讀之。古之稱立德、立功、立言三不朽，公皆有焉。公之文孫徵策以其舊刻殘闕，重謀剞劂，請一言於余。因思汪文言追贓之獄，兩家先世同罹被禍；公之令子憲副國初死雲間之難，先僉事死事閩中，皆優蒙贈卹；教孝教忠，後之能承先志者，亦若合一轍。辱承諈諉，敢不敬述兩家祖德臣忠以應所請？今徵策以優行生入貢王廷，行見爲楨爲幹，作濟時之具，其交相勉爲清白吏子孫也可。嘉慶九年歲次甲子仲冬月，知應山縣事、嘉善後學錢清履頓首拜撰。

【校記】又見楊祖憲本。錢清履（1761—1836），字慶徵，號竹西，嘉善人。乾隆四十九年舉人，歷官湯陰、應山等縣知縣，官至湖北河口同知，著有《松風老屋詩稿》等。

乾隆諭文

　　恭錄高宗純皇帝命皇子等編輯明臣奏議諭：《歷代名臣奏疏》，向有流傳選刻之本。《四庫全書》內，亦經館臣編次進呈。其中危言讜論、關係前代得失者，固可援爲法戒。因思勝國去今尤近，三百年中，藎臣傑士、風節偉著者，實不乏人。跡其規陳治亂、抗疏批鱗，當亦不亞漢唐宋元諸臣。而奏疏未有專本，使當年繩愆糾謬、忠君愛國之忱，後世無由想見，誠闕典也。即或其人品誼未醇，而其言一事、陳一弊，切中利病、有裨時政者，亦不可以人廢言。至神宗以後，諸臣奏疏內，有因遼瀋用兵，涉及本朝之處。彼時主闇政昏，太阿倒置，閹人竊柄，權倖滿朝，以致舉錯失當，賞罰不明。其君綴旒於上，竟置國是若罔聞。遂至流寇四起，兵潰餉絕。種種秕政，指不勝數。若楊漣、左光斗、熊廷弼諸人，或折衝疆場，或正色立朝，俱能慷慨建議，剴切敷陳。設明之君果能採而用之，猶不致敗亡若是之極。其事距今百十餘年，殷鑒不遠，尤當引爲炯戒。則諸人奏疏，不可不亟爲輯錄也。除《明史》本傳外，所有入《四庫全書》諸人文集，均當廣爲蒐採，裒集成編。即有違礙字句，祇須畧爲節潤，仍將全文錄入，不可刪改。此事關係明季之所以亡，與我朝之所以興。敬怠之分，天人之際，不可不深思遠慮，觸目警心。著派諸皇子、同總師傅蔡新等爲總裁，其皇孫皇曾孫之師傅翰林等，即著爲纂修校錄。陸續進呈，候朕親裁。書成後，即交武英殿刊刻，仍抄入《四庫全書》，將此旨冠於簡端。所有前次紀昀等選出神宗以後各奏疏，即著歸入此書。按其朝代，一體編纂。此諭。廷試孝廉方正山東博平縣知縣臣楊祖憲敬錄。

　　【校記】又見楊祖憲本。原題《御制上諭》，此題今擬。

序/楊懌曾

自昔忠直之臣，爲人所不能爲，言人所不敢言，至誠本於性生。矢志彌堅，遭禍愈烈，得失利害之見泯於中，又安計其文章聲譽之傳於後世、貽厥子孫哉？然其艱貞果毅之氣，間世而生，歷久不敝；英靈振河嶽，節義貫古今。雖片語單詞、一歌一咏，奕世而下，斯愛斯傳；況其危言讜論，正色抗爭，有關於國家之大者乎？應山楊忠烈公，當主少國疑之際，適奸璫竊柄之時，以給諫親承顧命，爭封后之非，主移宮之速；志安社稷，慷慨激昂，固不僅以剴切陳詞博諍諫之名也。迨二十四罪之疏，直指璫逆，而言出禍隨，丹血晨埋，沙囊夜墜。士君子讀史至此，未嘗不歎息痛恨於泰昌天啟間也。余於嘉慶己卯歲視學楚北，次年春按試德郡，求公之遺集，猶有存者。令其裔孫祖憲，採輯遺文，重加編訂。將以付梓，屬余爲序。余以公之文章氣節昭若日星，當明思宗時，雪奇冤，闡幽憤，隆禮祀之儀，進易名之典，卹贈攸加，亦云厚矣。至我朝襃揚忠節，特立祠宇，並與春秋祀典，尤從來所未有。即前賢表章遺蹟言之綦詳，余不文，敢復爲贅述以貽譏陋譾。顧余聞公少讀書時，與其兄清慕同邑二宋、二連名，相與砥厲名節。公以進士除江蘇常熟知縣，舉廉吏第一，擢給事中。公之令子之易於國初官松江府司馬，死叛臣吳勝兆之難。公冢孫苞宰上林、洛陽、桐川諸邑，任廣德州刺史，循聲卓卓。玄孫可鏡在郎署時，清名奕奕，不墜家風，亦足見忠貞之所遺者遠矣。茲祖憲以徵士蒙恩簡用山東博平縣令，出而膺民社之責，必能善承先志，行將以吏治報國，無負朝廷選舉曠典，正不徒以蒐輯遺文，揚先人之清芬已也。賜進士出身、巡撫湖北等處地方事務、前湖北學政、光祿寺卿、太常寺卿、稽察左翼宗學、都察院左副都御史、禮部左右侍郎兼署湖廣總督、六安後學楊懌曾頓首撰。

【校記】又見楊祖憲本。楊懌曾（1763—1833），字介坪，安徽六安人。嘉慶六年進士，官大理卿，道光十年任湖北巡撫兼署兩湖總督。著有《使滇紀程》《使滇吟草》《介坪自敘年譜》。文中"玄孫"，底本作"元孫"，避康熙諱，今統一修改，後不再說明。

序／王贈芳

嗚呼！光熹之際，明事之壞極矣。其君子危言激論，其小人乘間抵巇。迨閹宦擅權，衆小人爭投門下稱義子，且借邊事以鋤正士，而諸君子皆死詔獄。其爭移宮、翼熹廟，有大功於社稷若忠烈楊公者，亦以拷掠斃獄中。蓋漢誅黨錮，唐戮清流，未有若斯之慘酷者。公應山人也，大節具載《明史》。雖厮養童稚，無不知公名。當光宗不豫時，選侍據宮邀封，輔臣怯懦持兩端，微公則熹廟幾不得立。逆閹用事，公首劾其二十四大罪。閹銜之，欲寘之死，遂羅織之。公及諸君子死，而明遂亡矣。贈芳幼讀《明史》，慕公大節，誦公所上疏，如見對仗彈奏時，然以不獲覯公集爲憾。道光五年，視學楚北，訪其後人求遺集。時公八世孫楊君祖憲，以學行世，其家舉制科高等。讀公之文，又竊幸忠良之有後也。又五年，贈芳以諫垣出守，適楊君謁選爲宰，同官於齊，因衷遺集索序。謹按：公集在明時僅遺稿二編，爲公嗣子之易手録。厥後一編於直指李公，再編於學使者茹公；搜羅散軼，增其卷帙，刻之者公冢孫苞及七世孫徵策也。楊君在京都，又從鄉先進葉、陳兩君子，訂譌補闕，釐爲十卷，視前集有加焉。公大節高千古，固不必以文章顯。然忠義所發，凛然生氣，文必傳，傳必不朽也。嗟乎！當熹廟時，亂國者特無知逆豎耳；其謟附之以取富貴，又爲之傾君子以快私忿者，皆士大夫也。彼其人，亦或能文章、工制誥，然至於今，閹宦義兒之名，婦孺猶賤惡之，而其子孫亦恥爲之後。獨諸君子之死詔獄者，名垂宇宙，望之若天人。後之賢士大夫莫不重其人、愛其文，傳之奕葉，又能掇拾遺編以昭示無窮。蓋雖斷殘剥蝕，猶堪寶貴，况公之著述彪炳於天壤哉！嗚呼！公之遭閹禍也，公之不幸也。設當懷廟時，得公爲之斷大疑、定大計，度朝事不至大壞。天不祚明，遽殲其良。公之在熹廟，一如道鄰、蕺山諸公之在懷廟也。社稷之臣，死不重於泰山哉！公文章不具論，獨反覆於光熹之際、君子小人之消長，以復楊君。俾讀公文者，論其世，知公之存亡繫明社之安危云。賜進士出身、雲南鹽法道、前知山東濟南府事、掌河南道監察御史、翰林院編修、廣西福建湖北主考官、提督湖北學政、廬陵後學王贈芳頓首拜撰。

【校記】又見楊祖憲本。王贈芳（1782—1849），字曾馳，號霞九，廬陵（今江西吉安縣）人。嘉慶十六年進士，授編修。道光五年充湖北鄉試副考官，旋任湖北學政。學宗宋儒，工詩古文，不拘體格，著有《綱鑒要錄》《慎其餘齋詩文集》。

序／陳運鎮

　　君子之死於小人也，惟傷心於國命之短與君之不明、民之無祿，而卒不自沮自悔。與小人以生我殺我之權，蓋與以權，則小人之勢張，君子之氣奪，士大夫廉恥之道喪，而國虛無人，亡有餘辱。若明季之諂事魏璫，錄黨人，建生祠，至以八座甘爲乾兒義孫。彼豈獨非人類？特以視逆璫如水火雷霆之不可犯，故喘息奔走而恐後。孔子曰："不知命，無以爲君子也。"夫匹夫匹婦餓死填溝壑，莫不由命，況仁人義士之可以動天地泣鬼神者乎？吾鄉楊忠烈公，以劾逆璫慘死詔獄，或以情過激而氣過亢，爲公太息。蓋其叱門入臨，屬聲移宮，已爲羣奄側目矣。至忠賢玩弄孺子，盜竊魁柄，變甚於甘露，禍幾於望夷；公一糾其內批屢降，再劾其二十四大罪，猶徒手冒白刃，庸愚已知不免。而公獨欲力回天聽，即鼠磔狗烹以謝天下者，誠惡有不可忍而危有不可待也。嗟乎！公秉剛直之性，事童惛之主，投奸權熏天之焰，又值舉朝泄泄、門戶分競之時，土崩魚爛而不可救，安得不報國以一死？是即公之命必無生理，而天之所以處公，亦別無可委曲而矜全之者。夫惟知有命，則血肉狼籍、尸填牢戶，皆數窮理極之固然，與疾終枕衾，啟手啟足而無憾者，同一存順歿安也。使公濡忍須臾，不死於詔獄，必死於黨人；不死於黨人，必死於甲申之變。等死耳！然賴此一疏，卒族滅逆奄，奸黨皆正其罪，公與同獄諸君子亦畢得昭雪，是一疏之功亦甚鉅也！獨是公得死矣！所爲明惜者，公有救時之才、應變之識，以搶攘多難之秋而不得一試。觀其料遼瀋黔蜀之勢，策將制敵，深中事機。以之籌邊，何減韓范方畧？即退居田里，翛然物表，於疆場安危之故，惓惓不忘於心。使當時居政府展其謀猷而申其忠悃，必能治兵練餉，邊患少弭。內而止深宮之兒嬉、輯在廷之黨禍，而委鬼茄花之毒，亦有所卻顧而不敢發。豈不足安將屋之社、廻已墜之日哉？然天既傾明之命，焉得延公之命？六芝生獄之祥，已先告之矣。豈逆奄之果足殺公？又何憾於逆奄？宜公於垂絕，有刀斫東風之喻也。其文多散軼，已刻復脱訛漫漶。今八世孫祖憲以舉孝廉方正科入都，屬司校勘之役，將復刊爲定本。鎮幸得訂其遺集，謹薰沐雒誦之。公不待以文字顯，然讀其文，或嚴峻而峭直，或周慎而和易，可以知其學之正與養之優。有道之言自足千古，而豈與豎儒争勝於區區章句間哉？賜進士出身、工部屯田司主事、孝感後學陳運鎮謹撰。

【校記】又見楊祖憲本。清陳運鎮《景士堂文集》五卷有録。陳運鎮（1774—1835），字其山，湖北孝感人，嘉慶十四年進士，官工部主事。

序／陳繼儒

余七十有七矣，靜坐空山，始悟得四字：曰能言，曰立言。能言者，以筆鋒為主，如嘲風弄月之類，此花草之文章也。立言者，以世道為主，如指佞斥奸之類，此節義之文章也。吾讀忠烈大洪楊公之集而悲之，當光朝賓天，熹宗未登宸極，公力爭鄭貴妃之封后、李選侍之移宮，呼吸危疑，間不容髮。賴公明目張膽之孤忠，立消垂簾稱制之隱禍。機妙防微，禮明正始。奉諭以志安社稷褒公，公踽踽不自安，惟有急歸一著而已。猶引榻前遺詔，首請冊立長孫，恭上大行皇帝尊諡，追崇聖母尊諡；條奏邊疆事宜、攻去司馬，皆職掌中第一救時之大奏議也。自此叩闕出城，豈復夢春明門一寸地哉？適奉旨敦趣，歷轉太常御史大夫之副，目擊魏忠賢與客氏表裏為奸，聲討二十四罪。公未嘗以能言名，而言言從世道上起見，讀者知其滿腔皆節義矣。魏璫雖橫，尚有憚心，僅出公回籍。而羣邪羅織不已，借題目曰通內為王安復仇、曰封疆為熊經畧營脫，誣坐二萬餘贓。以此壓公頭、鉗公口，立盡公家產親丁。雖直不疑長者莫能辯，孫叔敖子孫莫能措矣。即從來奸黨巧殺正人君子者，無此法，亦無此題目也。緹騎入門，談笑如故。合郡有欲謀奪還公而磔官旂者；有揭竿數萬餘、開諭不散，公三木囊頭，且拜且泣"無更累族誅"，然後得解者；有村市設醮，祈公生還者。比就纍車，自老嫗、萊傭、瞽瞶、乞兒，有持錢以贈緹騎，即緹騎亦為感動。有禱於關將軍之廟者，河南州邑有裹糧送公，及黃河而返者。輿櫬歸鄉，大河南孔。道間，有頂香前迎、提椒漿麥飯以祭公者。至則七十餘老母宿於城樓，六歲之幼子幼孫密寄廬山僧舍。不旐不祧，暴露白楊之棺；不樹不封，攢弔青蠅之客。童僕多魚驚鳥散，三子正破卵覆巢，伯兄清既奪其郡丞又罄其資產。獨存塵埃數卷集，幸未為邏卒偷兒掠去。此荊卿白虹、萇弘碧血也，冥冥中果有護呵者耶。嗚呼！媚璫亦文也，擊璫亦文也。媚璫者，如上公之敕書，生祠之碑版，賀殿工之表牋，如像贊，如榜額。兇焰未冷，唯恐其一字一句之不工也。冰山既消，又唯恐其一點一畫之家傳而户頌之也。種種諛詞，蠅矢耳，馬通耳。畀之豺虎，豺虎不受；投之犬豕，犬豕不食。而敢與楊公節義文章争日月之精光、鬭雲霞之麗采哉？公非特二十四罪疏也。移宫之後，疏勸先皇帝厚撫弟妹；垂絶矣，決不肯以"殺諫臣"三字歸過朝廷。造次顛沛之時，終未斷忠君愛國之初念。大人君子之立言蓋如此！而謗公者，反謂其陷君於不孝、陷友於彌天黨錮中，豈非冤外之奇冤哉？公嘗曰："吾欲爲楊震仰藥，不願；爲張儉逃亡，不屑；爲三閭大夫之沉湘，又不及。但以狼籍骸骨付酷吏，以模糊血肉付鼠蝎蟻蟲。君門咫尺，庶幾史魚之尸諫乎？"公之精忠上感太廟，則京都地震天昏；下感獄神，則獄産靈芝五色。而胡爲非刑勒限者，欲殺公父子如故也。且吏部郎蘇公繼歐饋公一飯，尋以削籍自經矣；熊經畧欲爲公出辯贓，疏不爲上矣；血書絶筆，禁不爲通矣。獨有見義必爲、死生不顧、手書募疏者，李公行志也。設櫃四門者，夏公之彦也。捐金贖産、刱廟貌、編賞録者，胡公繼先也。訂正遺集者，游公士任也。寓武林三月，捐資刻集者，兄清也。恨當時刺客不忍刃公，義民俠士周旋艱險而不忍去公，皆避禍，姓名無傳焉。而又恨借題殺公者，復多漏網，請生鐵鑄像，如岳祠秦檜故事，跪列階下，以快朝野之憤憤可乎？今聖天子錫以上謚，贈以上公，祠之蔭之。三子兩上書，兩以温旨報，顯忠遂良，奸邪膽落。髯先生其可以大笑地下而無遺恨矣。崇禎甲戌八月甲子日，華亭陳繼儒頓首撰。

【校記】又見楊祖憲本。陳繼儒（1558—1639），字仲醇，華亭（今上海松江）人。早年为諸生，後隱居杜門著述，著有《陳眉公全集》《小窗幽記》等。

序／翁長庸

　　明都察院左都御史，謚忠烈，應山楊公之死璫禍也，海內人士莫不憐而哀之。下至田夫、牧豎、兒童、走卒，亦能稱道其行事而唏嘘感泣者，垂四十年。時異世殊，滄桑匪故，而凛然大節，日星河嶽，耿耿在人耳目間。吁，至矣！余，虞人也，公令虞時遺風善政猶有存者，虞之人至今尸祝之，於是知公最悉。繼而哦誦公之遺言，慷慨激烈，廻環沉痛。精忠大義，浮過楮墨。乃作而吟，伏而思，益知公當日所以毅然為國家擊大奸、攖大禍者，蓋皆以求成其志，而非欲以忠臣之名，冀天下後世之憐而哀之也。當光廟賓天時，主少國危，婦寺專擅，幾為宗社憂。公親受顧命，身處危疑，正色抗爭，不避艱險，卒定大計、安社稷。向令奸黨已固，逆謀已成，一忠臣孤立於朝，不難以法中之。安危呼吸，間不容髮，岌岌乎殆哉！當是時，公之志固早辦一死矣。迨權璫竊柄，正人君子相繼罷黜。公聲罪首攻，義形於色，二十四罪之疏出，雖奸魄少奪，而吉網羅鉗，隨而媒孽。其後亡何，逮繫詔獄，刑辱慘毒，不免於難。自古忠臣得禍，未有如公之甚者也。斯時也，公豈不知璫焰之必不可滅、聖意之必不可回、直道之必不可容、國事之必不可救？而決然為此者，亦謂擊之而勝，則社稷之福，不勝則繼之以死，為朱雲之檻，為侍中之血，為博浪沙之椎。皇天后土，實鑒臨之。公不云乎："不願為楊震仰藥，不屑為張儉逃亡。"是則公之志也，而公之志於是乎不朽矣。厥後莊烈御極，渠魁殄滅，首雪公冤，顯忠遂良，易名表墓，恩有加矣。而公之子憲副公，偕其弟泣血上書，兩被溫旨。一時諸奸屏迹，正氣得伸，公之志始大明於天下。要之，公當日者，豈逆計夫後之必大明其志而後一決於死也哉？迨我朝定鼎之初，叛帥難作，吳下騷動。憲副公方為郡司馬，伸大義、明臣節，卒以死殉國，海內人士又復憐而哀之。幸忠烈之有子，是則憲副之志一忠烈公之志也。庚子秋，余膺分守之命，承乏河南，得與公之家孫雛陽令竹如君交。循良政績，追蹤召杜。慈母神君之號，遍播河雒間。他日晉高位，佐天子，經營盡瘁以無負乎忠烈公之教者，其又何如也？嗟乎！忠烈公所以成其志者如彼，其子若孫所以成公之志者又如此。忠烈公其亦可以無憾也已。公之文，凡奏議、書牘以及詩歌、古辭，無慮數萬言，所謂存什一於千伯者，都爲若干卷。其忠君憂國之思，一篇之中反覆致意。讀公之書者，其知公之志焉。余也不文，因竹如君之請，率筆而爲之叙。非敢曰"掛名文字中"如古人所云也。雖然，忠烈公其僅以文傳也歟？康熙元年歲次壬寅、律中無射、河南等處承宣布政使司、虞山後學、通家治晚生翁長庸玉于甫拜手題并書於退思堂。

【校記】又見楊祖憲本。翁長庸（1616—1683），字玉宇，號蓼野，常熟人。本鄒姓，出繼翁氏。順治四年進士，官至河南布政司參政，爲政寬仁，人稱"翁佛子"。著有《蓼野年譜》。

序／于鼎培

余少知學時，即嗜披史篋。至於奇行芳躅，尤切追維。第苦臨於簡幅，或一人僅得一節之傳，心嘗惜之。及壯歲，遍遊燕趙秦楚間，所歷忠孝盛跡，雖殘碑斷碣，必拂拭而讀焉。非敢謂仰止高山，景行能至，亦欲知古人行事之始終，而觀其心之所由也。惟楊忠烈公，當泰昌、天啟之時，排斥權奸，力挽蒙晦，而卒以冤死。其奏疏載於《明史》者，固已渙若日星矣。竊謂精誠以結而後固，剛氣以養而後充；意公蓄之於平日，必事事卓有可風者，恨其不盡傳也。道光辛巳，余適承乏應山，敬瞻公廟，並得其文而讀之，益爽然於忠愛之由，而於公無間然矣。蓋人臣報國，盡職非難，不欺心爲難。古來執諫章而遭不測者，人亦間有。然其間，或激於人言之逼迫，而姑以塞責；或出於豪俠之期許，而忍以沽名。是雖直節昭然間有可取，而論世者綜其平日之陳言往行，加以繩尺，究不因一時激厲恕其平日之瑕疵，謂其心之不純也。謹閱公文，自奏疏而外，即爲歌咏，爲啟劄，爲記序，無非纏綿愷切，本於正己規人、安邦輔主之至意；從知當日慷慨立朝，從容赴節，皆至情至性之所流，而莫能自已。時遭其變，心守其常，豈矜一時之激厲者所可比哉？夫海內士聞公之名者，罔不盡然而涕落，況余入仁里讀遺文，其敬仰前徽而思所以自正其心者，宜如何而銘刻之？公裔孫祖憲，品學深醇，奉我皇上御極恩詔，策名孝廉方正，疊膺殊寵，擢爲宰官。素知余之景慕乎公也，祈余爲序。余前已謹製偶言泐公座側，以誌依思矣。茲復因公之文，想公平日之居心，首一言以自謹。而爲其子孫者，更宜思淵源有本，敬承罔替也。道光十年歲次庚寅仲冬月，知寧波府事、前應山縣知縣、營山後學于鼎培頓首拜撰。

【校記】又見楊祖憲本。于鼎培，字彝香，生卒年不詳，營山縣（今四川營山）人。舉人出身，道光年間曾官宣城縣令、台州知府、溫州知府。

序/朱士彥

有與立人也，古者養之庠序、試之言事、求之夢卜，而後有楨幹之材、有金石之節，可以爲國家用，治水、播穀、敷教皆是。凡不幸遭變故，則竭股肱、罄志慮、忘其身以圖其君，死而後已，天下恃以無恐。三代之王也，得人最盛，傳世亦最遠。後世晉宋既遷，猶支百餘年，豈非諸君子維持之，使不得遽斃哉？漢之季世興黨錮而漢從以亡，唐之季世沉清流而唐從以亡，國無人焉，失所憑依，欲不亡得乎？明之盛時，用人出於公議，行政責之輔弼，相承二百餘年。熹宗冲年嗣服，内無慈聖，外無江陵，太阿之柄授之奄人，宵人乘之，使修振瑾故事，而君子被禍，與漢之陳竇李杜無異。自是明遂不振，十數年而社稷爲墟。夫萬曆之末，非有亡釁也。諸君子皆未老，使少緩須臾，則七年之後莊烈反正，衆正盈廷，雖爲元祐可也。天命靡常，假手於奄，使翦刈忠良，斲喪元氣，而後庸臣負乘，萬事隳壞，遂魚爛土崩而不可止。人之云亡，邦國殄瘁，非一朝夕之故也。應山楊忠烈公以移宫劾閹而被禍者也，功業文章載在明史，固足以傳後世而貽子孫矣。憶歲甲戌，予督學楚北，首試安州。文孫祖憲，本世德之清芬，承家學之淵邃，功深養粹，屢拔前茅，今以孝廉方正出宰博平，捐冰俸以梓先集，請序於予。予於文非所知，而君子之與國家爲存亡，則自古爲然也。謹序之，以質祖憲，且以告後世，使永鑒焉。

道光十二年仲春月，經筵講官吏部尚書前兵部左侍郎都察院左都御史提督湖北浙江學政，寶應後學朱士彥拜撰。

【校記】見楊祖憲本同治四年重刻本"序"。朱士彥（1771—1838），字修承，寶應縣（今屬揚州市）人。嘉慶七年進士，歷官左都御史，工、吏、兵諸部尚書。熟悉河工事務，參與編纂《國史·河渠志》。

重刻楊忠烈公文集序 /胡鳳丹

　　有明一代惟楊氏最著，前則三楊以相業顯，後則二楊以忠直稱。二楊者，應山大洪先生及容城椒山先生也。二先生孤忠大節，數百年後凜然如生，兒童走卒皆能道其姓字、欽其風烈，無庸更贅一詞。《忠愍集》余於同治壬申冬與日照丁心齋觀察校勘一過，已授梓人。而《忠烈集》則以未獲善本遲之又久，始克從事，昭其慎也。因念余游楚十餘年，是邦先賢如熊襄愍、賀文忠皆與忠烈官同朝，生同鄉，而其遺書余皆得而讀之，且爲精校而重栞之。雖數公固不藉文章以傳，而以余之譾劣則何幸而坿於數公以傳耶？原刻附錄罥傷於繁，竊不自揆，僭加刪節。餘悉謹仍其舊，無敢妄參末議云。光緒三年春三月，永康胡鳳丹月樵甫識於鄂城之退補齋。

　　【校記】胡鳳丹（1828—1889），初字楓江，後字月樵，浙江永康人。清同治五年來武昌，以道員補用，綜理厘局。翌年受湖廣總督李瀚章之邀，創辦崇文書局，任督校，所出書被海內視爲佳本。光緒元年任湖北督糧道。喜吟詠，與湖北士人唱和，輯有《鄂渚同聲集》。致仕後，廣泛搜采鄉邦文獻，編成《金華叢書》，又於杭州設退補齋刊刻書籍。著有《退補齋詩文存》《大別山志》《黃鵠山志》《鸚鵡洲小志》等。

序/劉斯嵋

　　明應山楊忠烈公在泰昌、天啟時，諫封后爭移宮，有功於社稷，卒以劾逆瑺慘死詔獄。至今海内人士論公遺事，稱述其被禍始末，莫不傷心流涕，切齒於殺公者，欲劊刃其胸以爲快。而公之二十四大罪一疏，傳誦二百餘年，猶凛凛有生氣，使讀者怒髮上指，則豈非天理之在人心、終未嘗泯没？而公之大節固赫然與日星河嶽共千古者哉！雖然，公之心初不欲以節著也。自念給諫小臣預聞顧命，當中外危疑之際，以一身支拄其間，禍變之來，閒不容髮。乃卒消患未萌，克定大計。此以知天下事之尚有可爲，或者竭其區區一念之誠，冀幸於天心厭禍，宗社庇靈，啟冲主之英明，一旦取元惡大憝而剪除之，使正士並進，國脉再延，則即擯棄其身，終於困窮以死，此心可告，無憾於祖宗天地。而豈知天聽之必不可回，國事之必不可救，徒糜爛支體以熾奸黨彌張之勢，而明社亦不旋踵而就屋焉。噫！公於是時，蓋死有余恨矣。而論者謂公慷慨一疏，等於博浪沙中之椎，惜乎其不中。嗟乎，此激於血氣之私者之所爲，而豈公之心也哉！公有文集十卷，重梓於八世孫。今博平令祖憲，斯嵋幸與同官，乃得受而讀之。見公之律己介，待友忠，慮事周，持論正言，言皆根於至性，而嚴峻陗厲之中復出之以和易詳審。然後嘆公之剛毅，雖禀之於天，而其爲學與養，實有大過人者。蓋粹然義理之正，無復有血氣之私參焉者也。然則有公集而不感發興起者，尚得謂之有心與理也哉？則敬由公之節以原公之心，而益引伸夫天理人心之必不可泯没者，書以爲天下後世勸云。道光十四年歲次甲午仲春月賜進士出身、山東承宣布政使司布政使、前翰林院編修、湖廣京畿道監察御史、南豐後學劉斯嵋謹撰。

　　【校記】劉斯嵋（1781—1838），字眉生，江西南豐人。嘉慶十六年進士，官至山東布政使。劉斯嵋辦事細心，善於處理刑法錢糧事務，陶澍稱其"廉幹勤明"。

序/陳嘉樹

嗟乎！忠烈公之已事，覽前史而根觸於懷者久矣。余既識其八世孫星若於齊川，得讀全集。壯公之節，哀公之志，因爲之書其後焉。禍患可避而不可避，首領可完而不可完；自古皆有死，而所以處死者難。溯先生之學識，激金石而益堅。身再起而報國，疏屢上以言邊。使遲生數十載而遇懷廟之求賢，庶幾諫行言聽，聲施爛然。胡爲乎釁逢東廠，變起中涓。觀黃芝之頓萎，殊無解於生公之天。慨世運之流極兮，邁陽九與百六。眷貴妃與選侍兮，紛鄭王之戚屬。幸宮門之百争，得皇途之一肅。迨再敗於貂璫，侮搢紳而流毒。影空妖蜮之謀，邪禁神羊之觸。宰臣中立而依違，臺諫一鳴而竄逐。彼衆小人之造禍兮，豈一君子之所能支。既不肯內交乎奉聖、外結乎義兒，徒以匹夫之口，與衷甲之逆閹日搆其是非。以公具觀時之識兮，豈不知事之不可爲。胡不熟籌乎成敗兮，而甘報以捐糜。惟天之於公兮，舉人綱以相付。使正告有明之臣庶兮，無膽喪於奸回，毋智昏於阿附。獨以廿四罪不報之章，殿三百年以衰之祚。故生公以存理，而殺公以存數。惟公之自處兮，匪謇謇以表直，匪落落以干譽。嗟理弱而媒拙，恐導言之不固。時蔽美而稱惡，悵君王之不悟。羌余信有此蛾眉兮，豈謠諑而改此度也。種蘭茝而不芳兮，又奚暇悲所遇也。溯立言於太上，酌功德而維均。苟中情之無實，奚陳義之紛紛。亙天地之正氣，薈萃於先生之一身。聚先生之元氣，顯著於不祧之斯文。掃粃糠而却埃壒，壯白日而薄青雲。立千古之極則，匪孫子之襲珍。余將使鸞皇之先戒兮，倚閶闔而乞靈芬。賜進士出身、山東濟東泰武臨道、前日講起居注、官翰林院編修、後學陳嘉樹頓首拜書。

【校記】陳嘉樹（1781—1841），字玉亭，号仲雲，江蘇儀征籍，居揚州。道光二年進士，授編修。歷官山東濟東泰武臨道、江西布政使等。子陳輅，撰《陳仲雲行畧》。

序/蔣立鏞

　　君子之於小人，若水火之不相容，薰蕕之不相合。故君子見奸欺無君者，攻之不遺餘力；然求其無害於國而止，不必遽置諸死也。小人則陰伺巧中，快心於搒掠斬殺，血肉狼藉；使善類股栗，畏其毒而逃其災，然後爲所得，爲莫敢吾抗。而不知惡盈禍極，殞身赤族，其慘烈有甚於君子創懲所不忍至者。而國隨顛覆，無救於亡。此忠魂毅魄所爲痛哭於九原，而遺憾於君之不明、天之不祚者也。吾鄉楊忠烈公以劾魏璫，慘死詔獄，天下莫不傷之。吾謂公之死於逆豎也，猶死於蛇虎寇盜鬼魅也。古今類然，亦何足異？所可惜者，公有應變之才、持重之力、識遠之量，値多事之際，足以扶危而立傾，振衰而興廢；以立朝未久，任事未重，僅以氣節顯也。而天下且驚之，後世且慕之，是以龍比視公，不知以伊呂視公矣。夫公未嘗與朝士爲讎，特以盛名直節，爲人嫉忌，故謗傷者衆。思避其鋒，而卒之不免。蓋時黨禍方熾，逆璫既切齒而甘心，羣小即阿附以相戕敗。而正人又分門户於其間，視其死爲不切於己。故與同獄諸君子，體無完膚，而尸填牢户也。觀公之請移宮也，未嘗不欲善全李選侍；其諫内批屢降也，未嘗不欲戒諭忠賢，使保全恩寵。其後司風憲也，忠賢少知顧忌，久不敢肆，公亦安之，冀其改圖。自非惡不可忍，公亦不至盡列其罪，呼祖籲天也。其論遼瀋、黔蜀敗衂之勢，應敵擇將之道，洞若觀火，殷憂碩畫，在遠不忘。其恬退田里，又有翛然塵表之致。或謂公之情過激而氣過亢者，實未嘗合公生平始終而熟察深論之也。夫公之死慘矣，不一瞬而起東林之獄。其慘亦不減於公，豈皆劾逆璫者哉？道消道長，其勢然也。嗟乎，公之一疏，雖不足啟昏主之聰，伸直臣之氣，而逆璫族滅之禍，實發於此。然則公固非無功徒死者也，況雪冤賜謚，贈廕優加，至我朝猶廟食不替。雖非公所冀倖，然是可爲效忠者勸也。夫公固不徒以文字顯，然讀其文，可以想見其性情之和平、志氣之堅定，悉由學之正與養之優，而非倖直以亡身與脂韋以避禍者，所得藉口也矣。日講起居注官翰林院侍讀學士前左右春坊中允贊善國史館纂修河南廣西主考官鄉後學蔣立鏞頓首拜撰。

【校記】又見《湖北文徵》卷八。蔣立鏞（1786—1847），字笙陔，竟陵（今湖北天門）人。嘉慶十六年狀元，授翰林院修撰，官至內閣學士兼禮部侍郎。蔣立鏞，底本與《湖北文徵》皆作"蔣立鏞"，今據《清史稿·仁宗本紀》等改。

序／程度

　　夫藎臣報國，片言足繫安危；志士成仁，一身早輕生死。是以倉猝定龍飛之局，本不求名。痛哭發魚貫之奸，明知有禍。迨至長途被逮，徒聞黃犢之吟。昏夜捐生，不少青蠅之吊。天何此醉，人實無辜。生不辨夫是非，歿爭光日月。則千秋萬世，長留義膽忠肝；即斷簡殘縑，有甚吉光片羽也。公望重關西，靈鍾楚北。四聲能辨，五賦立成。通經則觀或壓藩，習字而指恒畫地。咿唔丙夜，奎光增藻於吹藜。疲憊丁年，藥粒回生於屬纊。吹笛如聆《七發》，龍口逢人。題名得與三升，鳳池讓友。於是地臨畿赤，身縉銀黃，鳴宓氏之琴，宰子游之里。拔薤一本，鋤强摘伏以如神。麥秀兩歧，禱雨祈晴而立應。文翁闢石室之教，盡得心傳。秀實懲神策之兵，早知膽氣。廉聲登乎上最，鉅任晉乎華資。方當臺閣生風，正值朝廷多事。斯時也，天下企膽新政，宮中覬覦清封。治亂所關，綱常攸繫。公力持大體，頻上封章。以新進之小臣，受托孤之重寄。扶持上殿，髯子官真是忠臣。敦迫移宮，鱗趾門直訶內豎。定倉皇於朝寧，心止披丹。雜宿衛於宮門，鬚爲盡白。猶復直陳始末，不自爲功。曲意調停，一守乎義。宜其寵眷早隆於先帝，優詔特下於沖君也。然而名重則忌生，功高則謗至。公先幾爲哲，兩疏辭官。致仕豈苦笥之由，挂冠遂還山之志。亦謂《蘭陔》式詠，慰寸草於三春。豈復槐閣攖情，賦《皇華》於《四牡》。乃銀信促鄴侯之觀，紫泥榮常景之除。旋擢僉都，又登亞相。一歲之內，三遷其官。公感激主知，敦厲臣節。青蒲奏事，濃飛簡上之霜。黑夜緘題，暗滴眼中之淚。勢已成於騎虎，患不計夫芥蜂。蓋自廿四罪之疏上，而一萬贓之誣伏矣。彼閹也，始遣刺而未成，繼削職而使去。購來死士，反欽忠孝之名。擬劫行裝，轉起清廉之譽。惟是茄花委鬼，已兆童謠。金虎宮鄰，卒成黨禍。遂乘機而搆釁，特矯旨以追贓。緹騎晨飛，檻車夕發。數千里擔夫走卒，代乞生還。一二輩義子乾兒，釀成死計。獄比同文而更慘，星占貫索以偏明。

卒使擢地黄芝，一朝盡萎；亘天白氣，徹夜猶明。碎首有類於滂膺，暴尸幾同於喬固。血衣幾幅，殘骨一堆。凄凉廣柳之歸，於邑崩松之慟。白頭誰托，祇寄跡於城樓；黄口何依，僅隱身於復壁。此則普天飲恨、行路銜冤者矣。既而陰雲解駁，太陽升空，盡翦兇璫，立除大憨。錫恩諭祭，既邀勝国之榮。編録褒忠，欽荷聖朝之卹。明德之後，必有達人；令子分符，又經殉節。加以文孫拔萃，特蒙異數以旌賢。後起登科，更沐臨軒之殊遇。今博平星若明府親翁，公之八世孫也。入應徵車，出理劇縣，重刊公集，見索荒言。度桑梓敬恭，斗山景仰，未向靈祠而肅拜，先披遺翰以莊吟。河嶽英華，吞八九之雲夢。日星炳曜，垂萬古之風規。回憶社鼠城狐，消亡立盡；益見祥麟威鳳，精爽如存。自愧測蠡，莫由導揚夫休美；有如窺豹，聊伸嚮往之悃忱云爾。道光十四年三月賜進士出身山東即用知縣姻晚學生程度頓首拜譔。

【校記】又見《湖北文徵》卷十。程度，字謹侯，湖北蘄水人。道光九年進士，官朝城縣（今山東聊城市莘縣一帶）知縣。

卷一

奏疏

劾史繼偕疏一（萬曆四十八年）[1]

爲邪臣欺罔無忌[2]，揆銓擬據非宜，謹就事糾參，以儆官邪，以重要地事。

臣惟從來權臣壞人國家，莫毒於恣睢無上，而實釀於一念之敢爲欺；莫惡於笑罵由人，而實慣於一事之不知畏。未有明辱大典，而居之不疑；蔑視公論，而悍然罔顧。如今枚卜首推吏部右侍郎史繼偕其人，以鼎元私門生莊際昌一事，尚可聽其攬揆佐銓以遺禍夫國家者，臣請爲皇上訟言之。

我朝收羅賢儁之用，極重進士一途，至於殿試第一，尤屬御墨親題，華裔傳誦[3]。故文必取其典重蘊藉，字必取其端楷整嚴；非爲華國，實以尊君。此何等關係，何等重大，而可以私干者？上年三月殿試，中式舉人莊際昌對策文卷，文理姑不具論，其第三行洗刮七字，別寫"醪"作"膠"一字。監試收卷等官，相傳共笑。且已傳語閱卷、總裁諸臣，以爲萬不可進呈矣。一堂之中，非聾非瞽，誰爲不聞不見？而臚傳之日，畢竟際昌爲第一人也。寫別字者壓卷，豈一榜盡目不識丁？多磨刮者先鳴，豈諸卷都塗鴉一片？此雖閱卷之故宰趙煥、總裁之輔臣方從哲，或以擁戴念重，或以護法情迷，朋比私交，辱朝廷而羞當世之士，罪誠不容逭；而門墙桃李之私，里黨瓜葛之故，先事關通名姓，臨時違衆贊成，則繼偕也。此一段欺君辱國公案，比以《士師》之律，繼偕爲造意主謀，而趙煥、從哲特指使下手之人耳。當臺省交參之日，銓臣閣臣認罪之時，繼偕若猶有人臣禮，急宜踧踖自陳，直告皇上，以門生座主有心接引，忘其紕繆有辱大典，罪該萬死，敬束身席稿，以聽皇上斧鉞。即不然，當際昌抱頭回籍之時，少且杜門思過；以芒負不自安之意，明與天下人士共見，徐俟公論之寬原，猶庶幾有大臣畏君、畏法之意。乃竟無一字一語，懺過請罪於皇上之前。若以其身爲事外之人，以其事爲無甚關涉之事，閃身暗地移罪同人，捱過一關再進一步，繼偕之自爲計則得矣。夫且視皇上爲何如主耶？蓋自今日教習弘開[4]，庶常錦集，而是榜狀元安在？鼎折其足，士喪其元，於人文爲無色，於國體爲不祥，誰實爲之，以至於此？而到任之日，猶儼然以衙門前輩[5]，獨坐專席於多士之上。不惟顔甲十重[6]，亦已目無三尺矣。

　　臣不暇遠引劉三吾事例，即如皇上近年沈同和之爲假元也，取之者誤也，非故也，主考吳道南去，副考劉楚先去。湯賓尹之取韓敬也，文實無差，衹以舊日往來之迹，韓敬落拓十年，賓尹竟坐是不起。豈今日繼偕獨當閃躲溷過，竟不可一問？信如是，吳道南、湯賓尹等即當起用，而韓敬、沈同和可公然無恙也。世間寧有此清議哉？且自今殿試一典，亦可裁省，直令主試者高下其手，付之選人發落可耳。又何必天子臨軒，金吾傳警，糊名示愼，臚唱示榮，黃榜璽揭示重？再作此兒戲故事，以塗人耳目？爲有識者於此，方且隱恨隱憂；而此欺君褻法者，不知何以枚卜首推，且將柄持揆地矣？

　　夫宰相之職，要在用人，用人之道，要在開誠布公，而絕不與以已。繼偕未爲相時，營私門、庇私人，無天於上、無人於下，已若此矣。異時大權在握，加膝置淵，以意顛倒，當無所不至。夫安能精白一心，愛養人才以愛惜人？國家皇上聰明神聖，照臨臣民，近五十年於茲，有如此罔上行私臣子，可以爲相耶？不可以爲相耶？會推雖上，已票不下，聖意淵微，定有明斷；輦轂諸臣，亦自有陽城、呂誨其人。臣去年《責成輔臣疏》中，點入鼎元數語，亦明以皇上之不信從哲，轉告繼偕，俾知自裁，而兩人竟以規爲瑱也。嗣是言官中有規其聽人穿鼻者，有刺其姓名未協於金甌者，有無爲章惇者、無爲呂惠卿者。近日東閣公會，有昌言新參更不如舊參者。繼偖都褎然充耳也。裝聾作啞，頑冥不靈，依然從哲後身，而大膽恣睢，恐且過之。噫！從哲之後，又一從哲，天下事已不可爲，況又不止於從哲者哉！

近繼偖因枚卜久催不下，意皇上必久勘破其欺罔不忠心跡，而公論又已沸騰，恐終籠罩人言不住，忽圖署銓，以行箝制招呼。豈欲效當年高拱以閣臣兼冢卿故事乎？而不知已非其據矣。嗟嗟！繼偖、趙煥，故時不屑銓印，推與計臣李汝華署管。既李汝華以有正推辭署矣，繼偖枚卜中人，而又孳孳取前日之所棄去者何哉？兩路徘徊，多心顧盼，此又謂不得於君，則熱中左右望而罔市利者矣。

方今大小諸臣，方以下枚卜爲目前緊著，臣固於首推者確言其不可。臣豈好爲未然之激論哉？亦以目前百事俱廢，百蠹俱叢，而饑民亂軍，所在蜂起，內憂外患，交并一時。即有赤心急公二三相臣，爲皇上分憂托重，已是整理費手。若更以欺君蔑法，一意營私，了無愧恥無忌憚之人，參與其中，定濁亂無章，而僉險附之。人才氣運，當益厚之毒，而速之壞。至彼時而後盡言，天下事去矣。裴延齡之麻已下，而後效陽城之痛哭於廷。王安石之亂已成，而徒歎呂誨之不可及。其亦何濟？范祖禹之言曰：凡事言於未然，則誠爲過；言於已然，則又無及。臣不忍天下受已然之禍，寧臣受言於未然之過，故斷斷以今日相繼偖爲不可。至於署銓印之亦不可，則於繼偖已事知之矣。臣不必多舉隱求，傷言官論人正大之體。年來假官假印，動以千百，皆其佐銓時事，不能摘發已矣，且爲之關說。至於三奉堂諭，歷苦屬官之所稱朱懋祥者[7]，見已假印問遣矣。尚安望其銓序人倫，而又望其爲捄時宰相哉？若輔臣之力引繼偖，不過爲身後地耳。此等心旌無定，牽掭由人，豈終有肝膽向人者？貽輔臣他日負心之恨，傷聖主今日知人之明，恐爲身與爲國家兩誤也，又願輔臣深長思之矣。

臣職在封駁，不知畏忌，仰祈皇上日月之明，雷霆之斷，無貽子孫黎民之殆。臣不勝瞻仰竦息之至。

【校記】

〔1〕又見六卷本卷一、三卷本卷一，題《邪臣欺罔無忌》；二卷本卷上，題《劾史繼偕疏》。史繼偕（1560—1635），字世程，號聯嶽，一説蓮嶽，明泉州府晉江縣人。歷宦神宗、光宗、熹宗、思宗四帝，卒贈少師兼太子太師，謚文簡。

〔2〕"爲邪臣欺罔無忌"前，六卷本衍"户科給事中臣楊漣謹奏"。

〔3〕"華裔"，六卷本作"中外"；二卷本作"華文"。

〔4〕"弘"，底本作"宏"，避乾隆諱，後皆據此例改，不再説明。

〔5〕"儼然"，二卷本作"然儼"。

〔6〕"十"，六卷本作"千"。

〔7〕"歷"，六卷本作"壓"。

劾史繼偕疏二（萬曆四十八年）[1]

爲邪臣罪案已明[2]，謹再平心剖析以質公論，以維大典事。臣因上年殿試吏部右侍郎史繼偕關通故宰趙焕、輔臣方從哲，力以洗刮別錯文卷爲進呈第一，無天威於上，無公論於下。此中關係至重，濫觴可虞，若聽遮瞞溷過，長此安窮？臣故直糾繼偕欺罔，不可擬據揆銓，蓋爲國典政本慮至深遠也。前閱邸報，見繼偕"爲曠職滋愆，聞言抱怍，乞行罷斥，以全臣節"一疏，是繼偕業已束身認罪，臣以可無言[3]。惟是繼偕疏中，止認門生鄉里，先事關通；猶於臨時贊成，支吾展辯；且若以科場檢舉小事，臣過求其爲欺罔者。臣請就其原疏，平心再剖質之。

繼偕之疏曰："莊際昌之卷專閲有人，總裁有人。"是矣。試問繼偕，如輔臣、故宰亦曾識字讀書者，何故於三百餘人中獨首取刮洗別錯文卷，而又偏是繼偕戚里首録門人也？繼偕又曰："一堂傳觀，非獨臣在。"不知傳觀之時，傳觀其文不加點乎？抑一寫冠場乎？此是從哲情分要做，良心未穩，拈出"醪""膠"二字，一堂商量，不得於心，不能出口，政欲得繼偕一言[4]，即好改正耳。繼偕若果無心贊成，何不直以"天下觀聽未便，更於己於際昌未安，斷斷當另選無疵者"，以光大典？如從哲必遷就際昌，則欺罔專在從哲矣。無奈繼偕偏於私情重國典輕，從哲旋亦視天威遠友情近。莫逆於心，相視以意。同事諸臣即有無辱大典之念，語在喉間，終面情難割。當日光景如此，而曰"吾不贊成"，吾誰欺？欺天耶？然則今日欺君辱國一案，是誰之過與？乃云呶呶，不肯爲人分過，是謂"過也必文"。較之前日，卻又涉説謊欺君矣[5]。嗟夫！繼偕前日實藉人以市恩，今日反扯人以卸罪，負心從哲，此其一端。從哲疏揭認罪，雖是寧人負我，不知九泉有知，夢寐之間，其有顔面以對趙焕否？總之，罔上行私，繼偕自干憲典，人乎何尤？既經摘發，急宜追悔當時之迷未執争，痛恨前日之誤未引罪，省心訟過，怨艾抱慼，以靜聽皇上之雷霆將來，天下士大夫其猶能原之，是爲收拾大臣末路善著。若執迷不悟，展轉支吾，虛肆舌鋒，祇敗塗地。前日既不能以一人手掩得天下目，今日又安能以三尺喙覆此半生心哉！

臣職在補闕拾遺，有如此欺罔一事，閃躲空地，臣不敢不爲皇上補拾，以存科場一段公論，以揭臣子不當欺蒙君父一段正經道理。若但如朱戀祥事，輕啟倖端，大敗銓體，繼偕既已不辯，臣則可無再舉耳。如繼偕必曰會試主考首卷，即當爲殿試進呈，首卷更不必再揀論文字，照管臨軒榮辱；狀元宰相彼此明做人情，只消一揭擒舉認罪，大家籠糊過去便罷。此等造意行事，那裏是欺君罔法？請質之天下後世，若有此公論、有此臣禮、有此論相、論銓之法，則臣前日之糾參誠過矣。處分聽之皇上，好官不妨人自爲之，臣復何言？伏惟聖明鑒察，臣不勝惶仄待命之至。

【校記】

〔1〕又見六卷本卷一、三卷本卷一，題《邪臣罪案已明》。

〔2〕"爲邪臣罪案已明"前，六卷本衍"户科給事中臣楊漣謹奏"。

〔3〕"以"，六卷本、楊祖憲本，皆作"似"。

〔4〕"政"，同正。本書常有此用法，後不再説明。

〔5〕"卻"，原作"郤"，形近而訛，底本常有此錯誤，後徑改之，不再説明。

言邊事疏一（萬曆四十八年）[1]

爲安危間不容髮，怠緩全不留心，懇乞聖明自爲著緊，嚴申無甘僇辱之旨，以圖整頓重新事。

遼東自邊境陷沒以後，廟堂之上，事全失著，用不擇人，事去都娛幕怡堂，事來各手慌腳亂，大壞極敝，已經兩年，乃始起一熊廷弼爲經畧。雖倖以平日威名，張臨時氣勢，虛聲恐喝，鹿息半年。然而軍中俱數米而炊，人衆各約腹而食。即防守亦僅其人而用，內無協應，外強支撐。封疆之事，固有司存，而誰實協贊廟謨，誰實居中調度？假令事事著心，件件應手，敵亦何至藐視若無一個人如此？此安危榮辱何等時也，猶且奄奄寂寂，不見一言引罪，不見一事整理。

臣竊爲當事恨之羞之。而洗羞雪恨，急請自皇上始。廷弼身當重任，自合蹇蹇匪躬，誓師勵將，以報皇上賜劍賜袍之恩。然而邊兵之暴露勞苦久矣，一言之獎借尚屯，一饔之饗犒久滯。經臣之空言振勵申明，亦既口血俱乾矣。當人言熒惑之會，將士驚回觀望之餘，臣謂若無天語以發揚經畧之威重，則萎薾之氣色不開；無欽使以重一人之寵靈，則頹頓之精神不起；非御頒以張九重之優恤，則效死敵愾之念頭不奮。急宜命閣臣擬勅書一道，遣有識力忠義官一員，同前票擬犒賞三四十萬銀兩，賫捧以往。激勵將士，宣諭人民，并慰勞經臣無以身爲。申敕道鎮諸臣，和同努力，以無負皇上任使者。昔有一言煖於挾纊，讀詔而無不泣下，誓以死報者；政今日人心渙聚關頭，收拾發揚，第一緊著也。

至若本兵，不知主領何事，調兵頓矣，募兵又頓矣。未到者，地方官不應矣。已到者，公然多一呼而逃矣。中間或忍餓不過，乞丐而逃，或跋扈不用命，行劫而逃。作何收拾，作何處治？本兵總付之不問不知，從此更無一人肯出力矣。邊疆有事，既不能得之於天下；天下有事，更將若之何？只有束手待斃而已矣。

竊謂誤皇上天下者，必本兵也。故今日之事，當先責問本兵，即宜責問輔臣,並責問在事諸臣。數年以來,起亂之罪,屬之何人?養亂之罪,屬之何人?誤用人之罪,屬之何人?一誤再誤之罪,屬之何人?何以一旨之下,朝更夕改?何以一事之議,甲是乙否?何以發兵者,只管出境,不管出戰?何以解兵者,只圖有數,不圖有用?何以用錢糧者,只憑關支,不憑查銷?何以處錢糧者,只見增加,不見清理?天生人才,何以銷鑠至此?祖宗法度,何以隳頹至此?各處邊疆,何以廢弛至此?一一詰問,令其回話,取具罪案,姑待以不死。使各洗心剔骨,打起精神,更圖整頓。如再仍前,必僇無赦。庶幾晴空一震,即醉夢之沈魂亦驚;頂顖一針,則頑鈍之膏肓頓起。前日明旨之所謂無取僇辱者,如此方有著落。此又激士氣、振國威之一緊著也。

乃若邊事亦有當問者,贊畫劉國縉,特起田間,不知所贊所畫何事?而驕謇恣睢,去來任意,寬緩舉動,大駴聽聞。撓廷弼之失小,妨軍國之計大。生平自許謂何,而周章若此?若夫錢糧開銷不清,動以萬餘計,臣又有不能為國縉解者。同知馬紹芳,便宜從事,保全孤城,中間指授方畧,歷歷中窾。明經有此,令人愧死。而勞苦功多,尚未見實為優敘。則明功過而示激勸,亦是邊事一要著也。

而總之又全在皇上之用人。今之議者曰:"天下事難矣,九閽又叩不應矣,件件費手矣。"臣則以天下尚完全,宇宙如許大,安在即屬不可為之時?聖主猶足以有為。事只在人為,人只在肯為耳。安在居朝居野,盡屬不能為之人?不見土木之時乎?成何朝廷,成何兵馬庫藏?于謙一力擔承,多方經理,十二團營,屹乎虎豹,力返虞淵之墮日,彼獨非男子乎?先朝有倉卒報至,中外惴惴無人色。本兵王瓊徐曰:"已用王守仁在上游,不必憂賊。"大都臨事綜理,先事治辦,止有在著緊處無失先手、著實處下以死功;以一片血誠,聯合眾人,感乎明主,功名生死,付之度外。范仲淹曰"盡其在我",夫我則未盡,而曰"不可為矣";委之氣數,聽之君上,付之僥倖,國家亦安用此臣子為?且問今日只恁不設一備,不展一籌,萬一直擣長驅,燕都一片地,臣不忍言。而不知此二三當事,竊位尸祿頭顱,屢封疊廕妻子,共大小諸臣,安頓何處?念及於此，臣心碎矣，臣語不擇音矣。宗社安危，在此一舉矣。萬惟皇上自爲社稷計，念念爲舉朝，事事爲中外，以洗靖康之恥，以保全一統之天下。九廟之靈幸甚，百王之憤幸甚。

至於經臣熊廷弼，近日急難號呼，語多過激，人端能原而諒之。但鞠躬盡瘁之日，皇上托重之恩，且宜置毀譽是非於度外。況身攖多病，百責攸叢，勿分全力而耗苦心，臣又爲經臣進此藥言也。臣無任激切懇祈之至。

【校記】

〔1〕又見三卷本卷一，題《爲安危間不容髮》。明程開祜《籌遼碩畫》卷四十五（民國國立北平圖書館善本叢書景明萬曆本）載錄此文，篇末缺"至於經臣熊廷弼……臣無任激切懇祈之至"數句。

言邊事疏二（萬曆四十八年）〔1〕

爲邊事一勘可明，再遣言官非體，懇乞聖明，急勅閣臣改正，以保危疆事〔2〕。

臣惟祖宗設立科道等官，凡內外大小各衙門事體，許得風聞糾正。或有議論未定，事在彼中，難以懸斷，時一行勘，要以事祈核實，以服被言者之心。大亦就各該地方撫按勘報〔3〕，或另差官會勘，此由來一定之體，未有即以言事之官、勘所言之事者。臣等辦事該科，接得遼東經畧熊廷弼，乞勅原參科道來遼速勘以清朝議事一本。奉旨科道魏應嘉、馮三元、張修德，與經畧熊廷弼，屢次在朝奏擾，若不速勘，無以明功罪〔4〕。就著魏應嘉等，前赴遼鎮，會同彼處撫按勘明，從實具奏。欽此。

臣等不勝駭異，此在閣臣當日票擬之意，或曰遼東之事，即勘以言遼事之人，則功罪不更人而擬〔5〕。一可以服舊經臣之心，一可以省更爭駁之口。不知勘者即言者，就令勘得逼真，心雖肯服〔6〕；所勘之人，與所言之人，各不相下，口反滋多，成何政體？況日者，遼東地方經臣〔7〕，舊者意氣已頹，新者經營未定，乘瑕抵隙，儘有可憂。又突以欽遣科道三人往勘,道將之精神耳目,不免照應督亂一番,中間恐有不便。斯時也,臣謂熊廷弼之功罪爲小,而封疆之關係爲大矣。故聽勘即奉有明旨,在舊經臣以待罪離任之人,祇宜虛俟滿朝公論,静聽皇上處分,不必紛紛角口。在閣部大臣,祇當一面責成新經臣,以全副精神,緊代舊經臣[8],無存誰先誰後之心。一面督催遼東新按臣張銓,前來監督,即著平心勘明具奏[9]。

成命力請收回,無傷從來論事勘事大體,致啓後來交爭釁端。斯於邊事國體[10],均有攸賴。不然,使風聞言事之人,即作原事勘問之人,無論道路之往來,各該職掌之就閣。而建言者與被言者,日相駁而日不降心,以後議論日紛,葛籐不已。或煩明主之聽覽,而漸成言路之暌疑,誰執其咎?閣臣即不自慎重絲綸職掌,其於封疆社稷何哉?

【校記】

〔1〕又見六卷本卷一,題《遼事一勘可明》;三卷本卷一,題《邊事一勘可明》。

〔2〕"爲邊事……疆事",六卷本作"兵科署科事左給事中臣楊漣謹奏。爲遼事一勘可明,再遣言官非體,懇乞聖明,急勅閣臣改正,以保危遼事"。文中"邊""疆",六卷本作"遼"。

〔3〕"大",六卷本、楊祖憲本皆作"夫"。

〔4〕"奉旨科道魏應嘉、馮三元、張修德,與經畧熊廷弼,屢次在朝奏擾,若不速勘,無以明功罪",六卷本作"奉聖旨科道魏應嘉、馮三元、張修德,與經畧熊廷弼,屢次奏擾,若不速勘,無以明功罪"。其中,"旨",六卷本作"聖旨";"屢次在朝奏擾",六卷本脱"在朝"二字。

〔5〕"擬",六卷本作"議"。

〔6〕"雖",六卷本作"誰"。

〔7〕"遼東地方經臣",六卷本作"敵人恃强挾衆,逼處撫順,拳集地方經臣"。

〔8〕"緊代舊經臣"後,六卷本衍"圖廻制勝"。

〔9〕"即著平心勘明具奏",六卷本作"即着平心細心勘明勾當公案,

無開繼至之口、留不結之局。其科道三人往勘具奏"。
〔10〕"邊",六卷本作"遼"。

言邊事疏三(萬曆四十八年)[1]

爲邊事敗壞可虞,廟堂計慮宜决事。臣閲《遼史》,見遼主阿保機之攻幽州也,吴王李昇遺以猛火油,曰:"攻城以此油,然火焚樓櫓,敵以水沃之,火愈熾。"遼主大喜,述律后哂之曰:"豈有試油而攻一國乎?"因指帳前樹,謂遼主曰:"此樹無皮,可以生乎?"遼主曰:"不可。"述律后曰:"幽州城,亦猶是矣。吾但以三千騎伏其旁,掠其四野,使城中無食,不過數年,城自困矣。何必如此躁動輕舉,萬一不勝,爲中國笑,吾部落亦解體矣。"遼主乃止:"噫,此兵法也,亦兵機也!"

今遼東行徑,似亦出此。人見其不長驅而來,遂以爲素無大志,我可安然無恙;而不知吾之寨日劫也,堡日空也,人民日殺掠也,馬畜日驅趕也。我搶獲之數,不如喪敗之數也,恐凋敝憔悴,而安受吾爐也。樹無皮而不能生,吾城無屯堡、人民、馬畜而能存乎?

經畧熊廷弼,始不得已於人言矣。議經畧者,終難以抹殺其功;憐經畧者,亦難以掩飾其咎。功在支撑辛苦,得一載之偹安;咎在積衰不振,悵萬全之無策。此臣所以不能爲廷弼諱也。爲廷弼者,有二策焉。思九重之寵眷,必不可負;三軍之仰望,必不可孤。則當廣收羣策,勉圖後功。即萬矢攢胸,吾目不瞬,以全副精力,誓清積寇,以答君恩。是一策也。如或以敗壞之邊局,必不可支;困憊之病軀,必不可起。則當繳還上方,席槀待罪,求賢速代,請旨上裁。祇恐誤封疆,絕不顧誤自家聲名爵禄。是又一策也。

總之,邊警日聞,人言屢至,剛烈男子,一刀兩斷,端不宜傚近來頑鈍行徑。既不認做,又不肯去,使麻木不仁之症,受之國家。至於廟堂之上,亦當焦思邊計,博採羣謀。大家悉心斟酌,外料敵,内料己,尋一得當之著。或循資,或破格,擇一得當之人。寧議之而後用,無用之而後議；寧儲人以待用，無臨用而尋人。既得其人，則當如唐臣陸贄所言"令其自揣可否，自陳規畫"。須某邑甲兵，藉某人參佐，要若干士馬，用若干資糧，某處置營，某時成績，始終要領，悉俾經綸。無從中制其謀，無從旁掣其肘。且亟正敗奔諸將喪師辱國之罪，以儆後來任事之心，邊事其有瘳乎？不然，而莫不關心，悠悠泛泛，今日議，明日勘，再議再勘。及至商量停當時，救敗已無及矣。

臣忠急廟堂，即肝膽肺腸，不敢用以自爲，遂不知其言之迫切。統惟聖明，採擇施行。若夫軍馬倥傯，人心危玩，暢發威靈，查核軍實，監軍御史，極是緊要之官。巡按張銓，才具識力，人望夙歸，題差已久。此何等時也，不是從容省家之日，都察院急移咨馬上督催到任可矣。亦惟我皇上一併勅下施行。

【校記】

〔1〕又見三卷本卷一，題《邊事敗壞可虞》；明金日昇《頌天臚筆》卷五上"贈廕"（明崇禎二年刻本）有錄。

言邊事疏四（泰昌元年）〔1〕

爲緊急軍情事。

臣於本月十四日，接得總兵李光榮塘報。本日子時，又據游擊馮大梁大牌報。此時遼東存亡，旦夕莫必。經畧熊廷弼，或能力抗強兵，保全孤城，亦未可知。萬一以積衰之勢，屢被人言，方寸且亂，將士驕頑，威令難行。斯時精銳既盡，心膽俱寒，一路備禦全空，手足莫措，誰爲皇上共守此封疆者？本兵黃嘉善，急宜一面挑選通州練兵，保定募兵，及京營選兵，合萬餘人，厚其糧餉，激以忠義，揀一智勇大將統領，令之策應，一以壯遼東聲援，一以作神京捍蔽。此在今日不再計之著。仍乞勅下吏部，集九卿科道會議，擬備堪任經畧一二人，一面添推左右司馬各一人，共從長計議，作何方畧。諸臣無得仍前悠悠泛泛，號之不應，必至斷送封疆而後已也。

本兵黃嘉善，一籌莫展，誤封疆、誤宗社，以誤陛下，容臣等另疏上請誅斥。臣無任激切待命之至〔2〕。

【校記】

〔1〕又見三卷本卷一，題《緊急軍情事》。

〔2〕"臣無任激切待命之至"後，三卷本衍"奉聖旨警甚急，這選禁兵將兵部作速料理堪任經畧與添兵部侍郎吏部即會議來具奏。泰昌元年"。

請立東宮疏（泰昌元年）〔1〕

爲仰遵先詔〔2〕，俯順人情，懇乞册立東宮，以端國本，以光聖德事。

臣惟自古帝王深懷宗社之計，未有不先崇國本者。定名分以繫人心，早諭教以成令器。三代有道之長，恒必由之。我皇上茂膺天眷〔3〕，春秋鼎盛，篤生聖嗣，徇齊異稟，中外共戴。先皇帝、先皇后更極寵珍，故前者賓天遺詔，首以册立長孫爲言。皇上仰承先帝付托之重，俯念臣民屬望之殷，既補闕以揚麻，復稱善而歸美。如用人發帑、撤稅、三殿諸事，遠周九塞之外，細察四民之隱，無所不需發，無所不霑沾。中外歡聲雷動，謂聖主當陽，立見堯天舜日。即我朝二百年來列聖嗣統，未有轉移太平如是其迅速者。是以羣情鼓舞，謳頌離日之中，願快覩前星之耀，引領而望曰："儲宮早建，震器夙成，將世世太平無窮期矣。"頃禮臣議請册立，非直欲成皇上孝思，亦以愜遠近臣民欣欣相告之情也。

臣考祖宗册立故事，宣宗以宣德三年立英宗爲皇太子，時年二歲；憲宗以成化十一年立孝宗爲皇太子，時年六歲；孝宗以弘治五年立武宗爲皇太子，時未周歲；即先帝之正儲位也，亦僅六歲耳。今皇太子年十六歲矣，以皇上御極未及旬餘，較諸帝青宮之日不啻已遲，且皇上不數日間行如許繼述事，豈其遺詔首重之典册立，故屬可緩乎〔4〕？臣謂國家事，即細務在臣工之可循行者，猶嫌迂廻；若大典爲聖明之斷在必行者，更宜爽快。則今日率遵祖宗之舊章，允叶神人之通願，當無俟再計矣。

矧皇子昌齡日茂，未離阿保，近習浸尋，能無惄溢？維是體統一尊，遠媟褻而即莊嚴，則氣體以堅，一善也。名位一正，去幼志而心袞職，則德性可成，二善也。宮僚漸備，親賢良方正之日多，三善也。伉儷維時，開虹流電繞之祥遠[5]，四善也。孫謀已裕，燕翼無窮，先皇帝、先皇后膝前十六年之愛注，益可以即安，五善也。若夫龍軒甫正，鶴禁旋開，跨盛美於前朝，綿靈長於萬祀，於皇上遠猷鴻業尤善者。《禮》曰："一人元良，萬國以正。"正國本以正人心，社稷之福也，萬方實嘉賴焉。即曰"思慕未平，遽難慶舉吉禮"，則煌煌遺命在天之靈，實式憑之。正思慕中之繼述矣，願我皇上之斷而無需也。

臣辦事禮科，日前大典，如恭上大行皇帝尊諡暨追尊聖母尊諡，祇候玉音，傳制諭禮部遵行之外，禮則莫大於是矣[6]，臣故不敢不繼禮臣以請。如果臣言不謬，乞勅禮官擇吉具儀舉行，并令閣臣慎簡官僚，以備輔養元良之任，則宗社幸甚，天下幸甚！臣不勝竦息待命之至。

【校記】

〔1〕又見六卷本卷一、三卷本卷一，題《冊立東宮》。

〔2〕"為仰遵先詔"前，六卷本衍"兵科都給事中署禮科印務臣楊漣謹奏"。

〔3〕"我皇上茂膺天眷"後，六卷本衍"永錫祚胤"。

〔4〕"今皇……可緩乎"，六卷本作"今皇太子年十六歲矣，以皇上御極未及旬餘，較諸先帝青宮之日不啻遲。且皇上不數日間行如許繼述事，豈其遺詔首重之冊立，故屬可緩乎"。其中，"諸"後，六卷本衍"先"字；"不啻"後，六卷本脫"已"字；"重之"後，六卷本脫"典"字。

〔5〕"虹流電繞之祥"後，六卷本脫"遠"字。

〔6〕"臣辦事……莫大於是矣"，六卷本作"臣辦事禮科，目前大典，如恭上大行皇帝尊諡暨追尊聖母尊諡，祇候玉旨，傳制諭禮部遵行之外，禮則莫大於是矣"。日，六卷本作"目"；音，六卷本作"旨"。

申明禮制疏（泰昌元年）[1]

爲申明禮制[2]，以尊朝廷，以肅人心，以光聖治事。

臣等恭遇聖明踐祚，百度惟貞。凡用人行政，有當言者，諸臣處無諱之朝，知無不言。我皇上大禽受之仁，言無不聽。臣等惟有稽首受成，快覩太平之盛，原不必輕有瑣瀆[3]，仰溷宸嚴。惟是臣辦事禮科，念禮爲四維之首，所以辨上下、定民志，於是焉在。而總理綱領[4]，則莫要於尊朝廷矣。竊見二十年來，上下否隔，體統頹弛，威嚴日成陵替，幾不復知有朝廷之尊。若不及今申飭，將來何所底止？用敢撮其大要，列爲數端，稍佐邦禮之墜，以維新政之綱。

一曰正朝廷嚴肅之禮。夫堂陛有體，主嚴不主寬。昔劉章於外戚亂政之時，李勉當干戈搶攘之會，尚能彈治喧譁，肅清班列。我朝禁衛森嚴，著在令甲者，豈不凛凛日星？偶因年來雞籌無唱，雉扇希開，防衛廢弛，出入無禁；遂使皇城之內，殿庭之前，凡遊閒無賴，販夫乞兒，莫不摩肩掉臂於其間。每遇午門朝見，雜遝無章。甚至班行之中，閒人挨擠，往往拜起未終，喧譁如市[5]。如此景象，豈成法廷？近輔臣新奉嚴諭，肅清褻慢。即當責成該部及巡視皇城錦衣、侍衛等官，查照憲典，參稽近弊，於一應出入跟隨人等，嚴加整飭。法在必行，無徒文告。如仍前違玩喧囂[6]，不成體統，容臣等得據實指參，痛加懲創。其儀仗所設纛、扇、旌、幢等項，正先王所謂服物采章以照臨百官者，急宜酌令改製以煥觀瞻。至間朝之法[7]，會典具載，亦當時一舉行，以防疏玩。務令耳目改觀，人心振聳，其於新政，不無小補矣。

一曰通君臣接見之禮。夫祖宗遺制，自御殿視朝而外，有午朝御門之儀。凡機宜要務，與各部大臣，委曲面商[8]，諮諏詳慎，不特傳旨判可否而已。下至庶寮，凡衙門有事者，分管答應，皆得咫尺天顏，躬承揚摧。所以人無不得效其忠，事無不得要其妥。先朝平臺召對，不徒內閣輔臣，即各部尚書，如蹇義、夏原吉、馬文升、劉大夏等，亦嘗屢蒙顧問，備極繾綣。甚有奏事移日，跪不能起，命近侍扶掖而興者。世宗齋居西苑，撰述諸臣，不離左右，手諭批答，宛如家人父子。總之，君臣情禮，最忌隔絕，稍有隔絕[9]，即開蔽蠹。諸司職掌，最宜宣問，一有宣問，即便恪共。今我皇上聰明天縱，虔始勵精。諸臣奏請御殿，與行奉慰謝恩之禮，雖聖躬小有違和，亦勉勤接見[10]。仰見泰交盛事，同符聖祖，不待臣等預爲申請矣。而欣欣相告，羣情尤願諸臣奏對之時。懇恩間垂宣問，如吏部則問其叙用幾人，得用幾人。務爲官而擇人，無爲人而擇官。事有不稱，并坐舉主。户部則問其生財若何，節用若何。屯鹽考成之法，無但虛有文章。帑藏空虛之故，更圖作何料理。倘至有事無備，何辭不展一籌。至於遼東未靖，疆事孔棘，更當時詰兵部尚書，責其調度方畧、戰守機宜。遼東何時可平，邊臣何人足仗[11]？黃嘉善嘗自几前，稱"悉心料理，以寬先帝之憂"。今既浹旬矣，而覈實奏功安在？毋得虛爲擔荷[12]，苟且延捱，有負封疆，竊妨賢路。凡各衙門，俱以喫緊事務，不時一加詰問。庶惰窳知儆，職守無曠。若臣等職在言路，遭遇聖明，自不必爲朱雲折檻之直，栖楚碎首之忠。倘有處置失宜，輿情未愜者，容臣等補牘之外，間一出班面奏，親奉處分。庶幾上下交通，血脈流邕。此尤新政之要圖也[13]。

一曰昭人臣進退之禮。夫進退貴於自決，臣子之節也；黜陟取自宸斷，人主之權也。自邇來章奏寢閣，裁決稀聞。凡舉世所號爲大奸大貪與頑鈍無恥[14]、公論所不容、朝野所共棄者，雖章滿公車，安然不動。或聞言之後，奉身而退，似屬見幾。然其中亦有事體重大，須憑勘處，或贓私狼藉，合當追究。以先帝寬仁大度，悉付之不較[15]。故有幸免黜幽之典，而悻悻言歸。偶寬斧躓之條，而揚揚故里。黑白未分，是非莫定，即臺省亦或有之。是君子勇退之高，反爲小人藏身之固矣。至若先聲奪魄，心悸勢寒，知怒衆而冤多，且抱頭而縮頸；或服闋病痊，而不來赴部，坐待華遷；或旬宣省方，而徑自賦歸。若無管攝，該部之罰處愈寬，將來之效尤無已。諸如此類，全非政體。伏乞勅下部院，凡大小臣工，自今以後，凡經彈劾者，一一虛公覆奏。如屬風聞誣指，不妨昭雪。若果有事迹可據，罪狀可徵，當依考功法[16]，分別議處。輕則屏逐降調，重則勘問追贓。即卿貳大僚，與邊腹督撫等官，亦當以國家之事權爲重，臣子之體面爲輕。宜處者處，宜去者去，幸毋概從格套，曲賜勉留。人但謂先帝有辦事之人[17]，當用而不用。臣獨謂有竊位之人，當舍而不舍。夫用舍原自對立[18]，使不肖者得營窟以蒙面自安，則賢者何能彈冠而連茹繼進？此尤正邪消長之機，治亂安危之本也。

一曰申章疏入告之禮。夫古來文章，有體有要，况於奏對，尤貴疏明。昔先臣戶部尚書韓文，屬部郎李夢陽具疏草，而屬之曰："是弗可文，文則覽弗省也；是弗可冗，冗則覽弗竟也。"此兩言者，可以爲萬世章奏之式。自先帝深宮靜處，一概封章，多置高閣。於是渺無顧忌，掉弄筆鋒。言一事而旁及他事，言一人而攙入衆人。不舉其姓名、指其來歷，或稱其地，或稱其官。射覆藏鬮，捉風捕影。若使先帝一一披覽，必有茫然不解所謂者。原其本意，祇在邸報之流傳，而不思宸衷之採聽。但求其含蓄而味長，不務爲明白以易曉。惟其語涉含糊，人可更換，於是巧者陰用其脫卸，而頑者佯付之不知。試問漢唐以來，及我朝嘉隆而上，有此等奏議否？今皇上銳精圖治，百官章疏，盡入御覽。伏乞申飭臣僚，凡一應入告之文，務在情辭曉暢，言簡意盡。即如鋤奸斥佞，只須欒括數端，不必連篇累牘。某人某事，直截指摘。各撫按勘報錢糧刑名等項，亦須徑撮其大要，以備省觀。不得抄寫文移，累累重復。其撫按舉劾司、道、府、縣等官，有譽其廉能卓異，而人不足以副其言；有劾其貪酷萬狀，而罰又不足以蔽其罪。是又當勅下部院，定爲畫一之法，使舉刺有章，勸懲不爽。此皆章奏之體所宜申飭者。夫先帝之厭棄章疏也，聽之若充耳，委之若故紙；不知積厭成玩，以至於人主之不見信，則言者亦不爲無過也。今皇上方弘止輦之聽，而臣子可無納約之忠。此臣所拳拳先爲皇上告，而并爲羣臣告者也。

以上四款，臣蒿目疚心，爲日久矣。幸兹朝政聿新，改觀易聽之日，不避瑣聒，亟爲申請。倘能俯采末議，隨見施行，將見禮達分定、內順外嚴之化，未必不由於此。若夫國家大典，如册立已奉有旨，中外快覩盛事在即，大行皇帝、皇后喪禮，見在逐節舉行。其郊廟經筵等事，容臣次第上聞。至於臣鄰在位，有懷奸抱憝，以爲聖天子新政之蠹者，所謂見無禮於君，如鷹鸇之逐鳥雀，是又臣之職也，其何敢讓焉？臣無任戰慄待命之至。

【校記】

〔1〕又見六卷本卷一、三卷本卷一、二卷本卷上，題同底本；明徐昌治《昭代芳摹》卷三十二"十八日楊漣奏四事"（明崇禎九年徐氏知問齋刻本）録其内容。

〔2〕"爲申明禮制"前，六卷本衍"兵科都給事中署禮科印務臣楊漣謹奏"。

〔3〕"瑣瀆"，六卷本作"瀆瑣"。

〔4〕"理"，六卷本作"禮"。

〔5〕"喧譁"，六卷本作"蜂擁喧閧"，二卷本作"闻"。

〔6〕"嚚"，六卷本作"譁"。

〔7〕"至"後，六卷本衍"於"字。"間"，六卷本、二卷本作"閒"。

〔8〕"各"，六卷本作"閣"。"面"，二卷本作"而"。

〔9〕"稍"，六卷本作"一"。

〔10〕"亦"後，六卷本衍"必"字。

〔11〕"至於遼東……足仗"，六卷本作"至於各邊未寧，疆事孔棘，更當時詰兵部尚書，責其調度方署、戰守機宜，邊疆何時可平，邊臣何人足使"。其中，"遼東未靖"，六卷本作"各邊未寧"；二卷本作"小丑未寧"。"遼東"，六卷本作"邊疆"；二卷本作"寇盜"。"仗"，六卷本作"使"。

〔12〕"爲"，六卷本作"位"。

〔13〕"新"，六卷本作"親"。

〔14〕"與"後，六卷本衍"夫"字。

〔15〕"較"，六卷本作"校"。

〔16〕"考功"後，六卷本衍"之"字。

〔17〕"人但謂先帝有辦事之人"前，六卷本衍"往日人心厄塞，庶位單虛"。

〔18〕"自"，六卷本作"相"。

慎擇東宮近侍疏（泰昌元年）[1]

爲元良之輔導爲急[2]，暬御之關係匪輕，懇乞聖明，慎擇近侍，以成睿德事。

頃該臣循職掌以册立繼禮卿上請，蒙渙綸音，擇日具儀，中外聞之，無不翹首歡呼[3]，極口讚揚。謂先朝衆舌幾敝，乃見成功，今時片語甫宣，遂定大本，此朝廷宗社之福也。

龍飛御宇，方錫極於太平；麟趾紹休，將庇民於奕世[4]，此亦臣民身家之福也。指顧間鶴禁宏開，經筵肆啟。凡慎簡官寮[5]，以資啟沃。輔臣當此際而不仰體宸衷，俯收民譽，以達海内之望者，非夫也。度前後左右，罔非正人矣。抑臣猶有慮焉，一日之間親士大夫者幾何？時講幄一罷，宮正巷伯无實爲政矣。是故古者諭教有法，不惟重疑丞輔弼之選，尤擇及綴衣虎賁之流，懼一傳之不勝衆咻也。

今縱詹坊得人，而或禁近不擇，竊恐貌祇勤於三接，情終移於十寒。方正之嚴憚，何如便僻之狎昵；造次之開陳，何如譾聞之浸灌。閑之以規矩準繩，非哲人誰知違而道；導之以戲豫馳驅，在冲齡尤易巽於心。矧追歡聚樂之場，於萬斯億；乘間迎機之巧，出鬼入神。始猶置規爲瑱，久則沃水於石。事有不見不聞，惑乃易方易向，何也？情以物遷，習與性成，其所漸靡，非朝夕之故也。願陛下加意慎擇，使忠直知禮義者[6]，周旋左右；而無令猿巧狼戾者，得以雜進耳。

臣際此大典，宜備引師保之職，侈談春華秋實之盛，而惓惓以近侍爲言者，以古者就傅於外庭，後世尊養於深宫[7]。卑之無甚高論，不欲先聲而後實也。非直此也，見秀萋而知陰生，覩盆水而識天寒[8]。機在防微，事貴謀始。寧被無感而慨之誚，不願世有李文靖之名也。如臣心可諒，臣言可採，乞陛下明斷施行，天下萬世幸甚。

【校記】

〔1〕又見六卷本卷一，題《元良輔導爲急》；三卷本卷一，題《元良之輔》；二卷本上，題《慎擇近侍疏》；明陳子龍等選輯《皇明經世文編》卷之四百九十六"楊忠烈公集（疏·書）"（明崇禎平露堂刻本）有錄，題《慎擇近侍以輔元良疏》。

〔2〕"爲元良之輔導爲急"前，六卷本衍"兵科都給事中楊漣謹奏"。

〔3〕"翹"，六卷本作"矯"。

〔4〕"民"，六卷本作"我"。

〔5〕"慎"，六卷本作"妙"。

〔6〕"禮"，六卷本作"理"。

〔7〕"尊養"，六卷本作"養尊"。

〔8〕"水"，二卷本作"冰"，更合適文意。

劾內官崔文昇疏（泰昌元年）[1]

爲發明聖躬違和之由[2]，敬陳保攝萬安之法，以昭聖德，以慰中外人心事。臣觀尋常士庶人家，主人偶有疾病，二三親友猶必尋醫看視。一醫無效，急爲責逐更求。端不忍以主人性命，誤之庸醫而漠不痛心，聽之造化而不爲設法。何況臣子之於君父，顧有所顧忌而不瀝血披心以告者？

我皇上纘承大統以來，勵精圖政，銳意勤民，兼之禮儀過勞，哀思過節，以致小有違和，原非有沈痼宿積之疾也[3]。乃本月十二日十三日，諸臣再見天顔，大覺豐神清減，不似登極之時。至十六日，恭隨大臣宮門問安，旋奉有頭目眩暈，身體軟弱，不能動履之諭。諸臣各相驚駭，謂登極之日共見天顔睟穆，玉履安和；即或小有勞頓，何以遽至於是？及十七日大選，有鄒內官同吏部尚書監打官印子，諸臣敬問聖安，並問所以大不安之自。乃知外廷所傳進御不節流言，果如臣等理度，絕不相干,全是用藥差誤所致。

臣等恨不食用藥者之肉,剖心以白流傳之誣。猶以事出內廷,不敢遽指,庶幾聖躬漸近安和,亦欲相安無說。頃蒙天語,"兩夜未睡,米粥日食不多",誰實誤皇上困頓至此?臣乃不願與此賊醫俱生矣。而此賊臣者,傳聞為內官崔文昇也。文昇不知醫,不宜以宗社神人托重之身妄為嘗試。如其知醫,則醫家"有餘者泄之,不足者補之",其事明白易曉。以皇上日日萬幾,煢煢哀痛,精神不無耗費;於法止宜清補,文昇投何相反相伐之劑?遂令聖體一旦動履艱難,眠食俱困如此哉!

然則前日外傳流言曰"興居之無節,侍御之蠱惑",必文昇藉口以蓋其誤藥之奸;與文昇之黨四出煽播,以掩外廷攻摘文昇之口耳。既益聖躬之疾,又損聖德之名,文昇之肉,其足食乎?臣聞文昇調護府第有年,不聞誤用一藥,皇上初用文昇一劑,便泄補倒置如此,有心之誤耶?無心之誤耶?有心則齏粉不足贖,或其無心一誤,寧堪再誤?皇上奈何尚置賊臣於肘腋間哉!社稷有靈,臣民共祝[4],天心效順,定即勿藥;然而藥不可廢,亦不可不慎也。

臣謂皇上睡少食少,此不是大小諸臣甘食安枕之時。閣部大臣恪宜尋諸臣中有知醫者,日於宮門前齋心候問,同欽召御醫,細細講求藥餌,多方斟酌,封付忠慎內官,如法煎和以進。至於文昇者,懇發司禮監究問處分,傳示中外。使知聖躬不安,全是用藥之誤,以解道路紛紛之口。並請皇上暫輟機務,沈心習靜。但隨意隨時,召皇長子同眾皇子承顏導喜於前,以發天性之真和。或又擇一二通書史大義內臣,常在左右,誦說古聖帝明王痛快可喜之事以清宸聽,以醒脾神。如此,耳目清肅,精神悅閶,旬日之間,勿藥之慶,定自天保定之矣,惟皇上採納。

又臣前署事禮科,接得右軍都督府都督僉事鄭養性一揭,為懇乞天恩,收回封后成命一事。此一事也,祖宗典制難干,聖明當已有裁決。第婦人女子,愚不知禮,妄不安分;臣慮假借之端尚在,希覬之念不止,請為皇上一開明其心,令自息其妄念,可乎?

夫無上尊稱,告播中外,必有其名,如養性所稱為封者,尊之以嫡母乎？則於大行皇后有碍。尊之以生母乎？則於本生皇太后有碍。或以往日之恩當酬耶，今日之情難已耶。當年主鬯未定，實不聞有調護之深心；而此時長君踐祚，儘無須於沾沾承封之虛文矣[5]。總之，皇后非可以輕乞恩之名，天子無可以輕自卑之禮，宮嬪無可以妄自尊之事。試思聖母慈仁，配天育聖，辛苦勞劬，垂四十春秋。我皇上孝思無極，止能崇上皇太后二字之追尊[6]。如貴妃當年今日，舊眷新恩，已是隆厚無涯，奈何又多生此必不可以萌之妄念哉？故鄭養性前日之請收成命，正所以善安其姑；在皇貴妃今後養老別宮，省心回念，凡朝見必須啟請。侍御無相攙越，更所以善安其分，善保全先帝之明德於無終與殊恩於無已也。若我皇上垂念前朝寵貴舊人[7]，止當天海無所不包荒，雨露無所不霑渥。而名分自嚴，僭踰難啟。亦願詔旨無輕發閣中，徒滋中外臣民之惑，則宗社幸甚。臣愚不知顧忌，要以愛皇上保民、保社稷之身，並愛及子孫萬世相守之禮而已，他非臣所能知也。

奉聖旨：這所奏朕冊鄭貴妃進封皇太后係先帝遺命，昨因右都督鄭養性疏請辭封，今已輒止不行，外廷無再瀆擾。御醫房提督崔文昇已有旨了。皇長子擇用端人，朕知道了，該部知道。"

【校記】

〔1〕又見六卷本卷一，作《發明違和》；三卷本卷一，題《發明聖躬違和》；二卷本卷上，題《敬陳保攝疏》；明金日昇《頌天臚筆》卷五上"贈廕"（明崇禎二年刻本）有錄。

〔2〕"爲發明聖躬違和之由"前，六卷本衍"兵科左給事中臣楊漣謹奏"。

〔3〕"我皇上……宿積之疾也"，六卷本作"我皇帝纘承大統以來，勵精圖政，銳意勤民，兼之體節過勞，哀思過節，以致小有違和，原非有沉痼宿積之疾也"。其中，"上"，六卷本作"帝"；"禮儀"，六作"體節"。

〔4〕"共祝"，六卷本作"祝願"。

〔5〕"須"，六卷本作"取"。

〔6〕"崇上皇太后二字"，六卷本、明金日昇《頌天臚筆》卷五上"贈廕"（明崇禎二年刻本）同。明沈國元《兩朝從信錄》卷一"庚申"（明崇禎刻本）等作"崇上此皇后二字"。從文意看，此二種表述皆有誤，當作"崇上皇太后三字"，底本誤從《頌天臚筆》。

〔7〕"前"，六卷本作"先"。

乞早清宮禁疏（泰昌元年）[1]

爲登極在即[2]，中外仰瞻，乞早清宮禁，以正分位事。

自先帝升遐，人心危疑，咸願陛下即日登極，用愜輿情。而遲回慎重、必待諏吉者，固以祀告郊廟未行，大禮不容草率。尤爲深宮中有先朝選侍，欲儼然以母道自居，外托保護之名，陰懷專擅之實。大小臣工心切疑之，不敢以宗廟神靈所托重之身，輕付之不可倚信之手。故力請陛下暫居慈慶宮者，實有鑒於皇祖鄭貴妃之事，欲先擇別宮而遷之，然後奉駕還正乾清。此臣等之私願，忠於陛下之深心也。

祖宗之社稷爲重，宮幃之恩寵爲輕，九卿科道既有公疏，臺臣復有專疏，有分疏，巽言法言，懇懇侃侃，總爲陛下正位乾清宮而發。選侍智人也，所以必欲別宮之故，亦既稔聞之矣。今臣等靜俟五日矣，登極已定明日矣。天子既登大寶，豈有還偏處東宮之理！而怙恃寵靈，妄自尊大者，猶逼處於其間，種種情形，實爲非分非法。且又奉有移宮明旨，若仍復借擇吉玩延，豈真欲中外之共主，長遜避一宮嬪乎？人言紛紛，且謂令李進忠、劉遜、魏進忠等擅開寶庫，盜取珍藏，豈必欲盡先朝之有而後出宮乎？抑指借皇貴妃名色，遂目無幼主乎？貴妃虛名耳，冊立雖係先帝遺命[3]，開恩尚在今上新綸。況以今日天地神人共主，即皇祖與先帝之伯叔兄弟，俱在稱臣之列，兩宮聖母，若在召對之間，亦必加以皇帝尊稱。選侍何人？非嫡母非生母，敢妄恃舊恩，曰"我貴妃"、"我哥兒"、"此孺子"，作此大不敬語，天下其孰能平之！

夫禮有當以義斷者，分有難以情奪者。祖宗典章二百年來相傳，天子居正之宫，又孰能遷就宫媵，聽其悍然頑然，敢抗明旨以據之？臣謂陛下避居慈慶六日，已是恩遇選侍有禮，漸再不可長矣，仁再不可過矣。謂宜勅令選侍之内使如李進忠、劉遜等諸人傳知内廷，但恪遵天語，即是吉祥，不必藉口擇日，立著移入一號殿養老自便。是爲守禮安分，猶可望陛下之恩禮，或當自後倍加。若李進忠、劉遜等，定當思三朝豢養，凜凜焉知所以效忠於先帝之子孫，無謂陛下冲齡，上方三尺劍么麼頭顱即不足畏也。

至於閣部大臣，既當鼎軸[4]，并宜矢公，責成兩朝任用内使中老成忠直者，傾以血誠，開之報主，今日侍起居，一切聲色玩好，俱不許雜陳於前。庶幾志氣清明，精神强固，萬年有道之長，實基於此。蓋以先帝聖明，同符堯舜。祇因前日鄭貴妃亦以保護爲名，不離乾清左右，雖天啓先帝聖聰，隨即謝遣，而病體之所以沈痼，醫藥之所以亂投，人言藉藉，至今抱恨，談虎色變。臣子安得不爲寒心遠慮？故此一移宫事，臣言之在今日，陛下行之亦必在今日。閣部大臣從中贊決，毋容泄泄再爲姑聽之説，亦當在今日。以無負先帝憑几付"陛下要緊"之托[5]。夫亦惟燕寢之處安，而後陛下之身安，諸臣擁護之責，亦必如是，始可即安。不然，但直駕前奔走，清道辟人，而根本之地，尚未安頓清楚。則緹騎侍衛，原不乏人，亦何取諸大臣僕僕牛馬走其間哉？

臣待罪諫垣，茫無短長，祇以論劾奸醫崔文昇，深防名封，凌逼之漸，三蒙先帝召對，得隨大臣後與聞顧命，此誠千古殊遭，雖捐糜頂踵，不足以報先帝之知。昨者銀幣之賜[6]，尤同諸大臣特荷恩施，君父頒賚，義宜祇承。而中間拜命之餘，感愧交集，不容不特申諸臣善後之請，以效涓埃萬一之報。總之，臣一念癡愚過慮，止知愛陛下之正始，必不可少遜避之名位；計社稷之安危，必不可不杜防於微漸，且并以成先帝之寵嬪於禮順心安也。若有不思尊天子而曲徇怙寵之宫人，泄泄作一日之悦從，萬一大費後來之收拾，此無禮於君之徒，九廟之靈必立殛之矣。

臣悲憤填集，握筆泣流，不勝哀懇，待命之至。

奉聖旨移宫，有旨了，該部知道。

【校記】

〔1〕又見六卷本卷一，題《登極在即》；三卷本卷一，題《登極在即》；二卷本卷上，題《乞清宮禁疏》；明徐昌治《昭代芳摹》卷三十二"兵科楊漣上言"（明崇禎九年徐氏知問齋刻本）有錄。

〔2〕"爲登極在即"前，六卷本衍"兵科都給事中臣楊漣謹奏"。

〔3〕"雖係先帝遺命"中，六卷本脱"係"字。

〔4〕"軸"，六卷本作"輔"。

〔5〕"付"，六卷本、楊祖憲本皆作"輔"。

〔6〕"幣"，六卷本作"帛"。

敬述移宮始末疏（泰昌元年）[1]

爲敬述移宮始末[2]，仰質聖明，以昭中外，以定人心事。前月李選侍移宮一節，避至尊之宸嚴，還相安之分位，此亦宮侍本等事耳。但當時所以移宮，其始末情形，惟護駕諸臣知之，外廷未必盡知也；外廷未必盡知之，中外臣民則盡不知矣。夫在中之真情景未著，則在外之間猜度轉訛，及今不一昭明，將醞釀今日之疑端，或浸成他時之實錄。是亦當事諸臣，含濡不言之過矣。臣偶以侍從小臣[3]，屢蒙先帝召見。又叨皇上眷顧，常入扈從，目擊當日情形，亦且身在事内。再四思維，何敢噤不一語？請與中外直述其光景，可乎？

每憶先帝憑几之言，留神國事，間亦於選侍鍾情，而畢竟再四丁寧，則曰"輔皇上要緊"。當時選侍忽從門幔中手挽皇上而入，復推皇上而出，隨有要封皇后之言。諸臣相顧錯愕，臣更不勝忿激杞憂。以我朝家法甚嚴，且召對外臣，内廷更宜何如嚴肅。況先帝動念壽宮，君臣正相引痛之時，而忍於要挾求封，作此悍然舉動，似非知有顧惜忌憚者。萬一事權到手，豈僅僅一名封，足了其稱制垂簾之意乎哉？臣是以心口相問，憂來無端。此八月二十九日之光景也。

迨九月初一日子夜，先帝又急召諸臣。臣從諸臣甫至宮門，而龍馭上賓矣。痛哉！是時，諸臣謂先帝昨日几前，殊於諸臣戀戀，今茲夜半急宣，當有未盡深語，而已不可問矣！此時主君爲重，宜急入請見，一見即呼萬歲，以慰人心。而守乾清宮內使，乃有持挺不容閣部大臣入者。臣冒死忿詈，謂："先帝宣召諸臣，今已宴駕[4]。皇長子少，未知安否。汝等與宮人閉宮堅阻，不容顧命大臣應召請見，意欲何爲！"此初一日卯刻入宮之光景也。

諸臣扳望遺弓，呼號甫畢[5]，恭請見皇上於寢門，拜呼萬歲，天語答以"不敢當"者三。諸臣懇捧龍軒，至文華殿，行嵩呼叩頭禮。已而大小臣民，共祈皇上即日登極。諸大臣以儀注未備，表箋未上，太平正始，不宜草率張皇。皇上斷以含殮未完，祀告未行，傳諭從容卜吉。而中外諸臣皇皇，猶深以本日不登極爲危者。蓋先帝變出倉卒，上無聖母之憑依，中無皇后之慰藉，而在旁之蟠結窺伺，誰爲可恃？以故中外洶洶，共有過慮。當時臣實妄言："今日之事，止在處之安與不安，不在極之登與不登！"此初一日辰刻之光景也。

是時，諸臣又議皇上宜歸何宮，有謂即當責成選侍托以皇上者。臣思想先帝"要緊"語意，又思想前日挽入推出景象[6]，又習聞其上有深相交結之寵貴，下有認爲皇親之黨與，中心不敢應承。但云從來冲齡天子，不宜托之素無恩與德之少年婦人耳。且選侍如可托，皇上必深知之，雖強之離而不得。如不可托，皇上亦必深知之，雖強之就而亦不可得。乃聖駕果徑就慈慶宮矣。此初一日巳刻之光景也。

御極之期，既定於初六。至初二日，九卿科道，有移宮之公疏。御史左光斗，有移宮之專疏。蓋皇上一正位九五，決無避宮人復返青宮之理，而斷斷又不可以同居。至初五日，猶抗不奉旨，而期且迫矣。臣是以有正名位、參及李進忠等之疏，總以宮既不得不移，移自不得不速。新天子、舊宮嬪，自有定分，亦各有定宮。即欲加恩李選侍[7]，原不在宮之移與不移。且避至尊，安本分，爲選侍自處計，亦不可謂不遠且深長。不然，當繼述相傳之初，李進忠等，乃敢以包天積蠹，猶挾舊宮嬪踞天子之宮[8]，以抗冲年之新主。俾登極之後，返青宮非理，歸乾清未便；乘乾伊始，遲回於托處之安，是尚成其爲體統正而朝廷尊也乎哉？此初五日午刻，臣從諸臣於慈慶宮前憤爭移宮之光景也。

至本日移宮後，臣随向諸大臣謂，移宮自移宮，隆禮自隆禮，必兩者相濟，而後二祖烈宗之大寶始安，先帝在天之靈始妥。大臣於此，當密有調停。即本日緝獲罪璫，亦只宜殱厥渠魁，無過深求株引，此又以令反側子各相安也。大抵主上冲齡，方其宸居未淨，先帝社稷之付托爲重，則平時之寵愛爲輕。及其宸居已安，既盡臣子防微之忠[9]，即當體皇上如天之度。今諸大臣言猶在耳也，臣之所以議移宮者始終如此。

嗟夫！保護聖躬，肅清宮禁，三公大老，饒有主持，且亦臣子尋常事。臣又不過從傍與聞末議，俱不足言、不欲言、亦不必言。乃再拾陳語，瑣瑣言之，豈得已乎哉！豈得已乎哉！

移宮之宜速，臣等一時之過計私憂。止見皇上之當尊，乾清宮之當淨[10]。絕不見宮嬪之有可徇，亦絕不見移宮之有甚苦。乃移宮之後，不知何來蜚語，有揑稱選侍徒跣踉蹌[11]，絕食自裁；并揑稱皇八妹失所，至入井者；或傳處罪璫過甚；甚之有謂內外交通，作成此事者。使風聞憂時之士，誤收爲一時感慨歎惜之資[12]。而傳影傳聲之餘，或伏作此日不明不白之案[13]。事有關係，不但在臣，臣安敢無言？

夫初一日出宮之議，事在呼吸之間。初五日移宮之爭，事在公卿疏請之後。懲前慮後，迫自遠心[14]。九廟神靈，鑒此熱血。若夫緝拿罪璫等人，譬如人家主人謝世，羣僕相與竊其帑藏，主人之子，偶一究問創懲[15]。此亦清蠹破叢之一道，只在法司酌情法之平耳。且亦於選侍恩禮何與？乃至今日，有以此過爲選侍惜者，臣謂寧可使人今日惜選侍，無寧使移宮不速。不幸而成女后兜覽文書、稱制垂簾之事，彼三十餘年憑依蟠結之羣邪，又或得以因緣多事，於以保惜先年之寵愛則得矣。而"輔皇上要緊"之深意，在天之靈，果反以此爲愉快也與哉？況兩奉聖諭，選侍居食，恩禮有加。近以喊鸞宮火，復奉有選侍、皇八妹俱無恙之旨。乃知皇上雖念及孝和皇太后當年之哽咽，仍念及於光宗先皇帝前日之歔欷，海涵天蓋，義盡仁昭，已是善處宮闈恩禮之間矣。

臣區區一念之愚，願與中外昭示者如此。今當一陽來復之期，又是天心泰轉之會。倘蒙聖明察臣之愚，赦臣之罪，再採臣之言，更於皇四弟、皇六妹、七妹[16]、皇八妹，時勤召見諭安。而優念其弟妹，或不妨曲及其母。若李選侍者，請自上裁，再酌加恩數。夫蓋尊愛先帝之愛子愛女耳，當亦聖母之所共喜者。并祈傳知閣部，以服中外之心，以完堯舜之美，以杜傳訛之口[17]。臣愚萬幸，天下萬幸！

奉聖旨這所奏移宮登極事，不惟科臣親歷，凡大小文武臣工所共知共見者。極正！極公！極切！極真！覽奏，甚愜朕衷。著昭示中外，以釋羣疑。楊漣當日竭力憤爭，志安社稷，忠直可嘉。其所奏諭安加恩，朕知道了。

【校記】

〔1〕又見六卷本卷一，題《敬述移宮始末》；三卷本卷一，題《移宮始末》；二卷本卷上，題《敬述移宮始末疏》；明金日昇《頌天臚筆》卷五上"贈廎"（明崇禎年刻本）有錄；明徐昌治《昭代芳摹》卷三十二"都給事楊漣敬述移宮始末"（明崇禎九年徐氏知問齊刻本）有錄；清黄中《黄雪瀑集》（清康熙泳古堂刻本），題《鄭貴妃移宮及召對併李選侍移宮兩朝登極始末紀》。

〔2〕"爲敬述移宮始末"前，六卷本衍"兵科都給事中臣楊漣謹奏"。

〔3〕文中自稱之"臣"字，六卷本作"職"，後不再説明。

〔4〕"宴"，六卷本作"晏"，二者意義相通。

〔5〕"呼號甫畢"中，六卷本脱"甫"字。

〔6〕"前"，六卷本作"先"。

〔7〕"李選侍"中，六卷本脱"李"字。

〔8〕"猶"，六卷本作"得"。

〔9〕"微"，六卷本作"危"。

〔10〕"净"，六卷本作"静"。

〔11〕"稱"，六卷本作"倡"。

〔12〕"收"，六卷本作"取"。

〔13〕"伏",二卷本作"狀"。

〔14〕"夫初一……迫自遠心",六卷本作"夫初一出宫之議,事在呼吸之間。初五移宫之争,事在公卿疏請之後"。其中,"夫初一"後,六卷本脱"日"字;"初五"後,六卷本脱"日"字。"出宫",二卷本作"分宫"。"自",二卷本作"目"。

〔15〕"一",六卷本作"爾"。

〔16〕"七妹"前,六卷本衍"皇"字。

〔17〕"以杜傳訛之口",六卷本作"以杜傳影傳訛之口",衍"傳影"二字。

卷二

奏疏

劾本兵黄嘉善八大罪疏（天啓元年）[1]

爲邊事敗壞已極[2]，罪樞誤國不休，直剖罪狀，以祈聖斷事。

臣觀自古國家，常以邊疆禍結[3]，因之海內騷然，故王者必嚴軍旅而統之。大司馬以內贊廟謨，外資籌畫，無事爲徹桑之謀，有事爲戢焚之策，及其不效則束身待罪，力求誅斥。未有庸鄙陋劣如本兵黄嘉善者，久厭邊疆，止用虛冒軟熟，以至今官。方其被命，偃臥家園，不肯乞休。人言叢指，僉謂不死不活之人。決無入主中樞之理，乃竟蒙面而入長安。既已受事邊腹，皆其身上事。況遼左關係甚重，豈宜悠忽當樞。如度楊鎬之不能任經畧，則宜請換；度李如柏之不能任大將，則宜請換。不然，而度鎬柏之必敗，則宜嚴戒甲兵[4]，以備應援。而茫然無主，溷過半年。與輔臣熱心封拜，孟浪作馬上督戰之事，因至三路敗衂。假非社稷有靈，此時都城守備空無一設[5]，試問長安一片地，嘉善當收拾何所？此其籌敵之不審，因之震驚宗社，一大罪也。

邊疆俱没，是何等時？大將提兵重出，是何等事？而李如柏酒肉之徒，儼然登壇一人，而邊城相繼陷矣。乃拾宰賽之殘級，遽然上首功以欺神宗。當時將擢用之人，實誰主持？倘非舉朝力爭，而某某又敘功矣[6]。此其用將之非人，以致重城失守，二大罪也。

二帥既歸，即宜上疏，力請正法。而聽其見朝，聽其上本，佯爲不知者，表裏爲奸，盜鈴掩耳。其意不過曰："兩帥之罪正，而馬上差人之罪併發耳。[7]"蓋既欺神宗，又欺先帝。若非皇上英斷，舉朝公憤，而二帥且將然死灰、驕白日矣。從此邊臣更復何所顧忌？此又嘉善之比周爲黨，大罪三也。

僉募民兵，所過州縣，劫掠公行。其赴通州就練者，安家之外又索安家，二年之外且許歸省。夫此兵既不援邊[8]，又不守城，而主客分轄，亦泛泛無著落。夫結閭閻如許愁怨，費皇上如許金錢，僅成清人河上之逍遙，是何法紀制馭？此爲撼搖邦本，兒戲軍機，大罪四也。

土兵各邊之調，誠非得已，而申明約束，此本兵事。乃各處逃兵，僅逃之咫尺，不遠都門[9]。明是犒賞之不時，鼓勸之無法。若使犒賞以時，又力誅一二首逃將領以儆之，豈其無忌至此？而今逃兵且公然拒捕殺人矣。譬之人家，今日走一僕，明日走一僕，而家長不問，恐主人有事，無難掉臂而去之矣。是嘉善之怠玩九邊，取笑四方[10]，大罪五也。

至於推升將領，或視賄之多寡，爲官之大小；或視情面之大小，爲官之冷熱。兩年以來，庸劣被參之債帥，是錢神夜半之奧援。而報國有心忠勇素著者，反不得收其一臂之用。是嘉善之大啟倖端，日蠹邊事，大罪六也。

先是楊應聘至京，奉旨署印，嘉善鬱鬱不得志，及應聘病歿，暗地自喜。故祁光宗推已一年，不聞一疏催其到任。張鶴鳴命下累月，亦不聞一疏速之來從事。立心如此，又安望其主持少司馬之公論乎？是嘉善之媢嫉妨賢，大罪七也。

最可厭者，戀權不已，托之守禮，低眉內閣，仰息中官。見人言難防，則曰畏切責以逃之。切責之謀既窮，又詭托溫旨以撐之。近又將借名顧命大臣，希圖牢定腳根不動矣。班行首阽，人或比之於象。謂其昂然大物，日但食廩，侍班好看，而他事事可憎。是嘉善之戀位怙權，遺辱中樞，大罪八也。

至於皇祖彌留之際，召見閣部大臣，嘉善親於御榻前奏曰："邊事皇上放心，臣雖不才，不敢不竭力爲皇上分憂。"今既兩月矣，曾練一兵簡一將乎？畫一謀乎？邊疆之警報日聞，而制勝設防者未見[11]。分憂之言在耳，而所謂竭力者安在？幾年誤皇祖之疆場，而又終之以面欺背棄。嘉善亦有何面目以見皇祖之臣子乎哉？嘉善之被論杜門屢矣，當事大臣或以中樞無人，或以攀人遮面，每每徇禮擬旨慰留。此於嘉善之挨取封廕得矣，而不能斡旋安撫一事。試問國家有限封疆，能當得幾番敗壞乎[12]？有限之財賦，能再得一起徵調十八萬乎？能再當得一年加派八百萬乎？而各邊武備懈弛，內地民窮盜起，不急圖改人更理，又能當得本兵再僥倖乎？今聖主維新邊事，勅令會議，督撫將士，經畧諸事，而居中調度者，猶令頑寅戀位之人占住不休。即日更經更撫，恐亦無益於成敗之數也。故敢明目張膽，列其罪狀，伏乞皇上將臣疏及以前諸臣論列嘉善之疏，一併勅下，九卿科道會議，皇上大奮乾斷，輕則除削，重則誅殛。一面簡令別部大臣代署，一面推兩部侍郎前來料理。庶幾雷霆一震，人情知奮，邊事尚有可為。而在兵言兵，亦微臣以忠先帝而報皇上之職分也。

奉聖旨，邊事甚急[13]，本兵去留，關係匪輕，著九卿科道會議具奏。

【校記】

〔1〕又見六卷本卷一、三卷本卷一，題《邊事敗壞已極》。

〔2〕"為邊事敗壞已極"前，六卷本衍"兵科左給事中署科事臣楊漣謹奏"。

〔3〕"常以"後，六卷本衍"敵國外侵"四字。

〔4〕"則宜嚴戒甲兵"前，六卷本衍"遼東"二字。

〔5〕"此時"後，六卷本衍"山海"二字。

〔6〕"邊疆……敘功矣"，六卷本作"清河撫順俱沒，是何等時？大將提兵重出，是何等事？而李如禎酒肉之徒，儼然登壇一入遼，而開原鐵嶺相繼陷矣。乃拾宰賽之殘級，遽然上首功以欺神宗。當時將遼用遼人，實誰主持？倘非舉朝力爭，而如禎又敘功矣"。其中，"邊疆"，六卷本作"清河撫順"；"柏"，六卷本作"禎"；"儼然登壇一入"後，六卷本

衍"遼"字;"邊城",六卷本作"開原鐵嶺";擢用之人,六卷本作"遼用遼人";"某某",六卷本作"如禎"。

〔7〕"馬上差人之罪"後,六卷本衍"與以遼人將遼之罪"。

〔8〕"邊",六卷本作"遼"。

〔9〕"僅逃之咫尺"後,六卷本脱"不遠"二字。

〔10〕"四方",六卷本作"天下"。

〔11〕"嘉善親……設防者未見",六卷本作"加善親於榻前奏曰:遼東事皇上放心,臣雖不才,不敢不竭力爲皇上分憂。今既兩月矣,曾練一兵簡一將乎?畫一謀乎?遼東之警報日聞,而制勝設防者未見"。其中,"嘉善親於御"後,六卷本脱"御"字。"邊",六卷本作"遼東"。"邊疆",六卷本作"遼東"。

〔12〕"幾番",六卷本作"幾個遼東"。

〔13〕"邊事甚急",六卷本作"東事正急"。

乞歸田里疏一（天啟元年）[1]

爲君恩太重[2],臣分難勝,引義自安,仰祈聖鑒,允歸田里以答清朝、以全微尚事。

臣楚鄙豎儒,荷蒙神宗皇帝拔置諫垣。本年八月,當先帝初登大寶,徒膺危病之時,臣痛念先帝毓德,青宮憂危艱苦垂三十年。仍一旦禍發於女戎,不十日命危於奸豎。宿毒蟠據於再世,九鼎孤懸於一絲,殆哉!岌岌乎!此臣子致命報國之秋也。臣是以有發明聖體違和之自一疏,自分妄言宮掖,指斥陰邪,禍當不測。乃蒙先帝過垂採納,特賜宣召,以一介小臣,微主知於病榻委頓之時,蒙特賜於末命彌留之日。三生自咤爲奇逢[3],千載亦誇其殊遇。臣即畢命誓死,粉身碎骨,亦何足以酬天地之高深而報優渥於萬一也哉!乃因前月備述移宮始末一疏,復蒙皇上特諭,謂臣言"極公、極正、極真、極切"。且有"志安社稷,忠直可嘉"之褒。夫移宮一事,本末甚明,加以聖諭諄諄,備言宮閫凌逼之根因，詳及恩禮篤厚之次第。皇上之量同天海，而孝隆唐虞，既已昭揭千古矣。

乃微臣於此。則有大不安者三。

臣發明移宮之故，祇以疑關禁近，事恐傳訛，垂簾之秘事未聞，入井之煩言噴起。不得不洗發一番，使天下後世曉然，知皇上所以善處家人骨肉之際，危疑恩義之間而已。乃旋荷綸綍之襃，過邀忠直之譽，使臣區區發揚主德之苦心，反爲誇詡臣節之左券。臣之不安一也。

當皇上繼離出震之時，諸臣共有防微慮隱之意，當時首請御文華殿受羣臣嵩呼者，部院大臣周嘉謨等也。初出乾清宮，羣璫擁蔽之日，捧皇上之右手者，英國公張惟賢也；捧左手者，閣臣劉一燝也。臣不過從諸臣之後，如同舟遇風之人，與長年三老，竭蹶呼號相應和而已。乃以憤爭之故，獨受忠直之名，俯慚卑末，豈可掩人於朝？仰藉清平，何敢貪天爲力！臣之不安二也。

以祖宗二百餘年之厚澤，兼先帝三十餘日之深仁，宮禁自就肅清，社稷有何觖觎？而聖諭以志安社稷爲言，君幸有子，不必心憂杞國之天。臣獨何人，乃言手捧虞淵之日。受友朋之虛譽，猶謂過情；叨君父之寵嘉[4]，能無深愧？臣之不安三也。

臣受皇上之恩，最重最深；而負不安之心，又最眞最篤。臣今日引分自循，可以仰報皇上，俯全臣節者，惟有決去一著而已。夫以安社稷爲悅，臣兒童讀書時即知慕之，而人臣立朝，又豈有反以忠直爲諱者？又況移宮始末，了然在人耳目，自有聖明之特知，在臣亦有何愧怍、有何疑沮？而必欲求去也哉[5]？

祇緣臣生來薄相，蠢具直腸，以賦命窮蹇處世骯髒之人而際兩朝知遇之隆，被聖明奬諭之過，人世之願望與書生之福力，至於此極矣。

今日捧載錫之恩綸，披上方之文綺，賷兩朝之賜金，步歸里門；以"忠直"二字，出告親友，入教子孫，以彰君寵，以圖世報。覺俯仰之皆寬，對詩書而共快[6]。即不幸身先犬馬填溝壑，持此二字，以報先帝於在天，見先臣於地下，臣可以瞑目安寢，且可以笑龍逄、比干當年遭遇之窮矣。若乃因循繫戀，日復一日，或不免借主眷以梯榮，挾孤忠以固寵，則臣之生平自許謂何？臣之向日憤爭謂何？始奮鷹鸇之逐，而終甘鴟鼠之嚇，陰懷蠅蟻逐羶之情，而陽附狗馬戀主之跡，則豈臣之所以自處？而亦豈皇上之所以畜臣也哉！夫人臣之報主不同，有以居官奉職爲報者，有以辭官謝職爲報者。使臣居官奉職，一身之識力幾何？一事之治辦幾何？若臣一去焉，或者知止，可以風頑鈍，能退，可以省議論。一身之去，不過鴻毛，而一念之所全，不獨在己。此又臣惓惓去國之深衷，所欲自効於陛下者也。

臣無病，不敢以病請；皇上不罪臣，臣不敢以罪請。惟有明微薄之心跡，乞浩蕩之恩波，放臣爲急流勇退之人，同無機無忌之山農野叟，歌咏堯天舜日於無窮而已。

除臣本科印信，封付在科，聽臣同官題請署管外，臣齎本赴文華殿[7]，叩頭畢，移出城外候旨。伏乞聖明，鑒臣之愚，赦臣之罪，放歸田里。臣無任戰慄感激，待命之至。

奉聖旨，人臣隨分盡職，何必過爲引避？楊漣著照舊供職，無得輕率自遂，該部知道。

【校記】

〔1〕又見六卷本卷二、三卷本卷一、二卷本卷上，題《君恩太重》。明徐昌治《昭代芳摹》卷三十三"都給事楊漣乞歸疏"（明崇禎九年徐氏知問齊刻本）錄其內容。清黃宗羲《明文海》卷六十一"奏疏"十五（清涵芬樓鈔本）有錄，題《乞歸疏》。

〔2〕"爲君恩太重"前，六卷本衍"兵科都給事中臣楊漣謹奏"。

〔3〕"咤"，六卷本作"托"。

〔4〕"受友朋之虛譽，猶謂過情；叨君父之寵嘉，能無深愧"，二卷本作"受友朋之虛譽，猶謂過；君父之寵嘉，能無深愧"，脫"情""叨"二字。

〔5〕"欲"，六卷本作"於"。

〔6〕"共"，六卷本作"甚"。

〔7〕"文華殿"後，六卷本衍"門"字。

乞歸田里疏二（天啟元年）[1]

爲恭謝天恩寬宥[2]，瀆陳福薄災生，終懇聖明，允放歸田里事。

臣本月十九日奏有《君恩太重臣分難勝引義自安乞歸田里》一疏，即於文華殿門叩頭出城候旨。自分職守擅離，無辭斧鉞，束身荒寺[3]，恭候處分。今奉聖旨："人臣隨分盡職，何必過爲引避。楊漣著照舊供職，無得輕率自遂，該部知道，欽此。"

自天有命，霜嚴其實，春溫無地，措躬衮披，更深鉞凜，何敢冒昧再有瀆干？但臣前日拜疏之時，竊念一介書生，七品郎署，戴兩朝之寵遇，荷不世之褒嘉，甘棄清朝，恝言歸里。龍顔日表，知再覿以何時？天澤春暉，恐得報其無自深。惟古人禁闥愛君之念，俛思臣子狗馬戀主之忱，已不覺心淚俱枯，形神欲絶。及出城之後，同朝同官諸臣肩摩踵接相責，謂臣受恩特重，無故引去非忠。復有先朝忠直老臣執手，大義勖勉，訟言先帝當日艱苦之狀，感念皇上此時孤立之情。彼此流涕交頤，哽咽無言以别。而臣神情營魄竟怳然如失矣[4]！再當夜氣清明，忽其心口相商[5]，君父無逃之分。彼衰遲雪案，尚思博一第，以致身忠義不死之心。即斥逐天涯，且冀得生還以圖報。乃不老不病，忍心忘新天子之殊恩，竟若喪若狂，無故效小丈夫之行徑，觸忤師父之噍呵，招來朋友之責備，宛轉生平之期許，躊躇未報之恩。知幾回酸楚[6]，幾回感痛，幾回汗竦！

窗月照心，循牀痛哭，又不覺聲盡而繼之以血也，遂爾精神恍惚，牀屋若旋。臣舊有怔忡之病，陡發震焉如擣。此真福過災生，即欲服官無益[7]。臣向無病，不敢虚以病欺。今病矣，又何敢不實以病告？臣無病而請去，安得有病而願留？皇上以臣無病而責之留，以臣有病而放之去，則君臣始終之恩義，等天海涵宥之高深矣。伏乞聖明，仍憐臣之愚，赦臣之罪，俯賜恩旨，早放歸田，縱麋鹿於山林，覆犬馬以帷蓋。倘得悻餘視息，猶能與子孫祝賽聖恩於萬年也。臣無任感戴惶仄，待命之至。

奉聖旨，楊漣既以病請，該部酌議具覆。

【校記】

〔1〕又見六卷本卷二、三卷本卷一，題《恭謝天恩》。

〔2〕"爲恭謝天恩"前，六卷本衍"兵科都給事中臣楊漣謹奏"。

〔3〕"束身荒寺"前，六卷本衍"嚴譴已"三字。

〔4〕"然"，六卷本作"焉"。

〔5〕"商"，六卷本作"問"。

〔6〕"無故……知幾回酸楚"，六卷本作"無故效小丈夫之行徑，耿遡師父之醮呵，宛轉生平之期許，圖廻未報之恩，知反覆朋友之責備，幾回酸楚"。其中，"觸忤"，六卷本作"耿遡"；"噍"，六卷本作"醮"；"呵"後，六卷本脫"招來朋友之責備"；"躊躇"，六卷本作"圖廻"；"知"後，六卷本衍"反覆朋友之責備"。

〔7〕"此真福過災生，即欲服官無益"，六卷本作"此真福過之災生，即欲服官以無益"。"此真福過"後，六卷本衍"之"字；"即欲服官"後，六卷本衍"以"字。

辭免太常恩命疏一（天啟三年）[1]

爲君恩甚重[2]，臣福難勝，冒死乞休，以免曠官事。

臣猥以草茅，荷蒙作養三朝，叨列諫垣，殊慚尸位。前年怔忡病劇，蒙恩赦放歸田，一飯未敢忘君。二豎交侵爲祟，雖幸視息猶存，卻已鬢髦半白矣。本年四月，接得邸報[3]，蒙聖恩起臣禮科都給事中。聞命自天，感恩無地。苦舊疴之未復，懼新任之難勝，方於七月內拜疏告致。何知疏方在途，未及上達而新命已下，再擢今銜，切念。

臣粗知君臣大義，敢懷規避私心？未入除書，原不萌嗜進之念；再臨君命，實自激效忠之思。況國家多事之時，豈臣子愛身之日？無奈心與身違，病忽時會，造物格人仕路，臣亦無如命何爲？此冒昧籲天懇請休致，伏乞聖恩憐准。自此以往之年，皆天地再生之賜矣。臣不勝悚惶，待命之至。爲此，具本專令義男楊裕齋捧謹具奏聞。

奉聖旨，楊漣著遵旨前來供職，不准辭，吏部知道。

【校記】

〔1〕又見六卷本卷二、三卷本卷一，題《君恩甚重》。

〔2〕"爲君恩甚重"前，六卷本衍"原任兵科都給事中告病在籍起補禮科都給事中今陞太常寺少卿臣楊漣謹奏"。

〔3〕"接"後，六卷本脱"得"字。

辭免太常恩命疏二（天啓三年）〔1〕

爲宿疾未痊〔2〕，人言偶及，新恩難赴，懇乞聖明，俯容休致，以安愚分事。

臣本庸才，智力淺短，邀時之福，塵忝梧垣，碌碌負官，無與臣比。臣於庚申之歲，因病乞歸，自分得爲太平之民，力田奉母，於心滿分足矣。天慈濫被，起補禮科，復除太常清秩。狗馬病軀，不堪驅策，仍具疏陳情。奉聖旨："楊漣著即前來供職，不准辭。"臣扶掖望闕，叩頭謝恩，外隨有部咨，催臣赴任。前病未痊，即擬再申前請，因念内察在邇，當静俟幽黜，不敢煩瀆天聽。今計典告竣，罪戾如臣，復逃幽黜，義當束裝就道，矢竭忠貞，仰報高厚於萬一。乃小人禄薄命蹇〔3〕，舊病日益纏延。臣繼母宋氏〔4〕，年七十有四，素弱多病，氣息奄奄，不能離臣朝夕。臣雖年初逾艾〔5〕，而蒲柳早衰，鬚髮半白，杜門山居，藥不離口。母子二人，更相爲命，況止足之分，臣所宜守。

古人有言：德未爲衆所服，而受高爵，則使才臣不進；功未爲衆所歸，而荷厚禄，則使勞臣不勸。臣既無德可稱，又無功可紀，偃卧田里，冒非次之榮，循省懷慙，辱恩是懼。且有人言侵及，不敢瑣瑣瀆辯，仰煩天聽。今九列濟濟，振鷺充庭，去臣一人，如鄧林飄一葉耳。是以萬不得已，哀懇聖恩，勅下該部，察臣病苦真情，别無規避，容令致仕。

即母子相保，得盡天年。犬馬銜結，期之世世矣。

【校記】

〔1〕又見六卷本卷二、三卷本卷一，題《宿疾未痊》；二卷本卷上，題《告病疏》。

〔2〕"爲宿疾未痊"前，六卷本衍"原任兵科都給事起補禮科都給事新陞太常寺少卿臣楊漣謹奏"。

〔3〕"乃小人禄薄命蹇"，六卷本作"臣乃小人，禄薄命蹇"，衍"臣"字。

〔4〕"宋"，六卷本作"王"。

〔5〕"臣雖年初逾艾"句中，六卷本脱"臣"字。

止内批屢降疏（天啟四年）〔1〕

爲内批屢降〔2〕，空國形成，謹昧死上言，懇乞聖明，慎操威福，以存國體，以愛人材，以維宗社事。

竊惟生殺予奪，帝王御世之大權也；是非可否，士君子持身之大義也。權之所在，人主可以行令；義之所在，匹夫可以行意。是故《書》曰："有言逆於心，必求諸道；有言遜於志〔3〕，必求諸非道。"《記》曰："爵人於朝，與衆共之；刑人於市，與衆棄之。"言帝王不可以意爲喜怒也。況乎喜怒不出於一人之意，而左右近習〔4〕，各以其意，自爲喜怒哉！

東廠太監魏忠賢怙勢作威，朋奸亂政，四年於兹。先是滿朝大小臣工，交章請劍，皇上不即震怒，貸以不死，且爲之杖御史林汝翥矣，且爲之殺屯郎萬燝矣。廷臣方欲赴闕叩閽，以求聖心轉悟。伏念齧馬，投鼠，事不可磯，隱忍包含，冀其悔禍。數月以來，寂然静聽，而忠賢亦稍歛戢〔5〕，閣中傳宣漸稀。方幸其洗腸滌胃，改過自新〔6〕，詎意包藏禍心，乘間報復，借覆山西巡撫一事，大發難端。降吏科都魏大中矣，文選員外夏嘉遇矣。吏部尚書趙南星、左都御史高攀龍上疏自劾，勒令回籍矣。併降升救科臣沈惟炳矣，又降升救科臣許譽卿矣。數月之間〔7〕，内降斜封,層見疊出。問之閣臣,閣臣不知也,甚至旨下而閣臣猶然不知也,且公然大言於衆曰"不知何妨也"。是何忠賢大膽如此極哉?彼不過托言聖怒云耳。

夫天下者,祖宗之天下;法度者,祖宗之法度也。皇上亦在祖宗法度之中,即欲私喜一人,私怒一人,不可得。奈何皇上不自爲喜怒,以忠賢之喜怒爲喜怒哉!忠賢又不自爲喜怒,以外廷之恩怨爲喜怒哉!從此絲綸不必設閣臣,黜降不必設部曹,是非不必設臺諫,止憑忠賢一手,躬定太平。而附忠賢者,不得志於清議,日借助於忠賢,日夜圖謀,暗進百官之圖,明注黨人之籍。又爲之激怒,曰:"某某將不利於伊也。此輩好名,多捨不得官,更捨不得死,不降不怕,不杖不止。來一箇處一箇,再打幾箇,管取無人敢一開口。"忠賢膽悸心驚,認以爲真,遂寶其言以爲聖書。不問世間何者爲善,但與我善者即是善人;不問世間何者爲惡,但與我惡者即是惡人。朝取一人焉而逐之,暮取一人焉而逐之。始猶小臣,漸及大臣矣;始猶斥逐,漸及殺戮矣。衹知快私人之忿怒,不顧損皇上之盛名;衹知恣一己之兇橫,不顧剝剝宗社之元氣。臣恐祖宗二百餘年培養之人材,不堪忠賢一朝之芟刈;祖宗櫛風沐雨之天下,不當忠賢一朝之斷送也。忠賢又動稱皇上法世廟初政,以恐嚇士大夫。世廟躬攬乾綱,首定大禮,其所議之禮,政宗廟朝廷之禮也。羣臣爭執,聖心仁孝,具在《明倫大典》一書。而當年盡罷各鎮守,終世廟之朝,絕無內官干預政事,而嚴氏父子專擅,終不能保其身。皇上若夢寐肅皇帝,則忠賢之頭顱,正不知安頓何地?乃欲皇上以嗜殺爲法祖,是何敢於欺皇上並誣肅皇帝也?此非忠賢之言耶?

從來小人誤人家國,必先比附中官;中官專權亂政,必先驅逐言官,擯除大臣;驅除擯逐,必先借徑內批;借徑內批,必先挑激聖怒;挑激聖怒,必曰朋謀結黨。及天下公論不服,人主往往代爲分過,曰親裁、曰獨攬。又援引前代之異事而同名者,以箝制天下人之口。自古及今,如出一轍。蓋用忠賢者誤忠賢,而忠賢誤皇上也。即如本朝王振、汪直、劉瑾輩,其所口銜者,何嘗不曰聖怒、不曰結黨,而壞英宗、武宗令名者,即此三逆豎也。而宋之司馬光、范仲淹、程頤、朱熹等,豈非當時皆誣以黨人者哉?後世之公論何如也?

當我神宗時,攻張居正者指爲黨,其後攻王錫爵、申時行者亦指爲黨,先臣魏允貞亦其一也。甚而先帝在東宮,且有以争册立爲黨者。夫不黨先帝,將黨何人乎?今之致位公卿者,非其本身,即其子孫,大抵皆當日號爲黨人者也。若使當日無忠義諸臣,黨護先帝於心危患深之時,但畏禍占風,比同三王並封之奸相,陛下安得有今日乎?然則黨人之名,亦何負於國?惟奸人借之以欺主空善類耳。朱熹有言:"宰相當以分別賢否忠奸爲己任,合天下之人,以成天下之事。不惟不疾君子之黨,而不憚以身爲之黨;不惟不憚以身爲之黨,又將引其君以爲黨而不憚。"臣讀書至此,未嘗不歎息而流涕也。今之善黨者,不黨權閹,則黨權相耳。彼其噓氣成雷,舉足撼岳,觸必碎而犯必焦,故人樂黨之。若夫從宗社立心,從君父起見,癡愚冷落,迂腐拘攣,人皆指爲怪物。曾無蜉蚍蟻子之援,可用立於根本之地。未啟口而先陷胷,逐秋風而捲敗葉。此固天下至孤而可憐人也,而横以黨目之乎?然則必舉朝盡黨忠賢,而後謂之不黨乎?今日之事,在南星幸不爲尹明[8],攀龍幸不爲王越,大中等幸不爲戴縉。獨惜當汪直時,除商輅外[9],劉珝獨能面斥王越曰:"汪直行事若公道,朝廷署公卿大夫欲何爲?"珝非其人也,猶能爲此言。由今觀之,珝亦不可及也[10]。

嗟乎!直道難容,清修不免,憲臣不許持憲,禮官不敢言禮,兵垣不敢言兵,職方不許言將。忠諫謂之瀆擾,深計謂之疑猜,公正發憤謂之朋黨。此自叔季所不宜有之事,而疊見之聖明之世。臣實痛之!臣備員九列,待罪風紀,附意順旨,陷主不義,辱職負官,莫此爲甚。謹冒死上言,伏乞皇上留神省覽,法祖宗之懿美,全堯舜之令名。以票擬還內閣,以黜降還部曹,以是非還臺諫。即貸忠賢以不死,乞嚴加戒諭,令其小心謹慎,保全恩寵,長守富貴,毋代人操刃,擅作威福[11],自取罪戾。并戒附忠賢者,倚冰易敗,鑄錯不成,棄灰之罰將自及,崖州之路勿自開。臣雖以愚戇獲罪,亦所以忠皇上而報二祖十宗之職分也。

【校記】

〔1〕又見《楊大洪先生忠烈實錄》，後簡稱《實錄》；六卷本卷二、三卷本卷一，題《內批屢降》；二卷本卷上，題《乞停內批疏》。

〔2〕"爲內批屢降"前，六卷本衍"都察院左副都御史楊漣謹題"。

〔3〕"志"，六卷本作"心"。

〔4〕"左右近習"，六卷本作"在旁在廷"。

〔5〕"忠賢亦稍"後，六卷本衍"自"字。

〔6〕"改過"，六卷本作"嘉與"。

〔7〕"月"，六卷本作"日"。

〔8〕"明"，六卷本作"旻"。

〔9〕"輅"，六卷本作"文毅"，商輅（1414—1486），字弘載，諡號文毅。

〔10〕"珝亦不可及也"後，六卷本衍"已"字。

〔11〕"毋代人操刀，擅作威福"，六卷本作"毋代人操刀，擅作威禍"。

劾魏忠賢二十四大罪疏（天啟四年）[1]

爲逆瑾怙勢作威[2]，專權亂政，欺君蔑法，無日無天，大負聖恩，大干祖制，懇乞大奮乾斷，立賜究問，以早拯宗社事。

臣惟太祖高皇帝，首定律令，內官不許干預外事，其在內廷，祇供使令灑掃之役，違者法無赦。故在內官，惟以循謹奉法爲賢，聖子神孫相守，未敢有改。雖有驕橫恣縱如王振、劉瑾其人，旋即誅戮，故國祚靈長至今。豈意聖明在上，乃敢有肆無忌憚，濁亂朝常，罔上行私，傾害善類，損皇上堯舜之令名，釀宗社無窮之隱禍。如東廠太監魏忠賢其人者，舉朝盡爲威劫，無敢指名糾參，臣實痛之。臣前以兵科給事中，親承先帝之命，輔皇上爲堯舜之君，言猶在耳。今若亦畏禍不言，是臣自負忠直初心，并負風紀職掌，負皇上起臣田間特恩；他日何面目以見先帝於在天？謹撮其大罪之著者二十四欸，爲我皇上陳之。

忠賢原一市井無賴人耳，中年凈身，贪入内地，非能通文理，自文書司禮起家者也。皇上念其服役微勞，拔之幽賤，寵以恩禮。原名進忠，改命今名，豈非欲其顧名思義，忠不敢爲奸，賢不敢爲惡哉？乃初猶謬爲小忠小信以倖恩[3]，既乃敢爲大奸大惡以亂政。祖宗之制，以票擬托重閣臣，非但令其静心參酌，權無旁分，正使其一力擔承，責無他卸。自忠賢專擅，旨意多出傳奉。傳奉而真，一字抑揚之間，判若天淵；傳奉而偽，誰爲辯之？近乃公然三五成羣，勒逼講嚷[4]，政事之堂，幾成閧市。甚至有徑自内批，不相照會者。假若夜半出片紙殺人，皇上不得知，閣臣不及問，害豈渺小？以致閣臣欎欎嘆悶，有堅意求去者，壞祖宗二百餘年之政體。大罪一也。

舊閣臣劉一燝、冢臣周嘉謨，同受顧命之大臣也。一燝親捧御手，首定大計。嘉謨倡率百官於松棚下，義斥鄭養性，立寢后封，以清宮禁。皇上豈遂忘之？忠賢交通，孫杰論去，急於翦己之忌，不容皇上不改父之臣。大罪二也。

先帝强年登極，一月賓天，進御進藥之間，普天實有隱恨。執春秋討賊之義者，禮臣孫慎行也；明萬古綱常之重者，憲臣鄒元標也。忠賢一則逼之告病去，一則嗾言官論劾去，至今求南部片席不可得。顧於護黨氣歐聖母者之人[5]，曲意綢繆，終加蟒玉，以贈其行。是何親於亂賊，何仇於忠義，偏不容先朝有痛念弓鼎之老臣！大罪三也。

王紀、鍾羽正，先年功在國本。及紀爲司寇，執法如山；羽正爲司空，清修如鶴。忠賢一則使人喧嚷於堂，辱而迫之去；一則與沈㴶交搆陷之削籍去，至今請一復職起用不可得。顧於柔媚善附之人，破格點用，驟加一品以歸。是真與我善者爲善人，與我惡者爲惡人，必不容盛時有正色立朝之直臣。大罪四也。

國家最重，無如枚卜。忠賢一手握定，力阻前推之孫慎行、盛以弘，更爲他辭以錮其出，豈真欲門生宰相乎？妄預金甌之覆字，竊作貂座之私情。大罪五也。

爵人於朝,莫重廷推。去歲南太宰、北少宰,推皆點陪。一以蓋枚卜點陪之案,一以伏借用爲逐之奸。致一時名賢,不安俱去,顚倒有常之銓政,掉弄不測之機權。大罪六也。

聖政初新,正資忠直,乃滿朝薦文震孟、鄭鄤、熊德陽、江秉謙、徐大相、毛士龍、侯震暘、賈繼春等九人,抗論稍忤忠賢,傳奉盡令降斥。屢經恩典,竟阻賜環。長安謂皇上之怒易解,忠賢之怒難饒。大罪七也。

然猶曰外廷之臣子也。上年皇上南郊之日,傳聞宮中有一貴人,以德性貞靜,荷皇上寵注。忠賢恐其露已驕橫狀,謀之私比,托言急病,立刻掩殺。是皇上且不能保其貴幸矣。大罪八也。

猶曰無名封也。裕妃以有喜傳封,中外欣欣相告矣。忠賢以抗不附已,屬其私比,捏倡無喜,矯旨勒令自盡,不令一見皇上之面。昔堯以十四月而生,假令當日裕妃幸存,安知不爲堯母?是皇上又不能保其妃嬪矣。大罪九也。

猶曰在妃嬪也。中宮有慶,已經成男,凡在內廷,當如何保護?乃繞電流虹之祥,忽化爲飛星墮月之慘。傳聞忠賢與奉聖夫人,實有謀焉,以皇上麟趾呈祥[6],何妨斯男則百。而忠賢包藏禍心若此,是皇上亦不能自保其第一子矣。大罪十也。

至於先帝之在青宮四十年,操心慮患,所與護持孤危,威劫之不動,利誘之不變者,僅王安一人耳。登極一月堯舜,安不可謂無微功。皇上倉卒受命,擁衛防護,安亦不可謂無微忠。即使有罪,亦當聽皇上明正其罪,與天下共見之。而忠賢以私忿,矯旨掩殺於南海,子身首異處,肉飽狗彘。是不但仇王安,而實敢於仇先帝之老奴,與皇上之老犬馬,而畧無顧忌也。此後內臣,誰復肯爲忠義者?其餘大小內臣,無罪而擅殺擅逐者,又不知其數千百也。大罪十一也。

因而欲廣顧奢,今日討獎賞,明日討祠額,要挾無窮,王言屢褻。近又於河間府毀人居屋,起建牌坊,鏤鳳雕龍,干雲插漢。築愁築怨,飲恨吞聲,又不止於塋地擅用朝官,規制僭擬陵寢而已。大罪十二也。

今日廕錦衣，明日廕中書。金吾之堂，口皆乳臭。誥勅之館，目不識丁。如魏良弼、魏良材、魏良卿、魏希孔及外甥野子傅應星等，五侯七貴，何以加兹？不知忠賢有何軍功，有何相業，亦甚褻朝廷之名器矣？大罪十三也。

因而手滑膽粗，用立枷之法以示威。前歲枷死皇親家人數命矣。其枷號家人者，欲攀陷皇親也[7]。其攀陷皇親者，欲動摇三宫也。當時若非閣臣力有護持，言官極爲糾正，椒房之戚，久興大獄矣。大罪十四也。

猶借曰禁平人開稅也。良鄉生員章士奎[8]，即有他罪，自有提學，乃以争煤窖傷其壙脉，托言開鑛而死矣。假令盜長陵一抔土，何以處之？趙高鹿可爲馬，忠賢煤可爲鑛。大罪十五也。

王思敬、胡遵道侵占牧地果真，小則付之有司，大則付之撫按學院足矣。而徑拏黑獄，三次拷掠，身無完膚。以皇上右文重道，秋爽幸學，而忠賢草菅士命，使青燐赤碧之氣，先結於璧宫泮藻之間。孔子之神，將無怨恫。大罪十六也。

未也，而且明縣監謗之令於臺省矣。科臣周士樸執糾織監一事，原是在工言工。忠賢徑停其陞遷，使吏部不得守其銓除，言官不敢司其封駁。險邪因之以偷換手眼，那移陞叙，致士樸卒困頓以去，於以成中官之尊大得矣，而聖朝則何可有此名色？大罪十七也。

未也，而且將開羅織之毒於冠紳矣。北鎮撫臣劉僑，不肯殺人媚人，自是在刑慎刑。忠賢以其不善鍛鍊，竟令削籍。明示大明之律令可以不守，而忠賢之意旨不可不遵。將使羅鉗吉網，然後快心，於以彰忠賢之威燄得矣，而國脉則何可崇此蘊毒？大罪十八也。

未也，而且示移天翳日之手於絲綸矣。科臣魏大中到任，已奉明旨。鴻臚報單，忽傳詰責，及科臣回話，臺省交論，又再襲王言，幾成解訓。無論玩弄言官於股掌，而皇皇天語，提起放倒，信手任心，令天下後世視皇上爲何如主？大罪十九也。

最可異者，東廠原以察奸細、緝非常，非擾平民也。自忠賢受事，雞犬不寧，而且直以快恩仇、行傾陷。野子傅應星爲之招摇引納，陳居恭爲之鼓舌摇唇，傅繼教爲之投匭打網。片語違懂，則駕帖立下。如近日之拏中書汪文言，不從閣票，不會閣知，不理閣揆。而應星等造謀告密，猶日夜未已，勢不至興同文之獄，刊黨錮之碑不已者。當年西廠汪直之橫，恐未足語此。大罪二十也。

尤可駭者，遼東未靖[9]，內外戒嚴。東廠訪緝何事？前韓宗功潛入長安打點，實往來忠賢司房之家。事露始令避去。假令天不悔禍，宗功奸細事成。一旦兵逼城下，忠賢固爲迎敵首功之主人矣[10]。其發銀七萬兩，更創肅寧縣新城，誠可作郿塢深藏，不知九門內外生靈，安頓何地？大罪二十一也。

更可恨者，王者守在四夷，祖制不蓄內兵。即四衛之設，備而不操，原有深意。忠賢謀同奸相沈潅，創立內操，不但使親戚羽黨，交互盤踞其中，且安知其無大盜刺客之人[11]，寄名內相家丁，倘或伺隙謀亂，發於肘腋。智者不及謀，勇者不及拒，識者每爲寒心。忠賢復傾財厚與之交結。昔劉瑾招納亡命，曹吉祥弟姪傾結達官，忠賢蓋已兼之。不知意欲何爲？大罪二十二也。

且皇上亦見近日忠賢進香涿州之景象乎？鐵騎之擁簇如雲，蟒玉之追隨耀日，警蹕傳呼，清塵墊道，人人以爲駕幸涿州。及其歸也，以輿夫爲遲，改駕四馬，羽幢青蓋，夾護雙遮，則已儼然乘輿矣。其間入幕密謀，叩馬獻策者，實繁有徒。忠賢此時，自視爲何如人，想只恨在一人下耳！不知更作何轉念，恐泰山之神必陰殛之矣。大罪二十三也。

皇上更不記前日忠賢走馬大內之氣象乎？寵極則驕，恩多成怨。聞今春忠賢馳馬御前，皇上曾射殺其馬，貸忠賢以不死。聖恩寬厚，忠賢不自伏罪請死。且聞進有傲色，退有怨言，朝夕隄防，介介不釋，心腹之人，時時打點。從來亂臣賊子，只爭一念放肆，遂至收拾不住。皇上果真有此事，奈何養虎兕於肘腋間乎？此又寸臠忠賢不足盡其辜者。大罪二十四也。

凡此逆跡，皆得之邸報招案，與長安之共傳共見，非出於風影意度者。忠賢負此二十四大罪，懼內廷之發其奸，殺者殺，換者換，左右既畏而不敢言。懼外廷之發其奸，逐者逐，錮者錮，外廷又皆觀望而不敢言。更有一種無識無骨、苟圖富貴之徒，或扳附枝葉，或依托門牆，或密結居停，或投誠門客，逢其所喜，挑其所怒，無所不至。內有授而外發之，外有呼而內應之。向背忽移，禍福立見。間或內廷奸狀敗露，又有奉聖客氏，爲之彌縫其罪戾，而遮飾其回袤。故掖廷之內，知有忠賢，不知有皇上。都城之內，知有忠賢，不知有皇上。即大小臣工，積重之所移，積勢之所趨，亦不覺其不知有皇上[12]，而只知有忠賢。每見中外有緊切當做之事，當起用之人，必曰要與內邊說說。或人不得用，事不得行，亦只說內邊不肯。宮中府中，大事小事，無一不是忠賢專擅。即章奏之上，反覺皇上爲名，忠賢爲實。且如前日忠賢已往涿州矣，一切事情，必星夜馳請。一切票擬，必忠賢既到，始敢批發。嗟嗟！天顏咫尺之間，不請聖裁，而馳候忠賢意旨於百里之外。事勢至此，尚知有皇上耶，無皇上耶？有天日耶，無天日耶？

天祚聖明，屢行譴告。去年以熒惑守斗告，今年以長日風霾告，又以一日三地震告，而乾清之震尤甚，皆忠賢積陰蔽陽之象。聖明偶不及覺察，反加之恩。而忠賢益憨不畏死，更甚之惡。羽翼已成，騎虎難下。太阿倒授，主勢益孤，及今不爲早治。臣不知皇上之宗社何所托，聖躬之安危何所托，三宮九嬪之安危何所托！而如此毒心辣手，膽橫已不能爲下，意棘必不肯容人。即普天共戴之皇子，元良托重之貴妃，能保時得其懽心，而不犯其所忌。臣又不知貴妃皇子之安危何所托？萬一少有差池，臣即欲以死報皇上，亦復何及？

伏念皇上天縱聰明，春秋鼎盛，生殺予奪，豈不可以自主？何爲受制麼麼小豎，令內外大小俱坐針氈之上，而惴惴莫必其命耶？臣在兵科時，曾參及進忠，名在御前。蓋實有見於忠賢狼子野心，不可嚮邇。不意聖明斷之不蚤，養成今日，倘復優游姑息。再念其隨侍舊人，客氏又從旁巧爲營解，不即加處治，小不忍則亂大謀，臣不能爲皇上策矣！

高皇帝洪武十年，有內侍以久侍內廷，從容言及政事。上即日斥遣，隨諭羣臣曰："漢唐之禍，雖曰宦官之罪，亦人主信愛之過使然。向使宦者不得典兵預政，雖欲爲亂，其可得乎？今此宦者，雖事朕日久，不可姑息，決然去之，所以懲將來也。"洋洋聖謨，中官言及政事，且懲將來。況忠賢欺君無上，惡積罪盈，豈容當斷不斷？

伏乞皇上大奮雷霆，將忠賢面縛至九廟之前，集大小文武勳戚、勅法司逐欵嚴訊。考歷朝中官交通內外、擅作威福、違祖宗法、壞朝廷事、失天下心、欺君負恩事例，正法以快神人公憤。其奉聖夫人客氏，亦并勅令居外，以全恩寵，無復令其厚毒宮中。其傅應星、陳居恭、傅繼教，并下法司責問。然後布告天下，暴其罪狀，示君側之惡已除，交結之徑已塞。如此而天意弗回，人心弗悅，內治外安不新開太平氣象者，請斬臣以謝忠賢。

臣知此言一出，忠賢之黨，斷不能容臣，然臣不懼也。但得去一忠賢，以不誤皇上堯舜之令名，即可以報命先帝，可以見二祖十宗之靈。一生忠義之心事，兩朝特達之恩知，於願少酬，死且不憾。惟皇上鑒臣一點血誠，即賜施行。

【校記】

〔1〕又見《實錄》。六卷本卷二，題《逆黨怙勢作威》；三卷本卷一，題《逆璫怙勢》；二卷本卷上，題《劾魏忠賢疏》；明金日昇《頌天臚筆》卷五上"贈廕"；明陳子龍《皇明經世文編》卷之四百九十六"楊忠烈公集（疏·書）"，題《糾參逆璫疏》。

〔2〕"爲逆璫怙勢作威"前，六卷本衍"都察院左副都御史楊漣謹題"。

〔3〕"信"，六卷本作"佞"。

〔4〕"講"，二卷本作"誼"。

〔5〕"歐"，二卷本作"毆"。

〔6〕"呈"，六卷本作"開"

〔7〕"攀"，六卷本多作"扳"，後不再說明。

〔8〕"奎"，六卷本作"魁"。

〔9〕"遼事未靖"，六卷本作"邊事未靖"，楊祖憲本作"遼東未盡"。

〔10〕"忠賢固爲"後，六卷本脫"迎敵"二字。

〔11〕"無大盜刺客"後，六卷本衍"東西不逞"四字。

〔12〕"亦不覺其不知有皇上"句中，應該多了個"不"，語義不通。

卷三

參

兵科抄參三首[1]

一

參看得兵以禦侮也,既藉其力,宜恤其私。故行伍之整飭,責在邊臣;士馬之飽騰,責在計部。即使封疆無事,尚當輸灌以時。況當封疆多事,窺我虛實,伺瑕而動,尤資兵士以爲折衝。而卜、素二虜更稱梟悍,雖已投我戎索,尚未測彼野心。乃該鎮餉缺,萬餘各兵腹枵四月。萬一脫巾有變,内無以支;或者逾約乘暇,外何以禦?雖遼餉正急,督解兩難,然當事者或不能不稍緩各邊以急遼,不應止急遼而即忘各邊也。且遼左新餉自新餉,各邊額餉自額餉。所司各宜照額運濟,終難藉口延稽。即舊欠新逋,或難一時補湊而設法撮那,自是本等職掌。若仍外呼而内不應,彼呼而此故持,致啓他虞咎,當誰諉?深心憂國者,當查見在貯庫銀兩,一面酌量多少解發,以急濟目前;一面嚴催各處見徵帶徵,陸續補解,以無誤邊圍。是亦今日安攘急務,責有不得辭者矣。抄出酌之。

二

參看得年來遼左之披猖也,豈真兵馬之勢不堪向邇也與哉?固應之者著著亂、步步緩,亦我邊之要隘失,而彼得恣其所向耳。若當時力據鐵嶺之險，而以膽兵健將當諸嚴闕，時設伏出奇以佐之，恐敵即狂逞，安能竟如入無人？今袁經畧之議，復引兵以漸進而漸逼之，此不易之論，且其以死爲期，不令在事諸人有強敵未滅，得生入山海之想，此又置之死地而後生者矣。此中事宜在外，既已任其二難，在内自當交勉其不易。如兵馬錢糧要於應手，將士急有調徵，同事協心以從，該部并宜從長斟酌秤停以覆，無須更議。惟是兵事潛天潛地，有樹漢幟而敵尚不知者，有修棧道而暗度陳倉者，金城圖上方畧，老臣定已酌量。而呼吸風雲之變，臨事好謀之成，當亦并有深心。若夫多方以誤之，百詭以亂之，都須出没鬼神爲妥。今後除尋常徵督請求外，一應有係軍機，彼此必密相來往，即應題請照會者，亦俱密秘不必抄傳。蓋事求可、功求成，無必先昭耳目。至於經畧，既以畢力邊疆，生死以之，功名性命，飲水知寒。廟堂之上，祇宜寬之歲月，責其成功，時有獎勞，固爲協應；不但不當中掣以制其肘，亦請内外同心，無多作未到金城之方畧，或至煩照應而減全力。抄出酌之。

三

看得陣亡之卹也，幽以獎忠而亦明以鼓敵愾也。須分別輕重之間，要有以服死者之心，令增知感而減知怨。今遼東陣亡一案，該經撫道鎮詳之監軍御史再四勘明，何容更議？惟是卹一耳。劉綎與張承胤同，而杜松不得與王宣一，則兩將之心或有不服，何也？張承胤實稱鎮守告陷城池，而紅旗之督戰又實以縮地喪師耳。劉綎身入重地，斬馘儘多，非戰之罪，將無不同？今贈廕已無可加，或美與易名，存此些須，又別令梟將九原知感。蓋三路輕戰之議止在將，將者若奉令而出，有進無退，有死無避。今日之卹，非問喪師，王宣杜松一耳。擬照監軍疏議兩平，以各瞑其目，則王宣之贈廕當量抑於劉綎杜松之贈廕，得進同於王宣，斯兩得之乎？若夫馬林之敗又不得以王宣言也，臨境逗留，先士而潰，此在不貸之條。開原本其信地，今敵如入空城，既無先事備預，并無臨事哨探，至填塹屠城，而後從外尾之罪，實在於退縮。特以兵寡馬弱，外援不至，勢莫能支，情尚可原。而繼復收合餘燼，萬衆防守自贖，則復其原職，以示儆足耳。不然有限城隍，有限兵馬，專閫而付之，不戰不守，僅足貸其一死，將邊疆亦何幸之有？總之，卹以勸人敢死也，亦以儆人無浪死。要使黃沙血戰之士、含生負氣之倫，見廟堂之上，功罪無一毫負人，亦無一毫肯假人也。抄出酌之。

【校記】

〔1〕此三篇又見三卷本卷一"附抄參"，分別題《兵以禦侮》《年來披猖》《陣亡之卹》。

揭

兩朝登極始末揭（附原跋）[1]

先帝泰昌八月初一日登極。是時，漣在兵科，附導駕之末，與侍班諸臣，近瞻天顏。冲粹無病容也。初四日，聞不豫。初八日，聞病甚。十一日，固欲出見羣臣，則神采大可駭矣。

長安傳聞，某日，鄭進姬侍八人，帝疾甚，駭聞鄭固時侍帝側，命內醫崔文昇進藥，藥固下利劑也。帝一晝夜近三四十起，遂支離床褥間。鄭同李選侍日以看視爲名，邀有封太后旨，諭內閣方從哲發禮部。少宗伯孫如游疏請收成命。是時漣署禮科印務，擬一疏論列。會友人徐僕少養量謂："帝既不豫，李、鄭交固，左右前後，皆兩家私人，不見周掌科一二語隱侵及。非天心轉圜，周禍立不測，君無徒取死。且前旨未見邸傳，宮禁事無妄言。"乃止。至十四日，有郭、王二皇親遍謁臺省，泣訴宮禁危狀，謂帝勢已必不起。鄭共李日於帝左右，一圖太后，一圖后，共浼皇長子附已看承，勒帝要封太后[2]。此時兩婦，蓋環弄兩朝於股掌之間矣，諸宮侍俱不得近。并傳皇長子時亦向人泣謂："爹爹素固健甚[3]，今諸奴捉弄如此，如何了？"此時漣聞，心膽俱裂。嗟夫！女戎在側，禍豈在明？倘竟墮奸人機阱，豈有天日[4]？

十五日，擬神宗諡，御史左光斗並相會議。因倡言於朝，請諸大老約貴妃姪鄭養性，禮請貴妃移宮，理諭鄭養性辭封太后之命。十六日，共集松棚下。是時，九卿科道勳戚諸臣，詞各嚴正。而冢宰周嘉謨則曰："汝姑娘當無他意，不過只欲汝守富貴。我等文武在此，汝若聽我等言，當爲君包管。若不聽我等言，胡想亂想，如要封太后事，誰肯等你做？無論汝前番許多說話，今尚未乾净，還要不避嫌疑。莫說富貴不可保，身家還不可知！"鄭，慧人也，當移慈寧宮[5]。

十七日，帝召閣部吏科[6]、河南道入視疾，則聞幾夜不得睡，日食粥不滿盂。十八日，枚卜何宗彥、劉一燝等，時尚欲邀社稷之靈，帝有起日[7]。十九日，從諸大臣再問安後，則聞頭目眩暈，身體軟弱，不能動履之旨矣。漣乃仰天而歎曰："以千古一見聖君，臣子倘有血心，忍坐視其中陰奸以没，不更圖保護，且伏有後毒，而噤不發一語？罪何可勝誅[8]？即日草疏，二十日奏上。自分疏不得達御前，虛存臣子一段公論以死心耳。

二十一日，枚卜疏，錄用輔臣何宗彦、劉一燝、韓爌等。二十二日，内傳錦衣官入，有旨宣兵科，并召閣部科道，俱意帝且杖漣[9]。從諸大臣之後入，新參劉一燝、韓爌各謝恩。上各諭以："國家事，卿等盡心。"目注久之，因言："朕在東宮，飲食不調，至今四五月始愈。登極後勞著些，又未得靜一靜。今大病，服藥不效。"天語溫蕩，真如家人父子。閣臣方從哲曰："臣等請皇長子移宮，不知何日？"帝曰[10]："朕便令他别處去不得，科臣説他該常在朕前。"語間，目視漣等，手指今上曰："他的事，都停當了，伏侍人都有了。"閣臣劉一燝、少宗伯孫如游言及封李選侍《儀注》[11]，帝曰："是事朕有年，生育多，伏侍久。"因指今上曰："也疼他不是？朕也不封。"又請帝慎醫藥，帝曰："有十餘日不進了。"冢宰周嘉謨曰："醫藥猶第二義，皇上清心寡慾，自然不藥而愈。"帝停視久之[12]，曰："宫中無甚麼事？"因目今上曰："哥兒，你説一説。"上曰："宫中無别事，先生每傳一傳，莫聽外邊閒説。"此大聖人嚴指視之深心矣。

二十六日，再召見，帝音吐猶洪[13]。至二十九日召見，則謂："朕難了國家事，卿等爲朕盡心分憂，與朕輔皇長子要緊，輔他爲堯舜之君。卿等都用心。"帝又曰[14]："朕壽宫要緊。"閣部大臣共對曰："聖壽無疆，何念及此？"各相慰安，哽咽不能語。適内帷幔中一小豎從今上耳語，今上摇首不應。忽一穿紅婦人，張手從帝前挾今上入，嘈嘈者久之。今上滯帷幔間，若推之出。今上失色，忿向先帝曰："皇爹爹，要封皇后！"漣等爲今上語急，或誤也。孫宗伯接之曰："皇上要李選侍爲皇貴妃，臣等不敢不遵命，即著儀注來。」帝漫應之曰：「著儀注來。[15]」隨手指語諸臣曰：「輔他要緊。」是日，凡三召見，賜諸臣酒飯，君臣父子間，情殊戀戀。河南道長顧造曰：「帝已疾甚矣[16]，戀戀於諸臣，若不肯沒於婦人手者，庶幾祖宗社稷之靈，得無他故，自是太平有道天子。但選侍形狀，則幾於無忌憚。可駭！」共相嗚咽歎詫，薄暮始出。傳賞燒割各一棹，銀幣各有差。

初一日五更，校尉宣召急。及奔至宮門，則聞已賓天矣。扳號莫及，或猶有衷旨，痛未獲承矣。是時周太宰、張總院、李司農等俱在，商議安宗社事。中有慮及今上無嫡母，無生母，無恩養母，孑然一身[17]，欲共托之李選侍者。漣曰：「此萬萬不可，皇帝無托之婦人之理。且此選侍者，東宮時事無問。如昨日當先帝對羣臣時，強今上入，復推之出，勒要封皇后，是何光景？無論先帝，四十歲皇帝不能堪鄭貴妃及諸蠱惑毒手。且李、鄭交結弄權，既非一朝，彼豈能做好事者？若今上一入其手，我等恐無見今上之日。以漣之見，此時急宜請見今上，一見即呼萬歲，以定危疑。即擁之出乾清宮，請住慈慶宮，於事始妥。」語間，三相公到。漣向前曰：「先帝賓天矣！今上無聖母可托，擔子即在三相公身上。此時事急矣，宜急入，請見今上，即呼萬歲。此我朝先達有行之者，事不可緩，恐到朝食時有變。」乃促閣部大老趨乾清宮，閽者持梃固阻，不容入[18]。漣從亂人往來中，促相公入。閽者強相阻，漣大罵：「奴才！皇上召我等，今已晏駕，皇長子小，你們據住宮門，不容宰相入，意欲何爲！[19]」閽者却，乃入，哭臨，請見今上。上久不出，再四請，乃得見。共呼萬歲，上連曰「不敢當」者三。諸臣請初六日吉登極，并一面封選侍。久之，上曰：「從容。」方相公言：「社稷爲重。初六日登極，再不可緩。」又請，上乃曰：「擇吉儀注來看。」因請上奉乾清宮門首，諸臣請到文華殿，受諸臣嵩呼，禮畢，導至慈慶宮。頃奏事中宮某，擁上行，交付輔臣劉一璟捧左手，英國公張惟賢捧右手，諸大臣簇捧以行。甫到中宮，諸璫從寢閣內出者，共喝：「你們拉小爺那里走[20]？急請回宮！爺小，害怕！」因欲奪上入，漣因喝之曰：「糊説！殿下是我等主，我等是殿下臣子。四海九州都是臣子，殿下怕甚麼！"共擁上行過乾清宮門，西向坐。諸大臣叩頭慰安訖，因請登輿，擁到文華殿，上仍西向坐。諸臣即殿内行五拜三叩頭禮，嵩呼畢，擁入慈慶宮。上謁孝端皇后靈几，閣臣劉一燝奏曰："乾清宮尚未淨，請殿下暫居此。令李選侍出宮訖，乃歸乾清宮。"吏部周嘉謨曰[21]："今日殿下之身，是社稷神人托重，出入不宜輕易。即往乾清宮，及大小殮與朝暮哭臨[22]，須臣等到，不則請無發駕。"上首肯。中間有欲奏某中官好某中官好者，漣曰："殿下自有主張，不必諸臣指報。但汝等中官，受先帝及皇祖恩遇，當赤心報國。一切外邊事，在諸大臣。一應調護聖躬，防禦出入，是在内諸臣事。少有差池，責有所歸。"諸臣乃退。是時又有言選侍封事者，漣曰[23]："上思父則封，思母則不封。思先帝二十三日几前言則封，思二十九日對諸臣辱先帝事則不封。我等都不必與，且從容講。"

因議及登極日期，有欲移入初三日[24]，又欲即移本日午時者，蓋各因名位未定，慮有他虞。漣前進臺臣顧造曰："今日是太平時節，如何作亂離事？況無嫡庶之嫌，並長之防，父死之謂何，含殮未完，表箋未上，袞冕受朝，書之史册未安。"畢竟含殮與成服畢，羣臣上表箋，殿下謙讓再三，乃成正始。又有謂："事甚危疑，今日登極，於事穩，於心上得安。"漣曰："今日之事，只在處之安與不安，不在登極與不登極。處得安，即襁褓何妨[25]？不安，儘有做了皇帝有事者。"議乃定。

先是宫門未容諸臣入，是時宮門開，諸臣自外入者，各言中外洶洶，危疑在呼吸，豈容遲遲作太平時事。即今夜誰與皇長子同卧起者，或言社稷重，喪禮與儀文爲輕，稱引俱是遠見。因呼中官宋某令奏，宋曰："小爺少說話，一便一，二便二。初六吉日，已奏過了，不宜改移。[26]"漣曰："但奏言，在外諸臣百姓，欲請殿下今日即登極，以慰中外人心。"奏入，上弗應，徐徐曰："今日也晏了，大小殮未完，還照舊擇吉行。"諭傳出，是時諸大臣共謂："外廷文武各已備朝服[27]，即傳候駕於慈慶宮前，行嵩呼禮亦可。"乃傳未及至外，上已出乾清宮，嵩呼者不及百人。漣從諸大臣出，過文華殿，朝服諸臣，各憂形怒色。而僕少徐養量、臺臣左光斗直唾漣之面曰："胡以主張今日不登極？倘有不妥，汝死，肉足食乎！"漣如芒刺在背[28]，無穴可入，悔先之多言矣。手字屬錦衣駱思恭，謂必精揀得當人[29]，稽防內外出入，而又不得多作張皇[30]，以亂人耳目。駱既領署意中事，乃與左侍御從周太宰朝房，語以選侍無恩無德[31]，必不可令同居。周乃草請移宫公疏，左有單疏。

初四日，既得旨，而選侍聽李進忠謀，必欲挾上母子同居[32]。且欲垂簾稱制，及挾處左光斗等，語甚沸。是日，漣等候駕，尚未出。有一中使從麟趾門來，漣迎之曰："選侍移宫否？"其人答曰："莫講移宫了，母子一宫好，如何要兩處住？李娘娘惱得狠，今日請小爺講明白同住。并欲問左御史，武氏之言如何説？"漣語之曰："此説不遇我，幾乎錯了！殿下在東宫，是皇太子，今是皇帝。選侍非太后，如何召得皇帝？即封太后太妃，是要皇帝封[33]。諺云：要飯吃，莫觸惱火頭。今日事，君幸奏知選侍，好好歡喜順旨移宫。後日等我輩與他奏請封號，若多抗拒[34]，惱了，未便。且上十六歲，長矣。他日即不奈李選侍何，君此身安頓何處？"怒目視之，其人還。給事中惠世揚、御史張潑入東宫門，駭傳曰："今日選侍要宣皇長子講話。"垂簾處左御史："汝等何尚安然如此？"漣曰："無之。"出自皇極門，則有九卿科道，共言當上公本，相爭未果。

初五日，傳聞欲至初九十二始移。漣急促方相公曰："上明日登極矣，無復住東宫之理[35]。相公當上揭，急促移宫。"方相公云："到初九十二也罷。"漣曰："但苦上無住處，如到乾清宫，前日以李在而出，今李仍在而入，何如前日不出？"方曰："就在東宫住住，無害。"漣曰："前日以皇長子而就太子之宫可，明日爲天子矣，以選侍不移宫，而退居太子之宫，世間那有天子避宫人之禮？且此乾清宫，自祖宗相傳是天子之居。即聖母在，止當居坤寧宫，太后居慈慶宫。選侍何人，而抗旨占住不移[36]？豈以皇長子在宫中，是他撫育過的？前日是皇太子，今日是社稷臣民之主矣。即兩宫聖母如在，庶宗禮，夫死亦當從子。伊何人者，而敢爲欺藐如此？世界反了！"時諸璫中有言："屬先帝舊寵，從容也罷。"漣曰："諸大臣是受先帝顧命者。先帝自欲先顧其子，豈有先顧其嬖媵之理？便請選侍到九廟前去講，汝是食先帝飯的，是食李、鄭二家飯的？須擡我去殺了便罷，不則今日不移宮，死不出矣！汝等無挾先帝一時之寵，以抗先帝六尺之孤！聞李進忠盜承應庫銀兩幾盡，是必欲盜盡乾清之寶乃已耶？"爭論聲徹帝座，上遣中官傳漣等出，即令移宮。李果即移宮。李進忠、劉遜、劉朝等并以盜藏被緝。閣部謂："社稷有靈，選侍既移宮。明日，上乃正乾清宮矣。"漣因從諸大臣後曰："選侍不移宮，非所以尊今上。既移宮，又當有以安選侍，須令諸大璫好生照應。其有贓証罪璫，已討矣。無因此使中官取快私仇。又所以安反側子，是在諸臣調停。"

是夜，大霖雨。明日五更，人晴霽。占氣者見紫氣，非雲非霧，擁日而出。上升殿，天清氣朗，萬里一碧。先是陝西撫臣奏黃河清五日，中外臣民共相引慶曰："太平有道天子。"泰昌元年十二月。

嗚呼，此先君庚申冬還里時手述也。今伏思彼時情景，身命弗恤，何心計功？妄冀圖報國恩，定危疑而防微漸，以奠冲主於泰山之安，故義激於衷，不禁其烈烈耳。今反以爲罪案借題而苦殺之，則忠義何可爲？然於先君捨身報國之凤顧，固已永愜此不孝之易等，所以腐心泣血，叫天控地而無從者也。痛哉！不孝男之易泣血謹書。

右：先君刻移宮五疏附後跋也，芭謹記[37]。

【校記】

〔1〕又見六卷本卷二，目錄題《兩朝登極移宮始末紀》，正文題《鄭貴妃移宮及召對併李選侍移宮兩朝登極始末紀》；三卷本卷一，目錄題《兩朝登極始末附原跋》，正文題同六卷本；二卷本卷上，題《鄭貴妃移宮及召對並李選侍移宮兩朝始末記》。

〔2〕"共渙皇长子附已看承，勒帝要封太后"，六卷本作"共渙今上天啟附已看承，勒先帝要封太后"。其中，"皇长子"，六卷本作"今上天啟"；"帝"前，六卷本衍"先"字。

〔3〕"并傳皇长子時亦向人泣謂：爹爹素固健甚"，六卷本作"并傳

今上時亦向人泣謂：皇爺爺素固健甚"。其中，"皇长子"，六卷本作"今上"；"爺爺"前，六卷本衍"皇"字。

〔4〕"倘竟……天日"，六卷本作"内廷之膠結已深，淮南之謀不寢，梁獄之焚何益，無謂禍可言也"。

〔5〕"當移慈寧宮"後，六卷本衍"而封后之旨，猶有入乎帝之側也"句。

〔6〕"帝"，六卷本作"上"。

〔7〕"帝有起日"前，六卷本衍"先"字。

〔8〕"罪何可勝誅"，六卷本作"謂此天日何"。

〔9〕"帝"，六卷本作"上"。

〔10〕"帝曰"前，六卷本衍"先"字。

〔11〕"閣臣……儀注"，六卷本作"閣臣劉一燝、孫宗伯及封李侍《儀注》"。

〔12〕"帝"，六卷本作"上"。

〔13〕"帝音吐猶洪"前，六卷本衍"先"字。

〔14〕"帝又曰"前，六卷本衍"先"字。

〔15〕"適内帷幔……帝漫應之曰著儀注來"，六卷本作"適内帷幔中一小豎從上耳語，上搖首不應。忽一穿紅婦人，張手從先帝前挾上入，嘈嘈者久之。上滯帷幔間，若推之出。上失色，忿向先帝曰：'皇爺爺，要封皇后！'漣等爲上語急，或誤也。孫宗伯接之曰：'皇上要李選侍爲皇貴妃，臣等不敢不遵命，即著《儀注》來。'先帝漫應之曰：'著《儀注》來'"。其中，六卷本稱天启帝为"上"，脱"今"字；称泰昌帝为"先帝"，衍"先"字。

〔16〕"帝"，六卷本作"上"。

〔17〕"然"，六卷本作"焉"。

〔18〕"不容"後，六卷本脱"入"字。

〔19〕"皇上……意欲何爲"，六卷本作"皇帝召我等，今已晏駕，皇長子小，你們據住門，不容宰相入，意欲何爲"。其中，"上"，六卷本作

"帝";"宫門",六卷本脱"宫"字。

〔20〕"們",六卷本作"每"。

〔21〕"周嘉謨"後,六卷本衍"奏"字。

〔22〕"及",六卷本作"行"。

〔23〕"漣",六卷本作"臣"。此文中,後皆如此。

〔24〕"曰",六卷本作"者"。

〔25〕"即",六卷本作"節"字。

〔26〕"小爺少説話……改移",六卷本作"今上少説話,一便一,二便二。初六吉日,已奏過了,不宜更改那移"。其中,"小爺",六卷本作"今上";"改移",六卷本作"更改那移"。

〔27〕"服",六卷本作"報"。

〔28〕"漣如芒"後,六卷本脱"刺"字。

〔29〕"揀",六卷本作"鍊"。

〔30〕"多作張皇",六卷本作"多爲聲色"。

〔31〕"語以選侍無恩無德,必不可令同居",六卷本作"語以選侍無恩無德之故,及必不可令同居",衍"之故及"三字。

〔32〕"居",六卷本作"宫"。

〔33〕"皇帝",六卷本作"皇長子"。

〔34〕"拒",六卷本作"據"。

〔35〕"理",六卷本作"禮"。

〔36〕"占住"後,六卷本衍"乾清宫"三字。

〔37〕此跋,六卷本、三卷本皆有收録。

請告在籍揭[1]

職兩年病廢里居[2],鬚鬢俱已半白,日惟性命之憂,但心圖苟全之術耳。不意起用啟事,忽及無用陳人。多事之際,言不出,疑於規避;言出而襪綫何益補縫,軒鶴祇妨賢路,一疏乞休,病也,亦自量宜爾也。

職既廢閒，無與朝事，有人自長安中來，但一問聖躬安否。間從縣報見有議及移宮事者，是非亦山中人不必與聞。惟是當日公卿疏請後，於慈慶宮前妄有一爭，則職也。倉卒之際，大廷廣眾之前，識腐氣粗，事欠周詳，語傷忿戾，省愆誠有之。若夫臣民共主久定，祖宗家法自嚴，移宮不是奪門，遲速間不以寸。公言專言憤言，只箄得言官一上疏一開口尋常事，從何處著功？畢竟移宮中間，當有安選侍一道，於事始妥。職即日已言大臣當密有調停，及問居食無恙之後，再請酌加恩數，旋且奉有俞旨同然。心各相成，但未嘗另揭一標指，以自明明人耳。

事後種種府疑，疑非以事，則職人微望薄之故耳。職殊愧死，當時訟念言官當爭天下是非之介，安危之機，不當爭一己心跡，甘一退以省議論，則職乞休之本懷也。不意去後猶餘疑端，當多事之日，又分做正經事時之精神，多一番推駁，則職之罪滋大。職猶言官也，不欲裝聾作啞，佯若不知，冒好官自我之誚；職原以不欲爭而去之言官也，終只自愧自訟，不多摭辯，以傷不失和氣之雅。惟是東西交訌〔3〕，明主憂危，舊臣一念愚衷，願當事諸正人君子，一德同心，合大精神，以安內攘外，共襄成中興之烈。

山林一陳人耳，無與輕重，或以爭移宮事，生不能保其身，死不能保其名，都能一笑甘之，以聽公論，不復嘵嘵再言也。

【校記】

〔1〕又見六卷本卷二，題《移宮辯揭》；三卷本卷一，題《兩年病廢》；二卷本卷上，題《表明移宮始末揭》。

〔2〕"職兩年病廢里居"前，六卷本衍"原任兵科都給事中請告在籍楊漣謹揭"。

〔3〕"訌"，六卷本作"逆"。

起補禮科都給事中升太常寺少卿揭〔1〕

職以人微府疑〔2〕，自甘屏棄深山，其入起補啟事與躐得驟升今官，皆夢想所不及也。去年九月一疏乞休，未獲俞旨，或者廟堂之上，猶以職未有大罪，不即在永錮之列乎？然亦非引分自安本念也。再奉部咨催職赴任，自念内計在即，當靜聽幽斥，又復望外及於寬典。無奈福薄緣艱，宿病纏不脱體，日惟再圖請告，不復一問長安事矣。

四月鄰近，有人傳來京報數紙，見郭金貂老掌科、周季侯老道長相駁[3]，有職姓名，謂熊芝老舊經臺當日之入關為職巧參，且謂舊銓輔某某、舊科道某某與職等皆善通王安者。夫封疆之官既曰參矣，巧之與拙總不足深辯。惟所謂通王安，且稱傾害正人皆用是術，不知職在兵垣時，通王安所傾正人為誰？夫小人之通中官，非利其薰天之燄以招權，即利其竊柄之奸以躐進耳。果職在事時，正有交結之權璫矣。反抛一都科而去不終朝，從來有此通中官行徑否？且中官一敗，至於不免狗彘之食，則其人之權力可知。此而通之，亦為不善通之極矣。猶憶職在衙門，辱郭掌科感慨相許。職既不敢當直忠之褒，出城竟去衙門，諸君子共相挽留。職謂此去，非有規避，亦非有畏迫也[4]。

念言官祇當爭天下是非與關切職掌，不當爭一人勝負與一己心跡。且當聖明御極之初，我輩亦不宜紛紛辯爭，啟輕厭之隙與或處言官之端，即垣中寅誼從來不薄，亦不宜自我傷和氣之雅。畢竟今日一去為安掌科，對面深是職此語。職去後，掌科猶有幾句好言附於入告，不虞遂相忘也。以兩相向慕之人化而一矢加遺，職亦祇慚人微且不足以孚素交如此。昨友人傳郭老掌科雅意，謂前日偶有趂筆之誤，即説舊銓之不是處亦不是指移宮，則此心幸已相諒。

第恐中外未必盡知他日仇職者，又借掌科為口實，或非掌科之意也，故一揭明之須至揭者。

【校記】

〔1〕又見六卷本卷二，題《通王安辯揭》；三卷本卷一，題《人微府疑》。

〔2〕"職以人微府疑"前，六卷本衍"原任兵科都給事中，起補禮科都給事中，新任太常寺少卿楊漣謹揭"。

〔3〕"見郭金豁老掌科、周季侯老道長相駁",六卷本作"見郭金豁老掌科與周季侯老道長相駁",其中衍"與"字。

〔4〕"猶憶……有畏迫也",六卷本作"猶意職在衙門辱郭掌科,感慨相許,當職不敢當直忠之襃。出城竟去衙門,諸君子共相挽留,職謂不肖之去,非有規避,亦非有畏迫也"。其中,"憶",六卷本作"意";"感慨相許"後,六卷本衍"當"字;"不敢當直忠之襃"前,六卷本脫"既"字;"此去",六卷本作"不肖之去"。

被逮赴都揭[1]

爲心不欲辯[2],聊一白不辯之心,以俟天下後世事。漣今逮矣,逮以楊鎬、熊廷弼失陷封疆,公行賄賂,營求倖脫,而漣與左光斗等爲賄營之人也。此事而果有也,即顏甲千重,不足遮人之共唾;縱喙長三尺,安能欺己之獨知?如其無之,不見莫須有竟殺赤心人也[3]?此不必辯者也。

至漣之有此一逮也,久已自知之[4],天下亦能共知之。誰將一人手,掩得天下目,又無俟辯者也?人之計算,此一逮也,封疆題目,壓得人頭,緘得人口,可以污其名陷其身耳。血性男子,癡愚不識避忌。既以不愛官不愛生矣,前日無所不捫,今日當無所不聽,此皆心之不欲辯者也。非不敢辯、不能辯,私心竊有以自盟[5]。我輩入告君父,出對天下,辯駁執爭,只當在國家大是非、大安危,不當在一己勝負,一身利害。今日之事,大獄頻興,有無關係,有無枉抑,會有任其責者。從漣自看,畢竟只是"身名"兩字耳。盜金不辯,昔人或爲之。況在君父之前,漣所自恨,三朝豢養,一念獨盟,毫無補於今日堯舜,大負先帝恩知[6],徒作明時纍臣,死且不瞑。若夫雷霆霜雪,無非天恩[7],有何不可安受?我思古人,罪則歸己。此則不辯之心也。但願二祖十宗,實鑒此心;天下後世,共見此心。漣之願畢矣。謹揭。

【校記】

〔1〕又見《實錄》；六卷本卷二、三卷本卷一，題《心不欲辯》；二卷本卷上，題《被逮時揭》；明黃煜《碧血錄》卷上（清知不足齋叢書本），題《楊大洪先生獄中書》；明金日昇《頌天臚筆》卷五上"贈廕"（明崇禎二年刻本），題《辯揭》。

〔2〕"爲心不欲辯"前，六卷本衍"逮民楊漣，謹揭"。

〔3〕"即顏甲……赤心人也"，六卷本作"即顏甲千重，不能遮人之共唾；縱喙長三尺，安能欺念之獨知？如其無之，不見莫須有竟埋殺赤心人也"。其中，"足"，六卷本作"能"；"己"，六卷本作"念"；"殺赤心人"前，六卷本衍"埋"字。

〔4〕"久已自知之"後，六卷本衍"而漣之遂成此一逮也，繇來之故"句。

〔5〕"既以不愛……自盟"，六卷本作"既以不愛官不愛生矣，前日無所不拚，今日當無所不聽，辯復何爲？此皆心之不欲辯者也，而何以不欲辯？非不敢辯、不能辯，私心竊有自盟"。"今日當無所不聽"後，六卷本衍"辯復何爲"四字；"此皆心之不欲辯者也"後，六卷本衍"而何以不欲辯"；"私心竊有"後，六卷本脫"以"字。

〔6〕"大負先帝恩知"，六卷本作"大有負於先帝恩知"。

〔7〕"天"，六卷本作"大"。

家書

家書一（在太常時）[1]

字與之易、之賦、之言：

出門忙甚，到州遇雨，過黃河始得晴，星夜兼程，至初九日到京矣。逐日見客，凡大老名公，無不欲一面，便苦極矣。朝後拜客，饑渴不時，大動火，傷風，喉舌俱痛，三五日覺形容瘦悴。大都久在山野之人，手腳俱嬾慣，見人殊是窘束。又不奈人只問移宮事，不免答應煩多，亦是一場苦事。

汝父書生耳，無功無勞，叨冒京卿，原是過分。況浮名太重，至於爭識面者，傾動名公大老，開口便曰"功在社稷"，其實有何裨益？令人慚愧。將無造物忌之，且諸老各欲留我在內，萬一名實不稱，或負衆望，奈何？此汝父之憂也。

汝等在家，當安靜養福，勤苦讀書，憤勵修品，亦所以補汝父之不逮。萬無作孟浪事，習驕傲，比匪人，敗汝父家聲，薄汝身受用，是汝父惓惓於汝者。常常問太太安，使老人家歡喜，代汝父事母，無牽汝父心。祠堂中時朝月節，無廢祭奠。家中諭令門戶嚴禁，男女鈐束清楚，出入防閑，是長子事。弟兄萬萬要和氣同心，妯娌孝順，各相敬重，方成人家，方有吉祥。記之，記之。

五兒不知入學否？汝等亦不知考得如何？總之，肯讀書，進士舉人亦是本等事。毋以考得好，進學容易，便輕易便嬾惰也。如京中住得久，欲接家眷，汝等亦得讀書，只是人多兩起行方便，再有人回商量之。

大爺可陞助教？此舉人缺也。一年便可陞州陞二府，卻甚清高甚體面，莫只嫌冷淡也。

多多稟上太太，千萬歡喜，兩子俱是京官，孫兒俱是秀才，亦是快活人家，或有不足，耐煩可也。汝母并宜好生伏侍太太，鈐束大小男女，支持家事可也。

【校記】

〔1〕又見三卷本卷三、二卷本卷下，題《在太常時寄回家書》。

家書二（在協院時）[1]

字與易兒：太太想納福？聞五兒倖入學，未破吾家風水例；汝與會兒，考俱未下等，亦不至不好看。然須實實有學問，真會作文章，壓得倒人，取得科第，乃好。莫只説年年科舉，考列在前，便以爲吾如是可矣。汝想到中不得老秀才老廩生，有何結果？父親又無能厚積資汝用度，又無門生故吏，作汝好田莊，空門面大[2]，子女事又來，如何是好？此時不發憤，尋箇大受用，年日長，精神日頹，聰明日汩，諸事欲到悔恨少年不養成舉業，遲矣！汝父如此勸汝，畢竟是汝自家事，汝無作閒話，耳邊聽過，眼頭看過，即付秋風也。

而此時最緊工夫，是時時心在文章，無別分心，少飲酒，慎交人，勤會課。第一在養心於清静沉潛，生心於慈厚冲逸。我常言："作人作文是一貫事，了凡説到鬼神，還是引人法，心得涵養，心有生意，自然學業進，機趣穎，無不中之理矣。"瞿起田《訓士書》[3]，嘗時省之，是人生大受用田屋也。

賀對揚前年到家，語我曰："家父常以心粗戒我，今春大病，手動不得，又不得不寫一家書回，又不敢説病以重其慮，只見下筆艱難，不免潦草些。因自念父親不知我病，見此字畫欠周正，定説逢聖心粗見乎手矣。如何好？因没奈何，説兒子手病。"人子體父之言至此，平時那得文不細，入字不一點一畫莊重？中高榜，中榜眼，端必由之，不是臨場杜湊也。兒當思之，無謂賀年伯迂也。

會兒、五兒不醒事，汝并當以教之醒之。我在京苦甚，無半時閒，夜不三四更不睡，奴才誰爲調理飲食？夜間點燈後便各高枕。偶因前日大爺要回都，未收拾書，又未寫寫。到雞鳴時，夜寒，爐中無火，寫時不覺，及聞雞去睡，手足如冰，到被中半晌無煖氣。次日又早起寫書到午後，大委頓悶甚，又不能不勉強應事，又至三更。明日五更入朝，連日打發哥哥回，終是悶悶不爽。一路寫字，一路欲睡，幸稍睡睡，小精爽些矣。先是只思量，或明年討差或得陞可以回家。今當事苦苦以僉院推我，倘命下便不能得歸矣。

　　清貴之地，紀綱之司，體面更尊，擔子并重，俸資俱淺，跳越人前，無論人妬人忌。而或者無以效朝廷，副衆正推引，何以自謝過分？在他人爭涎此地，得之甚快活；在汝父苦推不去，強加甚苦甚懼。

　　人或有言，作閣老尚書儘多沾沾，僉院有何尊大，然以汝父分量自看覺承當不起。汝在家凡事督汝二弟，杜門簡靜，收拾家人，無得惹事。錢糧托人筭清，設法早完，無累什欠，無使人藉口。

　　五兒親事，聽汝與汝母商量妥當。回家還是大路歸，爲便拜各縣父母，借公舘夫馬可也。媒人當請，請之不來，商量一禮物謝之，兩尺頭、銀三四兩想是少不得矣。劉伯嘉已謝過否？當托他教誨，五兒還不是飽學高文秀才也。會中前列，太少奈何？諸兄但用心做文，明年再圖之。冗極不能作字奉問奉謝，行時雅意都爲道惓惓。

　　夏父臺好處，寫書與撫臺更轉囑按臺，想當高列。作別新按院言，其應山從來無有并天下亦少此品、此心、此守、此才，即鄭四公，并稱其爲大用人。楚無出其右者，安陸公亦并稱之。改折與無田子粒，并惓惓相屬。此君當可了此，只不知布政已覆詳否？若覆過昨又囑付過撫臺也。府縣公汝弟兄無得輕見常見，免生口舌。

　　今春諶大爺六十，欲爲作一帳，不知得閒否？先寄一杯，到臨時汝還當別有祝禮。此汝生時相愛窮朋友子，原不是公子，無忘此段高情厚道。若汝父所大快，則朝廷大慶，太爺前老母得進封中憲大夫，太恭人也。

【校記】
〔1〕又見三卷本卷三、二卷本卷下，題《癸丑協院時寄回家書》。

〔2〕"作汝好田莊，空門面大"，二卷本作"作汝好田莊，括金版，空門面大"，衍"括金版"三字。金版，亦作"金板"，天子祭告上帝鏤刻告詞的金屬版。亦用以銘記大事，使不磨滅。《周禮·秋官·職金》："旅于上帝，則共其金版。"鄭玄注："鉼金謂之版。"

〔3〕訓子書，瞿式耜（1590—1650），字起田，明末政治家，有《家訓》傳世。

家書三（甲子參璫後）[1]

與易、賦、言三兒：萬家丁到，知老母已到家平安，但陳媳路損一男，爲念也。都中俱清吉，駢兒益知嬉笑，若佐兒、瑞兒在京，三箇好有伴，笑啼可娛目也，寄語老母歡喜。

長安逆璫如故，但人傳甚收斂，甚怕皇帝與中宮，亦不甚與外邊作難。又傳怕我實甚，恐幸學有面奏事出，故先蒙上傳病，及我今日見朝，明日説不幸學矣。人言多是如此。其實未必，我今日日圖歸，諸君子又以大義相責，謂有我在朝，內廷還愁忌，不敢放肆；一去便放心，以爲無足難矣，臣子不當只爲潔身計，與陳大爺同。但我想天下事是一人做不盡，不如以微罪行，聽世道於天於人可耳。

如得遂歸計，九月内可動身也。汝兄弟三人，正好合伴讀書，有劉伯嘉兄弟其會上諸友，都可資益。何不趁少年猛圖甲第，以自顯庸，是汝一生受用。我看人家子弟，還是自家中舉中進士好。若只是公子任子，即有相好年伯也。看人眉目，甚之相煩相見罟多，便生厭薄。汝等於此，當深思之。即日夜攻苦，猶恐不及，況可貪頑貪嬾，溷過日子。況從此之後，兒女人事累人，即欲浄心讀書，不能。眼前易過，思之，思之。

縣父臺於我家淡些，甚是甚好。即汝等亦當百事慎重，無輕干謁。至於人情分上[2]，即親友相托，亦莫輕易承任，惹人是非口舌。即縣公好歹，亦只閉口莫言，或人傳説某事不好，甚事甚醜[3]，只作不聞不見，莫輕傳説。或有人挑撥，以成仇怨。縣官管土三尺，莫説我口語好輕易也。蓋在外朋友話長話短，縣公不當甚事。惟汝兄弟話，便多打聽傳播。故要謹慎，莫輕開口。此謹厚正道，亦保重身家，免小人傾害之道也。慎之，慎之。於今風俗甚薄，即有二三小人閒言閒語，亦付之不見不聞，免生煩惱。但閉門讀書，精心舉業，養心養神，少交遊，少宴會，是汝等一生受用。汝父如此丁寧，汝等不知體會，真不肖子矣。祇自家沒受用，結果於汝父無干也。思之，思之。

聞會兒近來不肯聽哥子說，汝亦不肯直直善說，各不和協，此大不孝事，從今都宜改過。兄真心愛弟，何妨面斥？弟真心敬兄，有事當敬受，方有長進，方有受福根基。不然，即中得舉人進士，還是無根基。況夫乖氣萬無致祥之理，當靜思汝父言也。老母膝前，時時照應，時時周旋，無令老母稍有拂意[4]。并禀老母，汝父在京自安，不必多慮。遇諸友都為致意，九十月得歸，便好聚首，把臂懽笑也。

【校記】

〔1〕又見三卷本卷三、二卷本卷下，題《甲子參璫後寄回家書》。

〔2〕"至於人情分上"後，二卷本衍"雖餓死窮死苦受"句。

〔3〕"甚"，二卷本作"某"。

〔4〕"稍有拂意"，二卷本作"著盡"。"盡"，悲傷，意義與底本接近。

家書四（被逮途中寄）[1]

兒不孝，惹下大禍，累老母躭心。至於老母有恙在床，不能奉侍藥餌，受逮長行，兒罪通天矣。然此身已屬之朝廷，自不能由得一己。今到淮上關，聞知老母已安，甚慰遠念，但願益善保重，懽喜加餐。雖兒此行禍福俱未可知，然而名德在天下後世亦足，不愧天地鬼神、老母教養一番矣。即追贓一節，亦須要熊廷弼招認，要熊廷弼上納，無兒平白替他上納之理，老母亦當放心。大哥大嫂想目下可到家？有伏事的亦是快事。兒媳婦亦煩老母教他寬心教子，伏事老母。懽喜過日，無為兒慮。

兒是大丈夫，做忠臣孝子者，勝於爲大官百倍成就。楊門一家兄友、弟恭、妻賢、子孝，落得好名，又勝似金寶堆齊北斗矣。百凡小心、百凡忍耐，是爲上計，總望老母張主，好生安頓一家人也。關上草草奉訊[2]。

【校記】

〔1〕又見三卷本卷三，目錄題《被逮中途寄母書》，正文題《被逮途中寄老太書》；楊祖憲本卷三，題同底本。

〔2〕"奉訊"後，三卷本衍"太太膝下"數字。

獄中血書[1]

漣今死杖下矣！癡心報主，愚直仇人；久拼七尺，不復掛念。不爲張儉逃亡，亦不爲楊震仰藥，欲以性命歸之朝廷，不圖妻子一環泣耳。打問之時，枉坐贓私，殺人獻媚，五日一比，限限嚴旨。家貧路遠[2]，交絕途窮，身非鐵石，有命而已。雷霆雨露，無非天恩，仁義一生，死於詔獄，難言不得死所。何憾於天？何怨於人？

惟我身任副憲[3]，曾受顧命。曾子云[4]："托孤寄命，臨大節而不可奪！"持此一念，終可以見先帝於在天，對二祖十宗與皇天后土、天下萬世矣。大笑，大笑，還大笑！刀砍東風[5]，於我何有哉！

【校記】

〔1〕又見《實錄》；六卷本卷二，題《獄中血書》；三卷本卷一，目錄題《血書》、正文題同底本；明黃煜《碧血錄》卷上，題《楊大洪先生獄中書》；明金日昇《頌天臚筆》卷五上"贈廕"（明崇禎二年刻本），題《獄中遺書》。

〔2〕"貧"，六卷本作"傾"。"傾"，倒塌，意義與底本接近。

〔3〕"身任副憲"，六卷本作"身副憲臣"。

〔4〕"曾"，六卷本作"孔"。此語出自《論語·泰伯》，是曾子的話。

〔5〕"刀砍東風"，六卷本作"一刀砍東風"。

獄中寄母書（乙丑七月）[1]

字稟太太：兒死獄中矣。無能侍養左右，兒九泉之恨也。太太辛苦一生，無子送終，良苦。然有死忠之子，太太亦可同范母矣。可憐一家，赤貧如洗，尚在追迫憂苦之中。是兒前生之孽，今生遺累父母、子孫。奈何！奈何！夏兒、會兒、五兒各有他的造化，即無衣食，漫漫挨去。教他苦心讀書，即不能報父之仇，也思結己之局，此在太太分付之。駢兒大小一根草，自有一點露水養他。至於大哥抱養之子，如力不能養，還是大哥撫養也罷。天乎！天乎！從古忠良慘禍，無如兒者，又奈何？七月十五，兒漣血肉淋漓中絶筆。

【校記】

〔1〕又見三卷本卷一，目録題《寄母》，正文題《乙丑七月獄中寄母》。

獄中遺子[1]

易兒見字：汝父早未行湘沅之事，今無及矣，受辱受苦。但我原非護熊者，曾有字與左，言熊必誤邊事，我輩萬無保他仍作經畧。及事敗，我謂封疆爲重，何辭不死？熊君恨欲殺我。此豈受賄爲營脱者？今同鄉某人之子，因其父不得贛開撫，極力説詐，謂我指徐疏爲"雉鳥豈能知鳳"。遂致徐恨，以致徐深恨，成此冤獄，苦矣[2]！今亦無怨，但此心不明於同鄉人耳。

【校記】

〔1〕見《實録》之《忠録》；六卷本卷二，目録題《獄中遺兒字》，正文題《獄中遺字》；三卷本卷一，目録題《寄示長子》，正文題《獄中遺子》。楊祖憲本、底本均未收。

〔2〕"今同鄉某之子……成此冤獄苦矣"，《實録》作"今同鄉田生金之子，因其父不得贛開撫，極力説詐，謂我指徐疏爲雉鳥豈能知鳳。遂

以致徐恨,致徐深恨,成此冤獄苦矣"。

獄中寄子書[1]

　　字寄夏兒諸子:汝父死矣。身無完膚,肉供蠅蛆,亦自忠臣死事之常。但家破人離,累我諸兒。汝兄弟收藏我屍之後,還當攻苦讀書,得有寸進,鳴父之冤,即是汝孝。汝等赤貧如洗,只有讀書一路。莫言讀書似我甚苦,人生夢幻,忠義千秋不朽,難道世道只是昏濁的?讀書作官做得些好事,也不枉生一場。嗟夫!讀書做官,封妻廕子,遺以富貴,今我遺汝等以累。念及於此,未免痛心如割,然亦無奈何矣。駢兒有命看可以讀書否?如不能讀書,不如聽他作別生理。我有親筆"泰昌天啟登極始末"一字,關係兩朝名德,可尋出留傅後世,蓋爲先帝與今上之令名也。著意!著意!縣中親友都上門申謝,道楊大洪爲臣死忠,身屍不保,慘於三忠。然此心耿耿,足不愧天地鬼神、鄉里親戚。但愧未嘗有大益於鄉里,祇完得自己一身事耳。寫及於此,不知所云。七月十五日絶筆。

【校記】

〔1〕又見三卷本卷一,目錄題《寄示衆子》,正文題《又寄衆子》。

卷四

書簡

寄高貴大兄五首

其　一[1]

　　吳門別後，不知夫馬長途俱便否？計抵家平安，與一家俱安吉也。弟在縣中，又清出學田隱没民間者[2]，再得三百畝，取税契銀一百二十兩，買書置尊經閣。又查出櫃收用重法馬，收納户銀，核出侵蝕二千餘兩[3]，申究上司。今以修府塘隄，約四十五里，但議作石剥岸，費可八千金竣事，則又大費躊躇矣[4]。
　　前打太監舍人事，太監有牌，來提典户。蓋舍人揑愬，爲典户誆稟及責來嚇我，云不解人，定會兩院參處[5]。縣中書吏及鄉紳，與李白屋及崑山、長洲都出來，云解一典户，與他打幾板了事，弟亦不肯下也。爲解一典户，豬狗無厭，定傾此一人家，且大傷我體。弟與之一回文，叙說縣官不曾打舍人，是打奪批攬，解光棍典户，鄙吝不情，本縣量責[6]。此不過縣官投文打人常事，不敢勞督府費心，免解。又與之書，大率不激不隨，以籠絡之[7]，又執其負痛處擒挐之。且自說我是如今國家第一有用人，不怕利害、不要錢男子，臺下有爲國好賢之心，當服我薦我，如何以沾沾一舍人故，督過天下清官？天下將謂臺下何適？魏思齋與太監有往來，此老與縣吏同去説説，府謂常熟是没搭煞人好尋事的，他做窮秀才回去，是他本心。兩衙門誰肯放稅？府過太監中，恐亦有乘機奪此差者。此亦弟授之語意。如此彼監遂回我一書，求我問典戶一罪，去。完事後[8]，上司聞之，謂常熟撩虎鬚，不動聲色，而虎之咆哮自弭。此李道尊共府尊語也。

後于如菴共高景逸謂，常熟此舉初卻是弄蠆尾而忘其毒，猶屬輕意一時。至蠆怒矢相向逼來，徑身當之不避，處之有方，我之神自定，彼之毒自消，了無所加[9]，是真男子作用，故人難之。英雄須看當場，於生死切身禍福，轉眼利勾不動，威壓不動，更名掀不動，方是真鐵漢。常熟公如不要羨餘，不聽人情，是俗人難事，儒者小行。硬不謝薦，是窮神勾當。而如處任子事，仁義兩著。今稅府事，智勇雙用。看著容易，試使中人，及無大學問人，當場便有許多意氣，許多周章[10]。言已便鼓掌大笑，我兩人原不會面諛人，卻是善蒐人骨髓。如何！如何！

弟回向云，某實不知爭讓千乘之名，祇好於簞食豆羹見色耳[11]。乃知吾人舉事一差，便有若干人看覷。其實打舍人時，畢竟是輕意，好做倔強人[12]，今反落得一場好話頭耳。本是拘執迂儒[13]，反為人多加一分眼目相看，又是大苦事。如今議革福山豬稅，上人大相許可。然商人之所快，上官之所許，不免又種妬根也。奈何，奈何。

【校記】

〔1〕又見六卷本卷六，題《常熟縣寄高貴大兄》；三卷本卷三，題《常熟寄高貴大兄》。楊漣之兄楊清，號高貴，楊漣號大洪，分別取自其鄉之高貴山、大洪山。

〔2〕"又清出學，田隱沒民間者"，六卷本作"又新清出學，田影沒民間者"。其中，"又"後，六卷本衍"新"字；"隱"，六卷本作"影"。

〔3〕"核出侵蝕"中，六卷本脫"蝕"字。

〔4〕"則又大費躊躇矣"，六卷本作"又是弟費心費力，為常熟人作隸奴也"。

〔5〕"定會兩院參處"中，六卷本脫"定"字。

〔6〕"量"，六卷本作"諒"。

〔7〕"籠絡"，六卷本作"玩弄"。

〔8〕"後"，六卷本作"復"。

〔9〕"了"，六卷本作"於"。

〔10〕"章"，六卷本作"張"。

〔11〕"祇好於簞食豆羹見色耳"，六卷本作"而好於簞食豆羹見色耳者"。其中，"祇"，六卷本作"而"；"耳"，六卷本作"者"。

〔12〕"倔强"，六卷本作"惡"。

〔13〕"拘執"，六卷本作"混帳"。

其 二[1]

漣少從兄訓，倖博科名報國，未能祇慚禄食，而頭顱半白，忽是五十無聞矣。憶當年從讀山寺，燈火連床，月案雪牕，風雨慰藉，即或有時間隔斷，無逾月經年。惟是去春至今忽漫，長安一别，遂原鴒兩地也。我兄大志未酬，寄官氈席詩酒，師生從容，書史兼之。兒孫膝下依依，誦詩作文，更足洗眼送懷。而弟今年入直以來，便覺事煩而苦，飲食無人調理，常是五鼓出，而日中未遑食者有之。以半白之人，徒泅度長安，殊無甚味，可歎也。得手諭，開讀不勝感慨欷歔，益歎親恩未報，雖亦日食大官，而生我劬勞者安在？隻影一方，非無僚友追隨，而皮肉相聯者若遠。至於建明無力，君寵過厫，讀家世編中，補袞忠謨，祇深虚生之感，殊負燈窗督課之深恩矣。

弟自上册立今上疏後，適先帝爲奸醫用下藥[2]於勞弱之後，心既不平；兼以鄭貴妃猶耽耽欲成太后，將於先帝昏憒之時，矯撫幼主之命。此事一不知防，將兩朝父子都歸毒手，且無論禍天下矣。自念世受國恩，舍此不言，安用我爲？既鳩同心左年兄昌言於朝，集文武於九廟之傍，明以道理禍福，諭鄭皇親令傳語貴妃。貴妃見外廷有人，邪謀已伐，乃一夜移宫。庶幾君側之禍本已消然，而封后一案，猶有根蒂未斷。且帝疾甚劇，奸醫終不能放過，故拚一死，疏論之。已將些須行李，一一封識，但一有事，即付徐京咸檢理，恐無見吾兄之日矣。乃社稷有靈，反受先帝特達之知，特蒙召對者三；彌留之際，與聞顧命，且頒欽賞，此千古所無。及初一日五更，再召入，未及對，而帝崩矣。

是時李寵多奸而悍毒，甚於鄭。先帝生前，曾有意付今上與之撫養，今上弗願也[3]。弟意冲齡易撼亦易惑，萬一一入其手，挾之誘之，禍當不測。因促閣部大老，急請皇長子見，令即呼萬歲，即捧之出文華殿[4]，送入慈慶宮，交付二三老内官。是時宮門閉，守者拒人入[5]，而方從哲苦苦縮濡不進，弟再三促之，謂待旨。弟云："要奉誰旨？我輩已是奉召來者，事機間不容髮，奈何待謀成，而爭之何益？"乃呼門者，門者固阻[6]。弟擁方與二閣老進，門者手擋方，弟一拳擊門者，大嚷云："奴才！我輩是奉召來的。今駕已崩，如何不容我等進入哭臨？且皇長子尚少，汝輩閉門，不容我等入見，意欲何為？"因高聲大喊，諸内使都來陪話，謂守門人不知。蓋我以論崔文昇及鄭妃，内官因人人屬目我熟也，因急傳請見。既哭先帝畢，因請見皇長子，呼萬歲畢，即手扶之而行，擁入文華殿，成五拜三叩頭禮，即送入東宮。共分付衆老太監，曰："今日交付皇長子，公等無令輕回宮。但出，須我等入護。雖李妃來，請堅無聽。"既出，乃鳩九卿上公本，請李選侍移別宫。

左年兄單本論李氏，聞李氏大發狂肆，欲召閣部，屢請皇長子，將欲垂簾傳旨，要處左御史，左忙甚。弟適在東宮門前坐，外邊傳言入，有十餘內官相對云："李娘娘，果有人來請萬歲。"有老內官云："他衆宮交萬歲與我，他們不來，誰敢送萬歲回宮？"弟因言："傳語李選侍，他還要衆人請皇長子封他，他莫多事。他非太后，誰敢召見我輩？你便道這話是兵科楊給事說的。"因出外與兩衙門說："不要理他，再等他一日，看是如何。"此初四日也。及初五日入朝，與方相言："明日上登極，當回乾清宮，老先生好催李選侍移宮。"方唯唯。及朝退，内官向方回說："已是教移宮。"弟問："已移否？是幾時移？"內官曰："我們不敢去說，昨日叫我輩跪了一日，說如何叫他移宮，'我是撫養兄兒的'。"[7]弟曰："兄兒是誰呼得的？好不知事！"内官入。因共方相言："今日必不可不促移宮，明日無再還東宮之理。"方相云："我上揭去催，但移即是初九，或十一二也罷。"弟云："如此上登極後，還住何宮？"方云："再在東宮住幾日不妨。"

弟躁氣大發，便大罵云："是那裏話？做了皇帝，又要他住東宫，世間那有是理！"方相即欲出，弟擋住曰："老先生要往那裏去？講明白移宫日子，方好去。相公與衆人做的不是李家官，喫的不是李家飯，如何只要天子讓宫人？只有宫人挪移日子聽天子，那有天子遷就宫人？祖宗二百餘年，乾清宫是天子居的。先帝不在，只該殿下住，或中宫居，或生母居。選侍何人，卻敢占據選侍？無謂殿下小，此是神人共主，即鄭貴妃亦當稱臣，何况妾媵？我等受顧命之人，只有先顧先帝子孫體統，無强幼主從宫人之理。且外人有許多話，我等不便言。聞宫中寶庫，是李進忠、劉遜共相盜取，且不要盜盡了先朝寶物後出宫去。"是時嚷聲甚大，達於大内。随有司禮出，稱即著今日移宫，即具揭了。方既出，我等又捉住具揭，進揭未下，已在移宫。我本剛上，劉遜盜如許大寶大珠，即被人拿出，社稷之靈也。李氏即日移入別宫。初六日上，乃歸乾清宫。凡選侍之黨，都拿了頭目[8]，而宫中乃清矣。

此皆弟拚命事，僥倖猶幸見信。然大老及衙門人愧者，有之愧生忌，亦甚多也。

【校記】

〔1〕又見六卷本卷六，題《寄高貴大哥》；三卷本卷三，題《寄高貴大哥》。

〔2〕"適先帝"後，六卷本脱"爲"字。

〔3〕"上"，六卷本作"帝"。

〔4〕"出"，六卷本作"由"。

〔5〕"拒"，六卷本作"嚴"。

〔6〕"固"，六卷本作"故"。

〔7〕"兄兒"，六卷本作"哥兒"。下句話中"兄兒"，六卷本亦作"哥兒"。

〔8〕"都"，六卷本作"却"。

其　三[1]

衙齋想安和也。弟月來苦甚冗甚，飲食起居，都要自家口動手動，不似往年猶得半日半刻閒也。

弟受先帝之知，三叨恩賞，正人君子，深心念國之人過謂。初一日，當人心洶洶，諸老漫漫，時非弟手披乾清宮閹人，擁捉大老[2]，請出皇上，脫離毒婦奸寺之手。此十五歲無母無主冲儲動展不得，無論別有兇危而弄權作奸，此時且不知是何世界。即初五日，不是扯住相公，大嚷羣璫，迫以道理，恐以禍福，此時宮尚未移；叢奸煽弄天子，避位東宮，亦不知是何結局。韓魏公撤簾利害[3]，猶百不及此。而妬嫉之人，且視爲眼中刺矣。鄭李錢神與其羽黨，多爲揑謗，謂李侍已絕食投繯[4]。邪人遂弄筆舌，謀抹前日之功，作後日之罪。嗟夫！天子豈有庶母楊貴妃、趙飛燕[5]？豈臣子都當以宗社作人情，一味奉承？況弟只教移宮，原非教殺李侍，如李侍死，妬逼聖母，大敗先帝之德，大欺小主，拍要皇后之惡人，死亦何害？況弟移宮之日即語三相六卿，面屬諸大璫曰："李既移宮，請上無念前仇。今既待之以恩禮，分付宮人小寺，好生伏侍。其餘奸輩都與除豁，不得聽宮中株連以快恩仇。"初七，又再祝相公。初十日，又惓惓轉言。聞皇上賞銀二百兩，四盒飲饌，李侍固快活甚也。此其默默調停，費如許精神，而小人乃欲弄紙上文章，以相映相掩[6]。弟聞之，止發一笑[7]，謂我輩止當求真有益於朝廷，而何必有其名。

適左御史有疏，聖上乃發一聖諭，説出前後情禮，方相又封還不發出。次日，又召我等到乾清宮前，上面喚至王妃前，親分付相公云："朕與李氏大仇，今待他有禮。"相公又言："無暴選侍之惡，還望收回聖諭。"上竟拂面而起。及弟等求見，聖諭乃處得極好，既念母又念父，但罪李進忠盜庫諸奸。既可以明皇上之心，又可以消外廷之言。而相公固欲封還，可歎！可笑！今已發鈔矣。諸無見識之人與李鄭之黨流言乃止。近日又因邊事，請加三少司馬，設防遼東。又請罷舊無用本兵[8]。此皆是不得不言事，旨俱施行，不可謂不諫行言聽。然而妬者忌者，終是眼熱也。弟亦知有社稷耳，諸本槀附覽時，弟已轉兵部[9]，只苦未能盡職掌也。

十一月內可邀覃恩，誥贈父親，然焚黃何用？傷哉。負米未能，知大哥當并有愴然也。

【校記】

〔1〕又見六卷本卷六，題《再寄高貴大哥》；三卷本卷三，題《再寄》。

〔2〕"捉"，六卷本作"促"。

〔3〕"撤"，六卷本作"斥"。

〔4〕"侍"，六卷本作"御"。

〔5〕"趙飛燕"後，六卷本衍"妺喜"二字。

〔6〕"映"，六卷本作"快"。

〔7〕"弟聞之，止發一笑"，六卷本作"弟止聞之，發一笑"。

〔8〕"近日又因邊事，請加三少司馬，設防遼東。又請罷舊無用本兵"，六卷本作"近日又因遼事，請加二少司馬，設防山海關。請罷舊無用本兵"。其中，"邊"，六卷本作"遼"；"三"，六卷本作"二"；"遼東"，六卷本作"山海關"；"請罷"前，六卷本脫"又"字。

〔9〕"部"，六卷本作"都"。

與梅長公四首

其　一[1]

弟聞之，款段而遊下澤，原不病其爲馬也。惟欺九方之目，詭雄駿而濫天閑，至於覂駕敗轅，將人益簡賤之矣。此弟今日之懼也。接得手教，規勉備至，捧誦字字師保，願服膺弗失，或可奉以匡其不逮。弟不知傳而能習否。今人好作時文與奇文，都病在名上起見。朝廷設言官，原非與言官以爲名也。但向設言官初意起見，即慎默不爲韜藏，慷慨不爲徼幸。要於當可，無負設官初意耳。若夫隨風逐浪，使一帆風，趕趁時趨，究竟與國家無些相干[2]，而旋亦身名俱敗，何爲者？眼前近事，凡講一人，先不論賢與不肖，便問是那一路人，亦不問其能爲用與否。又問其走那人路，如其爲那路，便謂之邪黨，更不問作何邪事。當中國一統之時，人臣比肩事主之日，而作此藩籬，亦大可痛矣。稍爲公中域外之論，又便謂其走兩家路，反似黨於不爲君者，來招尋同志〔3〕，似難言之矣。觀勘未定，尚不敢以復明問，考事尚悠悠未定。考後之事，則一毫未辦。弟欲臨時觀理，一應迫而後起，不先據一題目，而不揣迂腐心腸。又謂大都明目而爭者〔4〕，須爭國家大利害與大奸惡。事只論理之是非，而不問意見異同；人只論品之賢不肖，而不問門户歧向。疏草期於説明事理，不主於作文章，如此而已。吾兄何以教之？翁完老深沉詳慎，弟亦深服其能持也。但以考事未定，不便數數與之深言，考後或可時相討究也。

【校記】

〔1〕又見六卷本卷六、三卷本卷三、二卷本卷下，題《寄梅長公》。

〔2〕"與"，六卷本作"於"。

〔3〕"反似黨於不爲君者來招尋同志"，六卷本作"某君來謝教招尋同志"。

〔4〕"而不揣迂腐心腸，又謂大都明目而爭者"，六卷本作"而不肖迂腐心腸，大都明目而爭者"。其中，"揣"，六卷本作"肖"；"大都明目而爭者"前，六卷本脱"又謂"二字。

其　二〔1〕

趨炎趁熱，卻忘作官本領，滔滔而是矣。乃天下事，功名有數，由我趨避不得。小人枉做小人，君子落做君子，行吾所事〔2〕。以職掌還之朝廷，升沉聽之命數，是非付之萬世公道。此年兄不易之論也，何止弟奉以終身，當與有心人共之。年兄今日不出，非是謂不可作功業，安其身而後動。原是大易道理，留此有用之身，養晦而待用，自是要做事人善著。若曰仕途滋味，亦止於此。檻外桃花，眼前瀑布，竹間板輿，何所不足意暢懷，安取急逐逐風塵哉？然冬極必春，祗恐造物不肯令謝安石久卧東山也。日來過西陵，竟草草而别。且如許積思，都未得盡，所謂相逢半句無也。然相視而笑，固已不下帶而道存焉。若入長安，必圖共坐三日不見一人爲妙。遠惠過多，不敢不爲老母拜，然無以爲瓊報也，其謂爲罄何？自西陵抵家，即日逐俗涸，弓塵幾蛛網也，想當追還彤弓雕矢之費可耳。

【校記】

〔1〕又見六卷本卷六，題《失題》；三卷本卷三、二卷本卷下，題《答梅長公》。

〔2〕"事"，六卷本作"是"。

其　三[1]

弟屢爲大耳兒矣。初七，已出門，適雨，雨剛晴又雨。至十三日，遠人繩繩來溷稽，至燈節後，便有事不得行矣。許多要商量話，都不得面教[2]，真是悶死。即兩心相照，不見何妨？而兩疑有必商量處[3]，終以不得面質爲怏悃也。我兄作提學，遵行令甲，不以名器濫狗俗情，自是正理。然既取得不多，務須竭盡心眼，無作草草看過，所以報朝廷，亦以服人心也。此皆年丈饒爲者，不必弟贅。惟是弟孤立無援，非要有幫手，好做官；只恐無幫手，做得官不好。年兄何以教我？

長安與山東不遠[4]，有好事當做當說，該如何做？當如何說？便郵內當時，有以教我。非但欲年丈成就辱契，同年成就同年，做得好，說得好，便是報朝廷也。年丈行矣，弟既不能阻[5]，又無以爲贐，壇葛一端，聊引清冷一念，幾時起馬，王思延欲駕繞道信陽，以一二日路程，易三人說話，故當不吝。近來遼事未見動靜，只是熊在外急，而內苦不應。即如前日，截殺遼東搶掠，自是爲地方，不可示弱，而欲用退守者，以爲取怨，強敵爲言[6]，則同事又有不協處，如此行徑，能成功乎？劉延伯募兵北入，今是如何？弟以爲說出在口，便當料理方好，不則隨多隨寡，助餉亦完。得一件事前，本兵條上，張俊武功，募兵而言者，又言恐借嘯聚者以名[7]，或恐聚而入，不得散去。奈何！二說何衷？都望衷折示我也。

【校記】

〔1〕又見六卷本卷六、三卷本卷三，題《寄梅長公》。

〔2〕"都不得面教"，六卷本作"都不得面請教"，衍"請"字。

〔3〕"量"，六卷本作"畧"。

〔4〕"長安與山東不遠"前,六卷本衍"問"字。

〔5〕"阻",六卷本作"祖"。

〔6〕"近來遼事未見動靜,只是熊在外急,而內苦不應。即如前日,截殺遼東搶掠,自是爲地方,不可示弱,而欲用退守者,以爲取怨,强敵爲言",六卷本作"近來東事未見動靜,只是在外急,而內苦不應。即如前日,截殺西虜搶掠,自是爲地方,不是示弱,而欲用西虜者,以爲取怨,西虜爲言"。其中,"遼",六卷本作"東";"只是"後,六卷本脱"熊"字;"遼東",六卷本作"西虜";"可",六卷本作"是";"退守",六卷本作"西虜";"强敵",六卷本作"西虜"。

〔7〕"又",六卷本作"反"。

其　　四[1]

原欲過桃花嶺,一尋前五年之遊也。而孋人日日説過混過已。又想到麻城甚難,孋人不慣到處周旋。畢竟夢寐之間,未見吾兄一面,成一缺陷。二月爲洞庭君山之遊,問鼎湖仙事。再欲下問匡廬,以舟中甚熱,而回憶吾兄當已北上矣。至信陽,乃聞前旌猶未發也,如何得飛到魯山,共一日話?大都時事堪歎,内外多難,無真心真力做實事,得先著男子,令内外都幹濟得好看,成模樣耳。今當脂車北上矣,正人引領,明主待助,似不可再遲。看此時外面大匡廓,當事猶是些正氣人,天下事似猶可爲。只是要著著實實,做得一兩件,方不孤諸正連茹一番。不然,將謂諸君子在位,亦是等閒。

雖是小人已弄壞天下,又教正人費手,卻亦不免借彼中口實也。年兄以爲何如?弟前已決意辭官[2],可以藏拙躲懶,不知何以復。有禮科之起。多事之時,并多忌之日,與無用之人,出處都難言之。擬欲仍告病,而思延以爲不可。乃李戴星在前,又不好先出;又是内計在邇,似不便直入承當,年兄更何以教我?蕭元恒前謂弟直當從赤松子遊,無再戀長安功名。此却是善藏善退法門,年兄當爲我決之。至於廣寧事,畢竟熊芝老少一挺身入廣寧[3],先以上方斬逃撫,與民守之,死弗避也,落人多口,可恨!

【校記】

〔1〕又見六卷本卷五、三卷本卷三、二卷本卷下，題《寄梅長公》。
〔2〕"決意辭官"，六卷本作"快中官尼我"。
〔3〕"芝老"，六卷本作"老師"。

寄羅山畢太守[1]

憶霞榴鬪艷時，一通省候，今忽霜葶呈妍矣，想念如何計？台履端居多暇，咏言高堂，好風佳月，時在竹榭花欄。台從暫以閒情勝韻招攜，入錦袋絲桐，紆徐春逸，可知此蒼生屬望之身，當益以精明強固。預此全力，嗣是出以秤平當世之務，揮以斡旋造化之機，直股掌間耳。彼夫民歌襦袴，士仰斗山，此又熊轓借轍之餘不足爲左右道也。毘陵雲望已久，台從幾時發夕乎。想是梅柳之間，載陽春以破寒江也。弟留滯長安，度無能一望，後車清塵矣。羽便肅此，代候不宣。

【校記】

〔1〕又見六卷本卷六、三卷本卷三，題同底本。

寄孫漕院[1]

婁江一通省候，即闊絶於今矣。江南人借徇[2]，未能思召倍切，且曰丰神氣骨，終是楚人。月在虎丘，風清震澤也，而光分夢澤何如？若夫家兄、鄉里迂儒，邀恩卵翼，其弟之感鐫在心，又可知矣。於今兵役繁興，輓漕爲急，漢廷倚重鄭侯[3]，夫亦曰軍國之寄命在焉？且江淮重地，豐苴上游，非預圖十萬甲兵，固不可耳。則泱泱大風，張何但楚？弟引領卿雲，曷勝手額運官之便？肅此代候，一布積依，惟台照在。

【校記】

〔1〕又見三卷本卷三，目錄題《寄漕院》，正文題同底本。
〔2〕借徇，底本作"惜徇"，據楊祖憲本改。惜徇，即"借寇徇"，

出自《後漢書·寇恂傳》。寇恂治潁川有政绩，离任後随帝再至潁川，百姓請求再借寇恂留任一年。

〔3〕"漢廷倚重鄭侯"，六卷本作"漢廷重借鄭侯"。

賀龐清軍擢大理守[1]

洪惟老公祖，斗間元氣，人世福神。十年邛子，浹洽深仁，陽春無不到之處，婦女亦無不淑之感。一二年來，得久借寇君。畢竟天不忍私一方，又爲點蒼玉案山靈，借我福星，以去五熊，開道在邇，於台從車，服庸以爲遲，而九罭袞衣，在東方之，不能久有，我公則爲苦矣。聞台駕遠出漢水，以清明日歸趨展對，知前旌尚未至也。肅此代候，並將賀悃，惟台照在。再有積悰，尚圖面旣。

【校記】

〔1〕又見三卷本卷三，目錄題《賀龐清軍》，正文題同底本。

復申陽楊刺史[1]

月來久旱，靈雨一朝應禱，雨而晴，晴而雨。賢山獅水[2]，一望桑麻遍野，頓換焦枯。可知百室其盈，士民鼓舞，共感造化生我者矣。用作霖雨，茲其肇端報國，願年豐，額手明惠，爲多第，未及趨堂一頌《大田》之三章耳。黃雲如蓋，深護天中，正深憶戀。乃手書寵下，情誼肫挚。不惟不督責部民之疏遠自外，而反若不忘野人焉。雲天之誼，弟亦何以承載哉？過分廉俸，揣分逾涯，而賜出尊者，直有剖腹以藏耳。

【校記】

〔1〕又見六卷本卷六，題《復申陽揚州守》；三卷本卷三，目錄題《復申陽守》，正文題《復申陽揚州守》。"申""信"通假，信陽即爲申陽，信陽境内有賢山與溮水。

〔2〕"獅"，六卷本作"溮"。

答閻鳳陽[1]

　　台臺於今韓范也。毅骨遠猷，赤心定識，早從賢者公評中，私心倍有皈嚮。社稷有靈，疆場借鼎，敵人定知心膽寒矣。即今蕩平之威，未見強寇，受我戎索，此招討之使，權有所歸，責有所在。乃此一役也，入者，麕促烏合之衆；居者，獸驚鳥散之餘。有所攝而不亂，有所恃以無恐，鎮肅安定之功，端有所屬，此長安人能共知之，共言之。嗟呼！當今軍實不振之時，百蠱欲潰之日，不滅此而後朝食，無論内外或有他虞，而曠日持久，饑飽勞逸，致人而不致於人之機權亦儘難堪。夫剖誠匡贊，刻日戡平，滿目塵氛，獨惟台臺是賴。某等亦日夜焚籲以祝，惟台臺實猛圖之。接得手教捧讀，宛見憂國深心，不獨感注存之雅懷也。却愧入都以來，時從觀幻。兄誦韓仰范，而一介行李，竟失候至今，則不無愧先施之未能矣。肅此代候，一布依依。

【校記】

〔1〕又見三卷本卷三，題同底本。閻鳳陽，明陳懿典《陳學士先生初集》卷三十五（明萬曆刻本）錄有《閻鳳陽觀察》，明孫承宗《高陽集》卷二十"尺牘"（清初刻嘉慶補修本）有《答閻鳳陽少司馬》，明茅元儀《石民四十集》卷六十七"書十一"（明崇禎刻本）有《上閻鳳陽中丞書一壬戌》《上閻鳳陽督府書五丙寅》，可能是同一人。

與南直毛學臺[1]

　　今年南場元魁，毘陵居其四，從來於斯爲盛，夫有作之者矣。昔人於瑣屑時識韓魏公公輔之器，今魏公天下文章莫大於是，且即於司理時具之矣。事有待，而與莫言偶然爾也。日者，在外之賊膽未寒，在内之議論太競。而冲聖之精神，亦猶未固，獨不得魏公其人耳。天欲治平，庶幾今日魏公旦晚正席，均統諷議，主持提衡，爲一人早收正己物正之化也。御李有懷，龍門未遠，幾時修通家誼，瞻睇卿雲斐亹哉。

【校記】

〔1〕又見三卷本卷三，目録題《與毛學臺》，正文題同底本。毛一鷺，字孺初，浙江遂安人。萬曆三十二年進士，授松江府推官，曾官巡漕御史，天啟時巡撫應天，崇禎元年以附閹黨被逐。

與李戀明[1]

翁臺之行，漣以俗纏[2]，未及一別，甚爲抱歉。祇以爲嚴疆，正須幹濟，如范老胸富甲兵，當事者推轂，如恐不及，而不知猶若有待何也。嗟夫！敵未必真勍，兵未必真弱，特無英雄，使邊寇氣驕[3]。豈真無英雄哉？眼頭不亮，格套不破，信任不專，即英雄無自見長。而邊事如此，用人如此。真英雄，亦不免抱瑟，退投袂歸耳。承命希得言路，一人推引，夫悠漫觀時，誰思頗牧？而經疑罢士，誰信曹邱？未嘗不逢人説項，而耳邊風付之，未必專以某微言輕，亦只不肯急人任事，總之天未欲天下平治耳。奈何！奈何！乃某猶竊有慟也。目今兵無、餉無、將無，既難措手，而内之張仲，孝友無人，即有南仲，而呼之不應，托之不得，亦難成功。英雄一腔熱血，洒向何處？丈夫不封侯廟食，便圖跨鶴飛雲。如此世界，某願從翁臺爲世外之遊，是真快活。翁臺以爲如何？此時儻非真豪傑出世之日也[4]。翁臺不笑某迂措大，好作兒女牖下語哉。

【校記】

〔1〕又見六卷本卷六、三卷本卷三，題同底本。李邦華字孟陶，一字戀明，吉安府吉水（今江西吉水）人。萬曆三十二年進士，官兵部尚書、右都御史。

〔2〕"漣以俗纏"前，六卷本衍"不肖"二字。

〔3〕"敵未必真勍，兵未必真弱，特無英雄，使邊寇氣驕"，六卷本作"彼未必真阿骨打、金兀朮，時無英雄，使敵人氣驕"。

〔4〕"儻"，六卷本作"斷"。

寄翁完虛[1]

　　客歲奉寄數行，其中云云，弟實有心感慨於時事也。偏枯已甚，於國不必有益，而且終於已識力與功名有損。然一時即不欲，風之所靡，人敢爲勁。第間與二三同輩，間說天下國家事，當平心和氣講求，不必盛氣以相爭。酸鹹辣苦，不妨彼此參同，而不必堅爲拒[2]，互爲敵。即凡處事，當寬一步，在我既得所安頓，在人亦與得一退著。弟之大指如此。聞之外論，頗有不喜弟者，此亦止可向台臺道也。弟原不狡猾，但意之所向，即利害禍福，都癡不知避。端不肯從時趨浮沉，博眼前熱鬧，一兩句稱賞，便作好勾當。自打入牛胎馬腹，無出頭日子也。惟是弟識力有限，同心人與質證處都少，日日望從者入長安，便事有主張，當不至臨時躊躕，或至鹿亂前聞。有四月入京之信，弟已別移一寓，洒掃場屋以俟，不知尚未有定期，令弟怏怏失望耳。掖垣之附，實台臺推引，主恩既重，知己難酬。一或負官便累終身，深爲悚懼[3]，台臺不我憂儆而賀我耶？乃彈冠尊旨，敬百拜以承第，不知他日能仰副否耳。

【校記】

〔1〕又見六卷本卷六、三卷本卷三、二卷本卷下，題同底本。翁憲祥（1554—1617），字兆隆，號完虛，江蘇常熟人。明萬曆二十年進士，官至太常寺少卿，著有《平倭錄》《掖垣疏草》《翁憲祥奏疏》。

〔2〕"拒"，六卷本作"距"。

〔3〕"爲"，六卷本作"有"。

與周季侯[1]

　　臺下遠韻素懷，定識勁骨。弟雖未獲侍顏色，顧時時從文起座間傾向久矣。即今襟領泰山清風，前無趙概循政。今見次公，弟又時時從老安公評中[2]，如接冰玉襟期，春和衡宇也。弟常妄意我自出世撐持[3]，要在實有用於時耳。而四體可以展布,每一動念,於人必有所濟。無如府縣有司,且其間練膽練識,但能密自證勘,頗有動忍增益,趙子桑安能雌伏?此英雄疆場語耳〔4〕。文起常謂臺下學問沉密,事事體認,不肯一毫放過。計今輔郡數年,中間表樹既多,淘練更熟,名世之業,爛焉襟抱中矣。羨之,慕之。拭目晉起京卿,衿領臬正,共支宇内,端必鼎藉。弟又望之,企之。若弟四年海虞,縻廩度日〔5〕,無足長短。當可以自建立之時,寵靈濫擬耳目之司,綆短汲長,原非其任。乃當今釜鬲之秋,議論棼多之日,積誠以爲感動,渙小羣以成大羣。此中事,諒弟必虛具此願耳、無補聖朝、可惜此日。臺下將謂弟何?或者隨宜撐支〔6〕,竭吾力,以盡吾心,亦必有可以自效者?恨弟夢夢憒憒久矣,臺下深心憂國,留意成人,幸有以開我。無謂弟不足收爲臭味中人,不足提誨,直遠而棄之也。如何?

【校記】

〔1〕又見六卷本卷六、三卷本卷三、二卷本卷下,題同底本。周宗建(1582—1627),字季侯,號來玉。吴江(今屬江蘇蘇州)人。萬曆四十一年進士,除武康知縣,調繁仁和,有異政,入爲御史。天啟初,魏忠賢亂政,多次疏劾之,遭閹黨誣陷下詔獄,受酷刑死,後被追謚忠毅。

〔2〕"弟又時時從老安公評中",六卷本作"不肖弟又時時從長安公評中"。

〔3〕"自",六卷本作"輩"。

〔4〕"場",六卷本作"陽"。

〔5〕"縻",六卷本作"靡"。

〔6〕"者",六卷本作"有"。

候吴安節老師〔1〕

恭惟老師,兩間元氣,千古真人,雖酣情洛社,而走卒兒童,則無不望司馬公早出,以濟時艱。某竊以謂天生名世,斷不令人或能尼,亦斷不肯令已能自晦。計今時正多事，社稷有靈，老師旦晚還朝，天下定獲覯大人正己物正之化，焚香以祝，引領以望，海内正人，各有同心，不但門牆弟子已者。惟是某遠在一方，無能瞻對，請教爲疎，即關切慶弔，亦復缺然，每一念及，倍切汗悚。接得手教遠頒，披讀如奉顏色，且藹然篤摯情誼，溢於楮穎，某亦何以當鐫心之感？有勒爲終身之藏耳。至於令長公徹如先生，清貞心品，義烈肝腸，洞朗識力，天下國家之所托，正人君子之所契，夫既已戢羽長林矣。而無端造化，猶若從人妬之。夫亦歲崇龍蛇，陽九氣數如此，達人祇須付之，無可如何耳。乃庭前芝玉森森，皆足紹前之休明，而益光大之。禄位名壽之身，眼底四世榮昌，世德祥長，恐君子三樂，未足語此矣。門下士每爲老師手額舞躍。若某虛冒國恩，悠悠歲月，報主酬知，尚未定何日。要以某無濟時之具，無逢時之骨，又無識時之明，孑焉思有以自立，心之所欲往，未必力之能徑赴也。老師終何以教之？遙瞻師曰，趨對何時？想一人顧念老成，新綸召起田間在即，某摳趨門牆有日也。

【校記】

〔1〕又見三卷本卷三，目録題《候吳老師》，正文題同底本；二卷本卷下，題目録題《候吳安節》，正文題同底本。吳達可（1541—1621），字叔行，號安節，宜興（今江蘇宜興）人。萬曆五年進士，曾知會稽、上高、豐城，授御史，累進通政使。

答同門[1]

都門相別，幾時三春。每念老年兄介石之守，掣電之才，沉淵之識[2]，棠蔭在嘉陵，口碑在長安，愈久愈明。雖一時直道之偶乖，公道之偶混，而由來功名之場，退一步更爲進基，曲一分乃直尋丈。彼悠悠之子，善逢迎工捷取者，而究竟常伸之直道，常明之公論，自有除在此而乘在彼者。弟能爲券以待，老年丈直須盡其在我需之矣。佐郡之鼎望甚隆，晉起京卿在即，此非弟虛詞也[3]。弟兩年以來，溷溷長安，無所事事，養成疎嬾，一切昔候都缺。老年兄尚銜歉題梅，顧從者先我繫鴈，弟則愧矣、感矣。至於弟謬擬梧垣，實處非據，職掌甚重，何以不負一人以無辱同門氣色？老年丈忍無有以提誨我而鞭策我，使無速即於戾耶？引首企之，盰衡望之矣。使回，肅此代謝，並布私衷。遙望城頭一派荷香，想見使君芳馥，弟無由從之，一移蘭槳，對君子色也。過承莊啟，大費錦心。弟不敢承，又不欲於同門兄弟，但鈔套啟相答，惟左右鑒宥，如何？

【校記】

〔1〕又見六卷本卷六、三卷本卷三、二卷本卷下，題同底本。

〔2〕"識"，六卷本作"議"。

〔3〕"晉起京卿在即，此非弟虛詞也"，六卷本作"晉起京卿即在此，非弟虛詞也"。

與游肩生道長[1]

國家一片邊疆，盡從節鉞之臣。只是挨貢壞盡，世間不多有用人材，盡從門户之中彼此葛藤纏盡。今世界已被此兩種相仍相循，弄到事勢岌岌矣。而濟變之法，用人者尚不見特達一些，而持論者尚不肯放寬一分。接得手教，知翁臺一片深心，令人讀而欲泣，喜而欲舞。當事者各有此心，何愁社稷不磐石鞏哉？非弟漫語，翁臺當不以弟此語爲漫。邊疆之事，未必敵真不可當，畢竟是應者失著，總之不得人揀將練兵出奇制勝。但取兵滿官滿，俟敵之自爲安史，不求我之爲郭令公、李光弼也[2]。譬如病未必能死人，而淹淹纏纏，好歹聽其自便。難道此病便無治法？只是糜粥將理一身，白肉消索都盡。他症再出，如何下手？重慶之變，亦他症再出之一端也。肘臂傷重，漸延胸腹，此處一容潰決，腸胃胞絡，又作何救護？翁臺"速"之一字，真今日不俟終日之至言矣。大率計遼川二事者[3]，都只要多兵。愚意多兵只須有其實，不可有其跡；亦須止借之爲用，而不以之爲主。而我之爲主者，又不只在一兵多，專主慎重也。川事不脱用土司，而土司亦不當示之以太重，而示我以可輕。夫我之不可以輕，存乎其主之之人。是又不在調七省兵，烏合與強從，未必濟用。且合在何時？故遼事不可緩[4]。然且講支持心事，則火已蔓延林木，然在鬚眉間，手眼停刻不得，亦須手疾眼快，當傷捷生撲法[5]。若待救西江及全靠外人，與止人衆挨擠，都非勝著。此事斷非翁臺收拾不可。即以淮南與揚州兵往，亦當無濟。弟前共張斗嶽長安時，曾言遼事關係社稷安危。辦此事者須得通天地、格鬼神之人，不但在成功名[6]，識畧局量，何以立功，而況其止於籠罩自封。翁臺之言，不謀而合。天祚皇家，名世亦不虛生。中興大事，終願翁臺好爲之。若弟非無漆室女之憂，而幹濟乏其具。惟日夜焚香，願大人平治天下，得與天下共樂太平已耳。

【校記】

〔1〕又見六卷本卷六，題同底本；三卷本卷三，目錄題《與游肩生》，正文題同底本。明陳子龍等《皇明經世文編》卷四百九十六"楊忠烈公集（疏·書）"（明崇禎平露堂刻本）有錄，題《與游肩生道長》。游士任，字肩生，湖廣嘉魚人，徙居江夏（今湖北武昌）。萬曆三十八年進士，曾官長興知縣、廣西道御史，累擢山東巡按監軍，萬曆四十二年曾刻印宋釋志磐《佛祖統紀》。

〔2〕"邊疆之事，未必敵真不可當，畢竟是應者失著，總之不得人揀將練兵，出奇制勝。但取兵滿官滿，俟敵之自爲安史，不求我之爲郭令公、李光弼也"，六卷本作"遼陽之事，未必彼真阿骨打，畢竟是應者失著，總之不得人揀將練兵，出奇制勝。但取兵滿官滿，俟彼之自爲安慶緒，不求我之爲郭令公、李光弼也"。其中，"邊疆"，六卷本作"遼陽"；"敵真不可當"，六卷本作"彼真阿骨打"；"敵"，六卷本作"彼"；"史"，六卷本作"慶緒"。

〔3〕"遼川"，六卷本作"東西"。

〔4〕"遼"，六卷本作"東"。

〔5〕"傷"，六卷本作"場"。

〔6〕"不但在成功名"，六卷本脫"不"字。

與房老師[1]

前過師門,膝前密語,今似已驗其端,天下事其且奈何?邊事只要多調兵[2],兵又只重土司。設無土司兵,天下送他人乎[3]?今土司叛矣,又藉重何兵以收土司?不善用兵之人,只靠兵,又只靠多,不當場捉住撲法,而待息西江與靠外人,并只人衆亂叫亂嚷,竊恐天下事去矣。前某曾共老師言游肩生這一枝兵還當有用,蓋募之得頭領,練之得方法。辦邊事者[4],以肩生統所練之兵急往,猶當有濟。若曰七省合兵,合在何時?且烏合與捉來之物何益肝腦塗地?即曰土司,我無所以自主,而徒示之以重,終覆道耳。某又嘗謂邊事關係天下安危[5],與尋常邊患不同,須有通天地、格鬼神之人始可辦。此沾沾膽晷局量,可以取功名,亦成不得。得吾師出,或其庶幾,不然則天未欲平治天下也。看今長安機括鄒南老總憲,葉臺老平章,還像天下可爲,但須一力擔當,閣部協應,無如往年唯阿與悠漫調停始可。又恐小人不肯在內邊用精神,二老終不得安位行志耳。

【校記】

〔1〕又見六卷本卷六、三卷本卷三,題同底本。
〔2〕"邊",六卷本作"遼"。
〔3〕"他",六卷本作"敵"。
〔4〕"辦邊事",六卷本作"救東事"。
〔5〕"邊",六卷本作"遼"。

與官太常[1]

去秋客邸燈前一別,又是桂花天後籬菊香前也。尋常寒溫,反覆情局,總不必論。以我翁臺天高月湛襟期,當九年諫草之後,一旦畫錦堂中雞籌不聞[2],兒女慰勞,親友任情,寒暑隨意,睡不驚夢,酬答無機,駛棋淡酒[3],信水信山,好風佳月,校聖讐賢;庭前有接翅之鳳雛,臆底無上眉之愁事；假非邊事不忍去心[4]，我翁之樂，真快活煞也。於今一班人，只要掃楚人，畢竟楚人何可掃？蓋在朝則任事，在野則快活。楚人不避勞怨，故能任；楚人不愛官爵，故能樂耳。然則弟當從翁臺唱若曹子三个喏，不然此時亦須巴巴結結，未能有濟於事，不免有傷於神也，翁臺以爲何如？前月更欲下武昌圖一晤，不則放舟而下，竟以堪輿在家，病遂日延一日，失此良晤，恨之，恨之！然呂駕王舟，尚須未涉也。此時他無所問，但問近來訪得有好道士否。坐蒲團上，或得有些好消息耳。不能依膝半日，祇憑數行，此情又翻以此字悵結矣。

【校記】

〔1〕又見六卷本卷六，題《與宮太常》；三卷本卷三，題同底本。
〔2〕"聞"，六卷本作"問"。
〔3〕"馼"，六卷本作"始"。
〔4〕"邊"，六卷本作"遼"。

與李淮撫二首

其 一[1]

前辱手教，過以識力獎許，漣則愧矣，其實前之爲孟浪後之爲怯縮矣。憶去年此日，衆共洶洶，以爲必先正位，後大殮。弟謂洶洶何益，冲天冠不會觸人。要在先講明大分，使李不敢自尊以挾上。又離開陰邪倚伏夤緣之路方妥[2]，則無如令李侍移宮。若初一荒獐即登極，必住乾清。李侍在內，積威積寵。誰知有少年孺子，儼然母道，跪則跪，東則東，上無敢誰何？又巧以聲色雜投，大柄入其手矣。此未必然，而漸則當慮也。故狠與大老爭，謂交付選侍，萬萬不可。其登極斷當成服後，令乾清無女侍，方即大位。衆老爲弟大言所奪，上亦允初六之期。而諸公共以不即位非策，面斥背罵，只爭一打。即京老與左浮丘，亦攘臂相向。萬一五日之內，或有他虞，此身無安頓處不足惜，如大事何？故五日如芒刺在背[3]，鬚髮白却一層，今成皤然翁矣！仗在社稷之靈，宮寢晏然，則小人行險以僥倖者耳。及十二日，安選侍之題目出，無不激弟與爭。弟思我輩當爭是非，不爭勝負。況此事是提上心慟事，一爭定有干觸。將無啟皇上手滑之端，且生穴鬪之厭，是我爲戎首也[4]。然不去又似濡忍，又似居功，此終是一去爲是。而入井雉經之揭，屢出不休，若不一發明，將無遺君父燭影斧聲之疑。中又爲言者出卸與大臣顏面上，且多婉轉[5]。此又只是怯腳怯手，左顧右照，生怕惹事，無手段之人耳，安在其爲識力？移宫，衆人之事，獨攬君父忠直之言，而又邀風聞之譽，不既聲聞過情，是造物所忌。不祥之人，翁臺知我，其謂之何？

前有友人寄到李本寧先生《庚申紀事》一册，於兩次移宫事，雖未必詳，猶不失真。小疏一刻，並呈台教。

【校記】

〔1〕又見六卷本卷六，題《與李淮撫》；三卷本卷三，題同底本；三卷本卷三又有《失題（重）》一篇，内容於此一致。李三才（1552—1623），字道甫，號修吾，祖籍陝西臨潼，僑居順天府通州（今北京通州）。萬曆二年進士，萬曆二十七年，以右僉都御史總管漕運，巡撫鳳陽各府。以治理淮河有功，加官至户部尚書。萬曆三十九年，引退歸家。天啟三年，被起用爲南京户部尚書，未及上任即去世。

〔2〕"伏"，六卷本作"仗"。

〔3〕"如芒刺在背"中，六卷本脱"刺"字。

〔4〕"況此事是提上心慟事，一爭定有干觸。將無啟皇上手滑之端且生穴鬪之厭，是我爲戎首也"，六卷本作"況此事是皇上心慟事，一爭定有干觸。將無皇上手滑，自我共鬨堂，或啟少主之厭穴鬪，又開玄黃之端，一番葛藤，是我爲戎首也"。

〔5〕"中又爲言者出卸，與大臣顏面上，且多婉轉"，六卷本作"中間又爲言者出卸，與大臣顏面上，殊多婉轉"。其中，"又爲言者"前，六卷本衍"間"字；"且"，六卷本作"殊"。

其　二[1]

河南差回辱手教，幾爲天下事收淚讀之也。長安中，近日正氣人頗集，而提以一段深心，握機挈領，其間要於世道有濟。明主知近正人之有益，而小人無所容其口。古稱一人定國，專望台臺之人矣。今日事剝膚之患最急邊疆，而心腹之憂，則客、魏二物。邊事但得一好經畧、好大將便足了此[2]，而客、魏爲上，不得於李侍時母子相依者。今復柔佞日親，處此甚難，須尋妙手去之與立地去之之法乃可[3]。不則善收之爲用，令做好事計不及此，而只於言語上做工夫，體面上完套數，或反跳而爲奸，用激而爲國仇，則憂方大矣。而二三正人，又須精神孚合，肝膽商量，而聯屬同心，共扶日轂，安得天下即不可爲？無或釁隙而爲小人所間，又今日名世第一義矣，故願台臺之早出也。至於某原絕夢長安，亦以人無當於世用耳，不知何以又有今命？多事之際，言不出疑於畏避，言出則伎倆止此，未必有補於時。而或止積愆瑕，不如甘畏避之，不失善息也。兩念交戰，台翁其有以決我也？熊芝老爲輕浪少年，斷送拖累，雖馬文升或當，再使將已爲眼前苦矣[4]。猶記台臺之言曰："男子死在疆場完事，如今即能回，誰肯饒你死[5]？"芝老畢竟於此處拿捉不定。可嘆！可嘆！川事聞奢寅父子尚聚兵，欲取叙州。而安之聽撫[6]，猶未定真僞，事須得韓襄毅、項莊毅辦之爲妙[7]。只靠樊賊自餓而死，不免費時費事，此時固不當令寇再延蔓也[8]。台旨以爲何如？

【校記】

〔1〕又見六卷本卷五、三卷本卷三，題同底本。

〔2〕"今日事剝膚之患最急邊疆，而心腹之憂，則客魏二物。邊事但得一好經畧、好大將便足了此"，六卷本作"今日剝膚之患最急東事，而心腹之憂，則客魏二物。東事但得一好經畧、好大將便足了此"。其中，"邊疆"，六卷本作"東事"；"邊事"，六卷本作"東事"。

〔3〕"須尋妙手去之，與立地去之之法"，六卷本作"須尋妙于去之，與立地去之法"。其中，"手"，六卷本作"于"；"立地去之"後，六卷本脫"之"字。

〔4〕"將已"，六卷本作"遼東"。

〔5〕"饒"，六卷本作"僥"。

〔6〕"之"，六卷本作"酉"。
〔7〕"莊"，六卷本作"襄"。
〔8〕"寇"，六卷本作"酉"。

答王軒籙太守[1]

臺下之弼理邳子也，吏凜凜履霜，民熙熙載春也。而淵停嶽峙[2]，襟期冰清，月朗風操，此中顯收而默移者，又無慮上下，俱拜明賜矣。大人正己物正，某於斯稍窺一斑[3]，非敢爲佞也。士民多庚，罹此鞠兇，聞從者焦心爲民，請改折，商平糶，手教面教，各屬緩征省訟[4]。多方惜此孑遺，仁人之心，仁人之力，仁人之言，百萬生靈，雖百兇之年，當有生之色。某每共父老子弟，爲桑梓手額，富鄭公勳位名德爛然，而青州活流民數萬，實首基之，則從者今日之謂矣。復承明問，益仰見如傷深衷，當述以示遠近諸民，無不欣欣相告曰："我民都當效死無去矣。"皆真切情景也。統惟照在，何時面對，再終前請也。

【校記】

〔1〕又見六卷本卷六，題同底本；三卷本卷三，目錄題《答王軒籙》，正文題同底本；二卷本卷下，目錄題《答英杰軒籙》，正文題同底本。王家楨（1581—1644），字正之，別號軒籙，長垣（今河南新鄉市長垣）人。楊漣同榜進士，官至戶部左侍郎、兵部左侍郎，曾代理戶部尚書職。
〔2〕"停"，"渟"之誤。
〔3〕"斑"，六卷本作"班"。
〔4〕"屬"，六卷本作"爲"。

與王軒籙兵參[1]

方今外患内憂層層變見，須得深心大力、遠識至誠君子始能撑立。

若論名世，的惟老公祖一人。蓋有擔當而不露其跡，即圓融而惟求其妥。事之重大處，眼快膽健，不求人知而早有先圖；密有幹濟，即功在國家而處之恬如。人之賢不肖，納之千頃之中，而人每心格意消，默受我之鈞陶而鼓舞，此有一段襟度精誠，未可與不知道者道也。今國家自治不暇，邊人恐未必不觀瑕生心[2]。去年，延安雖全，猶未可恃。此行賊膽落矣，知軍中有范老子矣，一人可無北顧[3]。而天下事可憂尤多，但願早晚得正席衡樞，庶幾天下治平可冀耳。弟本駑材，無堪遠駕。即今時事多憂，安攘自有羣公。世間事勘破過半，有意問向平五嶽之事[4]，不知箪瓢雲水可得果此志否？春日載陽，君子道與時亨。有懷祝壽，無計獻尊。乃辱手教遠問，感不知所以承矣。肅此報謝，依戀之私，筆舌不盡。

【校記】

〔1〕又見六卷本卷五、三卷本卷三，題同底本。

〔2〕"邊人恐未必不觀瑕生心"，六卷本作"榆綏恐寇未必不觀瑕生心"。

〔3〕"此行賊膽落矣，知軍中有范老子矣，一人可無北顧"，六卷本作"此行戎膽落矣，知軍中有范老子矣，一人可無西顧"。其中，"賊"，六卷本作"戎"；"北"，六卷本作"西"。

〔4〕"世間事勘破過半，有意問向平五嶽之事"，六卷本作"世間事已勘破過半，有意問向平嶽游之事"。東漢高士向長，字子平，隱居不仕，子女婚嫁既畢，遂漫遊五嶽名山，後不知所終。見《後漢書·逸民傳·向長》。後以"向平"爲子女嫁娶既畢者之典。

與鄒南皋老師四首

其一[1]

年來正人君子，爲彼驅除摧折殆盡。但有署爲朝廷盡力，署爲職掌營心者，亦必俱以非我族類，鋤而去之。至令二百年來，完全國家，弄得破壞如板爛柂朽之舟；舟中人物，俱盡奄奄，將就沉沒矣。今雖呼號三老長年於拍天風浪中，豈必有濟？而當時使銅牆鐵壁之舟至此極者，又各已安坐旁觀，而又惟日幸舟之没。此時幹濟傾危，以成中興大烈，又未必止以才情氣魄及骨幹品局勝也。須有大學問者，乃有大經濟。當今之世，舍老師其誰？蓋惟能於己所不及收檢者，力有葆含；後能於人所不能措手者，妙有提挈[2]。老師固已三十年來有餘瑩、有餘澄矣。天之生也，與天之留以儲今日也。固當有意，老師其亦忍無意乎？願言早出，以襟領衆正，同心協力，爲少主撐持，無使祖宗虛養士之報於今日耳。真切！真切！

【校記】

〔1〕又見六卷本卷六，題同底本；三卷本卷三，目錄題《與鄒南皋》，正文題同底本；二卷本卷下，題同底本。

〔2〕"後能於人所不能措手者，妙有提挈"，六卷本作"後能於今所不能措手者，妙有提挈"。其中，"人"，六卷本作"今"；"挈"，六卷本作"挈"。

其　二[1]

某識字時，即從走卒兒童口中，知有南翁先生。海内正人君子每於邪正剥復之關，急望先生一出，以收正己物正之化。而洛社四十年，天固有意遺老成，以襄冲聖中興之業也。計當廷尉命下，枚卜疏上，縉紳舉手相慶，無不曰：名世出矣，天欲平治矣。無不洗心易慮，祈一得當，以聽先生師帥提攜。庶幾一望顏色[2]，以慰生平。而不虞人微府疑，不能不引避以逃。自詫孺子無緣，即欲一叩龍門，咫尺而終不可得。俗骨薄根，自分與有道日遠矣。病廢以來，日益避匿深山，瞻依念切，夢想神勞，而終不敢通一字。非懦非冗，非敢自外，實是不敢妄溷記室耳。何物小子姓名，猶在大人記憶，寵以手書，遠將千里；中間獎藉過崇，汲引倍至，逢人寄書，豈先生顧有所私於謭劣之人哉？赤心爲國，而見微有一念在君者，故愛之不啻若己，引之惟恐不及。正人題評，一字千秋，三公披袞，豈足當此[3]？顧某實不足以當。曰真諫官，而當日之匡正者何在？曰社稷臣，而前日之杜防者無終。不世特恩未酬，一人孤危可念。讀先生手教，感激而汗下，又廻遡而淚下也。先生覺在民先，德堪世鑄，一人托以綱紀之司，舉世咸在表正之内。答衆正仰望之心，襄沖主中興之烈，先生定能盡其在我，妙有幹濟。其中山林廢閒之人，又自有拭目以望，焚香以祝。至於某未必不憂國有心，人既不肯相容，己亦無能自效。但得君身强固，外患日消，受先帝之庇[4]，爲太平之民，足矣。引領師日，何當披覿，數行附候，千里神馳。

【校記】

〔1〕又見六卷本卷六、三卷本卷三、二卷本卷下，題《與鄒南皋》。鄒元標（1551—1624），字爾瞻，號南皋，江西吉水縣人，與趙南星、顧憲成號爲"三君"。爲官期間屢遭到貶謫，以疾歸，居家講學近三十年。天啓元年任吏部左侍郎，後因魏忠賢亂政求去。

〔2〕"庶幾一望顔色"前，六卷本衍"若不肖漣者"五字。

〔3〕"此"，六卷本作"漣之今日，漣則足矣"。

〔4〕"先帝"，六卷本作"先生"。

其　　三[1]

某僻處萬山中[2]，不常見報。昨忽聞遼已渡河矣[3]。經畧之守不成守，固矣。而王氏之六萬保敵不敢正視者，何以不介馬而逃？嗟嗟，未知此時京畿光景若何[4]？社稷有靈，帷籌有主，彼端不能直逼燕薊[5]，然而根本之地猶終有隱憂。格君之非、消邪之伏，大人更當留心焉。懸切！懸切！

【校記】

〔1〕又見六卷本卷六、三卷本卷三，題《再啓》。

〔2〕"處"，六卷本作"楚"。

〔3〕"遼"，六卷本作"敵"。

〔4〕"未知此時"後，六卷本衍"山海何狀"四字。

〔5〕"彼"，六卷本作"敵"。

其 四[1]

　　春初，某政爲方外遊，歸家接手教，蒙台臺汲引[2]，至情也。萬侍御歸，再奉翰諭，而沈掌科又倍道長者注切深念。某則自慚，前附掖垣，祇縻大官日食，後一逃繒繳，穩忘不世君恩，此皆大君子之所必誅也。顧辱拳拳汲引，惟恐不及如此，台臺豈愛不識面之人以官哉[3]？人臣孤忠可效，即萬死不辭，況得入大君子提攜[4]，肯自菲薄？業已斥斷家事，以兒女托之密親，不復再計，單騎赴召。偶見徐侍御《駁孫宗伯綱常疏》中，獨揭移宮一段，幾欲以某代弒逆之死，只是欲某不出耳。諸人之網都布定，某出未必有益於時，徒多角口一番，不免又分諸正人照應分辯一番。不若落其彀中，引避不出，冲聖之前，省得一分激聒。多事之日，少開一分角爭，安心認與王安相通，作千古冤鬼，儘自不妨。非臣之敢於忘君，不思從大君子後，少效補浴也。但不免負正人汲引深心，是爲長夜耿耿不寐。而人不肯容，則亦沒奈何甚矣，惟台臺幸憐而宥之。某於深山，見衆正連茹，覺此時君子勢盛，而小人道消，盛當疎防，而一消則百謀伏。要在君子端我之本以服之，厚我之氣以勝之，消我之瑕以防之，而又平我之心以容之，端在大人收正己物正之化矣。福清原是正人，自能與台臺同心同德。即或有一事一人，而小人或巧爲間而善爲借，某謂台臺當以一片至誠聯之，千秋大業助之，畢竟此處天下軸也。長安日遠，未審近日光景，率爾妄言，台臺以爲何如？至於某請乞事，倘得台臺遇間，乞以"該部知道了"當爲妙。某非敢忘國也，政省一礙眼之物，以净人心也。嗟夫！景星慶雲，現在君前，而竟不得一親承。是何俗子，無緣至此？耿耿此心，即中夜徬徨矣。言之哽咽，奈何。

【校記】

〔1〕又見六卷本卷五、三卷本卷三，題《又與鄒南皋》。二卷本卷下，題《與鄒南皋》。

〔2〕"蒙"，六卷本作"仞"。

〔3〕"面"，六卷本作"而"。

〔4〕"入大",六卷本作"大人",二者文意皆可通。

答朱巡道[1]

前從邸報中讀大疏,言言碩畫[2],已在目中矣。一人北顧之憂[3],政可旦晚紓耳,可勝引慶。賊氛浸長[4],儘傳叵測。但聞所占據者,皆諸土司地,心未必降,以相從即來,協以相應,此其機可以我握也。大都使之不敢易我,而又令之不忍攜我。總之有胸中十萬甲兵者,鎮壓消弭之,我輩自可高枕而臥,又不必論厭兵與不厭兵矣[5]。黔事長安近復緒多,新舊撫意見未一。要以賊不必不撫[6],但令操縱在我,彼有俛首請求,惟恐不得之意,方不損威。而可久事難遥度,機在迅投[7],台臺以爲何如？昨見薛公祖言安邦俊銃打殺,邦彦病疫,諸寇心頗攜解[8]。果爾,則爲撫爲勦,亦我輩乘利觀便之會矣。又敝府麗公祖言黔寇心意猶狂[9],近侵據九思舊寨。大抵困獸自不能忘鬪,我須有以制其死命,無緩之,而使反而與安合,又不得寬安,而使得與黔圖[10],亦撫黔蜀者當有深思也。問之一二野人之口,敢以佐芻蕘焉。歲忽言除,大人日增之福,又復一新。肅此代候,遥瞻三素雲。開公淮蔡,功成在即也。

【校記】

〔1〕又見六卷本卷六,題《答朱巡撫》；三卷本卷三,題同底本。朱燮元（1566—1638）,原名懋賞,字懋和,號恒嶽,一號石芝,紹興府山陰縣（今浙江紹興）人。萬曆二十年進士,明朝後期名臣,軍事家。天啟元年,四川永寧宣撫司奢崇明和貴州水西宣慰司安位的叔父安邦彦先後發動叛亂,這就是"奢安之亂","四十八支及他部目把安邦俊、陳其愚等,蜂起相應"。朱燮元組織官軍平叛,並有效地進行了善後處理。

〔2〕"碩",六卷本作"石"。

〔3〕"北",六卷本作"西"。

〔4〕"賊氛浸長",六卷本作"永順酋長"。

〔5〕"又不必論"後,六卷本衍"到酋之"三字。

〔6〕"賊"，六卷本作"酋"。
〔7〕"投"，六卷本作"捷"。
〔8〕"寇"，六卷本作"齒"。
〔9〕"黔寇"，六卷本作"奢酋"。
〔10〕"黔"，六卷本作"奢"。

與楊按臺[1]

當憲牌臨應山時，日日盱衡紫氣，以爲關尹喜必得長跪請教，慰此積懷。則日日引領，而日日不得的報也。偶伴一形家，急有荒塋之役，而不知弟入青山口之日，即法駕入邙子之時，懸睇之殷，竟成交臂之失。歸家捧讀手教，真確惋恨欲死[2]。在弟鬱鬱欲剖之衷，台臺孜孜誨我無倦之意，兩懷而不得喻。亦孺子無緣，造物直妒之耳。陽泰方亨，正大人正己物正之會，弟共中外冠紳，有引手加額耳。攬轡澄清，想當在即，不知猶能於春明一攀轅領教否？望望北闕，卿雲有懷如結。

【校記】
〔1〕又見六卷本卷六、三卷本卷三、二卷本卷下，題同底本。
〔2〕"確"，二卷本作"覺"。

與某公祖[1]

某辱老公祖三世之交，時彌久而情彌真，地若隔而神如貫也。而一段意氣深投，又在尋常世交之外。今益蔭在宇下矣，依斗潤河，合以金同蘭倚緣，何啻三生焉？而疎於省候，闊於展謁，彼千里命駕，竟是何人？而況公祖世恩，畢竟若某自外長者也。昔人"吳楚東南坼[2]，乾坤日夜浮"，宇内大觀，頌之神舞，聞之色飛，然要之地勝耳。山川豈無未發之靈奇風物，容有待開之苞采，大人君子滋培洗發一番，風景人文，另有一番氣色。老公祖公餘之暇，收攬山川，檢點政教於范希文所稱

"山高而水深",當有嗒然暢迴焉得者,惜杜陵詩人未及見耳。地以人重,猶之樓以三醉翁名也。無由登對,肅勒專忭。代布依依,不腆佐緘,引寸草心耳。

【校記】

〔1〕又見六卷本卷六,題《失題》;三卷本卷三,題《與公祖》。
〔2〕"坼",底本作"拆",據《全唐詩》卷二三三改。

寄張山是[1]

不奉台光,遂成一年往矣。顧屢拜手教,常時如對溫嚴,而疏慵孺子反若省候闊絕。夫亦以欲吐衷私,須得面布,尋常尺幅起居,祇涓掌記一番耳。今春入黃陂,原擬單騎入山,摳趨領教,而風火中爲雨侵迫,大發寒熱,遂踉蹌以還,會有妬之者矣。随以衆人賑粥相絆[2],竣事,即應門之童,亦多病苦,樂山堂下邈焉。某生一介,往來即知己,不督之形骸之內,而自檢形骸,實歉無地矣。台臺新祉,想日融和,鼎中大丹報,就天上石麟叶祥,壺天之樂無涯,洛社之招自暢[3]。祇是時事多艱,廟堂鼎藉,蒼生急想司馬相公早出耳。前聞會推有定而尼之者,祇以我輩不能奪地市肆逢迎人之故。嗟夫!如此不持一硯之人,不見推而反見抑,何也?譬如萬斛之舟,不用以重載,而但泛置之烟水間。謀國何人,真可長歎[4]。即今邊事大壞[5],多是邊人啟釁,鹿死不擇陰耳。彼擅參貂之利[6],玉帛、子女之欲,當不悔禍。如果有叵測,何不長驅而沮焉自退?今既陷堡殺將,勢大難勦,然勦之亦不獨在兵、在餉、在將,而在居中節制之人[7]。任禮蔣貴無靖遠統之,未必能爲今日之靖遠,自當有屬。夫虜已在目中[8],股掌圖廻,定有全算,里居孺子敢忘國恤?其肯以此中窾的方署相示乎?惟台臺莫棄孺子於不足教也。至於某之肝膽行徑照在秦鑑者,十一年於茲矣。崛彊無媚,好自行其意,不顧功名富貴,處則有之。即或他日,當職以職掌歸之,朝廷以是非付之,定理以功名付之，命數内期不負用我，以報生平知我，竊奉達天德之旨於大君子矣，此私心所獨盟也。

【校記】

〔1〕又見六卷本卷六、三卷本卷三，題同底本。

〔2〕"絆"，六卷本作"伴"。

〔3〕"洛社之招"後，六卷本衍"攜"字。

〔4〕"謀國何人"前，六卷本衍"爲觀"二字。

〔5〕"邊"，六卷本作"遼"。

〔6〕"彼"，六卷本作"敵"。

〔7〕"居中節制之人"後，六卷本衍"阿魯臺朵兒只伯之役"。

〔8〕"虜"，六卷本作"敵"。

寄張涵月撫臺二首

其　一[1]

春初一奉顔色，抵家即躲懶深山，無復省候，闔家沾漑之高情，祗有企戀耳。目前邊事不虞[2]，潰裂至此。聞錦城陷報[3]，不四日即督兵移鎮瀋陽。嗟夫！使内外當事，忠於急公，捷於應變，有如台從二三人焉；乘敵之驕之慘，用人之憤之急，無論敵不敢正視河西，實有復歸錦城之機焉[4]。無奈當時止是荒荒獐獐，向後一味悠悠漫漫，大都大臣苦於不敢擔當，言官苦於各爭議論，諸司苦於各慢職掌[5]。即如弟上年條請，揀健兵二萬，統以膽將，一防窺伺，添二侍郎，以預巡邊不時之用等事[6]。旨已下部矣，僅吏部覆用兩侍郎，而添兵竟束高閣也。至於城已破壞數月[7]，而恢復備禦之策，尚未見有定議、有先著。尚謂長安任事有人哉？某妄意今日必李綱入，方成朝廷，司馬相而後遼戒無生事也[8]。各邊徵調之役[9]，應者既多草率，且多相率而逃。當救焚拯溺之時，都無纓冠披髮之意。可嘆！可恨！獨聞台臺捕逃立斬十六人以狗[10]，此膽未可以許人，還是血赤於體國耳。弟雖藏拙深山，而時事堪憂，積有隱痛，聞此快舉，不覺神舞。深爲孤立冲主，猶幸匡濟有人。手額引慶，但未遂登堂晤言傾倒耳。時在信陽山中，共舍親王思延閒話，聞有統兵千總赴都中之便[11]，肅此數行，一布積縷。東方即經撫有人，尚未可知。招集河北豪俠，鼓之忠義，激以功名，尚須宗澤留心。真切！真切！若今諸弁所統解之兵，聞非强集，即是烏合；未到邊而長泣，剛啟行而思逃。似未可赴敵者[12]，留之磁州，訓練備用。所全者多想左右，定有劑兩於此也。

【校記】

〔1〕又見六卷本卷六，題同底本；三卷本卷三，目錄題《寄張涵月》，正文題同底本。

〔2〕"遼"，六卷本作"東"。

〔3〕"錦"，六卷本作"遼"。

〔4〕"乘敵之驕之慘，用人之憤之急，無論敵不敢正視河西，實有復歸錦城之機焉"，六卷本作"乘敵之驕之慘，東人之憤之急，無論敵不敢正視河西，實有復四衛歸遼城之機焉"。其中，"用"，六卷本作"東"；"實有復"後，六卷本衍"四衛"二字；"錦"，六卷本作"遼"。

〔5〕"無奈當時止是荒荒獐獐，向後一味悠悠漫漫，大都大臣苦於不敢擔當，言官苦於各争議論，諸司苦於各慢職掌"，六卷本作"無參當時止是荒荒獐獐，向後一味悠悠漫漫，大都大臣苦於不敢擔當，言官苦各争議論，諸司苦於各慢職掌"。"奈"，六卷本作"參"；"言官苦"後，六卷本脱"於"字。

〔6〕"即如弟上年條請，揀健兵二萬，統以膽將，一防窺伺，添二侍郎，以預巡邊不時之用等事"，六卷本作"即如弟上年條請山海關，揀健兵二萬，統以膽將，一防西虜窺伺，一備遼陽聲援，添二侍郎，以預巡邊不時之用等事"。其中，"弟上年條請"後，六卷本衍"山海關"三字；"一防"後，六卷本衍"西虜"二字；"添二侍郎"前，六卷本衍"一備遼陽聲援"六字。

〔7〕"城",六卷本作"遼"。
〔8〕"遼",六卷本作"敵"。
〔9〕"役",六卷本作"投"。
〔10〕"台臺",六卷本作"滏陽"。
〔11〕"都中",六卷本作"滏陽"。
〔12〕"赴敵",六卷本作"出關"。

其　　二[1]

恭惟台臺,清任以和,直方而大,胸中數萬甲兵,復從性命上養,有巴鼻的是如今中興方叔仲山甫也。前聞錦城陷報,不四日而督兵移鎮畿輔,有恃無恐,逃卒驕悍立捕,即駢斬以狥。嗟嗟,使内外當事,忠於急公,捷於應變,斷以明發,遼東當已平復有機,何至有四川之變?四川之變亦不可謂易也。火之起也,立撲滅之,焦爛無多;延沿之久,則燎原可虞。今幸借鼎經畧討平,計紓一人,南顧之憂定在指顧間耳。治平有象,某何勝手額以賀,祇恨未及一摳趨堂下,請問壯猷大指耳。某躲嬾深山,不敢與聞世事。當此外患交併之日,更喜韓范在軍中,安攘有賴。且素辱知愛,肅勒數行代候,山中人日惟聽捷音飛報入長安耳。

【校記】

〔1〕又見三卷本卷三,目錄題《寄張涵月》,正文題《與張涵月》。

與鄭司理三首

其　　一[1]

弟之得此一放逐也,實荷浩蕩恩私[2]。既得以微罪行,不見爲抗權之迹,於心爲安;并不見爲怯權奸而逃,於氣猶戇,更釋重負。滿倚化日之長,睡到人間飯熟,其受内外魏之惠爲多。第初陛辭之夜,旦氣清明[3]。迴念當年憑几爲堯舜之言,不爲無益絲毫,而反覺於聖明有累。枕上不禁淚痕如線,未嘗不自嘆其癡愚[4]。此一點念頭橫擾,直不知幾時漸漸忘去也。闊別台光年餘，今喜台光仍近矣。忽接來翰，不覺塵顏一開，啟緘披讀，垂念老母前日教之忠，今日教之孝[5]，仰見天地父母之心，與骨肉肝膽之契也。計某此歸，或以達人寬我，既不足道。即或以千秋名誶我，夫名豈臣子所忍言哉？不幸爲禍始，追奪誥命，亦如永叔之怙惡不悛，歐母自能安之。非韓稚圭，固不能向歐陽永叔一作此語耳[6]。

【校記】

〔1〕又見六卷本卷五，題《答鄭司理》；三卷本卷三，目錄題同底本，正文題同六卷本；二卷本卷下，題同六卷本。

〔2〕"荷"，六卷本作"邀寵庇以荷載"。

〔3〕"氣清"後，六卷本脱"明"字。

〔4〕"自嘆其癡"後，六卷本脱"愚"字。

〔5〕"日"，六卷本作"又"。

〔6〕"歐陽永叔"後，六卷本脱"一"字。

其　　二[1]

時事至此，止是翻局面，尚未見壞國事。但願新當事諸公，還只恊心做君國正經事。不必恩威惟其意是狥，而曰快恩仇焉。更不必取快眼前，而謂閣之票擬、部院之用舍，盡當聽之内邊以爲常也。此在祈宗社之靈耳，願二三君子從中幹旋維挽，妙有調劑。去者來者，相安而各相成。斯清寧之福，世道受之，所日望於大君子早入而定國耳。考選事，想公道固自在，功名亦有定，乾兒義孫，徒是誤終身。君子不詭不隨，守吾正而已。接得手教，仰見憂國深心，層雲密霧之中，終得開一線陽明，端當有賴，某且爲世道慶矣。至於某，才非濟世，癡足負官，非惟無益君父絲毫，而且若播惡於衆焉。君國之憂，夜氣時有汗下。日來長安似以楊某爲書帕者甚多，而因楊某以爲瘟疫者亦衆。内外二魏，時刻不忘打聽。應山往來相續，山鬼伎倆，老僧能以不見不聞聽之。然恐累人，故杜門不見客。念頭上誠恐累及公祖，過應山亦不敢請見。我輩精神相照，肝膽骨肉，已非一朝，儘不在形骸間，正我輩之所以濟事也。敢先布寸衷[2]，惟台照在。

【校記】

〔1〕又見六卷本卷五、三卷本卷三、二卷本卷下，題《與鄭司理》。
〔2〕"敢先布"後，六卷本脫"寸"字。

其　三[1]

日者柳色傳春，梅香報泰，眼前萬彙熙和，闔邡子山川，又一番好氣色也。我儕子弟樂遊，化日舒長，孰非仁風鼓蕩引領；階前盈尺地，尚未及摳衣百頓，亦百昌萬彙相忘於三春暉耳！道與時亨，泰隨斗轉，喜舞之私，尚圖面對。權此代候，憑楮瞻馳。

【校記】

〔1〕僅見三卷本卷三，題《與鄭司理》，底本未收。

寄李本寧太史[1]

憶令弟本石公師虞山時，士夫苦不能知也，甚之有違言於當事者。某謂雖是公子性，其實陽明君子，久之乃信某爲知言。乃一郡丞未竟其量，而復有伯道之苦。然虞山尸祝常生，而嗣子之光大自遠，本石果不死矣。若夫繼嗣不繼產，幽明之間，更都無憾。以此處天下事，先生而文人也乎哉[2]？

今主少國疑，衆言淆亂之日，事誠難處矣。而亦自有處法，要在當事者秤酌於在人之分量，而審固於在己之職掌。我不必與人合，而人自不能與我爭。人雖與我爭，而我必不受人亂。若惟其言而莫違，則臺諫之設，祇以供小人摧折人材之路耳。夫秉國者權不可專，而亦不可撓，模稜非所以當事，而調停亦非所以保善。必如是，主持定而事乃可行，分別明而主乃可尊。故如我先生一事，自當單疏特起，不當以他人參。我有所執以明天下之耳目，彼無所借以混天下之聽聞。或有推敲，寧以我去就争職掌，不以人出處作含糊。故新銜舊銜，致仕辦事，總於先生乎無有。而以梓里一言，竟爲人所持，崔祐甫非親非故之言非耶？先之有並起也[3]，畢竟畧輕；而後之覆致仕也，畢竟是軟。此非止爲先生言也，先生以某之言爲何如？乃者周敬松之功於社稷重矣[4]，敬松不吏部，何、劉、韓必不得枚卜。

八月十五，某與左御史爭鄭貴妃移宮事，滿朝之氣，必不能集。九月初一日，某急入請見今上，一見即呼萬歲，一呼萬歲，即請出宮之説，未必即得行。初二，選侍移宮，公本，人必不肯上。初五，移宮之爭，亦必無濟於事，今上落於李、鄭兩婦人之手矣。然則敬老亦何負於社稷哉？而小人必欲逐之，使不得安其位。世道不幸，一至於此，若某從諸大臣顧命之末[5]，原於社稷無與。而攻楚者，不盡楚人不止。故借安選侍以相傾，又爲居功之説以相刺。某與之辯，既恐有干觸，而戀戀一官，又似失楚人氣骨也。前日之歸，實是怯而躲懶耳。

遽膺大義品題，何以得此於長者？某則愧矣。乞歸小疏請教，抵家有泰昌、天啟登極始末紀，遲日賫記室，冀得郢削，如何？

【校記】

〔1〕又見六卷本卷六，題同底本；三卷本卷三，目録題《寄李本寧》，正文題底本；二卷本卷下，題同底本。李維楨（1547—1626），字本寧，湖北京山人，晚明著名文學家，官至南京禮部尚書。

〔2〕"文人也乎哉"後，六卷本衍"而處"二字。

〔3〕"先"後，六卷本衍"生"字。

〔4〕"乃"後，六卷本脱"者"字。

〔5〕"世道不幸，一至於此，若不肖從諸大臣顧命之末"，六卷本作"世道不幸，亦至於此，若夫不肖從諸大臣顧命之末"。其中，"一"，六卷本作"亦"；"若"後，六卷本衍"夫"字。

寄李本寧宗伯[1]

弟常念王元美先生言，"漢廷兩司馬，吾代一攀龍"，千秋快語！然吾代兩濟南、太倉又集成一大派矣[2]。舘閣無能留先生，此猶責在世道，乃今兩朝實錄，竟不得一借筆削。此典光耶？不光耶？當事局於格套，不特疏力請，不但俗情太重，亦實見地大處實低耳。吾師言禮，猶恨文獻不徵。豈其文獻自在而故不爲徵，自有軼世史才而故令後世嘆一時乏人，何也？弟此語，非爲先生説也，先生當不謂弟之爲漫矣。或者當事自有意漸爲推引，如董思伯公祖，誰謂非一時騷雅[3]，由藩司而奉常，奉常而宗伯。則所以處先生，當有在先生不總裁，先生之名在。總裁得先生，實錄在他日乃有光耳。

至於弟之出處，非名宿謫遷也，坐而躐清卿，於造物爲不祥。且多事之時，爲人側目屈指之數。或一言之差，害及於事[4]；一事之蹶，誤及於國，何以自贖？無論量腹而飲，即知難而退，亦猶得不能者止之義也，凡此念久已控之先生矣。無奈二三同人慫慂當事[5]，即請告，必不許獨善。且苦責以大義，而不知此事[6]，在人爲易，在弟爲難也。先生身爲弟計，當作何行止？

前讀先生孝子捧檄之意，亦不免心動，而爲父母則思邀恩君父。乃君父以弟故受人誣揑，掩其人子至情、人君大義，而終忍心不白，豈有絕無氣骨男子[7]？昨以語之賀對揚年兄[8]，又謂劉朝逐范少卿，有狂肆妄言之旨，是非未嘗不明，且當逐朝怒范後而津津言之。彼夫又或謂我氣揚而逢君也，語亦近理，然終是於此心婉曲不暢。弟復典故不熟，識見未廣，不知前代有如此等事，賢者何以處之？或有前代事有可以互相發明者否？

欲一面悉領教，乃竟爲病所奪，真造物若妬之矣。願先生終有以決我、開我也。

【校記】

〔1〕又見六卷本卷五，題同底本；三卷本卷三，目錄題《又寄李本寧》，正文題同底本；二卷本卷下，題同底本。

〔2〕"派"，六卷本作"祕"。

〔3〕"如董思伯公祖，誰謂非一時騷雅"，六卷本"如董思白公祖，

難謂非一時騷雅"。其中，"伯"，六卷本作"白"；"誰"，六卷本作"難"。董其昌（1555—1636），字玄宰，號思白，華亭（今上海松江）人。萬曆十六年進士，官至禮部尚書。

〔4〕"害"，六卷本作"誤"。

〔5〕"慾邎"，六卷本作"從史"。

〔6〕"事"，六卷本作"出"。

〔7〕"絶"，六卷本作"此"。

〔8〕"昨以語之賀對揚年兄"，六卷本作"昨以語之賀兑陽年兄迂道學"。

寄　　友[1]

數疏皆弟當日所以來謗罪案也。而出疏之故，皆有一段苦心。無非欲杜漸防微，得冲主安妥。而不肯惡言激語與人相駁[2]，寧拚一官而歸，豈真不能爭、不敢爭乎哉？當時同事再無主張弟歸者，今猶有謂弟當發明一番，不宜急歸，弟則以爲寧不爭。而今日受謗爲安，偶有感慨於素辱肝膽之前，不覺一述當日心事，他人則無屑屑開口矣。

憶庚申八月十七，聞皇親郭家振、王天麟言先帝危甚，鄭、李彼此交圖封后。且共欺先帝，托上照管[3]，事甚可危。謀之左道長，左欲上疏。弟曰："此事不可以口舌爭，當倡言於朝，以滿朝公卿氣奪之。"因於議神宗諡後，促周太宰以帖約鄭養性及諸勳戚，公議於松棚下，諸議俱公正。弟以兩語告鄭曰："今日只兩言而决，一請貴妃移宫。上長矣，無俟貴妃看視。外邊傳言從自乾清宫，不出轉疑轉多。今日即移別宫，則疑息矣。不然，他日有事未便。一請君代貴妃上一辭封后疏，使他人知妃之賢[4]，亦知君之安分。"鄭養性唯唯。弟随又言曰："今日衆老先生在此，不必上疏多言妃賢者，聞我等言定即移宫，定辭封后。"衆既散，舊銓欲上疏。弟言但上問安本，請皇長子移宫，無及鄭一言。鄭，慧人也，今夜定移出宫。不及明日早，鄭果夜出宫矣。時八月十六也。

十八日，養性上辭封，本中有治命語。而十五日夜，傳封太后旨仍在閣，未繳還也。十九日，養性送揭到科，未見停封旨下。

二十日，聞先帝疾甚，弟私念鄭雖出宮，而李日在左右，萬一彌留之際，前諭中旨再傳，串作遺命，即百章交爭何益成事？且署禮科事者何人？因在科草疏，大列鄭前後謀危宗社事，即死何辭！已思臣子不在成名，要在濟事。且臣子事君亦當諱過，若外邊傳言，進御事雖備，鄭之惡尚在哭臨。或不至此，入之章奏，臣子何忍出口？或中其所諱，反堅其所封，是我爲助鄭催封矣。安知上之不能覽章奏，而但存此一段忠憤議論哉！故削去諸惡，歛以進御之言，並歸之傳聞。崔奸流播，使上悅而暢覽，或得停封，則吾事濟矣，不在批鱗也。疏既上，亦自分崔方用事，李既庇之盧受，李進忠等甘免死[5]？上復病，不覽文書。方又爲崔祕契，一發票，弟豈有全理？因歸寓默檢一應行李，封識付在一處，並作書別老母妻子，只待旨下詔杖耳。

廿三日[6]，忽傳宣兵科，仍傳錦衣，已傳閣部、吏科、河南道。徐少僕忙甚，孫少伯使人尋弟於東邊拜客地方。既入朝，宗伯迎語弟曰："大洪何爲上昨日本？不聞今宣校尉乎？恐上怒！"弟曰："崔奸實誤上，何忍不言？不再更慎醫藥，老師不必爲某畏死。"既至左掖門下，周太宰隨語曰："我前日止言鄒內官傳鄭進宮人，上未御，並未說誤醫。"弟曰："此中外共傳，何以不知？比如某是老先生鄉里後生，或爲家人，其醫生醫壞，亦當詰問家人，責治醫生，另請看治。若過門不一言是無人情，何況幾百年未有聖君，忍任奸醫醫壞不一開口。且某前署禮科，如封太后事，母以子貴，非嫡母、生母要封太后，何意？此諭在閣，萬一內閣從，更遺他日之禍。滿朝無一人先言，成何顏面？今日召對，死即死耳，不敢不爭！"已內閣方至，是時劉、韓二相公枚卜方得旨，召同入。

周太宰、孫少宗伯方言[7]："今日特召楊兵科，恐爲昨日本事，如問及，望爲開解。"方曰："宮中事原不好言，今聖體違和，恐有不測[8]，須楊公認一錯。"周孫傳語弟，弟曰："今上幾百年，未有堯舜。一旦明明爲奸醫誤壞，許世子不嘗藥，尚謂弑君。今明知而不言，相公尚謂我錯。且鄭貴妃子非天子，何以要封后？前諭何以尚在閣中？此等事如此含糊，彼引燭焚詔，道是李沆不可，此是何人？我不要做亂臣賊子，不錯。"周太宰曰："大洪，方老先生是好意。"弟曰："豈不知是好意？只爲我惜死耳。傷寒五日，不汗則死，死有何可怕？只錯字說不得。"既進乾清，先帝意甚悦，目弟者再指今上，謂："他的事妥了，伏侍人都有了，他倒好了，封太后事已停了。"是時臺省各候宮門，恐詔杖，欲上公本救，見弟出，乃共喜慶。今小人并言係内相吼進，四十歲皇帝從空吼一官進，豈先帝亦今上冲年乎？先帝召對美事而蒙之惡名，不知此曹子是何心腸？然弟寧事成而得惡名，不欲事不成得杖有好名也。

當庚申九月初一，鼎湖泣時，諸大臣候方相公不至，共商量將帝托選侍。黄司寇且欲跪請李出，大家磕个頭兒，交付皇長子。弟既惡言厲色爭之，已請上出文華殿，嵩呼後，衆議即日登極。弟想先帝當日只爲鄭妖在宮進藥進女，伏大隱禍。況先帝雖受鄭積威，而名位久正，年且不少，又復練事，尚不能出二妖交搆彀中。今李既積威，中官只知有李，何知有皇長子？即上亦積見李侍之尊寵，何知敢抗命？今日不發明宮人天子名分，令人知有皇帝，將李侍移去別宫，則冲人一落婦寺彀中，仍前進女進藥，隱憂尤不忍言。而蒙蔽專擅，禍豈小可？故衆人言要登極，弟力不可。

在外各官各已朝服，設朝入宮，大嚷謂洶洶如此如何。等到初六，黄司寇言我等欲今日正位，只是某人不肯，衆共惡言厲色加弟，只爭一打。劉是菴亦忙甚，謂弟曰："今日正了位，心上稳些，如何？"弟曰："今日事，只在處之安不安，不在登極不登極。且問今日所謂洶洶危急者，何故？若處得安，即懷抱中何妨？處不安，一頂翼善冠不是鱗角[9]。儘有做了皇帝，有事者。"議乃定。然衆人終攘弟不是，即浮丘亦以爲，言弟乃密語前意，在即欲上移宮本[10]。弟曰："還是公疏，如前日要鄭移宮機括乃好。"因向周太宰言之，周曰："先時衆老先要以皇長子托李氏，議已極確，因大洪不肯，我想大洪當有見，故爾相依。今諸老還説上付李爲當，又將如何？"弟乃深語前後原委，必不可令李在乾清。老先生當會九卿，上一移宮公疏，但言李婦人有女御往來，於血氣未定者未便云云。

及移宮旨下，母子同居說出。李進忠初四夜逃。初五日猶無移宮意[11]。弟夜過姚孟常，商定一疏入爭，未及寫，乃大爭慈慶宮。弟至，出惡語，要與李侍爭死太廟前。可憐此時只一劉相、周宰稍幫二三言，餘皆納頭背立，若相浼者。此事只是弟一念迂忠，及姚、左兩三人互商後，乃曰："通王安爲之，王安却亦得此好名，其實未相聞也。"後弟語孟常曰："此事我當攀出寇成玉，作何買我口方好？"

嗟嗟！我輩一點血心，只在爲君父遠禍防危，有何別爲？即爲名之念亦無。且事在無形之先消弭，只見多事，有何好名相加？當初若安安靜靜，無造入井雉經許多話說，連聖諭亦無從出。小人反謂我等多事，將良心天理安頓何處？自雉經揭出，衆共憤，謂弟當有言，無怕惡口，又似輸服。弟想此事係上，心上隱痛。弟一言彼必一鬨，力激聖怒[12]，必處人死。冲聖初政，弟何忍處言官，自我手滑。況此事一開口，彼此定起雌黃[13]，亦不宜少主御錄之初，言路遂至聚訟[14]，啟厭言官之端。我輩爭天下是非，不爭一己勝負[15]。移宮事已成，李侍恩禮未失。功與罪，隨人說去，不必喋喋也。

及賈再有狠揭，衆又謂弟當爭，且云彼中已織定羅網，相縛不動，一動就死不可，弟猶執前意也。後遇周公廷太史，亦謂"移宮事，公當說說"。弟告以前言，曰[16]："我非從身上起見。今人既傳李氏雉經[17]，皇八妹入井，賈再有揭，又不見一人說說，誰知賈揭爲子虛？而此說從何起？起於移宮，主移宮者誰？安得不言雉經無甚干係？若入井，則上之友愛謂何？宋家燭影斧聲之疑，畢竟是當日無人說破。"乃不得已上此疏，既爲賈遮過，或恐相及。末一段，還請加恩。又原入聖母亦喜，弟之心亦苦矣。

豈期聖意過聽，當時且有令閣臣撰手勅，獎諭其忠事。弟聞之驚，語孟常，謂政府當急繳還，彼中見安。選侍題目既破，又添出居功一段說話。衆人要弟辯爭，弟謂何必爭，但一引避去位，免起雌黃[18]。至於抛却一都科還説居功，不知居的功在何處？乃至今日，猶眈眈不已，無非謂當日參晉江破却三大事，未做得成。舊刑部不得代周太宰，又面斥刑部跪奉李選侍之説，曰我等無故跪婦人送皇帝。幾番大恨未消，其實非謂選侍也。

【校記】

〔1〕又見六卷本卷六，題《寄姚孟长太史》；三卷本卷三，目錄題《寄姚孟常》，正文題同六卷本；清黄宗羲《明文海》卷一百九十八"書"五十二，題同六卷本。姚希孟（1579—1636），字孟長，吳縣（今屬江蘇蘇州）人。萬曆四十七年進士，崇禎時官至右庶子。

〔2〕"惡"，六卷本作"妄"。

〔3〕"托"，六卷本作"討"。

〔4〕"使他"後，六卷本脱"人"字。

〔5〕"李進忠等"後，六卷本衍"豈"字。

〔6〕"三日"前，六卷本脱"廿"字。

〔7〕"孫少宗伯"後，六卷本衍"向"字。

〔8〕"有"，六卷本作"怒"。

〔9〕"鱗"，六卷本作"麟"。

〔10〕"在"，六卷本作"左"。

〔11〕"初五"後，六卷本脱"日"字。

〔12〕"弟一言彼必，一闋力激聖怒"，六卷本作"弟一言彼必闋，一闋激聖怒"。

〔13〕"雌"，六卷本作"玄"。

〔14〕"遂至"，六卷本作"彼此"。

〔15〕"不争一已勝負"後，六卷本衍"心跡"二字。

〔16〕"曰"前，六卷本衍"公"字。

〔17〕"氏"，六卷本作"侍"。

〔18〕"雌"，六卷本作"玄"。

與周敬松[1]

客冬謁別後，不虞邊事潰裂至此[2]。台臺憂國心，深匡時獻。裕用賢，如不及。經司道之間，各得其人，若即主領中樞[3]，亦復起用得當。安攘大計在台臺提衡中者，已儘有條理矣。使長安之內，大家各營職掌，共圖協濟，弭一人北顧之憂[4]，消內外無窮之隙，在指顧間耳。乃國家當三空四盡，平時料理殊疎，一應措辦，爲苦加之，人多嘴多，此爭彼競。況復紙上機鋒，令人照應不暇。即今城亡已近五月[5]，御備殊無成算。兵將未集，器用俱空，恐敵或以謀定而動之，兵乘我緩。不爲理之，計瀋陽一片地[6]，未知有何安頓也。山林之人猶不敢忘國恤，所恃一片血誠，毗輔一人，獨幸有大人正色立朝耳。熊芝老想已到遼，君恩甚重，人望交歸，此行惟願北馬不敢南牧[7]。中間集思廣益，好謀而成。台臺亦定有遠獻於此也。游道長淮上不惜心力，不避艱險，爲國家任事、爲邊圉任勞，楚人爲多聞之。彼中人情眈眈不放者，夫國家多事，楚人肯做事[8]。若輩既不肯任，又不喜人之任，是何見解？然肯輕功名，任天下事者，終是楚人。台臺三朝眷顧，主在幼冲，聖上終未必放，即台臺能無念三朝眷顧幼主冲年，鈞衡重地，非老臣即進退倒置哉？

【校記】

〔1〕又見六卷本、三卷本卷三，題同底本。周嘉謨（1546—1629），字明卿，號敬松，庠籍漢川，世居湖北天門。隆慶五年進士，天啟五年遭魏黨迫害，被削籍。崇禎元年，起爲南京吏部尚書，加太子太保。

〔2〕"邊"，六卷本作"東"。

〔3〕"經司道之間，各得其人，若即主領中樞"，六卷本作"經撫司道之間，各得其人，即主領中樞"。其中，"經"後，六卷本衍"撫"字；"即"前，六卷本脫"若"字。

〔4〕"北"，六卷本作"東"。

〔5〕"城"，六卷本作"遼"。

〔6〕"潘陽",六卷本作"廣寧"。

〔7〕"熊芝老想已到遼,君恩甚重,人望交歸,此行惟願北馬不敢南牧",六卷本作"熊芝老想已到關,君恩甚重,人望交歸,此行惟願塞馬不能西牧"。

〔8〕"楚"後,六卷本脱"人"字。

與延陵長〔1〕

台丈之尹延陵也〔2〕,循異甲江南。中外共孚,上下一口,此就一邑長言耳。獨是少年高第,而老於吏事;且要路在前,而碎瑣必親;意間神定,則所稱韓魏公公輔之量耳。於今一切紀綱廢弛,兼之元氣蕭索,思亂者與喜亂者交相乘,洶洶大有可懼〔3〕。倭事〔4〕,京口亦要地也,綏靖有人而顯有所彈壓。豐芑瀾安,拜延陵之賜爲多。誠以識拔英雄、收服義俠,於水陸中備守禦之,計台丈都有不動聲色,尋算於先,而劑兩於妙也〔5〕。古人咄嗟辦大事,未可與尋常耳目見耳,台丈其以弟有足與言者哉?若夫作縣日深一日,則擔子亦日重一日,人情一日難一日,此爲俗吏道。台丈望愈積而愈崇,功益增而益茂,固已自知之,不謂弟爲淺矣。日者西方之事未定〔6〕,是何結局?而調徵之爲病重,慶其先發者矣。在内在外名世爲誰,恨無由一問津耳。

【校記】

〔1〕又見六卷本卷六、三卷本卷三,題同底本。

〔2〕"尹",六卷本作"君"。

〔3〕"洶洶",六卷本作"脊脊"。

〔4〕"倭",六卷本作"東"。

〔5〕"誠以識拔英雄、收服義俠,於水陸中備守御之,計台丈都有不動聲色,尋算於先,而劑兩於妙也",六卷本作"要以識拔英雄、收服義俠,於水陸守禦之備,計台丈都有不動聲色,着算於先,而劑兩於妙也"。

〔6〕"西",六卷本作"東"。

與錢秀峯公祖[1]

某自廢棄以來[2],日日想老公祖,備受人間清福也。天不靳人尊官大爵,而獨吝人清福。如老公祖端居多暇,詩酒禽魚,風花歌管,五十年來,眉間不作秋色[3]。而輞川中人碎珠尺璧亦復爛熳,奚囊韓篋稍稍似之;而玉樹芝蘭盈階滿砌,則香山綠野都未數數也,可不謂天之快人哉。某竊嘆,四十年來世界之明以日淪,宰相以江陵之任事任人爲戒,臣庶以江陵任事之人爲戒;庸庸厚福,終不任事[4],而惟取於趨權門,天下事所以大壞極弊,而不可收拾也。宰相謝責於攬權,英俊灰心於任事[5],職掌盡弛於姑息,意氣日肆於虛憍,以至百事破壞。眼前邊事,中間許多面目男子,内止欲靠一二宦豎,外全仗一巾幗婦人[6],豈不可嘆可恨!假令當時知人善任,異才大器共得畢其力於邊疆,即寇真跳梁亦何能爲[7]?而天下至今無事可也。故老公祖之得用其不足於園亭花鳥,留其有餘於玉樹芝蘭,英雄得徼天之幸,而天下固受其缺矣。老公祖不謂腐儒,好作此不相涉之論哉。某今鬚髮半白,將放心五岳之遊[8],而同人偶病思歸,遂暫返櫂抵家,則老公祖之手教儼然遠投也。崇獎非倫,披讀之際,惟有感愧。

【校記】

〔1〕又見六卷本卷六,題《與錢秀峯舊公祖》;三卷本卷三,目録題《與錢秀峯》,正文題同六卷本。錢岱(1541—1620),字汝瞻,號秀峰,江蘇常熟人。隆慶五年進士,擢御史,三任巡按,四典鄉會試。歸里後,營宅於城之西南,辟園林曰"小輞川"。

〔2〕"廢棄以來"前,六卷本脱"自"字。

〔3〕"不作秋色"前,六卷本脱"眉間"二字。

〔4〕"不肖竊嘆,四十年來,世界之明以日淪,宰相以江陵之任事任人爲戒,臣庶以江陵任事之人爲戒,庸庸厚福,終不任事",六卷本作

"不肖又竊嘆,四十年來,世界之所以日淪,宰相以江陵之任事任人爲戒,臣庶以江陵任事之人爲戒,容容厚福,終不任事"。

〔5〕"英",六卷本作"才"。

〔6〕"男子内止欲靠一二宦竪,外全仗一巾幗婦人",六卷本作"男子東止欲靠一二部落,西全仗一巾幗婦人"。

〔7〕"異才大器共得畢其力於邊疆,即寇真跳梁亦何能爲",六卷本作"異才大器其得畢其力於邊疆,即敵真骨打,亦何能爲"。

〔8〕"不肖漣今鬚髮半白,將放心五岳之遊",六卷本作"不肖漣廢棄以來,髮半白,放心五岳之遊"。

與湖廣熊撫臺[1]

從來幹天下大事者,俱以識量。而要其合算得力處,則一段通天地、格鬼神精忱,與一片不緇不磷氣骨耳!此在於今,自當有所屬,一字不敢爲諛者。非某不避[2],以病廢之人,野服會城,溷擾左右,非但爲沽沽子民之情。幸奉顔色,兼領訓誨,亦不但在沽沽禮文之層疊也。此中之喜忭,亦有無自而喻者矣。昨以吊問王公祖,偶聞重慶兵變,事大可駭,未知果如其人所報否?至於府縣俱傷,則是重慶已據矣,又是社稷一大可憂事,事難遙度[3]。總之,良工不示人以朴,消之於微妙有機,畧無失先手。若郢人之斤堊去而鼻不知,庖丁之刀牛解而刃不頓[4],此非老公祖莫辦,亦非老公祖留神,則事大而捄之費手矣。

某妄意此事起於我視土司兵太重,而我太輕。亦事適成於激,而未必有成謀也。亦必土兵偶挺而走險,而土司未必不悔禍之及也。無成謀,則無根之謀爲易伐;或悔禍,則不怙之禍可中回。急得一人焉,往偵真實。或有以迫而散之,詭以攜之。婉諭土司,而令自縶其首兇以請命焉。並旁諭其唇齒之交,而無使之合;陰收其不兩存之仇,而使爲我用,似皆先著。若待其謀成而交合,既已猖獗焉。議於廟堂之上,而爭之。邊事急,則調川兵。川事急,又將誰調?即未能有他謀,而議兵議餉,又增一西顧之憂,且恐又開一川兵之難[5]。張崌崍之靖浙變,王文成之便取南昌，老公祖定有遠猷於此矣。

某山林之人，無與世事，而願爲太平之民。治平天下，終望於名世，惟台臺無罪其愚而妄之。若夫二米改折小事，已蒙恩准題矣。而無田子粒，非台臺力主抵補開豁，下之府道，終是畫餅。千載一時，若至台駕入朝後，某即口血枯乾，又萬無望矣。

【校記】

〔1〕又見六卷本卷六，題同底本；三卷本卷三，目錄題《與熊撫臺》，正文題同底本。熊尚文，字益中，別號思誠，或作思城，江西豐城人。萬曆二十三年進士，官至工部右侍郎。《明光宗實錄》卷四：（泰昌元年八月甲寅）"升太常寺少卿熊尚文爲都察院右簽都御史，巡撫湖廣，兼提軍務。"《明熹宗實錄》卷十三：（天啓元年八月丁亥）"升湖廣巡撫熊尚文左簽都御史，協理院事。"

〔2〕"非"，六卷本作"昨"。

〔3〕"事難遙度"後，六卷本衍"圖之貴預"四字。

〔4〕"庖丁之刀牛解而刃不頓"，六卷本作"庖丁解牛動刀甚微"。

〔5〕"邊事急，則調川兵。川事急，又將誰調？即未能有他謀，而議兵議餉，又增一西顧之憂。且恐又開一川兵之難"，六卷本作"東事急，則調川兵。川事急，又將誰調？即未必能有他謀，而議兵議餉，又增一東事之憂。且恐又開一用兵之難"。

與薛撫臺三首

其 一[1]

敝邑深在萬山中，崎嶇磽薄，絕不通舟楫也。南兌二米運至漢口，不下五百里。中間衙門之指索，軍旗之刁詐，年異歲增，充解者十家而六致破也。議原不通水次者，例當改折，如黃安、麻城諸縣。蒙上臺垂憐，竟得改折。況應山南兌二米不滿二千，太倉稊米幾何？若折銀搭解給軍，於軍既便領[2]。不則於中間應給官軍每石折銀五錢，即以本軍之糧相抵[3]。懇乞仁人曲加矜恤賜題，即造福無量矣。又有無田子粒一項，當年係京山飛來，一時官長未及分理。久之，武昌衛但按籍催徵，破累人家無數。後道府無計，將此項派入條編，曰"無田子粒"。夫無田矣，而坐以子粒，亦可憐應山人矣。細查此項，原非官軍正額月糧、俸鈔之類，止是官軍閏月與破船折米之用。共銀九百餘兩，應山獨當其半。其實三年間兩閏，每年不過二百金。在別處有田子粒，儘可支辦。即曰破船折米，則十餘年不常有者。每年餘積閏銀，亦儘足備用。昨聞之武昌莊同知，稱此項應山俱未解，武昌亦未收。而應山此項准入錢糧正數[4]，則小民年年辦納矣，不過奸書與豪軍大家侵蠹耳。是在武昌爲不急之供、無實之名，而虛遺應山以無窮之累也。屢經軍興事，宜內條陳，並小民控告，而卒未有垂憐甦活者。事如有待仁人造命，見在查酌舒。公祖已有意查一項，抵補武昌，永與應山開豁；尚未悉此項爲武昌得已之供、應山無名之徵也，敢以控之？老公祖惟留心爲應山百世之利。懇切！懇切！

【校記】

〔1〕又見六卷本卷五、三卷本卷三，題同底本。薛貞（？—1629），字德純，陝西韓城人，以書法見稱。萬曆二十九年進士。天啟時媚魏忠賢，擢刑部尚書。崇禎初列入逆案，被處死。《明熹宗實錄》卷十三：（天啟元年八月丙申）"升太僕寺少卿薛貞右簽都御史巡撫湖廣。"

〔2〕"於軍既便"後，六卷本脫"領"字。

〔3〕"以本軍之糧"後，六卷本脫"相"字。

〔4〕"准入"，六卷本作"淮人"。

其 二[1]

應山米折事，見有糧道覆行，得以允詳一年損幾戶破家[2]。但藩司書吏無厭，須得一題，乃可永久。蓋運軍既利於民領米，而水次保歇與應山作吏會城者，更利於糧戶到家。常規之外，更有詐騙。自應山有改折之文，此曹各出銀錢，交通藩司糧吏，百凡沉閣批駁。公祖幾番督促道府，費盡苦心，始有通融之議，得蒙批允矣。某以不忍維桑傾累事，亦下過小心、費過禮物，終非諸蠹所喜也。若非畫一題明，必至多生枝節。使應民不得求利，而反多浮費[3]，究竟台恩不得永行矣。查得南糧無運官，亦無月糧，原屬民解苦；政在一解耳，須得一題。應山深在萬山中，漕運艱難，聽令改徵折色。北糧銀給運軍，月糧領折銀之官。即以應支月糧抵解，同所齎南米[4]，許令折銀，解赴南京，搭給官軍。庶惠可均沾[5]，而軍民兩便矣。某又以爲均一題矣。通融不免，反多周折。應山北米不過八百，南米不過一千一百。南米極便折色，而北軍領糧一石，賣不過黃錢二百四十文[6]，亦利於折，此老公祖所稔知也。且爲數無多，不過鼠耗之餘，改折不爲破例。矧照漕糧通例，每石折銀七錢，一了百當。未知老公祖台旨何如？某本當摳趨請命，而請告尚未得旨，不便出門。遲之而府道正在覆詳，又不容緩而失事，故不避煩瑣如此。總之，高明仁慈之前，不妨心腹直剖。且迂爲鄉里釋累，又仁人所必憐也。況千載一時，豈容濡忍？請有台旨，然後向道府確詳也。

【校記】

〔1〕又見六卷本卷六，題同底本；三卷本卷三，目錄題同底本，正文題《再與薛撫臺》。

〔2〕"允"，六卷本作"永"。

〔3〕"反多"後，六卷本脫"浮"字。

〔4〕"所"，六卷本作"輕"。

〔5〕"均"，六卷本作"久"。

〔6〕"賣"，六卷本作"買"。

其　三[1]

家兄清從宜興寄來溫元老宮詹、李涵老道長字，屬某代達一書，上候新禧。蓋宜興與湖州廣德毗接，故訓導與士夫有往來也。某不敢爲浮沉，敬附忻賫上，大率書中意，或爲敝縣父母道地，乃敝縣令，則實敝縣二百年來未有者，心心立德，念念在民，才識又足以濟之器用。備自家裝米菜平與民買，如錢糧一節，當年每銀一兩，暗重五分，明加三分。至折封時，糧役先約署每百兩提出十一二兩數錠，置官案前。及封銀時，每五十兩又定止四十八九兩，報足其餘存者，復併入前提出銀，兩官自驗進衙，由來久矣。鄉民亦安爲常。但官於此中一軟，便錢糧一聽，書吏解放，任意緩急，猶可言也。每年緊禀追完銀兩，量行應解，即竊放明年各役工食，每一兩與以六錢。至明年開徵時，徵完銀兩，先儘給兌，領以六錢，還舊借四錢入橐，亦由來成慣矣。至去年遼餉，聞有徑拿出買田放債者。夏令初拆封時，該管亦仍前先提數錠置案上，問之故，曰："此大爺公費，羨餘舊規。"令曰："羨餘是秤兌本數外零合出者，今汝欲我公堂攖金爲汝曹用乎？"即責輩出，遂照頒下。法馬較定，天平等子，不許重加毫釐。置櫃儀門，令納户自行封投收役，但驗銀色發票。問出不意，查對或有私等及重稱分文者，重責。其重稱之銀，即令補註原納項下。應山素止用錢，常年鄉人用錢百五十文，不能勾上銀一錢。今聽銀不及兩者上錢，每錢一文准銀一釐。今擔柴賣穀之鄉人，較常年上銀，一錢省錢及五十文，妻子欣欣相告也。目前淨盗防患，保甲法最緊。令下鄉止一肩輿，緊隨三四應用人員，與之口糧，不許食鄉人口水。法嚴役不敢犯，或有里老饒家壺漿犒迎，約其費，與之銀錢。曰："汝等奉吾訓，即爲敬官長，奈何口腹？我取譏見聞，此由我未先示戒，念汝已費，故償汝值，示不忍費汝，并示不肯食。汝傳知，再有餽我者，必重責。"其會中語，自飭器防，戢外胏胏，種樹墾荒，食儉省訟，意懇而真。人共慶之，大有古意。非但時賢留心地方，仁人喜地方一好官，甚于地方得一好父母。故直述細詳，以慰垂念，發一色喜也。若一事不實，某自信不敢欺公，明爲讒諂面諛之人矣。總惟照在，凍手草草。恕罪，恕罪。

【校記】

〔1〕又見六卷本卷六、三卷本卷三，題《與薛撫臺》。楊祖憲本、底本未收。

與舒按臺二首

其　　一[1]

前敝縣改折事，今府查通省災折米數[2]，已經各處改抵無餘，今存剩無多。議欲每石改折五錢，勻搭官軍月糧，於軍民俱便者。況應山二米不及二千，設法通融更易，總在台臺留神，完此百年福利。事諭吳方伯，慨然設施，不必拘執批駁，徒資糧胥刁難。如延至公祖覆命，則此事萬萬畫餅矣。子粒事，前者止以爲官軍正額不容缺少，故須抵補。去歲武昌莊同知過縣，叩之，云係官軍閏月，及備破船折糧之用；此項共京山等處，有田子粒共九百餘兩；每年閏月關給，不足二百餘兩。如此則用有田子粒，關給不爲不足。而三年兩閏扣存者，亦儘可以備幾年，不必有之破船折米矣。據莊同知言，此項應山逐年未解，武昌未收，而應山百姓則年年於正數編納。據莊同知言，則武昌止存無益之虛名，在應山永受無窮之實禍，祇飽侵牟之壑也。則亦何利之有？此中儘易哀濟通融，只在公與藩司一留心造福耳。千里走人，非爲干請，惟台照在。

【校記】

〔1〕又見六卷本卷五、三卷本卷三，題《與舒按臺》。
〔2〕"灾折"，六卷本作"尖"。

其　二[1]

日者黃雲啓瑞，泰律回鈞。某等全楚子民，樂遊化日舒長，又與時俱泰矣。但盈盈一帶，未能借堂前盈尺地，一布慶私，並問三槐三環新祥耳。敝邑南北二米折色，蒙恩留神，檄下道府，並面諭本府速詳，以便早題。小民日鼓舞以待，庶幾山鄉百世之累，於今永脫矣！今本府止議北折，而南折猶俟再議，此慎重至意。惟是漕糧折色，難在南，而不在北。今題將北米通融，運軍抵解不失本色；即帶題南米徵銀，解赴南倉，搭給官軍，覺爲便，而且易，總一題以便民也。今南米又須另議，雖台臺不厭煩瑣，爲應山造命，未免多費一番精神。而雲霓之望，統鈞更須大人早晚。東方之不能久有袞衣，此一方疾痛。誰爲天地父母，叩之得應，籲之得憐？某自念應山四十餘年，始於某倖一科第，目擊梓里破累困苦，庶幾邀倖改折，亦消得四十年通邑氣運，偏於一身。故於吏書前下過小心，費過禮物；又幸仁人在上，肯爲小人造福[2]，以爲事可得當矣。畢竟二米不得並折，故不覺感知己之恩，而繼之以淚下也，今後難復望矣。其無田子粒一節受累，自永樂初年至萬曆九年，始編入條銀，通縣均賠。雖四百餘兩，均之六千石內，每石不過七分。然而損一分，民受一分之益。況無辜之供，祇作武昌不給之用[3]。昨讀台臺檄文，真一字一珠，庶幾應山得見天日。而武昌衛官猶以無田字，疑爲吏書磨之之奸[4]，希得該衛一勘。一勘自妙，但委本衛軍官，事自延捱。且通縣事，誰爲供應打點？恐又成不急之案[5]。庶幾得委武昌刑廳德安推官，公同至縣，體查詳確，易於結局。乃銀至四百餘兩，須田二千餘石，豈一家一處可以隱瞞？通縣誰肯安心代納、令人種無糧之田乎？惟台臺速委，眼前便可勘結也。

【校記】

〔1〕又見六卷本卷六、三卷本卷三，題《再與舒按臺》。
〔2〕"肯"，六卷本作"皆"。
〔3〕"給"，六卷本作"急"。
〔4〕"磨之"，六卷本作"磨洗"。
〔5〕"急"，六卷本作"結"。

與攝篆藩司[1]

秋季水月亭中一對，既慰生平，更深投契，喜陽至今宛在也[2]。承宣之地，藉鼎篆視，陽春一到，自然百昌俱遂。至弟久憐戚里私情[3]，又有偏深慶幸冀望開恩者，則改折南兌二米與無田子粒也。前已面懇，想仁人留心，今覆詳，皆從貴衙門確定。大率應山不通舟楫，深在萬山，於例自該折色。況二米不滿二千，又太倉之鼠餘耳。折色實爲兩便，惟台臺准與題覆。若無田子粒四百餘兩，向以爲武昌府給武昌衛之正項也，非抵補則無從豁免。昨武昌莊二守過縣，言此項乃備該衛官軍閏月，及候補解運破舟折米之用。閏月每二年之中，不及兌支二百金耳。子粒全數在承德者，合九百餘金。在別縣有屯田者，歲解不及十之一二。應山則全未解，本府亦絕無守催。即今閏月，亦止派別處，有屯者三分之一，并未派應山一分。據此，今後但百姓不納，縣官不徵可耳，不必多爲詳轉。如此，則此一項子粒在武昌爲不急之務，爲虛當之名；而在應山派入田糧正數，則年年徵，年年納，年年比。於烏有武昌虛借耗蠹者以名，實遺應山之辦納者以無窮之禍也。然則武昌亦何利於有虛名，而當實怨也？弟妄意，無田輸賦，仁者所憐。其有田者，即責令逐年完納，何辭除閏月遇年扣給、逐年存餘？儘可以備閏月解運破補損米之費。或萬一破損偶多，扣存不足，或該府量爲設法，或詳申藩司量與哀濟。此似情法兩平，經權各歸妙劑者，是在仁台造命耳。

【校記】

〔1〕又見六卷本卷五、三卷本卷三，題同底本。

〔2〕"陽"，六卷本作"暢"。

〔3〕"至"，六卷作"而"。

與分守周道尊〔1〕

前應山改折事，蒙老公祖百世之恩，撫按兩臺各以批允，只藩司糧道一覆確耳。昨抄得司文，如輕賷蘇米二項，事理不容〔2〕，不一詳確。惟是應山米賤，當秋成時，每石值不過三錢；今折五錢，雖免於解運賠累，小人止知一身一家之利，復爲五錢辦納，已覺無利矣。若正米之外，又要加耗加費，則此事恐反成怨階矣。藉司吏書難厭〔3〕，弟没奈何，轉人與説，又送過三十金，而意猶未厭也。若非恃有老公祖申詳在，不知如何作梗。乃其欲未厭，又或多生枝節，則應人反苦。萬望仁天開除耗增，免後來枝節之端，是爲無量受福。但此更得一題〔4〕，始可永久尊裁，以爲何如？漣亦當再有字兩臺也。子粒事，撫臺回字稱應山既未解〔5〕，武昌亦未收，不如扣作新餉，亦可少甦民困。此亦最妙事，亦望老公祖主張成之。總之，天地父母，疾痛必告，呼號無已耳。

【校記】

〔1〕又見六卷本卷五，題《再與分守周道尊》；三卷本卷三，目錄題《再與分守道》，正文題同六卷本。

〔2〕"事理不容"前，六卷本衍"如"字。

〔3〕"藉"，六卷本作"藩"。

〔4〕"但此"後，六卷本衍"事"字。

〔5〕"撫"後，六卷本脫"臺"字。

與李方伯[1]

客秋一對顏色，殊快生平。別後穩臥深山，日惟共父老子弟泳游。化日之舒長，蔭席棠陰之濃芾，頌福星在上，我儕小人爰得我所也。但未敢時快披覿，殊深懸念耳。茲有啟者，敝縣有累民苦事。萬山不通舟楫，南兌解戶破家，與無田代納武昌子粒也。前面台光時，曾懇恩轉達爲應山留神矣。今南兌二糧，蒙周公祖議[2]，將二米每石折銀五錢，派搭官軍月糧，以月糧付官軍代運，軍民兩便，是乃仁術也。蒙二臺批允，但藩司公查議，輕賫蔴木二項，此自有理，但改折原爲應糧累耳。應山米賤，當秋成時，每石費不及三錢，即足辦納。今改折五錢，解戶可免破家，而納戶未免見多。今輕賫蔴木，既不能免，或於正米外，及增耗類再復[3]。不清除明白，留後別生枝節。則小民辦納苦多，一年幾家解戶，未必見德。而通縣納戶之累，覺未減反增矣。敢懇台臺，於覆詳中明白豁除增耗，斯應人子孫世世戴恩無量，更得一題可乎？祗以山縣不通舟楫，例應改折。應山南兌不滿二千，爲數不多，題改亦易。前楊近翁公祖語，應山古漕糧解戶，當年目擊，稔知其爲數不多[4]，今當徑改爲便。通融之說，反多周折，此仁人之言也。不虞府詳到遲，未得一結前恩。事如有待，仁天造應山百世之命也。若得徑題，免多周折，更在造化心造化手一斗移耳。又應山代納，武昌無田子粒一項。無田矣，而納子粒且不輸之公家，而代武昌官軍閏月之費。且武昌又年年未收，祗存其名。資奸軍積書,年年巧爲侵牟地耳。向一爲應山而訴[5],而事在棗縣,無人承管;又隔在兩府中,無關切細。思此項共有九百餘兩,三年兩運。除應山無田,而在別縣有田者,儘足支辦。昨撫臺面言,謂此項應山既未解,而武昌亦未收,不如扣作新餉,亦可少甦民困。此不過去武昌之虛名,而予應山以實惠矣。千載一時,敢懇老公祖主張而力有以贊其成。此恩在萬世,三環三槐,自有報之者矣。

【校記】

〔1〕又見六卷本卷六、三卷本卷三,題同底本。

〔2〕"蒙",六卷本作"奈"。

〔3〕"增",六卷本作"贈"。

〔4〕"前楊近翁公祖語,應山古漕糧解户,當年目擊,稔知其爲數不多",六卷本作"前楊近翁公祖語,應山云漕糧解早,當年目擊,穩知其爲數不多"。

〔5〕"而",六卷本作"面"。

與糧儲楊道尊三首

其　一[1]

久失省候,黔事勞鄧侯轉餉關中,苦當事者未有得當計,一應在台臺目中耳[2]。比黨分争渙散之寇不足當[3],指顧而定。無奈廟堂之上,所推轂若督若撫者皆明,不及鼎藉十萬甲兵,令此濡遲受,我數月戎索[4]。一人南顧之憂,數省震驚之恐[5],不得早就安帖耳。大率於今實能辦事之人,不肯於臨事争先。而不能辦事之人,每多於緣引妄任。妄任卒以自敗[6],辦才不能成功,總是邊疆受之,只可憐明主與窮民受苦矣。於今辰常間聞有伏莽生心,果定如何?而安輯之九月圍城[7],城自屹然不下。果報征叛者[8],能爲墨子守而張許拒乎?而此事亦必竟作何收拾也?敢一請問,一開迂憂[9]。至於應山二兑難苦事,蒙恩欲與徑請兩折。兩臺並肯留心題請,但本府過於慎重,只肯於北兑通融,改折南米,又聽徐爲再議[10]。某妄意改折之難,素在北而不在南,亦以地方不遠,水次五百里也。今應山二兑,亦千萬宜改折色。今既題北米,以月糧抵解,即帶題南糧徵銀解倉,搭給官軍,於事甚便而易。今云再議,不惟多費事體一番,且恐職事未必長留地方[11],誰爲天地父母呼之即應籲之即憐如老公祖仁人?恐應山南米,自此無復望折矣。台臺垂念,並祈破格留神,造命於薛公祖處,力言南米改折,帶入題北米通融之後,於法於理俱爲不妨。倘得二米俱折,亦不枉千載一時,特遇老公祖一番也。

【校記】

〔1〕又見六卷本卷六,題同底本;三卷本卷三,目錄題《與楊糧道》,正文題同底本。

〔2〕"一應",六卷本作"酉有"。

〔3〕"比黨分争渙散之寇不足當",六卷本作"此黨分勢渙散之酉不足當"。

〔4〕"濡",六卷本作"酉"。

〔5〕"驚",六卷本作"鄰"。

〔6〕"自",六卷本作"日"。

〔7〕"輯",六卷本作"酉"。

〔8〕"征",六卷本作"酉"。

〔9〕"而此事亦必竟作何收拾也?敢一請問一開迂憂",六卷本作"而此酉亦畢竟作何收拾也?敢一請問以開迂憂"。

〔10〕"徐爲",六卷本作"除"。

〔11〕"職",六卷本作"當"。

其 二[1]

南糧一事非應山原該本色,今突欲改折也。深在萬山,不通水次,正當折色。但隸在水鄉,當時未及細勘,槩入本色額中。今累極年深,禍蠹日甚,下苦始得上達,且爲數不多。南倉折色更便,雖昨南道新有南糧不准改折之説,然爲南京倉米當預多積,不得以米多陳紅,輕議改折以那別用。如軍餉題留[2],改折相濟之事,非本倉本用,不聽通變之謂。況數目不過千餘，改銀搭放軍人，更是爭前樂領者。事屬萬便，恐按臺未悉此中底裏，或有疑難之端，故一附聞，以便問時轉達。若撫臺固已蒙先悉心於此矣，煩瀆萬罪。

【校記】

〔1〕又見六卷本卷六、三卷本卷三，題《再興督糧道》。

〔2〕"軍"，六卷本作"遼"。

其　三

天未厭亂，小醜曾不能一創而反喪國威。吾楚緊切震鄰，中間調劑兵食，消弭奸宄，非鼎藉台從甲兵百十萬者[1]，在上作無形干城，我曹能安枕山中乎？今黔城未卜是何局面，或兵將猶足支撐，臨事而懼，好謀而成，無為嘗試。則今日第一義計，當事著不得一箇怯字，更著不得一箇輕字。聞彼中當事亦借楚餉不繼為詞，乃衆萬之奔殞，不是餓而走、餒而殍也。乃吾楚亦無點金之術，而必欲倒盡盆罋，束腹而食，餓人亦非所以為楚計與勦賊之得者[2]。此時台臺憂民，猷念深苦，壯猷遠畧，自是目無全牛[3]，可得一指示[4]，以慰山中憂念乎？

【校記】

〔1〕又見六卷本卷六，題同底本；三卷本卷三，正題《與糧儲道》，正文題同底本。

〔1〕"十萬者"前，六卷本脫"百"字。

〔2〕"賊"，六卷本作"酋"。

〔3〕"牛"，六卷本作"虜"。

〔4〕"示"，六卷本作"不"。

柬随州相公[1]

恭惟老師相忠簡三朝，望資一世。當主少國疑之日，所恃不動聲色，奠天下如泰山之安者，獨老師相一人而已。長安兒童走卒，無不望相公之入，以見太平。而冲年南面，亦日懸股肱甚切也。某以避忌乞歸出城之日，縉紳士大夫無不以敦請鳳駕相屬。而初歸之人，未便出門，明主不可欺。遂當真臥病，幾至委頓牀褥，遲候至今。肅此數行，專人代侯，伏惟夙指軒車，旦晚比上，以慰九重億衆之望。憑楮拳切，曷勝瞻仰。

【校記】

〔1〕又見三卷本卷三，題同底本。

與李心白[1]

前梅長公書來，謂當日正人，前後爲時局摧折殆盡者，今俱鵲起彈冠，可謂君子道亨也。更得老公祖入而襟領衆正，旦晚大人正己物正之化，以贊聖明，中興端有可卜。某躲嬾深山，祗有爲世道引手加額耳。而疎慵成癖，還未一伸燕喜之私，盤舞中心則痞寐弗諼矣。手教遠下，披讀如對，同心之言、憂國之衷，俱溢楮間；使某廻遡今昔之感[2]，憤治亂之從來，不覺悽悽泣下也。當年以藩籬辣手，一味驅除，使有骨氣、有膽力、有忠赤之人，俱不得安其位、行其志。引進一夥柔媚俯仰，惟我所聽從之人，乘津據要。遂使朝廷之紀綱、百司之職掌，俱從壞裂[3]，不可收拾，徒使正人君子幾無所措手。業已刀在其頸而猶欲懷奸肆毒，結連乳倖。苟可掩取功名，肆行毒蠱，即禍在聖躬，亦非所顧。嗟夫！國家亦何負於小人，而忍爲此慘毒哉！

【校記】

〔1〕又見六卷本卷六。題《與李心白冏卿》；三卷本卷三，目錄題《與李心白》，正文題同六卷本。柏冏是周穆王時期的太僕正，後世以"冏卿"爲太僕寺卿、太僕少卿的雅稱。李日華（1565—1635），字君實，號竹懶，又號九疑，浙江嘉興人。萬曆二十年進士，官至太僕少卿。性淡泊，工書畫，精善鑒賞。

〔2〕"不肖廻遡"後，六卷本衍"於"字。

〔3〕"俱從壞裂"後，六卷本衍"以至今日東破西瑕"。

與郿襄道尊[1]

別老年臺老公祖幾年所，我輩音耗疎絕。且無問鼎湖再泣，兵兇四起，海內囂然，無復寧宇。賈生當此，能忍痛哭？今尚未定安攘何人，與太平何日也？台臺其謂此景象何如哉？先是，弟輩屈指去年當得台臺入典銓選，庶幾爲多事之時，簡拔得一輩做事救時人出，與清楚仕路一番。微聞有尼之者，則庶幾留得今年入而管察，更於邪正剥復之關大益。不謂尼之計深，必行其毒爲恨，大都情理外事，令人惋恨。然尼之之人，人材世運之毒，而吾楚之福矣。我輩要於福國庇民，內外一也。用人之用大，自用之用小，而盡其在我，官不負而聲不朽，君子自不必生分別見矣。鼎望且以外而益隆，公論當以抑而愈重，計東方亦不能久有袞衣耳。匪謾，匪謾。至於弟叨在老公祖臭味肝膽、金蘭兄弟，言路毫無補拾。又復人微府疑，引避里居。兩年朝事，都從瞙視袖觀。今忽躐得清除，更叨蔭下樂遊化日之舒長，益覺長林之暢適，似討造化便益太多矣。何以消受？老公祖當有以教我也。

【校記】

〔1〕又見六卷本卷六、三卷本卷三、二卷本卷下，題《與郿襄道》。

柬南學院蕭元恒二首

其 一[1]

自我不見如今[2]，幾是五年。同心兄弟，如弟辱在年兄者幾人。而對晤既難，音耗亦闊，能無悵悵[3]？世局幾變，人情波瀾，不必深論。惟是我年兄台咨首俸，猶復滯畿南督學，未定釋勞何時，弟時作積薪之嘆也。此亦是江南文運，並翊運人材須宗匠鎔鑄培植一番。文起八代之衰，材預百年之用，中興第一快事耳。弟班行無補，躐封過分，甘遯深山，使異己者相視雲霄。中興大業，惟年兄好爲之，家兄國簿人便。肅此代候，有懷萬斛，不知從何處說起也。

【校記】

〔1〕又見六卷本卷六，題同底本。三卷本卷三，目錄題《柬蕭元恒》，正文題同底本。蕭毅中字元恒或作元衡，公安（今湖北公安）人，萬曆三十五年進士，官至太僕寺少卿。

〔2〕"如"，六卷本作"於"。

〔3〕"悵悵"，六卷本作"悵恨"。

其 二〔1〕

世界漸近不佳，正賴年兄共二三有識力正人幫持。不意以讀禮家居，遂孤掌難鳴。而奸邪且從中翻弄倚藉，圖翻局面、快恩仇，猶可言也，只恐禍中於君躬、君德耳。於今肘臂之患未消，胸腹之禍又起。而在內，大老尚不見有大主張；言路意見太分，議論又多，尚未見是何究竟也。弟僻處久未見報，長安亦久絕音聞，且問成都已圍解否？若此賊不早撲滅〔2〕，順流荆襄，作何備御？甚爲憂之。於今此種光景〔3〕，後日結局與所以消弭，想年兄定有帷籌，幸一一示我。

【校記】

〔1〕又見六卷本卷六、三卷本卷三，題《啟蕭元恒》。

〔2〕"賊"，六卷本作"敵"。

〔3〕"種"，六卷本作"敵"。

與馮少墟〔1〕

憶在長安，辱台臺收之聲氣之末。自幸有道宗依，庶幾時得奉正人教益。更願鳴鳳朝陽，衆正應和，共收一人定國之效，而不虞公正之不容矣。司馬公猶洛社〔2〕，人材益見消沉。昨從邸報，知見朝矣，不勝盤舞。非以一官爲有無，亦曰君子出而受事。見公道之漸明，而天下之治平當有象耳。幾欲一通省候，而廢閒之人，不敢書問長安，亦且懶與病會。乃辱手教，從日邊飛下，讀之如對温嚴。而中間獎借之過，與愛惜之深，令人當而汗下，感而不知所承也。至於時事堪憂，外患迭見層起，適當民窮國匱，明主冲年，不於此時併力協心，圖紓社稷之憂，而止欲快恩仇，開人主輕大臣逐疑言官之事，成内邊擅弄威福之漸，不忘禍中於國。若但爲紹聖之禍，君子猶當甘之矣。天祚皇家，端不至此。而深心曠識君子，於禍本之當消處，危機之當杜處，大事之當斷、當任、當言處，苟可著力，以一片至誠濟之[3]。要於主德調而不見其功，元氣復而不見其跡；險邪之蹊徑，默有所消，而不在苦與之争；危微之氣運潛有所扶，而不在煩爲之論。惟願台臺與同心君子共之耳。至於引正得一兩人[4]，成得一二件事，便絶精做手，無謂時不可爲，即天命聽之也。台臺以爲何如？若不肖，原言官也，無一毫足述。即移宫一事原不足言，而惹人碍眼。弟非不能争，恐互争或至開新主之厭[5]，或以争開手滑之端，故埋頭一逃。不知今尚有何罪，而人猶眈眈也。想其念無非不欲人出，某於今已勘破世事殊淡，決念爲尚平、許遠之游，而爲此安排，亦太過慮矣。

【校記】

〔1〕又見六卷本卷六，題《與馮少墟書》；三卷本卷三、二卷本卷下，題同底本。馮從吾（1557—1627），字仲好，號少墟，陝西長安人。萬曆十七年進士，官至工部尚書。創辦關中書院，人稱"關西夫子"。

〔2〕"公"，六卷本作"夷"。

〔3〕"一片至誠濟之"後，六卷本衍"術劑"二字。

〔4〕"正"，六卷本作"進"。

〔5〕"或至開新主之厭"前，六卷本脱"恐互争"三字。

與蘇吏部[1]

年來正人貞士，錮於盛世，伏在嵁巖者，無不彈冠鵲起。廟堂之上，一涣幽潛之色。豈衆正適際風雲，則銓衡中有汲引如不及者矣。弟輩何勝爲倫品手額，惟是冲聖可與有爲。而在位精神不萃，故外患内憂，猶兩有可虞。此在諸君子合力併心，於大緊關處妙用一段精誠，極體要處深用一分心力。使明主默受我之轉移，而不見其戇；天下共歸我之護持，而不見其疎。即小人亦屈服於君子之實，有幹濟國家，而無所藉其口，且矜不争、羣不黨。而小人且默轉於我之虚平，而易其眼界。斯無負汲引者之量焉？弟又日爲諸君子望也。台裁以爲何如？

【校記】

〔1〕又見六卷本卷六、三卷本卷三、二卷本卷下，題同底本。

與開封范司理[1]

前在潁川，接翁臺言笑，領畧神情之外，自是清任而和，直方以大局量也。往賢公輔之器、宰相之才，皆從分理外郡時識之。如翁臺襟抱，又自做秀才，時固已宏遠矣。希文許大功業，社稷行當賴之，某固不敢爲漫也。廢閒以來，無復夢到長安。乃夫宮闈不凈[2]，邦本殊揺，兵變亦復時時見告。既屬可憂，而内旨何無救正？言路大見手滑，此其機危關係甚重。此有深心沉力、精誠通鬼神之人，庶幾其有幹濟焉。安得翁臺早入春明，提衡千鈞，統封駮之地，襟領衆正，爲一人收君正物正之治乎？真切，真切。久無省候，過辱注存，令人不知所爲承也。無瓊可報，有心中藏矣。楚材得慧眼鑒收，定有歐蘇入彀，所謂天下文章莫大於是。至於去秋某兩争移官之事，亦臣子尋常杜漸防微事耳。而禍不中於牝晨，猶思中於乳保。則前念之未終，亦臣子之隱恨矣。

【校記】

〔1〕又見六卷本卷六、三卷本卷三，題同底本。
〔2〕"宫闈不净"，六卷本作"邊氛不靖"。

與王崐璧[1]

一別年餘，且喜台臺履與春俱泰也。君陳鼇保東邦，召伯巡行南國，都親家今日事。至於笑比黃河，人稱爲閻羅包老。且當兵賦督併之日，兩有調劑，上紓國下甦民，此其功在社稷[2]，於是爲大矣。弟聞之而喜可知也。於今時事，內事未寧，外事又起[3]，內邊亦復多有可虞，非臣子能忘杞憂之日。要以今日用兵不貴多而貴精，邊事失利[4]，非兵不多之故也。將取之行伍，拔之廢間，庶有可觀。見在總兵都督，都只官大耳。近見有用沐總兵之說者[5]，借其威名。夫紈袴之子，豈知將畧？如此計畧，實堪一笑。若會張涵老，當爲言之。弟髮已半白，又苦貧病交侵[6]，實有赤松之意。前高仰老知海圍老師動定[7]，不知近在何處？望爲申念。官署清冷[8]，親家還當接取如夫人作伴也。引首卿雲，何當握手？憑楮惟有瞻切。

【校記】

〔1〕又見六卷本卷六、三卷本卷三，題同底本。王珹字崑璧，湖北應城人，萬曆四十一年進士，由刑部主政歷撫甘肅，入爲兵部侍郎。

〔2〕"此其功"後，六卷本脫"在"字。

〔3〕"內事未寧，外事又起"，六卷本作"東事未寧，西事又起"。

〔4〕"邊"，六卷本作"東"。

〔5〕"用沐總兵之說"後，六卷本脫"者"字。

〔6〕"交"，六卷本作"又"。

〔7〕"圍"，"韋"之誤。

〔8〕"署"，六卷本作"邸"。

與曹眞于[1]

某歸田以來，頹然自廢，不復夢到長安矣。但主少國疑，內外俱未見淨[2]。惟日願衆正道昌，經世大君子早入，提衡其間，縣官早收清平之福耳。眞確，眞確！月來公論稍是清楚，近又見一掌科狠參平章黨同，可恨[3]！言官固應如此乎？若弟前日之決歸，原欲省議論，免有角觸令手滑自我開也，不虞又多一番回話之事。大老於此當有妙劑。爲是近聞明旨，且嚴欲直窮到底，亦不免天海稍隘。弟欲一疏開解，又思在野小臣，當事自有大老，公然申捄似屬非分非法。且恐彼中不諒，或又謂是故意賣重，爲速出山地，故爾中止。畢竟還當如何？恨不能飛身請教也。遠承手翰，披讀如睹顔色。奉教有年[4]，主恩未報，建明無聞，常恐有辱知己。今深山藏拙，苟得無敗，聞於左右足矣。幹濟時艱，毗輔一人，惟大君子好圖之。

【校記】

〔1〕又見六卷本卷六、三卷本卷三，題同底本。這裏有誤，當是曹真予。曹于汴（1558—1634），字自梁，一字貞予，號真予，山西運城人。明代萬曆二十年進士，官至左都御史。

〔2〕"净"，六卷本作"靖"。

〔3〕"恨"，六卷本作"骇"。

〔4〕"披讀如睹顔色，奉教有年"，六卷本作"披讀如奉顔色，不肖奉教門下有年"。

與同年某[1]

當在長安，獲侍顔色，遠韻素懷，沉神勁骨，於今猶在心目也。一別幾更律序，便如弱水隔蓬萊，即欲攀望而不可復得，當是如何企想？我年丈公輔之器，借鼎熊轓，琴鶴一簾，熙皞四境。即今徵派煩多、間閒瑣屑之時，而潯江廬嶽之間，獨瀾静席安，則休息生養之餘，又於國計民生兩有劑也。尸祝萬年，傳誦無斁，自丈夫快事。至於鼎望隆、崇節鉞，樞衡之地，需次藉重矣。若弟人微府疑，幾是十年未有一毫建明。今於多事之時，徒躲懶深山，祗餘杞憂，亦遺蘭籍之羞矣。台斗匪遙，無由瞻對。肅此代候，一布依依。

【校記】

〔1〕又見三卷本卷三，目錄題《與同年》，正文題同底本。

與周太宰[1]

年來人材國祚，得大君子提衡，即鼎湖兩泣，不動聲色，默消禍本，隱奉冲聖以辰極之安。先廟不遺牝晨之索，不見狄梁公反周之勞，亦無俟韓魏公撤簾之跡，此爲曲突徙薪矣。而無賴偏邪鄙夫，必欲蓋其跪奉太阿之謬爲是，左轉右折尋事發賴。二三貪穢小人，黃金黑心，倡爲邪説，敢誣冲聖陰庇奸璫。畢竟中外播煽，逐去赤心社稷之大臣，拱手付冲聖於悍璫妖婦之手。又欲搆成大獄，盡快恩仇。真是天地爲昏，魑魅晝見矣！時事至此，國祚可悲。而君子紹聖之禍，又不足言矣。幸祖宗猶有靈，賴放福建子去，奸輔毒樞並去，猶無万俟卨助成莫須有之獄耳。前奉手教，謂居功自辨疏[2]，今得旨云何如？猶未上似已之亦可，蓋小人胡搉是其常情。若無關君國[3]，以不辯消之，亦大臣道宜然耳。近來台體想亦安和，惟是感念時事，老臣憂國[4]，或時有仰屋嘆耳。

【校記】

〔1〕又見六卷本卷六、三卷本卷三，題同底本。

〔2〕"居功自辨疏"，六卷本作"旦晚欲上一疏"。

〔3〕"若"，六卷本作"苟"。

〔4〕"臣"，六卷本作"成"。

卷五

書簡

寄夏父臺〔1〕

恭惟老父臺，覺在民先，仁爲己任。應山彈丸鄙邑也，無足辱大君子君臨。一旦生成藉鼎，則山水實式靈之耳。聞報之日，士民欣欣，盤相告曰："名邦鉅公，造化庶其福我。"及敝同年甌寧兄書來，頌述聖人之清天下爲任，襟期風矩，未可一世。蓋仕以行其所蘊，要於樹立，故不擇官，擇地耳。父母子弟益復盤舞若狂，"吾曹疾苦有告矣"、"饑寒有訴矣"、"有教我子弟者矣"。而虎冠鼠憑之輩，亦各目相視而神若沮。則應山生靈數十年來，何修而得此再造哉！當今征繕之日〔2〕，民間驛騷窘迫之狀〔3〕，亦既耳聞而目擊矣。安輯柔來，惟守令最親。惠此四方，以奠京師，我輩社稷之功亦於是爲大。而此無窮福力，亦實惟吾一念自明造也〔4〕。若得以甌寧兄之誦述，化爲天下文官心，豈虞世界不擊壤？不肖既爲桑梓慶，更爲天下治平有名世慶矣。龍門未遠〔5〕，摳衣心切。兹因公役之便，肅此代候，一布子民喜忭企延衷私。惟臺照在，引領卿雲，如何得即披覩也。

【校記】

〔1〕又見六卷本卷六，題《寄夏父母》；三卷本卷三，題《寄夏父母》。夏之彥，字士美，號予蘭，廣德州（今安徽廣德）人。萬曆四十年舉人，官應山知縣，崇禎年間爲兩浙鹽運使司松江分司大使。據《明

史·藝文志》，明韓昂（首撰）、夏之彥（續撰）《圖繪寶鑒續纂》，補錄明洪武至正德時期畫家百餘人。

〔2〕"今征繕"，六卷本作"今東征西繕"。

〔3〕"驛"，六卷本作"繹"。

〔4〕"明"，六卷本作"盟"。

〔5〕"未"，六卷本作"若"。

與夏予蘭父母[1]

舍侄歸，草草數行附候，計澈覽矣。從公役接得手教，拳拳藉鼎太公祖旬宣承德事，仰見老父母嘉惠一路禔福事，感在億萬人心。即共程掌科轉請當事，當事謂："大賢正當使地方久親切受福，無但暮月而可。且初題有久任敘轉疏，未便相狥一方，失信天下。"執固殊甚，尚圖同承天謝侍御。另以鄆中妖會熵聚，急需威名司道，立爲彈壓消弭。懇其轉移，另俟得當以報。《高貴山修復叙》，文高華瞻，大足成此山中千古不朽事矣。若文廟事至于貸金于家，完成應山文物，此前無古人也。夫人不以官爲家足矣，乃破家以爲官，自有文學以來，試屈指何人？再如南北二兌事，並藉鼎得藩司詳題矣，亦屬當。該吏死心十金之賞，以成此地方百世之福也。祇不知應山人，何以得此未曾有耳！辱令侄書，捧讀之，感愧交並，另圖裁復聽選。令侄尚未得選，以有人復作奸，叙下五六人耳！不肖并以俗冗，未得時時追隨，歉歉愧愧。小兒字來稱，頒賜層疊濃重。無知稚子，既生成之，又衣被之，恐消受難，不但報稱難矣。即爲之父母者，亦只有中心藏之耳。鴻便肅此代候，一布中私；不盡有懷，常在"既醉以酒"之五章六章也。總惟照在，憑楮馳切。

【校記】

〔1〕僅見三卷本附"補遺·書"，楊祖憲本、底本未收。

與成密宇宮坊[1]

憶去年，涂月雪朝，老年兄共二三兄弟，存弟荒寺也，言笑追隨，若昨日事。忽是歲再除、端再履，老年兄調元協泰，與日俱新。聖天子啟祥肇祚伊初[2]。大人開讀。進退之間[3]，格心事業，亦定有與春俱長者。弟輩田野之人，何勝爲國家引領手額？廢聞以來，邸報除書俱未入目。或從人間聞外侮內憂，竊意明主，可爲堯舜；啟沃輔弼，當自有人。啟聖興邦，天亦或當有意無事。山野杞憂，惟日從一二方外曉人，講世外話、問壺中秘；徐圖爲雲水瓢笠之游，無復夢到長安，意趣甚爽。適所不能忘情者，惟同門知契兄弟，雲樹月梁，猶作有情癡耳。

【校記】

[1] 又見六卷本卷六，題同底本；三卷本卷三，目錄題《與成密宇》，正文題同底本。成基命（1559—1635），字靖之，號毖予，大名（今屬河北）人。萬曆三十五年進士，因得罪魏忠賢落職。崇禎時入閣輔政，多有建樹。

[2] "聖"，六卷本作"明"。

[3] "退"，六卷本作"對"。

與李湘洲宗伯[1]

一別台臺即是二年來也。去歲紀綱過縣，得接手教，喜如對面，而滿懷欲言，終不得達，屢圖一候，而應門無可遣者。又病與冗會，歉缺豈只沾沾寒暄哉？年來長安日變漸至，憂在內廷，此其禍不得不深恨於小人之害正以害國也。庚申秋冬之間，皇上精神與外臣相信，相一中璫，猶有可用者，假令深心遠識，得安都門南昌漢陽，可與爲善。朝夕晤語之間，令其大頭腦處，有清正幹濟之力。聖主之意向一端，羣工之腠理一清，上下和協，定不至如今大溷大亂也。此非誕語也。即如前歲中秋之事實，社稷安危之一關也。無手教，半夜一言，弟未必敢與左道長，明目張膽要大老於宮門[2]，半日默遣去禍本[3]。九月初一宮未必能移，而垂簾稱制之事成矣。猶記台臺之言曰："此實安危所係，但此事在未然。我爭之而成，未必有名。一爭之而不成，定有烈禍。然我儕臣子要與有濟國家[4]，名與禍都不必計。"嗟夫！世有此藎臣之心哉！惟台臺一去，二三老者未必無正氣好心，而不學無術，識差一著、膽怯一步。於微漸處眼慢[5]，於吃緊處著鬆，無相近相信人點破提醒，事故一壞不可收拾，小人反得倒之以爲用。故曰："深心先識君子，一去國門而禍已兆矣。"爲人用之小人，朝夷暮跖可勝道哉？已矣！無復言矣。年來老成力量周冢宰，猶有可觀。而一言去之，如逐小兒。百方搆害經畧者，計似已定。小人走乳保徑路已成，經畧當無安理。獨恨邊事兵刃未集[6]，豈容輕試？百方慎重，此不易之論。而彼人畢竟都與相左，何哉？周熊俱逐，何害？即楚人盡逐亦是無妨。恐汪劉之禍漸漸中於社稷耳！小人是何心腸？當時楚人輕信人相附，而畢竟殺楚人者盡相附之人線提也。特往時殺人不見刀，今乃自出手耳。已矣！無復言矣。川中事，今未知如何？大都變初聞時，謀在未合，機在猶疑。而援邊兵可借與附近土司可合[7]，有能如王文成夜趨吉安、項襄毅直薄賊巢，事未必不倉卒有成。乃使聞變之後，獨一秦婦人鼓義相逼，已見漢無男子，而又不見隨有人鼓其後，都可嘆也。今黔蜀二撫未知如何，而張涵月在磁州捕逃卒十六人，立斬以狥，差有可觀。未知此番動定不至失著否[8]？台臺視此，想不能無漆園女之憂也。看來大勢須是天祚社稷，必是司馬相而後太平可冀耳。日者，條風布煖，君子道與時亨，花間彩服，大椿日煖，是時三公不易一刻。某遠在深山，無能摳趨展望，亦生平缺事也。時因羽便，肅此申候。不盡之衷，筆舌終説不十一也。

【校記】

〔1〕又見六卷本卷五、三卷本卷三，題同底本。李騰芳（1565—1631），字子實，號湘州，湖南湘潭人。萬曆二十年進士，官至禮部尚書。

〔2〕"宫",六卷本作"玉"。

〔3〕"禍本"、"九月初一"之間,六卷本衍"於左"。

〔4〕"與",六卷本作"於先"。

〔5〕"慢",六卷本作"漫"。

〔6〕"邊",六卷本作"東"。

〔7〕"邊",六卷本作"遼"。

〔8〕"不至是著否",六卷本作"何如,即邊騎二三月來否,我不惹之使出來也"。

寄張學海[1]

某廢棄以來,屢蒙軒車不避險遠顧我。印堂古人,千里命駕。雪夜泛舟,未足多稱。至草蔬同飯[2],欵語連床,長者亦不我督過,則客之爲郭有道耳。原當登堂謁謝,並布積私[3],而冗與嬾會,似花柳前川,無緣領眺;倍得領畧妙旨[4]。兼得借觀武湖中生洲勝槩[5],數舍之地,若隔弱水蓬萊。楊生俗趣,在胸填塞,且亦報施之謂何慚,且汗淫淫下也。某北上,興猶闌珊。不出,爲畏避;出,又恐積負乘。真有左難右難者,翁臺更何以策之?引領明德厚誼,神戀戀如有結也,豈但尋常交遊之情與哉。令郎想董園不窺也,從來天不負苦心人,更不負世德人,好爲祝拳拳也。

【校記】

〔1〕又見六卷本卷五、三卷本卷三,題同底本。

〔2〕"至",六卷本作"不肖"。

〔3〕"私",六卷本作"依"。

〔4〕"倍",六卷本作"何"。

〔5〕"勝",六卷本作"盛"。

與荆州太守[1]

當在琴川，獲侍顔色。瞻韓御李，一日千秋。更辱肝膽傾披，獎期過重，感切至今如在也。所恨風萍聚對常難，而魚素緘題亦復慵缺，是爲罪歉耳。每念臺臺勁骨遠神，鴻威洞識[2]，的是支扶社稷名臣。出守三韓，正色率屬民，既溫焉如春；而當征檄如雨之時，獨堅持愛惜根本之論，存岬首善首累之民。畢竟是安攘至議，如此骨力神識、寧啻超超羣倫仁人之言，三韓至今受用無窮也。民有帖安而無虞擇走[3]，社稷之功亦於是爲大，此吾黨有心人共有同論也。三湘有幸借鼎匋宣，即今赤白之丸無有竊弄，而兵餉疊加之餘中澤鴈安。荆州，從來多事之地。當今有事之時，一人無虞於南顧，則綏靖消弭有受之者矣。每爲縣官手額[4]，若廢閒之人得以安枕深山，其戴荷怙冒，又不必言矣。

【校記】

〔1〕又見六卷本卷六、三卷本卷三，題同底本。
〔2〕"鴻"，六卷本作"馮"。
〔3〕"擇"，六卷本作"澤"。
〔4〕"每爲縣官手額"前，六卷本衍"不肖"二字。

寄路吏部[1]

憶乙卯夏，在京賞瑞蓮、大飽郁厨諸夠食時，竟是八年矣。無論世有變遷、人情幻化、大喪相繼、內外交慮，正我輩杞憂日也。所恃整頓乾坤、再襄中興者，惟用人是賴。年丈當今治平名世也，前總銓衡，計夾袋材館，收儲人才衆矣、確矣。此番推舉內外大小各得其人，於以毗輔一人，收拾羣策，廟堂之精采一振，而太平之氣象自新。弟伏在家園，何勝爲朝廷手額，不但在同籍之藉色分光已耳。至於弟附在梧垣，言非其職任[2]，曾以攻奸璫，停后封，受先帝之特知，謬欲爲少主杜牝晨之索，拂二三大臣跪請托婦人之議。異已猜嫌，居功議起。祇有一逃，免開爭端，即終身山林可也。不虞閏升謬及，弟擬冬盡春初，還圖一疏乞休。倘得所請，不失善息，成前年拂衣初心耳。年兄當有以力贊之也，如何？

【校記】

〔1〕又見六卷本卷六、三卷本卷三、二卷本卷下，題同底本。

〔2〕"言非其"後，六卷本脱"職"字。

與福建提學[1]

溷溷家居，即聞文旌指閩之信，亦未及遣一介江干，爲閩中材梗楠文夜月者，慶宗工遇而周客至也。且作人之盛，今五十年，猶用不盡。前哲芳踪，再見今日。弟更知此行，國家尤收無窮得士之效焉[2]。何者？弟以仁兄之心品骨幹自足開一經緯[3]，固與尋常局套萬有不同[4]，但拭目爲券以待耳。不意溽暑煩冗中，遠有手教從雲間下，披讀喜如對面，轉愧弟之嬾而野矣。閩之人文，原甲天下，以法眼收之，自是快事，未必不是難事。特以公慎之心，濟之以敏而參酌情理，則又聖人中道。前此衡文此地，如僉院之鄭元岳、少司馬之熊思誠，皆善作宗師。其事有可備裁酌，不妨采而用之。大都作如此等地方、如此等官，須要成一品格，令賢者共歸而後來可法，此亦終身根底所在[5]，想仁兄自有斟酌也。至於弟人微府疑，只宜束之高閣。無奈諸君子推引，屢有督促責備。但安分知止，終是弟初心。今遠志小草，念尚兩浮未定也。時情難調，時事難爲，恐出而無益於事，或反誤及國家、辱及知己。養由善息，亦是良法。仁兄知我，何以教我也？

【校記】

〔1〕又見六卷本卷五、三卷本卷三，題同底本。福建提學不能確定。文中之鄭元嶽，熊思誠，分別是鄭三俊和熊尚文。鄭三俊（1574—1656），字用章，號元嶽，池州建德（今安徽東至）人。萬曆二十六年進

士，天啓初，爲光禄少卿，改太常。崇禎時，官至吏部尚書。

〔2〕"收"，六卷本作"受"。

〔3〕"自足開一經緯"，六卷本作"自是問代經緯"。

〔4〕"固"後，六卷本衍"自"字。

〔5〕"底"，六卷本作"抵"。

與李夢白司農[1]

年來水陸灌輸，風雪霜露，拮据靡有寧居。若在漢高時，自當首勞鄧侯耳。試問如今部堂，誰爲勤倍功倍？而宮保蟒玉[2]，與優叙擢遷，偏不在此。每爲經濟名世欷愴焉！曾有一字附敝縣一運官，計或未及達也。嗟夫！於今時勢，似不可爲矣。凡實實做得事與實實濟得用、實肯做事以濟得用者，多出不得頭、結不得果，此世途之舛錯[3]，亦人賢之劫運也。然台臺之幾年勳勚，明在社稷，顯在人前，而遷叙獨在人後，則世運實爲之也。雖然，暫且冷一步、讓一步，尤大人之善藏其用，亦或造物者欲原其濟於留都重地也。翁臺當不以此言爲套爲漫也[4]。況乎父母俱存，兄弟無故，天人不愧，勳業在朝；以黑頭入座，少年犀玉，以佐斑衣，恐我朝無此兩福人矣。托在知契之末，又不勝引慶矣。至弟才非濟世，但放心欲尋五嶽之遊。春初已結伴泛洞庭君山，而同行人病，暫送寧家[5]。即圖買舟下匡山，而禮垣報至，便不敢出門矣。多事之際，言不出，疑於畏避；言出，則所挾持以往者何在？一或有差，則半生俱擲。況異己之嫌妬未消、乳倖之憤悁猶在？出，豈易言之耶？即成敗利鈍非所敢計，未必有補於時，徒供人籌計，亦儘無味。弟原欲上一乞休疏，商之李戴星，以爲不可，且謂非小臣體。梅長公書謂髯公不出，是無人理。而掌院則屢有字屬人督促，當以君父爲念。彼實不知弟此時出不出之難也，飲冰在念，出處交争。接得手教，披讀如面。中間開指詳慎，不啻謀己也。肝膽骨肉之誼，直令人剖腹藏之。大約時事都是精神散而不聚，邊寇既得倖以肆其内侵[6]，奸人又得倖以恣其外虐。須得當事者，確有深心，有所以聯屬衆正之精神，而更妙於用。君子既得從容以畢其用，而小人亦無所借以行其毒，而反入我之收拾而不知。乃此中收拾在外易，而收拾在内難。客、魏二物，日近日親，此豈易動？外若激之，反迫而爲奸人用矣。此須有去之之法，要於一摘即下，不則寧寬之。而最上則更收之，使附我而爲善，乃爲大聖賢真作用。不然，自爲一網打盡，而禍且中於朝廷，是亦我輩不能無過也。然此非言官能矣，台臺以爲然否？

【校記】

〔1〕又見六卷本卷五，題同底本；三卷本卷三，目錄題《與李夢白》，正文題同底本；二卷本卷下，題同底本。

〔2〕宮，原作"官"。據明金日升《頌天臚筆》卷五上《贈廕・獄中遺書》、明梅之煥《梅中丞遺稿》（清順治衛貞元刻本）《伸法疏（代某掌科）》改。

〔3〕"舛錯"，六卷本作"乖舛"。

〔4〕"此"，六卷本作"不肖"。

〔5〕"送"，二卷本作"返"。

〔6〕"邊寇既得"，六卷本作"寇得"。

與楊總督二首

其　一[1]

台臺當今名世，振古真人。節制嚴疆[2]，赤白氛静，林庶瀾安。蓋帝倚金湯，世蘇霖雨矣。奢酋狂逞[3]，當其兇燄飛揚，荆襄直可建瓴下耳。卒之不敢望巴東一步[4]，而徐就擒殲。則軍中有一先破其膽，指受有以制其死命耳。蜀楚猶得爲天子之版圖，而不勤南顧之憂，誰實遺之？我儕二三小人之枕穩深山、席大雲之廕庇，又不啻百叩頭謝、日焚香祝而子孫百世祠也。摳趨未能，肅此代候，爲社稷手額。方叔壯猷帝心，簡在江漢衡嶽，靈式憑之。條侯扼七國三十六軍，嫖姚克朔庭十四萬騎，此一時也，熊羆伸威於疆場，蛇豕消孽於指顧[5]。所謂天子預開麟閣待矣，拭目俟矣。菲具不腆，聊以引改衣加爵之意，不欲爲虛文，并不敢作駢麗套語煩裁答也。盱衡錦江，山川草木，營壘旌旗，另一番氣色也。

【校記】

〔1〕又見六卷本卷六、三卷本卷三，題《與楊制臺》。楊鶴（？—1635），字修齡，武陵人。萬曆三十二年進士，累官至兵部右侍郎，總督陝西三邊軍務。

〔2〕"嚴"，六卷本作"巖"。

〔3〕"酋"，六卷本作"敵"。

〔4〕"卒之"後，六卷本衍"敵"字。

〔5〕"摳趨未能……蛇豕消孽於指顧"，六卷本作"摳趨未能，肅此代候，爲社稷手額舞蹈。私衷見於方叔已試之，壯猷帝心，簡在江漢，衡嶽式靈。再藉元老師，中有條侯，重以太尉專閫，何有七國三十六軍？霍嫖姚以司馬不足克匈奴十四萬騎。此一時也，熊羆伸威於靖虜，蛇豕消孽於指顧"。其中，"爲社稷手額"後，六卷本衍"舞蹈私衷見於"六字；"方叔"後，六卷本衍"已試之"三字；"靈式憑之"，六卷本作"式靈再藉元老師中有"；"扼"，六卷本作"重以太尉專閫何有"；"嫖姚"前，六卷本衍"霍"字；"克朔庭"，六卷本作"以司馬不足克匈奴"；"疆場"，六卷本作"靖虜"。

其　　二[1]

大方之敗，咎在驕而貪功。不鞭其後，與督餉者何與？兵敗在深山叢箐之中，欲人走數百里與之同死，從來無此法。惟是台臺，一片老成忠計見格。於驕愎者，國家不得收安戢之力[2]，且并後來委曲周到、念念爲縣官相成苦衷，都欲抹殺，此則公論之所共未平也。清泉白石、佳月好風，台從且共夷猶，從來公道終難晦暗耳。匪謾，匪謾。

【校記】

〔1〕又見六卷本卷五，題《答楊總督》；三卷本卷三，題同六卷本。

〔2〕"力"，六卷本作"利"。

與豫州方伯[1]

某欽向大君子，積有幾年矣。日昨躋堂得望顏色，衡宇一接，氣味倍親。譬如物遇芳春，氣脈根荄兩無所將迎，而物候春光相悅以解，欣欣向榮矣。稔惟台臺，直方以大[2]，清任而和。自是於今治平名世，倘得早晚入正衡鈞紀綱之地，持其大體提挈，袞正襟領，收拾羣材精神。而宮闈之陰翳、仕路之糾纏，妙有搏挽而消釋之；還自刷其腎腸，以爲縣官用周成之業所可旦晚遇者，此社稷福，弟且爲日望之矣。若夫召伯之句宣，君陳之鰲，保中州固厚，邀一時造物。然東方或不能久有袞衣也，紫氣想當即指汴水。無及再圖領教，斗山又覺漸遠。耿切之懷，時有展轉矣。

【校記】

〔1〕又見六卷本卷六，題《與王玄州方伯》；三卷本卷三，目錄題《與王洲方伯》；正文題同底本。

〔2〕"方以大"，六卷本作"大以方"。

與董誼臺[1]

當在長安，獲領提誨，私幸西北有長城矣。脫非威懷妙有機權，此卜素二物，桀黠不啻十倍也[2]；而我復無股肱之憑[3]，何恃而不恐？社稷之功於是爲大，非故爲漫也。嗟夫！兵餉竭盡，域中講戰講守，章奏日上，壯猷儘不相下。一旦不見敵而先逃，經撫何事安危之付托[4]？何重而尚不爲國受法耶？蜀黔之變又復多，縣官一事亦難謂，非庸人擾之。今聞逆賊[5]，逃者逃、解者解，強半社稷之靈，尚不敢謂人謀盡臧也。楚蜀調兵一節，徒示重於土司，又無益於禦敵。至於未見敵而逃，護之出疆[6]，又送之歸舍，徒增經過雞犬一番不寧，而且又熟以內地之空虛。竊恐老公祖并州之憂，尤未能歇也[7]。大率今日太平之望，統鈞用人得當，中樞經理有條。誰謂天下事即不可爲[8]？是在老公祖早奉特簡入耳。朝廷多事，非忠臣孝養之時，板輿萊服花間，老公祖須十年後言之也。引領師日，披覯何時，瞻切未一。

【校記】

〔1〕又見六卷本卷六、三卷本卷三，題同底本。董漢儒（1562—1628），開州（今河南濮陽）人。萬曆十七年進士。由河南推官入户部主事，歷湖廣左右布政使、右副都御史，巡撫湖廣。光宗即位，拜兵部右侍郎。天啓二年，升兵尚書。後魏忠賢乱政，不復起用，卒於家。

〔2〕"十"，六卷本作"寇"。

〔3〕"股肱"，六卷本作"坌河山海"。

〔4〕"付"，六卷本作"副"。

〔5〕"賊"，六卷本作"敗"。

〔6〕"出疆"，六卷本作"入關"。

〔7〕"尤"，六卷本作"猶"。

〔8〕"誰"，六卷本作"難"。

與蒲圻長[1]

側聞老父臺之治蒲也，清似玉壺冰、明如素霄月、直如朱絲繩、溫如嚴冬旭；年來斗杓之所斟酌、雨露之所滋扶、風霆之所鼓舞，山川另是一番氣色。今春再過漢陽，漢江左右誦述德政，種種不一。蓋山林牧豎無心言之，弟無心聽之。言者色飛，聽者不覺神舞。當欲飛舠直問蒲圻次[2]，且未果。而山陰之棹，不必見戴。而此嚮往精神，至今猶欲前也。接得手教，如奉溫嚴。中間崇獎非分，翻愧兩朝非常眷顧，報稱未終。感激之餘，不覺汗下也。弟既幹濟無長，山林猶足藏拙。前奉不必起用中旨，深幸婦寺愛我。已放意尋方外之遊，不意忽有前命。多事之際，言不出疑於忘君，言出則所爲籌時副位者安在？若無濟於時而徒取容焉[3]，又非我輩本色，則此出亦甚難矣。惟是有濟於時，無曠於官，斗衡在望，庶幾推安節先生之愛，終有以斟酌我乎？真切！真切！至於政聲第一，無論全楚直指，固有人倫之鑑者。即弟秉懿之好，亦何敢後人？佳蹟報成，清華虛首席以待矣。

【校記】

〔1〕又見六卷本卷五、三卷本卷三，題同底本。

〔2〕"問"，六卷本作"聞"。

〔3〕"焉"，六卷本作"容"。

寄李侍御[1]

稔惟台臺，覺在民先，心能我盡，真能以天下爲任，非但以富貴功名了此一生者。當時一奉顔色，即傾倒未深。而目擊道存[2]、勁骨遠神、罡風沉識，至今猶在精神窹對間也。每念於今世道，綱紀頹倒殆盡，正氣摧折無餘，固由險仄之人，過用其偏，亦由意氣之激，交成其釁。釁開而鬪起，或又用兩停而中調之，調之未必平，而究猶爲險者用。此世界之所以蕩平無時，而正人常不得盡出爲縣官用，則主衡轉鈞者，未能妙提其關楗，而徐歸於準平耳。入夏以來，二三同心人[3]，費盡如許精神，期得一有骨力者統鈞[4]，庶幾正人之幸乎？而大關頭未清，即轉爲巧手潛撥，當時急圖正己物正，大人入贊銓衡，庶蓬麻扶直，而竟尼於俸之深淺，直是天之未即欲平治天下耳。觀今事勢，夫寧當事者受人之陰用，而且受我爲用者顯攻矣。可嘆也！可嘆也！

【校記】

〔1〕又見六卷本卷五，題《與李侍御緝敬》；二卷本卷下，目錄題《與李侍御》，正文題同六卷本；三卷本卷三，目錄題《寄李侍御》，正文題同六卷本。李日宣，字晦伯，別號緝敬，江西省吉水縣人。萬曆四十一年進士，授中書舍人，擢御史。崇禎時期，官至兵部尚書、吏部尚書。

〔2〕"擊"，六卷本作"及"。

〔3〕"二三同心人"前，六卷本衍"不肖等"三字。

〔4〕"得一有骨力者"前，六卷本脱"期"字。

寄方孩未[1]

一别長安，即音耗亦曠也。乃國是梟爭之際，力有主張，於今衆正盈朝，誰爲開闢？所謂一柱砥定，翁兄真爲不愧。而一年拮据疆場，盡其在我，臣力竭矣。郭令公陝州之潰、韓魏公好水之失，亦事統不歸，而機非在我耳。弟日爲社稷慶，而亦爲仁兄苦。若弟之躲嬾深山，曾不能於多事之際，效一言之用，真先帝之戮民，而衆正之罪人矣。昨夜實夢到壽州奉候，悲喜交集，醒時甚詫其奇，如何得一即真？無何而手教到矣。未開讀時，喜不可言。豈精神之感通兩人，固形骸亦渾者耶？及開讀，言言慷慨肝膽，爲國忠愛。弟實感而涕下、愧而汗下矣。大抵長安事，羣奸巧弄機關，但可倒翻世界，成紹聖之禍，便可置冲聖於不顧。今幸留得皇帝在，而喫緊處二三大老猶得力。但言路上舊識同心，已多星散。續到新來，不同如面。

雖外之大奸，覺稍攻動，而猶耐彈。不知正人雖多，恐其氣嬾而疎。皇上既不能主張，首輔又復調停，且摸捉不定。此一人鬼關頭，弟甚危之。世道剥復在此，弟亦未必無心，止是力量識見止此，恐無濟於用。年來絕夢長安，舊聞新得，俱都荒落。聞命之日，不勝飲冰，恐無以籌時難，定羣梦，副衆正之推引，更於知己有遺羞耳。此心血，非門面話也。尚圖專人請教，不知路可取道入山否？即擔簦千里，亦所快心。况手教見招，能無色動？恨不即生兩翼飛到堂前也。至於弟蘊蓄原薄，每事筆下，發揮不透。若端居有暇，今日第一緊關當言事，願一一示我。古人所謂但有益於國家，名不必自己收也。真切！真切！

【校記】

〔1〕又見六卷本卷五、三卷本卷三、二卷本卷下，題同底本。方震孺（1585—1645），字孩未，號念道人，祖籍桐城，移家壽州（今安徽壽縣）。萬曆四十一年進士，初任沙縣知縣，官御史。工詩文，善繪事。

寄友人[1]

弟於老掌科未得交也，得讀《最初入告大疏》，朝夕額手爲朝廷慶，直欲五體投地，爲正人謝，不在喜其同己也。炎州兄過應山，弟謂古稱一人定國，老掌科有焉。邪正治亂，只在初機一轉耳。老掌科無謂弟言漫也，當彼人之入也，實有所挾以來；同鄉乾子在帝左右，而傳來衣鉢之黨羽，內外交聯，前三大事謂可指顧定耳。惟有袖中彈文，奸邪慎而歎焉。中阻招呼之人既占風半散，而密謀之人亦躡足而不敢動。已而乾子窶而一錢無，又飛報長安也。則直臣一片血誠，天人效順耳。於今世界已屬造化手撥轉，我輩無白馬之禍。而一應護持元氣，厚集正人，杜防邪謀。老掌科自有斗酌秤停，何容更贅一詞？惟是假歸一字，則萬不可脫於口。即烟霞心切，而報國方初，亦須收成此一樁大事。即高堂在念，而花甲初周之親正望子報君之日。老掌科力以立身行道，致君顯名，爲今日五彩之舞、萬年之觴，於孝孰大？老掌科當不罪弟未交面而深語也。

【校記】

〔1〕又見三卷本卷三，目錄題《寄阮元海》，正文題《寄阮圓海》。阮大鋮（1586—1646），字集之，號圓海，桐城（今安徽樅陽）人。萬曆四十四年進士，先依東林黨，後依魏忠賢，崇禎朝以附逆罪去職，後在南明官至東閣大學士。

寄周守道[1]

弟北上有如許意緒，欲一面請教，竟不得也。大都不能不出，但不知可緩至中元後否？弟此一入，隨事效忠，成敗利鈍，非所敢計。名不欲沾，禍不欲畏，只怕識淺，一時差錯，開罪國家，恥及同籍，中夜有幾感慨焉。而最苦者，恐要我管察。年來察事，定多一番翻案。未必關後之人尋事，亦自主事人稍狃成心耳。弟意只以朝廷爲主，以能否還其職掌、以賢不肖適其人品；亦並不兩邊照看，惟秤之以平，而行之以恕。總之以不忍錮人盛世爲心，庶幾其可乎？若得李戴星改管，弟亦願以此相成，老公祖其以爲何如？眼前邊事若急[2]，而其實君身君德爲緊。客魏二物，親密不解，此大可憂。此事弟當一言，弟意此二物既是潛邸相依，今復柔媚日親，疏上，恐入未得省覽[3]，即覽未必能行，徒以言爭無益。此中須得一妙有以去之方，不然，彼與外奸相固，小人益得借之行私，而天下事乃壞不可收拾矣。同譜同心兄弟有幾？而深心遠識、饒有幹濟又有幾？願年兄之有以教我，而不至於迷也。真切！真切！

【校記】

〔1〕又見六卷本卷五，題《與守道周公祖》；三卷本卷三、二卷本卷下，目錄題《與周守道》，正文題同六卷本。

〔2〕"邊"，六卷本作"遼"。

〔3〕"疏上，恐入未得省覽"，六卷本作"疏入，恐上未得省覽"。

與游侍御肩生[1]

年來國勢不支[2]，皆邪黨摧殘有用之人。凡出頭做實事者，便不得其位；一切在位之人，惟養交投降做工夫。職掌委如故事，故百事隳頹。眼見國家如坐漏舟，大有不可撐持之勢矣。二三年來，陽明之氣稍藉仁兄共二三君子合力同心，聯屬正人護持元氣，約畧來復。然重陰剥蝕之後，一線陽生，其何能補？從來正不勝邪久矣。毛禹門之削籍、舊司寇之斥逐、舊宗伯之挂冠，世界幾於倒翻矣！而吾黨迂闊，既娛堂不爲深防，且復借以題目。夫環而攻之，二三領袖正氣之人，恐不能安其位。一不得安，而此番邪正顛倒，當不忍言，此氣運也。奈何大都彼中善借人，又善收人，今日機穀[3]，想又出此。而吾黨直拙到底，不求所以服其心，使之無所庸其間[4]；又不求所以聯其交，使之無所庸其挑。苟非邀社稷之靈，君子道長，善類能不空哉？夫禍在善類，尤可言也；少主孤立於上，羣奸內外煽惑於下，想到勢所究竟，直欲共二三有心人痛哭一場也。福唐氣局猶正[5]，昨爲總憲開發一疏，甚是有見。但得明主專聽，左右不能搖惑，中間吾黨一有心人善出疏駁，諸君子無復惡語相加；使二三老成，平平正正，維持察事[6]，世界或猶見有開明之象，然而不可得也。某七月將已北上，爲徐道長惡語暗刺移宮事，不欲與之計較，故一疏乞休以謝之，免其訛訛。不虞疏未入而已聞升。弟意言官未及即出京堂，無即出之理。雖二三君子，有信相促[7]，然弟入未必有益於計事；而弟猶計事中人，何所自信而公然北上乎？此弟所以欲稍遲也。眼前病根所在，還是客、魏二物，彼中全於此用精神，此處不清，世界終要倒翻。未見有說到痛癢處，大疏若於此處打開點破，即未必能行，而亦令奸邪落膽。我輩要於利社稷而已，官何足惜？弟雖未見大疏，一聞此言直舉手向天，願天祚國家，使正人言得行也。長安中賜環諸公，氣象一新，再無使數君復爲彼用爲彼收。方是經綸妙手，受福不獨吾黨也。念之，念之。

【校記】

〔1〕又見六卷本卷五，題同底本；三卷本卷三、二卷本卷下，目錄題《與游侍御》，正文題同底本。

〔2〕"國勢"，六卷本作"東西"。

〔3〕"縠"，六卷本作"搆"。

〔4〕"庸"，六卷本作"容"。

〔5〕"局"，六卷本作"脉"。

〔6〕"持"，六卷本作"推"。

〔7〕"信"，六卷本作"字"。

寄左浮丘二首

其　一[1]

恭喜臺遷，涉海到岸。計年兄在衙門中，護持正氣，聯屬同心，杜防宗社危機禍本，多少良工心苦，寧國受其益而我不必有其名。庚申中秋後，深夜三嘆，猶記年兄之言曰："我輩爲國家期於事濟，豈怕一死？

只怕死而無濟於事。"既而面諭[2]，稍遠臥榻，謀后之奸不成，牝晨不至家索。此一點血心，九廟神靈，獨有式憑耳。古稱一人定國，丹心夾日，年兄當有之。第欲却神功，寂寂若無[3]，則又韓魏公之不處功名耳。小人欿欿不忘，亦復以此，我輩成敗都可付之天下後世而已。接得來諭，謂宜避息山中，亦自善藏。而此時邪氛猶惡於中，微有撥轉，善為提掇，還須年兄著念，所謂無棄以為休也。年兄當不謂弟為漫，弟以人微府疑，為羣小惡口相加。雖幸公道猶明，而吠聲終是未免，或亦當開頭大發一番。自是骨肉至愛，但弟遠去長安，疏入，未知得到御前與否？奸人不免相駮，一時答應未便。弟妄意小人藉口，直是誣以通王安，假傳聖諭，為居功地耳。

畢竟移宮原是公論聖諭，終是皇上召至乾清，手付閣臣與十三人，共見上說"與他有仇"。而垂簾之說，則庚申九月初四，滿朝駭傳，欲上公本，以爭未果者。而正路幾番疏列，似已明白，當日會議於移宮事，曰非諸臣力持大義云云。而巧言惡罵若言促移宮者，又已外察處矣。有謂弟儘不必直辯者，郭金豁惡語亦不過牽帶數言，旋向人自悔。不如始終成就一個不爭，未嘗不是弟故安心不言一字，只圖五月內一疏乞休而已，年兄以為何如？

【校記】

〔1〕又見六卷本卷五、三卷本卷三，題同底本。左光斗（1575—1625），字遺直，號浮丘，桐城縣（今安徽樅陽）人，"東林六君子"之一。

〔2〕"面諭"，六卷本作"女戎"。

〔3〕"寂寂"，六卷本作"寂"。

其　二[1]

弟去歲奉教後，實已絕出山之念矣，知有不相容者在耳，不知何故又躐陪僉院。若徑出又似冀正推矣，益決念請告。昨偶見邸報，范含初《請封選侍疏》中，誣捏先帝如許話，且描寫溺於選侍光景，三番召對，皆以是故，至於臨死，猶極惓惓。若選侍有必不可忘之恩，而皇上為違命不孝之子，總不必論。此其意無非重促移宫者之罪，成己碌碌隨人之是。夫使人之羅織兩朝不君不子之名，至於痛念氣毆聖母之至情，而絕不見諒；傷心廷辱吾父之大義[2]，而反坐以綫提傀儡。弟實受兩朝特知，而署無一言辯明，譬之安心聽人辱駡父母，而博不疑長者之名，恐爲天下萬世之罪人矣。故欲秋初赴京一言[3]，即請掛冠也。

【校記】

[1] 又見六卷本卷五，題《再寄左浮丘》；三卷本卷三，目録題《再寄》，正文題同六卷本；二卷本卷下，目録題《寄左浮丘》，正文題同六卷本。

[2] "吾父"，六卷本作"君父"。

[3] "故欲秋初"前，六卷本衍"漣"字。

與蘇抑臺[1]

應山距德里未必隔弱水，而畢竟一對爲難，徒令人時動天際真人之想。弟年來家居[2]，於知己省候並疏甚矣，嵇康之嬾病深也。接得手教，披讀如對。中間相念相勖，至情逾於骨肉，弟之感而愧可知也。時事多艱，急須聖賢豪傑，鼎鎮柱持，覺世未易數數也。弟以人微府疑之物，衆矢交攢，不沉之海底不止。以托在同心，共二三君子費盡護持，必欲塵啟事以發衡泌之光，彼其一面，惡語顯阻[3]。而此且一面，破例閒遷在大君子，豈直私於此？不肖人亦曰："庶幾一片肝腸，或猶可佐吾輩，爲國家一臂使耳。"而不知弟非其人也。究竟終身何以副此推引？至去秋猶戀戀維桑，以善息爲念，不過欲借人言爲引避計耳。昨承左兄手教，重來謂伊欲寧家，須弟到乃決歸計。前不即出，今可出亦非可不出之時，力責不出。炎洲傳諸君子督促甚力，弟更圖一請，正乃手教。固且屬弟出也，當非他人漫語，弟恐出無益於時，或反以辱同心知己，則台翁當更有以振我。弟去年已收拾爲雲水之遊，後以機猶有待，遂纏滯至今。大抵世上滋味只是如此，不能做事業而但華膴，到頭有何趣處？

不如就裏尋些安頓[4]，是實受用。然俗骨入仙，亦難言之。翁臺久稱此中有得，他日膝行下風，願收爲雲鶴童兒也。懸切，懸切。鄭公祖識量氣骨，弟稱爲韓稚圭後身。此有所試，不獨吾楚。司理無雙，是翁臺夾袋中好人[5]，亦蘭譜中好友。有可推引，願言留神。

【校記】

〔1〕又見六卷本卷五、三卷本卷三，題同底本。
〔2〕"年來家居"後，六卷本衍"懶慢"二字。
〔3〕"阻"，六卷本作"沮"。
〔4〕"尋些"，六卷本作"安頓"。
〔5〕"人"，六卷本作"風"。

與劉咨伯[1]

弟北行終是猶豫，知異己者終不肯放出也。未必有濟於事而徒與人角口，何益？只是不曾見人相沾，便不好先説請告，落畏避之議。昨炎洲曾走一徐景濂疏相示，駁孫宗伯捄方相公，獨説移宫一段"促移宫者攘爲奇功"等語。炎洲欲弟一請寬限，并即捄賈於疏末，意甚善。但捄賈可也，捄於徐疏之後，便似不可。今只單請告，並不入徐疏，意却又若不知不得。弟並淡淡發一揭，畧云：移宫是非，山中人不敢與知。惟是職曾從公卿疏請移宫，後於慈慶宫前妄有一争，迂愚不必用之。心以從來少年天子，當防落婦寺彀中。當時見先帝在上、大臣在下、科道在前，李選侍目無至尊，拉入推出，勒要封后。如此行徑與衆共見，不是風影傳聞。假如庶民之家，有此悍婦，家相家督，亦定爲主人動色。忽主人報逝，家人積寵所移，少子積威所劫；仍聽主柄家政，涸在一處；一或壅蔽籠絡，裹入彀中，豈有好事做出？此時親友，止爲主人之愛子，不及顧主人之愛婢，亦迂愚過計宜然。即處置稍失倉皇也，只筭得過計，不是不忠於主人之子，此一事也。移宫不是奪門，遲早間不能寸功於何有？事後不免府疑，則疑不在事也，在弟人微望薄之故耳。弟殊愧死。

當時訟念，言官當争天下是非、國家安危，不争一己心跡耳！一退以省議論，此弟去官之本懷也。不虞官去而猶餘疑在，當多事之日，以弟一己不要緊之往事，分緊做正經事時之精神。多一番推駁，則弟之罪乃大。弟猶言官也，不欲爲妝聾作啞，佯若不知，甘隱忍頑鈍之誚。弟又不欲争而去之言官也。終只自愧自訟，不多摭辨以傷不失和氣之雅。而病臣一念愚衷，則願諸正人君子一德同心，合大精神，以安内攘外，共襄成中興之業。山林負罪陳人，即没齒無怨言矣。此時一拜太尊，回家即發人北上，親家有以酌我乎？欲一過澴川[2]，恐稍遲也。倘得請，或得嚴處也，了得一場事何如？只熱人眼，費我嘴耳。

【校記】

〔1〕又見三卷本卷三，目録題《與咨伯》，正文題《與咨伯書》；二卷本卷下，目録題《與咨伯》，正文題同三卷本。

〔2〕澴，楊祖憲本、底本皆作"環"，二卷本作"澴"。

與劉念劬[1]

在長安一年，外患内憂，天運人事可嘆可駭至此。只是臣子苟有人心，少愛國家，當沖聖在御，不當即開輕大臣、厭言官之毒，成内邊威福之勢。此固可以快恩仇，只恐一時中於國不可救耳。兇燄甚猖[2]，此時已難收拾[3]。萬一胸腹再潰，他症再起，和扁爲誰，藥餌且乏，除是天祚皇家可耳。事勢至此，而元氣乖離，内外大小再無相成相協之念，如此而能外安内净[4]，未之前聞。此時福清平章、吉安總憲，氣候似近，然須與秉銓者一力擔當方好。若只照舊左右顧看，其亦何益？且恐兩老人終不令安其位耳[5]。於今人總不肯容人爲皇帝，有人誤錯護了，皇帝亦容了他也罷，況復躲嬾深山，日作觖觖，何也？

【校記】

〔1〕又見六卷本卷六、三卷本卷三，題同底本。劉應遇，字玉庸，別號念劬，湖北孝感人。萬曆十九年舉人，官至甘肅巡撫。

〔2〕"兇憸甚猖"前,六卷本衍"奢酉"二字。
〔3〕"時",六卷本作"事"。
〔4〕"安",六卷本作"寧"。
〔5〕"恐",六卷本作"怨"。

答傅東濮[1]

恭惟老親丈,德足鑄人,福能造物。即如弟無似邀倖清除,總拜雲蔭之旁敷也。第弟實在多年科臣,於君國毫無補拾。況復病廢兩年,於內憂外患緊事,都從躲過[2]。祇是在梁鶼味,豈真出谷鶯遷?方深愧怍,過辱寵嘉,領此注存,已深銘勒[3]。肅此代謝[4],至多儀則不敢承也。二小兒喜得一女孫,枝開吉亦實,分澤蘭畦。老母賤荆,祝申頂謝老夫人,幸附葭莩之戚,惟在引領翟車,圖一聚慶。惟無棄之蓬蘅[5],藉寵喜席,此亦閨闈倚玉,惓惓真意。老親丈其肯圓成,此懇切情乎?又望。

【校記】

〔1〕又見六卷本卷五、三卷本卷三,題同底本。
〔2〕"都往躲過"後,六卷本衍"則掛月之躐榮,實乘軒之象服"。
〔3〕"勒",六卷本作"篆"。
〔4〕"此",六卷本作"勒"。
〔5〕"蘅",六卷本作"衡"。

與鄭文水[1]

當初小人之亂天下,只是路道不令寬平,好生黨類猜度,一味好以偏處人、以氣勢勝人,故及於敗。若大人捄世,但以驅逐一二大兇頭[2],使路道開明,便聯屬同心,共做好事。存一憐才好善、恥獨為君子之意,嘉與維新,便共趨之路開,而窮攫之心息矣。大都世不乏小人,即天不絕豺狼,但使殺其勢、孤其緣、解其交,我但據不爭而勝之事理、不聯而密之精神，使小人亦服於我之無可乘，令其悔而從我，則天下事定矣。而惜乎今之猶未然也，防人之意多，自勝之策薄；各相競官之意多，而勉相併力之念泛。甚之，當軸者一意巧於避怨、密於迎人，發言盈庭，無敢執其咎。自家不肯時時謀君事，但曰事做不得，主少不可爲。提掇內外精神者，精神如此之泛，而不屬之天下，求天下之精神翕然不動，以歸於平章。從古以來，當無此治法。年丈以爲然耶？弟無當蹟居，內憂外患，都不能效得些力，徒負官而集忌。若聯合同心，無自猜異、無過狹隘，此心當有之，而衆人尚未迁從也。今天下吏治之弊已極，巡方者但了簿書、贓罰完事而已。於所謂望風解綬、奸盜屏跡者，幾於絶望。奈何！

【校記】

〔1〕又見六卷本卷五、三卷本卷三、二卷本卷下，題同底本。

〔2〕"頭"，六卷本作"頑"。

答祝東阿[1]

稔惟臺下，儀吉漸鴻[2]，望隆鳴鳳，拈花會上，探得涅槃妙心久矣。幾年鶴琴梟烏，直作遊戲三昧耳。尸祝已遍，萬家頌流，已堪千古。乃治平名世之業，天下所望於左右者更重而且遠，東阿則發軌之地耳[3]。大都擔當天下事，只在識膽。當年韓稚圭不輕以膽許人，乃稚圭之爲公輔器，則王公從其司庫務識之。蓋識膽固性各秉成[4]，要以撼之不動，熒之不搖。畢竟要在煩苦瑣屑中打透一番，始當事握有把鼻，故作縣是我輩終身受用，只是我輩多於此中忽慢放過耳[5]。台從此中深有勘證[6]，火裏尋出蓮花，大地無往不歸清凉世界。恃愛妄言，忘其聾而好言，審金石之音矣。化國之日舒長，恨身未能游咏[7]。接得手教，不減坐和風湛月中也，如何快鬯！第崇奬過當，則無以承當也。肅此代候，並謝總惟照在。至於循異聲華，已指不二三屈，無論三户楚矣，我輩且分榮色焉。事業遠大，惟台從益好爲之。促對何時，多是輯玉之日也。有懷拳切，未一。

【校記】

〔1〕又見六卷本卷五，題《答東阿縣祝》；三卷本卷三，目錄題《答東阿祝》，正文題同六卷本。

〔2〕"吉"，六卷本作"自"。

〔3〕"發軌"，六卷本作"廢轍"。

〔4〕"各"，六卷本作"分"。

〔5〕"慢"，六卷本作"漫"。

〔6〕"證"，六卷本作"誼"。

〔7〕"咏"，六卷本作"泳"。

答雲南羅汝元巡撫[1]

滇南天末，況今內剝外驚，臺下彈壓綏靜，與掌運帷籌，令助逆元兇授首，而風林生齒獲奠安瀾，此其澄清之烈，社稷實式靈之矣。讀諸奏揭劃當詳贍，即語陸宣公奏議，當亦無讓服。服肅此布，復憑楮戀切，未一。

【校記】

〔1〕又見六卷本卷五，題《答羅汝元雲南巡撫》；三卷本卷三，目錄題《答羅汝元》，正文題同六卷本。

答甘肅李巡撫[1]

稔惟台臺，包孝肅笑比黃河之清貞，范文正憂以天下之骨力，某斗仰海宗久矣。天祚官家，幸洛社不能久滯。曳履彤墀，朝端大開氣色。即今鼎藉節鉞嚴疆[2]，我知邊人聞之[3]，寒心懼膽矣。韓范諸公之烈，再見今日。我輩額手爲慶，惟是正己物正。大人在外，則邊疆重[4]；而在內，尤廟廊重。夫襟領裳正以均統四方[5]，我輩引領更倍切焉。則西夏功成即入平章[6]，韓范兩公之故事，自在台臺，豈復他讓拜鼎翰之及[7]？肅此代候，并布積依，統惟照在。至於某倅逃彼其刀斧之餘也，向來鍛鍊罪過，仗諸君子過爲推引，叨附清班。但不知何以無負同好，以有益國家。台臺愛國愛人，且并托在同味，當有以振而教我。真切！真切！

【校記】

〔1〕又見六卷本卷五，題同底本；三卷本卷三，目錄題《答李巡撫》，正文題同底本。

〔2〕"嚴"，六卷本作"巖"。

〔3〕"邊人"，六卷本作"諸寇"。

〔4〕"邊"，六卷本作"巖"。

〔5〕"均"，六卷本作"鈞"。

〔6〕"西夏功成"後，六卷本脱"即"字。

〔7〕"復他"，六卷本作"其有"。

答宣府王巡撫[1]

稔惟台臺，文武憲邦，治平名世，韓范威望孚在中外久矣。即今藉鼎宣雲，舉十餘年，驕恣難下之寇，一旦就我戎索，此豈可以虛聲借者？膽寒老子心服天人，所由來耳。萬里長城，社稷實受明賜，我輩之安枕金臺有燕及友朋者，又不必言矣。目今西邊欸事，費盡無筭金錢，公然殺將屠人，恐未便即是悔懼。必有以制其死命，令不得不頰首屈膝，而後漸加之恩，庶爲得當。計台翁有以鼓掌圖廻於此也，我輩實引領望拭目俟矣。真切！真切！

【校記】

〔1〕僅見三卷本卷三，楊祖憲本、底本均未收。

寄　　友[1]

在家常得相聚，甚是快暢。中秋匆匆相別，過勞遠送，感念在心。

一入都中，便勞苦無一刻之閒，卻又無一些事得當。長安光景，都是如此[2]。可嘆！弟原意出山，圖得九月，先人可改一封。不知受過封二次者，須題一本。又思纔方到京，上本求封，似於義未安，怏怏而止。未遂出山初心，徒奔走拜客赴席，弄得睡也無一好覺、飯也無一頓好喫，卻悔上京好淡矣。想望明年得奉一差回，仍共聚首促膝，何快如之？又恐長安人不肯任弟偷閒耳[3]。人歸草草代候，京邸嚴寒，獨身孤寂。台從於雪夜風朝，擁爐呼酒，親知吟嘯；不念楊生此時非僕僕冷面送迎，即慄慄呵筆作書與忙忙問夜如何其乎？不盡馳戀，統惟照在[4]。

【校記】

〔1〕又見六卷本卷五、三卷本卷三，題同底本。

〔2〕"卻又無一些事得當。長安光景，都是如此"，六卷本作"却又無一些事做，看長安光景，都是如此混帳"。

〔3〕"任"，六卷本作"等"。

〔4〕"不盡馳戀，統惟照在"，六卷本作"不盡瞻戀，統惟臺照在"。

答岳撫院[1]

王三之獲，實銷海內隱憂。蓋此曹終不能成大事，而蜂蟻屯搆亦必殘傷多命，撲滅費手，山東故事可見矣。然則今日計擒智獲，與恊同戮力者，安得無功？廟堂之上，公論自在也。台臺以未得元兇，起人之口，既已得元兇矣，豈復有去理[2]？明旨慰留，甚至願言爲重地料理，以完前功。餘惟拳切[3]，未一。

【校記】

〔1〕又見六卷本卷五，題《與岳撫院書》；三卷本卷三，目錄題同底本，正文題《岳撫院書》。

〔2〕"豈"，六卷本作"寧"。

〔3〕"拳"，六卷本作"眷"。

與熊操江[1]

豐芑重地，鼎藉紀綱。眼明力定，識遠機沉。中間保護正人，肅清邪祟，綏净地方[2]，留都宮殿山川，另是一番清明氣色，固已社稷實式營之[3]。若朱庶人之變，聲色不動，殲其渠魁，解其羽黨，消弭在宗社烈禍，保全又在君國元神，如此元功，當王文成已，事猶在焦頭爛額之第二義也。從來大臣精忠[4]，殫心竭力，要於國家陰受其福，而我且不必有其名，又何論功？然我輩論人論事，須體勘至此，方於一應縣官，事有沉實幹濟。惜乎今之君子，每事當機微關險處，都不著眼、著心、著手，而如處朱庶人一節[5]，亦從閒閒説過、泛泛看過，反於事本容易消弭。平時無綏靖密力[6]，有事無收拾捷法，當事無肅清權術，或僥倖無事，或屠戮無辜，而絶不相干之人、不相干之事都作功勞論叙。大家蟒玉贈儴，彼此互相恬安。搦筆至此，不免爲之扼腕長嘆，台臺其以爲然耶？弟本碌碌謫謫，幸附在聲氣之末，而班行祗縻公廪，世道毫無建明，辱諸君子推引，濫冒清班，已深惶恐。今復濫竽紀綱重地，恐稱副未能。於一身聲名，何足芥惜？將無辱同心同氣顔色乎？有以匡持提挈，願大君子愛世愛人，無即棄我也。接得手教，如奉顔色，但恨無能面有請對耳。天下大事，今昔清議，南北正人，主持襟領，專當有屬，願言珍重此世道倚毗之身也。弟引領卿雲，不勝拳切戀注。

【校記】

〔1〕又見六卷本卷五、三卷本卷三、二卷本卷下，題同底本。熊明遇，字良儒，號壇石，江西進賢人。萬曆二十九年進士，天啟元年，官南京右僉都御史、提督操江。天啟五年，内閣中書汪文言被魏黨所害，熊受株連，被革職，謫戍平溪。

〔2〕"净"，六卷本作"静"。

〔3〕"營"，六卷本作"靈"。

〔4〕"臣"，六卷本作"聖"。

〔5〕"而如"後，六卷本衍"於"字。

〔6〕"綏靖"，六卷本作"戡寧"。

答浮梁張令〔1〕

稔惟明府閣下，品稱湛露金莖，器是撐霄玉柱，居然公輔遠量，天下有待治平。即今借鼎琴堂，亦是小見行道之端，爲銓諫借轍先耳。弟欽仰已久，豈惟河潤〔2〕，實切斗依，但未獲一御李并題梅也。我輩作縣最苦最勞，而行吾所蘊，朝猷念夕恩膏，亦惟得百里之地而君之，足以宣鬯德意，且歷剔煩難。經披搖撼，不惟煉識，并足煉膽。透此一關，天下當無難事。想臺下已自得之，不謂弟言爲漫也。鼎望已隆，清華自虛，首席以待，但需次内召耳。得接手教，如奉顏色，再拜芳問，概不敢承。又不敢不於孔邇大賢，一領授餐之雅矣。數行代候，一布依依，統惟照在，何既瞻馳？

【校記】

〔1〕又見六卷本卷五，題《答浮梁縣張父母》；三卷本卷三，目錄題《答浮樑》，正文題《答浮梁縣張》。

〔2〕"豈"，六卷本作"寧"。

答按臺周來玉〔1〕

往者劉瑾汪直世界已在眼前，荷老公祖岳力罡風，與一段愛君愛國至誠貫入，於才情氣魄著不得之地，故一敵神奪，而大憝就戮。此其所救於國家者遠，而且大沾沾功在人才正類，又其小者也。世界正賴維持，何以讀禮見奪〔2〕？實吾楚之無緣得偏私大人造福也。惟是人生有不可逃之數，人子有必不免之慟。要以子而爲國之楨世之瑞〔3〕，何必不千秋長在、定省有終而顯揚無窮？又在老公祖之善自得吾情矣。棘人欒欒，尚失遣候，拜手教之，及愧惻如失。肅此代布，依依尚圖崇候。伏惟勉強饘粥，節勞抑痛，爲世道倚重之身倍加珍重。庶見素冠，我心菀結。總惟照在，未靈一一。

【校記】

〔1〕又見六卷本卷五，題同底本；三卷本卷三，目錄題《答周來玉》。

〔2〕"何"，六卷本作"向"。

〔3〕"楨"，六卷本作"禎"，底本有誤，當依六卷本改。

回馬總戎[1]

久仰大將軍威名，霍衛後身也。楚黔借鼎秉鉞，我輩方幸報平有日[2]。不意輕率者易敵而不設備，驕吝而不聽忠謀遠畧也。夫將軍受師而出，全師而歸，亦須論其人之所以敗，與姑耐以畧後功，又不在憤憤一戰、從債事者俱盡也，則庶幾大將軍今日之謂乎？郭汾陽未嘗不有十路之敗，韓魏公未嘗不有好水川之敗。今日已於當事者議大方之敗，各戴罪立功，亦自得當。夫無忘會稽之辱，厲士鼓兵，遠圖好箸，務佐新撫，早收孟明曹沫之功名[3]，是在大將軍之好圖之矣。接得翰教，並禦賊條議，讀之見圖賊老成之見，而不能不扼腕於剛愎之自戕，令英雄反落人議論中也。引領劍履，紫雲映護，企望平蠻捷音飛入黃金臺也。憑楮何勝，馳切延注。

【校記】

〔1〕又見六卷本卷五、三卷本卷三，題同底本。

〔2〕"報平有日"前，六卷本衍"酋醜"二字。

〔3〕"沫"，六卷本作"劌"。

答四川按院[1]

稔惟臺下善與人同道，從夏大，弟得附同臺，自幸蓬從麻直，方歎無能。報副邀庥，再躋一階。總之維鶴乘軒，終慚踞諸君子上矣。苟其負乘遺譏，自是衙門之玷也。庶幾有以教我，俾無隕越，可乎？遠承手札，期許非倫，有勒爲中心之藏耳。至於黔山土酋諸種[2]，大都無擾之可耳。中間綏輯其凋殘，而敉靖其觀望[3]。藉臺下澄清之烈爲多，我輩無憂西一路矣[4]。數行布謝，統惟照在。

【校記】

〔1〕又見六卷本卷五、三卷本卷三，題同底本。

〔2〕"至於黔山土酋諸種"，六卷本作"至於松山銀歹諸酋"。

〔3〕"靖"，六卷本作"寧"。

〔4〕"無憂西"後，六卷本衍"戎"字。

答項工部[1]

久仰臺下，清貞骨力，卓逸風猷，天下有待治平，自是於今名世。某未獲交也，而賢者頌述，固不減時對左右矣。即今借鼎要津，通商裕國，幹濟時艱，所謂初試清通之量於濟川之用耳。接得手教，如奉顔色，姓名得附掌記記存，不失名下一士矣，感而喜可知。惟是獎藉過分，終不禁汗滛滛下耳。引領卿雲斐亹，使星上下。何當披覿，憑楮瞻馳。

【校記】

〔1〕又見六卷本卷五、三卷本卷三，題同底本。

答劉侍御[1]

臺下道備四時之氣，風高百世之師。立朝持具[2]，千仞鳳裁。省方懋隆，百世駿伐。如此真御史，恐今昔未易數數。淮陽既江左名區，更豐芑重地。民澆日盛，奸宄亦復風起。近日且聞有山鳴之異，中外殊有杞憂。今幸有大人運斗魁其上[3]，心有必盡，力有必竭，以綏輯彈壓之。定知氛净瀾安，我輩可高枕歌太平也。翁臺幸好爲之。

【校記】

〔1〕又見六卷本卷五、三卷本卷三，題同底本。

〔2〕"持"，六卷本作"特"。

〔3〕"大人運斗"後，六卷本脱"魁"字。

答順天鄧巡撫[1]

方今邊事最急[2]，以爲逼近門户之患也。某則謬謂爲門户，計誠當急，備禦於藩籬[3]。而或者門户，但壁立空虚，則樊籬無所憑以爲後勁，而氣易中餒，堂奧亦因以無所恃而易爲外驚。故關門之内，都門之外，必當簡名宿、蓄膽兵於此，作隱然虎豹之勢，壯國門之聲援[4]，厚神京之備禦。故邊事最重，莫如揀將；練兵之重，端不在速戰遼城門下矣[5]。台臺於今韓范一人，特簡建牙中間討訓軍實，固劑民心，不於聲色張皇，默爲桑土拮据，"抑抑"之四章，若爲今日誦九廟當式憑之矣。畿輔農郊，有甲兵十萬，長城千里者在焉，關門有事無事，長安俱可高枕，我輩但有額手以慶矣。

【校記】

〔1〕又見六卷本卷五，題同底本；三卷本卷三，目録題《答鄧巡撫》，正文題同底本。鄧渼（1569—1628），字遠遊，號蕭曲山人，新城（今江西黎川）人。萬曆二十六年進士，官至僉都御史，巡撫順天。忤魏忠賢被貶官，崇禎初放還。

〔2〕"邊"，六卷本作"東"。

〔3〕"藩"，六卷本作"樊"。

〔4〕"國"，六卷本作"關"。

〔5〕"故邊事最重……門下矣"，六卷本作"故東事最重，莫如遵化；遵化之重，端不在關門薊門下矣"。其中，"邊"，六卷本作"東"；"揀將"，六卷本作"遵化"；"練兵"，六卷本作"遵化"；"速戰遼城"，六卷本作"關門薊"。

答大理同知王育德[1]

稔惟老鄉丈，鼎衡之器，自足匡持斯世。天末一州斗大，豈足展驥？而此斗大城也，內苦民窮，外虞邊患[2]。一朝有事，無備無恃。竟憑遠心碩畫[3]，有以奠之安全。此中保全多少民命，功德且與滇山滇水共高深矣。二郡一擢，豈足言優，庶幾即晉藩臬，稍足大其設施耳。久仰鼎望，莫遂通名。接得手教，叨萬里注存也。并得悉當日勞苦功高，尤是快事。引領卿雲，斐顏披覿，如在天上。曷勝戀切，曷勝馳注。

【校記】

〔1〕又見六卷本卷五，題《答新陞大理同知王育德》；三卷本卷三，目錄題《答王育德》，正文題同六卷本。王育德，字澤寰，麻城人。萬曆二十八年舉人，初知嵩明州，東川王蠻之變，以擊賊功陞僉事，守永昌，移銅兵備。蠟耳山苗倡亂，育德入其界撫之，黔賴以安。

〔2〕"邊"，六卷本作"酋"。

〔3〕"畫"，六卷本作"謀"。

答程啟寰道尊[1]

當今海內負王佐才而處積薪地者，無如老公祖臺下也。剔歷中外，勞苦功高。亦既公輔譽隆，節鉞望重矣。秉憲楚南，羣此江漢。萌黎於徵倂抽扣、無餘財粟之時，猶然席之帖而瀾之安。我儕小人，家相祝望曰："縣官予公生我，亦庶幾不終忘我，更即予公鎮撫我乎？"只恐中外仰藉者，重三戶不能久有袞衣耳。真切引領，卿雲高映。薇堂鈴閣，如龍如蓋。何當披覿，憑楮延注，瞻戀未一。

【校記】

〔1〕又見六卷本卷五，題同底本；三卷本卷三，目錄題《答程啟寰》，正文題同底本；楊祖憲本目錄有，正文未收。

答侯御史[1]

黔中畢竟人謀失也。倘令當日臺下遠在貴陽，斟酌前矛後勁，奇正互出，首尾相生，更本之以慎；念上無些子喜功，倖勝沾灃，當元兇已就擒矣，惜也。天之未欲平治，留此病塊，又耗損一身精血，供伊消索耳。奈何撫制同事地方，即日已奉旨回籍。而一日擔子未卸，即一日功過與同。臺下之言，自是責備賢者正論。伊當無辭新撫自能辦賊，奉行尊議，而更慎持之，此萬舉萬當著也。臺下秋夏間，即當推京卿。體中小極，似不妨珂里調理。還望早來聯屬正人，護持正氣，令一人收大人正己物正之化焉，又我輩所爲日以望矣。

【校記】

〔1〕又見六卷本卷五、三卷本卷三，題同底本。

答陝西李按臺[1]

從來世界只在念頭初處轉耳，天地變化，草木蕃衍，原不從習得來。有如臺下巡方，念念在民在事，而此一點念頭初處，亦自然能入於人之初。故吏已治，民已安，事已辦，有在刑賞幹理之先者矣。名世治平，端當有在，安得借臺下此一點心付轉軸運樞者，以提天下人精神哉[2]？臺下福此一方，中和位育，自是隨身所入，乃長安人固望以清卿早入春明也。傾倒之懷，瞻言何日，戀切，戀切。

【校記】

〔1〕又見六卷本卷五，題《答陝西巡按李緝敬》；三卷本卷三，題同底本。

〔2〕"以提"後，六卷本衍"掇"字。

答南兵部岳[1]

環海碩人風景名下會者，瞻對奉教，仰止逾洽。方冀台臺正笏朝端，主持國是，令弟得承下風。乃主上卒以留都之重，倚毗耆舊巖瞻之契，直在鍾陵佳氣之表也。向來權璫專政，禍亂人國，台臺曾相與為憂頃者，威福恣肆，幾無至尊。某痛念君側，聲罪請劍。而蒙蔽聖明，無益於事，猶謂一介孤誠不能感格；乃舉朝爭之，亦不得焉。奸逆內外各有憑藉，我輩中且有畫策者，廷杖彈臣，抄捉臺諫，流毒無忌，跋扈已成。台臺留心沖主，其何以為今日策耶？某白簡無功，青山有在，回天之力，則俟之鴻鉅矣。遠辱注存，殷情滿楮。肅函報謝，附布近狀，臨穎依然。

【校記】

〔1〕又見六卷本卷五，題同底本；三卷本卷三，目錄題《答南兵部》，正文題同底本。

答休寧侯大尹[1]

稔惟臺下，公輔遠量，經濟名流。即今兩地絃歌，一庭琴鶴。治平名世之業，小見其端。而鈞統紀綱之地，中外係心襟領深矣。日前銓司一推，何足為左右重？亦少見卓絕聲名，固籍甚公卿間耳。大都今日可以抒吾蘊以酬吾君者，在銓得以人材報國。至於補袞拾遺，宣滯導困，可以明白天下事[2]，又無如掖垣。只恨行取之期有定，尚急不得陸敬輿、韓稚圭之用也。接得手教，如奉顏色。再辱寵頒，何以當此授餐之雅？有中心藏之耳。肅此代候，并布依依。惟台照在，引領仙嶨[3]。卿雲深護，何當披覿，憑楮馳切。

【校記】

〔1〕又見六卷本卷五、三卷本卷三，題同底本。

〔2〕"明白"，六卷本作"明目言"。

〔3〕"仙凫",六卷本作"鶴琴"。

答山西巡鹽李[1]

讀大疏及《傳習錄》,仰見正人心正學術,嘉與寓内,士大夫雅意也。今天下事,壞在紗帽氣,不壞在頭巾氣。假使天下士大夫,不論官大官小,宦淺宦深,常帶些秀才意思,迂濶古板,終是儒者行徑。人人日把經書、論、孟,收拾身心,天下何必不三代?而無奈功名富貴之徒,反於禮樂絃頌之事爲仇也,則天下之所以治日少而亂日多也。臺下其且謂之何哉?一嘆!

【校記】

〔1〕又見六卷本卷五,題同底本;三卷本卷三,目錄題《答山西巡鹽》,正文題同底本;二卷本卷下,目錄題《答李巡鹽》,正文題同底本。

答貴州巡按侯[1]

大都黔事薄人而不薄於人,亦自正著。然入必思其所以出,住必思其所以安。豈有深山叢箐之中,懸車深入而不爲後勁?休兵久住而不防中變,撫臺失策,何疑而督之?未有應援,未必坐視幸災,其與撫皆有易心而未有遠謀耳。大疏規條,已自虜在目中矣[2]。草此以復,還望早入春明,始悉彼中情形,好共商酌耳。望望,祝祝。

【校記】

〔1〕又見六卷本卷五,題同底本;三卷本卷三,目錄題《答貴州巡按》,正文題同底本。侯恂(1590—1659),字大真,號若谷,歸德府(今河南商丘)人。萬曆四十四年進士,授山西道御史,天啟年間因反對魏忠賢罷官,崇禎年間官至户部尚書。

〔2〕"虜",六卷本作"寇"。

答福建巡撫南居益二首

其　一[1]

東南海沸，幾欲滔天，乃惟知爛額之顯著，而不急徙薪之全功，識者不解也。台臺以安攘鴻才，赴艱難之會。無米成炊，虛絃落鴈。俾八閩半壁，指日綏靖[2]。勳庸之捷，誇千古而冠當時矣。一方底定，當求已試之范韓。折箠以撻鯨鯢[3]，端在望中。爲社稷慶，奚止辱知如弟者哉？遠聞所施，曷勝欣躍。望風懷企，可勝翹瞻。

【校記】

〔1〕又見六卷本卷五，題《答福建巡撫南》；三卷本卷三，目錄題《答福建巡撫》，正文題同底本。南居益（1566—1644），字思受，號二太、損齋，陝西渭南人。萬曆二十九年進士，官至工部尚書。

〔2〕"綏靖"，六卷本作"敉寧"。

〔3〕"鯨鯢"，六卷本作"四夷"。

其　二[1]

某迂戇性生，動遭厄會。向以直言犯忤[2]，終無夾輔之能，而嘯傲長林，初衣自老，無復長安夢想矣。乃以聖恩疊眷，再對明光。奈國是日非，權璫握柄。顧祖宗之天下，君父之綱常，誼難瞑目縮手，聽其溷亂。其如上方之劍徒請，舉朝之諍罔聞；奸權內外共有憑恃，益張兇燄。究而思之，不知作何世界也。惟恃台臺，蚤清海氛，入秉鈞軸。悟主心而清君側，我輩且拭目望之，焚籲祝之耳。台諭誠切憂心，同殷凝睇，正人曷勝崇仰。

【校記】

〔1〕又見六卷本卷五，題《又答福建南巡撫》；三卷本卷三，題《又啓》。

〔2〕"直言"，六卷本作"女戎"。

答朱總督[1]

方今内訌外叛[2]，祇有敗衂。而謀定力沉，立收平定之功，獨惟台臺耳。韓范名高，旂常勳最，千古猶懸丰采，我輩何勝爲社稷手額。讀獻俘之疏，真令舉朝吐氣。安得劍履早入春明，還爲一人圖逼近京邑之巨寇哉[3]？數行代候，一布喜躍燕私，總惟照在。此時長安人無大無小，惟爲左右誦《彤弓》之三章耳。引衡卿雲，斐映錦江。玉壘之間，如龍如蓋。莫由從之，倍有戀切。

【校記】

〔1〕又見六卷本卷五、三卷本卷三，題同底本。這裏的朱總督或是朱燮元。

〔2〕"内訌外叛"，六卷本作"東訌西叛"。

〔3〕"巨寇"，六卷本作"兇醜"。

答邱御史二首

其一[1]

洪惟老公祖，心生造化，手有經緯，故事到面前，輒有幹濟處分。前教"督楚餉，仍當愛楚人"，此至言也。夫所謂愛者，豈必無令其辦納，膜視黔情而祇與楚人煦煦乎？就中嚴耗增、清完欠、酌緩急，民適還其應納之分數，而黔實得其先後之灌輸。以楚之錢糧濟兵，不以黔之供應苦民，此臺下造化心經緯用也。某殊爲楚民與黔事手額，而不虞計部之如此派發也。無論催督之使四出，而不濟於用；即楚之解運，亦何苦舍近而就遠？此亦計部之偶未經心籌筭耳。今大疏至，亦無以自安，即改正矣。又論遵義一事，夫遵義川黔要地，新撫重兵於此，深爲得著。今賊先據之矣，又當費一番周章。奈何大率任事者，未到頭即想歇手？

議事者方起手，不共協心深中？川黔今日情弊矣！豈惟川黔哉？試觀今日，何事不是如此！無挈頭領之人，事歸於一而無小潰於成[2]，難矣。今日參酌兩地情形，提挈兩督精神，籌定一至，當不易之著。而合觀其成，總以紓一人西顧之憂。願翁臺無讓，若欲問之廟堂不聚舍則娛堂，誰敢執其咎而已？真切，真切。草率布候，統惟照在[3]。

【校記】

〔1〕又見六卷本卷五，題同底本；三卷本卷三，目錄題同底本，正文題《答丘御史（兆麟）》。邱兆麟（1572—1629），字毛伯，號太丘，江西臨川人。萬曆三十八年進士，官雲南道御史、河南巡撫。

〔2〕"小"，六卷本作"不"，应是"不"之误。

〔3〕"統"，六卷本作"總"。

其　二[1]

長安人見大疏入，便稱爽俊直截。論事核而贍，詳而不冗，剴而直入窽會，有用文章，則今日大疏之爲宣公奏議也。直是吾鄉高者旱、低者潦，民生軍計兩難，又多費良工心苦。奈何！奈何！川黔當合兵，須心力亦合，乃妙兵之用也。處女脫兔，九天九地，審機應變。敵不足防，而我之兵，口不及一問，眼不及一睫風雷。惟吾所之恐，兩操而各有統領，一事而互有關會，吾未見事之有濟也，此亦不可不慮也。所幸二寇既已無家[2]，米貴斗金；即諸酋或應狐兔相援，決不能裹糧具械相從，此可困之機耳。堅有以相持，妙有以應變，台下無妨爲兩地一合籌也。如某鄙語[3]，坡公所謂試，妄言之而妄聽之可耳。草草代布，惟臺照在，未一。

【校記】

〔1〕又見六卷本卷五，題《又與邱御史》；三卷本卷三，目錄題《與丘御史（兆麟）》，正文題《又與邱御史》。

〔2〕"寇"，六卷本作"酋"。

〔3〕"如某鄙"，六卷本作"然某之"。

答廣西王御史二首

其　　一[1]

　　粵亦風林激湍之時也，撫按粵者，惟是綏懷而休息之，令其喘息定而生氣稍壯可耳[2]。此中斟酌機宜，威惠劑用。賊不當示之以弱[3]，而更不宜示之有可乘。土不當示之以擾，而更不宜示之以有可驕。故增兵以無示弱，而即以示土之無可驕。不調土以無示擾，而即以示賊之無可乘[4]。見臺下之良工心獨苦矣。且用兵但在能用之與否耳，故能用則隨募即有兵，而何兵不可戰？故岳家軍、郭家軍在武穆、令公能用之耳，非兵能爲岳、能爲郭也。然則援黔者亦何必粵土兵哉？大方之敗，非兵之罪矣。讀手教，吾知嶺南億萬生靈慮，無不是處瀾安而人皆席帖也。願好爲之，社稷實拜明惠焉。真切！真切！草草代復，未盡一一。

【校記】

〔1〕又見六卷本卷五、三卷本卷三，題《答廣西王御史心一》。王心一（1572—1645），字純甫，一作元緒，號玄珠，又號半襌野叟，吳縣（今江蘇蘇州）人。萬曆四十一年進士，天啓元年擢江西道監察御史，因彈劾魏忠賢，降爲江西布政司都事，崇禎年間官至刑部左侍郎。

〔2〕"壯"，六卷本作"旺"。

〔3〕"賊"，六卷本作"寇"。

〔4〕"賊"，六卷本作"寇"。

其　　二[1]

　　臺下洞識岳力，自是治平名世。粵西借鼎巡行，此五嶺山川實式靈耳。從來地方無難處，世事無難做[2]。得一幹濟人，便無所不易，只是形神俱苦耳。以苦而易朝廷之甘、地方之腴，君子定不辭苦辭勞。則今日臺下廣西差之，謂恊濟鹽法兩項。苦在柄有兩操，當費左右劑量。至於荒遠而選科甲，言者屢矣，而部不應也。乃今之放肆罷庸，未必盡科貢，而無賴之甲科爲多。夫提掇其精神，令賢者益知所淬厲；而不肖者不敢不洗滌其肝腸，以就我之型鑄。有斗衡之揭轉，與風霆之鼓舞。在長安，不復憂粵西無好吏治矣。真切！真切！

【校記】

〔1〕又見六卷本卷五，題《又答王御史》；三卷本卷三，目錄題《又答》，正文題《又答王御史》；二卷本卷下，目錄題《答王御史》，正文題《又答王御史》。

〔2〕"做"，二卷本作"效"。

答 陸 御 史[1]

稔惟台臺，文武憲邦，宇宙在手。即今按黔非久，而虜在目中[2]，籌餘掌上。據見今料理規條，黔事已過半矣，後來但遭随足耳[3]。黔撫當并制蜀始便彈壓調度，自是不易之論也。惟是黔與楚聯，楚頗苦於接應。楚之望福星有以幹濟而蘇全之，日日以幾也。計已在老公祖斗衡斟酌之中矣。縣官方北苦邊南苦寇[4]，而逆璫權保無天日於宮中。弟不揣力，憤發其奸，亦曰完弟心上一件事耳。成敗利鈍，俱聽之於世運。不意滿朝公憤，彼内之盤固已深[5]，外復有政府力爲之主。全無一動，直令滿朝無色。弟甚愧之，更深憂禍將大也。台臺其謂此事何哉？

【校記】

〔1〕又見六卷本卷五，題同底本；三卷本卷三，目錄題同底本，正文題《答陸御史（獻明）》。陸獻明，字君謨，蘇州府太倉人。萬曆三十五年進士，官御史。楊漣以劾忠賢而下獄死，陸獻明竭力周全漣家。再按貴州，官至太僕寺卿。

〔2〕"虜"，六卷本作"寇"。

〔3〕"漕"，六卷本作"曹"。

〔4〕"北苦邊南苦寇"，六卷本作"東西苦兵"。

〔5〕"彼内之盤固已深"中，六卷本脱"已"字。

與祝秀水[1]

別我年兄，六易霜露，追思吴下風波同舟，長安言笑追随，情景如夢。欲更得良緣如昔，便如弱水隔望蓬萊，猝未可冀至矣。奈何！奈何！卻念二三兄弟，在京在吴，鵬南病廢京，咸作古，起衡近亦厄於詿誤，仁兄大受噬於譖人。弟顧獨以六月辦事之給事，三年躲嫌之病人，亂邀靈庇，躐冒憲席，真是庸庸厚福[2]。而廻環心契之彫殘，亦不覺心酸涕落也。乃長安不成世界矣，門庭之寇難消，蕭墻之禍將見。其在臣工，惟官是競，職業全抛。翻覆雨雲，跳弄魍魎。豈是高人陸沉金馬之時？實爲梅福神武挂冠之日矣！弟近日復自多事，以積憤狠擊逆璫，拚卻一身，亦曰盡吾心，得幸削籍歸可耳。不意憤起通國，而無如福建子力爲之主，何不惟致通國無色而更張兇人之燄。弟直欲愧死，更憂枯叢之禍將大。此時悻去非禮，引避似怯，而留此何色？更欲拚身無益，別尋納牖無方，觸藩殊苦，祇煎憂成病耳。當亦虛名自誤，躐進千忌也。想我年兄，尊鱸自美，松菊堪娛，理亂且可以不聞，散恣多取而無禁，世網外之放人，性命中之真得矣。以弟想望，真如籠中鳥望雲中鶴耳。仁兄不憐我而反獎藉我耶？接得手教，捧讀如對。而把臂無從，不免又勞人夢寐矣[3]。再拜授餐之愛，即以易京米數斛，時時飽嚼明德耳。諸年姪今當有掇巍科者[4]，黑頭宰相，發基此時。弟向自誇首相者，今當讓元輔矣。弟八月中，歸計可圖，當訪戴於龍沙匡廬之間，作一月游，須掃一净榻待我。餘懷不勝戀依，薄具京紬，引改衣一念耳。

【校記】

[1] 又見六卷本卷五、三卷本卷三，題同底本。

[2] "庸庸"，六卷本作"容容"。

[3] "又"，六卷本作"更"。

[4] "今當有掇巍"後，六卷本脱"科"字。

答黃汝良老師[1]

上年讀《地震星變大疏》，引證規諷，詳贍直切。竊念年來臣子，即端揆丞弼，惟了票擬故事，與領恩拜爵而已。於國家事，全不見著半點心。若所稱慮險防微，隨事盡規，若我老師惓惓於天人之間者有幾？即如逆璫，雖未流毒縉紳，仍曲意交好政府，而欺侮至尊，不啻兒戲。欲將人主國母，并歸掌握，敢行毒手。即中宮震器，惟所欲為，此從來未有，不但瑾、直所無也。某之拚身一告，亦實憤不過心，庶幾邀先帝之靈，少一得當耳。不意當國者別有肺肝，力與逆璫作主[2]，硬與公論為難。於逆璫稱勤稱勞[3]，擬功臣比大臣，於公論稱鬪稱謗[4]。沖聖遂無張主，一聽内相外相處分，且教打得一兩箇人，言纔得息。嗟嗟，掃除奴隸，一旦列於大臣勞臣，不知是何心腸？其與我老師憂危杜漸中丹，不啻鳳麟梟獍，豈真心間無血？不過與逆素有首尾，厚吞鉤餌，既圖今日之榮歸，復覬後來之速入。且其實空華易盡[5]，遺臭難消，試向平旦自問，如何過活？合之修省大疏不下，一付精神，全在逆璫著落。讀書識字，反不如狗彘受人豢養，猶知護其主，人之不如，可殺可嘆耳。我老師一片忠義肝腸如此，合之急圖消弭一疏，十事條陳，并與黃鍾梅一書，千古而下，誰能消磨？亦安取蟒玉炫耀俗人，齷齪齷齪秕君子者為哉？天欲祚宋，恐老師亦不能久酣洛社矣。至於某辱托宮墻，致主無誠，射隼無獲，反致通國無色，更張之歘，直欲愧死，更憂枯叢之禍將大矣。奈何！奈何！此時悻去非忠，引避似怯，而留此拚身無計，納牖無方，但有鬱鬱煎憂成病耳！老師何以進而教之？若己氏之子，自不能容於公論矣。惟老師珍重治平倚賴之身，金甌覆字，終是捉鼻不免耳。憑楮不勝，廻環戀切。

【校記】

〔1〕又見六卷本卷五，題同底本；三卷本卷三，目錄題《答黃老師》，正文題同底本；二卷本卷下，目錄題《答黃汝良》，正文題同底本。黃汝良（1562—1647），字明起，號毅庵，泉州府晉江（今福建晉江）

人。萬曆十四年進士，累官禮部尚書致仕。

〔2〕"逆"後，六卷本脱"璠"字。

〔3〕"逆"後，六卷本脱"璠"字。

〔4〕"鬭"，六卷本作"閧"。

〔5〕"且"，六卷本作"耳"，是上句的语气助词。

答陝西霍巡按二首

其　一〔1〕

方今固圉保邦，畢竟安民是第一義。而奉行上意以及下者，則惟有司也。夫有司之苦，在我輩當體當敬，與其一路哭〔2〕，則我輩何辭於察吏？故使墨吏望風解綬，正國家借鼎臺下西夏之意矣。惟是地方苦而且遠，選人多以無夤緣與有議論者充數，是棄地方也。酌用甲科與有聲聞者，大疏議論甚確，只是當事每如褒耳也。再如募兵事，不問領兵者之爲郭令公、岳武穆，而惟圖岳家兵、郭家兵，昔人曾笑之矣。況虛此以供彼之無用，而強夙習不慣之人以從戎〔3〕，俱爲無味，又不必論到利害矣，閣票與部覆自能如尊旨〔4〕。近聞逆璠益日徵色選聲，如此厝毒藏劍，奈何？乃當事者止圖安身席寵，更不一計及宗社之禍，豈其真無心肝哉？附聞發一慨嘆。

【校記】

〔1〕又見六卷本卷五，目録題《答陝西巡按霍》，正文題《答陝西巡按霍鏌》；三卷本卷三，目録題《答陝西巡按》，正文題《答陝西巡按霍鏌》。

〔2〕"與其"後，六卷本衍"寧"字。

〔3〕"夙"，六卷本作"風"。

〔4〕"自能如尊旨"後，六卷本衍"也"字。

其　二〔1〕

臺下罡風岳力，洞識遠神，原我輩襟領，世道鈞衡也。朝端久借主持，關中新資貞肅。華山渭水之間，另有一番氣色。關中不謂無事地，奠此邦本以燕一人，斯社稷式靈之矣，我輩曷勝手額！惟是駕行後，正氣之聯合未融，腠理之保和未細，不免爲宵小似是而非之人，以致同中大有參差，二三同人調停不下，今且各稱干比戈矣。君子之去留未決，世道傾覆可憂。奈何！奈何！臺下其何以處此？倘有書長安諸君子，還須各化褊心，共維大體，始於世界有賴耳。數行代布澖私，惟台照在。

【校記】

〔1〕又見六卷本卷五，題《與陝西巡按》；三卷本卷三，目錄題《又答》，正文題《答陝西霍巡按》。

與蘇松察院[1]

前得報，爲地方留賢太守，此自順人心事。科有別議，此風聞愛憎之口，未曙於地方之真情也。大疏欲爲請告，此固有激之言，然無此憲體。地方多事，正藉綏靖彈壓，豈宜輕言去？院覆時，爲朝廷借大賢，以爲地方報命未完。簡書可畏，還宜勉愛地方以成全仁。張守之貞，執不撓人，固知之矣。餘懷馳切，未一。

【校記】

〔1〕又見六卷本卷五、三卷本卷三，題同底本。

與河南程巡撫[1]

恭惟太老師台臺，當年鳴鳳朝陽，今日巨鼇奠極。治平共推名世，幹濟久藉天民。即今借鼎節鉞，中州亦謂版章，腹心之地，關係尤巨。爲一人奠此重地，非名臣未易語此。且剔歷中外，聊以統鈞。樞筦之地，暫假轍於此焉。亦實嵩山汴水之靈，爲此士民邀有福星耳。惠此中國，以綏四方，我輩且爲中外乂安手額[2]。接得手教，如奉顏色。更拜疇咨，雅懷撝謙[3]。至意仰見大臣，集思廣益，千頃洪襟度越尋常遠矣。顧門下士,燕臺時獲請益,今斗衡若遠,不無令人心怦怦也。

【校記】

〔1〕又見六卷本卷五,題《與河南巡撫程》;三卷本卷三,目録題《與河南巡撫》,正文題同六卷。

〔2〕"乂",六卷本作"义"。

〔3〕"雅",六卷本作"推"。

與貴州巡撫[1]

今縣官外患,一邊二蜀三黔[2]。總犯順也,而情有不同。邊爲蓄,蜀爲驟,黔爲激。處三逆之事,黔若兇,而成都之圍實難[3]。我素狎於安酋,驟乘其無備,迅雷既不及耳掩,有驚潰而奔風,且無所不颺。如是爲守,乃成睢陽之急。如是而勝,實爲湧金門之捷矣。若三路既敗之後,酋之來儘緩,而我之備亦儘足。敗乃公事者,強不在酋也[4]。至於彼未必真有殺大臣之叛心、逼城下之叛惡,聲爲恐喝,妙有開釋,遂下馬羅拜耳[5]。其餘一二愚民,稱佛下世,當爲天下妄男子而已[6]。黨不成兵,衆不成敵,黙而消之,震而收之,一有司事。畢竟殺人盈城盈野,封拜則可矣,終不足爲成都與承寧之役道。中間漸逼而緊促之,淺入而周圍之,甘爲窮獸之縱[7],無分拓土之茅。聖人臨事而懼,好謀而成,其如是乎?冲主中興,圖麟第一,有所以成功者矣。某書生之語,然此心則非敢爲漫也。黔事往,不必追。諸酋狐鼠,枝蔓已盡。鈴閣目下,此間再差,不得些須。我輩辦縣官事,不必有其功,功亦不必自我出。蔡元禮公祖,可與言者,其無吝細商而深計之可乎?西南半壁,端當一力擔承,讓以才而辭以疾,都非敢聞命矣。餘依切,未一。

【校記】

〔1〕又見六卷本卷五、三卷本卷三,題同底本。

〔2〕"一邊二蜀三黔",六卷本作"一東二奢三安"。

〔3〕"邊爲蓄,蜀爲驟,黔爲激。處三逆之事,黔若兇,而成都之圍

實難"，六卷本作"柬爲蓄，奢爲驟，安爲激。處三逆之事，柬若兕，而成都之圍實難"。

〔4〕"若三路既敗之後，酉之來儘緩，而我之備亦儘足。敗乃公事者，强不在酉也"，其中兩处"酉"字，六卷本均作"柬"。

〔5〕"至於彼未必真有殺大臣之叛心、逼城下之叛惡，聲爲恐喝，妙有開釋，遂下馬羅拜耳"，六卷本作"至於安未必真有殺大臣之叛心、逼城下之叛惡，聲爲恐喝，妙有開釋，酉下馬羅拜耳"。其中"彼"，六卷本作"安"；"遂"，六卷本作"酉"。

〔6〕"下"，六卷本作"子"。

〔7〕"甘"，六卷本作"寧"。

答四川朱撫臺[1]

成都從來勘亂定傾，儘多名賢。然禍發於未及備，功成於萬有全，不惟今日獨矣。天祚國家，所謂五百年其間必有也。庶幾西夏功成，韓魏公還早入朝，以相天子可耳。余守實有古意，夫古道之難行久矣。板而員用之，直而曲成之。夫柹橡輪囷，不落於捐棄。非材有用，用在造化在手者矣。嗟夫！天下做官而做事者幾人哉？實於做事求做官者又幾人哉？某感於台臺之論余守也，不覺慨然三嘆。

【校記】

〔1〕又見六卷本卷五，題《答四川朱巡撫》；三卷本卷三，題同底本；二卷本卷下，目錄題《答朱撫臺》，正文題同底本。

答直隸劉巡按[1]

方今徵併無休，增派日甚，民之鑴急極矣。所賴巡方使者，嘉與諸有司，休息而生全之。亦惟是舉劾一事，以明示其意向，而醒滌其精神，古人之所以不惜一家哭也。臺下矢以不欺，而又明恕以出之，吏安有不肅，而民安有不生全者？澄清猷烈，已見大指矣。服服，幸益勉持之。數行代布，未盡拳切。

【校記】

〔1〕又見六卷本卷五，題《答直隸巡按劉大受》；三卷本卷三，目錄題《與直隸巡按》，正文題《答直隸巡按劉大受》；二卷本卷下，目錄題《答劉大受》，正文題《答直隸巡按劉大受》。

與孫學院[1]

台臺點鐵成金手也，大江南北譽髦得人。大冶爐錘，精光色澤，斗間另發一番氣象；南金竹箭於以佐明時儲國用者，固數十年不可勝窮也。天下文章莫大於是，而以人事君，更於是爲盛矣。捧讀諸刻，可勝誦服。日者，聞賓興後，又再校完，一府仰見造士無窮盛心。而冀望大人，早晚銓衡內地，早收正己物正之化。又中外倫品，共有引領也。公使回旋，泐此代候。懸睎斗光，神與情俱馳也。

【校記】

〔1〕又見三卷本卷三，題同底本。

與孫侍御[1]

稔惟翁臺倫品，治平名世。當年辯奸一疏，直接歐文忠。與諸條列，無非一忠讜遠謀也。即今攬轡，淮陽非徒裕國[2]。此莽宕江淮水，原非無事之地。又兼以兇讖海氛[3]，民急財空。諸奸倖小人，蓄亂何可勝原亮焉？而瀾靜席安，此豈盡潢池雀苻中無有妄心？夫妙於收攝，密於彈壓，厚於固結，有默操其要領者矣。財賦仰藉之藪，豐芑關係之地，廟廊無南顧之憂，社稷之功於是爲大矣。弟亦爲縣官引手加額，乃江南既已安輯[4]。而內面主德聖躬，猶有伏慮。外面陰陽消長，猶在貞勝。所藉大君子一人[5]，而聯屬衆正，提挈綱維，護持元氣，醞養太和，儼爲泰山之仰重焉[6]？則又弟日盥手焚香，不啻農之望歲矣。翁臺當不以弟言爲漫也，至於弟辱翁臺之契也。自周冲白掌科所，一奉顔色。嗣後崇効寺中，再辱遠駕，欵語移時。彼時已一言千秋，一揖千古矣。即形骸若遠，有通之者矣。

【校記】

〔1〕又見六卷本卷五、三卷本卷三，題同底本。
〔2〕"淮陽非徒裕國"，六卷本作"淮楊寧惟裕國"。
〔3〕"兖褐海氛"，六卷本作"東褐西氛"。
〔4〕"安輯"，六卷本作"輯寧"。
〔5〕"一"，六卷本作"早"。
〔6〕"儼"，六卷本作"更"。

候房老師[1]

恭惟老師，功高節鎮，簡在帝心；晉入堂卿需次，鈞統正己物正之化，内外當拜大人明賜在即矣。某深爲世道手額，非敢作漫語也。當今之世，長安非必無賢。心有餘者，識或不足以發；力足任者，養或不足以當。人是之所歸，或矯而成過；機時之所赴，或比而爲隨。銖錙既未調停昂低，自開釁戾，天下何由治平？此不關氣運也[2]。惟我老師才周四面，而濟之忠貞、運以平恕，智愚好醜，各歸其分，甘苦疾徐，妙中其宜。人我之迹交融，而斧鑿之痕不見，此門下士十年耳目於兹矣。竊謂經綸好手，古稱韓魏公，今惟老師矣。即如江西妖民一事，中間不動聲色，安頓收拾，何等刃游無間、保全消弭？且爲國家養多少元氣、神氣，豈止省幾十萬兵、百萬餉？使他人處此，不始而手忙腳亂以敗事，即既之耳目飾張以邀功。昔人所謂"須臾慰盡三農望，斂卻神功寂若無"，爲今日道矣。故此一入朝也，某故謂治平有象也。知之以至誠動物，至當處事，至虛劑爭也。肅勒數行代候，并布引領衷私。非但爲師生道義，遙相彈冠，實爲天下手額以慶也，惟台照在。附去土物，知不成享,見千里素心可耳。

【校記】

〔1〕又見六卷本卷六、三卷本卷三,題同底本。

〔2〕"此",六卷本作"也"。則是上句的語氣助詞。

與王蔥嶽二首

其　一[1]

我年丈到地方,便定一大難,成一大節。今又作富鄭公活流民事,安輯生齒,彈壓奸宄,保障東南,不負天子使,快甚暢甚!至於弟積憤客氏、魏忠賢,前年禮科時即起念,入而請劍,拚卻一身。當以小兒婚事托蕭元恒,小女嫁事托之徐京咸,斥斷家事,無弗顧矣[2]。以轉京堂,故已之。及去年上陵後,又見謀帝子帝妃事,已擬入告,而舍親家王思延泣止。及見南郊胡貴人事,語之浮丘,浮丘立止。至今年又有如許事,便忍不過矣。不謀一人,草成一疏。原圖面奏,不意籌定前月新祈得雨,二十九日必出御門,疏先發寫,忽傳免矣,幾乎悶死。又疏已寫矣,不得不封進,知無濟於事,亦曰:"盡吾一點赤心,萬一社稷之靈,幸而濟耳。"乃疏入。奴哭繞屋走,奶子與其私人盡力盡財打點一晝夜,乃乘上午膳時,隨疏入,免冠長跪,絮泣不止,專以奉侍前老娘娘爲言。上但頷之而已,曰:"你且起去,本送閣裏擬票[3]。"奴既先有人浼閣,閣復與奴有首尾,遂一一如傳奉票上,上亦不知而已。又不意滿朝共爭,奴都掩過。無端相公一揭,與通國爲仇,力稱奴勳勞,上且益無張主,奴安然不動。有人且教之打一打,人便怕。又有畫策設謀,用籤貼出昭代典則武宗處大臣言官事,屬奴專與上看。世事至此,奈何!奈何!弟拚身之言,無濟於用,反滋之兇,弟甚愧之,更憂禍將大在國矣。彼時小人偶言弟發疏爲左、魏,又言爲劉是菴、周敬松。嗟夫!世間有如此呆子,拚身不測之淵,以爲可以不必爲之人乎哉?又言忠賢好人,反是楊大洪激得不好。且無論其他,如傳奉、如停周士樸升、不許魏謝恩,皆是好事。可嘆世情如此，是尚謂世界不倒哉？弟今欲再發疏，似非卿貳體。欲請告，諸君言弟爲通國共指之身，説不得。不得其言則去，反似殺賊承頭人，未見賊退而先逃，似怯。但當靜靜與之相持，圖機而徐觀其敗焉。然無益亦無色，年丈何以教我？弟此身已不顧，則要事如何爲當爲不當耳？只可憐福清一味遮護奸璫，不敢道璫半字不是。而三四閣老遇傳奉到，再不敢説半箇字，終不知此奸作何究竟？乃其手握重兵，凡上之前後左右，非其心結之人，即其威劫之人，上亦危甚矣！而外之相公又如此力護，上固亦無以處耳，可嘆也！

【校記】

〔1〕又見六卷本卷五，題《與浙江巡撫王葱嶽》；三卷本卷三、二卷本卷下，題同底本。王洽（1569—1630），字涵仲，又字和仲，號葱嶽，山東臨邑縣人。萬曆三十二年進士，天啓初，遷太常少卿。三年冬，以右僉都御史巡撫浙江。崇禎二年十月，清兵攻陷大安口，京城告急。王洽急征全國十路兵馬馳援京師，但無法阻擋清兵進攻，崇禎震怒，王洽被捕入獄，次年病死獄中。

〔2〕"弗"，六卷本作"所"。

〔3〕"本送閣裏擬票"中，六卷本脱"擬"字。

其　二[1]

時事日非矣。不旬日而部院一空，且簡賤謾罵，直如奴隸；吏科及吏部河南道，但有骨氣者逐趕殆盡。老年丈見邸報，當有憂心如焚者。此事固中旨傳奉，而教猱使鬼，實南樂爲政而主此行司[2]，又是射柳之矢。然此輩小人，終是作此敗著，豈有人塗面呈身中官而得爲人者？猶恐此輩小人，借中官爲用，於去所仇得矣。乃大柄一到其手，將至不可收拾，爾時即借内小人亦欲自悔而不可得，而天下事已去矣。弟與左兄，楊左之局已結，惟願剥有復時，世道受福，諸君子得爲太平之民可耳。此時還有數君子在事，弟欲其安靜不動，但聯合正人，鼓舞正氣，徐以觀其變，默以圖其機。蓋小人如此行徑，驟雨飄風，於理當無終日者。若羣陰布滿瀰漫，驟無開霽，此又關世道，在社稷有靈如何？耳聞小人又將百官圖進，計年丈亦入黨人碑，然不在目前要地，猶尋不著。年丈當努力地方，厚圖禔福，無必以此著念，有攜手同行之意，則非也。

余與大洪、景逸、蓼洲，肝膽道義，雅相推重。然居恒抵掌談心，未嘗不欲爲良臣、不願爲忠臣也。黨禍興，三君子駢坐死忠[3]，余亦以譴歸里。一切往來書札俱付祖龍，近曝書，偶得此紙，大洪筆也。敘述詳娓，讀之如促膝面語，不覺灑泣如雨。因思大洪劾璫，意在轉天回日，出山已決，豈其爲人爲事？此大洪所以疾首而亟白也。此紙留在人間，豈非天歟？洽筆。

【校記】

〔1〕又見六卷本卷五，題《又與王葱嶽》；三卷本卷三目錄題《又啓王葱嶽》，正文題《又啓》；二卷本卷下，題同底本。

〔2〕"司"，六卷本作"尸"。

〔3〕"坐"，六卷本作"首"。

與　張　蓬[1]

都中辱收在肝膽之末，恨無能長得追隨，以共事明主；今已作棄去之婦，無復言箕箒事矣。所冀老掌科留心世道，聯屬同人，護持正氣，靖正直方。共諸君子，不激不隨，要令中外還見有清平之象可耳。弟承使人導之出疆，如此骨肉之愛，但言感猶淺矣。今已過真定，恒撫又遣兵健再送青衣小帽，長途馳馬，自覺此景非惡。到家無官身輕，即誥命追奪，於生身處未免傷心。然自皇上錫之，還自奪之，幸非違理辱親，當亦可以自慰。惟是弟實受先帝面諭[2]，今不惟未補絲毫，且若致聖明有内蔽中官、外逐大臣言臣之名，負此恩知，不免夜氣一清時有淚痕如線耳。兵健歸，肅此代布依依，惟台昭在。瞻對何時？憑楮戀切。

【校記】

〔1〕又見六卷本卷五，題《與張蓬玄》；三卷本卷三，題同底本。張鳳翔（1577—1657），字稚羽，號玄蓬，東昌府堂邑縣（今山東聊城東

昌），萬曆二十九年進士，明末官至工部尚書。入清，順治三年，起用爲户部右侍郎。

〔2〕"實受先帝"後，六卷本衍"堯舜"二字。

與李侍御[1]

世道忽潰敗至此矣。碩果不食，正氣泰復有基。獨仰有臺下還共一二君子，存微陽於層陰，挽日轂於倒影而已。想社稷有靈，亦定不盡從羣小籌計也。日來彼中合謀，尚欲借汪文言以興大獄，似不得甘心弟不止者。弟身名早已無所不拚，今亦無所不聽。夫復何畏何惜？惟是不成射隼，祇爲驅魚，反若播惡於衆，而遺枯叢之禍於朝廷。夜氣一清，當汗愧欲死，然亦氣運應有此厄。蓋彼之合謀已久，端不肯令我輩再爲大計考選之事，只有待借端爲清流一網耳。諸葛武侯所言"伐賊亡，不伐亦亡，不如伐賊"，當亦前日之謂也。聞今日内[2]，魏於閣部諸公有事，只似上司分付下司，絕無復下色和詞。諸公藉之尊爵大官，同聲連茹，快矣。只不知倒奉太阿其手，積漸以往，諸公將來作何收拾耳？可爲長嘆。秦楚天高，莫由瞻對。接得手教，如奉顔色。顧何能一承下風，共傾倒一片憂世心腸哉？

【校記】

〔1〕又見六卷本卷五、三卷本卷三、二卷本卷下，題同底本。

〔2〕"今"，六卷本作"近"。

答王明珍州守[1]

弟以癡愚，久拚有此，亦完得一前件。惟是未能報君父之憂，濟國家之急[2]。徒傷由來大體，播累善類一網。清夜汗愧，有穴可入。至於一身生死，儘不在心。即權璫百毒千兇，能以一念不動消受之。硬漢硬到底，不消一攢眉一嘆氣，以負老年丈共楚人氣色。承翰教，仰見君子愛人直衷，弟拳拳服膺矣。此中借題，聞一係楊、熊二經畧，我輩數人爲之行賄打點捄護。無論弟曾參熊，熊事敗時，弟政在家；即入京時，遇原救熊者，還言封疆事重，熊先衆而走，我輩如何該救熊？楚人尚恨弟無情也[3]。又謂專窮究移宫。嗟夫！倉卒之際，恐冲聖一落悍婦權璫之手。事當可慮，待其擅弄大柄而爭之，遲矣！此區區杜防深衷，今以爲罪。豈皇上或不該居乾清，或乾清爭與别人住乎？人情不許。人爲皇上至此，更復何言？以此而逮弟，更當笑，不當悲矣。

【校記】

〔1〕又見六卷本卷五，題同底本；三卷本卷三、二卷本卷下，目録題《答王明珍》，正文題同底本。

〔2〕"急"，六卷本作"事"。

〔3〕"楚人尚恨弟"前，六卷本衍"與"字。

答張盤老[1]

長安逐歸，日日知必有此也。諸長安人，日日打筭，諸碍手碍口之物，俱已逐盡；目受頤應之局，俱已湊成，乃遂結此果。弟非不知此行無幸，不肯避，亦不肯自裁，硬漢到底。所謂拼却一身萬事休，留得一心或者萬古在，不失楚人氣性。不敢言氣骨，且亦不失爲張盤老癡友耳[2]。一笑！一笑！昨傳無他，納賄卻是爲芝老事。未必無相憐相念之情，而封疆爲重，題目大，卻無相捄相保之一言。内外所借以成今日之獄者，以樞輔上年緩决一疏，韓蒲州姑待以不死之言，爲弟有書與孫乃孫處。弟自入京中景[3]，并未通一字，而蒲州處亦并未一言及熊事。古人莫須有，今竟烏有！萬一以此受冤[4]，心上越發無些子沾滯，更快甚暢甚，成就一个肝腸如雪矣。昨友人慮弟途中及鎮撫司奴當有人百凡挫辱，作何俛免[5]？弟曰："但得到出門，生死便是臨以君父，不屑急而爲匹夫之諒[6]，死於妻子之手。韓魏公'取吾首去'，是一樣見地；與伯夷、叔齊餓於首陽之下，是一樣餓，不足亂吾方寸。"此雖弟謔語，卻亦是正經。附聞發一笑，翁臺無過爲弟攢眉也。緹騎尚未到，奉教未定，言之耿切。

【校記】

〔1〕又見六卷本卷五、三卷本卷三、二卷本卷下，題同底本。
〔2〕"張盤老"前，六卷本衍"大"字。
〔3〕"中景"，六卷本作"出京"。
〔4〕"此受冤"前，六卷本脫"以"字。
〔5〕"俛"，六卷本作"浼"字。凡，底本作"几"，據十卷本改。
〔6〕"不屑急而爲匹夫之諒"，六卷本作"不是急而匹夫之諒"。

答劉道尊[1]

弟癡愚，求不負國家，久知有此，必不能久依化日之舒長也。但若輩以烏有揑坐，自謂得題目可以壓人，不知衹可發人一笑耳。孔邇在念，無能瞻別。乃辱手教，獎藉殷肫。何以當此？有深感戢。草率勒候，一志別懷。引領慈雲，曷勝馳戀。

【校記】

〔1〕又見六卷本卷五，題《答劉道尊（廣生）》；三卷本卷三，目錄題《答劉道尊》，正文題同六卷本。劉廣生，明代羅山縣人，在萬曆年間曾任常州知府，主持修纂《常州府志》，天啓七年重修《羅山縣志》。崇禎年間，官至陝西巡撫。

答邱毛伯[1]

某托在臺下骿幪，且若並辱收之知契之末也。止以衙門舊套，老公祖常過謙抑，某當之每深汗洟。念惟川黔有事，中間往來參酌機宜，調劑情勢，動有萬全，實藉遠猷遠識。東南無厓，一人之憂，社稷實式憑之矣。即以轉餉關中，論今日事，當亦非過。某無益世事之人，但有爲引手加額而已。今即放逐歸里，猶幸爲安樂之民，亦默受其賜多矣。台旌臨鄢，相望非遙。無從一望顏色，乃辱手教，遠存先於匹夫，何以當此？不肖既已削籍奪封，於往時一應門顏，都爲摘去，尊君命安吾素也。獨念民亦臣也，台賜衮褒，懸之堂上，名賢題品，既足千古，朝夕瞻對，殊覺色起。是臺下之加於某者，真一人知己，可以無憾矣！受者已饜，施者疊來，有誦《隰桑》之三章耳。至於長安新局，當是中外共效烹阿封，即墨佳事。中間至此，猛風震霆，亦難終日。願當事諸公，無便謝恩私室，還養些無過激過陂，有以藉之地也。扶斯世於清平，終在大君子人有以提衡於此耳。數行代候，祇有戀切。

【校記】

〔1〕又見六卷本卷五、三卷本卷三，題同底本。

答崇智宗侯〔1〕

某於神仙之學未有窺也，而志則僻矣。惟翁臺具大智慧、有大根器。入公時過從遊〔2〕，鼎成出世，定當有日。弟前有緣，幸侍顏色，妄希備淮南雞犬久矣。向者已投身道侶，意訪嬾殘衡陽，而俗緣未斷，兼以一腔熱血猶有欲奏於君父〔3〕。前者故復上長安，圖以身報當年憑几惓惓。而不意無濟於驅狐去蠹，而反若益張其威焰，日使善類一空。斥逐歸來，搜求未已。意尋前時五岳之游，似涉於避逃兇毒，傷無所逃於天地大義。故杜門靜俟，即造設老道丈之興〔4〕，亦成惘悵矣。今且束身就逮，未定瞻對之日何時？正在徬徨，而瑤函飛下，捧讀如對。感念提拔接引之意、千生屢劫之緣，不覺泣下。泣非愛此身，傷忠未成於報主，而緣虛願於學仙；且使海内忠臣義士將以某爲戒，一味計利害，只知媚權奸，戀祿位，付冲聖之安危於度外；太祖高皇帝之謨訓法度，聽其漸滅殆盡，而不敢一問也。洛陽書生當此，安得不爲痛哭流涕？聞逆璫所以獨相加者，在移宮。嗟乎！移宮是不忍使冲聖制於悍宮人、毒宮人之手也，是臣子一念訪微杜漸之愚衷〔5〕，而今以爲罪端。然則竟請皇上避居何宮？仍迎選侍還乾清乎？其與左袁諸公並罪者，謂某護熊芝崗[6]，爲之營脫。翁臺知某爲爲芝崗者乎？傳聞樞輔請決楊鎬、熊廷弼等，是某書爲俛求，乃某入京至出京，未嘗與樞輔往來一字也。昔人害岳武穆尚以莫須有，今且竟以烏有矣！此等事，某都能以一笑甘之，聽生死於君父，付虛實公論於天下後世，只可憐過傷日月之明耳。今緹騎尚未到，若到省中開讀，還可共左右一瞻對言別。只不知一別後再証神仙之約，能果如願否也？幸老仙丈益堅素志，無替前修，道成丹熟，幸無忘癡愚愛國楊生，終思所以超度拔濟之也。敬百叩頭以祝，遠煩仙使，何以克當？勒此數行代候，兼布中悃。扳戀瞻注之思，徘徊黃鶴樓前，日有幾許也。臨穎可勝馳遡。

【校記】

〔1〕又見六卷本卷五、三卷本卷三，題同底本。
〔2〕"人"，六卷本作"八"。當爲"八"，形近而訛。
〔3〕"奏"，六卷本作"效"。
〔4〕"設"，六卷本作"訪"。當爲"訪"，形近而訛。
〔5〕"訪"，六卷本作"防"。當爲"防"，形近而訛
〔6〕"護"，底本爲墨訂，六卷本作"爲"，據楊祖憲本補。

失題（台臺於今英犖慷慨）[1]

台臺於今英犖慷慨[2]奇男子也，妙年積學不用，以讀中秘編國史，而顧以用之冷曹，此俗吏用舍之過也。眼高韻遠，未可一世。落拓林泉，而牢騷磊落之意，有所用其不足於詩篇聲酒間，品高與俗人絶，而世亦於雲際望真人矣。弟於蒲城幸接顔色，御李之緣，一快平生。已而望珂里咫尺，過門未入，終於傾倒私衷，有懷夢寐[3]，又真是缺陷世界也。接得手教，披讀如對面[4]。長者無我鄙棄[5]，顧某何以當之？至於縣官用人，尋常無論，每每格破而事無濟，官增而蠹愈開。實有濟有用者，往往格而不及收，蔽而未得上。治平之業，恐猶未可冀也！起異才以濟

實用，只在機會湊合，尊諭敬識之不忘。

【校記】

〔1〕又見六卷本卷六、三卷本卷三，題同底本。
〔2〕犖，底本作"榮"，據六卷本、楊祖憲本改。
〔3〕"懷"，六卷本作"勞"。
〔4〕"面"，六卷本作"忉"。
〔5〕"棄"，六卷本作"夷"。

失題（客秋一接）[1]

客秋一接色笑，未盡之懷[2]，原圖摳衣層台請益，而適以俗溷相稽，遂抱缺陷於今，念之祇積惋。抑乃台臺芳聞斗望，人人峨嵋天半，雪中看也。則某形貌若遙，精神不啻近矣。某里居已久，懶慣成性，已無夢到長安。秋初，因官暘老吳浮老有書相促，乃汗漫入京，然悠悠泛泛如昨耳。非不冒濫國恩而報稱知己何時？每有感歎不獲時，從堂下一披吐也。時因金生西行之便，肅此代候，一布依依，惟台照在。今當多事之日，大爲世道主持，急需海內大人君子，庶幾旦晚還朝，襟領裒正，以收正己物正之化。此衆君子之同心也，不但某一人之私願矣。翹首劍門，日有瞻企。

【校記】

〔1〕又見三卷本卷三，題同底本。
〔2〕懷，底本墨釘，據三卷本補。

失題（客歲一函附候）[1]

客歲一函附候，後即忽忽至今矣。想望丰神，每於天際朱霞、空中素月依依如見也。年來推陞殊多，位不配望。惟是真人隨時行素，借官布蘊，不必榮官。即如豐芑之地，廷尉有持皋陶之平者，不僭不濫，更多所平反。此於縣官爲益非解,而我得借之以立功立德,益增累其聲華,亦自我輩快事耳。今咨俸并譽,望俱深矣。持衡者定能虛要地,首席以待也。匪謾!匪謾[2]!弟駸駸于役,冗冗居家,入直有期,建明無述[3]。庶幾得借鼎台,從於北寅清司馬之間,夕朝可共,披心領教,當益有匡成。弟固拭目望之,惟日以幾也[4]。遠承蓬使下,臨盥披手教,宛是即溫,弟恨促膝未能耳。想造物除乘之數,亦必哀前詘以爲今伸矣,若弟固無能贊一詞也。盱衡牛首,卿雲何當披挹?憑楮馳依[5]。

【校記】

〔1〕又見六卷本卷六、三卷本卷三,題同底本。
〔2〕"謾",六卷本作"漫"。
〔3〕"述",六卷本作"術"。
〔4〕"惟日以幾也",六卷本作"爲日以歲也"。
〔5〕"依",六卷本作"切"。

失題(恭惟臺下）[1]

恭惟臺下覺世真人調元巨手,即今候轉洪鈞,盡中州境內,物欣欣向榮,人熙熙以同悦。此造化生心者,有默劑淑氣之先者矣。至於台履與泰日長,而此方之受福又與序並進。無論頌望日升川至,而立德立功,益有日新,而不已者矣。辱在知契之末,可勝引慶。日者三素雲開,想見吉人五福駢臻。且瑤函手教,光怪映照,四壁寒色,猶藹藹依雲就日也。數行代候,一布積思。附具一忱,非曰成享,聊以引改衣加爵之念耳,莞存爲荷。

【校記】

〔1〕又見三卷本卷三,題同底本。

失題（憶在長安）[1]

憶在長安,過從深夜,凡所爲促膝嘔心,有一念一言不從護持國是,培養正人、圖共天下收治平之福者哉？在都二三大疏官邪？國是撐持多少？卻憶去年，人情疑似之間、國是分淆之際[2]，而一旦漸就廓清，畢竟大君子正己之功爲多。及荒寺一別，而正人遂覺分散同心，便成南北，弟亦且避忌歸矣。林居感念時事，杞憂未忘。明月在天，懷我知己。忽於夢寐之餘，接得手教，喜可知矣。披讀情誼盈楮，然亦未嘗止從爾我間暌離起見也。方今可憂之事，寇亂又其緩者[3]。彼其欲傾正人，以翻世界，外主福建子，内結客魏二奸，王安逐而倪朱遞降。中間禍基亂本在宵人，欲從中傾害君子，搆出紹聖之禍。羣兇極毒[4]，即君身在所不顧。弟爲今日慮，但禍在正人猶可言也；第得君身猶幸無急，則已足矣。仁兄以爲何如？近日潘道長一疏大有關係，此一邪正[5]，剝復一大關頭也[6]。留都清議主張，我輩有心愛國，願言聯屬同心，共唱大義[7]，仁兄想不自舍前勞也。

【校記】

〔1〕又見六卷本卷六、三卷本卷三，題同底本。
〔2〕"分"，六卷本作"紛"。
〔3〕"寇亂"，六卷本作"東事"。
〔4〕"搆出紹聖之禍"後，六卷本脱"羣兇極毒"四字。
〔5〕"一"，六卷本作"亦"。
〔6〕"頭"，六卷本作"顯"。
〔7〕"唱"，六卷本作"傳"。

失題（稔惟老年丈）[1]

稔惟老年丈，沉神淵識，岳力丹心，確是當今治平名世也。即今豐芑根本之地，并嚚陵易動之鄉，鼎藉澄清，我知北斗之所斟酌[2]、風霆之所鼓盪、雨露之所滋濡。慮無不民家戴春、吏人履霜、奸宄喘月、雨雪見睍者，社稷實式靈之矣。弟追隨長安，實有誠服。庶幾長得提携，以共事幹濟。無奈弟人微府疑，致生指射鬮口，無當裝聾。非我計當時過[3]，爲年丈所憐，首疏留我，有曰："憂天之大業已成，夾日之鴻功若浼。"豈不誠高云云。仰見老年丈愛國愛人深心矣，弟則無以當也。嗣是諸君子連翩論列，弟之罪過得明。至於今日，猶時入君子之口。使掘守無緣如弟之人[4]，以淺俸而躐清卿，權輿托基，自有專屬。知我成我，中心藏之。即沒齒難刊矣，第弟讜劣，終無足短長耳。今雖衛鶴乘軒，何以不負知己而有益國家？則望老年丈始終有以提携我也。真切！真切！

【校記】

〔1〕又見六卷本卷五、三卷本卷三，題同底本。

〔2〕"比"，六卷本作"北"。當爲"北"，形近而訛。

〔3〕"計"，六卷本作"記"。

〔4〕拙，底本作"掘"，據六卷本改。

失題（憶當年）[1]

憶當年，過從領教，肝膽披傾，都不作塵間語。至今遠韻素懷，猶宛在心目也[2]。卻念別來入境日勞，入趣日俗，入心日蓬，入人情日顧忌。回想以前，相對清言，掀脫世諦[3]。便如引首蓬萊，隔弱水三千丈矣。忽接手教，披讀若對，又不勝山榛隰苓之想也[4]。易水卿雲，斐亹如蓋。何當披覯，但有遙馳。

【校記】

〔1〕又見六卷本卷六、三卷本卷三，題同底本。

〔2〕"在"，六卷本作"宛"。

〔3〕"掀"，六卷本作"軒"。

〔4〕苓，底本爲墨釘，據六卷本補。

与高景逸二首

其　一[1]

不肖今日止有去之一道，既內外忠賢別有安頓，亦止有借一去疏，領受之而已。朱相公疏大有益江南，更有益賢者，真此翁好事。李純菴及沈年兄事，須宰公出實實著司官做，方好。吾鄉選，公非可以將去之人作曹丘也，門者乎鬼即作書，不知可得如願否。丹徒、丹陽，皆吾鄉賢者。而丹徒更開朗，能任事，目下銓人當代，但尚有舊人要起。不肖與沈炎洲商之，得將此君一先題，伊仍借病不來。仍起舊人，亦無妨礙。政欲向翁臺請裁此事，因手教及之，故附布區區如此。倘得會宰公，希顓致此意，收得此人，實將來選部有用人也。惟留神萬萬。因坐客相稽，故遲復如此。餘當圖得面既也。早間會張蓬老司馬，必謂宰翁斷不可去，一去世界便倒落小人徑中矣，須設法多方留之方是。此亦有心言也。並聞更聞傳雲中聞艱，未知真否，果爾，難謂非天之有意斯文也！

【校記】

〔1〕僅見三卷本附錄之"補遺・書"，題《與高景逸》。底本及各本均未收。

其　　二[1]

猛風惡雨，驟暗晴天，善類真成捲堂散矣。不肖漣亦得從大君子之後，領臭罵一頓而歸，可謂厚幸。不惟結却忤權奸一局，而得微罪以行，不見君父，爲嬖倖逐法官之迹，于初心甚安。并不屬見幾先逃，忍委君父，自潔以去，于臣義更完，皆可自謝。惟是痴愚一念，于當日憑几依依，絲毫無補，祇落得一去卸担。夜氣清明，每一想及，不禁涕落，又竊笑其夢未醒也。今官家已另用一番人矣，亦惟願繼起當事者，無即塗面從人，罞罞從君父起見，還以正直相持，無令祖宗養士二百餘年氣脈，一朝澌濊殆盡可耳。覺去都門後，會推一官，人多至七八，已是冢宰，不必廷推，總憲可以傳奉。去其所仇，進其所喜，魏見泉佳兒，真可快脾。苐恐中外大權，倒手盡奉中官，不知伊將來作何收拾。至於我輩於世道且無必問，但願君身彊固，無可大憂，漸次天開治平可耳。錢受之入都，此有心人，當有沈幾默挽工夫，亦直恐孤掌不鳴，危身難立也。前聞沈湛老欲拚官作大文章，乃不虛天畱此老，今未知已出手否。畢竟重雲層霧之中，似衆已眯目蒙頭，然難道長安如許大，便無一箇認得傷寒五日不汗則死男子？直説事不可爲，空爭無益。陳恆殺君，哀公三子豈真能討？我家夫子，沐浴請討，又告三子，真是不看事勢，第一老頭巾也。與當日楊忠愍、王文成及鄒南皋，皆今日善看事勢之罪人矣，可發一歎。段幼老謂我輩當尋得一沈渾朴毅人，小人不見忌者，潛引十數輩君子，伏于其中，以種火種，使將來一炊而然。此用固妙，然難言之。惟天祚世道，終不使火種會絕，計台臺早有以畱心於此也。不肖出春明後，一路騎馬落店，到家仍只青衣小帽，一尊君命，一行吾素。人或謂過，不肖謂比如爲副院當花金黃蓋矣，斷不肯青蓋花銀，今與我民矣。若以爲辱，必詭而爲方巾行服，是祇在紗帽小帽上看榮辱，付君命於不必遵。且貴賤果在小帽方巾乎哉？况不得乎君，自是臣子之痛，而興服自若洋洋，與官長往來，似乎非怨慕之意。台臺其以爲如何？偶南還鴻便，草草布候，不盡欲言。總有照在，漣濹楮不勝馳切，淇澳宗伯當清吉也。便間幸道惓切好，珍重世道關係之身，以對中外仰望。

【校記】

〔1〕又見三卷本附録"補遺·書"、二卷本卷下，題《與高景逸》。楊祖憲本、底本未收。

與 錢 牧 齋[1]

當在虞山獲承言笑，傾蓋投知，精神膠結矣。而形影疎濶，音耗消沉，一爲廻遡，即是十年。於玆固精神不隔，而好風良月寤言，亦實幾經展轉矣。弟作令儘多無狀，長安人不知何故，置之掖垣。掖垣是非之司，而弟癡贛之人何堪任？此想當事誤耳。候命長安，昏昏汨汨，自謂無關短長，虛糜桂玉何益？揭身里居，從親友説無忌諱話，飲無關係酒，精神儘自暢。適長安或未必忘弟，求知有候，命計垣人，而弟已一念作長夢矣。惟憶當今國家多事，人賢閉塞，海内一片，有心如翁丈其人，而不一吐抒衷素，是則早晚不無耿耿耳，耿耿亦不爲彼此寒暄也。避匿里居，懶性益慣，南北行李杳焉絕跡，知己如翁丈亦遂缺然。乃薰風南來，忽拜手教，對使捧讀，喜如對面。虎丘舟中披覿情景，既宛然在目。而時事之縈縈於中，人賢之落落在念。讀至國事無抵止之時，又實有再四感嘆焉，而莫以語人者。即今東□告急[2]，舉國周章。正陽河水一赤三里旬餘，此豈好消息？而怡堂之娛自如，藩籬之封猶固；深心憂國君子，恐亦未能即付世於湖山海嶽外矣。翁丈期弟砥柱事業，弟非其人，悠悠里居，苟倖藏拙。萬一北上而識闇力綿，常恐無以報酬知己。受事之日，或不肯隨風逐浪，弟恐風波端不肯容不隨不逐之人耳。翁兄其謂之何？想望卿雲，披覿何日，致去納一，聊敬改衣，非曰無衣也。

【校記】

〔1〕又見六卷本卷六、三卷本卷三，題同。楊祖憲本、底本均未收。
〔2〕"即今東口告急"，三卷本作"即今□□背逆"。

答顧端文書[1]

恭謚履端，未獲登祝。乃辱遠貺，賜以教言，何以當此？仁人一字一言，皆後學銘箴。即爲後學陶鑄，一家春化萬家春。漣不肖，敢不勉圖爲台臺布此德潤也。勒此代謝，依云何日。再禱俗顏，不勝馳戀，未備。（《東林遺翰》）

【校記】

〔1〕錄自《湖北文徵》第四卷。清顧樞《顧端文公年譜》下卷（清康熙何碩卿刻本）有錄：常熟令楊漣大洪書曰：恭謚履端，遠辱賜教。仁人一字一言，皆後學箴銘。即爲後學陶鑄，一家春化萬家春。漣不肖，敢不勉圖爲臺臺布此德潤也。（時楊因修學乞公文記其事。）

雙忠遺翰石刻[1]

右石刻爲前明天啟時應山楊忠烈漣與王少司馬家楨往復手札。忠烈札三，一在劾璫時，一在被逮時，一在獄中與子絕筆。王少司馬札稟二，一復忠烈，一致崔冢宰景榮，囑救援應山。筆墨遒勁古雅，各極其勝。往復書辭大義激發，生氣凜凜。今石刻在王少司馬祠堂，墨蹟猶存，王氏以爲世寶云。

一

惟我老公祖實是於今經綸好手。大都濟世人不在好奇，在於稱事，不在鬥勝，要於當機。酌是事之來，銖兩付其本等，應其機以發，不疾不徐，而有意無意順之，故萬舉萬當，事成而不見斧鑿之痕。我與事安，而世與我安。禹之行水也，行其所無事也，正是此意，然而難言之矣。然則治平名世，當今舍老公祖其誰？此非不肖弟謾語也。至於處功名之際，其爭處讓一步，太熱處冷一步，寧受虧之一字，不受捷之一字[2]，一任閑淡當之，素以行之，是大聖賢事、大神仙法，此中有證戡得到。沾沾酒色財氣四字，打點得定，此看得太淺，亦老公祖謾弟語也。弟前年已離家結伴雲遊，苦與老蕭證戡，蓋元恒言伊有得，特往一言，便以幼子婚事相托。伊既相訂，但云今川亂方興，家口未得處妥，萬一緊聞駭報，念或少動，作何進退？今且寧家[3]，與約三年後，大家交勉爲之，故勉強復歸，而禮垣報至，天下無不忠神仙，遂動念奶子、魏璫兩人誤國，先帝顧命謂何？因以諸子托之陳元樸、劉含初兩親家，仍以小子婚事付元恒、小女嫁事付京咸。此行吾必作請劍誅奸，不復作家鄉想。刻期登道，而京堂報至，前念乃已。舊歲勉強入京，圖一改先人少卿已耳。一謁慶陵，前念又動，疏已草成，爲舍親家王思延涕而跪止。已而見二逆殺胡貴人事，又見立枷與徑拿中書事，遂再忍不住，不謀之一人而疏上矣。初意圖面奏，每以御門難定，疏難預寫，算定得雨後廿九日必朝，而不知暮傳免矣，疏已寫就，只得封進，明知勢必難動了。吾此心一身俱付之朝，生死都所不計，或幸削籍以歸，好問個中事。不意臺省九卿共發公憤，而内閣諸公不惟不肯爲商輅、劉健，反共爲作主，陰爲畫策。弟之言既無濟，反令滿朝無色，弟甚愧之，且慮世道，禍將大矣。身便許國，説不得神仙事，日下圖請罷斥，未知得如願否？幸或得請，請先爲老公祖代路，作他日子房赤松子也。老公祖許我乎？作官原不妨神仙，作官儘好作功德，然在外官好做，在内祇拜客吃飯溷日，徒自苦酬應，無益身子須臾，又無須些益於朝廷，祇騙官做，並贏得受書帕過日子耳。消折了身心，受用多少？若在邊上，須以不邀功，保全生靈爲主。大率修内備，使口不敢驚擾我，又約束將士無生事，外邊有以撫之，無令其敗盟；有以服懾之，無令其易我。非偷安，非玩寇，非媚口[4]，不枯萬骨以封侯，不得五餌以養寇[5]，能不致殺人盈城而我與口口[6]，與民共保。此報國大忠，即作仙真德，我老公祖饒爲之，已饒得之矣。弟但有涎落，即弟日來小疏，亦欲止其立枷妄拿人，令畿内外人家無傾敗于諸緝事之橫行，並禁諸奸之無移禍宗社耳。而事不能濟，但有苑結慚愧而已。身且羈絆，無得自遂雲水，乃殉國一念尚欲再請劍也，老公祖何以教之。至老公祖前日腹内之轉，是有人要邊道缺那借爲之，非有他也。然老公祖亦但借官作好事，轉聽其轉，留聽其留，而我無與焉。如此而已，是神仙安樂法也。長公功名事，亦各有分定，不必急，但令讀書，即下年撥標非遲。弟三小兒俱在，任欲去科舉[7]。弟云未必中得，徒占人科舉路何爲？在此且讀書可耳。去歲所生小兒，原出非意，畢竟是無恥事，拜老公祖之賀及，益愧弟之無道行矣。乃此兒亦複骨相豐清，不似薄福面孔。弟每念已常討世間便宜，人或少子，弟便三個[8]，都讀得書，識得字，又騈得一個，當亦能讀書者。論功名，作四年知縣不送人一書一文，偏考作外官第一，七年候命，溷帳了日。册封命下，歸家一年，在科六月而已，即請告歸。俟京卿，俟僉院，俟副院，且封三代矣。況名過其實，皆造物所忌，恐此中消折太過，神仙事終當無分。倘今年得削籍以歸，必勉共我老仙伯，大家努力，堅心圖之，世間事儘已戡破無味矣。乃我老公祖還須一節鉞，乃是宦途歇手地耳。弟則分量已過，再無不歇手尋向上去。此意當通元恒知之。餘情依切，極楮舌難悉也[9]。小疏呈覽，無濟之言，徒增慚汗耳。六月廿五日燈下，弟漣再頓首。冲。

右札字小行草，共七十八行。"或幸削籍以歸好問個中事"十一字旁，寫添入署款字。另行低一半，寫"六月廿五日燈下弟漣再頓首"爲一行，"冲"字又另行。名字上鈐小印，文曰"楊漣私印"。款字上截，另有小草書五行，云："京咸兄一塲大夢，大官大屋何爲？又無一脉，祗令人慨嘆。即贈？何益？于無嗣子，並復何干？笑話笑話。胡繼新事，敝門人許仲嘉相托耳，情而已，不必多求也。"案忠烈疏論魏璫二十四大罪，在天啟甲子六月，是年十一月削籍，明年三月被逮，六月下北鎮撫獄。是札署"六月廿五日"，即論璫時也。

二

久未領教，但日望早晉衡樞，爲一人廓清中外，令天下受太平之福耳。日者雲霧蔽天，一綫陽光，獨幸有崔公祖當軸，察事既極公平，中間共傳深語。當事中旨頻傳未當，緹騎四出非宜。又聞謂汪文言一事，生死隨內邊安置，但借興大獄，則我輩當以去就爭。此皆古大臣風，而要在今日更難，天下受此公之蔭無論，乃元氣之留在社稷尤深矣。弟實甚服，甚爲正己物、正天下猶有此大人引慶。但又聞內邊不甚喜，爲其不爲己用也。振翁亦有去之之意，此則不可。蓋此時朝事已壞極矣，斡旋維挽，全賴一正人焉，默有幹濟於蠱壞之時，若潔身爲高，天下亦何所藉賴，必至無可奈何而後引決焉。乃爲大臣敬事愛君之極軌也，圖捄世非爲作官也。老公祖當有以開大振翁公祖也。若弟之癡愚自禍，今被逮矣，久已一拼，不復他顧。人前教弟爲雲水之遊，少避凶劫，弟謂此時求仙未得，祗爲逃禍，何前勇而後怯？又謂今日當如古人自裁，弟又謂死牖與不可測於桁楊等耳，何爲不明不白，徒失壯夫氣，彰君父無禮之名。几上肉，聽其如何鋪擺，身有關係，聽祖宗社稷之靈可耳。畢竟硬漢到底，不失老公祖肝膽年友也。一笑一笑。偶知小兒遣人一候左右，大率求捄援於崔公祖與我老公祖。夫弟輩誠可捄宜捄，崔公祖定不惜力，老公祖亦不惜言，甚之早已爲地者，何俟孺子言？如事有人堅主，無天日可叩，即通天神手無所用之，徒多費口詞。而孺子泣不可止，故亦聽之；因附寄候，一布積懷。倘弟此行不測，能爲厲鬼，請之上帝殺內外二賊，如得倖有生還，便黃冠羽衣，問道匡衡，作我老公祖探水引路人，將共證龍華大事也。引領卿雲，不勝馳戀。弟漣再頓首。

右札字小行草，共三十九行。"弟漣再頓首"另行低寫。所稱崔公祖爲吏部尚書崔公景榮，振峯其別號也。崔公於天啟甲子十一月起官冢宰，明年七月而忠烈慘填牢戶矣。是札乃就逮時筆也。

再字之易

天啟乙丑楊忠烈公絕筆。廣陵後學劉梁嵩遵承軒年伯父命謹識。

年伯中可托者，蕭元恒、梅長公、萬存愚。在別省可托者，惠元孺、王軒籙公祖也、祝秀水也。同鄉前輩，則李湘洲耳。如再要著家屬追贓，則哀此數人作一公義，鳩些銀兩，汝亦不必怨我。不必懼怕，想世間亦自有天理也。如有事，專令會兒一意讀書，無誤下秋事。如事有天理，汝當同兄弟刻苦讀書可也。縣中親友都上門申謝，道楊大洪爲臣死忠，身屍不保，慘於三忠。然此心耿耿，足不愧天地鬼神、鄉里親戚，但愧未常有大益於鄉里，徒完得自己一身事耳。（錫山後學顧貞觀恭閱。）

右絕筆小草書，共八行。首行"再字之易"四字下，爲劉梁嵩題字。"年伯中可托者"云云，另行起。書法遒勁古秀，可見大學問人雖在患難致死時，猶從容不迫如此，真希世墨寶也。承軒爲王司馬公子元燝別號。

回楊大洪

久切渴想，以南北修阻，未及訊候，而心旌不禁向往也。忽奉大札，山嶽鎮定之概見於筆楮，可爲欽服。大丈夫獨行其志，但要拿得定，做得成，利害禍福竟可置不問。假如當協院及前兵垣時，冒京師寒，五日不汗不生矣，天下豈必逮繫能傷人哉？此處識力，知年兄饒有之，再以此相勞慰云爾，所教云云。千里心照，計使乎能道之也[10]。台體嚴重，不敢他及[11]，幸惟心照。

書辭激烈中用筆多極古雅。年侄孫劉梁嵩敬閱。

義正辭嚴，不減鄒志完、陳瑩中風烈。年侄馬鳴鑾敬閱[12]。

右札稟首行"回楊大洪"四字，"久切渴想"云云，共十五行，後有劉梁嵩、馬鳴鑾跋語，各一行。

老　　崔

近日逮繫累累，外人不免驚駭，雖事有自來，權有分掌，台臺身爲元宰，斡旋口國是，自屬之擎天一柱矣。舊協院楊大洪，向曾目睹其孝友廉讓，居家有古人風，後立朝，事多不可詳，然三品大臣一朝削籍，似可已矣。今有手書，與其三子之書，遠來告苦。某嘗聞人在患難，出一言相助，勝造七級浮屠。矧事關國體、交聯莫逆者乎？今以原字呈覽，唯台臺裁而酌之。此輩若斃於桁楊，則不平者必多，將來事莫知所終。今日之事，非爲此輩地，爲國家地、爲一時柄政者地也。台臺識見高遠，中外欽服久矣，如何如何？

右札槀首行"老崔"二字，"近日逮繫"云云至"如何"共十八行，行草，書法似魯公《爭坐帖》，後有王司馬子元燝、元烜跋語。案跋語二，一爲順治辛丑始彙輯裝潢成帙所識，一爲康熙辛未司馬公子元烜爲武進知縣時囑江陰夏生石刻所跋。

【校記】

〔1〕《（嘉慶）長垣縣誌》卷之十五"金石錄"收錄《雙忠遺翰石刻》，其中楊漣寫給王家楨信劄兩封，分別作於劾璫當月和被捕後。另外一封是《獄中與子絕筆》，作於《獄中遺字》之後，《獄中寄子書》等絕筆之前。有王家楨寫給楊漣與崔景榮的信劄各一封。《翁同龢日記》（翁万戈編，翁以均校訂，上海中西书局2012年版）"同治元年十月二十五日"，載錄"楊忠烈公三劄卷"，附有《祁春浦先生跋》《何子貞先生跋》。內容與此相同，細節文字畧有差異。今依《（嘉慶）長垣縣誌》抄錄，依《翁同龢日記》校正。

〔2〕"受捷"，翁本作"惹撓"。

〔3〕"寧"，翁本作"寄"。

〔4〕此處闕文，翁本作"上"。

〔5〕"得"，翁本作"持"。

〔6〕"能"，翁本作"终"。

〔7〕"欲"，翁本作"辭"。

〔8〕"便"，翁本作"得"。

〔9〕"極"，翁本作"總"。

〔10〕"乎"，翁本作"手"。

〔11〕"敢",翁本作"顧"。

〔12〕上述兩條跋語錄自翁本。

楊忠烈家書卷/陸心源題識[1]

（紙本高九寸長二尺九寸）

字與之易、之賦、之言：

出門忙甚，到州遇雨，前途泥淖難行，過黃河始得晴乾好行。因欲十二到京，星夜兼程，至初九到京矣。因京堂欲面見，必十三始見朝，日遂接客，凡大老名公，無不欲一面，便苦極矣。朝後拜客，饑渴不時，大動火傷風，喉舌俱痛三五日，覺形容瘦悴。閉門睡得半日，火稍退，舌痛小減。十九日面恩。大都久在山野之人，手腳俱懶慣，見人殊是窘束。又不奈人只問移宮事，不免答應煩多，亦是一場苦事。

汝父書生耳，無功無勞，叨冒京卿，原是過分。況浮名太重，至於爭識面者，傾動名公大老，開口便曰"功在社稷"，其實有何裨益？令人慚愧，將無造物忌之！且諸老似各欲留在長安，萬一名實不稱，或負衆望，奈何？此汝父之所慮也。

汝等在家，當安靜養福，勤苦讀書，憤勵修品，亦所以補汝父之不逮。萬無作些浪事，習驕淫，比匪人，敗汝父家聲，薄汝身受用，是汝父所惓惓於汝者。常常問太太安，使老人家歡喜。代汝父事母，無牽汝父心。祠堂時朝月節，無廢看視祭奠。家中諭令門戶嚴緊，男女鈐束清楚，出入防閑，是長子事。弟兄萬萬要自令和氣同心，無致生疏。姒娣喻令孝順，各相敬愛，方成人家，方有禎祥。記之，記之。

京中衙門甚無事，絕無進入，還恐後日支持不來。目下新進京，下程甚熱鬧，奴子都不節惜，可恨！只恐一月後便閉嘴矣。

五兒不知入學否？汝等亦不知考得如何？總之，肯讀書進士舉人亦是本等事，無以考得好、進學容易，便輕易、便懶惰也。如京中住得久，便欲接家眷，汝等亦得讀書。只是人多，兩起行方便，再有人廻商酌之。

大爺聞升助教，此舉人缺也。一年便是升州、升二府，甚清高。雖無錢賺，卻甚體面。好可語大娘說知，莫只要有進入，嫌冷淡也。信到後，大娘便可收拾往南京矣。

多多稟上太太，千萬安心歡喜。兩子俱是京官，孫兒俱是秀才，亦是快活人家。或有不足，千萬耐煩可也。汝母並宜好生伏侍太太，鈐束大小男女，歡喜支持家事，無易生煩惱。汝父在京亦安好，無必掛念也。陳大爺、劉大爺、諶大爺、劉年受及會上諸兄與諸親俱致意，未及另字。錢糧著令眼明，算明完辦。

九月十九日字。（文後兩印：白文蓋十九日上、朱文。）

【校記】

〔1〕見清陸心源《穰梨館過眼錄》卷二十八（清光緒吳興陸氏家塾刻本），相較卷三《家書一（在太常時）》，文字有出入。陸心源（1838—1894），字剛甫，歸安（今浙江湖州）人。咸豐九年舉人，官至福建監運使，清末四大藏書家之一。

明賢遺墨真跡/端方題識〔1〕

（冊紙本大小不一，共十頁。）

第一瞿式耜

大方法眼，鑒賞不易，耕石所藏，得名公品題，價增百倍矣。至佳詠之清雋古逸，尤屬當家。謹謝教，式耜頓．冲。

第二楊漣

臺臺無涯之恩，春滿一家，且逮於朋友，感激衷私，莫知所報。即舍甥喻士適府試見擯，蒙臺臺破例賜考。但無如其文不成，何乃格外之恩，尤為心結之矣。何日叩頭百拜，少致頂戴也。近讀令公子近作，益婉逸沈至，大是元手。來歲領南畿賢書解額，不問可知。至其品之沈靜渾誠，淵源自遠，而家法森肅。君實秀才，風韻差為近之；他日策樹，當亦相埒，此可為臺臺加額也。令壻陸兄俊爽，英邁不羣，的是雲霄遠器，不但文人。顧兄亦自英英伉爽，非轅下駒。但今府試僅在優列，則薦士者之力薄耳，拊心知慚矣。

再啟。不肖辱在臺臺門下，千載一時，滿門戴頂，恩私矢今，銜結圖報。惟是不肖漣但爲己而不爲一邑乞恩，是爲一邑虛此一時也。敝邑科舉舊二十四名，遞減至十六名，上年王岵翁公祖特加一名矣。未盡之恩，萬懇臺臺留神，滿得廿名之數。俾後生末學，鼓舞嚮往。今爲特恩曠典，後爲成式令規，將應山士子孫世世戴德，黃花之賚亦永永在令公子世也。冒昧狂妄，謹焚香叩首以禱。惟臺臺憐其一念，與進後學素心，赦其無厭死罪而垂鑒焉。甥士適，家姊書來，感臺臺之恩，至垂泣而道。不肖漣亦恐失此千載一時，無復有推特恩於後日者。無厭之望，尚圖後請，不敢必耳！（印章，朱文。）

【校記】

〔1〕見清端方《壬寅銷夏錄》"明賢遺墨真跡"（稿本）。端方（1861—1911），字午橋，滿洲正白旗人，官至直隸總督。

明楊漣周順昌行書尺牘合册/葛嗣浵題識[1]

（紙本凡六幀每幀高一尺闊三寸）

檇李得手教後，正想文斾何以久羈？此中家務既不經心，藿鹽之味備嘗、道力當益精趨矣。謁客歸，見客藉悉，慰慰不宣。（弟）漣頓首玉老契兄。左冲。

別來八月，知老伯母起居清吉，甚慰遠念。雖屢剞附寄，但爲他人作嫁時裳者，積懷鬱緒，未盡一二也。喬應甲、徐大化如許兇鋒，皆時相、橫瑁所快心者。何以票擬之抑喬而伸徐，豈以喬疏七顛八倒，語多醜惡，爲天下所笑耶？抑疏中不歸重楊左，專罵李三才耶？古人以邊撫薦用，極其舒眉。近更有可笑、可痛之事，無復人理。韋道人、胡汝濟、陳明卿稱功頌德，不一而足。摁摁側目，吾三人殊甚。惜吾兄昨歲猶以處分李使小事作字汝濟也。秘之，秘之。種種統俟嗣音。（小弟）順昌頓首玉林老契兄知己。左慎。

　　玉林先生予曾邁止清瑤池上，淵然古君子也。若孟聲昆璧，則濯濯如張衞少年時，而芳異之才流煇曷已。可見太丘之後有二方，審言之後有浣蒼。逝者如斯，而來徵可述也。不有諸賢賤素，奚繇眉語光像，君寧之寶？是冊正如范高遺硯，宛屬祖荒曼，附數言用志仰止。石天沈顥題於凌氏之水明樓，時戊子秋孟。（印二）沈顥（白文方印）、朗倩（白文方印引首印一）、石天（朱文橢圓印）。

　　前後收傳印記：含暉堂（朱文長方印）、讀漢書樓（朱文方印）、寶忠重節（朱文方印）、禹枝（朱文方印）、高陽酒徒（白文方印）、第九洞天（朱文方印）。（楊忠烈、周忠介為明季氣節中之最著者，均未享高年，故遺蹟流傳至罕。玉林先生與兩公同時，已寶貴若此。迄今幾三百年，吉光片羽，精氣如生，後生小子倍加愛護，倘亦可令頑者廉、而懦者立歟。）

【校記】

〔1〕見清葛嗣浵《愛日吟廬書畫補錄續錄別錄》"續錄卷三"（民國二年葛氏刻本）。葛嗣浵（1867—1935），字稚威，又字詞蔚，民國著名藏書家、教育家。

卷六

啟

答同鄉柯太守[1]

稔惟臺下望高尺璧，品重雙南。允矣公輔之資，暫借保釐之寄。旬宣瞻國，三川免恤，恤於露根。公慎牧民，一路盡怡，怡於平葉。嶙岣直卑，劍閣高華。起接峨嵋，蔽芾歌傳。西巡重資，召伯屏藩。武接北闕，即迓穆侯。吾楚既張，縣宇共仰。某鄉里後生，官寮豎子，久有懷於御李，尚失候於題梅。何來長者之先施，殊歉嵇生之過懶。更承兼貺，益自愧心。勒此蕪函，一布夙悃。統惟崇照，何既宣鳴。

【校記】

〔1〕又見六卷本卷四，題《答同鄉柯蜀太守》；三卷本卷二，目錄題同底本，正文題同六卷本。柯太守，詳見卷八《中憲大夫廣東韶州府知府酉室柯公行狀》。

答同鄉袁兵備[1]

伏以玉節虎分，慶握折衝之寄。珠裁露布，驚推溢分之榮。荷寵物以何堪，頌德私而增懼。恭惟老鄉翁台臺，才堪佐命，策預經邦。含香粉署，共推文正之十萬兵。督餉鴈門，益裕鄭公之十三策[2]。既崇人望，借憲兵符。抒壯猷以作捍廟堂，紓西顧之憂。載甘雨以行春，邊塞飽東依之願。赤絕狼煙,狼子解刀稽顙[3],綠回塞草塞垣。臥鼓興歌,赫赫海內具瞻,泱泱楚南生色。某竊附枌榆之末,久依山斗之光。平時既積欽仰之衷,今日復藉噓扶之力。政期題衷於附鴈,遽意拜德於緘魚。珠璣錯落,欲爲剖腹之藏。筐篚充盈,祇益捫心之愧。爲蜜自甘,報李何日?至於掖垣獻納之司[4],豈是山海遁藏之所[5]?大丈夫誠得地宜言,而言出爲經者安在?聖天子或止輦以待,而一言悟主者何資?惟茲負官負國,常懷遺桑梓之羞。庶幾愛國愛人,其無吝斗標之指。臨風再肅,惟日以須[6]。

【校記】

〔1〕又見六卷本卷四、三卷本卷二,題《答袁兵備》。

〔2〕"裕",六卷本作"預"。

〔3〕"刀",六卷本作"辮"。南朝丘遲《與陳伯之書》:"夜郎滇池,解辮請職。""解辮",解開結在一起的頭髮,即改變夷狄風俗。"解辮"典出有據,也更形象有力。底本改作"刀",應是爲了避諱,文意亦通。

〔4〕"納",六卷本作"替"。

〔5〕"遁藏",六卷本作"藏納"。

〔6〕"惟",六卷本作"爲"。

答關內楊大參[1]

伏以熊軾專城,久著次公之勛。龍渠重地[2],特高范老之名。福星朗映,一方夜月,光分同籍。恭惟老年丈,名世高標,調元妙手。聲華峻起,結葱佩於朝行;簡命特隆,耀金麾於旬服。威武屏封豖長蛇之跡,無地不是春臺;旬宣無黃鳥碩鼠之歌,有天共熙化日。蓋選衆後舉,借已深之保障,作礦長城。而爲地擇人,出富有之甲兵,泥丸函谷。譽已隆於總憲,寵即重於建牙。某臭分蘭畹,仰切斗華,喜芳聞嶙峋,高出秦關百二,歎音塵寂寞,歎茲江鯉一雙。何來瓊玖之投,兼拜筐篚之飾。謝何容口,藏在中心。所冀摛文奮武,全才揭勳華於指日。佇膺出藩,入相重命,奉周旋以有時。統惟照鑒,曷勝瞻延。

【校記】

〔1〕又見六卷本卷四,題同底本;三卷本卷二,目錄題《答楊大參》,正文題同底本。

〔2〕"龍渠",六卷本作"碧幢"。

與孝昌令[1]

老父臺之治澴水也,清風載道,明月當空。惠露既沾足於蜎蠕,嚴霜亦肅刷乎狐鼠。何啻仁稱三異,共推政擅十奇。芳譽早鵲起於燕京,勝選遂鳳騰於豐芑。雖猶位不酬德,庶幾人以重官。喜在得馳,負重此行,何異登仙。桃渡鶯花,久候使君之旆。金陵春色,新承君子之光。夙荷蘭投,恭當喬轉。雖憐此日災民之離母,卻喜留都重地之得人。久積燕私,薄械魚素。聊申情於賀夏,深引缺於躋堂。此束帛之戔戔,以寫心之眷眷。統希鑒在,曷勝神馳。

【校記】

〔1〕又見六卷本卷四,三卷本卷二,題《賀孝昌令》。

與承天某別駕[1]

伏以屏星散、彩祥開,是處歌吟。日紱彯華,光動鄰壤氣色。豈真門啟丈夫之志,何當福借使君之榮[2]。恭惟老公祖臺下,瑞孕羊城,福來鄩里。懸魚望重,人推清儷。四知題輿名高,世仰塵融千仞。列名城而共理[3],清風明月平分。佐太守以齊驅,高蓋華軒並峙。春回帝節龍光[4],益豐芑之邦[5]。鏡照人心鼠伏,消城漹之窟[6]。蓋才浮百里,淹龐士元於當年。光燭四鄰,見陳仲舉於今日。豈曰半刺雄風[7],式快貳藩鵲起。某久濡河潤,未遂斗瞻。猶歎承修其下風,遽意先投以明月[8]。方深悚仄,益切瞻依。不盡寸丹,聊申尺素。伏希垂察,不宣。

【校記】

〔1〕又見六卷本卷四,題《答承天別駕》;三卷本卷二,目錄題《與承天別駕》,正文題同六卷本。

〔2〕"福",六卷本作"車"。

〔3〕"列",六卷本作"裂"。

〔4〕"節",六卷本作"籟"。

〔5〕"邦",六卷本作"欝葱"。

〔6〕"窟",六卷本作"窟寶"。

〔7〕"豈",六卷本作"寧"。

〔8〕"遽意先投以明月"後,六卷本脫"方深悚仄,益切瞻依。不盡寸丹,聊申尺素,伏希垂察。不宣"數句。

答金大行[1]

恭惟帝節端開,政喜卿雲素見。將小大熙熙以同悅,屬真人調淑氣之元。此歡笑宛宛以盡娛,戴君子納同天之裕。某久煦愛日,更載祥風。方有願於祝崧,尚虛懷於獻壽。忽拜日升之頌,感深醽錫之榮。無能化鵠以及朝,惟有褶鳩而頌壽。統希台鑒,曷勝神馳。

【校記】

〔1〕又見三卷本卷二,題同底本。

賀王軒籙公祖[1]

天賦真人,望歸名世。心上未雜一毫富貴,胸中饒有幾萬甲兵。到處即造福於民,隨官務盡其在我。當邛子賑荒之日[2],存活何啻鄭公。及郢中坐鎮之時,釐保有加召伯。欝葱王氣,累世已深藉滋培。睥睨妖氛[3],中權更寵資橐定。惟天下安危注意,故兵事節度付公。崇詩書而謀帥,端無同儒生迂闊之譚。妙劑刃以靖邊[4],斷不襲近時苟且之套。

報傳鈴閣，想旌旗已不覺其改觀。風入板廬，知頭目共相戒無生事。雖奪東人之衮繡，實增西圉之長城也[5]。但得嚴疆收彈壓之功[6]，何限窮簷甦侵剝之苦。韓魏之功勳爲小，社稷之禔福實多。某虛受兩朝之特知，未有一籌之展報。痛心外侮，轉慮他虞。卜素況復强橫，封貢未定完策。須事事備，乃其無患。更著著先，不在見功。惟有我公平日之深心，乃遺吾圉此時之隱福。喜在尋常賀燕之外，慶深感慨仰屋之餘。肅此數行，用當百拜[7]。亦惟肘腋之外憂有托，則天子之旰食可安。僅曰樞衡之内，召從兹於大人乎？浮雲何有，統希鑒在，何勝神馳。

【校記】

〔1〕又見六卷本卷四，題《賀王軒籙舊公祖》；三卷本卷二，目録題《賀王公祖》，正文題同六卷本。

〔2〕"邠"，六卷本作"湏"。

〔3〕"妖氛"，六卷本作"邊塵"。

〔4〕"邊"，六卷本作"氛"。

〔5〕"西圉之長城"後，六卷本脱"也"字。

〔6〕"但"，六卷本作"已"。

〔7〕"用"，六卷本作"所"。

賀李方伯[1]

伏以雲漢爲章，久蔚斗山之望。鹽梅堪寄，先資屏翰之猷。懽聲填動鳳凰山，瑞色一開鸚鵡渚。恭惟老公祖台臺，覺在民先，器稱王佐。李官起籍，早騰高潔之聲。瑞錦熒名，茂擅寅清之選。範諸生於準繩規矩，文起八代之衰[2]。率下屬以惠養忠清，德足萬邦之憲[3]。惟帝選衆後舉，簡屢試之名流，專司保障。在楚邀靈有福，得書宸之碩彦，益固維垣。蓋玉節欲移，爽氣先炎消於六月。而隼旗一至，清風即澄澈乎三湘。春回召伯當年，露湛君陳今日。斟酌有箕有斗之困將，造化大藉補偏；調停空國空民之窮見，社稷永由禔固。某久欽台斗，喜入駢幪。莫馨一字之宣揚，祇有如盤其忭舞。仰瞻師日，同旄孺遊泳於熙長；懸睇卿雲，共蘭杜蔭依乎斐亹[4]。數行布候，一芹誌心。夏屋渠渠，雀燕祇深叫喜；春暉藹藹，蜎蠕莫禁旋愉。統在照涵，倍餘踴躍。

【校記】

〔1〕又見六卷本卷四、三卷本卷二，題同底本。
〔2〕"文起八代之衰"前，六卷本衍"共頌"二字。
〔3〕"德足萬邦之憲"前，六卷本衍"自是"二字。
〔4〕"蔭"，六卷本作"暎"。

答侯侍御[1]

某浪迹長安，素餐仕路。虛有過情之恥，更叨非分之居。竊惟臺下，心與春涵，道從夏大。願當歸於人多好事，喜偏在於鶯囀喬林。蓋有人即受其德之生，扶而無物，不席其蔭之廣大。故如某今日濫承紀綱之寄，總邀庇覆之靈，方且抱慚，原無可賀。遠拜珠璣之錯落，濃如筐筐之承將。其何德以能當，祇捫心而知愧。敬申衷於九頓，聊寄謝於數行。總在照涵，不勝馳切。況此生稱副之未能，即我里提攜之分辱，何以成其真御史？不官重而有以重官，是所望於子大夫，無我舍而庶其教我。

【校記】

〔1〕又見六卷本卷四、三卷本卷二，題同底本。

答王兵備[1]

恭惟老公祖臺下，德意春生，惠好露澍。披襟嘯樹，和風暢及柔枝。汪度疏瀾，弘澤盈其細派。下逮之仁，無量仰承之荷，何堪伏念？某荊土寒宗，蓬門弱植。沐滋培者比比，業已成樗。顧孱息之嚶嚶，猥云如虎。堂除四世，敢同派衍乎關西。筐筐百朋，竟辱榮施於江左。金蘭之誼，固渥玉麟之詡。奚當報以何塗？感而生汗，勒牋先謝。銘侯嵩修，臨械可任馳戴。

【校記】

〔1〕又見六卷本卷四、三卷本卷二，題《答王兵道》。

答王參議[1]

稔惟老年丈，一片赤腸，千尋罡氣。交多至契，不在形骸之中。義有獨期，常拔偶儕之外。望而知爲君子，就之益服真人。蓋棨正所共皈依，不但同年竊相嚮往。弟自長安候命，即已朝夕深投。悵別六年[2]，晤言一室。當潞河之行所無事，如柱石之砥其中流。既鼎望之甚孚，當緊關之特起[3]。豈戈操於室鬪，遂刀切於玉泥[4]。然雪凝自見於晛，消而雲净，終歸於空朗。丈伸何妨尺蠖，淵潛益厚天飛。即今翰借東方，何異召廵南國。但有以媚庶人、報天子，我能操其重，不必問外勤瘁、內清華，名自尊於官。想我年兄會有當於弟之言也。接得手教，如奉面言，引快可知。至於弟原甘廢棄山林，忽漫躐司風紀，總叨樾蔭，實愧鶴軒。恐或遺愧於如蘭，亦何取兹於列栢。庶其有以教我，乃能不負同人。幸惟留神，曷勝企念[5]。再辱授餐遠愛，祗餘爲墊深慚。數行布素，千里馳神。引睎卿雲之南望，關情紫氣之西來。脉脉此心，懇懇此願矣。總台照在，未盡瞻依。

【校記】

〔1〕又見六卷本卷四，題同底本；三卷本卷二，正文題《答王參議（道元）》。據同治《湖州府志》，王道元，字善長，萬曆三十五年進士，歷工部郎中、廣東參政，晉江西布政使，以忤璫回籍。崇禎三年補廣東右參政，遷福建左布政使，降職歸。起補廣東參政，逾年乞歸。王道元是楊漣同年，天啓時期曾爲廣東參政。明通政使司有左、右參議，爲通政使佐官，正五品。明又於布政使下設左、右參議從四品，分守各道。

〔2〕"悵"，六卷本作"一"。

〔3〕"關",六卷本作"官"。
〔4〕"刀切於玉泥",六卷本作"竊成於鐵凝"。
〔5〕"曷勝跂念",六卷本作"曷仍企念"。

謝邱餉院魏按院祝壽啟〔1〕

恭惟臺下,藹然太和之氣,純是生物之心。見萬寶共囿於金成〔2〕,樂斯人咸臻於壽域。即如某忽忽方臨蓬齒〔3〕,容容浪度年華。已當韓魏公之五十三,而權璫之勑遣安在?容易郭老兵之六十一,而劇寇之劍掃何時〔4〕?反哺轉心惻於臺烏,擊邪更衷慚於冠豸。有懷生我之劬日,寵錫同人之綺霞。況使者重繭之殷勤,更外孫籩豆之鄭重〔5〕。既勖之稱其職,又祝之永其年。顧何德以能堪,祇藏心於無斁。真是頌而無能爲稱,將無感而益深之慚〔6〕。聊布謝於數行,莫宣心於千里。統惟照在,曷勝瞻馳〔7〕。

【校記】

〔1〕又見六卷本卷四,題《謝祝壽啟》;三卷本卷二,目錄題《謝祝壽》,正文題《謝祝壽啟(邱餉院、魏按院)》。
〔2〕囿,十卷本作"宥"。
〔3〕"方臨蓬齒",六卷本作"新逢甲子"。
〔4〕"劇寇",六卷本作"羯胡"。
〔5〕"孫",六卷本作"甥"。
〔6〕"慚",六卷本作"漸"。
〔7〕"勝",六卷本作"仞"。

回新春啟〔1〕

仰惟臺下,道先民覺心與春涵元化,實藉鈞調世運,共推斗轉。即今條風噓物,想見揭百度以歸仁。載瞻麗日行天,還知耀一方於同泰。

惟懷拍拍以都是故景，欣欣以向榮[2]。正三素之遙慶雲開，忽雙魚之驚從天下。似親芝宇煥光照於四筵，如奉麈譚訝寒融於滿座。數行布候，一寸馳心。祈萬福之攸同，偕百昌而共遂。自今泰啟三皇之世，惟君造化生心。從此和消四氣之浸[3]，跂予焚籲以望。統惟照在，曷既神馳。

【校記】

〔1〕又見六卷本卷四，題同底本；三卷本卷二，目錄題《回新春》，正文題同底本。

〔2〕"欣欣"，六卷本作"熙熙"。

〔3〕"浸"，六卷本作"祲"。

答程啟寰道尊[1]

稔惟老公祖，道備四時之氣，風高百世之師。天下有待治平，當今共歸柱石。即如旬宣南楚，不殊鰲保東郊。人共遊於化日之舒長，俗盡恬於祥風之鼓暢[2]。寧惟歌謠不到莨楚，實且蔽芾日茂甘棠。即憔悴莫甚於此時[3]，而我人獨飲九天惠露。今徵併誰寬其生命[4]，在四方惟此一道福星。蓋江漢之邀有夙緣，亦造化之偏私吾楚耳。某依斗有年，披天無自。托萬間之蓋庇，疎尺素之緘題。先辱瑤函，更頒鼎貺。既珠璣之錯落，讀來齒頰俱芬。覯筐篚之充腴，登嘉拜承何地？聊數行以布謝，勒明德於無諼。統在鑒涵，曷勝馳注。

【校記】

〔1〕又見六卷本卷四，題同底本；三卷本卷二，目錄題《答程啟寰》，正文題同底本。

〔2〕"恬"，六卷本作"怙"。

〔3〕"憔悴莫"後，六卷本衍"有"字。

〔4〕"今徵併誰"後，六卷本衍"得"字。

祝沈太封翁[1]

　　日者金風薦爽，璧月流輝。當庚公開人間成寶之時，更甲子發天上敷華之始。恰真人初度，遇吉甫生申。斑彩舞盈庭，想的的公槐一再傳，今當再茂。壽星流當戶，計垂垂仙棗三千歲，更獻千秋。瑞托雲羅，聊佐霓裳之舞；詞申鼎爵，當添海屋之籌。統在照涵，不勝華祝。

【校記】

〔1〕又見六卷本卷四、三卷本卷二，題同底本。

楊漣集（下）

〔明〕楊漣 著
陳于全 孫智龍 點校

荊楚文庫編纂出版委員會
華中科技大學出版社

卷七

序

赠别駕郭公禱雨序[1]

當公謁選得參佐吾邠子時，長安友人書來，稱初見公，恂恂長者也；再見之，氣恬而韻遠，神安而力定；與語吏弊民隱，井井秩秩也。又聞公於其里人，好行其德，而一念不欺，一事不苟，內外少壯一日也。吾子識之，此邠子之福矣。

公入境，某得以部民拜公，私謂友人知言，屬有攝應令事。甫下車，朝三老子弟，問民間疾苦，一切與民休息。小大之訟必盡其情，不忍輕杖一人羈一人。伍伯廷偶立，無所事事；曹掾抱案牘，畫諾而已。會五月，亢甚，一望土田龜坼。村市洶洶然，米價湧騰。公疏神步禱，神色為癯，雨應日降，既霑既足，百物回槁，市歌村舞，曰公生我。

諸生某某等，聚族而謀於予。謂方今東西交訌，無藝之征，併剜心醫瘡，閭左無生之象，吾子亦既耳而目之矣。若復五月無禾，八月無稑，吾應共索之枯魚肆耳。況公代庖，非久於應，不朘我以生足耳[2]，乃肯盡心力以生我，吾子能無一言。楊子曰：「諸君亦知雨之所以應公禱者乎？」眾曰：「公體貌尊嚴矣。令若丞尉，堂下肅拜受事，得一溫色為快。民某氏，卑細矣，公以雨之故，望門避輿[3]，再肅而懇浼焉，此一念通帝座矣。」

曰：「不有其尊，能以身禱矣？未也。萊蕪之甑，薑鹽一樣。公之子至，庖人蒸乾腊以私，公痛自斥責：'吾不能誠信於子也，飭於人之共見，弗見而欺焉？神其予我，是不亦不顯亦承乎？'"

曰："不私其子，能以家禱矣？未也。天人之際，幽明之間，感通之數，固在衆人不及詳、妻子所不知而已，亦不覺其勃然發者。諸君不聞公方祈雨時，糧胥以嚴徵請乎？公曰：'此時旱，民心焦灼，而忍催科？'吏曰：'及今併之猶緩，至旱而民不應徵矣，其若參罰何？'公曰：'民無生矣，寧惜吾參罰？'此一言也，天地之心也，神之聽之矣。昔之禱雨而應者，桑林之爲犧，環柴聚艾之自焚是也。窮迫之極，自蒸而爲雲。真惻之至，自解而爲雨。造化生心，此物此志也。"

管子曰："五政得時，時雨乃來。"董子曰："怨夫愁婦之氣通，則上薄而爲甘澍。"自公之來，耜安於耕，機安於織，詩書安於誦讀，估客安於廛，行旅安於市。向時拘攣之勢，若解而舒；漚霧之氛，若滌而净；枯凋之色，若膏而潤；咻噢之聲，若蘇而暢。元氣絪縕，盎然生意，又有以薄而通之。是雨非以禱應，冥漠之合，理數之自然也，無寧惟是。公之鄉人所云"不苟不欺，內外少壯如一日"，此謂丘之禱久矣，又在無以有貴、無以有味之先者矣。

諸生忻然而笑曰[4]："是善言我公之雨，安得無以公歸而長生我乎？"是又不然，雨實私公，公則非應可私。且今憔悴之天下，獨恨不得至誠如公，作蒼生霖雨耳。我儕且不忍以治中別駕，私我公於邠子[5]，而況於應。然則吾儕但當如太康中人之歌束先生也，曰："請天三日甘雨霖，何以酬之願長生。"公庶幾得畢其霖雨之用，社稷實嘉賴之，吾應亦何嘗不日坐公滋培中。諸士曰："私矣，我公之雨吾應也。公矣，吾子之言我公雨也。請得備書之，以質天下之仰公膏雨者。"

【校記】

〔1〕又見六卷本卷三，題《贈別駕郭公甘雨序》；三卷本卷二，目錄《贈別駕郭公》，正文題同六卷本；二卷本卷下，題同六卷本。別駕，亦稱別駕從事。漢置爲州刺史的佐吏，宋改置諸州通判，職守相同，因亦稱通判爲別駕。至明朝時，別駕又分爲上州、中州、下州。文中郭公，

史失其名字。附：（七、八兩卷中的部分文章，六卷本與底本差異很大，今將相关六卷本文章附於校記中，便于覆核。偶有明顯訛誤，隨文註明。後不再説明）：

當公謁選人得參佐吾郲子時，長安友人書來，稱初見公，恂恂敬飭君子也；再見之，氣恬而韻遠，神安而力定；與語吏弊民隱，井井秩秩也；意復欿然，常有以自下。既得公家世于其里人，好行其德，而一念不欺，一事不苟，内外少壯一日也。吾子識之，此湞子之福矣已。

公寨帷入境，漣不佞得以部民拜公古風，瞻衡接詞。私謂友人知言，屬有應得公攝令事。甫下車，朝三老子弟，問民間疾苦，一切與民休息。小大之訟，必盡其情。一筆之下，慎重再三，更不忍輕杖一人罹一人。伍伯廷偶立，無所事事；曹掾抱案牘，畫諾而已。會五月，亢甚，一望土龜坼也。村市汹汹然，米價湧騰。公疏神步禱，神色爲癯，雨應日降，既霑既足，百物回稿，市歌村舞，曰公生我。

諸生某某等，聚族而謀于予不佞。方今東西交訌，無藝之征，並劌心醫瘡，閭左無生之象，吾子亦既耳而目之矣。若復五月無禾，八月無穫，吾應共索之枯魚肆耳。而我輩二三措大苦倍之，則今日之雨也，爲德于吾儕詩書之族爲更大。且守令如公，亦詩書不數數見矣。而況其代庖，不浚我以生足耳，乃其精心以生我，吾子能無一言。楊子曰："諸君亦知雨之所以應公禱者乎？"曰："且無論其他，如公體貌尊倨矣。令若丞尉，堂下肅拜受事，得一温色爲快。民某氏，卑細矣，公以雨之故，望門閉輿，再肅而懇浼焉，此一念通帝座矣。"

曰："不有其尊，能以身禱矣？未也。菜蕪之甑，藿鹽一样。公之子至，庖人蒸乾腊以私。公色而得之，痛自斥責：'吾不能誠信于子也，飭于人之共見，弗見而欺焉？神其予我，是不亦不顯亦承乎？'"

曰："不私其子，能以家禱矣？未也。天人之際，幽明之間，感通之數，固在衆人不及詳、妻子所不知而已，亦不覺其勃然發者。諸君不聞公所祈雨時，糧胥以嚴徵請乎？公曰：'此時旱，民心正慌，而忍催科？'

吏曰："及今並之猶緩,至旱而民不應徵矣,其若參罰何?'公曰:'民無生矣,寧吾參罰。'此一言也,與祈雨無涉,而天地之心也,神之聽之矣。昔之禱雨而應者,可覆按也。有愛民之心,窮而迫于若無以自己者。桑林之爲犧,環柴聚艾之自焚是也。有生物之心,真而發于若不能自禦者,人之不忍殺,己之寧自代當甘減壽是也。窮迫之極,鬱自蒸而爲雲。真惻之至,澤自解而爲雨。宇宙在手,造化生心,此物此志也。"

管子曰:"五政得時,時雨乃來。"董子曰:"怨夫愁婦之氣通,則上薄而爲甘澍。"自公之來,耜安于耕,機安于織,詩書安于誦讀,估客安于廛,行旅安于市。向時拘攣之勢,若解而舒;漚霧之氛,若滌而净;彫瘀之色,若膏而潤;咻噢之聲,若蘇而暢。深山窮谷,元和之氣,既以蘊藉絪縕,而一點盎然生意,又有以薄而通之。興雨祈祈,應禱也。非以禱應,冥漠之合,理數之自然也,無寧惟是。公之鄉人所曰:"公不苟不欺,内外少壯如一日乎!"此謂"丘之禱久矣",又在無以有貴、無以有味之先者矣。

諸生忻然而笑曰:"是善言我公之雨,安得無以公歸而長生我乎?"是又不然,應龍之飛天也,敷潤滋化,有地無不仰濡。前日之雨,四暨旁沾。雨實私公,公則非應可私。且今憔悴之天下,獨恨不得至誠如公,作蒼生霖雨耳。我儕小人且不忍以治中別駕,獨私我公于湏子,而況應?然則吾儕但當如太康中人之歌束先生也,曰:"請天三日甘雨零,何以酬之願長生。"公聲名鵲起公卿間,得以畢其霖雨之用。社稷實嘉賴之,吾應亦何嘗不日坐公滋培中?諸士曰:"私以我公之雨吾應也。公矣,吾子之言我公雨也。請得備書之,以質天下之仰公膏雨者。"

〔2〕"朘",減少,削弱。六卷本作"浚",挖深,疏通。底本文意更順。

〔3〕"望門避輿",六卷本作"故望門閉輿",文意不通。

〔4〕"諸生忻然而笑曰",六卷本"忻然"多作"听然",並非通假,應是訛誤。今統一説明,後亦不作修改。

〔5〕私我公於湏子,底本與六卷本都是"邙""郹""湏"雜用。今

一依其舊。溳水，其流域大部在今湖北省安陸、隨州市，明代德安府應山縣在流域之內。

邢太守臺薦序[1]

邢公守邡子之三月，民狎於野，士服於教，商賈安於市。堂無威福之吏，里鮮兼弱之豪。六屬長吏，若丞若尉，各競脩其職業，以祈一當。公師帥奉職循，聲特起江漢間，會巡方使者報命，推舉良二千石，備上任使。露章薦公，俸猶未及額，亦異數也。邡之父老子弟，奔走歡呼曰："使者幸能知我公。"謀所以宣公之愛，而屬余致詞，顧余不佞亦何能有當於公。則嘗有慨於中，願以致之良二千石者，請以質諸公。君子學道愛人，冀得一第，無但榮名厚實也，藉抒吾所蘊以及於行事耳。而兩漢名賢聲藉甚，至今田夫豎子，亦知津津其姓名。乃不在丞相通侯，而在太守長吏。則官不必論內外尊顯，要以膏澤下民，而聲施無斁[2]。實惟親民者便，而更無如守。守於地方事，力所得為，朝下州邑，夕奉行於令丞尉矣。力所不得，夕請於藩臬御史臺，朝而報可。守顧不於愛人者有實用與？而之為守令者厭薄簿書，日惟脫出為快，必有荒落於職守之內；精神之在民間者，亦什一千百耳。未嘗不循資序遷，而地方之口碑字衮，亦終不肯虛相假借。

公以進士高第，再仕為令。假善事上官，豈不能遽入掖垣御史臺？而不畏強禦，不狗逢迎，為吾民之為求，則公之識度，固已於趨名赴勢，擇官擇地者遠矣。余始一望見公，氣沉而勁，言簡而要，而問民疾苦，風俗良婾，目蒿蒿焉，有如不及。往是郡有捕逮，遣胥下縣，官吏亦不勝騷屑。公一切報罷，即緊切，亦但移檄屬長吏，以中期程殿最而已。邡俗健訟，辭多無情。公聽受絕少，惟務以默止謹息爭。不足理者，批縣聽人願息。以故民化之，庭常虛無人。吏不得為奸利，伍伯監門槁立備傳呼，率多請去。諸長吏上府請事，利害不百，無輒更前人。其見在檄下，有不便於里井者，一請即立止。近且慮貧農無春，捐俸領種。屬有司省耕歛行，補助民務，力田孝弟而已。大率公爲政，惟民之因，民亦自歸於公而無所閡。新天子銳意治平，留心民事，上年詔冢宰，郡國守相高第者以名聞，臨問褒勞，不次擢拜。以余觀於今日，何以易我公？夫公無意於尊膴，而尊膴至；猶其無意於聲譽，而聲譽騰也。二三大夫既勉率公行事，與民休息，以爲天下二千石法。異日者，公巡方察吏，如公之惟民是求者，必急急布之露章，以競勸學道愛人之君子。則天下拜公之賜，豈獨吾邞也耶？

【校記】

〔1〕又見六卷本卷三，題同底本；三卷本卷二，目錄題《邢太守》，正文題同底本；二卷本卷下，題同底本。邢其任，號仔予，山東臨清州人。明萬曆三十五年進士，官至湖廣副使。善草隸，著有《禮星館集》《黃山谷語集》。《明熹宗實錄》卷十九："（天啓二年二月戊寅）升……浙江布政司右參議邢其任爲湖廣按察司。"附：

邢公守邞子之三月，民狎于野，士服于教，商賈安于市。堂無威福之吏，里鮮兼弱之豪。六屬長吏，若丞若尉，各競修其職業，以祈一當。公師帥奉職循理，聲特起江漢間。會巡方使者報命，推舉良二千石，備上任使。優借公露章，蓋論薦公，俸猶未及額，亦異數也。群湏之父老子弟，奔走歡呼曰："巡方使者幸能知我公。"諸屬下吏，更慶公獲上得民。

我曹于地方事，益有所仰藉，以宣通上下，拜賜當無量，謀所以宣中心之愛，而屬余不佞致詞。顧予不佞亦何能有當于公？則常有慨于中，願以致之良二千石者，請以質諸公。今日行事，我輩學道愛人，冀得一第，無但榮名厚實也，藉抒吾所蘊以及于行事耳。而兩漢名賢聲藉甚，至今田夫豎子，亦知津津其姓名。乃不在丞相通侯，而在太守長吏。則官不必論內外尊顯，要以膏澤下民，而聲施無奕。實惟親民者便，而更無如守。守于地方事，力所得爲，朝下州邑，夕奉行于令丞尉矣。力所不得，夕請于藩臬御史臺，朝而報可。守顧不于愛人者有實用與？

而今之爲守者虛矣。清華之說起，嘆簿書勞人者曰："一麾出守，或者又稱引漢璽書賜金滿，入爲通侯，其有徑心焉？"夫厭薄簿書，日惟脫出爲快，必有荒落于職守之内，于民若風之與萍；躁急于通侯公卿，一切鋪張聲譽，以養交廷望。精神之在民間者，亦十一千百耳。反之，筮仕委質之意，抵以爲顯庸也（抵，二卷本作"祇"）。于膏澤下民本領，絶無相肖。未嘗不循資序遷公卿華臙，而地方之口碑字衮，亦終不肯虛相假借。

公以進士高第，再仕爲令。假善事上官，如所爲巧延聲譽者，豈不能掖垣御史臺？而不畏強禦，不狥逢迎，爲吾民之爲求。即今公之同籍，各已槐棘森列。亦豈不能因緣一屏藩風憲，或各郡佳麗地，而且蕞爾滇子爲？則公之識度，固已較趨名走徑，擇官擇地者遠矣。往余一望見公顔色，氣沉而勁，言簡而要，風規凝遠，無少年虛憍意；而問民疾苦，風俗良媮，目蒿蒿焉，有如不及。既視事，省煩文，赦小過，仁孤弱，重農惠商，儉用足財，去其淫怠與奇衺之民。往是郡有捕逮，遣胥下縣，官吏亦不勝騷屑。公一切報罷，即緊切，亦但移檄屬長吏，以中期程殿最而已。滇俗健訟，爭府門而入，門爲之喧。公聽受絶少，物務以默止諱解息爭，甚之有批下縣者，聽人願息，即立銷以報。以故民化之，庭常虛無人。吏不得爲奸利，伍伯監門槁立備傳呼，率多請去。諸長吏上府請事，如昔人飲以醇酒，利害不百，無輒更前人。其見在檄下，更不便于里井者，一請即立止。近且慮貧農無春，損俸頒甘種，屬有司春省補不足矣。大率公爲政，不别標題目以矯名，不旁有占望以詭遇，輕重疾徐，惟民之因；民亦自歸于公之調劑，而無所閡。

孔子居魯三月而魯治，心誠求之，百物之仰膏雨，潤下尺，生上尺也。故今日之薦不薦，不足爲公有無。而一御史薦，走國之人，叫呼踴躍曰："巡方者幸知我公。"孩提之童見父母之眉目畧開，擁抱噪喜，多無所期，自有所觸也。今天下之民，隔于上極矣。徵併日促，其有亂心，爲之噢煦。裕而向我，用一緩二。以急公家，而無後言。媚于庶人，以燕天子社稷之功。于是爲大，無寧惟是。民安可與定亂，民親可與作忠。親上死長之心，生于深耕易耨。有勇知方之衆，何王之愾不敵焉？廟堂之上，扼腕民窮，而不能于一人一物引手；東猖西肆，而不能于旰食宵衣毫有以分其憂。即都顯據要耀人眼目，而鶴軒鶼味，將無于公乎顏甲？

黃次公之言曰："治道去其太甚。"一切與民休息，選擇良吏，宣布詔令，務在安全而責成之。卒以中嚴外寬，得吏民心。

佐西漢治平，舉以質公，亦何相肖！漢嘉次公治行，賜車蓋特高一丈，黃金百斤，爵關內侯。未幾，入丞相府。新天子銳意治平，留心民事，上年詔冢宰，郡國守相高第者以名聞，臨問褒勞，不次擢拜。以余觀于今日，何以易？夫公固無意于尊膴，有以爲之以爲要也；夫天下事反不至于有以爲之要也，甚矣。

曾子曰："視其庭有搏鼠鳥，能與我歌矣。"夫公無意于尊膴，而尊膴至；猶其無意于聲譽，而聲譽騰也。則請爲公歌《振鷺》之二章，曰："庶幾夙夜，以永終譽。"縣官行且以徵黃次公者爲湞子以報公，則又爲公再歌《鹿鳴》之二章，曰："視民不恌，君子是則是傚。"天下諸守吏行，且以縣官之徵公者勉法公之成事。則并申歌《采菽》之四章，曰："百爾君子，靖共爾位。"

二三大夫，既勉率公行事，與民休息無爲。異日者必能以循吏起家，御史臺巡方察吏，如公之惟民是求者，必急急布之露章，以競勸我輩學道愛人之人。則天下拜公之賜，寧獨吾湞與諸大夫有仰藉以獲上治民已乎哉？

諸大夫听然而笑曰："吾豈若使是民爲堯舜之民哉？民亦勞止，汔可小康。柔遠能邇，由枌榆以及縣寓，由內寧以成外攘，則吾子之意也。百辟卿士，媚于天子，請以告之我公，我儕二三同事，擢公而共有以成之（六卷本句前缺"擢"字，據三卷本、二卷本補）！"

〔2〕"聲施無斁"，六卷本作"而聲施無奕"，不合文意。

賀夏父臺薦舉卓異序[1]

侯謁選，除應令。余友姚孟常書來曰："某所善夏予蘭，真修品人，不但修名者。"孟常不輕以品許人，余舉以語諸戚里，而論者猶私相語："凡修品人，必嚴毅而介直，於平易近人處每難之，或不能耐細事，不苦俗吏勞人乎？"

已侯至，酬人接務，宇峻而氣和，體恭而神豫。坐堂皇，朝諸三老，娓娓詢疾苦，惟恐不及。兩造之陳，藹然家人父子，務盡其情。一扶必再衷於心，片紙亦屢勘於案。即法有莫貸，而終愀然不安。草徵收羨贏[2]，猶若恨不能已。催科，絕行戶供應。出錢市物，或故爲昂以給直，弗計也。至於吏胥伍伯，偶因緣爲奸利，朝頤使，夕城旦，無敢舞文者。已而爲應山請折不通水次之漕糧，請豁代納無田之子粒，上各報可。明年五月無雨，赤日中走禱羣神[3]，形爲癯，足爲腫，雨亦隨沛，成有年。又憫應山民寡儲蓄與士之困於科場。創潴水閘，重新黌宮。更設常平倉，使正人司出納。邑之士民，得遂其生而卒其業矣。侯之精誠，既通於天於人，遠近上下，亦無不知應山君爲良吏者。兩臺使交露章以聞，邑諸士猶欿然於侯之推轂爲第二人，揖余曰："吏治之盛無如漢，文成都之禮殿講堂，邵南陽之開渠通溉。今侯於應山，其績何遽多讓。且侯退食，無應山絲粟之入，俸糈併以佐度支經費。而爲申請折陸運之糧，免無田之粒，與國相終始。我應人受賜於無窮，則今日吏治，視漢固不啻過之。"然侯之念，無屑及此。侯但知爲之自我者，當如是耳。名之所藉，非實之所托也，有無焉可也，姚孟常固以侯非修名者矣。侯當即起家御史臺，再奉簡書，澄清天下，持此心敬修其業，而成敗利鈍不計焉。一薦之與及推轂之不先，我輩亦不必爲侯沾沾。諸士乃爽然於余知侯之深也。

【校記】

〔1〕又見六卷本卷三，目錄題《賀夏予蘭父母交薦卓異序》，正文題《賀予蘭夏父母應交薦舉卓異敘》；三卷本卷二，目錄題《夏予蘭》，正文題《賀予蘭夏父母應交薦舉卓異敘》。附：

侯謁選，令除應山。時余友人姚孟常史公書來曰："某所善夏予蘭，千秋修品人，不但修名者。"漣喜應山得令，更喜吾子得友。余不佞與孟常甥舅往來久，其所楊榷今昔，持論一依于平，不爲谿駁。然于事業功名外，不輕以品許人。余舉以語應山父老子弟，而人心喜可知也。其二三學士長者猶私相語："聞之前言，凡修品人，必嚴毅而介直，于平易近人處每難之。且自視高。于事或不能細，爲人或復矜視人，于民或滿而不能下爲求；况其王謝家，不苦俗吏勞人乎？"

已侯至，二三學士長老静睨之，酬人接務間，宇峻而氣和，體恭而神豫，博大而不疎，整飭而不鑴。坐堂皇，朝諸三老，娓娓詢疾苦，惟恐不及。單赤兩造之陳，藹然家人父子，務盡其情。一栞必再衷于心，片紙亦屢勘于案。即法有莫貸，而終愀然不安，若子羔之于刖人。革征收羨贏，猶若恨不能已。催科，絕行户供應。與市互易，或故爲昂以給直，弗計也。至于吏胥伍伯，未嘗不仁蓄之、慈使之，一或因緣爲奸利，朝頤使，夕城旦，寧刻无假。諸学士長老見侯大端，手加額，慶應山得福星爲不虛已。爲應山請折不通水次之漕輓，再反覆請豁代納無田之子粒，上各報可。明年五月無雨，赤日走群神，夜夜偕其内人禮佛籲天，形爲癯，足爲腫，淚爲枯。諸深山窮谷之牧竪婦孺無不感而泣，再下曰："我儕即饑殍流離，于侯何與？而毀其父母之身爲我以請命！"雨亦隨沛，成有年。已憫應山民之寡儲蓄與士之困科塲，用形家言，創潓水閘，大焕新黌宮。片石尺椽出于士民助義者十一，而那移假貸于廣德者十九；更設常平倉，則全奪之田廬之入二百餘金矣。侯之精誠，既通于天于人，遠近上下，亦無不知應山君清任而和。兩臺使當報命交露章以聞，會天下大計吏并舉卓異，備一人書玉扆之選。

諸父老子弟各慶侯獲上聲鵲起，公卿聞我儕得長有侯，終生成我。博士陳君與邑諸士猶若欿然于侯之推轂爲第二人，與猶未獲璽褒金賜之下也。則同楊生某魏生某等，前揖余曰："吏治之盛無如漢，其人其事，可僂指數也。大都奉職循理，吏通民和，無以加，應山今日無肯多遜。其最著最難，昔在人口者，如處膏不潤，庭有懸魚然，但不爲家于官耳。即文成都之禮殿講堂，邵南陽之開渠通溉。夫亦酌其地方之有餘，不避勞怨以經始之而已。侯退食，無應山絲粟之入，俸糈併以佐度支經費。

日者文廟鼎新，建閒置倉，無寧可久可大，如其家圖之，直以其家爲之。孔姑臧諸君當讓節讓大，且諸循吏所在見德、所思見恩已。以歲計之而有餘者，亦不世計之而斬。應山兩見折之利，與國相終始，苟補捄之風氣不透，廢居之倉庾不改，人文無替，單赤有資，不其山高水深乎？則今日吏治，視漢何啻過之？獨漢之重吏治者，吳公之第一卓密之褒，德能核名實、破拘攣，不以高第狗資格耳。"

余以爲陳君之程吏治者審矣，然侯之念，無屑及此。侯但知爲之自我者，當如是耳。向侯資廣德之入、供應山之出也，不曰"吾奉簡書以令應山，應山正吾家乎"？人之不遺力不遺財以爲吾家，知與家之主、伯、亞、旅相受用于無彊，饑寒無曠廢、爲愉快而已。式吾廬之有敬愛，顏吾門之有徽美。名之所藉，非實之所托也，有無焉可也，姚孟常固以侯非修名者矣。侯即起家御史臺，再奉簡書，澄清天下，持此心敬修其業，而成敗利鈍不計焉。應山不過其結發轍地耳。一薦之與及推轂之不先，我輩亦不必爲侯沾沾。

諸士乃爽然余知侯之深也，再進而揖余曰："侯之不知應山外有家，即不必于應山外論知之淺深以家。我等子弟，家中有父母焉。不愛力、不愛心，煦濡嘔咻以爲其疾苦，督讀工作以爲其職業。顧脈絡之弗相，聯艱難之弗相，悉可乎？古之爲政者，士民愛之如父母，敬之如神明，甘棠則弗剪，緇衣則改爲韎（《論語·鄉黨》云"緇衣羔裘"，"韎"當作"裘"）；則思饗歡樂之弗足，又名言之，名言之不足，又從而咏歌嗟嘆之。若康衢之謠、輿人之頌，夫非以爲諛也，亦家父子兄弟交相成、交相藉慰也。我儕子弟，即請以子之言，效豳人兕觥躋堂爲壽之意，并以備他日之采風傳循吏者亦所以不朽應山之今日也。余乃無以難陳君與諸生，顧侯又安屑余無當之言哉？則請爲諸士歌"思樂泮水"之末章："食我桑葚，懷我好音。"

侯之嘉惠璧宮者，心力亦既殫矣。無亦惟是二三子之廣德心，將爲縣官順長道、屈群醜之用；二三子亦鼓舞煥發其精氣，以無負匪怒伊教之心，乃爲交相勉以交相成耳。陳君曰善。

〔2〕"草",六卷本作"革"。下篇《賀雪蒼艾父臺考績序》云"其大者裁賦長之贏羨",說的也是革除應山縣"徵收羨贏"弊端,因此六卷本更為通順。查楊祖憲本也作"革",應是底本錯誤,"革""草"形近而訛。

〔3〕"赤日走禱群神",六卷本作"赤日走群神",文意不通。《贈別駕郭公禱雨序》云"公疏神步禱",所謂"步禱"正是此種情形。

賀夏明府薦舉卓異序(代李本寧太史作)[1]

往壬戌之六月,恊院楊文孺走字屬余題其邑侯夏公商霖册。書稱公處子其身,赤子其民,門以內日如衰,門以外日如盾。今五月無雨,公憂田無秋,徒步赤日中,靡神不舉。凡七日,日凡十許里[2],果先各州邑得雨,四野霑足。應山民貧甚,近復棘於駢賦,倘更無年,當流殍半矣。先生紀述良有司,孰如公賢者?史筆不可失吾侯。余時赴南太常之任,草草復使者命,不文之言,期以異日。今年從邸報中,見公再薦舉於朝,并舉吾鄉卓異第二人[3]。

余以予告南歸,文孺復書來尋前約。余讀文孺之為諸士叙公者悉矣,即余亦何能更益於文孺,無已,則有已在文孺筆端口間而微闡發未盡者,余贊一詞,可乎?夏公不但金矢之贖不入於庭,且月報日給與往來厨傳之費,半取辦於家。今日號難處,無如我輩青衿,有司畏其多口,下者望而許,而武斷之害,乃遺之民,亢者迎而距。文弱之儒,每至屈鬱無所訴,公曰:"吾子弟也。親道師道之謂何,而疏之、而暗之。惟使民與士,士之賢與不肖,各得其分,無所軒輊。其處事,意不授人以迎,理不守成於壹。昨日之是,不以准今日之非;今日之法,不以貸明日之恩事,一更端而淑氣應之矣。此其考衷應度,即五鳳神爵間,誰當雁行?文孺則謂飲水載米,人以之稱公,而公未嘗自道一貧字,事各當民士心,而猶欿然其若有所未足也。今夫士大夫功名事業之會,或不潰於成,而成或亦不貞於吉。國家并不得收賢人君子之用。豈其行事非忠計嘉猷乎哉？亦只居心不素，守已之勝而不能虛爲下，極人之情而不能平爲求；亢之爲憤，激之爲爭；鳴豫之兇，用壯之悔。非天道，實人事矣。故謙之元吉，君子以裒多益寡。稱物平施，坤之章貞。地雖有美，含之以從王，無敢成也。公下濟而善其施[4]，黃中之美矣。孫美而不居其成，君子之終矣。公他日居紀綱之地，備耳目之司，虛以受衆趨之益，平以稱衆紛之争；又以欿然若不足者，恬以和鶩戾忌懫之習，何人不服？何事不濟？何世路不歸於平？"

文孺之言曰："侯知盡其在我者當如是，成敗利鈍不計焉。何復問名？得公之品之高明。"余譬之萬斛之舟焉：金石之堅緻，山嶽之凝重，狂飈巨洋，無不可以托重寄命，其承載之厚也。而减之鈞石焉，行水不加躍；益之鈞石焉，食水不加咂。恬然穆然，無易驚易盈之象。則其含茹之宏也，合之以成其大受。豈惟二三大夫與文孺與有榮施？而余與天下士大夫亦且將共拜公之賜於無窮。若應山不勝僂指之大政，余即不敏，能敬識之，有以副之名山大川矣。

【校記】

〔1〕又見六卷本卷三，目錄題《賀夏明府予蘭父母交薦卓異序代李本寧太史作》，正文題《賀夏明府予蘭兩臺交薦並舉卓異序代李本寧太史作》；三卷本卷二，目錄題《賀夏明府代》，正文題《賀夏明府予蘭兩臺交薦並舉卓異序代李本寧太史作》；二卷本卷下，目錄題《賀夏明府予蘭兩臺交薦並舉卓異序》，正文題《賀夏明府予蘭兩臺交薦並舉卓異序代李本寧太史作》。附：

往壬戌之六月，協院楊文孺走字屬余不佞題其邑父母夏公商霖册。書稱公處子其身，赤子其民，門以內曰如衰，門以外曰如盾。今五月無雨，公憂田無秋，徒步赤日中，靡神不舉。上下山阪間，凡七日，日凡十計里，淚沾衣，汗下土，雨得先各州邑如澍。應山民貧甚，近復棘于駢賦，倘更無年，當流殍半矣。先生紀述良有司不啻衆，孰如公賢者？幸爲應山鼎藉一言，夫亦史筆中不可當吾世而失此。余時赴南太常之任，舟已發矣，歌驪載途。草草復使者命，不文之言，期以異日。今年從邸報中，見公再薦舉于朝，并舉吾鄉卓異第三人。

余以予告南歸，文孺復書來尋前約，余讀文孺之爲諸士叙公者悉矣。即余不敢以禿筆寫字辭，亦何能更益于文孺？無已，則有已在文孺筆端口頰間而微闡發未盡者，余贊一詞，可乎？余從子營道，雅好人倫鑑。久游文孺函丈，一再過應山，悉公治行。歸爲余述從文孺問答語，謂廉吏之在今日，祥麟威鳳矣。夏公不但金矢之贖不入于庭，且月報日給與往來厨傳之費，半取辦于家。今日號難處，無如我輩青子衿，有司畏其多口。下者望而許，而武斷之害乃遺之民；亢者迎而距，文弱之儒每至屈欝無所訴。公曰："吾子弟也，親道師道之謂何？而疎之、而瞋之？授以秤停，民與士，士之賢與不肖，各得其分。更覷公行事，意不授人以迎，理不守成于壹。昨日之是，不以准今日之非；今日之法，不少貸者明日事，一更端而淑氣應之矣。此其芬有内美，考衷應度，即五鳳神爵間，誰當鴈行？"文孺則謂："飲水載米，人之以稱公，而公未嘗自道一貧字；事各當民士心，而猶欿然其若有所未足也。"

夫有司之廉，女子之無兩家者而已；風之下也，謂美盡是矣。若無人無事，無不可以此一字敖鄙者。且故菲衣惡食，以揭之眉目間，而況口不言貧？公孫僑不毁鄉教，宓子賤不廢兄事，夋事若而人。今不曰無以厭諸子衿，小有睚眦，大罥頭巾不可近，且借爲口實以自蓋焉。況有以服之，而猶欿然若不足，則公之識度越軼人遠矣。余不佞黯陋無所知識，竊嘗上下今昔士大夫功名事業之會。或不遺于成，而成或亦不貞于吉。國家并不得收賢人君子之用，豈其行事非忠計嘉猷乎哉？亦只坐居心不素，守己之勝而不能虛爲下，極人之情而不能平爲求；亢之爲憤，激之爲争；鳴豫之兇，用壯之悔。非天道，實人事矣。故謙之元吉，君子以裒多益寡。稱物平施，坤之章貞；地雖有美，含之以從王，無敢成也。公卜濟而善其施，黃中之美矣。孫美而不居其成，君子之終矣。公他日紀綱之地，備耳目之司，虛以受衆趨之益，平以秤衆紛之停；又以欿然若不足者，恬以和鷙戾忌懥之習，何人不服？何事不濟？何世路不歸於平？

文孺之言曰："侯知盡其在我者當如是，且成敗利鈍不計焉。何復問名？得公之品之高明。"余于此念之悋、意之衷，得公之器之藴藉，譬之萬斛之舟焉：金石之堅緻，山嶽之凝重，狂飈巨洋，無不可以托重寄命，其承載之厚也。而減之鈞石焉，行水不加躍。益之鈞石焉，食水不加咫。夷然穆然，無易驚易盈之象。則其含茹之宏也，合之以成其大受。要亦宇俊爽而意嘗有以自下，文孺所已言者耳。乃文孺與二三大夫，慶公之聲華鵲起長安公卿間，第爲此一應山父母孔邇，欣欣相告也與哉！然則余亦何以申贈公，其在周人頌三恪之末章矣。在彼無惡，在此無斁。庶幾夙夜，以永終譽。豈惟二三大夫與文孺與有榮施？而余與天下士大夫亦且將共拜公之賜于無窮。若應山不勝僂指之大政，余即不敏，能敬識之，有以副之名山大川矣。

〔2〕"許"，六卷本作"計"，不合文意，"計""許"形近而訛。

〔3〕"二"，六卷本作"三"。《賀夏父臺薦舉卓異序》亦云"推爲第二人"，故六卷本此處錯誤。

〔4〕"公下濟而善其施，黄中之美矣"，下濟，六卷本作"卜濟"。《周易·謙》："謙，亨。君子有終。彖曰：謙亨。天道下濟而光明，地道卑而上行。"《子夏易傳》卷八"周易系辭下"："健以施下，順以承上。可則動之，否則止之。"黄爲正色，《周易》（王弼注）卷一（四部叢刊景宋本）："坤"："六五。黄裳元吉。"注云："黄中之色也。裳下之飾也。"

賀雪蒼艾父臺考績序[1]

歲壬子，余從計吏長安，獲追隨侯言笑浹月也。侯氣和而神俊，韻沉而語溫，秩秩中准繩。與談天下事，犁然如注，神情意氣，直欲追兩漢循良而上之。謁選得應山令，邑號瘠區而民彫敝，素稱難治。公入應首條八行圖，以醒愚頑，健訟者大爲創。而不得已訟者，又各中其情。胥吏或猾黠舞文爲奸利，廉得之，麗於法。於是門內外凜乎霜肅。更有民命百章，遍榜鄉市一切與民更始。仁言義政，又若扇祥風之和，無不欣欣有生意也。其大者裁賦長之贏羨，禁糧胥之虐科，營繕徵材及官府薪蔬均值於市肆[2]。又時時延見生儒，督之以明道正誼之訓。其於學宮，干羽籩簋，創修聿新。

故入侯之境者，閭閻恬如也，祠宇翼如也，田隴秩如也。至讀侯所刻政蹟諸書，無不以侯爲古人，思一望見顏色。蕞爾敝邑，且將與中牟、魯山比矣。余假歸再晤侯，侯不薄邑貧小且若有難舉者，謂境之所觸，事之所接，跡之所至，無論纖鉅靡不深思而慎出之，故少所遺忘舛錯。夫針無不入，故線無不徹，此應山之舉諸掌耳。然寧獨股掌間治應山哉？夫侯不津津乎談天下事乎？治天下事非力弗任也，非膽弗赴也。然即一邑可覘天下焉，當作城之役，侯日與吾民料磚石計畚鍤，風雨寒暑不憚勞瘁；且爲請裁，公私帑無所與，而百堵成。上官諸廨署，皆徵功屬邑，府吏藉以索詐。侯條上當事官署[3]，必官治之。請先得行，州六邑所陰省而默節者，無慮數百萬緡。此以徵侯之力與膽焉。力大者無往不舉也，膽毅者無往不赴也。然則以此任天下事將恢恢有餘地，而豈空言不足據哉！

侯常言："先公先兄，每箴子以孝，弟以悌，箴官以清以任。吾師某公每曰：'吾徒仕而無芳名，無實政以歸者，吾謝不見。'故吾治邑無敢一日忘此語也。"是侯之競競焉，懼無以副家訓與謝師說者，其尚未有艾也哉，余又烏測其所極哉？

【校記】

〔1〕又見六卷本卷三，目錄題《賀艾父母考績序》，正文題《賀雪蒼艾父臺考績》；三卷本卷三，目錄題《賀艾父母》，正文題同底本；二卷本卷下，題同底本。附：

歲壬子，予從計吏長安，獲追隨侯言笑浹月也。侯氣和而神俊，韻沉而語溫，秩秩中冶繩，與談天下事，犁然如注，願先有意乎親民。神情意氣，直欲閱兩漢循良而上之。謁選得應山令，是時滇子衿紳及接侯衡宇者曰"此良父母"，無不爲應山手加額。入應首條八行圖，以醒愚頑。急勸民無訟，刁者大爲創；而不得已訟者，又各中其情，勝負無怨。

既三月，小大旄孺，各安侯如載青陽之旭。而或者猶有猾黠豪間穴牟隍中（"牟"或是"乎"之誤），舞文爲姦利于民間，侯廉得之，麗于法，于是門內外凜乎霜肅。更有民命百章，遍榜鄉市諸中逵，與一切人更始。仁言義政，又若煽祥風之和，無不人人喜見施行，曰"侯真生我"。其大者裁賦長之贏羨，禁糧胥之虐科，營繕徵材于官府，薪疏均值于市事。又時時延見生儒，督之以禮，時講月課，明道正誼以先之。干羽之創飭，籩籩之聿新，與凡諸在眉宇耳目間者，百蠹必剔，百壞俱新。

故入侯之境者，祠宇秩如也，表望繡如也，津津乎侯之精神周而犍矣。至讀侯所刻政蹟諸書，無不以侯爲古人，思一望見顏色。侯治聲既鵲起長安公卿間，蕞爾敝邑，且將與中牟鄉分榮色。則意侯披符來應山時，去諸生未數月耳，亦何治行如家習，而吏弊民情如分章櫛句也？予假歸再晤侯，侯不鄙夷予不佞，倍道其苦心事。蓋每事必三思，思即寢食爲忘，而且境之所觸，跡之所接，履之所至，舉此百思內纖悉小大，無不日幾圖廻胸臆間。夫針無不入，故線無不徹，此應山之舉諸掌耳。然寧獨股掌間治應山哉？夫侯不津津乎談天下事乎？治天下事則存乎識矣，而非力弗任也，非膽弗赴也。先是應山作城之役，協取諸里甲徇役于茲乎？治公城一而治私橐十，雞犬迄無寧歲，當事者豈不懷焉？侯毅然與吾民，而計畚鍤力無復之也。侯爲請裁，公私帑無所與，而百堵成。滇子上官諸廨署，皆徵功乎諸屬邑。府吏挾上之意，既茲焉金穴，而長吏惴惴焉。恐或忤而他有所中，百索脂醴以備供張，猶慮不得當。豈其安忍于吾官之遲回也？侯條上當事官署，必官治之便。說者曰："民便矣，于吾官何有？"從中訶喝者，侯弗聽。請先得行，州六邑所陰省而默節者，無慮數百萬緍與千百家。此以徵侯之膽焉。力大者無往不舉也，膽毅者無往不赴也。今侯之政報成，令中諸邑長如侯聲聞百十矣。得晉諸御史臺，他日長安舉手加額者，又不獨滇子諸衿紳矣！

侯常有言曰："先公先兄，每箴子以孝，箴弟以悌，箴官以清以任。吾師某公每曰：'吾徒仕而無芳名無實政以歸者，吾謝不見。'故治應山兢兢焉，無敢一日忘此語也。"然則侯之兢兢焉，懼無以副家訓與謝師說者,其尚未有艾也哉,余故一接侯衡宇而即爲應山手加額也!

〔2〕"市肆",六卷本作"市事",貿易之事,有關市場的事務。《周禮·地官·閭師》:"任商以市事,貢貨賄。"亦通。

〔3〕"候條上當事官署","候"六卷本作"侯",據上下文,意義雖有差別,皆可通順。或是形近而訛。

贈吴封君天與暨配鍾太君六十雙壽序[1]

余友鄂渚姚長虞性寡合,工文不可一世,顧殊善其社友吴玉文。玉文鄉闈不利,舘於應,長虞遺余書稱焉。余接玉文,温潤縝密,廉而不劌,孚尹旁達,如其字行,不誣也。既讀書程園,恒下鍵,不問山水。及奏藝一篇,沉渾俊逸,瑩然鼎彝貴而雲霞流焉。余益異玉文,已而悉其兩尊天與君、鍾孺人云。天與少於書無不窺,名譟諸生間。已數奇,不售,厭去之,曰:"丈夫自有安身立命處,即釜魚甑塵,意興固自翛然也。"孺人以名家子佐之,通書嫻禮,布衣操作,相敬如賓。玉文童時,口授以小學、《孝經》諸大義,學之涉者淺,體之安者深。吾乃知玉文之濬源遠也。

玉文一日款語余曰:"不肖璘赤貧,舌耕遠遊。今年兩尊人俱六裘,人無不願親富貴壽考。傷哉,璘之貧且賤也。無能供老人膝下班爛之歡,敬薪先生一言以祝,其且令名無窮。"余不文,何以當兩尊人。乃兩尊人之自文,與玉文之文其兩尊人,固已厚矣。余惟玉文之所自欿然於兩尊人者,目前貧賤耳。夫士誠不必驕語貧賤,亦視處之者何如。連騎結駟,列鼎重茵,或行能不比於里閈,報稱不副於位禄,識者終不過而問焉。天與頌詩讀書,歛身守約,胸中不著冰炭,眼底不礙雲霞。問業可以芥拾青紫,問心可以土視科名。不讓不爭,能進能止。蕭然泊然,與天爲遊。中立之文種不絶,彦緒之清名爲遺。天全之,爲貴多;慶留之,爲富厚矣。四休居士,何必减一代偉人?無寧惟是,列御曠觀遠尚,而忍饑辭粟,不能得之其妻;淵明夫婦雙超,而不愛紙筆,不能得之其子;

虞集母訓能文，而無書可攜，不能得之其父。目今漢上疏榮，梁耕孟案；眉山捄藻，父洵母程。然則俯仰無愧，父母俱存。米負百里，何妨鼎食無三；腹錦千章，不數庭彩有五。故曰天與孺人之自文，與玉文之文其兩尊人，不爲不足，而無假余文也。

夫玉文而猶欿然今日貧哉，則請爲玉文進之。房孝中顧其子元齡曰："人皆謂祿富，我獨謂宜貧。所遺子孫，貴在清白耳。"以余觀於天與與孺人，不但以富貴侈望玉文，玉文即通顯，必無以他日富貴之容，改今日貧賤之素。庶幾古名人若元齡，仍以清白拜復其兩尊人於堂下也。玉文忻然而釋曰："此璘兩尊人意也。先生善文璘之陋，而更以元齡之父母期頤期璘兩尊人也，予小子其敢不拜！請謹奉先生之教，以語長虞諸社兄，而共侑璘兩尊人一觴。"

【校記】

〔1〕又見六卷本卷三，目錄題《贈吳天與封君暨配鍾太君六十雙壽序》，正文題《贈封君天與吳公暨配鍾太君六十雙壽》；三卷本卷二，目錄題《贈吳天與封君》，正文題《贈封君天與吳公暨配鍾太君六十雙壽文》；二卷本卷下，目錄題《贈封君天與吳公暨配鍾太君六十雙壽序》，正文題《贈封君天與吳公暨配鍾太君六十雙壽文》。附：

余友鄂渚姚長虞性寡合，舉子業不可一世，顧殊善其社友吳玉文。玉文楚闈不利，以其兩尊人命輇于應，長虞書及焉。余接玉文，溫潤而栗，廉而不劌，孚尹旁達，如其字行。與之語，霏霏如屑，苞孕幾莫可涯涘。而悐悐抑抑，復垂垂如墜也。既讀書程園，恒下鍵，口不問目前山水。及奏藝一篇，沉渾俊逸，瑩然鼎彝貴而雲霞流焉。余益異玉文如斯人而無不掇高第者，而且當名人。已而悉其兩尊天與君、鍾孺人云：天與少于書無不窺，名譟諸生間。顧風規沉遠，不爲季俗纖趨，伉然有以自命矣。已數奇，不售一第。厭去之，曰："丈夫自有安身立命處，即釜魚甑塵，意興固自翛然也。"孺人以名家子佐之，通書嫻禮，布衣操作，相敬如賓。玉文童牙，口授以小學、《孝經》諸大義，學之涉者淺，體之安者深。吾乃知玉文之濬源遠也。

玉文一日欷語余曰："不肖璘赤貧，舌耕遠遊。今年兩尊人俱六袠，人亦有言"富貴壽考"，傷哉，璘之貧且賤也。無能供老人膝下班斕之歡，惟先生一言，以當袞黼璘兩尊人也，兩尊人其且令名無窮。"余不文，何以當兩尊人。乃兩尊人之自文，與玉文之文其兩尊人，固已厚矣。余惟玉文之所自欷然、與欷然于兩尊人者，目前貧賤耳。夫士誠不必驕語貧賤其父母，雖然，亦處之者何如。連騎結駟，列鼎重茵，或行能不比于里閈，報稱不副于位署，識者終不過而問焉。天與頌詩讀書，斂身守約，胸中不著冰炭，眼底不礙雲霞。問業可以芥拾青紫，問心可以土視功名。不讓不爭，能進能止。蕭然泊然，與天爲游。中立之文種不絕，彥緒之漬名爲遺。天全之，爲貴多；慶留之，爲富厚矣。四休居士，何必減一代偉人？無寧惟是，列寇曠觀遠尚，而忍饑辭粟，不能得之其妻；淵明夫婦雙超，而不愛紙筆，不能得之其子；虞集母訓能文，而無書可攜，不能得之其父。目今漢上疏榮，梁耕孟案；眉山掞藻，父洵母程。然則俯仰無愧，父母俱存。米負百里，何妨鼎食無三；腹錦千章，不數庭彩有五。故曰天與孺人之自文，與玉文之文其兩尊人，不爲不足，而無假予不文也。

夫玉文而猶欷然今日貧哉，則請爲玉文進之。房孝中顧其子玄齡曰："人皆謂祿富，我獨謂宜貧。所遺子孫，貴在清白耳。"崔母盧氏戒其子元暉曰："聞之玄馭從兒子宦所來者，曰貧乏不能自存，是好消息。若坐食俸祿，不能忠清，何以戴天履地？"以予觀于天與與孺人，苦身潔行，一經課子，垂四十年，夷然不改其操。夫固知玉文必興吾宗，而澹泊明志，寧靜致遠，堅以身教者，意念深遠矣。終不但以富貴容侈望玉文，玉文其亦何患不昂霄聳壑？而必無以他日富貴之容，改今日貧賤之素。庶幾古名人若玄齡、元暉，登樞秉要之日，仍以清白清忠拜復其兩尊人堂下。登枝不忘其本，吾終知玉文兩尊人不薄他日富貴猶帶貧賤之氣味也。而況今日不觀兩尊人之所以字玉文乎？夫玉文之精神，上通于天，火煅七日夜而色不變，雕之琢之，爲圭爲璋，而質任自然，無更絲毫，是天下之所爲貴于玉者矣。玉文听然而懌曰："此璘兩尊人意也。先生善文璘之陋，而更以玄齡、元暉之父母期頤期璘兩尊人也，予小子其敢不拜！請謹奉先生之教，以語長虞諸社兄，而共侑璘兩尊人一觴。"

賀劉母封太孺人序[1]

國家功令，凡職官自一命以上滿三年績，上賜璽書褒嘉之，爵其所生。夫布韋綦縞之士，佔一經課子，子宦成，即被之冠被珠翟，令其子爲壽堂上，不謂作忠榮典哉？顧往往於外守令獨難且重也。或前任深矣而後任不及格不得滿；或政報循良矣，而徵催不及額不得滿；及格及額矣，不經臺臣幾更薦剡，不得封典。蓋至百方難之，故爲守令者爲人子，賢易壅於上聞，恩易滯於下逮；皆勞臣之所徘徊，而孝嗣之所感愴也。

余姻友念劬君始念太孺人早孀且高年，故捧檄爲令，聲噪中州，薦書凡十九上，三年績報考功令。上既無所以難之，制稱念劬賢如是，封念劬君父如君官，母太孺人亦進封。如今稱天子固不輕錫予哉，而若於念劬獨易夫？其有以易之也。制下之日，太孺人方家食，念劬君緘制書遣使焚黃先贈君之墓，制翟冠袍帶以答太孺人。君叔季侍太孺人於家者，率諸子姓設几舉酌羅拜堂下，請太孺人升受制，余小子弟兄從諸宗黨親屬後，捧觴稽首爲壽曰美哉！守令錫典之難，且重如此也，念劬有足以榮所生也。而太孺人又獨以嫠婦手植國材，而身受國榮也，皆人子人父母異數也，然亦知念劬與太孺人之於此重且難乎？當贈君背太孺人時，念劬諸昆季皆弱齡，若太孺人棄諸孤以狥地下，此藐諸孤何所從？斷機畫荻以受成，而且得薦五鼎，焚黃以告之地下也。以四十餘年淒風冷月，機杼刀砧，燈火熒熒．此剛腸男子容易消磨者，故爲念劬母也，難矣。而能爲念劬母也者，乃能爲子之封也重，爲念劬仕也難矣；能爲念劬令也者，乃能爲母之封也重。不然章服煌煌，即仕宦家母子例得邀榮者可以倖致，是念劬所過焉[2]，而恥弗問者耳。且念劬之爲令，余尤有難且重於太孺人者，太孺人始忍死以撫孤，豈忍使一日離膝下，而顧不肯就禄養第勉子以官方自飭。故念劬居官四年，履脂膏之區，行李蕭然，不知有家也。爲一人捍吾民不難，磨新藩方張之虎牙，而苟可爲一方定亂民，如平靈寶兇譁，又不難單騎往撫，亦何不有其身與世？無論富貴，即勳名猶易耳，節義忠孝間氣矣。君子難言之，得一足摩日月，而況兼之？而一門一時，則太孺人之開之者遠而承之者厚，此其難且重也，復何如乎？太孺人今七裹餘，而康視聽健，七箸眉壽無有害。念劬君且入領禁衛參軍矣，聲華日起，太孺人累封而日益尊；則今日之所謂難且重者，獨人壽榮名已哉！

【校記】

〔1〕又見六卷本卷三，題同底本；三卷本卷二，目錄題《賀劉母》，正文題同底本。附：

國家功令，凡職官自一命以上滿三年績，上賜璽書褒嘉之，爵其所生。夫布韋綦縞之士，占一經課子，子宦成，即被之冠袚珠翟，令其子爲壽堂上，不謂作忠榮典哉？顧往往于外守令獨難且重也。或前任深矣，而後任不及格不得滿；或政報循良矣，而徵催不及額不得滿；及格及額矣，不經臺臣幾更薦剡，不得封典。蓋至百方難之，故爲守令者爲人子，賢容易壅于上聞，恩容易滯于下逮；皆勞臣之所徘徊，而孝嗣之所感愴也。

予姻友念劬君始念太孺人孀劬且高年，故捧檄爲令，前後永寧、靈寶間，聲譟中州，異才稱獨賢，薦書凡十九上，三年蹟報考功令。上既無所以難，永寧、靈寶令制稱念劬君令賢，旨贈甚腴美如是，封念劬君父如君官，母太孺人亦進封。如今稱天子固不輕錫予哉，而若于念劬乎獨易夫？其有以易之也。制下之日，太孺人方家食，念劬君械制書遣使焚黄先贈君之墓，制翟冠袍帶以答太孺人。君叔季侍太孺人于家者，率君諸子姓設几舉酌羅拜堂下，請太孺人升受制。余小子弟兄，從諸宗黨親屬賀，履後捧觴，稽首爲壽曰美哉！守令錫典之難，且重如此也，念劬君有足以榮所生也。而太孺人又獨以犛婦手植國材，而身受國榮也，皆人子、人父母異數也，然亦知念劬君與太孺人之于此難且重錫典也，其能有以有之，今日也重且難乎？當贈君背太孺人時，念劬諸昆季皆弱齡，若太孺人亦棄諸孤以殉地下，此贈君藐諸孤耳，何所從？斷機畫荻以受成，而且得薦五鼎，焚黃以告之地下也。妻道原母道，以有終四十餘年，淒風冷月，紡車間燈火熒熒讀書，此剛腸男子容易消磨者。今念劬猶年未滿強耳，仕進之際，即學未半豹，技僅塞白白首，猶戀不能割以覬倖萬一。

丁未庚戌癸丑對公車時，念劬卷三領本房，而三以不得魁，故主者故留之以須次大物。即海內知名士亦無不三舍讓；念劬芥拾大物也。孰是抹殺名心，動色捧檄，以早有今日。十餘年來，盟之獨以聚萬人之歡，畢諸力苦以乎上下之交，一腔血瀝盡兩嚴邑矣。故為念劬母也，難矣。而能為太孺人母也者，乃能為子之封也重。為念劬仕也難矣，能為念劬令也者，乃能為母之封也重。不然章服煌煌，即仕宦家母子常有事耳，而不必難，不必稱，是念劬所遇焉，而恥弗問者耳。乃余尤更有難且重于太孺人者，太孺人始忍死以成人之孤，開長君婦湯舍生以守人之志；一門兩義烈、兩下天子之璽褒，念劬君能割名以成親之榮矣。而四年膏令，行李蕭然，不知有家也。為一人捍吾民不難，磨新藩方張之虎牙，而苟可為一方定亂民，如平靈寶兌譁，又不難單騎往，亦何不有其身與世？無論富貴，即勳名猶易耳，節義忠孝間氣矣。君子難言之，得一足磨日月，而況兼之。而一門一時，則太孺人之開之者遠而承之者厚，此其難且重也。寧但在今人，太孺人今即七衮餘乎？而康視聽健，七箸眉壽無有害。今念劬君近入領禁衛參軍矣，聲華既已日起，即孺人諸子姓多賢，蒸蒸龍鱗鳳苞也，太孺人累恭淑而上自當有待。則今日之所謂難且重者，獨人壽榮名已哉！

〔2〕"所過"，六卷本作"所遇"，從上下文看，是說劉念劬在官場中獲得恩遇較多之意，故所遇更合文意。

太宜人傅母李太君六衮序[1]

歲丙午，余偕計而北，友人傅咨伯許以女字吾子。聞之，蓋出母夫人旨云[2]。夫余貧士耳，居且無一廛，即至今日視計偕時，若稍遠於諸生，自揣志之所存與身之所安，終不以易吾貧也。不知母夫人何所取於貧士，而遽以女孫字其子？且聞向人猶津津道余貧不置也[3]。余竊感今人之以市道姻也，富者欲過，貧者欲及，繁文縟節以飽道旁之目耳[4]，即爲兒女計，奚益天下？有無益之費，而相習以爲固然者，大率類此。余有慨於中[5]，故於母夫人之不鄙余貧而中心誠有服焉[6]，非直私感而已。

母夫人故邑中名族，自歸太翁，獨任家事，俾太翁專志嚮學[7]，太翁遂爲孝昌鉅儒。然太翁不自享其成，而發祥於子咨伯。咨伯登進士高第，甫弱冠，乃精吏治，濮州澤州之政神明，愷悌又何炳炳也[8]。聞之母夫人從太翁就養濮澤間，咨伯每退食，必問今日利濟幾何事，平活幾何人，咨伯日必祈得當以佐母夫人喜笑云。嗣咨伯入居工曹，例得奉簡，命有所往，每讓眾人之所爭，而就其所棄，此其識遠矣。咨伯望既著，主爵者將優借他部，需咨內留[9]。母夫人固曰："仕宦要於世有利濟耳。當今之時，朝動念，夕可暨四履，其惟良二千石。夫濮澤已試之，方與夫未究之願，老人且欲更試以觀汝。"咨伯乃自請外補，得留之平陽，故長平毗疆也，山川風氣故相似。咨伯曰："吾幸得舊遊地，庶幾可以，昔之無開罪地方者，今無貽吾母憂。"適今年八月既望[10]，母夫人六十辰，咨伯將率其里之子姓姻戚上一觴焉，而後奉板輿同之官。乃余小子固留滯長安，無能從賓筵後爲咨伯一歌《閟宮》之八章也[11]，安可無一言之誦？余常思人生所欲，自致與子之致於親者壽耳。

余奉家繼慈之暇，於方術家言長年者，亦常過而問焉。其說或驗或不驗，其要歸皆托之老氏。夫老氏則余既知之矣[12]，無所謂熊經鳥伸之術，丹砂煉服之秘也。有三寶焉：一曰慈、二曰儉、三曰不敢爲天下先，如是而已矣。母夫人之有儉德也，於有取於余之貧而知之也。其不敢爲先也，於咨伯功名之際，如此其退然也。若其仁慈惻隱，則鄉里宗黨盡能知之、能言之，而濮澤二州與晉陽之民，且陰受其賜而將益廣其施。持此三寶，是謂長生久視之道[13]，期頤維祺，豈待祝哉？夫惟慈[14]，故能勇儉，故能廣不敢天下先，故能成器。長咨伯率母教而發之事業也，其所就殆未可量。晉陽固其車蓋特高之初也，其永永有以壽母夫人。

余幸屬姻家子[15]，得以歲時奉卮酒，且將竊餘瀝以爲吾母壽，當亦不外此三寶之說矣。

【校記】

〔1〕又見六卷本卷三，目録題同底本，正文題《太宜人傅母李太君六袠》。三卷本卷二，目録題《賀傅母》，正文題《太宜人傅母李太君六袠文》。

〔2〕"旨"，六卷本作"指"。

〔3〕"且聞向人猶津津道余貧不置也"，六卷本脱"道"字。

〔4〕"節"，六卷本作"篩"。

〔5〕"余有慨於中"後，六卷本衍"而思挽之也久矣"。

〔6〕"余貧"后，六卷本衍"而申以婚姻也"。

〔7〕"獨任家事，俾太翁專志向學"，六卷本作"相太翁學"。

〔8〕"甫弱冠，乃精吏治濮州澤州之政神明，愷悌又何炳炳也"，六卷本作"才弱冠，乃濮州澤州之政神明，愷悌又何炳炳人耳也"。

〔9〕"需咨"，六卷本作"需次"。

〔10〕"既望"，六卷本作"望之明日"。

〔11〕閟，《詩經·魯頌·閟宫》有八章。底本作"悶"，誤，據楊祖憲本、六卷本改。

〔12〕"夫老氏則余既知之矣"後，六卷本衍"五千言具在"。

〔13〕"是謂"後，六卷本衍"深根固蒂"。

〔14〕"夫惟慈"，六卷本作"不寧惟是慈"。

〔15〕"屬"，六卷本作"厠"。

壽甘母葉孺人六袠[1]

当丁酉戊戌時，鄢子實有二甘，如雲間機雲，聲噪楚諸生間甚也。

二甘世家子，方少年。噫，何夙敏如此！既予定交，君兄弟清遠俊整，如金在鎔，如玉在礦，無復才人世俗少年子風味。國人曰是有太孺人焉，課二君讀，無以弱故，宵膏而達丙。精粺粺以禮名俊，朝於嬰齊而夕於側也。兩人焉，視如一兒，齔而於今矣。是時，孺人季君方兒齒，亦即嶄然稱後起之俊。予從長安假歸，追隨三兄弟登太孺人之堂者凡浹旬。門以内秩秩如也，門以外整整如也。寅賓之署無狎履，緝侍之役無流視。三君之品與學日奇進，顧仍緘戶屈首縹緗間，無問家人事。余每有慕於昔賢之有母也，仁之為小星也，嚴之為丸熊也；來吉士之為大被也，延名譽之為剡薦也，德一而已。成其子千秋令名，而身亦與之無窮。夫何如太孺人！

今年太孺人春秋已六袠高，通家子某等謀所以為壽，屬余不佞以詞。余惟孺人箕疇之斂，已享其全；華封之祝，更饒名士。無論余不佞無能詞，即詞而何以頌太孺人？無已，則造物實已無不足於孺人，孺人猶若有未足於膝下目前者，請為孺人寬之。聞孺人當已與先刺史公生辰及計偕館選時，每愀然不良食也，曰："諸子之猶困公車與諸生間也，先大夫之慶留，予弗早見其光大也。"而非也，余見夫匠石程材者，膚膩而理疏者，以材於枅櫨節藻之用；而任棟而任柱者，必夫理堅而幹勁，曰非是弗取也。則力之完與未完者、歲月淺深而風霜歷有久近之異也，凡夫才人无患弗用之早也。高者英銳張王之氣，職任或受之。卑者富貴利達之念，精神或受之。故文章有令名，事幹則否，家食修，惟謹而朝設，多不終，惟其疾之憂，父母或受之。

三君既負不世之才，館閣鼎衡皆其探取物。夫賦才高則盧，其輕視天下人與世事。世家子於進取易，必且忽當之。母訓夙嚴而少年功名場中人，難言之矣。長君以義經第一人薦，近廿年而弗第，若不肯為二弟先。次君、季君年年領鄉書，人指必為第一，乃屈而年年荊泣也。豪爽意氣日約焉而沉，楷模風尚日揀焉而精，人情世務日練焉而深。造物其為孺人歲月深而風霜飽乎？夫天下事之肩重當時、修名千古，端不在浮與淺與輕易也明矣。即持以問三君，令三君蚤掇巍科，世家子而少年薦紳間，國人於孺人目前誠無不足。太孺人賢者也，其寧人爵榮名而即無愀然，夫且懼三君之沃忘瘠也，佚忘思也，易忘難也。即三君所爲光大先大夫之業於以薦慰太孺人者，亦當自有不足十中。今三君之力全矣，旦夕連袂起棟，領羣材以支柱國家，名位勳業，當與太孺人之壽日進高朗，顯融海内，頌甘母麟趾徽音與柳陶諸母一。

余二三兄弟人，迭爲詞以壽，而後太孺人知余知造物之非迂也。太孺人其無逌然爲余不佞二三通家子，引滿一觴哉？乃繼今爲詞以壽太孺人者，又不獨當吾世而沾沾二三子也。

【校記】

〔1〕僅見三卷本卷二，楊祖憲本、底本未收。

贈國醫彭月塘先生序[1]

歲壬寅，邑大疫。往是邑醫惟豫章之彭月塘，顧因疫，反避之山中，曰："吾老矣，且是天行之數也，吾安能數與造物鬭？"以故病者不得月塘切脈，得月塘切脈，即人十而八九起。予伯姊氏病是疾，遍索諸醫矣，水漿不入口者五日，五官已如木中人，但奄奄待息盡耳。予不佞兄弟強月塘至，但嘻笑間投五分之劑一，即漸如生人，再三數劑，蘧然復故姊氏面目矣。予姊丈節如先生，乃羅呱呱者、匍匐者、韶齓者，拜堂下曰："嚮予内子柴然時，予已必無生若曹；今若曹且保有生母，豈若曹與予内子之能生春？固從先生杏林中回耳！顧窮措大無能報，如先生何？"月塘既久客楚，且治裝還豫章，節如乃命不佞以文述先生，當有以彰其術。

楊子曰："夫世所最尊若神明者，無如秦越人與太倉公兩君子，術誠奇且神。然使無好事者臚列其事於史傳，即奇且神，亦只當日止耳。世人醫豈無一二奇中於兩君子者，然卒没没，必不若越人、倉公也。即如兩君子師長桑君、乘陽慶，獨其醫未一驗之人耶？即其人祇藉兩君子一傳。至於越人之兄弟共良於醫，有名不出閫、不出國者。當倉公時又有公孫光者，而事竟不經見，何也？夫業術誠高而未當於闡揚，名湮没者，何可勝數？悲夫！淡於所見而甘於所聞，自古記之矣。月塘業醫應山老矣，名不境外，安望千秋名？今即坐月塘、公孫光與越人兄弟間，猶應且中強也。乃以予聞月塘起前北勝守少東陽先生，自子婦哭踊中奪之，予社友余公季仁夫婦亦起之諸醫所環走，此不如與中庶子爭虢太子生耶？往診予姻友黃公二瞻頭痛，曰當發痘毒在骨節間。後腰不支，他人投痰劑且兩月，但骨立耳。始延月塘，月塘針熨之，膿如注，調生脈和血散，數劑愈。徐公瞻龍、周公石龍，柴而鬟如尪，月塘曰："向峻服治痞劑，今元氣剥矣。此痰客在營胕間，爲之理中。"吐痰二三升，旋成壯夫。此又於察御史病當吐膿與中郎循之爲膀疝也何異？

夫月塘獨不得當太史公其人耳，誠得當太史公闡揚之，異世秦越人、太倉公，不庶幾近之耶？太史公之言曰："美好者，不祥之器。越人以其術殺身，倉公匿跡自隱而當刑，非緹縈幾不免，則其所以自居者非也。"月塘既不自尊張其術，而尤以詼笑滑稽出之詭。以此自晦，而人即以此與之相安。蓋得老氏之精而用之者耶？此則賢於越人與倉公遠矣。月塘稍知詩，善飲酒。年幾八十，涂月尚單衣汗津津也。有丈夫子三人，長君尤不失家學。使長桑君、乘陽慶不老而盡其方於越人[2]、倉公，名亦自當境内止耳。今日月塘老矣，誠有意千秋名耶？予不佞猶能爲越人與太倉公名。

月塘逌然笑曰："公但能與人爲越人、太倉名，而余實不能爲越人、太倉公。[3]"楊子曰："夫太史公，則予豈敢？予但知月塘之醫可當吾世兩君子。"節如先生曰："異世越人、太倉公，吾子與月塘十年後更圖之。"今日臚列月塘事，作杏林春引端。

【校記】

〔1〕又見六卷本卷三，題同底本；三卷本卷二，目録題《贈國醫》，正文題《贈國醫彭月塘先生序》。附：

歲壬寅，邑大疫。往是邑醫惟月塘，月塘故避之山澤中也，曰："吾老矣，且是天行之數也，吾安能數與造物鬭？"以故病者不得屬月塘脈。得屬月塘脈，即人十而八九起。予伯姊氏病是疾，徧索諸醫矣，水漿不入口者五日，五官已如木中人，但奄奄待息盡耳。予不佞兄弟強月塘至，但嘻笑間投五分之劑一，即漸如生人，再三數劑，蘧然故姊氏面目矣。予姊丈節如先生，乃羅呱呱者、匍匐者、齠齔者，拜堂下曰："曏予內子柴然時，予已必無生若曹；今若曹且保有生母，豈若曹與予內子之能生春？固從先生杏林中回耳！顧窮措大能如先生何？"月塘既久客楚，且治裝還豫章，節如先生竟無如先生何，乃命不佞言。

楊子曰："夫世所最尊重醫，無如秦越人與太倉公兩君子，醫術誠奇且神。然使無好事者臚列其事于史傳志林，即奇且神，亦自當日止耳。乃其所爲奇且神者，亦未數數也，今其事固可縷指計。世人醫豈無一二奇中如兩君子者？然自世人醫重不越人、倉公也。即如兩君子，師長桑君、乘陽慶，獨其醫未一驗之人耶？即而名祇藉兩君子以傳。至于越人之兄弟共良于醫，有名不出閫、不出國者。當倉公時，公孫光翳不中人醫而事竟不經見，何也？夫業術誠高而未當于闡揚、名淹沒者，何可勝數？悲夫！淡于所見而甘于所聞，自古記之矣。月塘醫應山老矣，名不境外，安望越人倉公千秋名？令即坐月塘、公孫光與越人兄弟間，猶應且中強也。乃以予聞月塘起前北勝守少東陽先生，自子婦哭踊中奪之。予社友余公季仁夫婦亦起之，諸醫所環走，此不如與中庶子爭虢太子生耶？若于予姊氏，則趙簡子之五日，不知人也。往診予姻友黃公二瞻頭痛，曰當發疽毒在骨節間。後腰不支，服痰劑且兩月，但骨立耳。始延月塘，月塘針慰之，膿如注，調生脈和血散，數劑愈。徐公瞻龍、周公石龍、柴而鰲如痙，月塘曰："何竣服治痞塊劑？至今蘗矣。此痰客在營胛間，病得之內，爲之理中。"吐痰二三升，旋成壯夫。此又于察御史病當吐膿與中郎循之爲膀疝也，何異？

夫月塘獨不得當太史公其人耳，誠得當太史公闡揚之，異世即不月塘、秦越人、太倉公不庶幾近之耶？太史公之言曰："美好者，不祥之器。越人以其術殺身，倉公匿跡自隱而當刑，非緹縈幾不免。則其所以自居者，非也。"月塘既不自尊張其術，而尤以詼笑滑稽出之。月塘詭以此自晦，而人即以此與之相安。蓋得老氏之精而用之者耶？此則賢于越人與倉公遠矣。月塘稍知詩，善飲酒。年幾八十所，涂月尚單衣汗津津也。有丈夫子三人，長君尤不失國器，亦頗好士大夫言，則萬一附青雲之士以自起虖？太史公其人難言之，長桑君、乘陽慶不老而盡其力于越人、倉公，名亦自當境內止耳。今日月塘老矣，誠有意千秋名耶？予不佞猶能爲越人與太倉公。

月塘迨然笑曰："公無紿我，公但能與人爲越人、太倉名，而不能自越人、太倉公。"楊子曰："夫太史公，則予豈敢？予但知月塘之醫可當吾世兩君子。"節如先生曰："異世越人、太倉公，吾子與月塘十年後更圖之。"今日臚列月塘事，作杏林春引端。

〔2〕"方"，六卷本作"力"，皆可通，"方"字更合適。

〔3〕"公但能與人爲越人、太倉名，而余实不能爲越人、太倉公"，六卷本作"公無紿我，公但能與人爲越人、太倉名，而不能自越人、太倉公"，底本文意更通順。

司理鄭公十議序[1]

韓魏公常言，當事人才器須周，足當四面，入麤入細，乃稱經綸好手。此經世名言也。魏公未嘗輕以此許人，即司馬溫公、呂正獻公[2]，猶曰："才偏規模小。"然則天下獨不能得魏公所言之人耳？豈憂治平哉？乃當時魏公之爲公輔器，從司庫務時，識量固已遠矣。以予所覩記，今日蓋實有鄭公云[3]。自公理邙子[4]，案無留牘，民無滯情，小大之獄衷於平，亦既卓絕時賢，頌滿輿人矣。乃其留心德化，雅意古先，如約崇儉，立社學，禁殺生，刻感應靈篇，民翕然從事，風習不覺一變。此稱病而善爲之劑，參俗情之所趨，妙有以回之，日習爲善而特不使之知[5]，謂非經綸之一用耶？乃余不佞兩年里居，所尤深窺於公者，處大事若無事，當忙事若閒事，處異事若常事，若下馬呼萬歲[6]，天寒聽折亭子，往往運斤削堊而鼻不知[7]。王孝先之器稚圭，以要路在前，而不厭煩碎耳。意其處煩碎時，自有一段整熟氣概，當不獨以治辨稱[8]。則以視鄭公今日何如？邡子蕞爾地[9]，不足當公游刃，亦無自大公經綸之用。要以天下一邡子耳，公之識量規模，固已宏遠矣。已從友人得公條奏十議，披讀終簡，中間緊切時務，而條理經絡，入麤入細，井井秩秩，即據引證，亦何該贍淹博也。則所謂高山大嶽，望之氣象雄傑，而包育微細，畜泄雨雲，藏匿寶怪者，此議已該而有之。雖所設施不出邡子蕞爾地，猶未見其全罟，然非窺豹一斑乎[10]？今天下非無事之時也，誠無取虛飾太平，更無取假爲鎮静[11]，識時務者謂之俊傑。則留心武備，以綢繆陰雨[12]，加意民嵒，以固葺維垣，自是救時急著。夫設備無事[13]，媚於庶人以燕天子，十議固饒具之。余伏在田間，無能奉議中緊切事以入告一人，特請傳之梨棗備留心時事者採擇，并嘉惠地方君子[14]。設誠見之施行，不可謂非儉歲之穀、暍人之蔭也[15]。若夫魏公大業，公取次入諫司，經理中外，計安社稷。他日見公經綸好手，余不佞亦不敢後於孝先之知韓稚圭也。

【校記】

〔1〕又見六卷本卷三，題同底本；三卷本卷二，目録題《司理鄭公》，正文題同底本；二卷本卷下，題同底本。

〔2〕"吕正獻公"，六卷本脱"公"字。

〔3〕"今日蓋實有鄭公云"，六卷本作"今日亦實有鄭公"。

〔4〕"自公理郳子"，六卷本後衍"庭有懸魚，社無憑鼠"。

〔5〕"日習爲善而特不使之知"，六卷本脱"日習爲善"四字。

〔6〕"處異事若常事，若下馬呼萬歲、天寒聽折亭子"，六卷本作"處嘩事若下馬呼萬歲、天寒聽拆亭子"。"若下馬呼萬歲、天寒聽折亭子"應該是鄭司理處理過的兩件緊急事件，具體内容不明。

〔7〕"往往斤削堊而鼻不知"，六卷本作"往往斤揮堊而鼻不知"。據《莊子·徐無鬼》："郢人堊漫其鼻端，若蠅翼，使匠石斲之，匠石運斤成風，聽而斲之，盡堊而鼻不傷。"底本更通順。

〔8〕"當不獨以治辨稱"，六卷本作"當不獨以治辦稱"。"治辯""治辦"通用，謂處理事務合宜。

〔9〕"鄖子蕞爾地",六卷本作"湏蕞爾地"。

〔10〕"此議已該而有之。雖所設施不出鄖子蕞爾地,猶未見其全畧,然非窺豹一斑乎",六卷本作"以今日質,雖猶未見其全畧,亦窺豹一斑乎"。

〔11〕"更無取假爲鎮静",六卷本作"更無取假宿鎮静"。假宿,借宿之義,在此不合文意。

〔12〕"以綢繆陰雨",六卷本作"以綢繆桑土陰雨"。《诗·豳风·鸱鸮》:"迨天之未阴雨,彻彼桑土,绸缪牖户。"衍生出"綢繆陰雨""桑土綢繆"等詞語。底本語句更精練。

〔13〕"夫設備無事",六卷本作"夫備無事"。

〔14〕"并嘉惠地方君子",六卷本作"并加惠地方君子"。

〔15〕"不可謂非儉歲之穀、喝人之蔭也",六卷本作"不謂非儉歲之穀、喝時蔭也"。

兵巡朱公《城守管窺》序[1]

當重慶變初聞時,公與余不佞譚綏靖之畧,的可咄嗟而辦,因見公急國之事心丹,更心熱並心深。余私心謂此一東川事,起項襄毅、王文成於今日,當無易公今日之畫。若置公於當日滿四、寧庶人時,單騎直薄賊巢,小艇夜趨吉安,知公已竣事矣[2]。已見公出《城守》一編,屬各屬防無事備有事者[3],胸中數萬甲兵,亦約畧可見。余不佞則因公此一編也,有慨於今日之所以三空四盡也,盡臣子不爭職掌之故矣。祖宗朝,一事一官,大小相維[4],而輕重布之。所以扶持太平,綢繆瑕釁者,何所不備[5]!何所不悉!即如監司之有兵巡,顧名思義,有所以巡之者矣[6]。止於勾稽簿書,塗塞故事,或不其然。而浸假之久,所以爲巡者,反成故事。相仍之久,一但修行故事,或反駭以爲多事。當日所以立兵巡者之意,不人奪於時,即承於無所因,而不敢身爲創,非一人一日之故矣。兵事安得不敝?太平何以不日衰?吾荆兵巡之得公,倖耳。公有此書，亦所稱今日多事之人也[7]。使開國以來，內外大小諸官，各修其職掌如公，無托之安無事，避多事，人庇其事[8]，事如其官，天下何所得吾瑕？即瑕終無以亂吾治。安在一方有事，如窮人嫠子，無一不叫覓呼號，叫覓呼號并促，遽無以應。即應，并草率張皇[9]，而終無濟於用。故曰：今日之所以三空四盡也，非氣運之自盛而之衰也[10]。然則公之此編，公多事乎哉？由來名公鉅卿[11]，於一切事，務盡其在我，兢兢焉若不敢自逸，當時後世尊而述之，曰大臣，曰忠臣，曰社稷臣。夫謂其有濟於縣官用也。余則以爲諸君子實是先事之會，善自濟其功名，早自爲顏面地耳。今海內亦擾攘多故時矣[12]。緩急之數，我輩要於有濟。夫兔罝干城，有公城守之書在，毋以爲故事，而更妙於講求。我既有所恃以無恐，奸亦無所狎以啟戎。儻一有事[13]，無論足自濟其功名，而方寸有主，不至面無人色[14]；亦衣冠丈夫，儼然天子之臣，百姓之主，所以無自失其顏面矣。寧庶人之變，王文成不需請於九重之遠，取決於議論之煩，得以便宜成功名，非有謬巧，職掌講求先耳。即正德間劉六、劉七之擾，到處僇辱，而平原太守、樂陵令巋然丈夫，皆此物此志也。公也而自多事乎哉！公也而於人多事乎哉！

【校記】

〔1〕又見六卷本卷三，目録題《朱兵巡〈城守管窺〉序》，正文題同底本；三卷本卷二，目録題《朱兵巡城守》，正文題同底本；二卷本卷下，題同底本。

〔2〕"知公已竣事矣"，六卷本脱"竣"。

〔3〕"屬各屬防無事備有事者"後，六卷本衍"嘗鼎一臠"。

〔4〕"一事一官，大小相維"，六卷本作"一事一官，即付以一官之職掌，中間大小相維"。

〔5〕"所以扶持太平，綢繆瑕罅者，何所不備"，六卷本作"所以潤色太平，綢繆瑕罅者，內外大小，何所不備"。

〔6〕"巡"，六卷本作"循"；下文"所以爲巡者"亦同。循，古同"巡"。

〔7〕"公有此書，亦所稱今日多事之人也"，六卷本作"兵巡突有公此書，公亦足稱今日多事之人"。

〔8〕"人庇其事"，六卷本作"人庇事"。庇，治理。這裏説的是，希望官員人盡其職，所以"庇"字更合適。

〔9〕"并草率張皇"，六卷本作"并草率章皇"。

〔10〕"自盛而之衰也"，六卷本作"自旺而之衰也"。

〔11〕"由來名公鉅卿"前，六卷本衍"常觀"。

〔12〕"今海内亦擾攘多故時矣"，六卷本作"今海内亦眷眷多故時矣"。眷眷，依戀反顧貌，或意志專一貌。均與此處文意不合。

〔13〕"倘一有事"，六卷本作"萬一有事"。

〔14〕"不至面無人色"，六卷本作"不至土無人色"，與此處文意不合。

修海虞學志序[1]

海虞故文學里也，余以楚鄙樸楸中人，謁選得承乏兹土。既受事，入其泮宫，周視殿廡堂閣，詢其創置顛末，蓋多所圮缺，云：夫政之大者如天子肄俊士於膠庠，即以先師禮祀孔子，令歲時釋菜釋奠，以不忘所自，乃亦多具文以承者。余惄然有愛羊之思，而未有以當也。會雲杜本石李先生以振鐸至，本石博雅君子也。既精於典故，尤率履不越，以爲士先。乃相與共諸儒討訓故實而輕重舉之，諸凡釋奠之禮如數，升奏之節如制，尊經閣如名，月課士如事，覆正養士之田如籍，庶工粗有次第。余亦既觀俎豆之場，無辭於不知禮，聊同先生與諸俊士修行故事已耳。諸子弟員謬生肇祖、嚴生柟等，若以是可備虞學文獻之未足，相與私誌之。更蒐賢踪宦蹟，及藝文之散失，與覆在斷碑荒碣者，綱挈而紀分之，比事拾遺，得若干卷。誌成，羣請刻其策以觀來者。

楊子曰："志，史之流也。"聖人之於文，所重惟史。其説禮也，輒嗟文獻之弗足，而惜杞、宋之莫徵。事非文弗垂也，虞聲名文物之盛甚矣，余微有感於虞之初焉。虞當商、周間，不猶然荒服榛莽之區乎？仲雍入而虞之名尊，子游出而寓內尊虞者，傲然與鄒、魯埒。夫仲雍脫屣侯封，文身斷髮，如今時之所逐之以爲榮，騖之以爲高者，仲雍無有也。子游北學於中國，是時冠劍簪纓之倫，與飾名競采者，何可勝道？而卒不能與愛人易使之武城宰爭治；則虞之開今日聲名文物之盛，與今日養聲名文物之盛於益光者，所重可知也。夫士之於進取，如車之輗，舟之楫，脫是無以托於行。要以大人經世，有如不得已而應之，則養之力沈，發之力全，世與已共不失焉。如第以學者舍人爵榮名，若別無安身立命之處，將無仲雍之所恥與？夫誠漱六經之精，得聖人之一，不絃歌武城，不掩子游之文。宰武城，行學道之端；宰天下，究學道之量。則子游之爲子游具在。諸士斂其游於道而質以出之，處不失文學之真，出使人收文學之用，是爲重虞學而不失虞之初。若夫制度文章之舉，前事之不忘焉耳。漢成都有禮殿講堂，一時侈爲盛舉。卒之人文之蔚起者，賦《上林》《子虛》，頌金馬、碧雞，徼取一人之寵，高足里門耳。再起而爲草《玄》《美新》，風斯愈下，豈其有益於國家右文之數？夫登高則望，臨深則窺，處地便也。何況文鄉墨儒，履先賢君子之地，而可無善返歟？沈涵德行之源，鬱養英華之積，使虞學之鉅儒名公，賁相望於當日者，尤光大於來許庶幾哉！蓋以備文獻之全，今日願與諸俊士志之矣，諸士其有意乎？"

【校記】

〔1〕又見六卷本卷三，目錄題同底本，正文題《修海虞學志敘》；三卷本卷二，目錄題《修海虞儒學》，正文題同底本；二卷本卷下，題同底本。附：

海虞故文學里也，余不佞則楚鄙樸萩中人，謁選得承乏茲土，時詫余弁纓而觀俎豆之場，無益其不相肖。既受事，入其澤宮，周視殿廡堂閣，詢其創置顛末，若多所扢缺。云："大者如天子肄俊士于膠庠，即以先師禮祀孔子，令歲時釋菜釋奠，以不忘所自，乃亦多具文以承者。"余憮然有愛羊之思，而未有以當也。會雲杜本石李先生以振鐸至，本石博雅君子也。既精于典故，尤率履不越，以視先諸士。乃相與共兩朱先生討訓故實而輕重舉之，諸凡釋奠之禮如數，升奏之節如制，尊經閣如名，月課士如事，覆正養士之田如藉，庶工粗有次第。夫亦既觀俎豆之場，無辭于不知禮，聊同三先生與諸俊士修行故事已耳。諸弟子員繆生肇祖、嚴生枏等，若以是何備虞學文獻之未足，相與私誌之。更蒐賢踪宦蹟，及藝文之散失，與復在斷碑荒碣者，綱挈而紀分之，比事拾遺，得若干卷。誌成，群請刻其策以觀來者。

　　楊子曰："志，史之流也。聖人之于文，所重惟史。其說禮也，輒嗟文獻之弗足，而恚杞、宋之莫徵。事非文弗垂也，虞聲名文物之甚盛矣，夫志惡可已也。要以徵往昭來，余微有感于虞之初焉。虞當商、周間，不猶然荒服榛莽之區乎？仲雍入而虞之名尊，子游出而寓內尊虞者，傲然與鄒、魯埒。夫仲雍屣去侯封，文身斷髮，祈與俗俱渾耳。如今時之所駭逐之以爲榮，鶩之以爲高者，仲雍無有也。子游北學于中國，是時冠劍簪纓之倫，與飾名競采者，何可勝原？而卒不能與沾沾愛人易使之武城宰爭晦流；則虞之開今日聲名文物之盛，與今日養聲名文物之盛于益光者，所重可知也。明天子右文，以科目進士而陶成之于澤宮。士之于進取，如車之輗，舟之楫，脫是無以托于行，豈其必文斷隱放？要以大人經世，有如不得已而應之。則養之力沉，發之力全，世與已共不失焉。如第以學者舍人爵榮名，若別無安身立命之處，童而習之，日夜蝀蜓以競視飲食裘葛焉，失之弗快也，將無仲雍之恥與？人且以窺其出之所竟、而躁之所受也。夫誠潄六經之精，得聖人之一，不絃歌武城，不掩子游之文。宰武城，行學道之端；宰天下，究學道之量。則子游之爲子游具在。若泛于南方精華焉求之，失其質矣。余以爲今日之謂膠庠者，獵較功名之塲也。還其源于學而靜以觀之，今日之謂文學者，衿帨粉藻之飾也。歛其游于道而質以出之，處不失文學之真，出使人以收文學之用，是爲重虞學而不失虞之初。若夫制度文章之舉，前事之不忘焉耳。漢成都不有禮殿講堂乎？帝王聖賢，寫在目間，一時侈爲盛舉。卒之人文之蔚起者，賦《上林》《子虛》，頌金馬、碧雞，徼取一人之寵，高足里門耳。再起而爲草《玄》《美新》，風斯愈下，豈其益于國家右文之數？夫登高則望，臨深則窺，處地便也。何況文鄉墨儒，履先賢君子之地，而可無善返？其初語尤有之，無高不可升，不必盡岡陵以爲望也。無深不可探，不必盡崖壑以爲窺也。仲雍姑無論，令子游而在，文學或非其所駐足之地。夫沉涵德行之源，欝養英華之積，使虞學之鉅儒名公，賁相望于當日者，尤光大于來許，庶幾哉！益以備文獻之全，今日願與諸俊士志之矣，諸士其有意乎？"本石听然而笑曰："真吾楚鄙樸蔌中語，迂而遠于事情，然可以備志之一説。"因弁諸簡端。

艾侯循政紀序[1]

此艾侯循政紀也。雖其凡百有四款，諸生之歌誦詠讀，若出一口，洋洋乎盈耳哉！余常惟由來循吏，於漢稱最稱多，然人不過一二事。而或者在官無赫赫之聲，月計不足，歲計有餘，則又多無事可紀者。亦有聲華彰灼起公卿間矣，反以僞增户口，掩其前稱之非真。甚矣，循吏之難言也。有如侯諸大政如此其純懿備至也，合卓、魯與劉寬、董宣諸君子，與之衡美而並論，不當抗顔而行耶？且循吏之紀誦，大率閭巷之歌謡爲多，而被之篇什，出士子撰述成律成聲者絶少。獨《中和樂》成，爲諸生弟子歌詠刺史之章，漢而於今一見也。豈誠皆俗吏，無師儒記述？大抵以小人之口質而真，無納交近名之心；而騷人詞客，則多浮而不實，徵購由人，故傳紀無採焉。而余則以諸生弟子，明理義恥佞諛，不可欺以聰明，常多來其責備。且一應之中，人異口焉，口異心焉，心異意焉；即合卓、魯諸君子，今時未必能人人而悦之。夫各一其心，而若一其口，則侯之所以得此於諸生，必有其實者矣。觀其歌詠侯者，或雜而無律，或質而不典。雖多出士林，實與閭巷之歌謡無異。紀循蹟者，徵實不徵文。是紀也，其當必傳，傳而此貌焉[2]。應山且當名高中牟、密縣之上，則侯之嘉惠應山者，不必問數年百姓之沾濡矣。余往承乏虞山，但憤憤日了俗吏事，無有善狀足紀。雖倖釋罪地方，地方亦若與我相忘。然常覺門以內門以外，不無咨歎觖望者，而未審四境亦有謳吟思慕者否？甚矣，余之多負職也！讀侯諸政紀，益無以施眉目，而更何以爲侯言？余滋愧焉。

【校記】

〔1〕又見六卷本卷三，目錄題同底本，正文題《艾侯循政紀》；三卷本卷二，目錄題《艾侯循政》，正文題《艾侯循政紀序》；二卷本卷下，題同底本。附：

此艾侯循政紀也。雖其凡百有四歟，諸生之歌誦咏讀，若出一口，洋洋乎盈耳哉！余常惟由來循吏，于漢稱最稱多，然人不過一二事。而或者在官無赫赫之聲，月計不及，歲計有餘，則又多無事可紀者。亦有聲華彰灼起公卿間矣，反以僞增户口，掩其前稱之非真。甚矣，循吏之難言也。有如侯諸大政，海内有司長，十但實得其二三，即足以踵前漢而垂後芳；如此其純懿備至也，合卓、魯與劉寬、董宣諸君子，與之衡美而第論，不猶當北面逡而顙，泚然退耶？余再考循吏之紀誦採入傳記者，大率閭巷之歌謡爲多；而被之篇什，出士子撰述成律成聲者絕少。獨惟《中和樂》成，爲諸生弟子歌咏刺史之章，漢而于今一見也。豈誠皆俗吏，無師儒記述？大抵以小人之口質而真，無納交近名之心。而騷人詞客，則多浮而不核。無論聞之有市心，即組織之工綺，聲韻之自然，而好言自口，徵購由人，故傳紀無採焉。而余則以諸生弟子，明理義恥佞諛，不可欺以聰明。常多來其責備，猶難動于耕豎孺子之口。且一應之中，人異口焉，口異心焉，心異意焉；即合卓、魯諸君子，今時斷無能人人而悅之。夫各一其心，而若一其口，則侯之所以得此于諸生者微矣。紀傳不採士儒詩歌者，余所謂浮而不核者耳。今日之歌咏侯者，大率發揮本色，寫其心之德侯，而無以自效，或雜而無律，或麗而不典。非盡出乎嘔心之錦，撚鬚之苦也，實與閭巷之歌謡無異。紀循蹟者，徵實不徵文。是紀也，或者其當必傳，傳而此貌焉。應山且當高倨中牟、密縣之上，則侯之嘉惠應山者，不必問數年百姓之沾濡矣。予往承乏虞山，但憒憒日于俗吏事，無有善狀足紀。雖倖釋罪地方，地方亦若與我相忘。然寤言訟省，常覺門以内門以外，咨嘆觖望者十之四五；而嘔吟思慕者，未知十得二三否？余之多負職掌也。讀侯諸政紀，百不得一，益若無以施眉目，而更何以爲侯言？余常歉焉，而常愧焉有洫矣。"友人曰："子猶淺言侯，且輕自引擬也。試徵侯于紙上，抉性命之微，若高登尼山之堂，而宗風玄諦，直通瞿曇、李耳首座。夫游、夏不徵能于求、由，顏、閔不核美于予、賜，從來難言之。于以徵視侯，其何所不足？且刑于寡妻，至于兄弟，又無所不富有矣。兹紀也，此之謂集大成，不豈其然乎？"楊子曰："敬聞命矣。吾何以弁諸詩歌首也哉？以此。"

〔2〕"貌"，六卷本作"藐"，形近而訛。

書安陸白兆寺募藏經引[1]

我朝兩都於郊宫大饗外，琳宫碧宇，奉瞿曇氏惟謹。諸經從羅什、玄奘輩之所纂譯而來者，叢萃無慮汗牛。海内通儒學士往往究心兹典，非直以其文字古奥可治之而爲修詞用，亦庶幾窺得一斑，借彼空幻，諸昭有法，以大破我世緣種種纏障。即其粗淺而爲輪廻因果之説者，亦足以約狂愚之心，而使之不敢逞。故藏教亦轉世一法，尋文思義，見筏思渡，藏弗可少也。乃今稱之佛門弟子者，具髡緇之相耳，不惟無通經者，且多未見[2]。如吾邡一郡，其雜穢菴堂無具論，即名山古刹爲佛靈之所憑式、人心之所皈依者，封内固不乏問之，藏教亦缺如也。獨吾邑當國初時，大師無念氏崛起，具大智慧，振黃梅兩祖宗風。高皇帝召至京，特加敬禮。歸，錫以袈裟金鉢盂等物，御製詩送之。高皇后賜一衲一襲，藏經一部。載之江，不設帆櫓，聽舟所止[3]，建寺爲師禪林。舟自南都逆流而上一日夜，若從雲霾中墮漢上，自邡而澴，以達吾邑，則又從萬山中舟不能通之處，乘漲飛泊縣治北十有五里之石龍山，蓋非人力也[4]。報命於其地建寺度經，賜名寶林。師阻於廻舟，即毀舟製經函。至今縹緗充棟，并御製碑欽賜衲尚輝映林表[5]云。安陸爲郡首邑，治西三十里爲白兆山，壁立千仞，唐以來有寺翼然萬松間，嵐沈靄閣，青碧萬狀。

石屋一曰桃花崖[6]，則李青蓮讀書處也。郡人士每至浴佛節及他佳風日，相率遊覽者趾相錯勝，士冠蓋來於邡者，多紆車往探焉，洵漢東名勝地[7]。然亦無藏經，皈向者無所仰止，畢竟靈崖缺典也。行僧如喜，參求足跡遍天下，憩錫茲山，徘徊經年不忍去。一旦頂禮諸佛發宏願，請爲此山乞建大藏[8]。郡人士聞而壯之，持簿走百里謁余，長跪檻間者三日夕，願得不佞一言白其意，俾告諸見在宰官暨諸檀越，成此功德。余詢其費幾何，曰："請經千金，搆閣半之。[9]""當儉財之世，安所得布金長者償若所願？"曰："秋蟬之翼折軸積也，野人之淚開石誠也。老僧請畢此電光中喘息，將竭吾淚以積吾羽。"楊子曰："有是哉！余往常三歎息於今之所爲尊經閣也，侏儒枅櫨弗具焉？具矣！鼠矢封蛛網布耳，一帙亦且無有[10]，君長此者過弗一問。有是哉！老僧東西南北之人，尊其師說，將竭吾淚積吾羽爲白兆藏經矢也。吾感吾徒焉，而吾愧焉，乃爲叙其事如此。至於函成此果，自人世善因，非敢謂余言之有當，足發諸宰官、諸居士懽喜心也。

【校記】

〔1〕又見六卷本卷三，題《書安陸白兆寺募藏緣引》；三卷本卷二，目錄題《安陸白兆寺引》，正文題同六卷本。

〔2〕"不惟無通經者，且多未見"，六卷本作"無問藏且不知所謂經"。

〔3〕"高皇后賜一衲一襲，藏經一部，載之江，不設帆檝，听舟所止，建寺爲師禪林"，六卷本作"高皇后賜紈衲一，藏經一，載之江，不設帆檝，旨听舟所止，建寺爲師禪林"。

〔4〕"則又從萬山中舟不能通之處，乘漲飛泊縣治北十有五里之石龍山，益非人力也"，六卷本作"則又從萬山中楫軬不能施之處，乘漲飛泊縣治北十有五里之石龍山，并非人力也"。

〔5〕"至今縹緗充棟"前，六卷本衍"從師祝髮於此"。"欽"，六卷本作"敝"。六卷本與底本，文意出現差錯，底本以爲"御制碑、欽賜衲尚輝映林表"，而六卷本以爲"御制碑已凋敝，唯賜衲尚輝映林表"。

〔6〕"壁立千仞，唐以來有寺翼然萬松間，嵐沉靄閣，青碧萬狀，石屋一曰桃花崖"，六卷本作"碧立千仞，唐以來有寺腰萬松間，嵐沉靄閣，青碧萬狀，石屋一曰桃花岩"。

〔7〕"漢東名勝"前，六卷本作"漢以東名勝"。

〔8〕"大藏"，六卷本作"藏"。

〔9〕"請經千金，搆閣半之"，六卷本作"請藏千金，搆閣半之。詢其工侈矣"。

〔10〕"一帙亦且無有"，六卷本作"一帙一則無有"。

修復高貴山靈境小引[1]

應山故多山，高貴當申楚之間，獨秀挺萬山中，插碧撐青，如在天上，俗呼大龜山是也。《高僧傳》載白晹道人誅茆此山，證成靈業。弘嘉之際，又有古道和尚從山東來，目不識丁，穴石龕於山頂，念佛滿豆若干，石遂通靈無外。著有《尋牛歌》《人牛雙忘偈》，遠近多信嚮者，贈人詩篇，皆饒理解。一日，期山上下比丘，將以集日大歸。及期，自吐火積薪上茶毘及心，猶拱手別諸比丘。因是山上下寺宇駸駸，金碧映嵐靄間矣。嗣後僧多不戒於行，甚之有齷齪大士座前者。一日停午無雲，山絕頂上雙龍引水，初如兩疋練倒下，寺宇及一僧隨水空中飛墮。山下人迫往視之，崖谷間若有人傳聲，衆嚮跡之，於本石數千層中得一老僧[2]，覆木觀音像下，衣履無恙。駭問之，曰："不省所以。"此僧後亦不知所往，其觀音像今存邑報恩寺中。他諸金碧道場，亦漸沒草萊矣。萬曆三十年，余諸生時，從土人肩鋤採黃精至高貴之頂，有苔封石屋貯一真武像，四元帥附列。屋前橫架一鍾，叩之聲甚洪遠。鐘前一石龕，則古道念佛處，雙趺宛然。是日，雨後天朗，土人指點漢江如線，轉北俯瞰，其莽蒼崒崔之下有潭澄泓不測，前白日雙龍引水下洗穢土者，此中物也。自頂直至山腰，得一殿，佛像鐘磬猶存。拂草間碑讀之，則白晹道院也。至四十二年，再一扳臨，殿半無瓦，僅林礎塵立。前瞿曇像，藤蘿匝體，頂上兩蒿雀，巢如拳。披荊榛更上絶頂，鐘已無有，獨真武像在雨痕苔色中，爲惘然久之。人傳偷兒碎鐘橐歸已，共舁像走，苦不得動，奮引斤鑿之刃，倒著臂，故不得移，此不必深論。山既險，絶無贏糧可以供僧，僧故不能住。時有松菴和尚於山下廢寺基上茨屋焚修，往語之曰："如白晹道院稍一葺理，汝肯守岑寂乎？"僧曰："唯唯。"檢得十金付諸山下居士楊愛峯，共伐石運甓，補其垣戶。山下好善人助以月燈[3]，覓得舊佛數尊，付松菴禮供。今年松菴語余曰："前年僅存好蹟，風雨蓬蒿，又復奪之矣！奈何？"余無以應。時偶有問餽者，得二十金，即付僧去。適吾友智湖程君至，語之，故力任經理，曰："須一至頂相度之。"凡四五喙息始及頂，問殿，僅石壁矣。蓋此頂無山與齊，雲霧晴亦濛，封冰不及冬即合，至春深始解。風更迅烈，石但容鏺即洞入，故石亦易泐。智湖曰："甃以石則灰泥不合，須累以甎，更理一石墻，以當北風。殿前開平如掌，高起臺基，納級而上，周以石闌，使人望之巍然起敬。其登頂之路，仄不容趾，陡不容立者，并有以平之。或當險絶峭削處開一千人坐表，以石亭資勝，倩人叫嘯。庶幾瞻禮共快，乃成一勝境。若仍聊復草昧屋前，石齒齒齧人趾，蹊蹊礙人目，登者其且有悔心，何今日之重修爲？是則然矣，而費不支也。"曰："夫安知人好事之不如我，請疏衆共成之，破吝之爲惠，敬像之爲禮，存舊之爲義，濟勝之爲德，亦同人之所共好也。吾但聽之，而無取必焉，不可謂非吉祥善事也。"余乃次序前後語如此，以付松菴和尚云。

【校記】

〔1〕又見六卷本卷三，題同底本；三卷本卷二，目錄題《修高貴山引》，正文題同底本。附：

應山故多山，高貴當申楚之間，獨秀挺萬山中，插碧撐青，只天在上；遠近望之，若形家言稱天馬者，俗呼大龜山是也。《高僧傳》載白晹道人誅茆此山，證成靈業。弘嘉之際，又有古道和尚從山東來，目不識丁，穴石龕其上，念佛滿豆若干，石遂通靈無外。著有《尋牛歌》《人牛雙忘偈》，遠近信嚮者，隨僧俗姓號，贈以詩篇，皆饒理解。一日，期山上下比丘，將以集日大歸。及期，自吐火積薪上荼毗及心，猶拱手別諸比丘。因是山上下寺宇駸駸，金碧暎嵐靄間矣。嗣後偕饒而衆，多不戒于行，甚之有嬲穢大士座前者。一日停午無雲，山絕頂上雙龍引水，初如兩疋練倒下，寺及僧一空。山下人迫往視之，崖谷間若有人傳聲，衆嚮跡之，于木石數千層中盤剝得一老僧，覆木觀音像下，衣履無恙。駭問之，曰："不省所以。"此僧後亦不知所往，并傳靈悟，不立文字去；其觀音像今存應山報恩寺中。他諸金碧道場，亦漸沒草萊矣。萬曆三十年，予諸生時，從土人肩鋤採黃精至其頂。石碧千尋，嶙峋直出。有苔封石屋，貯一真武銅像，四元帥。附近土人稱"屋為無梁殿，舊靈應甚，謁者無遠近冬夏云"。屋前橫架一鍾，叩之聲甚洪遠。鍾前下一石龕，則古道念佛處，雙趺宛然。環眺諸山，若拱、若揖、若蹲、若迎，下視遠近，烟村幾點在培塿中。是日，雨後天朗，土人指點漢江如線，轉北俯瞰，其莽蒼崒嵂之下云有潭沉泓不測，前白日引水上頂下洗穢土者，此中物也。循頂直下山眉，得一殿，群鹿亂門高走。出廊廡，半卸佛像，鍾磬猶有可觀。拂草間碑讀之，則白暘道院也。至四十二年，再一扳臨，殿半無瓦，僅柱礎壁立。前瞿曇像，藤蘿匝體，頂上兩蒿雀，窠如拳，綺旋螺間。披荊榛更上絕頂，鐘已無有，獨真武像在雨痕苔色中，為惘然久之。人傳偷兒碎鐘橐歸已，共昇像走，苦不得動，奮引斤鑿之刃，倒着臂，故不得移，此不必深論。由來靈境勝塲失，今不一存其跡，恐幾年後鞠為茂草，亦仁人與探幽者之所傷也。山既險，絕無贏糧可以供僧，僧故不能住。時松菴和尚于山下廢寺基上茨屋焚修，往語之曰："如頂上白暘道院稍一葺理，汝肯守岑寂乎？"僧曰："唯唯。"檢得十金付請山下居士楊愛峯，共伐石運甓，署為善理，山下好善人助以月灯根[3]，覓得舊佛數尊，付松菴禮供。亦曰："護之于風雨蓬蒿中，稍存其蹟，以俟好事者耳。"今年松菴同劉齋公語予曰："前年僅存好蹟，風雨蓬蒿，又復奪之矣！奈何？"予無以應。時偶有問餽者，得二十金，即付僧。同劉齋公聊且支持，適蓮幕智湖程君至，語之，故力肯任經理，曰："須一至頂相度之，圖所以可久，無但支吾目前。"共策蹇往至山下，凡四五啄息，始及頂。問殿，且石矣。灰復固之不十年（"灰"應是"恢"之訛，重新修繕之義），而泐裂如此何故？則曰："此頂無山與齊，雲霧晴亦濛，封冰不及冬即合，至春澳始解。風更迅烈，難支石，但容鏺即洞入，浸循揭之而走。"智湖曰："甃以石故灰泥不合，須累以磚，灌之油灰，更理一石牆，以當北風。殿前開平如掌，高起臺基，納級而上。周以石闌，使人望之巍然起敬。其登頂之路，仄不容趾，陡不容立者，並有以平之，無苦扳躋人。或當險絕峭削處，開一千人坐，表以石亭資勝，倩人叫嘯。庶幾瞻禮共快，乃成一勝境。若仍聊復草昧屋前，石齒齒齧人趾，蹊蹊礙人目，登者其且有悔心，何今日之重修爲？是則然矣，而費不支也。"曰："夫安知人好事之不如我？請疏衆共成之。"曰："夫今之好事者，喜創創于耳目之積焉，爲觀美且以爲福也。深山榛莽，至者重跰夫神，亦奚取我貌而祠之，于重雲層霧中，而予能欺以福招人？"曰："是又不然，破吝之爲惠，敬像之爲禮，存舊之爲義，濟勝之爲德，亦同人之所共好也。吾但以聽好事之人，而無取必焉，不可謂非吉祥善事也，不必侈于佛果因緣，而安知人好事之不如我。"余乃次序前後語如此，以付松菴和尚、劉欽齋公。

〔2〕"本"，六卷本作"木"。"本"字不合文意，"本"字更合適。

〔3〕"山下好善人助以月根"，佛教有"月燈三昧"，佛對月光童子說一切諸法體性平等無戲論三昧之法門。因童子之名，稱爲月燈三昧。但從此處上下文來看，是指每月供燈祈福之意，與"月燈三昧"無關。六卷本作"山下好善人助以月燈根"，大概是把"月燈"與"元根燈"，混說在一起。元根燈，又稱作"五供節"，藏語叫"噶登安曲"，是格魯巴塘區內藏族的傳統宗教節日。

賀程宿崖七十序[1]

先生負磊落之才，蘊清遠之韻，寄興江湖間。雖游于賈人乎，乃其槩則范少伯三致千金而三散，若近似先生。先生有丈夫子三人，各擇一經課之,曰:"是能申吾未盡之蘊,拓先世留慶之長。"今三丈夫子各頂中尺木昭如也。先生既以經遺聽後人,貴而廢尼之贏亦儘,可聽吾聞。陶然詩酒中,眉間不帶秋色一縷,凡四十年一日也。神固日以王,而履固日以康,往人傳少伯五湖間仙去,少伯僅載一麗人浮沉煙波間,即仙乎而去故國別親知而結無情之波雲烟月,何如先生親知團聚,故國徜徉,富壽而康,即今七十年便是百四十也,何有乎少伯?何有乎結契冷風寒月哉?不肖先君子固辱先生交,而先生長公三公,于不肖昆季更筆研莫逆,既爲先生引滿一觴。吾楚有衡山,先生鄉有黃山,都高人曠士徜徉之地。三十年後,計先生杖屨日健,余婚嫁既畢,願從先生由兩山以尋徜徉之盟,問帳中入老個中事。即少伯之五湖烟月,當亦在吾與先生襟帶間,願先生無忘。時萬曆四十四年陽月下浣之吉。

【校記】

〔1〕見六卷本卷三,目錄題同底本,正文題《賀程宿崖七十》;三卷本卷二,目錄題《賀程宿崖七十》,正文題《賀程率崖七十文》。楊祖憲本、底本未收。

贈彭淳吾道兄雲水遊序[1]

憶余庚子辛丑時,病已萬無生理,非山非水之間,疑夢疑真之境,忽不知病之去體者,何故?自是屏去筆研,無復人間功名想,結二三物外交,共訂向平、許遠游,祇擬一襄先封翁大事,便圖千家一鉢,作道人一生活路。是時道友淳吾共一再爲鍊師,宋養虛、趙樓山、文學劉玉磊,意味都長劍耿耿倚天外也。乃余世緣未斷,不幸入賢書,再捷南宮,便如受籠投緤奮飛不去。已而樓山既化異物,玉磊亦成古人,獨養虛與淳吾不道不俗,常以遲余,故亦竟未及遂逍遙游。夫余既自落羈緤,復以羈緤之餘絆及兩兄,可嘆!可恨!今養虛已結趺圜中二年,神日王而月不同。淳吾感慨結侶尋師,將問密于靈境名區,都當必有所遇。獨恨余之悠悠世路,本念既非爲身家子孫馬牛,却亦進不成共爲報明主。養虛、淳吾每言及此，鼓掌大笑，時或嗔目相向，然無奈駛人尚無吹毛利劍，研倒一切根盤，何也？今淳吾能作是決斷矣，海天憶念，不猶籠鳥之羨雲鴻哉？余常謂我輩有見地人，但能研斷世緣，飄然湖海，不須論到蓬島僊僊，而跳出情海忙田。二三靜友，合領取到處烟霞風月，上之成得一個閒，下之亦成得一個懶。淳吾此行當不屑此一個閒一個懶，庶幾他日，于兩個字中設一座以遲我。淳吾聞然笑曰："夫所謂僊人，亦只是非山非水之間，一個閒人懶人也，吾行矣，無能更遲子矣。"

【校記】

〔1〕見六卷本卷三，目錄題同底本，正文題《贈彭淳吾道兄雲水遊》；三卷本卷二，目錄題《彭淳吾道兄》，正文題《贈彭淳吾道兄雲水遊文》。楊祖憲本、底本未收。

記

應山新修儒學記[1]

應山當楚之北偏，故地甚貧瘠，學亦陋簡。嘉靖時，安福王侯修葺之。嗣是吏茲土者，夫且傳舍其官。學之廢興，復不關殿最之數。又費詘，莫敢鳩工。浸循門垣，鞠爲茂草，至一切躪踏無禁[2]。諸士始未嘗不咨嗟嘆惜，久亦習爲故常。消索闇昒之氣中於人文[3]，即賢書比年不相接也。

廣德夏侯至，釋菜畢，周覽愀然久之。曰："人且病之，奚以妥在天者。夫黨有庠，序有術，鄉老塾師，率里井餘子，揖讓周旋，亦莫不几筵絃管，秩秩彬彬。豈百里之地，天子且命之，而聽其圮壞若是。"博士劉君、陳君與諸士某謀所以新之，用副侯嘉惠人文之意。乃賦其先人田廬之入，附以假貸。心計禮規，鼎今酌昔。使習於工作與急公者，若義民楊某，屬之董理。棟宇門堂，廊廡庖湢，赭堊黝之色，几筵俎豆之列，無不絢好精整。規模氣象一煥，簡陋耀於光明，匪直繕舊矣。

劉君、陳君率諸子弟登侯之堂，再肅而前曰："聞之禮，君子不家於官已耳。以官事爲家事，士民若子弟之安受成事於父兄，自君侯始，吾黨實未之前聞。"侯曰："今之居官者，謀家皆誤耳，求田問舍，以遺子孫，以爲吾他日歸。吾固樂吾有家耳，不知家者吾身之所托，而麗吾身者之所庇也。余既受百里之地而君之，有父之尊，母之親，主伯之責，應山正吾家矣。四履之地，單赤之饑寒疾痛，皆余所當問。語曰：'苟有利於百姓，吾無愛於髮膚。'況吾子弟之秀，鼓篋遜業之地焉。明珠之光不在櫝，而美櫝以爲珠重；百工之憩不在肆，而善肆以爲工資。故重學者士，資士者學。苟無學而責士之不講，是爲父兄者不置半畝之宮，而欲子弟絃歌於野也。吾免吾責已耳。吾方冀吾子弟津津嚮學，吾以時登堂揖讓，相與考道論業，以匡吾不逮。而吾與諸士交勉之，則吾雖愧非賢父兄，所幸有佳子弟而家其不替矣乎！"

博士及諸弟子員瞿然，退以侯之言屬余記其事。余惟侯固曰"余爲學，以重士也"，侯不愛心力，大有造於諸士，諸士不可衹德侯而已。無以爲侯重，亦奚所得當於侯？余請亦以家喻，夫父兄之庀精廬，端拜賓師，無亦欲其子弟發名成業。若猶是荒於嬉而毀於隨，徒優遊家塾頌美哉輪焉，美哉奐焉，此以稱父母當矣，父母何賴焉？是在諸士志之，若余不諛之言，附之他山之石可也。侯名某，字予蘭。諸善教善政，有興人之頌在，不具書。是役工作之數，主亞之名，并具在碑陰。

【校記】

〔1〕又見六卷本卷四，題同底本；三卷本卷二，目錄題《應山儒學》，正文題同底本；二卷本卷上，題同底本。附：

應山當楚之北偏，故有學，學亦因陋就簡耳。嘉靖時，安福王侯修葺之。嗣是吏兹土者，夫且傳舍其官。學之廢興，復不關殿最之數。應山并費詘，無以爲舉。蠃浸循門垣，鞠爲茂草。即陟降對越之地，雨入苔侵，至一切躪踏無禁。諸士之藏修游息其間者，始未嘗不咨嗟嘆惜，久亦習爲故常，無復問。消索闇朒之氣中于人文字，即賢書比年不相接也。

廣德夏侯至，釋菜周廻，愀然久之。曰："人且病之，奚以妥在天者。夫黨有庠，序有術，鄉老塾師，率閭井餘子，揖讓周旋，亦莫不几筵絃管，秩秩彬彬。豈百里之地，天子且命之，而聽其圮壞若是。"博士劉君、陳君與諸士（某）謀，所以鳩義勸公，用副侯嘉惠人文之意。侯聞而輾然曰："譬之家督于此，有弟子焉，爲之極工精舍，拂几賓儒，端拜修禮，而習之頌讀，猶且恐不及焉。顧索其砌義攢窅，荒荒茨茆披衡，以自爲唔咿地。其謂此主家者何？"乃賦其先人田廬之入，附以假貸設處若干金。心計禮規，鼎今酌昔，悅使習于工作與急公者。若義民楊某，屬之董理，棟宇門堂，廊廡庖湢，赭堊黝黝之色，几筵俎豆之列，無不絢好精整。規模氣象一煥，簡陋耀于光明，匪直繕舊矣。

博士劉君、陳君率諸子弟登侯之堂，再肅而前曰："聞之禮，君子不家于官已耳。以家爲官，士民安受成事，自君侯始，吾黨實未之前聞。"侯曰："否！否！今人之認家者誤耳。求田問舍，廣大誇其閭左，肯構私其子孫，而爲家也乎哉？家者，吾身之所托，而麗吾身者之所庇也。余未奉簡書，應山士于余東西南北之人耳。既受百里之地而君之，有父之尊，母之親，主伯之責，應山正吾家矣。四履之地，單赤之饑寒疾痛，皆余所當問。語曰：'苟有利于百姓，吾無愛于髮膚。'況其身外之有，且吾子弟之秀，鼓篋遜業之地焉。明珠之光不在櫝，而美櫝以爲珠重；百工之憨不在肆，而善肆以爲工資。故重學者士，資士者學，學有司存。土敝則草木不榮，氣衰則物生不遂。應山資士之地，土敝氣衰甚矣。余實見在長家與家之子弟，取之余以自完余家，弟不敢聽家自我索耳。非夫東西南北之人，人在見恩，己在受德，而曰余以家余官乎？其敢聞命！"

博士及諸弟子員瞿然，退以侯之言語余不佞，因屬余記其事。余惟今日之事，使剌俗吏，但期會簿書，頌君子學道新民以諛侯已事，侯當不屑受。若記歲月，存故實，以貽來者，亦安藉余筆研之役爲？侯固曰："余爲學，以重士也。"侯不愛心力，大有造于諸士，諸士志之，不可衹德侯已己。無以爲侯重，亦奚所得當于侯？余請亦以家喻，夫父兄之庇精廬、端拜賓師，尚恐弗及焉，何故？無亦欲其子弟鴻漸之羽爲儀，鷟振之序賓王乎？若猶是荒其職業，枯槁甕繩，不濟濟章光王庭，一發皇俎豆鍾簴之色，而沾沾頌美哉輪焉，美哉奐焉，此以稱父母矣。無寧惟是，追琢其章，金玉其相，然後械樸之作人爲盛。夫士不能無媿科名，發憤爲名公卿，即大門潤屋，于作人者何有？今士大夫之病，亦只勘身家未明耳。昔人天下爲任，溫飽非心，樓臺無地，何以家爲？品以重鐘鼎，勳以昭旂常，是乃善爲身家計久大者，而實自不重其家。始侯固以言詔之、身示之矣，式穀似之，其則不遠，處爲蘭杜，出爲圭璋。諸士之重于天下者大，天下以應山爲士鄉君子軍，而源本于率作興事。譽髦斯士者，侯或當莞爾而笑，不文言而行遠，不貞珉而垂久。吾夫子在天之靈，侯其亦有榮施？是在諸士志之，若余不諛之言，附之他山之石可也。侯名某，字予蘭，諸善教善政，有興人之頌在，不具書。是役工作之數，主亞之名，并具在碑陰。

〔2〕"躝"，越過。六卷本作"躝"，古同"躪"，踐踏。文義皆可通。

〔3〕"消索闇昒之氣中於人文"，其中"昒"，昏暗之意。六卷本作"消索闇肳之氣中於人文字"。其中"肳"，古同"吻"，文意不通。而"人文字"三字，也文意不明。

傳

清如子傳[1]

　　清如子者，今楚大參杜我白公第五郎也。生於太倉公署，我白時主庚政，大司農趙南渚署其考曰"一清如水"，遂名子如水，表以清如。清如子墮地時，奇穎異常兒，歲餘能誦唐人五言絕，不但識之無也。丁未，我白丁内艱，廬墓於深山叢莽中，清如子八齡，固請從，三年如一日。或省母，憐其少，遺之肉，以"弗敢甘"辭。廬中日讀《周禮》《左》《國》，漢秦諸書，目直數行下。我白偶外出，有狼破籬，兕斷斷嗥相向。我白急歸視之，顧息齁齁席間卧已。從我白入長安，周歷燕趙、恒岱之間，吊古興懷，多所題詠。常從叔若兄步西山之萬壽寺，叩萬壽鐘，鐘固鑄有《法華經》，題其上曰："直須一擊，字字圓應。"當下了卻一部《法華經》矣。一偈未參，聲聞圓覺，叔若兄以爲從廣長舌出云。我白鎮允吾，請間微行，闖出松山鎮番之外，凡亭障關隘悉圖志之。大閱時，雜諸健兒，鬭弓走馬。兄若叔聞之曰："胡爲爾爾。"曰："以習寇氛鍊吾脆也，此不亦王文成少年意氣哉？"俄烽烟四起，官軍色爲變，獨恬然不爲意耳。語我白曰："此去邊遠，烽烟當不即至。應邊兒欽塞，内附耳，非寇也。"飛哨三四探至，果然。清如子讀書領大義，不屑爲強記。時有所參勘，多出古人意表。篤好李温陵，批註不去手，曰："意見畧同。"其促促不當意者，輒抵案曰："腐儒勦説，徒亂人意。"不攻世人舉子業，乃下筆獨蒼朗微至，渾成一家言。書喜張旭、懷素，然於懷素，每曰"僧也，安用敝敝於此取名爲"終棄去，弗竟學。

　　留意當代人物，從我白所得忠佞者，見邸報推升不當，與疏請留中者，每爲扼腕。清如子意既不可一世，有識者，各以命世才期之。而時無有知而用之，如終童、賈生之蚤登朝，有以表見於天下。居常鬱鬱有無聊之感,無何而病且歿矣。生以萬曆庚子,卒以丁巳,得年僅十八。而生於燕市,卒以楚邸,則皆客也。以余觀於清如子,畢用其絕倫之姿,雖不遇於時,不失爲文人。乃識量既未建爲勳業,而才華亦未發爲文章,即性情且未盡孝友之道於父母兄弟。而倏然以來,倏然以去,去來皆從逆旅,則何也?

昔王文成從五色雲間下爲王氏子,令不遇老僧,且以不解語終世。夫閱世之靈根法器,固有以申於用之爲有盡,而蘊於用之爲無盡者。清如子能頃刻了一部《法華經》,有盡之年未可以尋常旦晝論也。即人世百年,而彬彬稱大雅者,又何以加清如子?

【校記】

〔1〕又見六卷本卷四,三卷本卷二,題同底本。附:

清如子者,今楚大參杜我白公第五郎也。生于太倉公署,我白時主庚政,大司農趙南渚署其考曰"一清如水",故遂名如水,表以清如。清如子墮地時,奇穎異常,況大母某極愛之,歲餘能誦唐人五言絕,不但識之無也。丁未,我白廬公大母墓于深山叢莽中,清如子固請從,三年如一日。或勸其省母以省諸兄對晤,或憐其少遺之肉食,以"弗敢甘"辭。顧時時誦"此而不得吾情,烏乎得吾情"語以節墓間,孺子泣也曰:"不懼遺太宜人憂耶?"是時日下帷,讀《周禮》《左》《國》,漢秦諸書,目直數行下。我白偶外出,有狼破籬,兕斷斷嘷相向。我白急歸省視之,顧息駒駒席間臥,若視龍猶蜿蜒也。已從我白入長安,周歷燕趙、恒岱之間,吊古興懷,多所留蓄,膽量既擴,會心益遠。常尾叔若兄步西山之萬壽寺,叩萬壽鐘,鐘固鑄有《法華經》,其上曰:"直須一擊,字字圓應。"當下了却一部《法華經》矣。一偈未參,聲聞圓覺,叔若兄以爲從廣長舌出云。我白鎮允吾,請間微行,闌出松山鎮番之外,間關奧衍險隘,股掌間幾亙廻之。大閱時,雜諸健兒鬬弓走馬,兄若叔聞之曰:"胡爲爾爾。"曰:"以習寇氛鍊吾脆也,此不亦王文成少年行徑哉?"俄烽烟四起,官軍色爲變,獨夷然不爲意耳。語我白曰:"此去邊遠,烽煙當不即至。應胡兒欵塞,內附耳,非寇邊也。"飛哨三四探至,果然。清如子讀書領大義,不屑爲彊記。時有所參勘,多出古人意表。篤好李溫陵，批註不去手，曰："意見畧同。"其促促不當意者，輒抵案曰："腐儒勦説灾木，徒亂人意。"不攻世人舉子業，乃下筆獨蒼朗微至，渾成一家言。蓋其抽繹者富，領畧者淺耳。書喜張旭、懷素，落紙即有之趣。然于懷素，每曰"僧也，安用敝敝于此取名爲"，終棄去，弗屑也。

留意當代人物，從我白所得忠佞者，見邸報推升不當，與疏請留中者，每爲扼腕。清如子意既不可一世，而眼富識卓，諸所不學而知，不諳而習。有識者，各以命世才期之，無何且下世矣。生以萬曆庚子，卒以丁巳，得年僅十八。而生于燕市，卒以楚邸，則皆客也。以余觀于清如子，畢用其絶倫之姿，不失爲文人。乃世家少年子，識量意度之所入，亦何其沉毅英特也。此人既應虛生，即其頃刻了《法華》一部語，亦定非生死草草者。而才華未盡發爲文章，幹力未盡發爲建立，世緣亦未盡畢爲父母妻子。而倏然以來，倏然以去，去來皆從逆旅，則何也？楊子曰："微窺清如子于神識所注也，常情世諦之外，命意造語，節節遠解脱，絶不落人間烟火，其來也端有所白矣。"

昔文成從五色雲間下爲王氏子，令不遇老僧，以不解語終世。未得收文成之用，原來之文成，或不以彼易此也。夫閲世之靈根法器，固有以申于用之爲有盡，而蘊于用之爲無盡者。其能爲頃刻了一部《法華經》者，有盡之年未可以尋常旦晝論也。即人世百年，而彬彬稱大雅者，又何以加清如子？

卷八

行狀

黄州儒學司訓節孝先生心一陳公行狀[1]

當嘉靖時，有旨下法司，勘同科臣劾張桂不法事。吾邑陳公伯善爲比部，即代司，訊得二相從人贓跡，如法覆上已。上念張議禮功，召還。逮公及科臣陸某，陸拜杖謫都勻丞，公拜杖削籍歸。夫張桂以議禮當上意，上倚之如左右手，且上英武剛果，好徑行其喜怒而無所罣惜。公豈其不知避忌，但輕功名哉？此於生死之際，實寢處之矣。

已張桂敗，諸以忤兩相獲罪者，皆得詔録贈卹，而先生顧困田間四十年，泯泯於世，無所聞，此亦世廟時缺事。乃公有丈夫子司訓心一先生，通朗亮直有義風。既以俎豆比部公於賢人之間，更以砥礪名行開啟後人，蓋綿比部公之澤於無窮也。

先生名一拯，字某某，别號心一。先世南昌人，六世祖導，蓋以鄉薦訓雲夢。坐迎南下王師緩，罰戍，流寓應山，隨蒙宥，遂家焉。仲子昌以武功爲百户，生閭閭、生璣璣，饒喜施予，稱長者。當積雪時，破雪飼凍鳥雀，存活無慮萬萬。生子八，俱以儒起家。其六爲武宣師訓儼，以子贈主事。儼生比部公之良，中嘉靖癸未進士。當勘問張桂時，始不屈朝廷法以覷吏部，終不以杖逮乞哀柄人，一時輦下目公爲奇男子。元配朱封安人，二室危及廖，生子八，各有聲諸生間。先生次六，幼穎敏，博學強記，下筆數千言。長益發憤，文日奇進，而才識通贍勁練，津津乎上追東漢西晉。邑名孝廉劉敦伯化折節事之，奉爲主盟，先生顧弗屑也。益刻厲名行，以古人自期許。是時，比部公直聲滿中外，無不願通公慇懃。先生於昆仲間，多所匡正，比部公陰得無累其清白聲。事有緊切，必商確先生也。諸昆仲既不一母，時不無微隙，先生善爲勻停消釋，曰："庶以既翕，承堂上歡也。"比部公卒，哭踊如禮。其所遺衣裘，聽與敝損者，弗問，獨勉諸昆季襄大事。既林安人後事畢，乃從諸昆季外居，手一編呻唔外，不問家人產。服闋應試，姚督學禹門拔高等廩於庠。往先生四兄一捷，於諸生中無厲行，先生自是試日上。一捷性矜上，先生或偶右他文，一捷投筯罵。或呼不在，與有所委任弗當意，輒終日怒。先生第和顏受之，無敢一字反也。一捷卒時，以遺孤悃及兩女屬，先生盡力爲嫁娶。因令悃與長君元樸同寢食，而悃固放浪，勸戒弗悛，泣告兄靈，爲廢食損形者久之。悃妻憤悃無良，縊死。妻家感先生哀情，不罪。悃顧益從酒人六博，積子錢，不得鬻產，憤則遷恨元樸，欲毆之死。元樸一日已迫極，倖脫去，泣訴困辱狀於母張夫人。張夫人語先生："若何必欲存兄產，而以一子死悃手？"先生若弗知也，跪元樸於庭，數之曰："若奈何弗善事兄而反誣兄。"呼楚之。悃故力求貸，乃曰："姑貸汝。再開罪汝兄，與杖百。"悃亦心動。然卒鬻產盡，潛挈其後妻及子外亡，卒客死。屬元樸百方跡得其亡子，爲置產，授之室。

弟一援先出繼，繼產盡，思復，先生首割腴田爲諸兄弟先。弟佗產仍廢，先生獨爲置田一區。隨稱貧，復爲益，益復賣，賣復爲置，如是凡數。四弟卒，爲其子悃授室，更割產益之。鄉人有田與少弟鄰，因越畔來爭。先生讓不與計，弟忿其不助己，詬之。先生第笑受也，曰："昔人唾面聽乾，何況吾弟乎？吾助弟速訟，非愛弟也。"先生之能隱忍以全友于，類如此。張夫人於娣姒間亦多所調理，遇悖橫不情，曲於先生前解譬。蓋張夫人性婉順而靈敏，先生時開講《孝經》《列女》諸書，故區處骨肉間每能合宜云。元樸入學時，先生即語之曰："子弟讀書，但以取科名，便失誦讀本旨。"元樸或大有所期許，先生曰："無謂古人難，亦無謂古人易。須自屋漏中立腳，能終身不欺便自無愧矣。"每小訛必斥，小失必杖，徐使顏解氣和，遍揖諸在坐者，乃令起。或謂太苛，曰："百過成於傲，子尚可爲，善早督責之，無遂於傲也。"己酉元樸舉於鄉，先生若弗喜也者，懼其易視天下事，一旦試縣官，或嘐嘐而行不掩也。更語張夫人："自今以往，兒亦稱得意人，須耳邊時有惡聲，以消磨其恣肆心，使知儆爲承受地。"

既元樸上春官弗第歸，閉户攻苦，即親友不得已事，不以一字通有司。先生乃喜曰："此差不失爲先大夫子孫。"先是，先生五入棘闈不得儁，遂絶意進取。晚以明經司訓齊安，不屑與諸同事僕僕當路。日延諸生可砥礪名行者，若晏清、李五美諸公，商論今昔不倦。時分家粟食諸貧生，賞識皆落落奇士。先生既以是臭味諸君子同類，不無中忌。會教授朱罷通府勒取學租，將累同齋王道遠賠，王甚貧而訥，不能爭。先生憐之，爲代爭，以是上官不合。轉光澤授，致仕歸。歸而擁留贈送者，或詞氣俱憤，先生謝之曰："教官教諸生，與不屈諸生以媚人，是吾職守。不得其官則去，是吾本懷。皆於人無與，諸君無爲吾抱不平也。"即歸，表揚比部公行實，得祀於鄉。置田供春秋祭，與弟姪守焉。萃族人祭始祖以下，即祭時，訓以大義。凡族人子，如外鬻者，各贖歸。男爲之室，女資妝嫁之。又城中餘廛盡，以居貧，子姪相待舉火者，無慮數十家。族人服從其教，事無大小，無煩有司者。營祠堂成，呼元樸及諸孫，泣語之曰："老人未嘗一日忘先大夫之忠，蓋思益光大之，今已矣。汝輩勉之，無忘老人今日之言。"是時先生無恙也，命治後事。元樸已先備，陽諱之。先生曰："生死大還耳。死者全歸，生者善繼，世間事便是了當。佞佛飯僧，但遺達人笑。"自是月餘，遂不起。遠近走慟者，無間宗親。士大夫、門人私諡之曰"節孝先生"。不佞舞象時交元樸，見先生評定諸書，如《廿一史音釋》，皆手有竄定，間質問辨駁往昔事，條析如簡。同人或以諧語相昵笑，先生正色曰："晏平仲久敬，是我輩交法。禰正平爾汝，劉貢父詼諧，畢竟惡道。"然先生未嘗有矜厲色，杯酒交懽，融融然也。元樸標格峻整，少有公憤義形於色。先生戒之曰："居鄉無爲爾，況今季世。即從此立朝，韓魏公不分黑白，語到小人傾己處氣益平和，如是乃能養國家和平之福。不見顧厨俊及，名成而國受其敗，即諸君子當亦自悔。"以故先生於人無一蓄怨，或有犯者，惟以情恕理遣之而已。先生長古文辭，傳誌諸作，人以得先生一言爲重，然稿成即擲去，故集不獲存，人共惜之。先生生於嘉靖癸卯十月六日，卒於萬曆甲寅年十二月四日，春秋凡七十有二。元配向高縣知縣光振女，先卒。繼配張省相都秀女，孝謹如向夫人，與先生敬如賓。子一，即元樸，名愚，中己酉鄉試，娶喻經歷權女。孫男三：長印可，娶庠生雷一聲女；次郢可，娶庠生謝嘉論女；三叩可，殤。孫女一，聘余長男之易。曾孫男三，長箋、次範，印可出。元樸將以年月日奉先生葬於山，叙次先生行實，徵有道之言，壽之窆，封之石，屬余損益其詞。余侍先生久，即微元樸之請，亦不敢以筆研荒落辭，故爲直述，其眞如此。

【校記】

〔1〕又見六卷本卷四、三卷本卷二，目錄題《黃州儒學司訓心一陳公行狀》，正文題《故黃州儒學司訓節孝先生心一陳公行狀》。附：

當嘉靖時，有旨下法司，勘同科臣陸劾張桂不法事。吾邑陳公伯善爲比部，即代他司，訊得二相從人贓跡，如法覆上已。上念張議禮功，召還。逮公及陸公，陸拜杖謫都勻丞，公拜杖削籍得歸。夫張桂以議禮當上意，上倚之如左右手，且上英武剛果，好徑行其喜怒而無所留惜。公豈其不知避忌，但輕功名哉？此于生死之際，實寢處之矣。

已張桂敗，諸以忤兩相敗者，皆得詔錄贈卹。而先生顧困田間四十年，兩以當柄厄，泯泯于世，無所闡聞，此亦世廟時缺典。乃公有丈夫子八人，司訓心一先生則公六子也，通朗亮直有義風。既已俎豆比部公于賢人之間，更以砥礪名行開啓後人，蓋綿比部公之澤于無窮也。

先生名一拯，字口口，別號心一。先世南昌人，六世祖導，蓋以鄉薦訓雲夢。坐迎南下王師緩，罰戍，流寓應山，隨蒙宥，遂家焉。仲子昌以武功爲百户，生闓闇、生璣璣，饒喜施予，稱長者。族里當積雪時，破雪飼凍鳥雀，存活無慮萬萬。生子八，俱以儒起家。其六爲武宣師訓儼，以子贈主事。儼生比部公之良，中嘉靖癸未進士。當勘問張桂時，始不屈朝廷法以覬吏部，終不以杖逮搖尾柄人，一時輦下大小目公及陸奇男子。元配朱封安人，二室危及廖，生子八，各有聲諸生間。先生穎敏，博學强記，下筆數千言。小試稍却，更發憤摩研，目不窺園者年餘。文故日奇進而才識通贍勁練，津津乎闌東漢西晉。邑才孝廉劉敦伯化折節事之，奉爲主盟，先生顧弗詹詹屑也。益刻厲名行，以古人自期許。是時，比部公直聲滿中外，無不願通公慇懃。先生于昆仲間，多所匡正，比部公陰得無累其清白聲。事有緊切，必商確先生也。諸昆仲既不一母，時不無間隙與爭端，先生善爲匀停消釋，曰："庶以既翕，承堂上歡也。"比部公卒，哭踊如禮。其所遺諸衣裘類，衆牢搜而閱，先生高臥不出，聽與敝損者，弗問，獨勉諸昆季襄大事。既林安人後事畢，乃從諸昆季外居，手一編呻唔外，不問家人產。文日益精入奇，賞于姚督學禹門，拔高等廪于庠。往先生四兄一捷，于諸生中無雁行。先生自是試日上，乃一捷性矜上，先生或偶右他文，捷投筯罵不住。與有所委任弗當意，輒終日怒。先生第和顏受之，無敢一字反也。捷卒時，以遺孤惆及兩女屬，先生盡力爲嫁娶。今惆與長君元朴同寢食，而惆固放浪無賴子也，先生多方誨禦弗悛，泣告四兄靈，爲廢食損形者久之。已惆妻償惆無良，縊死。妻家原以先生哀請，惆得脫，反刃。顧益從酒人六博，積子錢，不得鬻產，憤則遷恨元朴。文上巳，心欲兇，毆之至死。元朴一日已迫極，倖脫去，泣訴困辱狀于母張夫人。張夫人語先生："若何必欲存兄產，而一子以死兇惆手？"先生若弗知也，趣惆至，跪元朴于庭，數之曰："若奈何弗善事兄而反致誣兄。"怒呼辱楚。惆故力求貸，乃曰："姑貸汝。再開罪汝兄，與杖百。"惆亦心動。然卒浪產盡，潛挈其後妻及子外亡，卒客死。事有無可奈何者，正惆之謂。先生蹜蹜弗安也，屬元朴百方跡踪其亡子，必爲置產，授之室。

弟一援先出繼，繼產盡，思復，先生首割腴田爲諸兄弟先。弟佟產仍廢，先生獨爲置田一區。隨稱貧，復爲益，益復賣，賣復爲置，如是凡數。四弟卒，爲室其子惆，更割產益之。鄉有田與少弟鄰，弟佃人混爭界內田。讓不與計，弟間以忿戾加。先生第笑受也，曰："昔人唾面聽乾，何況吾弟？弟兄之不和，只爲見有不是處。"先生之孝友類如此。張夫人于娣姒間亦多所條理，逢骨肉不情處，曲于先生前解譬。蓋張夫人性婉順而靈，先生時開《孝經》《列女》諸書，故每能相照云。元樸能言時，先生即語之曰："子弟讀書，但以詩書取科第，便失誦讀本旨。"平時喜問古人事，先生午夜醒提不輟。元樸或大有所期許，先生曰："無謂古人難，亦無謂古人易，須自童子屋漏中立腳去。"每小訛必斥，小失必杖，必顏解氣和，遍揖諸在側者，乃令起。或謂太苛，曰："百過成于傲，一子儘可爲，善早督過之，無遂于敖也。"己酉元樸舉于鄉，先生若弗喜也者，曰："吾獨非人情，然有懼焉。懼汝易視天下事，一旦試縣官，或嘐嘐而行不掩也。"更語張夫人："自今以往，兒亦稱得意人，須耳邊時有白惡聲，以消磨其恣肆心，使知儆爲承受地。"

既元樸上春官弗第歸，一無少假借，不異兒時。督元樸閉戶攻苦，即親友不得已事，不以一字通有司。先生乃喜曰："此差不失爲先大夫子孫。"先是，先生五入試棘闈不得儁，遂絶意進取，放情山水間，咏詩叙今昔事。其張夫人偶耕課讀，陶陶如將終身。晚以明經司訓齊安，不屑與諸同事僕僕當路人。日延諸生可砥礪名行者，若晏清、李五美諸公，商論今昔不倦。時分家運粟食諸貧生，賞識鄒君謙、甄君淑、趙君貞吉、周君三俊、嚴君師範、丘君魯及惟明、惟時等，皆落落奇士。先生既以是臭味諸君子同類，不無中忌。會教授朱罷通府勒取學租，將累同齋王道遠賠，王甚貧而訥，不能爭。先生憐之，爲代爭，以是失上指，而又嘗過督學積書，及無賴士，以是三恨，因合爲蜚語中先生。轉光澤授，致仕歸。歸而擁留贈送者，或詞氣俱憤，先生謝之曰："教官教諸生，與不屈諸生以媚人，是吾職掌。不得其官則去，是吾本懷。皆于人無與，諸君無爲吾世情爾爾。"即歸日，取比部公未竟事成之。獨力舉比部公祀于鄉，割墓所腴田，供春秋祭，與弟侄守焉。臨祭及生忌辰，必孺子泣，齋肅各如禮。復廣比部公之意，置義田若干畝。萃族人之渙，爲始祖祭，即從祭時，訓諭諸宗人。凡族人子，如外鶩者，各贖歸。男爲之室，女資粧嫁之，凡數四。又城中餘廩盡，以居貧，子侄相待舉火者，無慮數十家。族人服從其教，事無大小，無煩有司者。已舉五兄三柩，拮据。營祠堂成，呼元朴及諸孫，泣語之曰："老人未嘗一日忘先大夫之忠，蓋思益光大之，今已矣。二三展先敦族事，皆先大夫之意，老人力辦僅此。餘在汝輩，勉之，無忘老人今日之言。"是時先生無恙也，命元朴治後事。元朴已先事備周，陽諱之。先生曰："生死大還耳。但不付鳶蟻，何諱？大都死者全歸，生者善繼世間事，便是了當。佞佛飯僧，但遺達人笑。"自是月餘，遂不起。遠近走慟者，無問宗親。士大夫、門人私謚之曰"節孝先生"，夫亦先生生平在人耳目者耳！不佞舞象時受交元朴，從元朴所，時見先生評定諸書，如《廿一史音釋》，皆手有寙定。間質問辯駁往昔事，條析如簡。腹笥書庫，豈必問孝先、太冲已？事先生筆研十餘年，余及二三同人多以詼語相昵笑，先生正色曰："晏平仲久敬，是我輩交法。禰正平爾汝，劉貢父詼諧，畢竟惡道。"二三同人目界儘曠，一見先生，即容色不歛而肅。然終不見先生矜屬色，杯酒交懽，融然春解也，亦終不得先生一輕渫語。先生與諸人遇，渾同若不分淑慝者，及叩之則中，井井無毛髮蔽，所謂澄之不清、淆之不濁者。元朴既以先民自程度，標格峻整，少有公憤毅形于色，我輩深相莊。先生固藥之曰："居鄉無為爾，恂恂不是如此行徑。況今季世，即從此立朝，韓魏公不分黑白，語到小人傾已處氣益平和，如是乃能養國家和平之福。不見顧厨俊及，名成而國受其敗，即諸君子當亦自悔。"以故先生于人一無怨，或有犯者，剛柔悉吐去。族有不撫者，兇相逼。元朴欲應之。先生曰："吾若何為？若滿貫？且某先生大夫族人也。"時人曾不以膽許，先生但听然笑也。余癸卯過雪堂時，先生正約諸同事申理屈諸生事，諸同事共以利害危之。即諸相好者亦曰："先生且再計，此不足成名。先生不為意，豈守令共仰鼻息之理？"官一苜蓿，先生視之，顧不如鄉里兒，與衆不為理之，族人子哉！可以理遣情恕，弗屑用其剛。而職掌所關，配義以往，不以官縮，亦不以無名餒也，則先生之識際深矣。假令一當縣官之用，利害生死之際，定亦不足以役先生。先生常語元朴："曾子父子相反，今吾近狷，汝近狂，將無同與？然汝直率不諧于俗，終當不及乃公。"成先生之自名，與元朴欿然若不及其尊人，故規規如是乎？先生之言曰："顧厨俊及，名成而國受其敗。夫名且晦之，第介介然以我諧俗者耶？"先生學有源本，事有秤停，識邃而養沉，矩方而跡化，無意取矯激之名，而中宏内勁未可涯量。《傳》曰："人有不爲也，而後可以有爲。"當先生之謂。惜也。魏公不分黑白之藴，未得究其施而光大。比部公之孝思祇用之敦族儀鄉里，與開啟其丈夫子若孫。夫敦族儀鄉里，比部公之澤已長。開啟其子若孫，則國家收先生之用，猶未有艾也已。先生長古文辭，湏子遠近，傳誌諸作，以得先生一言爲重。然先生稿成即擲去，故集不獲存，人共惜之。緫之，平生有所弗屑，又無論雕蟲之名矣。先生生于嘉靖癸卯十月六日，卒于萬曆甲寅年十二月四日，春秋凡七十有二。元配向高縣知縣光振女，先卒。繼配張省相都秀女，孝謹如向夫人，與先生敬如賓。子一，即元朴，名愚，中己酉鄉試，娶喻經歷權女。孫男三：長印可，娶庠生雷一聲女；次郢可，娶庠生謝嘉諭女；三叩可，殤。孫女一，聘不肖漣長男之易。曾孫男二，長箎、次範，印可出。元朴將以年月日奉先生窆于山，叙次先生行實，徵有道之言，壽之穸，封之石，屬余損益其詞。余侍先生久，即微元朴之請，亦不敢以筆研荒落辭，故爲直述，其真如此。

中憲大夫廣東韶州府知府西室柯公行狀[1]

公制舉業擅塲，諸生中名最早。余童子時，從衆人中望見公，丰儀頎而軒，秀目炯炯映人，毅然有不可一世概。已公入補秋官大夫，余時以候命長安，得時時過從公，公亦以枌榆氣類，交相驩也。酒酣起舞，自道其所藴負，感時憂憤。顧無自珥筆金馬，埋輪都亭，一發舒其所欲言，因欷歔沾臆。及後守韶州之命下，公向人曰："某不得言於朝者，當以行之於一郡。苟不先朝露，龔遂、杜延年未肯多讓。"及抵家，然竟不出，天下未得見公之用。甚矣，公之賫志以没也。生前自爲一壙，屬其長君孟梗曰："死即埋我。"長君奉公命，將以本年某月歸公新阡。而不忍公淹没無聞，屬余序次其生平行事，將請不朽之文於鉅公長者，封公墓中之石。余既悉公生平，謹述其概，俟誌公者采焉。

公名文，守白其字[2]，西室其別號。先世孝感，祖諱實者，娶安陸汪氏，生志能，贅於呂，生秀，遂爲安陸人。秀生大梁，大梁廩於庠，生頌功，有聲諸生間。次生頌德，是爲公父，舉明經，以公貴贈文林郎、山東泗水縣知縣，配張氏，贈太孺人。生丈夫子四，長即公，次亨、次京、次奕，相繼逝。繼配岳氏，亦贈太孺人，再生主、生疊。公墮地，氣骨便異羣兒，贈君器之曰：“是必大吾宗。”方十許歲，每一藝出，衆共辟易。補博士弟子員，裒然異等，食縣官廩矣。甲午薦鄉書，戊戌成進士，授富順令。富順爲四川巖邑，富而多豪横，力能撓持有司。公懲恣行奸利者，即强禦必申法。諸窟蠹劃然一清，吏胥伍伯凜凜冰上立。已乃進諸生講説文藝，風習一變，今大參楊公其所教士也。時有播州之役，當事廉公幹敏，檄委督餉。事平，功當在優叙，或中以蜚語。公聞贈君艱馳歸，置不屑理也。服除，丙午補山東泗水令。邑故事簡民淳，公一切與民休息。日進諸生，講課文行，鼎新學宫。詳補仲氏後裔，廩餼具爲額三年，比户尸祝之。庚戌擢秋官郎，奉命訊廣西獄，多所平反。歷廣西、四川、山東三司，凡大獄隸，公讞決有枉抑，無不昭雪。著有《白雲篇求生法》，請於大司寇奉行之。偶以提牢中風濕，得末疾。既拜韶州，命歸里中。疾雖小平，公慨然曰：“自顧昂藏，豈復無灾無難到公卿物也，安能長以官易吾身乎？”遂以病辭，督諸弟子讀書論文，頌“請息交以絶遊”之句，翛然自得也。今五月之望，晨起色稍異，人共牽衣環泣，竟無顧戀而逝。公天資穎敏，讀書目數行下，雖不留心雅騷，而涉筆成趣。令富順有《楚語》一集，泗水有《齊魯篇》《十泉咏》，粤有《適粤篇》，典麗矯健，不失唐音。居恒悼張太孺人弗及鼎養，逢生忌辰，輒孺子泣。事贈君備極色養，友愛諸弟有大被之風，諸弟亦各翩翩成俊才云。公生於嘉靖乙未正月二十七日，卒於天啟壬戌，得年六十。有四娶，熊氏封孺人，成公之孝友爲多，内外政井井無間言。男一，即孟梗。孺人課之嚴勉，以公命委輸補上林苑監丞。娶杜氏，遵儀府知府杜天培女。生孫一森，尚幼。

【校記】

〔1〕又見六卷本卷四，目録題《韶州府知府西室柯公行狀》，正文題同底本；三卷本卷二，目録題《韶州府柯》，正文題同底本。附：

公制舉業擅塲，諸生中最早也。往予童子時，從衆人中望見公，丰儀頎而軒，秀目炯炯映人，毅然有不可一世槩。已公入補秋官大夫，余時以候命長安，得時時過從公，公亦以枌榆氣類，交相驩也。因悉公磊落慷慨，每于風塵纖趨外，有一段亢爽曠逸之味。間酒酣起舞，自道其所蘊負，與所遭合苦多，行拂亂其所爲；于今感時憂憤蓄滿，欲輸無自，珥筆彤墀，埋輪都亭，一發舒其所爲清澄天下意願，幾爲欷歔沾臆矣。公既不儕耦齊俗，俗亦無能近公。公常悦仲長統《樂志論》"使居有良田美宅"之説，以寄牢騷不平之趣，俗人固不喻其非求田問舍也。

先是通州盜木之議起，下所司勘問。公意中謂某八座矣，當今之世，幾人無地起樓臺，或不當討官商些小便宜，而曰："盜將莫須有，且國家大臣體似亦宜卹，安可深求？"然喀在喉間未敢發矣。是時公意多不自得，而體亦并以小極。守韶州之命下，公向人曰："（某）不得志于天下者，當以發抒于斗大郡。苟不先朝露，龔遂、杜延年文無肯多讓。"及抵家，竟以不起，天下既未得見公之用。甚矣，公之賫志以没也。公達人也，生前自爲玄廬，屬其長君孟梗曰："死即埋我。"長君奉公命，將以本年某月歸公新阡，而不忍公淹没無聞，屬余不佞序次其生平行事，將請不朽之文于鉅公長者，封公墓中之石。夫余既已悉公生前矣，能辭一述公之大都？俟誌公者采焉。

公名文，守白其守，西室其別號。先世孝感，祖諱實者，娶安陸汪氏，生志能；贅于呂，生秀，秀從母姓，遂爲安陸人。秀生大梁，大梁起家舉子業，廪于庠。需次舉明經，卒乃一經課子，家聲彬彬起矣。生頌功，有聲諸生間。次生頌德，是爲公父。舉明經，以公貴贈文林郎、山東泗水縣知縣，配張氏，贈太孺人。生丈夫子四，長即公、次亨、次京、次變，相繼逝。繼配岳氏，亦贈太孺人。再生主、生鼉。公墮地，靈奇有異兆，氣骨更異群兒，贈君器之曰："是必大吾宗。"方十許歲，亦自得大魁，兆甚奇，然固有"水繞碧霞臺，狀元仍舊來"之讖，公益自負云。于時，贈君說詩解頤，遠近從游者，履常滿戶外。公論駁編摩，多越人意表。每一藝出，衆共辟易避。已補博士弟子員，衰然異等，食縣官廩矣。甲午薦鄉書，對公車未第。公勗同事曰："（某）固欲一到舉人，任領孝廉滋味耳。但辦作秀才，事一第，自芥拾之。"戊戌成進士，授富順令。富順爲四川巖邑，富而多豪橫，力能撓持有司。公有意先令公嚴文靖之，爲治一意護持小民。魚肉恣奸利者，即強禦必申法。諸窟蠹剗然一清，吏胥伍伯凜凜冰上立。已乃進諸生講說文藝者，風習一煥，今大參楊公其手植桃李也。時有播州之役，當事廉公幹敏。檄委督餉，紀功饒見方署。事平，功當在優敘，終以嚴明忤人中蜚語。公以聞贈君艱馳歸，置不屑理也。服除，公不卑闌司小官，治辦著能聲。丙午，補山東泗水令。邑故事簡民淳，公一切與民休息。日進諸生講課文行，鼎新學宮。詳補仲由衰裔，廩餼具爲額三年，俗益彬彬矣，父老子弟朝夕而尸祝之至今。庚戌擢秋官郎，奉天子意欽恤廣西獄，多所平反，不但一白孝婦冤，求生一郡邑獄情已者。歷廣西、四川、山東三司，凡大獄隸，公讞決有枉抑，無不昭雪。著有《白雲篇生法》，請于大司寇衙門，肅奉行之。偶以提牢中風濕，既拜韶州，命寧家里中。疾雖小平，公慨然曰："某再仕爲令，不惜以身爲官。"亦曰："吾不敢爲容，容乃自顧昂藏，終非無災無難到公卿物已矣，安能長以官易吾身乎？"遂請病不出，時與酒人、俠客談棋說劍，督諸弟子讀書論文。頌'請息交絕遊'之句，翛然有以自得也，五六年于茲。雖藥餌扶攜，而花辰歲月，觴咏嘲弄，常不廢嘯歌。今年午日，猶共諸子弟問梟泛蒲。及望，始神觀稍異。人共牽衣環泣，竟無顧戀而逝。

公天資儆穎，讀書目數行下，雖不留心雅騷，而筆研游戲，興到淋漓。令富順有《楚語》一集，臬司有《帝京篇》，泗水有《齊魯篇》《十泉咏》，粵有《適粵篇》，都典麗矯健，不失中唐。居恒悼張太孺人弗及鼎養，逢生忌辰，輒孺子泣。撫二弟女，嫁如己出。事贈君備極色養。弟妹嫁娶，惟力是視，怡怡友愛，有大被之風。田廬衣食俱豐腴，無分同異也，諸弟亦各翩翩成俊才云。大都公有異兆而未盡應，有異才而未盡用，有異治而未盡名，真齎志以没者。要以不伍齊俗，兀然獨行其意，長劍耿耿斫雲天外。夫俛仰纖謹，迂爲聲名，以迎耳目，而掩取顯庸，公寧沉抑無屑屑焉，斯亦湖海元龍、磊落俊儻丈夫矣。乃其西曹西粤，多所平反，亦奚必減于公後世聲施也。公生于嘉靖己未正月二十七日，卒于天啟壬戌，得年六十。有四娶，熊氏封孺人，成公之孝友爲多，内外政井井無間言。男一，即孟梗。孺人課之嚴勉，以公命委輸補上林苑監丞。娶杜氏，爲遵義府知府杜天培女。生孫一森，尚幼。

〔2〕守白其字，其中"字"，六卷本作"守"，形近而譌。

贈文林郎常熟縣知縣劍山楊公及元配贈孺人劉母行狀[1]

先君天性孝友。十三歲時，先伯祖以事，官捕急，懼禍不測，紿先曾祖曰："衙門諸事，兒已打點得當矣。但令季出一代認，即事已。"先曾祖以語先祖，先祖敬奉命。先祖母難之曰："聞縣官欲立殺若，若之何以無辜代其死？且君素失愛於若，朝出代若夕挈妻子而逃[2]，不君惜也。"先君乃爲之跪請曰："弟代兄難，義也。且臨以大父之命，益可以爭死。有司固無害。"先祖出代，官怒甚。先君前請曰："此吾父某也[3]，非某也。以父命代兄而完公家事，公顧盛怒爲耶？"官怒始平。適歲大疫，染者闔户，屍相籍，先祖母亦中疫危甚。先君泣禱於關聖祠曰："吾父義代吾伯遠出也[4]，實吾成之。吾母若不起，吾亦無見吾父日矣。"其明日一襤褸道士跟蹌來乞酒肉，先君辭以"吾母病，但支藥餌耳，無能從君飲"。襤褸生曰："汝母病無難。"隨取水一盂，手書數字於水中，一灑牀帳間，而先祖母即豁然起矣。因以字相傳，并他有指授。遠近疫者，但迎先君至，即無不起。先君聞人病，即往視，分饒者之贈金，以經紀貧家饘粥。居無何，先伯祖又以費官錢繫府獄，先君攜五十餘金往贖之。

至府，而先祖且先解橐中裝，保先伯祖出獄矣[5]。

先世與邑中十三姓人，以軍功授有無糧田。屬邑有司以丈田至，邑猾者以前田報請丈，十三姓怯不敢出理。先君曰："豈祖宗世遺之田而自我棄之？其若國恩何？"獨挺身與猾胥理，如是田附在安陸、隨州者俱入額，獨應山欽賞田如故。十三姓人鳩百三十金爲壽，先君曰："公等以我拚性命希若阿堵者乎？"揮弗顧。鄉人有盜賣過二十餘畝者，余弟兄欲白之理。先君曰："若祖與汝祖舊也，本人正酷貧無奈，一置之官，恐十二歲兒不保矣。且老人豈以兩兒膝，易此斗升田哉？"因呼其人來，以田聽之無較。先君居鄉好學王彥方爲人，所行多如此。

邑廣文有以道學勖諸生者，曰："不求人知，而求天知。"士大夫亦共稱快。先君曰："若論於道理，上去求天知也。多了一番知，更多了一番求云。"喜酒善奕[6]，醫術既以神授，閭里多病人，即風雨午夜必起。偶一日以酒故，未及應半夜叩門者。先祖戒之曰："汝醫非世傳人，但以汝奇驗，故爭托性命。汝嗜酒，求或失應，必有不幸而死者；且邑醫以汝故，刀圭俱皮閣，將無神人俱怨汝乎？"先君遂謝里人，曰："吾醫不過得一二禁方，偶中疾耳，何能及諸醫？"因避入深山，共先孺人講求耕織之業。時與野老山童載酒林泉，爲方外之遊垂五年，足跡不入城屬。戊子歲大饑，量廩中粟得八百石，盡以給貧人。次年大稔，諸貧人共議倍相償，先君固謝之。先母劉孺人語之曰："今年穰，里人棄其有餘，我不必讓其所不貴。何不納而識之，以待其不足乎？愈於今日虛名也。"不二歲，復大饑，盡招前人還其息，而哀其羸者，更以遍孤寡。

是時，余不肖兄弟有聲諸生間，先君督之甚嚴，而不常加撻楚。小有放逸處，但引先賢語錄喻之，兩不肖亦不時悔悟，忽如夢覺。先孺人則或呵跪必移時，不命之起不敢起。闔家無黎明不起之人，然時饑寒，酌勞逸，故婦孺及僕婢輩皆畏而愛之，無私出怨言者。邑中有一宦歸者，車馬居第侈甚，豔稱之。先君曰："讀書作官人，田非先世之遺，財非俸錢之積；一旦暴富，不賈不商，遺子孫以害耳！何羨爲？"其婦與先孺人爲中表親，舉止多作態。先孺人語子婦曰："婦人家自有好本色，不在好裝飾，不爲貧賤失氣，不爲富貴改常。若論消受，即一簪一履亦自覺簡素爲安。珠翠錦繡，動多顧惜，若視同荆布，又增暴殄之罪。汝輩萬無便爲眼熱！"是時，余兄弟鄉試屢被落，時有鬱色。先孺人寬之曰："秀才但要肯讀書、肯做人，得官不得官，命也，無爲自苦。"先君則時謂余不肖兄弟曰："他日若做官，不但患在有富貴心，更患在有功業心。只是淡淡隨地隨時做去，要有益於君於民，而我不必顯有其名。便毀譽得喪，亦可付之不問。一爲所動，便把持不定，無眞人品矣。"大都余兄弟不肖所承受於內外訓教者如此。今兩尊人既不及身享祿養，而余不肖又不能顯揚隱德之萬一，惟幸遇覃恩，得以子官追贈；用敢乞名賢椽筆代作勒文彰其懿行，庶藉以垂萬襈、榮九京耳。

【校記】

〔1〕又見六卷本卷四、三卷本卷二，題《贈文林郎常熟縣知縣劍山楊公及元配贈孺人劉母行畧》。附：

先君天性孝友。十三歲時，先伯祖以不法事，官捕急，懼禍不測，給先曾祖曰："衙門訪事，兒已打點得當矣。但令季出一代認，即事已。"先曾祖以語先祖，先祖敬奉命。先祖母難之曰："不見伯之恥君貧乎？即鼠壤之餘米，不以周君餓妻子乎？聞縣官欲立殺若，若之何其以性命戲？且君朝出代，若夕挈妻子而逃，不君惜也。"先君跪請曰："弟代兄難，義也。且臨以大父之命，益可以爭死。有司固無害。"先祖力出代，官怒甚。先君前請曰："此吾兄某也，非某也。以父命代兄而完公家事，公顧盛怒爲耶？"乃先伯祖竟如先祖母料。先祖既甘代先伯祖，遺累無轉詞。適歲大疫，染者闔户，屍相籍，先祖母亦中疫危甚。先君泣禱于關壯繆祠曰："吾父義代吾祖遠出也，實吾之以。吾母若不起，吾亦無見吾父日矣。"其明日一襤縷道士跟蹌來乞酒肉，先君辭以"吾母病，但支藥餌耳，無能從君飲"。襤縷生曰："汝母病無難。"隨取水一盂，手書數字于水中，一洒牀帳間，而先祖母即豁然起矣。因以字相傳，并他有指授。遠近疫者，但迎先君至，即無不起。先君但聞人家病，即往視。每分饒者之贈金，以經紀貧家饘粥。居無何，先伯又以費官錢繫府獄，先君携五十餘金往贖之。至府，而先祖且先解橐中歸裝，保先伯出獄中矣。

先世與邑中十三姓人，以軍功授有無糧田。屬邑有司奉功令，清丈田畝。邑猾者以前田報清丈，十三姓怯不敢出理。先君曰："豈其祖宗世遺之田而自我棄之？其若國恩何？"獨挺身與猾胥理。如是田附在安陸、隨州者俱入額，獨應山欽賞田如故。十三姓人鳩百三十金爲壽，先君曰："公等以我拚性命希若阿堵者乎？"揮弗顧。鄰人有匿賴賣過二十餘畝者，予弟兄欲白之理。先君曰："若祖與汝祖舊也，本人正酷貧無奈，一置之官，恐十二歲兒不保矣。且老人豈以兩兒膝，易此斗升田哉？"因呼其人來，以田聽之無較。先君居乡迁，好学王彥方，大都多此類。

邑廣文有喜以道學勖諸生者，其特拈出宗旨，曰："不求人知，而求天知。"士大夫亦共稱快。先君曰："若論人道理，上去求天知也。多了一番知，更多了一番求云。"喜飲酒，善燮，先醫既以神授，名門殊多病人，即風雨午夜必起。偶一日以酒故，未及應半夜叩者。先祖戒之曰："汝醫非世傳人，但以汝奇驗，故爭托性命矣。汝嗜酒，求或失應，應或失求；且邑醫以汝故，刀圭俱皮閣，將無天人俱妒之乎？"先君竟謝諸延招客，曰："吾醫不過得一二禁方與紙上案目耳，吾何及諸醫？"因避入深山，共先孺人講求耕織之業。時與野老山童，呼酒詠詩于林風山月者垂五年，足跡不入城闥。戊子歲大饑，賦廩中粟得八百石，盡傾以貸山居諸貧人，原不欲償也。次年大稔，諸貧共議倍相償，先君固謝之。先母劉孺人語之曰："今年穰，里人棄其有餘，我不必讓其所不貴。何不一識之，以待其不足乎？愈于今日虛名也。"不二歲，復大饑。盡招前人還其息，而衰其贏者，更以遍周諸貧人。

是時，余不肖兄弟儘有聲諸生間，先君督之甚嚴，而却無責善痕迹。或小有放逸處，但于中好引一二程語，兩不肖亦不覺其轉移速也。先孺人則即嬉笑少肆，呵跪必移時。闔家無黎明不起之童子童女，然時饑寒，酌勞逸，未嘗輕鞭斥一人也。

邑中有一宦歸者，車馬居第侈甚，人艷稱之。先君曰："讀書作官人，富非先世之餘，饒非俸錢之積；一旦乞兒暴富，不賈不商，肥田高宅，自樹垢坊耳！何羨爲？"其內人亦與先孺人爲中表親，裝束舉止多作態。先孺人退語子婦曰："婦人家自有好本色，不在好裝飾。不爲貧賤失氣，不爲富貴改常，方有受用。若論道理，即大官高位當看作本等尋常。若論消受，即一簪一履亦寧簡素，無作暴殄。侈何爲者？汝輩萬無便爲眼熱。"是時，余兄弟猶居諸生間，考輒不前，時有鬱色。先孺人寬之曰："秀才但要肯讀書、肯做人，得官不得官，命也。明年中高榜，今年考下等，亦命也，無爲自苦。"先君則知不肖之必能倖一第也，但時謂余不肖兄弟曰："今做官，不但患在有富貴心，更患在有功業心。只是淡淡隨官隨時做去，要于有益于君于民，而我不必顯有其名，便毀譽得喪，隨處爽利快活。"大都余兄弟不肖所承受于內外訓教者如此。今兩尊人既不及身食課讀之報，而余不肖又不能顯揚隱德之萬一。惟幸當非常曠恩，庶幾藉名賢椽筆，一代王言，垂萬禩、榮九京耳。

〔2〕"聞縣官欲立殺若，若之何以無辜代其死？且君素失愛於若，朝出代若夕挈妻子而逃，不君惜也"，六卷本此處數句也以"若"爲"他"之義，但是，"若"是"汝"之意，不明所以。

〔3〕"此吾父某也"，六卷本作"此吾兄某也"，不合適，這裏是代楊漣父辯解，所逃亡者是楊漣伯父。

〔4〕"吾父義代吾伯遠出也"，六卷本作"吾父義代吾祖遠出也"，不合適，是其父代其伯父，故應作"伯"。

〔5〕"保先伯祖出獄中矣"，六卷本作"保先伯出獄中矣"，不合適，文中說的是其伯祖父，"先伯祖"才是正確的文中人物關係。

〔6〕"善奕"，奕，下棋。文意突兀，與後文無關。六卷本作"善燮"，燮，同爕，調和，是擅長醫術的意思。六卷本此處更恰切。

誌銘

孝介先生湖山羅公墓誌銘[1]

余童子時，即知邑中古狷者有湖山先生云，已余得交先生長君翼父。歲丙申，爲先贈君一周甲子，先贈君見背二年矣。余昆季愴焉，有傷於心，乞諸長者言爲追壽。先生語翼父曰："子之於父母慕思，無存亡久近也。楊兩生此念，於世人異，於人子常。"余乃求先生所爲子者，生事葬祭各如禮。別先生爲令五年，歸再拜先生堂下，先生固健，乃展謁之。二日，忽無疾終矣。学者私謚孝介先生。翼父請悉先生言行爲誌，而銘之窆封之石。

先生世江夏，四世祖忠徙順天之宛平。其家應山，則忠仲子勝隨兄從壽邸安陸，因附籍應之南偏。勝三子，曰爵、曰賢、曰堂。堂孝弟力田稱長者，配張氏，推挽相從，如鹿門夫婦，是生先生。生之夕，張孺人夢神人授以古篆文，故名文。韶時敦茂端謹，寡言笑，即諸兒前狎相逐，目不瞬。尤好讀《孝經》，不忍脫手，蓋其天性矣。十四補邑博士弟子，終歲下帷。城南四賢祠，四賢則宋沂公、元獻公與所稱連底凍、連底清兩君子。先生雅慕嚮之，若相依焉。以時歸省寢食外，家人生計無問。凡十年，廩於庠。先生既業益進，而規行矩言，實稱模範人倫，故邑賢才子弟多從之遊。先生修明程朱之學，而與子言孝，與弟言弟，動引古人相規勵。人時睏先生私居，先生正襟危坐，若肅神明，即溽暑無脫幘露祖。於以質管幼安，當無愧不冠登廁矣。先生事兩尊人，畢盡色養。當張孺人卒，衰瘠柴立，既葬，廬墓側。朝夕歸堂上省父，至孺人靈前，一水一糜必泣，奠地下乃入口。後丁父艱亦如之。兩尊人生忌辰與己生辰及兒女婚嫁諸可喜日，亦愀然抱痛也。歲壬子，先生春秋八衮，翼父跪請稱觴爲祝。先生曰："生我者安在？忍爲壽敬？"謝客如常時。

先生鄰聚暴客，白晝摽人金，獨戒其徒無侵羅君。先生有弟婦柳氏，悍妬，實持弟秉。先生每自謫，終不得同居。乃僕取老、器物取敝、田廬取薄瘠，盡以腴善者與弟，後無嗣死。有勸先生收前田廬者，先生嗒然曰："人既有弟，而不能使合爨[2]，又不能使置妾，負咎多矣。且以區區故，與孼吾弟者釁，益重余不德。"乃盡聽柳氏廢無問。先生退然若不勝衣，言訥訥若不出口。乃里有負狠爭不解者，得先生一言即釋去。或陰蹈非義者，曰"幸無以聞羅公"云。配趙孺人，督家人力耕，小得贏羨，即以遺貧宗戚及里之煢人與丐之尫赤者。先生食無兼味，五十衣不帛。或諷之："非帛不煖。"先生曰："布衣吾素也。"先生積學數十年，顧老諸生間。晚舉明經，游西雍，觀都邑宮闕之盛，睹長安士大夫仕宦狀。歸語翼父曰："始吾讀書，謂仕宦將以經世，今似不盡然。以迂生混其中，徒厭且憎耳。"遂灌園種樹，課孫經史，間以其意興發之詩歌，陶陶如也。蓋三十年不入城市，布袍平巾，若未策名選書者。人或惜先生無所建樹於世，先生曰："老措大即出何裨？一甕黃虀足養廉，吾安吾分矣。"竟以明經卒，卒於萬曆癸丑八月二日，距生嘉靖癸巳年正月二十六日，得年八十有一。配趙孺人，爲趙處士邦濟女。丈夫子曰随乾，廪生，即翼父，娶庠生夏之叙女。繼娶劉廷士女。女二，一配醫官閔尚致，子嗣光；一配庠生孫柏，子光巒。孫六：長孟斗，庠生，娶庠生王三接女；次仲斗，庠生，娶魏肇慶公仲子庠生如華女；次叔斗，聘太學生和爲樂女；次季斗，未聘；次環斗，聘庠生李挺然女，俱夏出。次象斗，未聘。劉出曾孫一照。今年涂月初吉，則先生藏魄之日也。余嘗憶先生自志曰："廟堂未問伊周事，屋漏先分舜跖心。"斯爲已謹獨之君子歟！

銘曰："有玉於此，而質栗然，而澤銑然。剖而薦之，其光亘天。夫惟亘天而樸，既刜蘊而崇之，其輝自完。夫惟自完，而光益全。愛天地寶者，終不以光之刜，易樸之全。嗚呼！儀世之羽，而世未登其用也。軼古之行，而已未收其名也。爲龍之潛，爲章之闇，是謂古篆。歸全於天，含照重泉於萬斯年。"

【校記】

〔1〕又見六卷本卷四，目録題《湖山羅公墓誌銘》，正文題《明孝介先生湖山羅公墓誌銘》；三卷本卷二，題《明孝介先生湖山羅公墓誌銘》。附：

予童子時，即知邑中古狷者有湖山先生云，已予得交先生長君翼父。歲丙申，爲先贈君一周甲子，先贈君見背二年矣。予昆季兩不肖愴焉，有傷于心也，乞諸長者言爲追壽。是時，世人既過而笑之，即二三應者，或亦實應且嗤耳。先生固不輕以一言假人，獨若有當焉，侈爲詩歌相薦。慰語翼父曰："子之爲父母慕思，無存亡久近也。楊兩生此念，于世人異，于人子常。"予乃求先生所爲子者，生事葬祭各如禮。兩尊人生忌辰及已生辰，白首無不孺子泣。余嘗謂孔門多至行，而負米之思不聞，亦在原、思諸人。則以予所睹記有如先生，豈獨今人難哉？予數奉教先生，别先生爲令五年，得無大戾。歸再拜先生堂下，先生固健視履，予方喜當得再請教。以無戾，予後來乃展謁之。二日，先生且無疾終矣。屋漏無愧顏，非夭先生志也，何況大年，獨若後生典刑。何哉？先生之德不可諼。予私從諸長者，據先生生平，一毫無苟，八衰而慕，謚先生孝介，然術其大者耳。更從翼父請，據狀悉先生行爲誌，而銘之窆，封之石。

先生世江夏，四世祖忠徙順天之宛平。其家應山，則忠仲子勝隨兄典寶明，從壽邸安陸，因附籍應之南偏。勝三子，曰爵、曰賢、曰堂。堂孝弟力田稱長者，配張氏，推挽相從，如鹿門夫人，是生先生。生之夕，張孺人夢神人授以古篆文，先生故名文。齠時敦茂端謹，寡言笑，即諸兒前狎相逐，目不瞬。尤好讀古《孝經》，不脱手，若其天性矣。十四補邑博士弟子，終歲下帷。城南四賢祠，四賢則宋沂公、元獻公與所稱連底凍、連底清兩君子。先生雅慕嚮之，若相依焉。歲時再省兩尊人寢食外，即家人生計無問矣。再十年，廩于庠。先生既業益進，而規行矩言，實稱模範人倫，故邑賢才子弟多從先生游。先生修明程朱之學，而與子言孝，與弟言弟，動揭引古人相規勵。人既嚴事先生，而狎子弟則時時間先生私居。先生正襟危坐，若肅神明，即溽暑無脫幘露袒。于以質管幼安，當無慚"不冠登厠"時矣。先生事兩尊人，畢盡色養。當張孺人卒，衰瘠柴立，既窆，廬墓側。朝夕歸堂上省寢食後，一水一糜必泣奉地下乃入口。及擇張孺人生平情性所畏愛拊，護如生時已，丁父艱亦如之。先生即情事既申乎，固無日忘其兩尊人，無問兩尊人生、忌辰與己生辰，即兒女婚嫁諸可喜日，亦愀然若有痛也。歲壬子，先生春秋八褒高，翼父跪請觴，先生固曰："生我者安在？忍爲壽敬？"謝客如常時。先生鄰聚暴客，白晝禦人貨，夜恣所探肶機上肉，小民無或忌，獨戒其徒無侵羅君。忠信之至，可以馴暴，信然。先生有弟婦柳氏，實持弟秉。先生每自謫，終不得同居。乃僕取老、器物取敝、田廬取薄瘠，盡以腴善者居弟。弟但用以聽內人出入，亦竟坐無敢敖內人，故無嗣死。有勸先生收前田廬者，曰："若所割以資弟，可豈其蝥？此無當。"先生嗒然曰："人既有弟，而不能使合著[2]。又有弟而不能廣嗣，施于有政之謂何？而且以沾沾故，與孽吾弟者釁，益重予不德，將無滋吾弟沒後羞。"乃盡聽柳氏廢無問。柳氏必勒先生券，爲無問柄，先生并听然與之。異哉，牝而晨，無禮逾暴客亦實茹。先生退然若不勝衣[3]，言訥訥若不出口耳。乃里有負狠爭不解，若而人得先生一言即釋去。或陰蹈非義者，曰"幸無以聞羅公"。此又何也？先生性不知問田廬而好施予，配趙孺人，督家人力耕支卒歲外，小得贏羨，即量廩以問貧宗戚及里之窶人，與丐之厎赤者，歲爲常。趙孺人更欣然勤本以佐之先生，孳孳好問人日計乎，固自約。其頤養無兼味，五十衣不帛。或諷之："非帛不煖，子輿氏非耶？"先生曰："布衣吾素也。"先正于子婦家以絹帳飭奩來，曰："無破吾家素風，吾豈敢以身作法？"先生積學數十年，顧老諸生間。晚一舉明經，擔簦游西雍，一觀都邑宮闕之盛，睹長安所稱士大夫爲仕宦狀。歸語翼父曰："始吾讀書，仕宦將以經世，今似不盡然。古人恥墦間羞折腰也，滔滔而是無益，以迂明經混其中，自滋浩歎耳！"遂灌園種樹，課孫子，編經史，間以其意興發之詩歌，陶陶如也，無復問除書事。蓋三十年不入城市，不見邑長。布袍平巾，田父野老間，若未策名選書者。人或謂先生厭棄人世榮名至此，不無自惜其所蘊蓄耶？先生固恬然曰："老措大即出何裨？掀揭一甕黄虀足養廉，吾安吾分矣。"竟以明經卒，卒于萬曆癸丑八月二日，距生嘉靖癸巳年正月二十六日，得年八十有一。今年涂月初吉，則先生藏魄之日也。先生迂言迂步，程昉古先躕然熱中氈悦之塲，既以没齒耳矣，所稱秦漢間篤行隱君子，非耶？前撫李公廉徵幽人篤士將薦剡，以風學博雪川吳君，欲借先生應，先生固以曲士庸行無足當採風者謝吳君，此隱其身並隱其名矣。予深有意乎先生之自志也，曰："廟堂未問伊周事，屋漏先分舜跖心。"爲善之念，嚴于屋漏，斐然成章，而泊乎無營，其在胥庭皇虞之世乎？乃先生之爲古人也。初生時，天固已命之矣。

銘曰："有玉于此，而質栗然，而澤銑然。剖而薦之，其光亘天。夫惟亘天而朴，既刓蘊而崇之，其輝自完。夫惟自完，而光益全。愛天地寶者，終不以光之刓，易朴之全。嗚呼！儀世之羽，而世未登其用也。軼古之行，而已未收其名也。爲龍之潛，爲章之闇，是謂古篆。歸全于天，含照重泉于萬斯年。"

〔2〕"人既有弟，而不能使合筯"，合筯，筷子雙雙配合，比喻兄弟同心。六卷本作"合著"，或著筯通，箸筯通。

處士程公率崖繼配朱孺人合葬誌銘[1]

隱君卒於家，余昆季哭之寢門之外。其明年隱君長公道遠、次公體仁、季君存質將以某年某月，奉隱君藏於祖塋之左，從隱君指也。持余友陳元樸狀，請誌銘其幽宮之石。余與長公昆季游同庠，文同社，故知隱君莫如余深者。當余從隱君遊，慕其湖山詩酒，情逸韻遠，若有意乎少伯之爲人；亦復好行其德，不作人間齟齬。是達哉，其能自樂者。今讀元樸狀，殊詫余向者知隱君之猶淺矣。按狀，隱君名煩，字惟簡，別號率崖。其先爲重黎裔，自周休父封於程，遂以國姓。既晉忠佑公，得賜第於徽之篁墩[2]，故爲新安人。宋宣議公再遷休陽之率口，故又爲休陽人。十一傳至希昂公，客遊應山，復占籍焉。舉三子，長尚安公永律，有長者稱。生用材公廷櫃，善詩古文詞。先娶某氏，卒。繼娶殷孺人，晚乃舉隱君及季煃。隱君生，故奇穎有遠志，喜讀書。用材公極器愛之，固弗使竟讀，曰："吾晚年子，安用僕僕咕嘩爲？"隱君不忍拂意，每輟讀，左右無方，備極色養。或從遊山水間，有春風沂水之意。用材公喜曰："天下佳山水，多隨屐齒所指，便可適吾性情、滌吾塵俗。若兼欲謀生，畧挾陶白之術，亦足以行吾隱而佐吾施。固當愈於匏繫一官，腰罄折道傍不得休息者。"隱君自是脂車作四方遊。每當山水幽勝，風月清好，招友載酒於松煙竹靄間，若戀不能去。然時時不能忘兩尊人，每動念，輒歸省，以橐中金爲壽，故甘旨常豐。後用材公病將革，君重繭至，得親藥餌含殮，可無遺憾。於殷孺人亦如之。蓋遠遊而能盡人子大事，有天幸矣。視弟煃殊篤，煃無子卒，以厚資付其婦曰："無令傷貧，庶成其守，吾弟志也。"及弟婦卒，并爲歸葬於休陽。隱君居恒好義任俠，急人之難，常如不及。元配殷孺人實多贊助之，其對隱君則儼如賓客。隱君亦深相嚴重，卒年四十。再室朱孺人生有丈夫子三，隱君課之最勤，常曰："爾翁之寄跡湖海間也，從爾大父志也。然畢竟未以詩書起家，爾曹可再服賈乎？"爲開塾於黌宮之傍，堂曰"清雪"，志不忘伊洛。樓曰"一經"，志不在籯金。總絜其額曰"仰止"。蒔花種竹，編琴書，延賓友，領三君誦讀其中。三君以次通經史、能文章，爲名諸生矣。當隱君舟車往來，心計奇贏，稱善居積。而遇饑寒死喪可矜憫者，遂慨然周之。弗問其人姓地，亦不以姓地語人。貲故屢大起而亦無大饒贏。蓋行吾隱而佐吾施，固用材公旨也。尤篤於宗誼。程故有世祠，祀休父及晉忠佑、梁忠繆、宋宣議數公，歲費可五十金，主者漸稱難。隱君虞其遂廢也，捐金置產，歲有常供。復鳩工庀材，葺祠新之。往信陽夏大霪，糴於應，米價倍涌。隱君固封廩，人問之，曰："吾不欲作有錢耀也。"至冬雪，流人遍野，乃出廩，籍人而計口食之。學博吳公顏其堂曰"仁孝古風"。有司歲舉鄉飲酒禮，造請以爲大賓，子弟望之若見古人也。既籍於應，終不忘用材公首丘之戒。歲丙辰春，偶病濕，即促裝歸。親友交止之，隱君曰："非欲舍生我之土，但欲魂魄依先人耳。"抵故里，病月餘，竟弗飲藥，言笑如平時而逝。時萬曆丁巳某月，生以嘉靖丁未，得年七十有一。朱孺人，歙吳村朱子儒女。佐隱君內政井井，更得兩尊人懽禮。先隱君十四年卒，生以嘉靖戊申，得年五十有七。子三，長文毅即道遠廩入太學。婦汪氏，生孫男三：一凌雲，娶閔口吳女；一凌漢，聘草市孫女；一凌霞，聘方口吳女。俱庠生。次子剛即體仁，授八品銜，未任。婦項氏，生男孫二：凌箕，聘下山方女；凌魁未聘；生孫女一。次文華即存質，廩生。婦吳氏，生孫男三：凌暉，聘新屯戴女；一凌翼、一凌睍睍，未聘；生孫女一，適方口吳家琬庠生。

銘曰："厥有逸民，榮利糠粃。蘊美以父，留餘於子。舟車其似，山水其指。游戲居廢，指困則喜。重義敦倫，身焉終始。曰誰相之，亦有女士。白嶽蔥蔥，是爲幽止。羣鶩將翔，而千秋康只。"

【校記】

〔1〕又見六卷本卷四，三卷本卷二，題《明德隱率崖程公暨配朱孺人合塟誌銘》。附：

隱君卒于家，訃來應之五月，余昆季爲輓章，哭之寢門之外矣。其明年，隱君長公道遠、次公體仁、季公存質將以某年某月，奉隱君藏于祖塋之左，從隱君指也。持予友陳元朴狀，請誌銘其幽宮之石。余與長公、季公游同庠，筆同社，今復與仲公同義賑之好，故知隱君莫如余深者。當余從隱君游，題隱君之槩，曰："花醉柳吟，不減扁舟湖上。"蓋跡君之履，湖山詩酒，情逸韻遠，若有意乎少伯之爲人；亦復好行其德，不作人間齷齪。是達哉，其能自樂者。

今讀元朴狀，殊詫予向者知隱君之猶淺矣。按狀，隱君名煩，字惟簡，別號率崖。其先爲重黎裔，自周休父封于程，遂以國姓。既晉忠佑公，得賜第于徽之敦篁，故爲新安人。宋宣議公再遷休陽之率口，故又爲休陽人。十一傳至希昂公，歷周海嶽，樂應山風土，復占籍應山。舉三子，長尚安公永律，有長者稱。生用材公廷槐，高雅絕俗，善詩古文詞。先娶某氏，卒。繼娶殷孺人，晚乃舉隱君及季煒。隱君生，故奇穎有遠志，喜讀書。用材公極器愛之，固弗使竟讀。或篝燈自課，必極之就寢。人問之，曰："吾晚年子，安用僕僕呫嗶爲？"隱君即志有所不慊乎？然弗忍拂尊人意，至左右無方，備極色養。或從遊山水間，趣若溢衡宇。用材公喜更悏（"悏"或爲"愜"之訛），語之曰："天下佳山水，多在吾儕呼招間，隨履齒所指。時用知物，權子母而紳縮之，亦足以行吾隱而佐吾施。且烟雲舒卷，亦聽吾意興所之。固當愈于匏繫一官，腰磬折道傍不休者。"隱君自是割所習鉛槧，脂車作四方游。每當山水幽勝，風月清好，招友載酒于松煙竹霭間，若戀不能去。然時時不能忘兩尊人，每動念趣歸，恰值尊人相憶時。後用材公病將革，君重繭至，得親藥餌唅殮，無幾微憾。于殷孺人亦如之。此不但偶有天幸矣。視弟煇殊篤，因心煇以無子卒，橐笥盡付其婦。曰："無傷其心，俾守吾弟志也。"及弟婦卒，并爲歸塟故里。隱君居恒好義任俠，急人之難，常如不及。元配殷孺人實多襄成之，其對隱君則嚴如賓也。隱君亦深相嚴重，卒四十年，不再室。孺人生有丈夫子三，隱君課之最勤，嘗曰："而翁之寄湖海間也，從而大父志也。然畢竟以未光大前人之業爲缺，且而曹能無意任敬臣乎？"爲開塾于黌宮之傍，堂曰"清雪"，志不忘伊洛。樓曰"一經"，志不在籯金。總綮其額曰"仰止"。蒔花種竹，編琴書，延賓友，領三君誦讀其中，意念深矣。三君亦實率服惟謹，彬彬質有其文云。當隱君遨游湖海時，心計奇贏。廢居以授僮子者，輒中耳目所入，諸窘難亦輒解囊密周之。弗問其人姓地，亦不以姓地語人。貲故屢大起而亦無大饒贏。蓋行吾隱而佐吾施，固用材公旨也。尤篤于宗誼，程故有世祠，祀休父及晉忠佑、梁忠繆、宋宣議數公，歲族大宗小宗之衆，三春一舉祀，計百有八户，每歲輪六户主祠事，費可五十金，已領事者漸稱難。蓋額辦三十金，外不無增償耳。隱君虞其漸弛也，倡衆族別衷祠中之贏，有百五十金，歲既有常供，而餘膏之飫者，且亦久遠矣。凡祖墓傍有餘壤，與有鬻祠產者，獨力倡衆完其故。更大捐囊金，飭石庀材，峻祠之卑下處。至今翕欝之氣，時隆隆起。從兄廣東理問燅，家累鉅萬，無子。序應仲公體仁繼，隱君固三讓族人之子。而燅之後事，則一一爲經紀。其輕財篤倫類如此。每歲饑，大爲糜以食諸餓人。往信陽夏大霪，縻貲糴于應，米故價倍涌。隱君固封廩，人問之，曰："吾不欲作有錢耀也。"至冬仲，流人遍野，乃出廩于雪中，籍人而計口食之。隱君既名德衆歸，凡里族得一言，即膠争立解。學博雲溪吳公介嚴重予可，獨爲式廬，額其堂曰"仁孝古風"。有司歲造請以重賓典，雖應僎席者三，非其屑也。隱君于世情一絲不墨，然終不忘用材公首丘之戒。最醉心武陵之西湖，欲買一區，往老其間，竟忍弗果。歲丙辰，春秋幸高矣，豐顔飫頤，無衰老狀。偶病濕，即促裝歸。親友交止之，隱君曰："非欲舍生我之土，但欲魂魄依先人耳。"抵故里，開堂受諸子姓稱觴，已病大作。三公皇皇，請禱延醫。君正色曰："榮而必悴，天道也。往而必歸，人事也。人間事如此而已。而翁鬢年書史四十年，詩酒山水，眉間不下秋色，閭左不落后言，資材不爲守虜。壯游，老得故鄉造物且息我，而且爲我戀乎？"坐床褥間月餘，竟弗飲藥。言笑如平時，顔色亦不變而逝，時萬曆丁巳某月。生以嘉靖丁未，得年七十有一。配孺人，歙吳村朱子儒女。佐隱君内政井井，更得兩尊人懽禮，率諸子婦，稱女宗。先隱君十四年卒，生以嘉靖戊申，得年五十有七。是時道遠，體仁既將膺爵命于長安。存質聲籍甚諸生間，青紫直掇之耳。即諸孫亦何林林玉立也。余常惟名利之于人甚矣，中人猶難言之。隱君他無論如寧抑其志，無忍違憐愛晚子之意，以布衣終。且未常不遠游，而念自膝下首丘之戒，至老死不忘千金，可推以讓宗人。宗人百八十户之公祠則務畢心力爲禬祀遠圖，又未常以此詹詹侈鳴于人也，此不謂君子長者閒哉！隱君夫婦競行其德，不與造物争名争盈。造物自不能不以樂予隱君，以赢于隱君之子孫，乃隱君生死不驚其神，又必不屑屑與造物争除乘矣。

　　余既誌其槩如此，而附以銘曰："厥有逸民，榮利穅秕。蘊美以父，留餘于子。舟車其似，山水其指。游戲居廢，指困則喜。重義敦倫，身焉終始。曰誰相之，亦有女士。白嶽蔥芊，是爲幽止。群鷟將翔，而千秋康只。"

　　〔2〕"篁墩"，今黄山市屯溪，是"程朱闕里"的發祥地，也是徽州新安士族的发源地。六卷本作"敦篁"，有誤。

卷九

文

告常熟城隍文[1]

維萬曆三十九年[2]，歲次辛亥十一月丙申朔，直隸蘇州府常熟縣知縣楊某，謹以牲醴敢昭告於城隍之神。惟神光明洞達，正直無私，凡與神來共臨此民者，巧取名實，可以欺人，必不可以欺神。闇對幽微，或不慚自知[3]，而不能不畏神知。某以豎子濫竽茲土，入境之初，與神盟曰"不受私書"。今四年，所邀神之靈、諸縉紳大夫士殊能相信，某亦無内、無外、無炎、無凉，實未嘗聽居間干瀆[4]，顛倒民間曲直一字，可藉口以復前約。至於大奸惡、大橫暴魚肉吾民者，憑一片鐵心冷面而與民力討之，而絶不與己也。利之所在、力可從事者，亦直與民，敢任怨勞，此治邑之大都也[5]。若無柴米衣服運之家鄉，辦之他郡，不足者間買之民間，亦從不敢以官價占小民便宜一文。無論四年俸薪未能餘兩餘錢以潤歸橐，且爲地方事累債千餘金，人未必盡知，神必知之。或當民間病苦旱潦，心神震恐，不啻父母病苦，願以身從。月下星前[6]，有妻子所不知者，或惟神知之。又某恫瘝一邑之隱念也[7]，惟是守法太嚴，容有逞而發之過當；用察不精，容有蔽而失之太疎。民隱當恤，民困當甦，如災民荒區、櫃收坊里等事，吾心有餘，吾力不足容有舉，而竟成中閣，而未盡周詳。此則某之自知，可與人知而無不可與神共照者。及夫某一身精力[8]，拙不知分一念以營吾官。握符四年，迂不知借一日以營吾妻子。斯親友之共笑共咥，衆人之疑矯疑怪，某又可與神共付之一笑也。某妨賢路四年，地方幸無大災大患，苟得釋負，居然瓦全[9]，此非人力也。默佑陰隲，敢忘神庥，謹潔牲粢用伸告虔，惟神鑒在[10]，尚饗。

邑人述楊公治狀，居然一明神云。至讀其所告神文，正與君家夫子四知心事千古照耀，蓋神明在方寸間，信乎！余故勒之以傳，以公所自道，視邑人之碑去思者，更爲實錄也。甲寅正月念有一日，署常熟縣儒學教諭事，舉人武進白紹光謹跋[11]。

【校記】

〔1〕又見六卷本卷四，目錄題《告常熟縣城隍文》，正文題《告神文》；三卷本卷二，題《告城隍文》。文中"某"，六卷本作"漣"。

〔2〕"維萬曆三十九年"中，六卷本脫"維"字。

〔3〕"不慚"，六卷本作"不能慚"。

〔4〕"干瀆"，無禮冒犯之义。六卷本作"竿牘"，書劄的意思，不符合此處文意。

〔5〕"此治邑之大都也"，六卷本作"此漣治邑之大都也"。

〔6〕"月下星前"後，六卷本衍"佛邊"。

〔7〕"恫瘝"，六卷本作"關情"。

〔8〕"及"，六卷本作"乃"。

〔9〕"苟得釋負，居然瓦全"，六卷本作"苟得釋負職掌"。

〔10〕"惟神鑒在"後，六卷本衍"至於境中休戚相關，令爲客而神爲主，客人耳目有隱蔽中不及照之，覆氣數中不能與之，力常牖客之衷補客之不及，以慰主我者之，願是又惟神念之矣"。

〔11〕"邑人述楊公治狀"段，六卷本無。

祭趙我白老師文[1]

維天啟元年[2]，詹事府少詹事贈禮部右侍郎我翁趙老夫子卒於家，門生楊某以請告在籍，遠未及聞也。今年七月見請贈卹邸報，始知泰山之頹也，典型之喪也，潛然涕之無從。既已弗及侍藥，易簣之役，又適以邀有新命，再乞休，未敢出門一走南豐，撫棺爲慟。師生恩義，邈若河山，遂成幽明永隔矣。嗟夫！座主門生，三年而是，吾夫子獨有父母之親。師生情誼，在三不薄，吾夫子獨有道義之殷。館閣清華，人各愛鼎，而直方以大，清任而和，吾夫子獨備四時之淳。而年不享德，用不及身，天耶？人耶？豈天之未欲治平耶？莫叩問於九閽，拊心縣宇，慟悼莫因。築室獨居之誠，既慚端木之於尼父[3]；磨鏡束芻之義，尚愧孺子之於友生。徒以絮酒陳詞，何以對越吾夫子於九京？嗟嗟，夫子文章道德，垂在汗青；芳聞鼎譽，著在里乘；贈卹褒揚，寵在朝廷；篤慶留餘，大在後人。即今鳳雛[4]，苞采英英，覽輝儀吉[5]，孰非生存，夫子何憾？而世人之於夫子乎，憾則名世之用有所未竟。乃吾夫子用未竟於世，而世網終莫之能攖[6]。道德性命，富貴功名，道法世法，人生蠛蜒。以吾夫子，中有獨靈，趣在物外，神與天行；未嘗不壺觴笑詠，未嘗不抽揚典墳，未嘗不遺蛻塵垲[7]，未嘗不軌物彝倫。於古今宇宙，得喪升沉，一局勘盡，獨有活法以自贏。非漆園之逍遙，瞿曇之寂冥[8]；非竹林之放情名教，亦非栗里之寄傲岫雲。則仁智樂山水之情[9]，費隱契鳶魚之妙[10]，獨有適於天真。可以糠粃萬物，可以鑄鈞古今，可以盡性而至命，可以憂違而樂行[11]。是蓋吾夫子之深有自得，而世人莫得而名。夫子亦何取於世之名？傅騎箕尾，韓隕大星，歿以其形，存以其神，夫子且以達於大生。吾亦安知夫子之未嘗不生，而感慨於尋常之憑生？杳杳明明，夫子其有當於某之言。

【校記】

〔1〕又見六卷本卷四，目錄題《祭贈禮部右侍郎趙我白老師文》，正文題《祭贈右侍郎趙我白老師文》；三卷本卷二，題《祭趙我白老師文》；二卷本卷下，題《祭趙我白老師文》。本文中"某"，六卷本作"漣"。趙師圣，字原睿，號我白，江西南豐人。萬曆二十六年進士，選庶吉士，官至春坊諭德庶子，贈禮部侍郎。博學善屬文，著有《漱芳樓集》。

〔2〕"維天啟元年"，六卷本作"天啟元年，歲在龍蛇"。
〔3〕"父"，二卷本作"濱"。
〔4〕"今"，六卷本作"金"。
〔5〕"吉"，六卷本作"王"，二卷本作"玉"。
〔6〕"世網終莫之能"，六卷本作"世終不能於夫子乎"。
〔7〕"遺蛻"，六卷本作"芻狗"。
〔8〕"瞿曇之寂冥"，六卷本作"曜曇之寂寞"。
〔9〕"則"，六卷本作"期"。
〔10〕"費隱契鳶魚之妙"，六卷本作"行安樂窩中之"。
〔11〕"可以盡性而至命，可以憂違而樂行"，六卷本作"可以末季唐虞，用之則行"。

祭徐京咸兵部文[1]

原任兵部左侍郎，以邊功加兵部尚書，前巡撫甘肅、都察院右僉都御史、提督順天學校、翰林院庶吉士，京咸徐老年丈老親家，以天啟甲子某月某日考終正寢[2]。忝眷年弟楊某，時以都察院左副都御史，滯在長安，不獲與含殮之末，祗瓣香清醴爲位，率兒女稽首一再哭。傷哉！肝膽肺腑之交，一旦幽明永隔矣。既某以會推忤旨，削奪爲民還里。其明年乙丑，乃得束芻載帛，匍匐登堂爲文，以告親翁之靈曰：

猗惟翁兄負質瑰瑋，秉材韶美，留心世務，文經武緯，鵲起巍科。瀛洲前擬請備補拾，長西臺，使埋輪都亭，白簡崢嶸，察吏造士，名炳日星；經畧西夏，韓范齊名，特晉司馬，政藉洗兵，天不憖遺，晝隕衡精，嗚呼痛哉！

憶別兄年五袞而三神堅以王，深語韜鈐[3]，即數千里時訂衷言。日月幾何，音響寂然。再憶燕北，無日不接。兒女留連，爾汝肝膈。深夜矢盟，愛身愛國。或有乖戾，垂泣而責。庚申斥伏，衆驚廷杖。兄撫予臂，死忠何悵。嗣商移宮，撤簾相莊。事幸報成，屬深退讓。今謝朝事，何遽相忘！更憶少年，經史同研[4]。各相矜奪，問奇聃籛[5]。連牀風雨，弄欐作舩。赤腳賭碁，共衣授餐。今來廣廈，如何不延？嗚呼傷哉！金丹未成，誰是長生？或以仁枯，或以稟贏。北邙累累，亦何足云。如兄元德，滿腔是春。理潤神充，人百其身。天之元氣，國之典型。齒未甲周，官未公登。況夫伯道[6]，并夭緹縈。天道人事，是耶非耶？爰今遡昔，夢耶幻耶？噫嘻！予知之矣！惟兄未生，神告異兆。來自青羊，頂餘赤髦。曰："惟年伯隱德上曜帝於御前，勅兄下報。今封三代金吾，世廟嶽降，事完飄然還詔[7]。驚走塵世，猶之一覺[8]。人習芸生，以爲兄悼。安識謫仙，撒手含笑[9]。西夏匡襄，勒在旂常。老成長者，名在鄉邦。宗伯議謚，司空治藏。畏壘西涼，尸祝未央。有三不朽，經世孔長。夫人嗣子，可慰悲愴[10]。余所惜者，國喪真人。更所急者，奪我斷金。五嶽遊事，誰堪托承？踽踽涼涼，我淚浸淫[11]。觸目傷心，夫豈世情。丹臺洞府，勿閟英靈。粢香酒冽，來格兹庭。尚饗[12]。

【校記】

〔1〕又見六卷本卷四，目錄題《贈兵部尚書徐京咸文》，正文題《奠徐尚書文》。三卷本卷二，題《祭徐司馬文》。本文中"某"，六卷本作"漣"。徐養量（1568—1624），字叔宏，號京咸。萬曆三十五年進士，選庶常。天啟四年去世，崇禎三年，賜祭葬，賀逢聖撰寫墓誌銘。徐京咸與楊漣同科，《楊忠烈公文集》卷五《與王蔥嶽二首》之一："至於弟積憤客氏、魏忠賢，前年禮科時即起念入而請劍，拚卻一身。當以小兒婚事托蕭元恒，小女嫁事托之徐京咸，斥斷家事，無所顧矣。"

〔2〕"考終正寢"前，六卷本脫"以天启甲子某月某日"。

〔3〕"韜鈐"，六卷本作"玄詮"。

〔4〕"經史同研"，六卷本作"追隨筆研"。

〔5〕"聃"，六卷本作"老"。

〔6〕"夫"，六卷本作"復"。

〔7〕"事完"前，六卷本衍"凡"字。

〔8〕"驚走塵世，猶之一覺"，六卷本作"驚走塵世之一覺"。

〔9〕"人習芸生……散手含笑",六卷本作"猶厭五十七年之勞耗,絳州甲子佳兒庭紹人,即引以爲兄悼,亦祇足以發玄穆之一笑"。

〔10〕"有三不朽……可慰悲愴",六卷本作"在夫人嗣子之不能已於悲愴,亦已可以與吾兄相忘"。

〔11〕"踽踽凉凉,我淚浸淫",六卷本作"我淚浸淫,踽踽凉凉"。

〔12〕"勿閟英靈……尚饗",六卷本作"靈其猶於余乎?英英尚饗"。

祭大中丞文[1]

天啟二年八月中浣,大中丞山翁先生葬於本山。通家晚生楊某以時方杜門請告,弗能與執紼之列。至今十月朔日[2],乃得匍匐一展先生之松楸。撫今昔之情誼[3],感幽明之莫問,潸然不覺涕之淫淫也。嗟夫!先生忠直,顯立朝廷。先生明德,昭著公評[4]。先生不朽,河嶽日星。先生即没,天地爲并。某復何論?惟是某以枯劣,德弗孚人。先生知我,不難抑己以相伸。前日之珥筆彤廷,於今之附名清卿,誰源誰根?獨愧余小子無所建樹[5],以負先生知人之明,報先生以人事君之心,先生當有憾於九京。余小子亦何以對先生於冥冥,先生更何以庇余小子,而俾弗迷於前程[6]。軍中韓范至今如存[7],余小子亦不敢於先生之前,問先生之骨爲朽與存。哲人塵土,仙耶化耶?伯道無兒,天耶人耶?百歲千秋,胡可問耶?尚饗。

【校記】

〔1〕又見六卷本卷四,題《祭□大中丞文》;三卷本卷二,題同底本。本文中"某",六卷本作"漣"。

〔2〕"朔",六卷本作"一"。

〔3〕"情誼",六卷本作"誼情"。

〔4〕"先生明德,昭著公評",六卷本作"先生名德,著在公評"。

〔5〕"建樹",六卷本作"建明"。

〔6〕"俾",底本作"伸",形近而訛,據六卷本改。

〔7〕"軍中韓范至今如存",六卷本脱"軍中"二字。

祭周參議文[1]

天啟二年十二月初九日,欽差分守荆西道參議,聚翁周老公祖卒於承天公署太常寺少卿治。年弟楊某弗及含殮起竁之役,絮酒瓣香,匍匐重跰哭之。幽明之間,負此良契,痛哉,不可問矣。先是前月,某以應山改折事,數行致祝。傳公杜門,未得報書。則意公小極暫節,即勿藥耳。再傳兇問,且怪而咄之[2],曰:"公廣輔豐頤,神骨挺秀,當有不盡之年。公寬然長者[3],且一領方州,再司衡憲,生佛慈父之祝[4],當有不盡之報。而直方以大,智仁且勇,天之生此人也,當有不盡之用。公復齒未及强,豈其遽已而喪其膂力之經營[5]?"亡何再一偵之,訃聞屬吏矣。理之所以度,公必不死者,既無一可信[6]。情之在公,不可以死者,高堂既有倚杖之白髮,當戶猶多牽衣之黄口[7]。而視彼夢夢,奪公如此其速[8],即欲不酸鼻哽咽涕之無從也,不可得矣。況在某,同譜而部民[9],又感恩而莫逆。冒雪奔趨,撫棺一慟[10]。生死交誼,莫叩天閽。系以哀詞,公乎聞耶?不聞耶?詞曰:

惟公韻宇,金粹玉瑩。惟公德量,嶽包淵渟。霞蔚雷硜,誰垺宧聲。荀龍周士,誰比後昆[11]。人生如此,何問殤彭?憶於交誼,不禁傷心。長安金市,附驥後塵。握手留連,擬弟比兄。一行作吏,彼此風萍。十年再對,西山白雲。楚材再振,籍呂司衡。得入鎔鑄,大冶祥金[12]。雨露偏我,闔家全城。再司屏翰,布郠陽春。百廢俱舉,氛净羽寧。曰余應山,倍苦非徵。千里陸漕,十家九傾。曲爲請命,改折題聞。解懸百世,山高水深。叔牙知我,止及一身。天地仁我,止在一生。視公何如?今古誰倫?銘鎸在骨,金石匪貞。何以願公,庶幾長齡。豈公厭世,上應帝賓。人寃元氣,世失國楨。嗚呼哀哉!天猶張弓,短除長乘。公多未盡之留,即還所留於其生與其所生。皤皤壽母,三千爲春。翽翽鳳雛,覽輝千尋。惟公報享,何必其身。況夫壽至王喬,貴至阿衡,當其盡時，亦只寞寞百年。五福真宰，戲人擲而還之。公豈無太上之忘情[13]，日月調笑，大年縱橫。即余哀詞，安知公之不厭於聞。生芻一束，如玉其人，余聊以致無可問之忱。

【校記】

〔1〕又見六卷本卷四，目錄題《祭周少參文》，正文題《奠周少參文》；三卷本卷二，目錄題《祭周參議》，正文題同底本。文中"某"，六卷本作"漣"。

〔2〕"咄"，六卷本作"絀"。

〔3〕"公寬然長者"後，六卷本衍"質厚衷坦，逾尺之璧，當有不盡之享"。

〔4〕"生佛慈父之祝"，六卷本作"生成沾濡之祝賽"。

〔5〕"豈其遽已而喪其膂力之經營"，六卷本作"豈其遽已是者"。

〔6〕"既無一可信"後，六卷本衍"人定之天"。

〔7〕"高堂既有倚杖之白髮，當戶猶多牽衣之黃口"，六卷本作"高堂既有白髮之倚閭，當戶猶多黃口之問岵"。

〔8〕"而視彼夢夢，奪公如此其速"，六卷本作"而夢夢奪公如此其速"。

〔9〕"同譜而部民"，六卷本作"蘭譜之子民"。

〔10〕"慟"，六卷本作"哭"。

〔11〕"比"，六卷本作"並"。

〔12〕"大冶祥金"，六卷本作"隨冶而金"。

〔13〕"豈無太上之忘情"，六卷本作"自達生"。

祭詹隱君文[1]

天啟元年二月下浣，厄在少微[2]，愛松詹隱君以無疾終。諸丈夫子以三月廿三日藏隱君蛻於祖塋之傍，從治命也。隱君負質沉直，而抱氣淳和。子姓比里，故多歸心。哭於門、哭於堂、哭於室，人無遠近云。

余亦附在親戚之列，平時言笑過從，稱殷篤矣。幽明之間，遂成莫問。乃率兒子輩，一觴醮之。并叙述隱君生平，以告隱君也。詞曰：

不禄而豐，不爵而榮[3]。誅茆枕石[4]，有隱丈人。亦憨咕嘩，靡志飛英。傳讀貨殖，聊試吾能[5]。四方弧矢，惡乎長貧？白圭五養，陶朱三成。徵時知物，海採山征。厥用既饒，而倦蹄輪。緬惟名宿，希踪鹿門。烟簑雨笠[6]，沉情耦耕。剥鮮擊肥，自墮尋盟。簟笭廼夢，蘭畹枝芬。豈無素業，以遺後人[7]？延賓啟塾，勞愛一經。杏玆翰墨，寧數籝金。佳辰良月，盈耳書聲。君曰樂只，無虞荷薪。鋤墳劈典，十載螢燈。羔鴈既飫，分香泮芹[8]。人曰處士，有志竟成。賈用既售，黃羊未陳。揮指疆理，惟力是程。趨庭課讀，得路青雲。佐勤舉案[9]，亦有冀賓。田既連阡，罿革鱗層。業垂創裕，覆翼後昆。胡不壽考，一旦返真。雖曰返真，目無不瞑[10]。家逾中產，孫子繩繩。亢宗在後，隱德著聞。泯泯蠢蠢，夫孰君倫。晌晌嘖嘖，夫孰君榮。壽非不足，君有長存。長存者何，子輿善聲。余言非諛，君子居歆。

【校記】

〔1〕又見六卷本卷四，目録題《祭愛松詹隱君文》，正文題《祭詹隱君文》；三卷本卷二，題《祭詹隱君文》。文中"某"，六卷本作"漣"。

〔2〕"愛松詹隱君"前，六卷本衍"待封"二字。

〔3〕"不禄而豐，不爵而榮"，六卷本作"洞椒峙碧，河濆蒸霓"。

〔4〕"石"，六卷本作"嘯"。

〔5〕"聊試吾能"，六卷本作"悠然會心"。

〔6〕"烟簑雨浪"，六卷本作"黃嵐碧浪"。

〔7〕"豈無素業，以遺後人"，六卷本作"豈曰田舍，作軌後人"。

〔8〕"泮"，六卷本作"頖"。"泮宮"又作"頖宮"。

〔9〕"舉"，六卷本作"敬"。

〔10〕"業垂創裕，覆翼後昆。胡不壽考，一旦返真。雖曰返真，目無不瞑"，六卷本作"業垂創裕，可謂崢崢。胡不壽者，一旦返真。雖曰返真，而無不瞑"。其中，"覆翼後昆"，六卷本作"可謂崢崢"；"考"，

六卷本作"者";"目",六卷本作"而"。

祭王母馮太恭人文[1]

　　王熙寰公祖與某同成進士[2],公才情茂美,齊如睦如,覯者比之麟鳳珪璋。因遡所由成立,而知有馮太恭人賢[3]。太恭人繼母也,公失恃尚韶齡,太恭人慈愛肫摯,忘其非己出。而公亦復純孝性成,居常視食寢,疾痛視湯藥,孺慕之誠,亦忘其非所自出[4]。吁嗟乎!余觀屬毛離裏,尚有緣愛憎之變;失怙恃之慬,刳腹隔而情歧者乎[5]?太恭人好誦經茹素,宿具佛性善根[6]。事夫子以敬,偕娣姒以和,撫奴婢以寬,待戚黨以厚,凡婦德母儀無美不備。而其教子,處則為良士,出則為循吏。自初筮仕,不許妄役一人,妄取一錢[7]。以故公之涖我鄢也,摩撫呴哺,勞勤周卹[8]。其養吾民也,如母之養之。其教吾民也,如母之教之[9]。某每過鄢,間聽途人頌公德者,輒願太恭人壽考無恙[10]。因思某亦有母,其積善差彷彿焉,顧余安能以美政及民,使歸德亦如太恭人飲食必禱[11]?然吾母猶幸健飲啗康,視履前日尚呼余詢太恭人起居,而太恭人遂溘然長逝也。豈太恭人之證果西方耶[12]?抑造物之棄鄢民而奪之母耶?傷徽音之如在,悼懿德之綿邈[13]。謹洗爵焚香,摭蕉辭以告太恭人之靈[14]。辭曰:

　　鬱鬱函關,千秋紫氣。神瀵遞轉,靈鍾女士。世途簪笄,曰嫌與忌。厥德惟母,婉嫕淑惠。菩薩慈悲,瞿曇智慧。截織剉薦,教成前子[15]。維魯義姑,曷云加矣?母所蓄租,善積則餘。禮樂詩書,爰發其儒。德星耀楚,用福下土。以尸以祝,惟衆之母。眷言徽德,有秩斯祜。帝命有常,綸錫孔章[16]。爲龍爲光,彩服煌煌。壽考不忘,歷世共昌。誰是倚伏,履完集縠。乃賚婺宿,維公篤孝。幾絕而續,驚呼百屋。士民莫贖,爲母持服。持服云何?飲河索源。刳余猶子,亶也可諼。酹酒陳辭,惟靈是瞻。嗚呼!尚饗。

【校記】

〔1〕又見六卷本卷四，目録題《祭待王母馮太恭人文》，正文題《祭王母馮太恭人文》；三卷本卷二，目録題《祭王母馮太恭人》，正文題同底本。文中"某"，六卷本作"漣"。

〔2〕"王熙寰公祖與漣同成進士"，六卷本作"熙寰公祖與漣同成丁未舉"。王振祚字熙寰，華州人，萬曆三十五年進士。清湯貽汾《琴隱園詩集》卷十五（清同治十三年曹士虎刻本）載：初宦大理寺丞，治獄多平反，有當事授意旨欲出入人罪，公正色曰：問官知守法耳，餘何知？官布政時，大僚爲魏璫建生祠，迫公列名，乃引疾歸。究心理學，著有《六經注疏》《濂洛宗旨》等書。

〔3〕"因遡所由成立，而知有馮太恭人賢"，六卷本作"因遡源，而知有太母賢"。

〔4〕"太恭人繼母也……亦忘其非所自出"，六卷本作"太母繼也，非育公者也。公何恃，尚韶齡，即異誕，庸自鞠乎？毋云强立有成矣。比太夫人之母公也，慈愛肫摯，忘其非己出。而公亦復純孝性靄，居常視食寢，疢痛視湯藥，懇惻眷戀，小忘其所自出"。

〔5〕"余觀屬毛離裏……剹腹隔而情歧者乎"，六卷本作"余觀屬毛離裏，情切瞻依者，尚有緣愛憎之變；失怙恃之懂，至不等之投兔道殣，剹腹隔而情歧者乎"。

〔6〕"太恭人好誦經茹素，宿具佛性善根"，六卷本作"太夫人席臚持素，宿具西方善根"。

〔7〕"事夫子以敬……妄取一錢"，六卷本作"諸如女德狎見者，不暇悉述。其卓然殊絶，爲笄黛之所不敢望。獨是撫公而善成之，蓋不第陶孟母，庶幾魯義姑事，更難於義姑矣。嗟嗟！渾後先之迹，捐爾我之畦，無傾無軋，歸於大同。即豪士大夫日佩聖賢之訓不能，而太夫人優爲之。彼行於不見爲積美之源者，其在兹歟？"

〔8〕"摩撫呴哺，勞勤周卹"，六卷本作"顧視督率，摩撫呴哺，勞勤周卹，保護輯濟"。

〔9〕"其養吾民也……如母之教之"，六卷本作"其養吾民也，如母之養之。持抱拮据，維披繻宇。呵詰抑黜，修攘扞衛。其安吾民也，如母之安之。呀咈詔敘，稱程汲拔。携指匡翌，警引提挈。其玉吾民也，如母之玉之"。

〔10〕"漣每過鄘……輒願太恭人壽考無恙"，六卷本作"漣每往過鄘，間聽途人頌公德者，輒願太母壽"。

〔11〕"因思漣亦有母……使歸德亦如太恭人飲食必禱"，六卷本作"因思漣亦有母，其積履差彷彿焉，顧安能使歸德亦如太母"。其中"善"，六卷本作"履"。

〔12〕"然吾母猶幸健飲啗康……豈太恭人之證果西方耶"，六卷本作"然某母猶幸健飲啗康，視履前尚詢及太母無恙，而太母遂溘然長征也。豈太母之證果西方"。其中"太恭人"，六卷本作"太母"。六卷本此文或作"太夫人"，或作"太母"，比較混亂，"太母"是祖母的意義，不符合作者身份。"太恭人"是明清時四品官之母或祖母的封號，符合文中意義。

〔13〕"懿"，六卷本作"玄"。

〔14〕"謹洗爵焚香，摭蕪辭以告太恭人之靈"，六卷本作"謹洗爵焚香，摭蕪辭以並告太夫人之靈"。

〔15〕"菩薩慈悲……教成前子"，六卷本作"匪菩提手口，而瞿曇肺膽。截織刲薦，曰他人子"。

〔16〕"德星耀楚……綸錫孔章"，六卷本作"繄德星耀楚，帝用福於下陬狗。大夫士庶，杜公斯母。以尸以祝，惟裊母母。眷言徽德，有秩斯祐狗。帝命有常，綸錫孔章"。

寄奠程率崖文[1]

先生遠韻素懷，疎襟逸識，軒霞澹月也。往來吳楚間，寄耳，確是扁舟五湖後身。客歲先生雖有小極，然神自張王，趣自超豁。及有故園白嶽之思，不佞與先生別時，杯酒留連，言嘯款洽。不佞尚與先生爲他時黃山之約，取次衡岱，而何以遽見背耶？嗟夫！華堂晤對，即成千古。風流自在，而神采難返。黃壚之歎，山陽之感，其能已於惋楚。計別光儀，勞人夢寐。忽再歲除，哲人安在？眷念高誼，九閽莫問。具有一杯，告於故榻。精爽未磨，知能鑒我也嗟[2]！

【校記】

〔1〕又見六卷本卷四、三卷本卷二，題同底本。

〔2〕"知能鑒我也嗟"，六卷本作"知能鑒我也，嗚呼！尚饗"。

輓劉玉磊文[1]

余入長安之七月初吉，適夢玉弟，黃冠羽衣[2]，錯以雲霞諸繡，謁余邸中，曰："弟且別老兄，長作浮雲道人，不復還白雲矣。"余甚驚詫，而覺殊疑。乘雲歸鄉，此離塵就化之祥。已復念玉弟道念甚真，今以病故，益斷諸緣。塵根既净，或真主人現相耳。無何而訃聞且至矣。嗚呼！余與玉弟道義骨肉十二年，於兹乃生死古今，徒托之夢中一語。心未死灰[3]，忍不腸斷。余又以國家之身，鞄繫長安[4]，無從撫棺一慟，幽冥之中，抱此缺陷。追憶癸卯之春，余以訪海韋先生入白雲。是時海韋先生命余齒諸昆季間[5]，諸昆季懂情都浹，而玉弟實怡怡親人也[6]。嗣是探玄問素，假認一切諸緣，箇中事、意中語，亦惟玉弟爲獨真。余則謂他日千家一缽，玉弟庶幾其能。玉弟神且日益津津王也。既余作吏虞山，玉弟時刺我以世事都幻，莫漫將真作假。余或勖之須完世間功課事[7]，玉弟傲然弗屑也，曰："思人所不能刃斷者[8]，獨兩尊人大事未完耳。此外即妻子且聽之，可無當浮雲。兄無自絆，而又絆我。"乃玉弟畢竟死心孝友人也。會二兄昆磊無子亡，玉弟爲嘔血數升。已而兩尊人繼亡，益形柴立[9]，神已喪亡過半已。後有疑從搆起，人且訑玉弟，以莫能爲白，但爲文叔飲枕間之泣。其強焉而偶與人語笑者[10]，皆形魄耳。一腔血誰從傾熱[11]？則有聽二豎三彭之搬弄而已[12]。客歲余假歸，再過白雲，則勗玉弟曰："世間功名假，恩愛亦假，形骸願想[13]，亦何嘗不假？試問主人去矣，恩愛結於何處？垢净明於何所？千家一鉢作何住腳？"玉弟亦若爽然、醒然，畢竟死此一腔血矣。嗟夫！玉弟一日不忘兩尊人也，兩尊人竟有淺土之暴露；一日不忘伯兄也，伯兄竟爲若敖之餒魂[14]。孤兒寡婦，玉弟今誠假聽之矣。而玉弟之真安在？豈造化一切以假愚弄人？識破其假者，造物反妬之。早奪其真，還之虛空，以返證其大假者耶？嗟夫！玉弟之假化矣，而不迷之真在，玉弟自存[15]。彼夫未滿之願[16]，未慊之恨，陰燐野碧，莫更於化中結不化之有情癡也。惟余與玉弟雲水之約於今已矣。願玉弟尚留此真，主人無復爲情癡所轉。鞬偈數言，馳命兒子代余泣涕而道也，玉弟其竟爽然聽之乎？詞曰：

有形皆幻，生死俱假。西没東生，環相爲駕。没即生因，即没何詫。大化虛無，神仙匪真。既滯於形，不名爲神。不見其形，其神安存？不晦者明，不死者生。此性常明[17]，何死何生？有玉於斯，體用天成。在山非璞，在席非珍。汗之而光，埋之而瑩，惟不自晦其真。嗚呼！玉人無晦爾真，庶幾長生。

【校記】

〔1〕又見六卷本卷四、三卷本卷二，題《鞬玉磊劉五哥長生詞并引》。

〔2〕"黄冠羽衣"後，六卷衍"服色正黄"。

〔3〕"心未死灰"，六卷本作"心未至稿木死灰"。

〔4〕"匏繫"，六卷本作"鷄肋"。

〔5〕"海韋先生命余齒諸昆季間"，六卷本作"海韋先生妄命余兄諸昆季間"。其中，"命"前，六卷本衍"妄"字；"齒"，六卷本作"兄"。

〔6〕"親"，六卷本作"蒸"。

〔7〕"功課事"，六卷本作"課讀事"字。

〔8〕"人"，六卷本作"仁"。

〔9〕"柴"，六卷本作"僅"。

〔10〕"人"前，六卷本脱"與"字。

〔11〕"一腔血誰從傾熱"後，六卷本衍"髮不得直，其上指頸，不得債其旁濺"。

〔12〕"則有聽二豎三彭之搬弄而已"，六卷本作"則有聽二豎三彭之搬弄恣其咯絲，剚以投之，杯篝土木而已"。

〔13〕"形骸願想"，六卷本作"花蕚帷蓋間事"。

〔14〕"若敖之餒魂"，六卷本作"若敖無屬之游魂"。

〔15〕"存"，六卷本作"續"。

〔16〕"夫"，六卷本作"天"。

〔17〕"此性常明"，六卷本作"死性常明"。

原任左副都御史今革職爲民楊漣聞逮奏玉帝文[1]

漣抱德無良，省身多罪，叨列仕籍，作養三朝，繇知縣歷給事中，洊列都察院左副都御史。竊見司禮太監魏忠賢、奉聖夫人客氏欺藐至尊肆無忌憚，幾使中外不知皇上，只知有忠賢，勢已無天，漸豈可長？漣感先帝之特知、荷今上之眷顧，忠心憤激，聲罪力攻，明知撩虎自危，夫亦妄意一擊，令其稍知主僕之分，畧顧祖宗不許干預外政家法，庶知了此一點尊君父杜微漸之念耳！不意微誠不足以格主，孤忠不足以濟用，秪深狠毒，一網善類，內外砌謀，憑空栽陷。既謂樞輔孫承宗之請覲，爲漣等招入，舉晉陽之師。又謂承宗之請緩決楊熊等，爲漣代開倖脫之路。無論漣入京一年與樞輔絕未一書相答，而熊廷弼者漣原引樹無皮一？薦之，及廣寧陷沒，漣謂"封疆爲重未見敵而退何辭不死"，皇天后土實聞此言。今乃無影相加，贓私羅織，緹騎詔逮矣。漣欲避非所以尊君命，而自裁又無以明臣心。明知此行不死于奸人道路之摧殘，即死于諸兇圖土之困辱然。一出鄉關即是身歸君父，幸不死于妻子之手得死所矣。分既無逃，仁又何怨？唯是血心未能報主而痴念尚慮吾君，如此四方多事，冲聖子立，婦寺專恣竊弄威福，手滑之毒將在縉紳，以目之兇已成道路，騎虎勢成不下，更恐隱憂無歇。是在皇天俯垂慈鑒，念先皇一月堯舜之政,默牖帝衷,洞開日照,令怙勢權奸罟戢兇心。庶令名之全于朝廷者大,而元氣之流于國家者深。如漣既已拚命而爭,何辭觸鋒而死。所願者以漣一人之僵死,啟吾皇轉念之好生。庶幾逆璫尚有悔日,貞士終爲吐氣。竊負古直臣尸諫之意,少罄吾顧命不忘之誠而已。漣無任激切戰慄之至。

【校記】

〔1〕僅見明金日昇輯《頌天臚筆》卷五上"贈廕"(崇禎二年刻本)。楊祖憲本、底本未收。

禱岳武穆王文[1]

原任都察院左副都御史,奉旨被逮楊某[2],謹齋心虔告於宋純忠武穆岳王之神。曰:惟神萬古精忠,兩間正氣,高山仰止。凡士而識字,將而枕戈者,莫不凜"愛死要錢"之明訓,以刻屬其心。烈日當空,或忠而被謗,直而蒙誣者,亦莫不引皇天后土之忠言,以陰祈一鑒。如某屋漏內省,誠無足比數於前賢[3];而忠愛獨盟,則不敢自同於末俗。

萬曆四十八年,當神祖賓天之後,先帝不豫之時,今上未册立及初登極之際,一倡議鄭貴妃之當移宮與當辭封后,一力爭李妃之不可以托付少主與不可抗據乾清宮[4]。總之,非杜漸防微之公心,則尊王消釁之獨念也。此一點血忱如爲官爲名,可以逃人耳目,必不可欺神明鑒。天啟四年,見司禮監魏忠賢與乳母客氏表裏爲奸、太阿竊弄。即帝子帝妃,可以生死任情。天語天憲,可以喜怒惟意。目已無君,漸豈可長?此某義不能忍,聲罪糾參,明知虎不可撩[5],禍不可試。只以當日憑几惓惓,安可今日同人默默。庶幾博浪一擊,萬一宗社有靈,令忠賢稍知主僕之分,不至謂外廷無人。或可以盡此臣子忠心[6],無但騙朝廷官做也。不意微誠不足濟事,孤直反爲厲階[7]。播惡同氣同鄉,削籍空國空署。今且橫誣以烏有贓私,並指前移宮事爲通王安罪案。父子長途,赤炎蒸背,聞者見者,不免傷情。某則謂自古忠臣受禍者,何獨某一人?即如武穆王何等功勳，而"莫須有"三字[8]，竟殺忠良，何况么麽如某[9]？此行定知不測，自作自受，已是甘心[10]。但所恨者，人借某以結内外之歡，因借忠賢以快恩讎之報。如劉一燝、周嘉謨等之削籍，如左光斗、魏大中之踉蹌[11]，徒傷明主手滑之威，益亂祖宗干政之制。某一身一家，其何足道？而國家大體大勢，所傷實多。且恐積威所劫，臣僚媚竈如趨；而積勢所成，權奸騎虎不下。九閽既已雲深，舉國盡爲舌結。氣運攸關，有不忍言者。惟是仰干神聖，大顯威靈，默牖帝心，少戢兇焰。無枉陷無辜於羅織，猶少回片照於蒙霾。雖八千女鬼亂朝綱之讖，若氣數有司，而一轉冰霜成雨露之仁。則惟神造化，千秋廟食，知不忘憂國之心。一寸蟻衷，定俯鑒愛君之血。

至於某之受誣，原欲不辯[12]。但事在追贓，無論名節。資斧已爲棠湊，罄產不滿千餘。何以成不疑之長者，將無累叔敖之子孫？興言及此，不免痛心，不敢不實訴於神也。説者又謂，此行已觸兇焰，當更發揮一番。恐纍臣一疏，想不能上聞；而天網四張，亦難以理論。徒取明旨之褻，更傷英斷之明，似不如聽之公道爲妥。無已，則仍抗前疏[13]，極言票擬當歸閣臣，用舍當聽銓部，刑罰當付法司，中官必不可干預外政。庶幾古人尸諫之意，少動時人忠義之心。又未知有當於人臣之義，有濟於天下之事否也？俱望尊神，明賜一夢，以決行止。瑣瑣冒瀆，敢言附於忠義之下同。而呱呱呼搶，實情切於疾痛之上籲[14]。惟神宥其褻冒，有以啟之，某不勝滌心惶仄待命之至。

【校記】

〔1〕又見《實錄》；六卷本卷二，題《告宋純忠岳武穆文》；三卷本卷一，題《告岳神》；二卷本卷上，題《告岳武穆疏》；明金日昇《頌天臚筆》卷五上"贈廕"（明崇禎二年刻本），題《旅次朱仙鎮時告岳王文》。各本文字各有出入。文中"某"，六卷本作"漣"。

〔2〕"奉旨被逮楊漣"，六卷本作"奉旨为民，今被逮楊漣，係湖廣德安府應山縣人"。

〔3〕"誠"，六卷本作"循知"。

〔4〕"一力争李妃之不可以托付少主與不可抗據乾清宮",六卷本作"一力争悍妃之不可以托付少主與不可抗拒乾清"。其中,"李",六卷本作"悍";"乾清"後,六卷本脱"宫"字。

〔5〕"虎"前,六卷本衍"彼"字。

〔6〕"或可以盡此臣子忠心",六卷本作"亦可以盡此臣子忠心"。

〔7〕"孤直反爲厲階",六卷本作"孤直反以厲階"。

〔8〕"莫须有三字",六卷本脱"三字"。

〔9〕"如漣"前,六卷本衍"直言"。

〔10〕"自作自受,已是甘心",六卷本作"自受已是甘心"。

〔11〕"魏大中"後,六卷本衍"等"字。

〔12〕"原欲不辯",六卷本作"原以甘心不辯"。

〔13〕"仍抗前疏",六卷本作"有漣三間大夫初念"。

〔14〕"實情",六卷本脱"情"字。

湖廣按察司副使石公墓志銘[1]

石公,澧人也。與余鄉試分省題名,又管憲吾楚中,故得其行事甚悉。公生有至性,以孝友著於鄉。幼好讀書,寒暑不辍。贈公嘗語人曰:"吾家累世積德,門閭之度,當在兹矣。"至萬曆庚戌,登韓敬榜進士。雖同仕寓京師,實漠然也。公嘗爲孝廉十載,至是春闈之夕,方閣筆少寐,夢人語曰:"仁漸義摩,四十年來惠受。東征西討,八千里外威靈。"寤即書之,爲主司大賞鑒。蓋有天定焉。初授河南中牟尹,時稱魯恭之後一人焉。代巡至,叱其御曰:"毋驚擾石中牟民也。"驅車旁出。考績舉第一,事載牟之志乘,昭如也。行取來京,會前任姜某以事反構公,公恬然。繼而飲友人齋,道及楊椒山建祠事,公詞意凛凛,令人寒洌不可近。余重之,遂與訂交。以姜某事詢公,公曰:"若事吾業爲彌縫,何以反構爲?若敢與我質於聰明正直者之前乎?"乃知姜某事爲公覆載者久矣。然構已成,公又不願自白,蓋爲人留餘步耳,竟左遷鹽運司知事。

而朝議卒寢，起公四川龍安府推官。中途會丁母艱，三年盡禮，有優遊卒歲無復宦情之意。服闋，補山西汾州府推官。之任，刑清政簡。凡所歷山水，以吟詠自娛，著有《西遊集》。是年，西省分闈，拔劉令譽等十餘人，後皆為令臣，人服其藻鑑云。汾多盜，自是相戒為良，曰："推府，佛爺也，敢不向化。"公居任，俸資不繼，常使人歸鄉梓典質以供米薪焉。至今數十年，而石推府廉惠之聲，固洋溢西河婦子也。入為刑部主事，歷員外，晉秩本部河南司郎中。明慎清惠，沈獄一時稱平。提牢敢斥熊廷弼，皆人所不能道者。時魏璫擅權，京之張掖門有李園一區，為選勝者第一，蓋中都督李承恩別墅也。璫欲奪之，不與，乃謀陷以他事。崔御史附之，鍛鍊成獄，置之死。公獨忿然顧謂執筆吏曰："取律來，看殺人媚人者當何罪？"三法司皆愕然。崔怒，投筆起去，曰："吾力能殺汝。"人人為公危，公毅然弗顧。既而漣與左光斗露章劾璫大逆，璫蒙昧付詔獄，人皆畏之。公力為護持，時走獄中，與同人談笑自若，謂漣得其死矣，寧赴西市，斷不可自盡。系獄浹旬，左光斗水米不進口，至是，獨飲公三觴。杭郡守劉鐸入覲京師，特疏救之。璫怒，並付獄。於時鞫訊者，皆斂手默舌。公獨排群議，抗疏入諫，直劉鐸不當死，非刑不可擅施；大臣有罪，惟死而已。且與大司寇力爭，若顧一時赫勢，千載後難免信史昭然。大司寇雖怒，竟無言而退，鐸賴以不死。餘時雖甚顛沛，深重公為人。左光斗於獄怨漣曰："朝有是人，不早使余與訂交，何也？"蓋謂拯國家危，成吾輩之志，非斯人莫屬矣。舉朝賢君子，無不倚重公。公度不可為，屢乞休不獲。一日，有謁者宵至，曰"將擢公為少僕矣"，公力辭。信宿復至，曰"擢公為大鴻臚矣"，公不應。無何，除懷慶守，命即日就道。聞者莫不疑懾，而公怡然曰："生死有命，豈由人耶？"及余知之，公已行矣。至懷，作告帝堂曰："昔司馬君實有言'生平無一事不可告訴於人'，吾則無一事不可告訴於天。"日之所為，暮必述而焚之。督憲趙公，受璫旨陷公，服公剛直，輒止。後任康公，亦甚敬慕焉。至今覃之言愷悌者，莫不指公為法。時天下郡府，皆為魏璫立祠，公獨執不可，曰："身可無懷官，懷不可有魏祠也。俟我去，若輩自爲之。"懷人德公，爲置宇設像，歲時致祭，公知而毀之。公去，民復立焉。又鑿山爲水利，溉田萬頃，民賴之。及公以覲入，父老攀轅而止之曰："舉朝皆重公，公此行，必不返矣。吾輩寧斃車輪下，不忍見使君之去也。"至沁水上，老稚婦子，進酒觴而歌之曰："五馬度翩翩，瞻依咫尺天。裝嫌琴鶴累，清畏姓名傳。聖世崇良牧，生民頌有年。仁君自茲去，早晚畫凌煙。"其呼號之聲，雖輿人舟子，莫不感泣云。昌黎祠生韓綬者，善繪，率族百三十人，送至二百里外。進《攀轅圖》哭之，不忍別。入京，特命爲湖廣按察副使，駐長沙，兼轄寶慶。蓋因寶之岷藩，有謀殺親王一獄。按之，王子依母命，通藩僚爲奸。撫按臬司司理等官，谿壑者多，若將枉彌其事也，已期餘不問矣。及公奉命至，一一摘發之。實屬及藩戚，相踵乞謁公。公作"止蛙堂"以見志，曰："余腹不食汝殷豐之肉。"來者既不敢言其他。後之撫按，始不敢屈其事。至是，始另具題焉。上遣駙馬侯拱辰、司禮監李其全同治岷獄，抵寶。過長沙，咸執手謂公曰："識公清節，盃酒相歡足矣。"詰朝，以詩箋走謝。公以侯爲同年子，亦以詩箋投之，無一帕相遺也。蓋侯爲人，外容與，內谿刻。以故李監見而笑曰："公真至誠君子哉！"俟事竣，侯反命，曰："石維嶽廉則廉矣，但作事迂猛耳，未獲允旨，擅動大刑。宗支不可保，必自此始。"岷之妃曰鄧氏，攜所生嗣王特陛奏曰："石維嶽，雅操一廉秋月，雄才萬壑流泉。"上始悟，批部議覆，乃得遣戍之旨。時正人君子，無一立朝者矣。湘州顯者，舊請托於公，拂意，從中撓之，公遂居漁陽者浹歲矣。方公之在桑梓也，舊有祖遺，悉給諸昆弟，不足者另置一區處之。公嘗買宅，其人券已署矣，將去，嘆曰："此僅足償負，與我老計無預焉。"公聞而追至，持二百金贈之曰："以此資老計，何如？"其人感泣，乞復上券。公曰："此小事耳，何以券爲？"公嘗自太守歸，多不命乘輿。有鄉人避之者，公急呼揖之曰："何相棄之深也？"所有俸物，雖疏遠，無不贍給。公之事親盡孝，處昆弟友睦，服官之中正，治獄之平允，立身之不阿，鄉黨之恂恂，亦由天性本然，非勉強而致者。蓋余自訂交以來，知公事實如此。先，余與友人私議曰："此翁日後得志，立朝必有可觀。不有大遇，必有奇禍。庶幾乎與椒山並驅燕邦與？"而今竟終謫所，幸固幸矣，余輩之大不幸也。銘曰：生者寄也，死者歸也。若能正色立朝，大節不虧。不爲富費所逐，不爲勢焰所摧。維星維河，可鑑可龜。貫日曰虹，奮地曰雷。繼忠肅椒山而無添者，非公其誰！（《光緒畿輔通志》）

按：此《志》蓋忠烈在獄中所爲，人鮮知者。故《遺集》只載銘章二篇，而佚此志，更亟補輯存之。

葆心按：李其全，據《明史稿·珉王傳》，當作李其懋，此偶誤。珉王洪禋，暴薨之獄。《明史》所載，坐校尉彭侍聖、官人胡氏，以弒逆磔死，而善化郡王企鋘、將軍企鐘牽連入賜自盡。其事據《寶慶府志·良翰錄》《武岡州志》載記，均稱爲冤獄。事起於王妃鄧氏之弟兵馬指揮之沛，以善化爲王欲代理府事，奪之沛權，遂誣奏成大獄。人咸冤之，不特彭侍聖等磔死無辜，即鋘鐘等，皆連染不白。成其事者，太監李其懋，都尉拱宸，會巡按黃宗昌所讞訊也。石副使維岳，以巡道按此事於前，獨一一摘發其冤。此《志銘》所謂始不敢屈其事，始另具題，是也。及侯李兩人至，依然証成冤獄。於是石巡道坐罪遣戍矣，指其爲曲庇罪人也。此獄之本末如此，而《畿輔通志》，又據《永平府志》，謂維岳以忤崔呈秀被謫，尤誤。因忠烈文中爲朝廷失刑諱，隱約其詞。恐人不解，特爲疏解之。

葆心又按：石副使平反冤獄事，入清代更大白。據史夢蘭《（光緒）永平府志五十八仕績》載"戶部侍郎石申傳"云："先是世祖稽古制，選漢官女備六宮。申女及笄，承恩贈居永壽宮，冠服用漢式。勑召申妻趙淑人乘肩輿入西華門，至右門下輿，入宮行家人禮。賜重筵，賜紵，賞賚有加。後封恪妃。"又考王士禎《池北偶談》云："世祖章皇帝恪妃石氏，灤州人，戶部侍郎申之女也。申父維嶽，明萬曆庚戌進士，官蘇省副使。會王府中官蘇鳩其王，反誣其妃某弒之。撫按以下官皆納其賄，將具獄矣。維嶽獨持不可，力雪妃冤。至是申生恪妃竟入宮掖，人以爲救妃之報云。"觀此更可證成《寶慶府志》之說，爲當時信史也。

【校記】

〔1〕録自《湖北文徵》卷四"楊漣",底本及其他各本未見載録。石維嶽,五峰,灤州人。萬曆三十八年進士,官至湖廣按察副使,遭貶薊州充軍,卒於戍所。《(光緒)畿輔通志》卷七十四有傳。

書獄神廟壁文[1]

枉死北鎮撫司楊某絕筆書於獄神之前[2]。某以癡心報主,不惜身家,久付七尺於不問矣。日前赴逮,不爲張儉之逃亡、楊震之仰藥,亦謂雷霆雨露莫非天恩。故赤日長途,踉蹌不脱,欲以身之生死歸之朝廷;且不忍概於今公論與人心天理俱不足憑,徒以怯縮自裁,祇取妻子環泣,令明時有身死不明之大臣耳。

不意身一入都,偵邏滿目,即發一揭,亦不可得,至於如此。打問之日,汪文言死案密定,固不容辯,血肉淋漓,生死頃刻,不時追贓,限限狠打。此豈皇上如天之仁、國家慎刑之典、祖宗待大臣之禮?不過讐我者立追我性命耳!借封疆爲題,追贓爲繇,徒使枉殺臣子之名歸之皇上,而因我累死之冤及於同類,然則某今日尚何愛此餘生哉?

叩九閽不得,苦求自絕。明某自死,非皇上殺之,内外有殺之者!某死,則讐我之忿可消,而好生之念或動;天下人心猶在,公論或伸。使國家無一獄冤死卿貳六人之慘,而某亦得上見先帝於在天,訴明當日不忍負顧命一念。

至於移宮一事,李選侍於聖母有氣毆之兇,於先帝有廷辱之惡,於皇上有欺侮之罪,如此肆無忌憚,豈堪與冲聖同宮?先帝上升之日,大小臣工共議:李選侍移出乾清。亦謂乾清非選侍得據之所,遷居别宮,於皇上臨政爲便。蓋在廷諸臣一念正名分,防微杜漸[3],專擅之公忠耳。李選侍於皇上既非生母嫡母之尊[4],又無撫養保護之素,祇一移宮本分事,有何違犯?詎云陷於不孝?然則今日諸臣還當請李選侍還正乾清,可乎[5]?嗟嗟,以誕天育聖之國母,幾年受其鐫迫,至於皇上母子相訣,終天飲恨何窮？此在爲聖母辦膳所親見者。今在朝冠紳，誰非聖母臣子？曾未動念追論[6]，而於李選侍半晌遷移，百法千方惋惜。無非爲內外欲殺某之人砌成罪案[7]，曲加描寫。誣謂先帝三次召對，皆爲封選侍，飾成遺命之專如此。不知君臣召對，生死交關，但惓惓一宮人，視先帝爲何如主？乃先帝絕未嘗有此也。初次召對，爲發明違和。以舊病偶發，服藥無效，令諸臣傳知中外以杜紛紛之口。並皇上伏侍人都有了，與停太后封事。既因孫宗伯言封李選侍儀注，先帝始言加一名封之故，以李選侍生育多，伏侍久也。非宗伯言之，則先帝語未及此矣。二次召對，則君臣相慰藉，語未及他事。三次召對，則屬二三大臣以輔今上要緊[8]，及國家事當盡心分憂。至問壽宮後，李選侍拉上入，復推出，要封皇后，先帝色大變。孫宗伯言封李選侍爲皇貴妃，臣等不敢不遵命。先帝但急指上，言輔他要緊者二，明示封選侍無甚要緊也。隨即暈倒御榻。今無端謂先帝於李選侍臨危，握手丁寧。明加皇上以違逆之名，隱加先帝以內嬖之過[9]。徒欲快幾人之恩讐，不顧傷兩朝之名德，是豈可忍？

今某已死矣，祇存此一段議論，灑向青天白日，爲幽冥覈實者考質。倘仁人君子不忍絕冤死者之言[10]，有以付之修實錄者，亦臣子所以爲兩朝名德深恩也[11]，然非所敢必也[12]。即身無完肉，屍供蛆蟻，原所甘心[13]。而癡愚念頭，到死不改。惟我在朝臣子，共從君父起念，於祖制國法，國家大體，當共留心[14]。畢竟念選侍先朝舊人[15]，撫養弟妹，厚加恩禮，於國法家法，可謂衡量得體，仁義兼盡。今何忍以罪一憨不畏死之楊某，盡一筆抹殺？若夫泰昌元年九月，召方、韓、劉三閣臣與六部都察院一國公三科道於乾清宮前，面而發選侍無禮聖母之事[16]；因方相公言待李選侍有恩禮，不必又暴其過惡。皇上親言"朕與他有讐"。當時君臣相質真意，母子相念至情，宛然惻然，夫豈出夜半傳宣者？今俱以一"假"字消之，謂俱出從旁提弄，又令後世視皇上爲何如主？某謂事關大體，即語有失次處、有欠妥，只當據理據情規正，不妨存其本色[17]。而況乎其未必多失也？又何忍不於君父母子無解恩怨，宮庭當正名義，再一深原？某沉死獄底之人，語言亦復何味？而人之將死，兩朝豢養，一念忠愛，恨生前未一發明，不忍不於死時痛心一宣吐也[18]。

若夫家破人離，老母無終，幼子無食，債家逼促，都非某所念及矣。可笑[19]！讀書做官人，於國家大體緊關之際，只當唯諾從人，作秦越之視，爲兩踩之船；當事無半句商量，背後冷言冷語，爲目前自卸妒人計，作後日逢人功名地，豈不仕路上大乖巧大便益事？何苦癡愚，從君父國家遠念，不顧性命身家，務欲盡其在我？又復好直，觸忤多人，使屍無全體，誰是獨食朝廷飯者[20]！

然守吾師致身明訓[21]，先哲盡忠典型，自當成敗利害不計，乃朝廷之所以不虛養士也。若箇箇討乖趨勢，只戀功名長久，不顧朝廷安危[22]，聖賢書中，忠義心上，終不敢許。即范滂臨刑："欲汝爲善，則我不爲惡。"父子相訣，某謂何不更勉以忠義而作此憤激之語[23]？替人讀書之念，某至此時，不悔直節，不懼酷刑，不悲慘死。但令此心毫無奸欺[24]，白日冥冥，於我何有哉？

【校記】

〔1〕又見《實錄》；六卷本卷二，題《絶筆書於獄神之前》；三卷本卷一，題《告獄神》；二卷本卷下，題《獄中絶筆》；明黃煜《碧血錄》卷上（清知不足齋叢書本），題《絶筆》；明金日昇《頌天臚筆》卷五上"贈廕"（明崇禎二年刻本），題《詔獄絶筆》。文字各有出入。本文中"某"，六卷本作"漣"。

〔2〕"獄"，《東林本末》作"監"。

〔3〕"杜漸"，六卷本作"漸杜"。

〔4〕"李選侍"，六卷本此文中多處把"李選侍"或"選侍"省稱爲"李侍"或"侍"。

〔5〕"還正乾清"，六卷本脱"還"字。"可乎"後，六卷本衍"即日踉蹌出宮，無知中官快貪怨之私有之，然與議移宮者何與"。

〔6〕"曾未動念追論"，六卷本脱"追論"。

〔7〕"爲"，六卷本作"謂"。

〔8〕"今"，六卷本作"皇"。

〔9〕"嬖"，六卷本作"僻"。

〔10〕"冤死者之言"，六卷本脱"者"字。

〔11〕"恩"，六卷本作"忠"。

〔12〕"然非所敢必也"後，六卷本衍"若漣二三乳臭之子，驚魂欲散，知無能收入家乘矣。嗟嗟，癡心爲國，妄趨死路。生有累於朝紳，死無裨於君德。虛存忠直肝腸，化作萇弘碧血，留爲干日白虹，死且不瞑。但願國家強固，聖德剛明，海內長享太平之福"。

〔13〕"原所甘心"後，六卷本衍"不敢言求仁得仁，終不作一怨尤字也"。

〔14〕"惟我在朝臣子……當共留心"，六卷本作"還願在朝臣子，共從君父起念，於祖制國法，國體大家，當共留心"。其中，"惟我"，六卷本作"還願"；"國家大體"，六卷本作"國體大家"。

〔15〕"畢竟念選侍先朝舊人"，六卷本作"即皇上處選侍一節，斟酌於潛邸凌聖母之讐，大廷辱先帝之惡，僅緩其名封，畢竟念其先朝舊人"。

〔16〕"若夫泰昌元年九月……面而發選侍無禮聖母之事"，六卷本作"若夫泰昌元年九月中，傳李氏氣毆聖母，與節次無禮等聖諭，此召方、韓、劉三閣臣與六部都察院一國公三科道於乾清宮前面發"。

〔17〕"妨"，六卷本作"防"。

〔18〕"一宣吐也"後，六卷本衍"唯同朝諸君子念之"。

〔19〕"幼子無食……可笑"，六卷本作"幼子無聊，債家逼促，都非漣所屑及，亦終不怨天尤人矣。好笑好笑"。

〔20〕"誰是獨食朝廷飯者"後，六卷本衍"好笑好笑"。

〔21〕"然守吾師致身明訓"，六卷本作"然吾師致身家法"。

〔22〕"危"，六卷本作"利"。

〔23〕"父子相訣，漣謂何不更勉以忠義而作此激憤之語"，六卷本作"父子相訣之語，漣亦謂子孫，何不更勉之忠義而作此隱語"。

〔24〕"替人讀書之念漣至此時……但令此心毫無奸詐"，六卷本作"替人讀書之念如此，堯舜其心至今在，是何證據？大笑還大笑。但令此心未嘗死"。

卷十

詩

古體詩

神仙篇[1]

浮生厭危役，名嶽共招攜。
雲軒遊紫府，鳳駟立丹梯。
時視遼東鶴[2]，屢聽淮南雞。
玉英持作寶，瓊實採成溪。
飛策揚輕電，懸旌耀彩霓。
瑞銀光似燭，靈石髓如泥。
寥闊南山右，超越鳳洲西。
一丸應五色，持此救行迷。

【校記】

〔1〕又見六卷本卷三、三卷本卷二。在六卷本、三卷本中，《神仙篇》《被逮賦別崇智宗侯》兩篇合爲一篇，目録題《神仙篇》，正文題《神仙篇被逮賦別崇智宗侯》。

〔2〕"視"，六卷本作"見"。

被逮賦別崇智宗侯

命駕瑤池側，過息嬴女臺。
長袖何靡靡，簫管清且哀。
璧門涼月舉，珠殿秋風廻。
青島鶩高羽，王母停玉杯。
舉袖暫爲別，千年得復來。

宿漢口回龍寺爲恒空上人作[1]

江上一拳石，環以數株樹。
精舍隱老僧，問年不知數。
黃鶴舞對江，鸚鵡來蒼素[2]。
清磬發閒情，風檣任沉汩。
試問在舟人，能得高眠足？
老僧笑不言，江月澹超忽。

【校記】

〔1〕又見六卷本卷三，題同底本；三卷本卷二，目錄題《宿漢口回龍寺》，正文題同底本。清張豫章《四朝詩》"明詩卷"三十二五言古詩十七（清文淵閣四庫全書本）亦載錄。

〔2〕"鸚鵡來蒼素"句，六卷本作"鸚洲水東注"。

近體詩

寄老僧筇杖[1]

堅輕筇竹杖，一杖有九節[2]。
寄語朔州僧，閒步秋山月。

【校記】
〔1〕又見六卷本卷三、三卷本卷二，題同底本。
〔2〕"九"，六卷本作"高"。

失題五首[1]

山色無定姿，如煙復如黛。
中有素心人，鳴琴應秋籟。

閒逐趁春遊，翛然入深峭。
不見響屧人，山花淡相笑。

結伴諸女兒，拈花各嬌面。
柔鶯弄柳雙，轉頭落翠鈿。

鬭草藉花茵，山花香撲鬢。
尋香不辨人，嗅來蝶成陣。

闢此鴻蒙荒，真成羽人宅。
洪崖居可移，天姥夢亦得。

【校記】
〔1〕又見六卷本卷二，題同底本。清張豫章《四朝詩》"明詩"卷九十九"五言絶句"四（清文淵閣四庫全書本）收四首，缺第三首。清陳田《明詩紀事》"庚籤卷"六（清陳氏聽詩齋刻本）收一首"山色無定姿"。清丁宿章《湖北詩徵傳畧》卷二十四選三首，缺第三第五首。

同友人登眺漫和老僧口號[1]

二三物外侶，盟結歲寒松[2]。
揮麈倚蘭砌，捫蘿上梵宫。
練搖飛瀑白，鶩帶落霞紅。

吟眺當茲際，塵氛净眼中[3]。

【校記】

〔1〕又見六卷本卷三，題同底本；三卷本卷二，目録題《同友人登眺》，正文題同底本。

〔2〕"松"，六卷本作"同"。

〔3〕"眼"，楊祖憲本作"門"。

山居陳元樸見訪限香韻[1]

桐吟涼吹夜，促膝共元方。
肝膽衝星壯，芝蘭入室香。
凄清聽遠瑟，潦倒醉醇觴。
匪石吾徒在，雌黃任短長。

【校記】

〔1〕又見六卷本卷三，題同底本；三卷本卷二，目録題《山居陳元樸見訪》，正文題同底本。

曾　子　山[1]

遠將秋送目，天與碧爭鋪。
借此山中月，看猶汶上吾。
雲腴瓜不斷，石種棗寧枯。
一片春秋色，登登到得無。

【校記】

〔1〕又見三卷本卷二，題同底本。

贈諶心宇五十[1]

恭祝懸弧旦，圖開瑞靄烝[2]。
千秋期后艾，五秩慶先登[3]。
駐世稱居士，前身是髮僧。
瑤池降王母，玉笥得高朋。
海上鷗堪狎，樓頭鶴可乘。
風流追許椽，孝友擬姜肱。
鷺序終須列，鴻冥暫避矰。
桑陰十畝適，山色一闌憑。
守以黑知白，胸消炭與冰。
弓裘基不薄，忠孝世相承。
令德歌同種，怡情壽愷增[4]。
真仙在真樂，何羨羽飛騰？

【校記】

〔1〕又見六卷本卷三、三卷本卷二，題《贈諶心宇五袠》。

〔2〕"烝"，六卷本作"蒸"。

〔3〕"秩"，六卷本作"袠"。"五秩慶朱登"後，六卷本衍"柏茂松爲繼，月恒日始升"句。

〔4〕"怡情壽愷增"，六卷本作"怡怡壽愷增"。

楚闈中秋[1]

戰罷文場筆陣收，客居不覺近中秋。
天開銀漢三千丈，人仰金風十二樓。
燭影遙添豪士氣，桂花偏插少年頭。
今朝得會嫦娥面，明日蟾宮任我遊。

【校記】
〔1〕又見三卷本卷二，題同底本。

贈彭淳吾雲水遊（有序）[1]

淳吾道兄尋五嶽游，一雙赤腳，兩箇空拳，眼前寸絲不罣，世事一筆都勾，可稱決烈男子矣。友人楊文孺老婆心腸，無敢一牽破衲作世情話相向也，漫賦一言紀別。

久向雲壇曳羽衣，蘧年未屆已知非。
卻從丹鼎還靈藥[2]，讀得黃庭悟秘機。
羈紲何人能自脫？塵囂如汝亦應稀。
學仙將去家千里，何日歸來丁令威？

【校記】
〔1〕又見六卷本卷三、三卷本卷二，題同底本。
〔2〕"還"，六卷本作"採"。

題　　畫[1]

把酒高樓俯碧流，微茫氣色對窗幽。
重巒倒影平湖净，積翠斜連粉堞浮。
不盡雲霞飛樹杪，何來旌節駐沙頭？
座中雙眼乾坤豁，豈必人間汗漫遊。

【校記】
〔1〕又見六卷本卷三、三卷本卷二，題《題畫景》。

看山宿鐵佛寺[1]

何年鐵冶範金仙，勝占靈山地最偏。
徑入深林迷婉轉，庭撑古柏拂雲烟。

談經案近巖邊月，煮茗鐺澆石上泉[2]。
藜杖看山時憩此，翛然疑到小壺天。

【校記】

〔1〕六卷本卷三，題《看山宿鐵佛寺漫興》；三卷本卷二，目録題《看山宿鐵佛寺》，正文題《看山宿鐵佛寺漫興》。《欽定古今圖書集成·方輿彙編職方典》第三百七十九卷"開封府祠廟考下"："慧林禪院俗呼鐵佛寺，在相國寺東馬道街路北。明末經河水没，皇清順治年間，有僧魁一，募化左布政使徐化成，捐俸建修復其舊。明楊漣詩"云云。

〔2〕"石上"，六卷本、三卷本皆作"厨壁"。《欽定古今圖書集成》亦作"厨壁"。（元）楊載撰《楊仲弘集》卷三（四部叢刊景明嘉靖本）《和孟東野題崑山寺》："蘭若負崑岡，鑿崖安佛床。梯雲石磴滑，入廚泉水香。旦寒鳥相聚，月黑龍放光。舟行苦局促，幸憩殊勝塲。"意爲引泉入廚，有山野瀟灑之趣。壁泉，泉水從建築物壁面流出，是一种園林裝飾形式。並與此處文意不合。

題柏子園青芸閣[1]

官閣凌空汶水深，金颸初動客登臨。
浮雲易改三山色，落葉先驚萬里心。
江上美人遺雜佩，城南少婦試清砧。
繁臺兔苑今禾黍，日暮憑闌思不禁。

【校記】

〔1〕又見六卷本卷三，題同底本；三卷本卷二，題《題柏子園》，正文題底本。清沈德潛《明詩別裁集》卷十、清張豫章《四朝詩》"明詩"卷八十七"七言律詩"二十（清文淵閣四庫全書本）、清朱彝尊《明詩綜》卷六十五（清文淵閣四庫全書本）、清丁宿章《湖北詩徵傳畧》卷二十四（清光緒七年孝感丁氏涇北草堂刻本）亦收，題同底本。

秋日移居石龍寺用九龍碑詩韻紀勝二首[1]

其一

花宮百尺擁松蘿，說偈僧歸歲月多。
碣上數行留帝製，菴間一錫有神訶。
巖懸飛瀑烟雲濕，路近樵青斷續歌。
覽勝自嗤塵累縛，何時受戒伴頭陀？

其二

一榻蕭然臥草邊[2]，也依繡佛學逃禪。
未能寐入無塵地，卻喜閒游是梵天。
杖曳雲霞穿古砌，琴聽商羽咽鳴泉。
興來幾醉藤蘿月，忘卻蹉跎負盛年。

【校記】

〔1〕又見六卷本卷三，題同底本；三卷本卷二，目錄題《秋日移居二首》，正文題同底本。

〔2〕"邊"，六卷本作"玄"。"草玄"，用楊雄典故，避禍之意。與此處詩意不合。

偶坐申陽青蓮庵[1]

申陽城外山如畫[2]，近接河流遠接天。
翠擁虬松秋四壁，風酣絲柳日三眠。
人來犬出雲間吠，鳥去僧還定裏禪。
偶爾到菴塵慮歇，擬從社主結青蓮[3]。

【校記】

〔1〕又見六卷本卷三，題《偶坐申陽青蓮庵漫興》；三卷本卷二，目

錄題《偶坐申陽青蓮庵》，正文題《偶坐申陽青蓮庵漫興》。清張旋均輝《湖北詩佩》（宛如軒本）卷四有錄，題《申陽青蓮庵漫興》。

〔2〕"如畫"，六卷本作"無邊"。

〔3〕"結"，六卷本作"續"。

輓彭烈婦二首[1]

其　　一

陳人之女彭生婦，二十餘齡殉所天。
指髮兩殘先示信，水漿七日不曾咽。
抱屍血染衣和履，投死心甘蟻共鳶。
節烈古今名並著，如斯就義幾人全。

其　　二

熄燭曾盟合卺時，於今殉死益堪悲。
一雙玉墮春纖笋，滿首刀殘雲鬢絲。
名並湘君能泣竹，才同衛女解吟詩[2]。
漢東自昔多姱節，三百年來此一奇。

【校記】

〔1〕又見六卷本卷三、三卷本卷二，題同底本。

〔2〕"才同衛女解吟詩"，六卷本作"羞渠卓女解聞詩"。據《詩經·鄘風·載馳》，春秋時衛國被異族所破，國君之妹許穆公夫人回國靖難，賦詩言志。卓女，卓文君聞司馬相如琴曲而與之私奔。使用"衛女"之典，更洽和文意。

龍思霖遊龍興寺懷詩見訪用韻答之[1]

久慕藜焚太乙光，美人何幸此同方。
披襟愛結蓬蒿侶，紉佩常親蘭蕙香[2]。

門有弓旌徵異等，匣含風雨暫深藏。
明時轉盼公車會，何用飄零重自傷！

【校記】

〔1〕又見六卷本卷三，題同底本；三卷本卷二，目錄題《龍思霖遊龍興寺》，正文題同底本。

〔2〕"紉佩常親蘭蕙香"，六卷本作"結佩常紉蘭蕙香"。

送醫士彭月潭還吴[1]

彭仙世住清江浦，三十年來寓楚墟。
此日歸帆別鸚鵡，到時家饈醉鱸魚。
活心自熱肱非折，殘髮雖皤顏似初[2]。
若過匡山應大笑，杏林春意屬吾廬。

【校記】

〔1〕又見六卷本卷三，題同底本；三卷本卷二，目錄題《送醫士彭月潭》，正文題同底本。

〔2〕"殘"，六卷本作"玄"。

贈水心老僧[1]

支遁雲窩沂水丘，狂儒此日始攀遊。
談禪話我葛藤下，説偈禮佛蓮葉頭。
净鉢只教玄鶴守，法筵時見赤霞流。
塵襟一瞬都空盡，何必尋仙到十洲？

【校記】

〔1〕又見六卷本卷三，目錄題同底本，正文題《題贈水心老僧》；三卷本卷二，目錄題《贈水心老僧》，正文題同底本。

喜友人至寺見訪[1]

暮雲相望正迷茫，之子何來聚上方。
夜坐暗聯奎壁影，風吟時挹薜蘿香。
斷金自分三緘口，刻燭無妨屢命觴。
卻慮王猷旋返櫂，明朝分手恨應長。

【校記】

〔1〕又見六卷本卷三，目錄題同底本，正文題《喜友人至寺見訪對榻論心兼致贈別》；三卷本卷二，目錄題同底本，正文題《喜友人至寺見訪對榻論心兼致贈別》。

答魏兑岳贈畫鷹[1]

點綴神鵰出海雲，信陵好客特頒分。
風微尚歛雲霄翼，秋擊應消狐焰羣。
橫目一鳴沉氣韻，枝頭獨立絕塵氛。
圖開蓬壁殊增色，不羨林禽萋菲文。

【校記】

〔1〕又見六卷本卷三、三卷本卷二，題同底本。

贈彭月潭八十舉子[1]

月潭老人興太奇，生平不解皺雙眉。
宅邊有地頻栽杏，身外無營只採芝。
濁酒半醺聊自咏，詼諧一笑解人頤。
不知得訣長生否，八十年來尚產兒。

【校記】

〔1〕又見六卷本卷三、三卷本卷二，題《贈月潭八十舉子》。

輓水心和尚[1]

闍黎幾脫瞋癡障，惟有參寥性湛如。
愛客常揮高士榻，談禪時悟覺皇書。
東林擬結青蓮社，西竺奄隨素鶴徂[2]。
儂到水心亭上望，不堪聞笛立踟躕。

【校記】

〔1〕又見六卷本卷三、三卷本卷二，題同底本。
〔2〕"素"，六卷本作"玄"。

題四賢祠[1]

載酒斯堂豈漫遊，典型不遠得前修。
連名宦業推清凍，渡蟻何心應狀頭？
山外三鐘仍紫氣，橋南一派擁寒流。
地靈似尚催人傑，未信芳從兩姓收[2]。

【校記】

〔1〕六卷本卷三、三卷本卷二，題同底本。應山四賢，北宋時期，應山人宋庠、宋祁兄弟與連庶、連庠兄弟並享盛名。世謂"人才二宋"、"盛德二連"，建四賢祠以祀之。
〔2〕"從"，六卷本作"蹤"。

丁酉中秋對讀所感賦[1]

今夕何夕天微雲，秋光中孅此平分。

擁衾獨臥難成寐，命酒諸君恣論文。
九折無因逢伯顧，一揮誰道掃千軍。
惟應天柱峯頭月，堪炤幽思百縷紛。

【校記】

〔1〕又見三卷本卷二，題同底本。

積雨小霽同劉生伯王思延出遊賢隱寺[1]

震雷河外初收雨，出眺賢山曳短筇。
一徑斜穿通薜荔，數峯高插削芙蓉。
仙留石洞人何世？僧定松門雲自封。
羈客此中虛望眼，徘徊預恐暮城鐘。

【校記】

〔1〕又見三卷本卷二，題同底本；清張豫章《四朝詩》"明詩"卷八十七"七言律詩"二十，題同底本。"劉生伯"不見楊漣同時代資料，估計是"劉延伯"之誤。劉承禧（？—1621），字延伯，一字延白，湖北麻城人。萬曆八年武舉會試第一人，明書畫收藏家。王世延字思延，號喬峰，室名師林山房，信陽人，或云山東人，王祖嫡之子，爲京營左參，封鎮國將軍，與董其昌有交往，是楊漣親家。乾隆五十二年《登封縣誌》收錄有董其昌詩《送王思延赴嵩山》。卷四《與梅長公四首》之三提及王思延、劉延伯。二人均爲武將，均喜好書畫收。據（清）張照撰《石渠寶笈》卷十"貯"（清文淵閣四庫全書本）所載《晉王羲之快雪時晴帖一冊（上等天一）》資料，其中有劉承禧題跋、王世延鑒藏，据吳廷跋，刘承禧珍爱所藏此貼，唯恐自己身后为人侵匿，便告知麻城令君，用印封存，并托王思延将军转交给吴廷。可見劉王二人交遊密切，結伴來訪，很有可能。詩中所云"出眺賢山曳短筇"，賢山，在信陽，詳見卷四《復申陽楊刺史》校記。

送遊叔燦入北雍二首[1]

其 一

才子青驄指帝城，柳花兩岸夾啼鶯。
奚囊鄭重前途滿，贏得青樓唱玉清。

其 二

題柱仙郎自有名，雄文新主辟雍盟。
乘時好獻《上林賦》，玉案重迎舊長卿。

【校記】

〔1〕又見六卷本卷三，題同底本；三卷本卷二，題中"叔"，目錄作"俶"，正文作"叔"。

遊北固望金焦紀事十首（今遺其六，聞南中有石刻云）[1]

危亭平俯大江流，煙色維揚一片浮。
眼底六朝人物盡，獨憐拳石自千秋。

逢僧剛得話逃禪，候吏催人下唬船。
怪底漁翁維柳下，三杯高枕石頭眠。

巑岏古洞幾經春，穠李夭桃色自新。
半壁老藤深抱月，卻疑中有避秦人。

風塵逐日若爲酲，纔到虛堂眼倍明。
高貴白晹春正净，天涯何事滯迷津[2]。

【校記】

〔1〕又見六卷本卷三、三卷本卷二，題同底本。題中小注，現存諸本皆有。

〔2〕"迷津"，六卷本作"行旌"。"明"庚韻，"旌"青韻，"津"真

韻，從鄰韻通押角度看，"行旌"更合適。

送程存質南歸二首[1]

其　一

氤氳滿路結靈雯，才子青驄朱作幩。
歸去江南春正好，都收橡筆發雄文。

其　二

黃山白嶽鬱嶙峋，如錦花時入望新。
不及條風隨馬首，一尊千里共尋春。

【校記】

[1] 又見六卷本卷三、三卷本卷二，題同底本。

送劉宗乙赴試武昌二首[1]

其　一

濯枝新雨净山城，到處榴花照眼明。
況復雲翻青萬頃，好收橡筆恣縱橫[2]。

其　二

午月江頭水正平[3]，輕橈隊隊踏波行。
中流擊楫君家事，越石於今有後生。

【校記】

[1] 又見六卷本卷三，題同底本；三卷本卷二，目錄題《送羅宗乙二首》，正文題《送羅宗乙赴試武昌二首》。

[2] "橫"，六卷本作"衡"。

〔3〕"平"，六卷本作"泫"。

遊靈崖望太湖過西施洞二首^[1]

其　一

吳王穩擁太湖深，薪膽十年少伯心。
但看扁舟辭國事^[2]，何嘗載去浣紗人^[3]。

其　二

萬松深鎖洞門扃^[4]，絕磴蒼苔不可停。
誤國無從誅尤物，尚留遺跡穢山靈。

【校記】

〔1〕又見六卷本卷三、題同底本；三卷本卷二，目錄題《遊靈崖望太湖二首》，正文題同底本。
〔2〕"看"，六卷本作"得"。
〔3〕"何嘗"，六卷本作"不須"。
〔4〕鎖，六卷本、楊祖憲本均作"瑣"。

贈融和尚（有序）^[1]

歲甲辰，余從方外彭幼朔閉關雙林寺時^[2]，寺僧融長老，殊僛然松下風也，余甚敬之。融齒固長余五歲^[3]，今春苦於度帖勞費，過余齋，因問寺中景，則近蕭條甚矣^[4]。乃僧貌尚如舊，而余鬚髮半白，感而書此。

二十年前學閉關，而今相見鬢毛斑。
却憐海內徵求急，即爾山僧亦不閒。

【校記】

〔1〕又見六卷本卷三，題《爲雙林融長老作有序》；三卷本卷二亦

收，目録有此題，正文處有文無題。

〔2〕"闚"，六卷本作"關"。詩中有"二十年前學閉關"，當作"關"。"歲甲辰"，明朝萬曆三十二年（1604），當時楊漣三十三歲，此詩創作於天啟四年（1624），當時楊漣辭官回鄉。

〔3〕"融齒"後，六卷本脱"固"字。

〔4〕"因問寺中景，則近蕭條甚矣"，六卷本作"因問寺中舊景，則蕭條甚矣。"

和友人七夕韻[1]

耿耿銀河望眼頻，一年此夕鵲橋新。
相逢莫漫輕相別，明日東西不易親。

【校記】

〔1〕又見六卷本卷三、三卷本卷二，題同底本。

遊雙泉寺次彭熙陽先生韻二首[1]

其　一

鍾聲縹緲鶴聲孤，彷彿人天有即無。
最是禪心容易覓，一聲清磬見玄珠。

其　二

嶙峋山寺倚雲孤，是處嚚塵此若無。
怪得主僧多慧識，摩尼剩有照昏珠。

【校記】

〔1〕又見六卷本卷三，題同底本；三卷本卷二，目録題《遊雙泉寺二首》，正文題同底本。

和家兄韻寄王陽奇[1]

筆落驚人何太奇，王家寧復羨馨兒。
但看今日兒童語，定擅他年幼婦詞。

【校記】
〔1〕又見三卷本卷二，題同底本。

贈夏予蘭父母[1]

桐川舊擅南中秀，吳越江山環左右。
挺生真人扶昌辰，策名先應郎官宿。
淑氣迎來入楚偏，風規韻俊絕前賢。
魯恭不足誇三異，羊續猶多魚在縣。
即今鳴琴未朞月，士腴民肥蔭深樾。
紅女喜舞附枝桑，黃雲倦擁兩岐麥。
偶尔餘災厄在民，五月終宵雲漢明。
高田龜坼不可種，十日米價騰鄉城。
我公憂民痛殊切，古廟叢祠走不輟。
髮鬌已先禾黍焦，淚珠常伴青詞血。
更聞閫內結檀林，籲帝疼民同此心。
甘澍欲分功德水，慈雲遙送海潮音。
果然精誠百神眷，果然霈澤千家遍。
黃埃頃刻漾清波，魚龍喧㕔珠玉濺。
丹田歷亂水禽翔，深谷扶携饁婦忙。
跨馬出郊俯極目，枯焦一換青蒼蒼。
憶昨天高暮霞爛，五月深秋嫌夜簟。
蓍言龜語但風雲，老農占斗共浩歎。

試問此雨雨何來，景公一言彗星開。
孝婦哭城城爲頹，壯士揮戈日爲回。
我爲此語語非竊，甘霖曾驗山心造。
此中未易輕與人，今日于侯相視笑。
吁嗟，世數誰云不可移，堯災湯旱終人維。
如侯肝腸與精血，火池立地化泇滋。
于今憂當寧四海，枯焦無寧宇安得。
百司盡化我侯心，共成今日洗兵雨。
真人挺生還有爲，豸服鶯旂次第垂。
造化在手好自愛，治平名世舍我誰。
明良投合天澤厚，不見晉代君家亶與夔。

【校記】

〔1〕僅見三卷本附錄之"補遺·詩"。楊祖憲本、底本未收。

吊朱敬潘宗堯（二公洪武时县丞主簿也许贼陷城同死於難）[1]

双璧沈理岁屡更，偶从遗简识芳名。
一时赤芾随灭散，千古丹心贯日明。
始信杀身仁已著，宁论灭贼志无成。
殷勤欲致椒浆奠，草满丘園失故塋。

【校記】

〔1〕見《湖北先賢詩佩》卷四（宛在軒刻本）、《湖北詩錄·德安》（乾隆壬辰春暉堂刻本），底本及其他諸本均未收。《（光緒）德安府志》卷之九"職官上·縣職·明"："知縣，朱敬，洪武元年任，許成叛，死之。""主簿，潘宗堯，元年任。許成叛，同知縣死之。"

詞

題箋上蓮花[1]

梅雨歇，恰好清和時節。

水緑銀塘，七竅靈根，吐出芳菲，自別高揭。

何處風落塵埃，得染仙姿芳潔。

縱有浪沫浮渣，護花呵斥左右，周遭自隔。

一點不染塵氛，惟應西雍鷺振，雪氅雲裳相結誰涅。

莫漫把六郎面，似潘妃步屧。

【校記】

〔1〕又見三卷本卷二，題同底本。

補遺

誥命　諭祭文　書簡文　時文　年譜

崇禎誥命

崇禎元年，贈原任都察院左副都御史加贈太子太保。

制曰：緬懷多艱，厥生亮節。迺功高定策，捧日虞淵；而義激鋤奸，飛霜諫草。橫被檻車之逮，莫招湘沅之魂。嘉彼孤忠，賁茲殊錫。爾原任都察院左副都御史，今加贈太子太保、兵部尚書、光祿大夫，錫之誥命。於戲！夬遇莧陸，終占無號之兇；泰象茅茹，利用堅貞之恤。今朕既殲渠魁於兩觀，爾亦快孤憤於九原。宿草興思，愍綸致慰。陟降帝側，精誠可薄風雷；進級官階，姓字永留金石。

崇禎諭祭文

崇禎二年，遣湖廣承宣布政使司，諭祭卹贈光祿大夫、太子太保、兵部尚書、謚忠烈。

文曰：朕閱往牒，有精忠亮節浩氣剛風、苟利社稷不惜一死者，輒歆歔憑吊，尚嘉壯之。惟爾貞誠自矢，孤介性成。皇考違和，以篤祜切經心之痛；熹皇御極，以沉憂奠磐石之安。一議而正名定分攸關，再疏而保身保家莫顧。羣兇搆陷，鍛鍊駢多。而爾肉綻而忠彌完，身忘而志如在。能承顧命，不能殄慍於宵人；能矢艱貞，不能謝誣於讐吻。能使故鄉老幼號泣遮留，不能使偵邏朋謀少寬箠楚。能使對仗彈文嶔崎歷落，不能使橫張瑠餤共鑒丹忱。爾不云乎："三朝豢養，一念獨盟。二祖十宗，實鑒此心；天下後世，共見此血。"庶幾其無愧歟！汝形已往，此心可告於先王。氣作山河，今已頓彰。夫公道易名，大典建祠。加崇宮，保殊恩。既擬全卹，以示勸慇綸異寵，應從一品以疏榮。諒爾其歆，有靈不滅。

與秦貞予刺史書

珂里中公周庭先生，起居何似？周老心丹識卓，骨勁力沉，范希文、司馬君實伯仲間者，不知前日何以遽拂衣歸也。憶漣在長安時，原非得交先生也。辱先生枉顧，若謬有當於不肖發奸醫疏中，諱進御之失，寢封后之旨，爲忠愛遠心。已雉經、入井之說起，不肖甘弗爲辨。先生謂宋主燭影斧聲之疑，是當日臣子不爲說明之罪。今入井、雉經之語屢見邸揭，大於冲聖孝友有關。移宮實誰始終，安得不發明？嗟嗟，先生事事從君父大處起見、微處著心，此古大臣風也。假令在朝諸公，當事而有深心，先事而有遠心，天下何有於成周？而不知何以遽拂衣歸也？甚爲悒鬱。非爲先生一官也，兩蒙附訊，以地遠弗及一候，抱此歉缺。倘有便鴻，爲一道其惓惓可乎？或得附寄數行更妙，敢先布以請，疏草一册請教。某再頓。

賑荒紀事文[1]

賑粥之舉，一二友人倡之，郡公邑大夫主之，諸慷慨士力任之，衆善襄成之，今幸告竣矣。顧其初，止期日二千餘人，日用米可四石餘足耳。而人漸三千、漸五六千、漸萬餘，中間扶老攜幼之狀、衣鶉而面鵠也，行繩接而坐雲集也。可憐也，亦可駭也。往是粥事，多以三月始終耳。首事諸友人曰："三月而柸，弗能待也。"枯肆而後西江，捄無益已。

故始以二月，若賑止而弗及新也，饑猶無從望腹也，故終以四月。中間別丐子與平人，判男女，分老弱。男子之印手不印面，婦人之與籤不手印。又二三首事，各有長者深心焉。是役也，善夫王郡公言曰："往官於此之有虞於冒濫也，爲夫衙役之不以實予民也，管理人之不以心予理也。"而今無是也。此夫嗟來而食者百人，而一或不飢人富人焉，而萬無一已。即有詭逃，衆人目以重倖杓合者，亦其眼實饞而出之窮計較耳，無足多誅。若必清而汰之，狡者弗汰也，怯者、羞澀者，且望焉而束腹以退。百人焉而一不飢人冒，無傷此舉之大。萬人焉而一真飢人逐，即失此舉之初。故惟計口而食，以弗汰也，爲弗失也。道路之口，紛謂今歲飢人糜食之早之衆之久，婦孺之市無相鬻也，羸弱之道無相棄也，雞犬之夜無相儆也。殆茲故之以此，或不必然。要以見飢人焉，族衆而援之，長人之仁也；分羸以濟之，同人之義也。若夫太守單騎省視，憐席濕而坐者未起，弗安食。勞夫倭飢諸人衆，辰而逐隊焉，日下舂弗安席。且公堂人抗禮而手酬爵焉，曰"勞苦諸君"。諸首事人，亦實忘其家計寢食，施粥所凡三月，以目蒿蒿焉，而股掌幾圖廻焉，無一人怠。曰："務以盡吾心，終禮我者事。"吾聞諸夫子，"君子學道則愛人"、"上好禮則民易使"，今人庶幾其是乎？是役，食指既衆，糜費殊侈。當此兇歉時，即斗米百錢，皆諸飢人溺中壺也。首事諸友人，故刻銀米出入書册，並登好義民士姓名，以備查核。余爲附記其始終事如此。

【校記】

〔1〕又見六卷本卷四、三卷本卷二，題《賑荒紀事》；二卷本卷下，題《賑荒紀事文》；《湖廣通志》卷一百十七，題《應山賑荒紀事文》。

文質彬彬

用適於宜者，善化文質之偏者也。蓋事惟得宜，斯彬彬之雅昭焉，用文質者當如此。且文質之變，亦古今運會之一大機括也。故主持世道者，兢兢文質之用焉。顧用文質者，不得於方寸中，先設一崇之抑之之念；亦不必於習俗外，多起一矯之鎮之之思。惟是制節均調，善適其中可耳。蓋文質原非至當之名，而用文用質，自有交濟之理。野史偏矣。彼設兩存之説，用亦謬而不化；即立主輔之分機，猶泥而不神也。夫參和之用，不偏兩收。華實之用，而游乎恬。增減之權，妙劑渾同。文質之異，而馴於雅。蓋有彬彬之矩，在彬彬者不主於一，而錯之綜之，變化成焉。彼文質之用不勝變，而人心自有錯綜約直。率黻藻之意虛，而聽於各適之化。裁理爲衡，而心以酌之，是爲意見不拘而權自適均者矣。彬彬者，不滯於迹，而調之適之，機宜中焉。彼文質之變不勝窮，而天下自有時宜矩。不偏不倚之中，默而調之以自然之天，則時爲乘而宜以應之。是爲因應不乖，而體歸各當者矣。當其闇然自修，聲希味淡，見先民之遺而靜而索之，醖釀之英華無盡焉。乃其無盡者，而異味又恬如也。[1]黜浮去陋之名，我兩不立天下，惟見彬彬劑量之神耳。當其顯而耦世，而悃愊敦樸，見混沌之真，而徐而挹之、含孕之，文明無既焉。乃其無既者，而氣味又約如也。崇文崇質之迹，我兩不著天下，惟見彬彬經緯之妙耳。文質而如此用也，庶幾先進之矩，而野史烏得病之，以此主持世道可也。抑周初監二代，而卒以靡者，則文質之名，所濫觴也。蓋名立則好異之士徇名而弊起，故無如兩忘而化於道，則夫子彬彬之説也。

【校記】

〔1〕"異味"，楊祖憲本作"意味"，更符合文意。

今夫天（二節）

中庸究生物之原，而得天與聖人之一焉。夫生物不測於天之不已，文心不已於德之純。詩蓋闡夫人之藴矣，且人待天不二之精以爲命。此不二者，原相禪於靈明中而未已也。惟是脉脉真純，以保之者少，遂不見天與人一之符，而且致疑於至誠配天之説矣。由今論之而然乎哉？今夫天，第以功化之、盛觀之，我不知其何以托物之命而昭昭無不覆也。地衍資始之化，以廣其生，而無不載也。山水分禽，聚流衍之脈以洪其澤，而無不殖也、無不滋也。天之造物之命者，弘哉！要之，命之布也，有萬命之主也。惟一一元者，機互襌而不窮無極者，神默然輸而罔間，萬物自相酌於不貸之源，一氣互相忘於不尸之主，則天之所以爲天，止此脉脉不已之真耳。顧天命之賦於人心者不息，而人心之雜於情欲者自斷，乃詩詠文王德之純矣。夫人即時純於理，而就一息中微有參差未浹之意，即此未浹時，而理已息矣。乃亦臨亦保者，方不得合之倪，更安得斷之隙？此亦運而不積之妙也。夫人即念純於真，而就一念中，微有幾微未融之意，即此未融時而真已斷矣。乃亹亹翼翼者，方不得其聯之間，更安得息之根？此亦環而無端之宰也。由是發之爲顯命，寧與天之顯命有殊乎哉？信乎，誠立天人之主，誠聯天人之同。夫人亦求之不已之真，而配天之業易易矣。乃不已於何處得力？默知默証，則惟慎獨中求之。然非作輟之功也，緝熙者，又不已之真命脉也。

大匠誨人必以規矩，學者亦必以規矩

法有必不可越者，所以約士趨也。蓋士亦自有規矩，必約於是而習始端也。獨藝之教與學者然乎哉？孟子以爲天下道術人心，皆從教者正其始而學者端其習也。故教必率夫不易之則而後其教明，學必約於共遵之彝而後其趨正。要以道止有一中正之矩，教與學者，兩不得外焉。嘗觀之藝中規矩矣，蓋規矩者，是先世睿知之聖，竭幾何目力，而始立此方員之準也，是人之不得駕而出其上者也。又後世聰明之士，欲幾番更創，而卒不能棄此方員之象也，又法之不得不抑而約於中者也。凡天下之物，必程於規矩，而後制器尚象，不詭於則。則物不得違之也，以成利用。大匠不欲率人於淫巧，學者苟不自甘於奇衺，而寧得外焉。凡吾之制物，必繩以規矩，而後中行中度[1]，各得其宜。是匠不能舍之也，以擅人官。大匠欲傳其心於象中，學者欲得巧於意外，而寧得越焉。即吾心中有不規而規、不矩而矩之妙要之懷,而莫喻無形者,必托有形者以運其神;即曲藝中有不疾不徐、得心應手之妙要之機,非頓造必從得象者,以漸臻其域。然則規矩者,其匠人授受之極乎?舍是則不軌不物,不足以妙器之用。而吾道亦有規矩也,中正者,其道脉淵源之極乎?舍是則險僻隱怪,不可以約世之趨學者。而必欲求規矩之外,可乎哉?抑是揚墨橫議而天下翕然從之,此以不規不矩之法,壞人心不易之方員,聖世之所不宥矣。

【校記】

〔1〕中行中度,楊祖憲本作"中律中度"。"律",古代審定樂音高低的標準,引申爲法則、規章。明黃體仁《四然齊》卷九(明萬曆刻本)《祭喬味胡公》云:"中律中底,焉法焉則。"應依楊祖憲本。

君子以人治人

司世教者,以天下之有還之天下,而天下治矣。蓋古今惟天地人三者,則人參立於天地間,自有所以人者。二極之妙、二位之真,綱縕摩盪於無垠中,而人生矣。降之爲衷,而靈惺焉。秉之爲懿,而情醞焉。比數合族,而倫屬焉。則人生性命,原各正矣。知能已共良矣,倫理已各秩矣。我與人同得也,人與我共恬也。又豈俟君子之戛戛焉、擾擾焉、攖之而言治耶?治也者,修而去其所無也,所無從人生,非人未嘗無,而必我腯之也,亦修而復其所有也。所有從人生,非人既已有,而我更藥之也。凡治之名,皆從人設,而不以己也。則治之道,亦即當從人求,而無己爲也。蓋治人以治己準者也,己而求之人,則遠於己之所以人,而己遠於道。治人而求之己,則遠於人之所以人,而人遠於道。然則君子亦惟以人治人耳。嘗試觀之,人孩提呈愛敬之良,乍見,見惻隱之真夜氣蘇,幾希之性當其初,學慮互於恬矣,意識歸於漠矣。其有以治耶?未耶?而自條自理,自規自矩,發之而非其有以濬之也、流之而非其有以瀹之也、芽之而非其有以培之也。則夫仁義禮智之性、敦庸秩序之懿,其人自有之耶？無耶？而待於君子之治耶？否耶？誠人還其樸，人葆其初，則五典之敷，不必設夏，不必序殷，不必校周，不必庠洙泗之席，不必講聖人，且與人共安。惟是蒙泉常活，不無間於引決之濁也。靈源常瑩，不無塞於垢納之積也。善芽常生，生且或戕於斬艾之酷也。甚則隱怪之說，內蝕其常，然奇袤之行，外成其悠謬。人遂失其所以人。於是聖人修道之教始重，雖然，猶是人也。有物以蒙蔽之，而明者自瑩也。祛其蔽，以我之治爲之鑑，彼自見鬚眉，而非我設之面目也。有物以迷寐之，而惺者未槁也。惺其寐，以我之治爲之覺。彼自回夢寐，而非我假之爽魄也。故敬敷五教，而曰使自得之。周官掌邦教，而曰以擾萬民。即布之章程，陳之藝極，文物以紀之，聲名以發之。禮以養人之安，樂以導人之和，刑罰以糾人之過。令愚不肖者，跂不可易之。符賢智者，約於共遵之則。總之，導亡子以還故里，俾迷使以得歸途，我但爲之指南也。大抵宇宙自有綱常，人心自有天性。強之必不入，迎之則自從。故道惟率性，人惟倫理。求忠孝弟信，於子臣弟友之人。求中和位育，於喜怒哀樂之人。己自治而己得矣，人治人而人得矣。道之修於我者，與人共相恬愉。而人之程於道者，與天地共渾淳和。又何暇多求於日用之人，以爲道過徵於外，人之爲以爲異哉？怪隱之士，循之玄虛空寂。而跅弛不羈者，跳而爲蕩，爲任放，爲任俠。其所爲者，妄焉，自喜而其所以人非矣，庸謂自治者乎？噫！

君子之仕也行其義也

揭君子仕之心，約隱者於義也，蓋義重君臣，仕則所以行之者。君子重義，故重仕矣。且今論仕者，惟曰行道，曰道則逢時不偶，信當卷而藏耳。不知人生有無逃之義，不仕則虛，終不得任吾意以止者。吾以此原君子之仕矣。彼自天地不可一日無主持，即不可一日無毗輔，義之所以奠宇宙也，惟仕而義始行於交濟。人生不能一日脫然不爲率土之臣，即不容一日恝然不興戴主之思。義之所以化尊卑也，惟仕而義始行於代終。故君子之仕，分秉於無可諉，名位其輕者也。心迫於莫容辭，勳業其後者也。思吾人隱居求志，所求者何事，大率究析致主之忠，以無負一人耳。彼其內聖外王之蘊，寧寬然以自餘。苟非得伸媚愛之私，此義終抑鬱於心而未行。詎忍預世莫予宗之意，而遂虛願聽之也。即觀古人典謨垂訓，所訓者何事？大率講明令共之節，以扶正弘綱耳。彼其忘身忘家之義，原凜然不可斁。苟非親承奔走之位，此義終虧缺於身而未行。寧忍從世外洒然之思，而遂弁髦承之也。是其仕也，豈能必時之皆亨。要以臣子於君父，身以殉之，義無問時也。綱常念重，每以委曲投知。甘時人誰與易之誚，而心有獨苦已。是其仕也，又豈能必君之皆合要。以人臣之事君，自盡者心義，寧君棄我耳。從王念切，猶欲翊戴聖明，望幽人破泉石之痼而已，復奚愛焉。不然家庭可樂，安問滔滔，則滔滔將胡底也？理亂弗關於本朝，固君子所不能安也。即所之不合，退而山林，何山林非王土也？胡越漫加於共主，尤君子所不敢出也。丈人而知君子之仕乎[1]？無容托道之不行以廢義矣。

【校記】

〔1〕楊祖憲本、底本均作"丈人"。

君子依乎中庸

論中庸，於君子見率性之妙焉。夫性本中庸，君子性反於真，乃其妙於依中庸者矣。今天下何中庸之鮮也，起於性失其真，故於性外多離異之思；即欲以常挩異而外附者，或牽合而不安，其惟君子乎？則依中庸者乎？蓋降衷之道，惟此一中。而天地之精，不離易簡。非吾性之中庸所自來耶？夫固與人心元相依矣。顧其幾入於微，未易以解釋參也。而體認於擇中允執初者，惟君子結一真之契焉。其體立於虛，未易以倪象合也。而葆攝於戒、謹恐懼後者，惟君子無須臾之離焉。中庸不與俶詭對，隨吾之經緯錯綜，自有一天然各適之符；惟恰合於天，乃爲恰得。其用之平君子於愚夫婦之知能中，獨循其脉，去吾之聰明，而於元初者之宗，依然如故，而無少脫也，而絕不屬比擬之迹也。中庸亦不與尋常對，隨吾之隱微顯見，皆有以至正不偏之極。惟適還其極，乃爲適得其性之常。君子於賢不肖之過不及中，獨會其撰超世之知見。而於自具者之則依然如一，而無少違也，而絕不屬湊合之功。以君子行素率真，祇修居易之常，何自知其爲中庸？惟是子臣弟友之未嘗加，而覺聖人天地之不能外。此謂以日用飲食順帝則於不知之天，而其依也妙。以君子意起義創時，堅非常之矩，人或疑其非中庸。惟是天地古今之未有，而實喜怒哀樂之自然。此謂以神明變化，還吾性以不測之機，而其依也神。故論君子者，直曰中庸。蓋依則合體以成親，非遵道之行也。論君子之中庸者，又曰時中。蓋依則順時以適用，非無忌憚之爲也。此正率性之妙，而道歸之矣，乃中庸之依也。功密於獨，而神澄於闇。蓋半途之廢，大都名心累之也。然則自知自慊，忘世忘我，故可以遯世不悔。否則一有我欲依中庸之心，即依之心爲的然，而中庸且日漓矣。

孟子謂萬章曰"一鄉之善士"至"是尚友也"

極友善之量，惟其心之不自足也。蓋取善元無足時，故友善者，由鄉國天下而進之古人，而益爲無涯矣。孟子語萬章，以爲子亦知友善乎？善有無方之契，惟心自合。善有無域之鑰，惟心自開。故善操其合，則宇宙同堂。善啓其鑰，則邃古對面。要無自隘焉耳。今天下大矣，往古亦寥廓矣，是衆善之府也，是觀心迪行之助也。顧天下即有相觀之益，不能越聲氣之求，以自漸於人。往古即有百世之師，終不能越心神之合，以自投其契。則在我之友可知也，在我之尚友可知也。曰友，則廣其途以爲納，而終不得於渾同之内，自畫以小心。曰尚友，則邃其心以爲會，而終不得於形神之粗自拘，其洞覽庶幾。由一鄉一國，而進之天下乎？又且由天下而進之，尚論古人乎？然古人未易論也，禪繼出處不同軌，君師述作不同途。文明未盛之世，其道主宣。而文明既著之世，其道主蘊。彼蓋有參之時勢之變以爲通，觀之風會之流以爲衡者。故詩書既陳，或不足傳古人之神；誦讀維殷，僅以承古人之面。要以九原不起，而世數可尋。無亦起當年於今日，而參見其精神之寄注者何因？設吾身於當時，而默會其時世之趨赴者何在[1]？則庶幾千世一人，若比踵而接跡；而百年遺躅，若覿面而談心。可以移先民之矩則，而人之參互以會其同。可以化前哲之儀型，而約之斟量以成其大。如是乃爲尚友哉？總之，善約其暌，則羅六合於一心，而非廣也；善聯其異，則通萬世於一息，而非久也。此友之量也，是在自操其符、自廣其識耳！

【校記】

[1] 世，楊祖憲本作"勢"。

君子矜而不争

聖人慮有托於矜者，而表君子之和衷焉。夫矜與争反，而或爲争者之所托和衷，君子必不其然。且自國是日以趨諸敗，則不得不維之以矜。而其究何乃争無已時也？夫争者，好爲矜而實不能矜者也。不能矜者，謂俯世非以立異也，僑俗非以立尊也；勢必假齮齕之術，以爲坊表之資。是有意爲矜，而争先起矣。好爲矜者，謂循繩可以蓋衆也，蹈矩可以伐異也；勢必假法度之守，以爲觭角之具，是有意爲争，而矜乃壞矣。惟君子者，原無心於立崖岸，特自立身之矩矱，視之若以爲矜耳。然坊之蹶者，於此而植焉。豈植坊於此，而滋其憤懣不平之氣乎？蓋得矜之真而自化者也，原無心於設畛域，特自守道之閑畔，觀之强以爲矜耳。然柱之潰者，於此而砥焉。豈砥柱於此，而佐以强陽不馴之習乎？蓋并矜之迹而已泯者也。持己者矜也，實無以有己。故我潔而不以形人污我，是而不以形人非我，廉隅而不以形人之踰，蕩不相形，則何至兩抗必折而有懻忮之憂？無己者，矜也。因無以有人，故我清而且忘人之濁，我瑜而且忘人之瑕，我謹飭而且忘人之間曠。兩相忘，則何至孤立成暌而有囂凌之患？況人惟隨世，而世不我隨，則争乃矜，則有分辯之意焉。有分辯將舉世不能涵其真修，而何必拒之以成高？其區别者，其調劑者也。又況人惟軋世而世復我軋，則争乃真能矜，則備中和之養焉。備中和將一人不致妄起臆見，而唯有偕之以游虛。其正直者，其忠厚者也。豈唯不争利並争事權之心而忘之，豈唯不争名並争議論之心而化之，斯所以爲君子之矜乎？

集既竣，復得鄉會文並課藝共八篇。雖時文可以不存，而手澤所遺，不敢遽廢。敬附卷末，以誌梧檟之感云。八世孫祖憲謹識。

楊忠烈公年譜

楊漣字文孺，號大洪，隆慶五年辛未七月初十日丑時生。

丙子五歲，就學外塾，性敏慧，書過目輒成誦，塾師奇之。

庚辰九歲，師邑庠吳盤石授以子史，日記數千言。

癸未十二歲，始學文，下筆奇穎，超人意表。

乙酉十四歲，聘處士張公女。

丁亥十六歲，未冠，補邑弟子員。同澹孺下帷龍福寺，所讀皆秦漢以上書。嘗云："朱晦菴百遍終身不忘。倣其法，更益數十。"丙夜不休，澹孺嘗寐覺，見魁星盤舞書室，火光飛注，驚起，則公正倚燈咿唔也。常以指畫地，至血漬磚石不覺。

己丑十八歲，與陳元樸輩結社翊運，便自任以天下之重。是年生長女，後適國子生黃登選。性好放生，常買雀鱉縱之。遇乞丐衣不被體，恒解衣衣之，即嚴冬盛雪不少惜焉。

甲午二十三歲，試冠等，以丁劍山艱，不與棘闈。是年，原配張夫人歿。

丙申二十五歲，服闋，娶繼配詹夫人，性至孝，上奉王太母如母，事伯母如姑，合爨食貧，晏如也。

丁酉二十六歲，科試不録。以形家言，傾貲爲劍山卜地，不獲吉。家計坐是漸絀，遂成病。後得祝海圍治之。海圍，亦稱彭仙翁，字幼朔，名齡，不知何許人。萬曆丙戌丁亥間，游寓蜀之潼川，自稱鄒長春。又數年，游楚中，稱祝萬壽，號海圍。承德間諸生從之學舉業，爲評訂課藝。公少拓落，不肯習程文，諸生皆心薄之。每詢祝何人會中，祝云"楊某會中"，諸生咸噪之，以爲欺我。公爲其父卜葬，以勞疾，遂劇不食數月，將屬纊。諸生聚哭，及其未絕致奠焉。有陳愚者，會哭而歸。祝從光黃間來，抵愚家，問楊某好否。愚曰："楊病不可爲矣。諸生已設生奠，聚哭而歸矣。"祝曰："楊某那得會死？"捉愚臂往視之，撼之不動。頰其面大呼楊某者三，唇微張，喜曰："猶可爲也。"袖中出藥一粒，以箸啟其齒下之，氣息惙惙，夜分而甦。明日諸生就公家，攜酒殽享祝。公從牀上躍出，飲啖兼坐人。承德間人皆云："祝老能生死人也。"癸卯元旦，試諸生，批公文後云："但得三人同一口，九霄之上便飛騰。"後公以是科鄉薦，主考曰孫如游、董復亨，房考曰劉文錡，三人同口之徵也。

庚子二十九歲，正考、彙考、遺才、大收，俱不錄。八月七日，猶伏總司堂考校，竟不獲就試。鬱鬱不得志，嘔黑水數升，聞肉則吐，漸不能飲食，日就尫羸。除夜二鼓，聞空中樂聲，遂閉口絕息，至次日方甦。令五方各豎五色旗，身衣紅，披髮遍禱，嘗自稱易含蓮，作《箋上蓮花詩》，人莫能解。後澹孺密叩之，曰："前夕仙樂來迎，同赴召者三人，一吳一浙，以我人間事未了也。"

辛丑三十歲，養病城南子柏莊樓居，與前同召二人祕常交往。因言："汝病二蟲爲祟，須得龍口水飲之方瘳。聞謁武當者，從龍口過渡，意其在斯乎？"公遂貸友人諶生十金佐費，謁武當。澹孺伯恐其逸，尾之。抵襄樊時，值上巳，有元帝行宮，同澹孺往謁，中途遇士女雲集，飲酌亭中。一敝袍道人在旁，吹笛乞食，不便登覽而歸。夜半似夢非夢，見前道者曰："龍口西行一百尺，有客當樓吹鐵笛。但存結襪進履心，任吐浮沉無顧惜。"驚起，即以所貸納兩肘，凌露覓龍口。行不遠，果見道者倚籬吹笛，進謁之。道者曰："相公欲隨我聽笛乎？"爲再弄。公攀衣跪曰："弟子有奇疾，本欲遊方學道，奈父柩未窆，若獲救延至父葬後，死無憾矣。"因出肘金奉，道者手其金投之水。公心惜之，曰："早知投水，無以進爲也。"道者曰："爾惜之耶？"即爲入水片片拾還，向公胸鬲一掌曰："此俗物，當急回頭。"隨仆地，吐一黑塊，皆血勵纏裹。反顧道者，則已乘雲浮水而去矣。悵然返寓，澹孺方割肉炊麵。意欲之，快食數杯，自是飲啖如常。則前所吐物，拔去病根。龍口之行，真奇遇哉！

壬寅三十一歲，生子之易，與孝廉陳元樸指腹字其女。

癸卯三十二歲，以遺才入棘，中式四十六名舉人。受知麻城尹劉公文琦，執贄往謁。同門中或以此北行貲斧爲言，公獨一飯即別，不染絲毫。

甲辰三十三歲，下第歸。從海圍祝翁閉關雙林寺，談養生家言。衡湘劉公病劇迎祝，祝偕公往。劉公聞其至，厚遇之。有吏以市田殴叔繫獄，劉諭之曰："殴叔法死，應遣求得楊春元書，方可汝寬。"其子挾百金來投。公曰："吏罪在無赦，應置於法；若情有可原，亦在法官寬釋。吾何敢任德焉？"堅辭弗受。後半載彙考，儒童以名在百名內者，酬三千金。劉私謂公同年王大可曰："楊文孺窘甚，此事非關兩造，兄可達我意，取得二三名，少佐其不給。"書至，公笑曰："得此洵無害，寠夫儘可濟貧。第此一番曰無害，更一番曰無害，積慣成習，便不暇問其有害無害，頓易初心，勢所必至。吾寧忍貧，誓不爲此。"劉聞斯語，益相敬焉。

丙午三十五歲，生子之賦，後娶大司農傅公東濮女。

萬曆三十五年丁未三十六歲，會試第二百五十名進士，廷試三甲第一百五十七名，觀禮部政。同年徐公京延，房師最相愛，應得館，以讓公，試卷不入。公陰代徐投卷，強徐入，卒館選去。人以此賢之。

戊申三十七歲，生子之言，後娶參憲余公安止女。本年授南直隷常熟知縣。甫下車，值大水浸城邑，一望汪洋。公親爲踏勘，攝衣行泥中，備詢災狀。申請諸司，令父老赴闕陳情，蒙神廟諭，蠲濟墅稅課之半賑焉。然霪雨既久，麥苗應潰，人心皇皇。公刺血繕疏，籲天遍禱，日夜靡間，遂獲開霽，麥秀兩歧，漁陽之頌，爲之再詠矣。首興文教獎節義，接諸生必以禮，獨不令得干兩造。平時懸巾服邑門者，以漸悉收還。復修葺學宮，廣書史，飭俎豆，禮樂彬彬，比於鄒魯。又增置學田八百餘畝，次第諸生之貧者，使沾實惠。立義塾十二，擇有學行者使掌教，時臨塾館，課其勤惰。更置義田三百畝，取租代其館穀，人爭奮勵焉。所拔錄如許太史、孫方伯、王廉憲、瞿諫議數十輩，皆知名士，後先脫穎去，其相愛則如家人父子云。當儒試時，邑童子多恃衆滋事。公盡却薦書，矢公校閱，一依歲考法，唱名編號。人懷德畏威，卒無敢譁。其代府試亦倣此，隣邑咸異之。視民如子，獨嚴吏胥。晨興肅堂皇，吏抱案辟易。小犯笞革，大犯徒遣。舞文者，後先逸去。織監某委役至邑，藉璫勢，以上供爲名，索詐無厭。他縣每遇以禮，益恣橫，公獨杖而逐之。璫怒，提典戶，不與。嚇以會兩院參處，公曰："解一典戶，填壑無厭，定傾此一人家，吾寧棄官而不忍也。"後璫聞，卒敬憚而不敢逞。邑有勢宦，務爲奸利，魚肉良善。且資結公卿，持官吏短長，或鴆其異己者，道路以目。公得其諸奸狀，密上巡方，褫其衣冠，抵重辟，時相書亦不受，大姓皆爲斂手，萬口稱快。值旱而雩，公步行烈日中數十里，哭禱於虞山白龍廟，父老皆撲。自哭兩體流血，於是感異僧至，狀類顛狂，自言能致雨。公即拜，懇僧以索縛諸雷部，望空噴罵，投身城西河中，踰時出，約以次日午時雨。至期，烈日如焚，忽有片雲西起，大雨如注，四境霑足，人以爲神異云。邑田多汙下，苦水漲，十年九不登。公擇邑中好義者，端拜置酒捐俸，創築府塘石堤四十里，不數月告成。蛙池荻港，悉爲桑田廬井。又置義田三百畝，以爲每歲修補之費，人稱楊公堤云。去任復寄五十金，植桃柳於上堤，賴益堅，倣佛蘇公之西湖焉。賭博者並其家折之，人不敢犯。有以鳥銃雀者，公量給貲本，使改業，所全生命歲不下萬萬。舊例巡方按臨，及使客經過，供具皆坊里借辦。每爲奸胥欺隱，累賠甚苦。公自出俸金置辦，勒石永久曰："官代坊里，以免擾民。"邑濱海多盜，爲奸民藪，公呼五百，密授方署，一日盡擒，邑無夜警。且能巧發奇中，從閶門艤舟返，有奸棍某思以誣告詐人財，衝舟涕泣，公疑其誣，杖數十已，迹之，果誣。往往片言折服，隣邑獄皆請歸常熟，必得其情。江南差役最煩，租賦多詭，寄南北二運，賠累獨苦小民，公深憫焉。每於聽斷，無意中質問附近戶口地畝，先得其實，元旦公正畢集，各授紙筆，令供報。偶簡一不的者杖之，以爲欺，責令更報。皆驚服，無敢隱。於是計畝定差，清除窮排，年千五百家，永著爲令。邑有福山鎮，當海口，爲倭奴入犯之路，舊城夷爲丘墟。公曰："此要地，豈宜荒廢？"至此設法經營，重築新城，創建敵樓以處將兵，且額設守禦，不令剥減。軍糧、戈矛、器甲皆一一增飭，時具犒賞，勤操練，人心振勵，屹然稱雄鎮焉。有客兵經過，公以邑兵押之，寂然無聞聲。時巡方使者歷其事，以爲公不言而辦，文武兼資云。至於徵民糧，則令納戶自封投櫃，即以原封合併發解，不染一指。案無留牘，重則按律問擬，輕則立時責逐。火耗贖鍰，時藉以供交際、潤私橐者，悉革除之。數年來，日用之物現銀平買，米薪恒運之家，且因修塘築城及義田坊里諸務，每轉貸充用，甚至出家鄉所運米豆並脫夫人簪珥變銀以補不足，蓋不獨塵生范甑且差戶爲累矣。比去，萬姓攀號，爭壘尸祝，民有冤，時時哭於其祠。（其祠係常熟縣紳士顧氏、丁氏、吴氏等於雲和堂左建造刻碑，買大河景字號三斗二升糧田，呈憲咨請祀典。後爲僧人所佔，至乾隆年間，道台姚公清理，捐俸重修勒碑。此常熟建祠崇祀之大畧也。）後聞逮，老叟、穉兒、邨媼、市儈無不泣禱公還。訃至，集僧百人禮懺四十九日，聚哭無休。時令希迎内意，毁公祠，棄像水中，並取公所置義田、師學租、修塘諸田變價。嗟乎！地非香火地，學與塘不並廢，奈何借題一綱乎？然虞民有口有心，自有不可毁者在。此公治虞之概也。

癸丑四十二歲，以計吏入覲。囊空不能具書餽，因此犯衆忌，同鄉亦有責備。賴山是張道稱其卓異，始得以清官第一，行取留部。地處孤危，陰繫正脉，已同碩果之不食矣。

甲寅四十三歲，考選擬授户科給事中。

丙辰四十五歲，時神廟考選，多留中不即報。公候命京師，以繼母宋太夫人染危病，詹夫人割股救愈，請假歸養。是年生次女，後適太史王公思竹孫庠生王星奎。

丁巳四十六歲，里中大旱，有司議請常平倉積粟給賑，歲久侵漁，典守非舊，計鬻妻女以償。公曰："本以周人不給，奈何先剜此妻孥肉乎？且西江水恐無救渴鮒也。"亟白當事，力請蠲豁。乃首割己產，易數百金，倡義釀金煮粥，全活邑老幼九千餘口。

戊午四十七歲，假滿還朝。

己未四十八歲，其夏出使周藩，贈遺一無所受。抵家復倡義起文星閣，翼孔廟左脉，至今賴之。先是公少謁祖塋，日暮雪迷，衣履盡濕，有劉姓某留宿於家，次日披荆莽指示墓所。是年，公復至，詢某已卒，遺一孫，遭繼父某蕩廢其產，妻並孫俱鬻爲蕭氏奴。公訪得之，付以原值贖還，且爲婚娶，割田以養之。蓋公素嚴施受，一飯必酬，類如此。

庚申四十九歲，（是年自八月初一日起，十二月止，爲泰昌元年。）差竣，轉兵科左給事中。値遼陽有警，以公議參熊廷弼有樹無皮之語，熊憾欲殺之。是年，復擊去大遼之失職者。四十八年，神宗疾，湘洲李公奏東宮不得侍疾，事甚叵測。公聞之，急謁內閣方公從哲："何不率百官問疾。"從哲曰："帝諱疾。即問，左右不敢傳。"公曰："昔文潞公問宋仁宗疾，內侍不肯言，潞公曰：'天子起居，汝曹不令宰相知，將毋有他志。'速下中書行法。公誠日三問，不必見，亦不必上知。第令宮中知廷臣在，事自濟。公更當宿閣中。"曰無故事。公曰："潞公不訶史志聰？此何時，尚問故事耶？"越二日，從哲始率廷臣入問。及帝疾急，太子尚躊躕宮門外。公使人語東宮伴讀王安："帝病甚，不召太子，非帝意。當力請入侍，嘗藥侍膳，薄暮始還。"太子深納之。

七月，神宗崩。

八月丙午朔，光宗嗣位，泰昌改元。下考選，撤奄稅，發內帑，出諸章奏如流。外議或謂改紀太驟，宜留中俟。公奮然曰："諸事外廷想望如饑渴，留中二字，天下方顫恐而患之，豈得出吾輩口。且奉遺詔繼大孝也，何嫌之有？"議始定。時鄭貴妃包藏禍心，曲謹事帝。知李選侍有寵，爲請封后結歡，選侍亦爲鄭請封太后。時公署禮科事，趨語宗伯孫公曰："皇長子非李所愛，李若嫡，勢將不可知。大行皇后愛長孫，急白輔臣，於遺詔首舉冊立登極。三日後，即援詔請耳。"有旨諭內閣，封鄭貴妃爲皇太后。慫恩孫宗伯，力請收回成命。又見建儲期緩，上疏力争，竟報可。隨具疏，請慎擇近侍以成睿德，有"機在防微"、"事貴謀始"等語。初四日，帝疾，崔文昇用藥轉劇，鄭李又思謀得照管皇太子。公曰："宜率百官言於朝，以滿朝公卿氣折言之。"翌日，集勳戚文武大臣，詰數貴妃姪鄭養性松棚下。周冢卿言之獨力。公復繼之曰："先朝未早定國本，歸罪若姑，公論至今未泯。若宜待若姑辭請，何久處乾清宮？進寶玉子女，萌非常之念，事發，鄭氏無噍類矣。"養性踽踽，褫魄而退。公又請諸大臣同閣臣具疏，方公曰："宮中事非外廷所得與，且恐以移宮爲離間。"公曰："昔賢調和兩宮，非閣臣誰任？且帝操心慮患久矣，識公等意，必不疑。"鄭更相暗伺，揣知衆心成城，即移慈慶宮。獨封后旨未還耳。因上疏發明聖體違和之由，極論崔文昇妄藥之罪，醫家有餘者泄、不足者補，皇上熒熒萬機，而欲投相伐之劑，以致增劇。又流言侍御蠱惑，將以自文，既益上疾，又損上名，懇問以解道路紛紛之口。其封鄭貴妃一事尤乖典常，封以敵母，如大行皇后何？封以生母，如本生皇太后何？乞杜僭儗，對天下之望。是日，聞光宗閱奏，語皇太子曰："此汝忠臣。"因特召兵科及閣部大臣，而宣錦衣官校。衆以公適轉兵科，甚危之。或求閣臣爲解，方公謂公廷詰時當引咎。公曰："要宰相做，便認錯。我原不錯，粉骨穴胸，當對如初。"召入，帝意藹然，目皇長子曰："渠事已妥，服事之人俱有定因，言宮中無他事。"目皇長子説一説。皇長子言："宮中無他事。先生傳示外人，無聽流言。"蓋公疏云聖體違和之由，及皇長子宜擇用端人，特召以詔諸臣耳。是日，賜諸臣酒飯金帛有差。少選，逐文昇、停后封矣。明日再召如故，越數日，復召。則云："朕疾似不可爲。"目閣部大臣輔皇長子要緊，必令爲堯舜之君。復目屬公者再，因問壽宮，黯然。諸臣皆哽咽，莫能仰視。忽帷中一小豎出，附皇長子耳語，未應。一朱衣嫗從帝前提之入，咕囁久之。皇長子蹡跟出，曰："父皇要封皇后。"諸臣以爲語急或誤也。孫宗伯接之曰："皇上欲封李選侍皇貴妃，臣等即具儀聞。"帝漫應之，隨手指皇長子曰"輔他要緊"者再。賜諸臣復如初。九月初一日五更，校尉宣召急，諸臣奔至宮門，聞已賓天，扳號莫及。或猶有衷旨，未及承矣。大臣或議以熹宗托選侍者，公曰："少年天子豈可托之婦人？選侍有怨於聖母，昨在帝前強之入，復強之出，是誠何心哉？大行皇帝踐祚，不一月而崩，即天命有數。其故使人言之駭痛，李鄭連體，蘭形棘心，授太阿柄，我輩恐無事新主日矣。"亟請見皇長子，見即呼萬歲，導駕出。或云未登極胡呼萬歲。公曰："我朝楊公士奇不先行之耶？"已而閣臣至，憂皇長子無托。公言："三公在，更誰托？大行遺言托孤遂忘之耶？"劉公深然之，急趨入乾清宮。閽人持梃不得入，公攘臂大詬，格之曰："皇上召我，今晏駕，皇長子少，未知安否？汝曹格大臣宮外，意欲何為？"閽人卻，得入慟哭。已請見皇太子，三四請，始令出。諸臣呼萬歲，言"社稷為重，宜速登極"。上曰"儀注來看"。因請出乾清宮，中官王安擁上，閣臣劉是庵、英國公張建石捧左右，諸臣前後導從。及閫內豎大呼宣小主轉，小主懼。有攬衣欲奪入者，公格而訶之曰："殿下我主，四海皆臣，復何懼？誰敢擅宣回宮者？"因奉入慈慶宮，謁孝端皇后几筵。閣臣奏乾清宮未掃除，殿下宜暫憩此。冢臣因言殿下之身，天地神人托重，往乾清宮視殮，與朝夕奠，必臣等至，方啟行。有指中宮某某可托者。公曰："大行皇帝已選擇，而使若曹受兩朝恩贍，察上飲食動定，警蹕游檄，其不恭命，國有常刑。"又有議封選侍者，公曰："范文正不欲從遺命封楊太妃，況選侍無楊氏撫養恩，亟封無謂。"又以登極宜早安人心。公言宮闈無嫡庶之嫌，含殮未畢，袞冕臨朝非禮也。指遺腹朝委裘，安不安固不在即位早暮耳。左公滄嶼至，唾公面言："事機間不容髮，今日脫未妥，汝安辭死？"已而朝臣畢至，悉屬中官入奏。上曰："今日已宴了，宜諏吉。"公因屬駱錦衣慎選諸司隸，周環嚴警。令中官自乳媼外無容少年女子，因自宿宮門外，伺察非常，頃刻不離。五日，鬚為盡白，蓋神髓為枯矣。復率左公謁冢卿，極言選侍不可與皇太子同處，始議合疏以請。而進忠等慫恿選侍母子同宮，並言謂"文書送我看過，方可發行"[1]。明日公遇進忠於麟趾門，進忠曰："娘娘惱甚。"公遽言："娘娘為誰？前在乾清宮是皇長子，今在慈慶宮是皇帝了，即鄭貴妃生死惟命，況選侍乎？

皇帝十六歲，長矣，非可玩弄股掌之上。乾清宮非彼所得住，不移，汝曹死無處所。"衆語塞，是夜進忠逃矣。公聞移宮在初九十三，語閣臣促之。閣臣曰："何必在明日？"公曰："前以皇長子，就太子宮爲是。既爲天子矣，天子反避宮人乎？聖母居坤寧宮，太后居慈寧宮，彼何故久混天子宮？"或言選侍亦顧命中人，公斥之曰："遺命輔皇長子要緊，公等受顧命，當先顧其子，寧先顧侍媵乎？"韓、劉、周三公助公言，聲色俱厲。公復疏言移宮，"臣等言在今日，陛下行亦在今日"。李知不可奪，始移一號殿。至初六日，皇上登極，駕還乾清宮。時劉朝、姚進忠等乘機盜竊内藏寶物，被獲，匿選侍。資内外行賂，蜚語選侍雉經、皇八妹入井。暨復封選侍，則諸坐者可末減。於是賈御史爲揭，上閣臣不知移宮。後上以先帝意，固存問選侍不輟也。及左公疏請避宮原委，帝諭閣臣，悉數選侍凌聖母諸狀，以先帝故加禮，以聖母故罷封，播告中外。方公因言選侍既有恩禮，不必又暴其過惡。上云："朕與他有讐。"時閣部諸大臣、一國公、三科道，親於乾清宮聞之，人人知上意。而議者呶呶不休，公因疏始末之詳，更請於選侍酌加恩數。帝優詔覽奏："極正、極公、極切、極真！楊漣當日竭力奮爭，忠直可嘉。"自是朝野并稱爲楊左。而議者益不快，媒蘗交閧，將爲玄黄之鬭，公不屑與較。十月覃恩奉勅，封公父母，後遂再疏乞歸矣。

天啓元年辛酉五十歲，里中有南北兌并無田子粒二事，通邑受累者二百餘年。蓋應山深在萬山中，崎嶇磽礴，不通舟楫，南兌二米，肩挑負運至漢口，不下五百里。衙門之需，索軍旅之刁詐，年異歲增，充解者十家九破。又無田子粒一項，歲五百餘金，自京山飛來，一時官長未及理料。衛官但按籍催徵，破累人家無數，遂派入條編曰"無田子粒"。公惻心久矣。是年歸里，力白之上臺。南兌則題請永折，子粒則清丈豁除。中間撫按司道轉詳南北部移咨，費用不貲，皆公破産措置。應山永世之累，於兹始釋。更汲引後學同鄉同志，宦遊於外，惓惓以愛民好生相勸勉，默爲獎藉，不使之知。其仕於他方者，苟有一念爲善，一長可稱，必維持啟牖，俱獲令名。遇儒試，致書當事，廣求增額。遠近孤寒能文士，困陋郡邑，恒助以資斧，爲之噓植，一時名俊，賴以振起。至若先聖先賢祠宇，忠孝節義諸事，無不周旋調護，振擧表揚焉。

壬戌五十一歲，居恒獨處，每閱邸報，聞魏忠賢、劉朝恣橫狀，輒潸然泣下，恐負先帝恩。曰："使吾得面聖，碎首陳先帝付托之重，誓誅此賊，以報知遇。"親友如陳元樸、王思延輩，常規之曰："今權在若輩，能誘之向正則可，空言徒起禍，無益耳。"公時亦深以其言爲然。

癸亥五十二歲，生子之環。是年，起禮科都給事中，家人咸有喜色。公呼諸子謂曰："以而父進賢冠爲作馬牛耶？今冲聖子立，外有兵戎，內有逆豎。疆場宮府，皆我死所。憂且不暇，何喜之有？因念母未終養，子女尚未婚嫁，只此欠願。"遂密致親友，分屬後事。每自笑曰："楊某這番出山，不知歸路是何如也？"旋擢太常少卿，三月，覃恩晉封公父中憲大夫、母恭人。羽翼正人，幾滿津要，天下方想望丰采，冀有轉移。公亦思致身建名，以酬顧命。而旁觀已側目矣。

甲子冬，拜左僉都御史，又進左副都御史，時年五十三歲。魏忠賢用事，羣小附之，憚衆正盈朝，不敢大肆。公與趙南星、左光斗、魏大中輩，激揚諷議，務植善類抑險邪。忠賢及其黨啣之刺骨，遂興汪文言獄，將羅織諸人，事雖獲解，然正人勢日危，致欲謀皇子、殺貴妃等事。其年六月，公遂盡發奸狀，而二十四罪之疏入矣。先是公出山之日，即密緘一稿，每當夜半欲起寫，恒泣出聲。家人驚問，則以思念先君爲言。是日，扃寫疏人於一室，聞寫者環跪，公叱曰："禍寧至汝輩耶？"母夫人怪其狀，叩之，則曰："爲應山改折事，南中部覆不至，我自具題。"既而懷疏入朝。之易公等見稿，乃夜半泣寫物也。舉家皇皇，僉駭禍廹。公曰："明知有禍無益，但騎虎將成，無使後世謂顧命之中此時無一人有男子氣。"斯言也，早已義不顧身矣。時閣部大臣及臺省戚畹，繼公廷爭，皆留中不報。獨閣臣於公疏有揭辨，而南樂以門生宰相語，憤然明出爲敵矣。疏雖未下，時忠賢尚懼求解，一日浼大璫王，集閣部諸大臣會議，意閣臣中有一人兩解之，曰："此後各開誠爲國，無相牴牾。"時韓公力不能得之中璫，而葉公臺山與璫善，又以公語侵之，不欲與觸。

魏忠賢痛哭攘地：「吾爲兩朝喫多少虧，豈意反謂我不忠。」諸大臣竟漠然無語而散，自是内外互持未動。而忠賢日購死士刺公私第，皆至牆卻步，若有雲霧障護者，不得入。五城聞之，皆設兵防守。一夕有人飛簷而至，公見之曰：「殺止殺我，毋傷我母。」其人曰：「吾實奉委，感君忠孝，何忍加害？」竟不言姓名而去。無何會南樂入太廟獨後，又頒曆不至。左、魏糾其驕蹇，南樂急，遂語忠賢曰：「外邊必不容汝，不得不動手。」於是萬主政以捶死，林侍御被杖以道死。不移時，諸臣相繼盡削，公乃註籍。草疏稱廣微之父，以愧之。廣微偵知，借會推不合傳，奉意於十月三十日二更許，手封墨勅，削公與吏部左侍郎陳于廷、督察院僉都御史左光斗爲民。青衣小帽，與左公攜手同歸，至涿州分袂。先是魏廣微欲以此時刮行裝逮訊，忠賢從門役習知其無有，以爲非穩著。已而見其策蹇就道，衣衾廖廖，則又私相語曰：「幸無搜，搜没趣矣。」抵家，府縣勸用行服，公曰：「此君命也，安見金紫即爲榮，此即爲辱乎？」

乙丑五十四歲，時忠賢殺念既熾，諸奸又復投歡搆阱。遺札有云：「同鄉憾之者乘機挑激，以致忠賢假子徐大化，教之放開手眼，廣募同心。」於是梁夢環舉汪文言舊綱首出媚疏[2]，霍維華、楊維垣感恩應募，以封疆移宮鍛鍊文言，使招公以爲身亡家破之計。文言身臨五毒，必不承。時調許顯純主其獄，遂以徐魏意，派贓指掌。三月十九日，逆閹魏忠賢矯旨提問。其畧云：「楊鎬、熊廷弼既失封疆，又公行賄賂，以希幸脱。楊某、左光斗、袁化中、魏大中、周朝瑞、顧大章等俱著錦衣衛差的當官旂，扭解來京，同汪文言一併究問追贓。其本内受贓，趙南星等十五人除已經削籍外俱削了籍，著撫按提問追贓具奏，不許徇情。該部知道。」及緹騎至，公談笑自若，從容就道，使人舁櫬隨之。抵鄖，數萬人哭迎，幾成激變。公披扭鎖泣告父老曰：「官旗未嘗苦我，朝廷未必殺我，如此則忠反爲逆，累我族矣。」衆始免，聽公就檻。時值酷暑，紐鎖鋃鐺，慘如炮烙。菜傭販豎，亦爭釀錢湊裝。村村里里，數千萬男婦，爭看忠臣，哭聲振天。自鄖抵汴，每家必設忠臣牌，建醮祈禱生還。唁之者曰：「哭野萬家如喪考，禱祠千里似傳烽。」嗟乎！此匹夫匹婦之心，安能回諸奸日夜合算之計乎？及六月二十六日，公與左公到南鎮撫，次日送北司。周、袁二公已於五月初到，顧公五月二十六日到，魏公六月二十四日到，六君子逮矣。二十八日之暮，嚴刑拷訊，諸君子各辨對甚正，而問官許顯純袖出成案，抄寫以進。公大叱曰："此地明心堂，如何改作昧心處？天下後世，汝肉不足食。"顯純大怒，五毒俱辱，骨裂髓飛。五日兩比，慘不忍言。玆時，獄樹忽產黃芝六瓣，光彩遠映。人皆以爲瑞，猶冀公等或有生望，異日者或得碎首玉堦，一罵逆璫，唾羣兇而死。不虞七月二十四日比較後，顯純呼獄卒曰："六人不得一處宿。"是夜公與左公、魏公俱死於鎖頭葉文仲之手。其夜白虹亘天，黃芝墮地，豈非天地皆爲震動耶？許顯純又復挨延至二十九日，始得所攜昇櫬。赤日蒸暴，蛆蠅填集，惟存血衣數片，殘骨幾根。此其爲社稷鋤奸，做忠臣一場結果矣。公死，崔、魏等怒猶未息，明知無家，刻限二萬。

丙寅年正月，傳諭吏部都察院：楊某、左光斗、顧大章等家眷，奉旨行彼撫按，追贓已久，如何不見回報？顯屬違玩。還著移文各直省，勒限速解，以助大工。周應秋請立循環簿，勒限四月。知縣夏予蘭以是不准給由，賴撫按覲明楊公楷泰和穆公獻明密諭郡伯李公曰："此事關係千秋公論，須爲設法保全。"乃將田產房屋移居出賣，衣書僮僕什物之類，并伯家家資亦盡沒官，合估不過數百金。於是李公洒泣誓，禍以身任，爲設立六簿，付各屬募。緣夏公予蘭捐俸首倡，置櫃四門，孝邑、應城、信陽鄉紳敦戚誼者，首湊數千金。太常元恒蕭公，竭其家，遠湊數百金。惟安陸及雲夢二邑令，不快所使，士民好義者，但私湊百餘金。陵郡黃麻申陽等郡，零湊數百金。吾邑戚友捐助及四門投櫃，合湊數百金。歸安茅孝若亦遠寄數十金。又高貴寺募化錢糧，原出公倡義，亦并收集充解。母寄城樓，子漂村舍，羣從乞化爲活。而公屍暴野外，日以青蠅爲吊客。惟恐白冤之難以年計也。

丁卯年九月，豈其河清鳳見聖人再出，立梟崔魏以正元兇，而首罪以誣陷忠直。

崇禎元年戊辰三月，計曹劉公爲公大聲鳴冤，旨言覽奏惻然。復有傳諭吏部云："朕承祖宗鴻基，嗣服大寶。早夜思維，銳修治理。稔知巨惡魏忠賢等，竊先帝之寵靈，擅朝廷之威福。密結羣奸，矯誣善類。稍有觸忌，肆行慘殺。年來污衊不知幾許，削奪不知幾許。幽囹蔽日，沉累彌天。冤抑無伸，上干元象。以至星隕地裂，歲祲兵連，不可謂非逆輩所致也。今魏忠賢、崔呈秀天刑已殛，臣民之憤稍舒，而詔獄遊魂猶鬱，豈所以昭朕維新之治乎？著該部院并九卿科道，將從前斥害諸臣，從公酌議，採擇官評。有非法禁死，情最可憫者，應褒贈即與褒贈，應廕卹即與廕卹。其削奪牽連者，應復官即與復官，應起用即與起用。有身故捏贓，難結家屬，波累猶羈，應開釋即與開釋。勿致久淹，以副朕好生之意。嗚呼！天網恢恢，無奸不破。王道蕩蕩，有側宜平。朕茲宣結解鬱，咸與昭蘇，偕之正直。以後諸臣，大家以國事爲重，毋尋玄黃之角，體朕平明之治。欽此。"迨楚撫遵詔奏贓始末，奉旨楊某首發奸惡，冤陷慘毒，准該省現在贓銀撥給五百兩以贍其母子，仍與封廕。大哉！豈非聖人神明其德，而公之精誠上格耶？不然何勤恤忠魂之惓惓不厭也。然而餘黨猶思擠之，堅持前誣。以移宮坐公通，造爲楊王崔魏之語。謂公宜死法吏，不宜詔獄。奪其忠義之實，姑予慘苦之名。一以掩攢殺之謀，一以阻優卹之路。識者兩言而决：若通内移宮，當奪天子於婦寺，方且力格羣閹焉，有閹宦同心共濟，反疾視之乎？用也，非通也。如移宮通内，宮移後讒言高張，超然遠舉；厥後還朝，則安死於忠賢手數年矣，通以何時？善乎，臺省之疏曰："指無影之鬼倀，類市井之白賴，昭昭揭肺肝而示矣。"部以公贈廕覆，奉聖旨，楊某准贈右都御史，廕一子入監讀書。及議祭葬，復邀溫旨。當部覆時，餘黨猶列在位，卹止如常，而聖眷則常溢於言外。無何，瞿掌科以"忠中之忠，清中之清"入告，奉旨云："楊某之死最慘，著全給廕諡，建祠賜祭。"沈掌科以"忠烈已簡帝心"入告，奉旨云："楊某忠憤所激，首擊逆奸。覽奏，職銜止加一級，殊未盡顯忠之典，所請楊繼盛例，該部即與議覆。"後奉旨加贈太子太保、兵部尚書，補祭四壇，賜諡"忠烈"，官其一子。

己巳年二月，又准吏部驗封司郎中徐大相，題奉諭旨准照新銜給與誥命。自曾祖鳴世公以下，皆贈光祿大夫、太子太保、右都御史、兵部尚書，曾祖母劉氏以下皆贈一品夫人。四月特賜御祭，六月奉旨發帑，委官造墳，勅建德安府祠宇、應山縣祠宇，春秋崇祀。時御史袁鯨亦附璫者，迫於大義，思贖前愆，爰請在京城建祠宇一座，以慰忠魂。俾楊某、左光斗、周順昌、黃尊素、李應昇等各家子姓追塑遺像於祠中，順天府春秋祭享。詔曰可。蓋特典也。

　　公生於隆慶五年辛未七月初十日丑時，於乙丑年七月二十四日戌時卒於獄，乙丑年諭葬於應山東鄉龍興寺西山之陽。先是發帑給本家自行造墳，仍委官依式督理。以公長子伏闕訟冤留滯京師，至是年始封樹於茲。妣張氏累封孺人淑人，誥贈一品夫人，生一女。繼娶詹氏累封孺人淑人，追贓時寄居城樓，紡績以奉姑，誥封一品夫人，生五子、之易、之言、之才、之賦、之環，女一。之才公繫獄驚死。張夫人葬於邑南秦家河西南山之陽，詹夫人與忠烈公合葬。詹夫人生於隆慶辛巳年十一月十一日子時，卒於崇禎庚午年七月十六日，享年五十歲，葬於己丑年四月二十一日巳時，坤山艮向兼申寅三分。葬於巳丑年四月二十一日巳時，坤山艮向兼申寅三分。（附楊氏宗譜）[3]

天啟誥命[4]

　　勅曰：士執簡論列天下大計，而恥沽激爲名也，即自性忠鯁乎？乃其先雅不欲廣田宅爲垢坊，而遂至于去功業心，此其人稱山谷臣而光社稷矣，疏榮其靳焉。爾贈文林郎蘇州常熟縣知縣楊彥翔，乃兵科都給事中漣之父，慨當以慷，質有其文，以佐父之義從兄，持律身之經課子。爾其道欲達天，學求入淡，見起成虧之外，心超名祿之先。故孝以格神，情深念祖。誼不可奪，藉公法以必爭。勢有當推，舍己田而不問。爾其呼詩酒于林風山月，問耕織于野老豯童。而傾廩周貧，論官恥富，蓋已樹鯁，固不阿之風標矣。是用贈爾爲文林郎兵科都給事中，上池數字，光生醫國之藥言。迎禁連章，輝映趨庭之石訓。

敕曰：朕觀儒行，亦有不隕穫貧賤、不充詘富貴。然當在貧賤，恥人之充詘易，恥己之隕穫難。乃賢母侃侃內言有丈夫風烈，此漢人所關情于子，而賢母饒爲之矣。爾贈孺人劉氏，乃兵科都給事中楊漣之母，毓質甲門，偕貞令德。爾其逃名林谷，問織邁衡，傾山居之積以周饑，收稔歲之償而更賑。則家藏義廩，人誦麥舟。又若躬椎布以受壺彞，指綺紈而爲世雙。蓋意貞于命，書極于人，華膴總屬，尋嘗簪履，亦當簡素。凡以識力頓超枯菀，材質雅合經綸，睠梧掖之新猷，惟《蘭陔》之舊勩，是用仍贈爾爲孺人。勞以爲愛，光貽玉佩之珩璜，孝以移忠，彩映袞衣之黼黼。

敕曰：朕光纂曆服，式宏延納，所賴論思清近，覆駁善違，條悉便害。而兵事未解其於圖上，方畧借箸爲籌，非負膽智有局度者，不以授爾。兵科都給事中楊漣，以子大夫高第，初分花縣，載踐梧垣。而爾赤膽沈心，瑩神動骨。當先帝考終之日，肆朕躬正始之初，同顧命以周旋，綴大臣而建議。凡以宮幃易隔，猜忖煩興。在先朝尚有訛言，豈冲人而宜漫應。唯爾嘉猷，懌於朕志。以正直忠厚，調停骨肉之間。殫心腹腎腸，擘畫初終之慮。蓋意無不盡，氣頓可以摧奸。知有必言，心惟希其悟主。茲以覃恩，授爾階文林郎，錫之勅命。爾嚮侍先皇帝，三以幄見矣。即爾所白奏，有不次第行者乎？夫言官之言，在能爲可行耳。今天下兵虞，寡餉虞多，所司或言之而卒未能行。以爾歷兩垣而互籌之也，尚以識力爲朕圖所以可行者，朕且有遠注。

敕曰：士當俛首下帷，而女士以短檠佐之。無亦曰予靫我佩，而況擁面時？固自詡有佳盫也。乃不登於年、不逮於宦，士得無遺簪之思焉？爾兵科都給事中楊漣妻贈孺人張氏，息以少孤，寧於名世，爾其室未承於姆訓，家不念於鞠哀。而柔順得中，溫恭有度，明志適宜於淡泊，素心不易於華溫。就栖棬之有澤，而恩贈寧忘故物。以兄弟之不咸而生榮，安忍無親。盖行必端方，細及淩袴，而亦謹。性不緣飾，投以繁鉅，而能勝。想入告之辰猷，念交脩之星儆。是用仍贈爾爲孺人。借尚方以去佞，尚思故劍于蒯緱。補五綫以爲裳，載詠素絲于紽緎。

勅曰：朕觀唐於久視間，宦而緋者，抑何忍也。乃若柔女子，雅不欲平呼暑於尺宅而凛然於不及洗也。鬚眉難之，鏧悦易之矣，而況摰行種種也。疏榮以旌爾兵科都給事中楊漣繼妻封孺人詹氏，莊正有容，柔嘉無遂。儆廉宦舍，紈綺無華。佐禱齋居，臧獲亦潔。又若孝極因母，誼通明神。隨居解倚閭之思，而婉辭市屋。急病有刲股之愛，而力謝居間。盖細人方徼利於得廬，曲士或明恩於排難。乃能思莨碧相爲終始，念沆瀣當傳子孫，殆真遺以安而獨執其正矣。是用仍封爾爲孺人。包蒙叶吉，鏘鏘占鳳於克家。載錫承恩，燁燁廻鸞於諫紙[5]。

【校記】

〔1〕"謂"，楊祖憲本作"諸"，文意更通。

〔2〕"梁蘿環"，楊祖憲本、底本均作"蘿梁環"，今據《明史》改。

〔3〕楊祖憲本及底本此小注"附楊氏宗譜"後，實際未附相關内容。同治四年重印楊祖憲本，此處附楊氏宗親參與《楊忠烈公文集》採輯、參訂、重刊者，今列如下：

長房七世孫歲貢訓導徵午、歲貢生候選訓導徵萬、優貢生武昌縣學訓導徵策、生員徵和、生員徵笏、生員徵第、生員徵亨。

長房八世孫孝廉方正博縣知縣祖憲、生員祖恕、生員祖功、廩員祖惠、生員祖念、世襲恩騎尉煜、生員祖斌、生員祖焕、生員祖謨。

長房九世孫光峻、光楚、光昶、光暄、光普、光岱、光晟、光岫。

四房六世孫生員瀠、生員渭。

七世孫生員徵裕、徵禧。

八世孫祖文、祖武。

〔4〕又見（明）孫承宗撰《高陽集》卷十五"册文詔諭制詞·兵科

都給事中楊漣"（清初刻嘉慶補修本），段落次序及文字與底本畧有差異。同治四年重印楊祖憲本之"卷末・續編"，收有此文。

〔5〕"諫紙"，底本作"陳紙"，據《高陽集》改。諫紙，書寫諫章的稿紙，借指諫書。

表忠録

卷一　表忠歌　古今體詩　禱文　祭祀

表忠歌

表忠歌/周嘉謨

衡山屼崪俯三湘，雲夢蒼蒼水渺茫。
天植精忠扶泰運，中丞家世水雲鄉。
少年登第姑蘇令，清如止水明如鏡。
一從簪筆入承明，封事纍纍多諫諍。
先皇御極甫三旬，擊壤謳歌遍海濱。
一朝不豫漸彌留，中使傳宣閣部臣。
公劾崔豎先有奏，天威莫測疑窮究。
豈意隨班入後宮，同承顧命真希覯。
周旋御榻覯龍顏，十有三人涕泗潸。
旁門依引東宮入，傳言封后詔宜頒。
諸臣啟奏册儲訖，上顧東宮心若忾。
仍諭輔佐爲堯舜，聞命相看喉咽窒。
旋呼左右進紅丸，喜似仙家續命丹。
昧爽倏傳遺詔下，舉朝錯愕痛心酸。
午門首聚奔趨急，遙想冲嗣正孤立。
相攜排闥入乾清，號泣於天情孔棘。
環侍宮門幾許時，長君方得出堂垂。

僉謀擁護入文華，拜舞嵩呼列陛墀。
隨請移蹕居慈慶，長樂鐘遲氛未净。
移宮拜疏有公疏，君獨慷慨如拚命。
芳辰快覩六龍飛，旭日中天萬象輝。
此際彤廷歌喜起，先期清肅在宮闈。
詎知當日移宮事，實爲逆璫心所忌。
太阿倒柄甫經年，黨惡橫行太恣肆。
公馳一疏九重天，罄竹難書萬種譽。
爐列欵開二十四，惡璫心膽已茫然。
不謂竈煬天聽遠，戇直忠言徒蹇蹇。
恨不剚刃公腹中，削奪相沿禍胎本。
公旋解綬入江鄉，神弓鬼矢遂飛揚。
金吾緹騎紛沓至，悽慘如飄六月霜。
室有妻孥堂有母，覿面相看涙如雨。
地方幾有揭竿形，君言剴切始安堵。
一入長安進撫司，羅鉗吉網日追隨。
酷拷飛贓逾數萬，賣鬻賠償累親知。
執政逆璫同腑臟，三朝一比魂飛喪。
五彪五虎濟窮兇，七尺殘軀成醢醬。
嗟乎天遠九重埋，含斂何從問六親。
與君共作囹圄鬼，更有忠貞十數人。
此等沉冤何處雪，天網恢恢疏不洩。
聖明天子涖朝堂，大憝渠魁同殄滅。
羣臣表奏顯忠良，贈卹從優白骨香。
煌煌丹詔輝珂里，七澤三湘倍有光。
楚人祇爲同閭黨，朝市山林罹一網。
官誥頻還起發頻，陰翳忽開天日朗。
思昔同朝共事時，余爲首部義難辭。

並許赤心扶社稷，微軀何得計安危。
突爾無端風浪起，乃以移宮掛人齒。
與君並列奸黨中，余倖偷生君已死。
要典今從一炬焚，葛藤已斷净浮雲。
忠肝義膽難摹寫，自有流芳百世文。
郡公世講篤忠義，目擊心傷如芒刺。
多方優卹廣皇恩，捐貲下檄頻三四。
首倡祠祀洽輿情，余亦涓滴助宏深。
生者錫廕没言榮，崢嶸廟貌千秋名。

【校記】見楊祖憲本、胡鳳丹本《表忠録》，後簡稱楊祖憲本、胡鳳丹本。因重新整理編輯《表忠録》，故不再視胡鳳丹爲底本，後不再説明。

古今體詩

五古四章／李汝嶠

明鼎三百年，壞於閹寺手。奸臣廿四罪，糾以臺諫口。
臺諫如公稀，浩氣干牛斗。奸臣手通天，虎豹九閽守。
夜半出片紙，沉冤更誰剖？倏忽見睍消，浮雲變蒼狗。
一片血影石，孤忠長不朽。

小臣受顧命，乃有大臣識。進藥彼何人，奸謀真叵測。
乾清三召見，忠藎資輔翼。上疏爭移宮，垂簾事乃息。
更求恩禮加，計在安反側。臨危獄壁書，惟恐累君德。
巫陽不可招，魂閟九幽黑。

忠言邁奇禍，前後稱二楊。楊沈忤奸相，楊左忤奸璫。
青蠅變白黑，造釁由封疆。豈有清白吏，乃坐二萬贓。
忠魂訴上天，被髮歸大荒。茄花與委鬼，一朝正刑章。
烈烈丈夫氣，終爭日月光。

黃芝墮地萎，白虹亙天起。一夕喪三良，元氣斲盡矣。
定論在千秋，公死如未死。遺文重球琳，遺像肅瞻視。
大節扶頹綱，幽光照青史。惠澤留虞山，至今崇廟祀。
不見碧雲寺，穿碑仆地毀。

【校記】見楊祖憲本、胡鳳丹本。李汝嶠（1803—?），字方壺，鎮洋（今江蘇太倉）人。道光十六年進士，充湖北副考官，督學山東。官翰林時，與益陽胡林翼、道州何紹基莫逆。道光二十四年，因科場挾帶案革職。

七古一章／諸鎮

大阿倒柄殞明紀，讀史欷歔拍案起。
婦寺搆阱天地昏，蛇蠍鴟張鳳麟死。
委鬼當朝茄花紅，緹騎紛沓逮孤忠。
明心堂作昧心處，捏贓竟斃楊大洪。
聞公詔獄色如墨，手編遺稿埋壁北。
孟弁竊之持以歸，悵無刊本貞石勒。
孝廉星若公裔孫，東萊作宰承君恩。
搜輯殘篇彙全集，闡揚絕筆慰忠魂。
兩朝偉人多譔序，詩詞銘贊吊三楚。
寄書郵外攷及余，焚香雒誦細含咀。
乾坤正氣成文章，緒餘著作皆芬芳。
老臣雖死死何憾，終克移宮誅逆璫。
泰山鴻毛同一斃，但求無負高皇帝。
我不爲公冤抑哀，獨哀明祚孰匡濟。
向使土囊鐵釘謀未成，髓飛骨裂延餘生。
不及二年莊烈嗣，柱國未摧天可擎。
乃竟致之於死地，白虹亘天黃芝墜。
二祖十宗鴻運傾，空留義膽忠肝顧命存大義。
我朝純廟旌直臣，馨流俎豆奎章新。
衡山湘水具生氣，明德有後鍾達人。
縈公觀政宰常熟，孝廉近復爲人牧。
淵源紹述揚清芬，世篤忠貞纘舊服。
勳名彪炳高雲天，志氣峻潔欽嶽淵。
家聲丕振步芳躅，國史攸光齊昔賢。
君不見西曹石影暈碧血，斯石不爛血不滅。

　　　　　崢嶸大節推二楊，前惟忠愍後忠烈。

【校記】見楊祖憲本、胡鳳丹本。諸鎮，不詳。

七律二章/翟夢陽

　　　　忠烈遺文亙古新，乾坤正氣屬完人。
　　　　移宮久仗擎天力，劾廠難消障日塵。
　　　　豈有婪贓誣大節，定應鎔鐵鑄奸臣。
　　　　飛章廿四成仁後，委鬼茄花倏化燐。

　　　　共說椒山抗疏賢，而今又讀應山編。
　　　　安危身係光熹際，痛哭書陳左魏先。
　　　　虹白芝黃文墜地，羅箝吉網罪滔天。
　　　　英風浩氣凌三楚，漢水茫茫恨未填。

【校記】見楊祖憲本、胡鳳丹本。翟夢陽，掖縣（今山東萊城）人，道光十四年舉人。

禱文

合邑祈禱生還文/閔致

伏以大來小往，天地之氣始通。福善禍淫，鬼神之權爲赫。保玆天子，嵩岳既早生申。未喪斯文，匡人焉能厄孔。大德未封侯，丙吉垂厄不死。精忠須返國，蘇武絕域偏存。寇萊被萬里之竄，丁謂逐而全歸。魏公蹈合族之誅，秦檜亡而無恙。蓋物理變則必通，賴天網疎而不漏。縱忠臣多奇禍，有十箇九殃之謠。豈天意相吉人，無萬死一生之路。鑒觀有赫，曾云視聽由民。窮迫必呼，敢以璧珪俟命。

玆爲本邑原任都察院左副都御史楊某，赤心報國，灑血除奸，一言出而禍隨，片紙飛而身逮。可憐六月炎暑，白首籠木而赤體纏徽。何忍萬里纍臣，衰母絕裾而孤雛破卵。九閽已雲封霧結，難通槐令之書。羣虎方吮血磨牙，誰淬蟄人之劍。坐看孤忠之殞命，莫可如何。仰瞻穹閶而陳情，安能忍此？虔修寶籙，用代金縢。敢昭告於皇天上帝、名山大川之神，照及覆盆，雪玆滯獄。憖遺一老，永托六尺之孤。殲我良人，願効百身之贖。

竊念楊某，居鄉服政，念念可質明神。擊璫移宮，事事堪白列祖。同受榻前之顧命，首鋤君側之神姦。藐七尺而早拚，誓九死而弗變。果投顯恭之燄，火烈崑崗。竟罹喬固之殃，網張漢室。但秦廷之璧，尚有還期。詎索棄之囚，終無生理。未必十宗二祖，不勝女鬼之八千。敢希黃地元天，勿聽疑龍於上六。爰懇帝作主張，神司福極。開未開之日月，奮當奮之雷霆。或夢通秘禁，告本朝不殺諫臣。或巫降新城，懲兇人稍知悔禍。或四郊拔木，迎公旦於東方。或六月飛霜，脱鄒衍於北寺。毋令一網打盡，獄起同文。毋令壯士不還，風寒易水。毋令楚客重抱江魚之痛，毋令楊家復銜大鳥之悲。盡轉妖孼作貞祥，免使文昌纏貫索。但得玉關生入，豈殊晝錦榮歸。

即使首正狐丘，亦勝屍隨馬革。某等塵界無知，秉彝好德。非不慮城門失火，殃及池魚。決不忍人之云亡，邦國殄瘁。禱爾神祇上下，皆曰何幸。保我子孫黎民，尚亦有利。公疏愚悃，俯鑒血誠。

【校記】見楊祖憲本、胡鳳丹本。閔致，字還極，湖北應山人。據《（光緒）德安府·忠勇傳》，崇禎十六年，閔致守青堆砦，城破，與妻李、媳程同殉。

祭祀

楊忠烈公卹典疏／沈維炳

皇上誅逆表忠，首矜楚厄，而尤注念楊漣。前後允諸臣之請，贈廕祭葬，恩數已備，臣復何言！但皇上第知冤慘之概，即臣同官瞿式耜，亦第言其居官之清白。而生前報主一念，與身後危苦諸情，尚未盡徹天聽。

臣與漣實至戚，又共事先朝，知其事甚悉。臣如不言，誰當言者？方給事兵科時，值光廟大漸之會，鑑其忠直，隨閣部大臣後，入受顧命。漣以爲小臣受遺命，異數也。矢心圖報，已自異於恒情，逮扳龍髯弗違，而篤事熹宗，急請移宮，並停封后。即舉朝之疑、內璫之怒，弗避焉，以爲苟利社稷，死生以之耳。誰知事甫定，而居功之謗隨來。漣實無居功之心，故不屑與辨，第脫然請病以謝妒者。

歸里三年，將母教子，斯亦"鴻飛冥冥、弋人何篡"之致矣。然猶念不忘君，隱憂未釋也，每聞魏忠賢播弄橫肆諸不法狀，往往感慨發憤，恨不一面先帝，碎首密陳，以戡其惡。後聞報起補禮部，即托子女於諸戚友，誓於此行以身許國。何圖拜命未久，旋轉常少，殊鬱鬱不樂也。

及歷僉院副院，見先帝漸成受制家奴之勢，而臣鄰又繁有附璫之徒，遂憤激草疏，以二十四罪入告。本意於朝期面奏，出疾雷不及掩耳之計，以倖中博浪之錐。豈料繕疏甫竟，而次日免朝。欲宿留以待面，則又慮洩機之害成也，乃不得不拜疏封進矣。聞疏入後，忠賢亦惴惴懼禍，泣訴御前。使當時無客氏斡旋於內，魏廣微等指畫於外，此日即清君側之惡，亦未可知。無奈客、魏通謀，而忠賢又固寵如故也，則漣禍成於此矣。

時則忠賢辭廠之疏先下，備極溫慰；而次下漣疏，切責不少寬焉。

自是省臺卿寺借劍同聲，閣部史館執簡隨後；竟不能搖逆瑠之萬一，而反激虎威：朱國弼削爵矣，萬燝斃廷杖矣。漣又誓不俱生，恒於袖裏補牘，以伺對仗。忠賢聞之而阻遏三朝，翠華稀御，至四朝乃出。則皇極門上弓劍倍於往時，宦侍班中指顧兇於平日。若非左班諸臣，拉漣不許出奏，恐甘露之變即在目前。此時無問滿朝臣子，且不知置先帝何地矣。

廣微極恨"門生宰相"一語，串同客、魏，借力助殺，日圖所以中漣者。而後得會推冢臣之隙，削奪遣歸，喙言官論列無虛日。旋誣汪文言以招贓，而乙丑夏逮繫矣。

猶記被逮時，拜別病母於臥前，不管妻兒之痛哭，大笑出門，義不反顧。自應山抵德安府城，黃童白叟遮道送迎，俚婦傭工盆香涕泣，爭識忠臣之面，共祝生還之期。逮夫囚服入城，觀者如堵，士紳灰讀書立名之志，邔城皆罷市挈竿之徒，人心共激，將欲殺緹騎而奪之。漣聞而強步上城，叩首誓衆，遍揭街衢，曉以忠逆之辨，乃幸解散衆怒。聞旨就繫，輿櫬偕行，自分必死。路經河南一帶，奔擁景象，所過皆然。

逮至，則田爾耕、許顯純已受指使，辱罵之極，至不比於平民；榜掠之酷，更不以爲性命。借追贓以用極刑，禁飲食而限死刻。比其死也，屍拖出穴，蛆嘴滿身。自頂至踵，無一寸皮肉相黏。斷指拔鬚，幾不識本來真相。浮脹至不成殮，臭爛過者掩鼻。遐想此狀，百念可灰。又何必讀聖賢之書，明忠孝之節，爲國家出死力哉？

殺身未已也，又檄下撫按，窮追未完之贓。斬草除根，固其本念也。漣砥節一生，家無餘蓄。田地宅舍，器物衣飾，及兄侄之產業，僕婢之價值，總括入官變賣，尚不及八九千金。朋友親戚暗中義助者數千金，知府李行志設簿募化得數百金，知縣夏之彥計無復之，又捐產代納者千餘金，始得一萬六千餘兩解部，以應星火之追而免諸兒於死。尚欠三千餘贓，算計已窮，必無取辦矣。之彥揣楊氏諸孤，勢必不能全活，乃以清慎無雙應候行取之邑令，而甘心一割，勉就府同。此際情景，又安知有今日哉？向非李知府、夏知縣多方湊處，極力護持，哀此藐孤，即不追死，亦應餓死矣。

彼時，片瓦尺椽盡歸他姓。棺無停處，暴露荒郊。老母寄住城樓，寡妻借居茅屋，諸子流離星散，各糊口於外戚諸家。儻不得皇上欽恤五百贖還小房，移櫬其內，尚存其餘以爲母妻子女度日之資，則今凍餓而死，尚可忍言哉？癡心報國，乃先殺身，漣即甘之如飴；而朝廷待顧命大臣，是何菲薄至此？查先臣楊繼盛，亦以忠諫被戮，旋拜聖恩，以主事贈太僕少卿，凡加四級，子皆全廕。即近年同禍諸臣，亦有以七品贈四品者。漣之討逆獨先，受禍更慘，乃止得贈一級。而左副都贈右都御史，又似由內轉外。即生者得此，亦覺黯淡無色，況死忠之臣乎？凡京官一二品以上尋常死者，亦贈一級，予祭一壇，此成例也。漣死於忠烈，其苦慘又當別論，況其行徑，全與楊忠湣相類。而卹典之加，遠不逮忠湣，近更不逮同難諸臣，亦可哀也。

伏乞皇上依例全卹，其贈廕、祭葬、議謚、建祠，並視楊繼盛一體焉。即空名所加不能起九原之骨，而殊恩所被猶足勸效忠之臣。萬代瞻仰，在此舉矣。（《耳提錄》）

【校記】見《湖北文徵》卷六。沈維炳，字斗仲，孝感人。萬曆四十四年進士，官吏部左侍郎，入清仍官，著有《兩垣奏議》。《耳提錄》一卷，清顧景星（1621—1687）撰。

常熟令應山楊公去思祠記/錢謙益

應山楊侯令常熟三年，上計以治行第一徵去。男女耄倪驚而相告曰："侯真去我耶？"相率爲侯置祠，祠於邑之南郭，侯所築府唐道也。祠成，父老則把香曳筇跂履，若少壯咸翼，如不期至，稽首祠下，填門塞戶，一如侯祖道時，則又驚而相告曰："侯故儼然在也！侯未嘗去我。"

都人士駭其言，相率走告謙益。謙益乃曰："若以楊侯真舍我去耶？雖百世故在也。"

世所稱循吏者，綜核名實，以勝任爲快愉見才矣，不知有德。其賢者，約身圖恤民隱，近德矣，不知有風。今夫風起於青蘋之末，飄蕩激颺，莫可爲倪。然而天壤間，金有銷也，石有泐也，風之爲用，卒不可以終窮。是故近徵德，遠徵風，請與都人士言楊侯之風。

侯始下車，要言於神曰：「某所酌者，虞山一杯水，有渝此盟，無以渡江。」布衣蔬食，妻孥有菜色。解所束帶，付攻金者，以佐庚癸，人咸謂侯廉。夫己氏以任子爲郎，九首百足，擇人而食，莫敢誰何。廉得其罪狀，請於直指鄧公，置之理。邑之桀黠奴，爲蹻蹠里閈者、豪右而憑城者、狡而營窟者、煮海鑄山探赤白丸者、淫倚門而亂其室者，侯一以法繩之，囊以三木，施諸五父之衢，高門深閨皆咋指戒無犯楊侯，人咸謂侯風肅。侯之爲政，去太去甚，廢墜備舉，不以供億騷民間，不以徵發飽吏胥。廣厲學官，飾俎豆，具餼廩，教子弟，又以其間修築府唐，灑沉捍患，民不告勞，戒寒而噓枯，四時之氣咸備，人咸謂侯之風遠且長矣。

侯行矣，登其堂想見其要神而矢日，有不奮然齒擊者乎？入其市見其戮死而施生，有不斂足屏息者乎？巨豪暴客，以迄於梁氏之奴、公慎氏之妻，聞侯之名，有不頭搶地者乎？里社之中童子相端拜，而堤堰之上烝徒稽以相謳歌者，有一非楊侯者乎？侯之風若是，豈啻侯在時耶？

謙益在侯宇下，微聞侯之緒論，自爲諸生時，則已扼擥容容者流。浮沉以持祿，軟熟以養亂。不念國家養士謂何，願以一身風勵之！受事未幾，擊巨奸如拔薤。侯直以七尺殉一官，遑恤其他。撓萬物者莫疾於風，此楊侯雷風相薄時耶！入而後悅之，燠肌浹髓，變呻爲謠，則侯之風行矣。風之爲用其有既乎？侯之去與否又奚擇焉？都人士曰：「雖然侯行矣，侯將以風吾虞者風天下，虞其青蘋之末也。願得子之言，以志侯之風。」始遂次其語，以爲記。

侯名漣，字文孺，楚之應山人，舉萬曆丁未進士。都人士爲繆生肇祖、周生盛時、郁生調元、翁生源德、余弟謙貞，例得備書。

賜進士及第翰林院編修邑人錢某頓首拜撰。

【校記】見楊祖憲本、胡鳳丹本，楊祖憲本題《常熟祠堂碑記》。關於"常熟祠堂碑"，清馮桂芬《（同治）蘇州府志》卷三十八（清光緒九年刊本）："楊忠烈公祠在常熟塘滸，祀明都御史、前知縣事楊漣，萬曆中在任。濬河築塘，治蹟甚偉，邑人捐地建生祠。逆瑫肆虐時，檄縣拆毀。當事者倉皇奉令，棄公土像於水，移日不腐。見者駭異，負匿於頂山寺，密修香火。崇禎二年贈謚卹廕，祠額復新。國朝雍正十三年，糧儲道姚孔鈵重建。《常昭合志稿》云，祀田二十二畝，歸資福寺納租供祭。"

重修楊忠烈公虞邑生祠碑記／盧絃

　　天地正直之氣，其鍾於人也，生而爲忠烈，没而爲神明，理固無二也。譬之松筠，方其屈伏於土，似無可見；忽乘陽氣之怒生，勃不能遏。雖處重巖壘石之下，亦挺然獨出，而莫之或閼。及其入也，風霆無所撼，冰雪無所摧；其中愈得其堅，縱其外直，任其孤上，要乘乎陽氣之至正。而物之至乎此者，亦莫知其所由然。凡朝廷之有忠臣，扶翼綱常，擔荷社稷，斷然行吾心所是。而知之者必言，言之者必盡，初未嘗慮及强禦之可畏，與性命之足憂。當其慷慨而陳，若稍危疑顧慮於其際，則紛紜之念從而奪之，已見其廢然沮矣。

　　先朝楊公大洪，楚應山人。起家進士，初試海虞令。海虞人至今愛而慕之，奉之俎豆，罔有替焉。夫海虞之愛慕楊公者，祇因其德惠所存，流風餘韻未之或衰，故人人欲得而祀之。至楊公擢居給諫，以侃直自任；秩晉總憲，發逆豎之奸；而言人之所不敢言，以及捐軀殉之，而無所顧。事後而論此，其風節雖薄海内外，凡有知識，鮮不欽而敬焉。固不獨海虞士民爲之頌服，要其先，海虞士民亦但知惠愛我者，其父母，訓迪我者，其師長。於其去也，固宜家尸而户祝之。至後之挺身犯難，碎首闕廷，皆其所不忍逆料者也。然識者於其爲令之廉明而公正，早卜其後之必能建業於立朝。又於其生存之憤烈而激昂，並信其没之必能爲神於天壤。何則？正直之氣，有所必然；神人之理，無有二也。

　　迄今三十餘年，絃以公鄉人來督輓於吴，朱君孔照以公同邑人來佐郡於蘇。拜公之祠，於其几筵楄柎所存，更推廣士民愛慕之意；而增爲潤飾，亦懿好攸同，不容以已也。若公正直之氣，其存其没，總無纖累介於其中。即當日公論，不久獲伸。在思廟時，已得贈大司馬，諡忠烈，蔭及子孫。皆其所不暇計，又安問其祠而祀之者何人，踵而修之者何人也？此正公之足以常留於兩間而永垂於萬古，豈海虞士民之所得私哉？又豈予一二楚人之所得私哉？

康熙二年孟冬月，賜進士出身，督理蘇松常鎮糧儲，兼巡視漕河，江南布政使司左參政，楚蘄後學盧紘謹撰。賜進士出身，江南蘇州海防同知，前禮部精饍清吏司郎中朱孔照重修。

【校記】見楊祖憲本、胡鳳丹本。盧紘，字元度，號澹岩，蘄州（今湖北黃州）人。順治六年會試魁元，曾任新泰縣令、桂林府同知、東昌府知府，著有《四照堂集》十卷。

常熟縣楊忠烈公祠碑記／姚孔鈵

前明楊忠烈公，忠心昭於赤日，正氣貫夫白虹。薄海内外，雖婦人孺子無不知爲六君子之魁首也。筮仕則首令於虞，其治虞有蹟，去虞有思，因而虞之人作祠祀之。祠先廢於貂璫熾焰之時，後興於予恤贈諡之後，邑乘班班可考，虞之人蓋將以天壤古今之君子而私爲我虞有也。

余自駐節以來，無日不思登公之堂，瞻公之遺像。猥以公事奔馳，日不遑息，久而不果。今夏五月，邑生王予第等，與邑民丁繹如，以霸祠相訐，控辨論褱，出縣不能服。蓋一爲曩者捐地成祠，王憲曾之裔孫。一爲昔年董役奔走，丁相之子姓，而今之守祠者也。

余乃率縣尹，親勘其地，覽視周遭，不禁喟然而歎，謂之曰："是祠也，皆爾民所爲感恩報德，將冀在天之靈，以妥侑春秋之祀者。則宜清净不宜喧囂，宜爽塏不宜跼促，宜正直而勿任其欹斜，宜主一而勿亂以他祀。今奈何淆褱偪曲者爲？"爰命將門以内舊祀之元帝像，移請鄰寺別室，而布金新之。祠門舊向西偏，直逼橋梁，湫隘迎市，移之南向，臨池水而濱大河，覺敞豁頓異，耳目爲之改觀。丁繹如貧且老，啟閉非所勝任，飭遷徙以廓清其居室，鎖鑰則交其鄰資福寺僧掌之。粥魚齋鼓之風，或不至於襏襫而榛莽也。其祭田二十二畝，今仍繹如典守，不遽奪令。歲賦租備祀事，俟繹如物故後，併與寺僧管領。納租於縣，以供牲醴，有餘則爲歲修祠宇之資。庶事歸於一，毋兩歧，毋中飽也。

門前有放生池，本王姓家地，向已施於寺中，分收菱荇之利，今勸予第等全施於寺，勿利其菱稗，香燈之供用寬然，而嗣後免生覬覦、起紛爭也。語既竟，凡予第之族與繹如咸叩首，願如命。而聚觀之民人無不快然，曰："是乃吾虞祀公之意也。"夫余復謂縣尹曰："鼎新之費，非予輩之責，而誰責歟？"各捐俸鳩工庀材，若者啟、若者塞、若者去、若者因，舉凡堂殿階陛以及廊廡櫺扉之類，靡不煥然飭然。

工竣之日，親率諸屬吏拜於堂下。因出眺於門外，則見水光浩落，長堤如虹，即當日在虞所築之元和塘焉。風帆絡繹，漁艇參差，皆公之遺愛也。繼自今虞之人士，瓣香罇酒以祈福，佑我公在天之靈。或其鑒虞人之欲，私我公者而來福，我虞人未可和也。則凡後之作牧於虞者，亦可以興矣。

縣尹爲誰，北直定州劉華也。虞新分昭文之縣尹，河南武安韓桐時北上，署篆則北直大名姜順蛟，督工則常熟尉邵成章也。

乾隆二年歲次丁巳仲夏月，江南布政使司督理蘇松常鎮太糧儲道，桐山姚某撰。

【校記】見楊祖憲本、胡鳳丹本。姚孔鈵（1686—?），字象山，又字鐵也，安徽桐城人。雍正六年舉孝友端方，曾官滑縣知縣、松江府知府、惠潮兵備道，乾隆八年，署江蘇按察使。

郡伯傅公重修忠烈公祠記/張希良

明中丞忠烈楊公，安州之應山人也。熹廟時，逆璫魏忠賢將危社稷，賴公疏其大罪二十四，謀不得遂，卒以慘毒斃公。懷宗立，首昭雪之，贈太保，賜諡葬，詔郡及本邑建祠以祀。我朝定鼎，憲臣請更祭典，有敕存楊忠烈之祀如故。此郡祠之所以至今弗替也。郡舊有黃、董二孝祠，燬於兵，遷二主附楊忠烈側，因稱忠孝祠，實則楊公之專祠也。歲久日就於圮，罕有鳩其事者。汝南傅公，家世忠孝，爲清白吏。來守是邦，釋奠先師外，輒親舉忠烈之祀。見其祠不可支，捐俸撤而新之，面貌整飭倍他日。

齊南張子聞其事而歎曰：“楊公之忠不泯，傅公之德之厚也。楊公擊瑺時，早棄七尺，豈意後人俎豆我於鍾簴側哉？”被逮之初，銀瑺出郡廳事，父老子弟謀劫緹騎奪公，公泣謝之，衆散去。生不能奪之以歸，而沒獲祀之於社。然後天道昭焉，人心快焉，亦可見此邦風之古、化之醇。視田生金之同鄉人，詎啻天壤耶？玉步已移，祀典如故，與明太祖建余闕、李黼之祠，道同一轍。我朝忠厚開國，勵世維風，爲萬世規，甚盛典也。惟我傅公上宣德意，下弭頹風，取其祠而新之。見夫父老存者過其處，談說緹騎事，欷歔不自禁。後生小子望古遙集，忠孝油然而生，頑廉懦立，在此舉矣。抑又聞之，傅公大父太保公與忠烈爲同朝，情誼甚協。今讀其往來詩牘，惓惓以國事相許以死，一篇之中三致意焉。逆瑺巘楊公以贓累萬，弱子同竈人。太保公潛爲營救，人弗知也，厚之至也。

今傅公又來守是邦，撫其式微之裔，新其已燬之祠，承先志、念遺忠、敦友誼。凡耳而目者，靡不欷歔慷慨奮發於古道。吾知敦薄寬鄙又在此舉矣。昔椒山廷杖時，有同譜者至不許扶掖而行，安敢望憫忠篤故，生死不渝，前後相顧，如傅公之於楊公者乎？

嗟乎！楊公忠無不報，傅公厚德無已，其中遭遇之奇，皆曠代而一見者也。朝廷御纂《一統全志》，某得分輯楚乘，每於楊公遺蹟，搜討其未備。郡祠之新，蓋欲借爲《一統志》光。友人関子衍入都，復索一言附麗牲石，曰：“楊公之忠，傅公之厚，節已顯矣，德已至矣，今復何贅？”顧天下後世之聞其風者，頑廉懦立，薄敦鄙寬，所爲關係甚鉅，不可以不書。矧朝廷勵世之典與兩世遭遇之奇，咸足傳誦千古，不容泯也。

於是乎書。

康熙己巳孟夏月初一日，翰林院編修、齊南張某撰。

【校記】見楊祖憲、胡鳳丹本，楊祖憲本題《郡伯傅公重修忠烈公祠記》。張希良（1631—1712），字石虹，黃安（今湖北紅安）人。康熙二十四年進士，官翰林、左右春坊贊善，著《寶宸堂集》四卷、《格物》內外編等。

德安府祠碑文/羅暹春

郡故有二孝祠，爲祀漢之黃孝子香、董孝子永。董爲青州人，避兵安陸。相傳以爲葬父無資鬻其身，感天孫爲織縑以贖。事頗怪異，或曰孝感之名縣者以此。黃爲江夏安陸人，於傳有之。安陸隸江夏，故曰江夏黃童。墓在今府同知官廨後，而雲夢亦有黃孝子墓，未知其孰是。乃鄖陽之房縣，亦有忠孝里，謂其縣之有忠如尹吉甫，有孝如黃香也。乃四川之瀘州，又以吉甫爲其州人。如此夫其人能賢而名，遂使後之人於其所生所埋，樂得而有之，且爭得而有之者比比也，況於忠孝？而黃則斷以本傳之稱爲安陸人者，無怪也。

然而二孝之祠建與毀，則皆不可知矣。明之應山楊忠烈公，其立朝本末，載在史策，郡縣皆有祠祀勿替。我朝康熙二十八年守此者，有汝南傅公鶴祥，爲一新祠，以二孝祠之廢也，附此名之曰"忠孝祠"，經今又二十八年矣。

余弱冠爲諸生，遊學於江南，就父執陳華亭宰所，得受忠烈公文集而讀之，慨然想見其爲人。陳亦應山人也。嗣余在翰林，與公裔孫戶部郎中可鏡相友善。而郎中移疾歸，後幾年，余蒞安州，來過應山，即謁忠烈公於應山之祠，訪郎中於漢上。今郎中不能移足戶外，余每行縣至應山必起居郎中臥榻。郎中曰："先忠烈公祠之在縣者將圮，縣公謝已請修於官。祠之在府者，亦歲久遇雨而庭且水，守公方興郡學，獨無意於先忠烈公乎？"

余有愧於其言，心諾之而未許也。既新學周視，祠豈惟水？祠將圮。摩挲碑記，得其概。先命匠疏溝道，使水爲之不留。既與匠謀，盡撤舊而新之，經費才九萬錢耳。前爲門墻，仍額之曰"忠孝祠"。門左右得兩室，以處守祠人。後爲堂區而三，以漢二孝不當左右配，而又難以朝代先後論。三之者，主楊而黃董不客，使各若得專祠焉。庶幾楊不辭於黃董之相籍，黃董不嫌於楊之相凌，而忠臣孝子之神安，而後之人之心安焉矣。

工竣，守土官遇春，迺齎吉虔祀而殫述其事，系銘於麗牲之石。其詞曰：

忠孝分義豈其名，三賢祠兮萬夫望，峒之山高湞水長。

賜進士出身，湖北德安府知府，前福建道監察御史，翰林院侍讀吉水羅某撰。

【校記】見楊祖憲本、胡鳳丹本。羅遇春（1716—？）江西吉水人。乾隆七年進士，乾隆三十五年爲德安知府。

謁忠烈公祠/閔衍

出山不負進賢冠，敬吊先生擬夢難。
幾許昏鴉棲古木，還將廢鐵鑄羣奸。
排開宮闈頭全白，問及髯官骨已寒。
要典迷天今一洗，拘幽佳操賴君彈。

【校記】見楊祖憲本、胡鳳丹本。閔衍，字蕃伯，湖北應山人。康熙四十二年進士，曾官汾阳府孝义知县、户部员外郎，著有《楚音正訛》《印麓山房詩集》。

謁忠烈公祠見古井函月並制憲阮芸臺送來墨蹟一軸/周開謨

巍峩廟貌對山岑，宮保遺居此處尋。

廿四罪寒奸豎膽，十三賢共老臣心。

前身明月緣猶在，古井重泉恨不沉。（祠內古井相傳有月色，遠近觀者，歲時無間。）

大憲寄來真跡舊，傅觀字字是球琳。

【校記】見楊祖憲本、胡鳳丹本。周開謨，字叔獻，河南汜水人。嘉慶四年進士，歷任翰林院編修、德安府知府、禮部郎中，著有《燕中集》《鄖中集》《輿中集》。

謁忠烈公祠/樊恭懋

逆璫擅國布羣陰，此日廷臣類啞瘖。
二十四條登白簡，百千萬世見丹心。
惟求實禍天能悔，不料奇冤海竟沉。
到底忠魂都食報，皇家俎豆盛於令。

【校記】見楊祖憲本、胡鳳丹本。樊恭懋，湖北松滋人。廩貢生，歷任雲夢、遠安、應山訓導，著有《樊豁齋詩集》二卷。

明楊忠烈公祠/陳文述

公名漣，字文孺，應山人。官常熟知縣，舉"廉吏第一"。擢給事中，與顧命。與左光斗力主李選侍移宮案，疏劾魏忠賢二十四大罪，卒為忠賢所害。

皂囊論常侍，白簡劾昭儀。力建移宮策，忠應先帝知。

此邦曾守土，遺愛有叢祠。太息甘棠蔭，虯龍起柏枝。

【校記】見清陳文述《頤道堂集》"詩選卷十·古今體詩"（清嘉慶十二年刻道光增修本）。陳文述（1771—1843），字譜香，錢塘（今杭州）人。嘉慶時舉人，官昭文、全椒等知縣。

楊忠烈公祠/沈德潛

古來慘毒那有此，獄中畢命六君子。
諸公連類首應山，婦寺義兒同切齒。
惟公激烈稱孤忠，倉卒定變先移宮。
後陳二十四大罪，照徹鬼膽磨青銅。
搏擊不中受奇禍，骸骼暴日屍生蟲。
妻孥城樓飽風雪，身後餘毒流無窮。
人之云亡邦國瘁，明社沈淪等兒戲。
只有孤臣一片心，地下可訴高皇帝。
德安故里有遺祠，颯颯靈風欲滿旗。
行人下馬肅瞻拜，如見鬚髯戟立時。

【校記】見清沈德潛《歸愚詩鈔》卷十一"七言古詩"（清刻本）。沈德潛（1673—1769），號歸愚，長洲（今江蘇吳縣）人。乾隆四年進士，官至内閣學士兼禮部侍郎，著述甚豐。

楊忠烈公（漣）祠/錢大昕

茄花委鬼日猖披，想見張髯瞋目時。
倉猝移宮關大計，慨慷伏闕進危詞。
姓名空冠東林籍，魂魄誰招鎮撫司。
齒冷三朝修要典，南牙宰相北牙兒。

【校記】見清錢大昕《潛研堂集》"詩集"卷七（清嘉慶十一年刻本）。錢大昕（1728—1804），字曉徵，晚號潛研老人，嘉定（今上海嘉定區）人，著名学者。

楊忠烈公祠/趙懷玉

再拜荒祠下，松楸白日寒。清忠魁勝代，惠澤紀初官。
北寺鋃鐺急，西華練葛單。翻嫌周患難，曾未出衣冠。

【校記】見清趙懷玉《亦有生齋集》"詩"卷九（清道光元年刻本）。趙懷玉（1747—1823），字億孫，江蘇武進人，乾隆四十五年賜舉人，授內閣中書。

吊楊忠烈公祠文/魏閥

漢川後學魏閥過太保楊公忠烈祠，吊以文曰：

某乙丑悲公忠，甲申泣公烈，壬寅冬獲祠。當璫焰熏天，卒不能盡遂大惡者，疇褫其魄。假天不降喪，留弼後代，則烈晦於熹宗，又烏用一人之劫？

嗚呼！凡甲申之際，柱有必傾，維有必絕，玉石一塵，賢愚一血。故先令公精歸於岳衡，而光奔乎日月。（《清風遺集》）

【校記】見《湖北文徵》卷六。魏閥（1609—1678），字明閥，號煙波釣徒，湖北漢川人，明季諸生，著有《焦氏易林解》《清風詩文集》等。

四忠祠記/張希良

四忠祠者，祀張中丞巡、岳忠武飛、李參政廷芝、楊忠烈漣也。

祠四忠而獨稱張公者，張公其肇祀也。張公肇祀而係東者，所以別於南張公祠也。中丞功在江淮，忠武嘗防御安州，李、楊二公則此邦之皎皎忠烈者也，祀之允宜。中丞當漁陽變起，兩京陷沒，朝廷聲息隔絕，憑孤城、經百戰，卒以其身與城俱碎。元兵之入宋也，大江南北，無不開門送欵。參政獨以維揚片地，堅臣節，久而後亡，不屈於阿術以死，其事同。忠武憤和議之誤國，銳志用兵，忤奸相。忠烈惡逆璫之橫，義形於色，數其二十四大罪，觸璫怒。俱以逮繫詔獄，片紙殺身，其事又同。合而祀之，於禮亦宜。

張子拜於其祠而歎曰：甚矣哉！人心之不死也。當祿山僭偽、秦檜當國、伯顏承制拜官、忠賢口銜天憲，一時羣起而附之者，如令狐潮、尹子琦、萬俟卨、羅汝楫，以及呂文煥、范文虎，與夫乾兒義子之屬，莫不高牙大纛，黃金橫帶而誇得志。彼其視駢首就戮、沈埋獄底之落落數公，爲何如耶？及其貫日，星光喬嶽，俎豆焜煌，雖村嫗稚子瞻仰鬚眉，莫不悚然起敬，慨然生哀。而迴思向之所謂高牙大纛、黃金橫帶而誇得志者，求食其祠前糞穢之餘不可得。豈非忠義之在人心、有難泯者與？然吾聞應之先有連萬夫者，爲宋將仕郎。建炎中，羣盜犯應，萬夫率郡人數千，保山砦。賊圍三日，卒破之。萬夫厲聲罵賊，遂爲所害。今鄉賢祠獨見遺，倘以木主附於數公之側，是亦忠之屬也。夫忠義自在人心，特無以激厲感發之，則不勸。自古志士仁人，雖其性實，然亦得之觀感者深也。

聞忠烈公之被逮，別其鄉人書曰："他日置我於三忠之列，死且不朽。"非其景行於三忠者有素，安能歷九死而不渝乎？故卒以四忠顯。

廟貌雖故，典型猶新。吾庸知此邦無嗣徽其人者？四忠烏足以限之哉？（《同治應山縣誌》）

【校記】見《湖北文徵》卷七。

哀弔

楊忠烈墓志銘/錢謙益

天啟四年，都察院左副都御史楊公劾奏逆閹魏忠賢二十四大罪。明年七月二十四日，考死詔獄。後三年，今天子即位，追錄死閹忠臣，以公爲首。又五年，其友人陳愚撰次行狀，率其二子，跋涉數千里，請誌公墓。

嗚呼！公之死，慘毒萬狀，暴屍六晝夜，蛆蟲穿穴。畢命之夕，白氣貫北斗，災眚疊見，天地震動，其爲冤天猶知之，而況於人乎？當其舁櫬就徵，自邵抵汴，哭送者數萬人，壯士劍客，聚而謀簒奪者幾千人，所過市集，攀檻車看忠臣，及炷香設祭祝生還者，自豫、冀達荊、吳，綿延萬餘里。追贓令亟，賣菜洗削者，爭持數錢，投縣令甌中，三年而後止。昭雪之後，街談巷議，動色相告，芸夫牧豎，有歎有泣。公之忠義激烈，波蕩海內，夫豈待誌而後著？擊奸之疏，湣忠之綸，大書特書，載在國史，雖微誌，誰不知之？若夫光宗皇帝之知公，與公之受知於先帝，君臣特達，前史無比。公之致命遂志，之死不悔者在此，而羣小之定計殺公者亦在此。謙益苟畏禍懼死，沒而不書，則舉世無有知之者矣。

先是光宗久在東朝，間於鄭氏，儲位危釳，懂然後定。神宗寢疾，皇太子希得召見，日旰尚徬徨寢門外。公爲兵科給事中，走告閣臣，當直宿閣中，日率百官問安，效宋文潞公訶內侍故事。傳語伴讀王安，太子當力請入侍，遲明而出，日暮還宮，以備非常。安故守正，力擁佑太子，同心憂懼者也。光宗踐祚，五日而病，趣封鄭貴妃爲皇太后，及所愛李選侍爲皇貴妃。傳旨旁午，中外奸邪，詗知上病不能自還，煽動鄭、李，謀踞兩宮，挾皇長子以專國命。公要諸大臣集左掖門，面折貴妃姪養性，貴妃知不可奪，即日移慈寧宮去。公遂上疏，極論鄭氏所遣醫崔文昇侍疾無狀，宜下司禮監，推舉窮究，宣示中外，罔俾賤臣誣汙起居發病狀，虧捐盛德。上暫輟萬幾，進皇長子及皇子扶床繞膝，導迎和氣，收廻封太后成命，無輕發詔令，以尊國體。事關禁近，皆人臣所難言者。疏上三日，上特命錦衣召公。人意公且得罪，上對羣臣從容言病狀，而視數歸乎公，指皇長子："科臣謂不當去朕左右。"皆理公疏中語也。故事，宣召羣臣，止及吏科掌垣，他垣不得與。公以兵垣特召，閣部咸在，兵衛甚嚴，示以設九賓廷見之意。自是再召，與聞末命。馮幾注視，與執手付托者何異？公雖欲不誓死以報，其可得哉？

　　光宗崩，選侍踞乾清宮，羣閹教選侍閉皇長子不聽出，度外廷無可如何。公首定大計："大行在乾清，羣臣哭臨畢，即擁皇長子升文華殿呼萬歲，暫御慈慶宮，須選侍移宮而復，則羣奄之計格，我輩得以事少主矣。"初詣乾清宮，閹人持梃誰何，公大罵："奴才！"手梃卻之。將及宮門，內豎傳李娘娘命，追呼拉還者至再。公復手格叱退之。皇長子既居慈慶，選侍猶踞乾清不肯去，宣言將垂簾，詰責御史左光斗疏中武氏何語。公抗論於朝房、於掖門、於殿廷者，日以十數；叱小豎於麟趾門者一，叱閣臣方從哲及大奄於朝者再。選侍乃移一號殿，而天子復還乾清。後先諍辨，謂選侍不得母天子，天子不當托宮嬪。反復痛切，聞者口噤。移宮之日，奮髯叫呼，聲淚迸咽："選侍能於九廟前殺我則已，今日不移宮，死不出矣。"聲徹御座，殿陛皆驚。上亦語近侍："鬍子官，真忠臣也。"

　　當是時，三朝大故，變起旬月。舉朝洶洶，不知所爲。公儼然行顧命大臣之事，外戒金吾，簡緹騎，用盧儆備；內戒中官乳母，禁宮人闌入。身露坐宮門外，五日夜不交睫，頭須盡白。每有大議，大臣左右顧視，問楊給事云何，莫敢專決也。

　　自神廟中年，羣小窺菀枯之勢，開離間之隙，浸淫蘊崇，而發作於鼎革之交。公察知奧窔，誓死伏節，奪人主於婦寺之手，其功最爲奇偉。昔漢武帝之識霍光、金日磾也，近者數十年，遠者二十餘年。先帝以一疏知公，不假歲月。上無負圖付托之跡，下無伏蒲涕泣之語，意喻色授，屬大事而安社稷。吾於公庚申九月事，未嘗不奇其遇，壯其決，而因以頌先帝之神聖爲不可幾及也。

移宮既竣，羣小失其所憑依，膏唇拭舌，造作蜚語，聳動朝士，好異者進安選侍之揭以撼公，公乃上移宮始末疏，優詔歎嘉。則誣公交關司禮王安，脅取中旨以恚公。公發憤再疏，移病歸。而魏忠賢漸用事，搆安殺之，羣小私相幸，以爲殺公有基矣。

明年，即家起太常寺少卿，擢都察院左僉都御史，轉左副都御史。羣小日夜中公忠賢所，顧猶未敢即發，使其私人疏糾左光斗、魏大中，牽連公客汪文言以嘗公。公家居時，嫉忠賢關通阿母，竊弄威福，必爲社稷憂，扼腕流涕，草疏藏弄篋中，至是乃修飭上之。忠賢驚且恚，擲地輾轉號哭。羣小教之曰：“毋恐，逐楊某，公可安枕矣。”忠賢喜，假會推，盡逐公等。羣小又嗾之曰：“不殺楊某，公之禍未艾也。”忠賢大懼，急徵公等，坐故經畧熊廷弼贓考死。

先是考文言，五毒備極，迫使引公。文言號（去）呼公，仰天笑曰：“安有貪贓楊大洪乎？”至死不服。及考公，獄吏顧以文言爲徵，公大呼太祖高皇帝、神、光兩宗，竟坐誣伏以死。初，羣小謂移宮之名正，故坐贓罪殺公。

公死後，大舉鈎黨，轉相連染，死徙廢禁，逮捕相望，乃爲閹定三案，刊《要典》，借公爲質的，以欺誣天下，而羣小所以殺公之本謀始大露。然後知公之死，不死於擊閹，而死於移宮。定計殺公者，非操刀之閹，而主張三案之小人也。

今上既僇閹，詔所司上公死狀，閹孽猶用事，初贈僅平進一級，再贈削去部銜不肯上，羣小之忌公而憎其骨餘，至於此極也，適足以暴公之忠，甚公之冤，與自旌其殺公之志而已矣，公何憾矣哉！

公之爲人，孝友潔廉，公忠誠篤。家貧喪父，躬自相地，勞瘁得疾幾殆。夜聞鼓樂聲，有神人降其室，爲處方，病良已。事繼母至孝，事其兄清，更衣並食如一人。其妻有違言於母兄，痛歐之，令長跪謝罪乃已。爲諸生，落拓自喜，里中呼爲狂生。少與陳愚結交，以豪傑相期許。嘗雪夜兩人行歌遍邑中，倚柱而嘯，畫地而書，狂呼痛哭，人莫能測也。

舉萬曆丁未進士，知常熟縣。其爲治，好古教化，豪強大姓爲姦猾，亂吏治，收案致法。吏人捧手絫氣，丞尉嚴事如大府。字養小弱，問民所疾苦，徒行阡陌間，執手慰勞，如家人父子。亦更以此察知謠俗，及閭里奸利。訟衰盜息，邑以大治。邑令俸薄，不足贍家口，其兄賣田以資之。

五年入覲，毀所束帶，以佐辦嚴，舉清官第一。在省垣，四方貨賂不敢窺其門。間受故人問遺，緣手散盡，家無餘財，知與不知，皆稱爲廉吏，所謂"無貪贓楊大洪"者也。在戶、兵二垣，條奏天下大計，言遼事必大壞，宜更置經畧，擇可以辦遼者。經畧者，即公所坐贓熊廷弼也。

蘊義生風，抗論悟俗，憤邪穢濁溷之徒持祿養交，瞶眊誤國，不啻欲咀嚼之。其風裁峻拔，所謂以利刃齒腐朽也。採識芥之善，貶毫末之惡，是是非非，明白洞達。推賢讓能，尉薦單素，手疏口贊，如恐不及。與人交，輸寫心腹，貿易首領，奮迅感概，急人之危甚於已；輕財重氣，手不名一錢，揮斥數千金如棄涕唾。與之遊者，雖小夫壬人、狠子悍卒，皆傾心倒身，願爲公死，無所辭也。

蓋世之議公者有三，其一曰以移宮貪功。夫以先帝之長主，操危慮深，猶不免入鄭、李之縠中，況以幼沖之君，而付之婦寺之手乎？女主專制，何啻阿母？羣閹連結，豈第一忠賢？議者不深惟國家之大憂，而徒懷婦人之仁，惋惜選侍於踉蹡出宮之頃，斯已慎矣。漢庭欲窮治趙昭儀，議郎耿育以謂不當覆按省內，暴露私燕，空使謗議上及山陵。自古事關宮禁，憂國奉公之臣，動而禍從。挾持邪說者，往往剽竊經術，依附長厚，動以離間訐揚爲詞。幸則爲撤簾，不幸則爲移宮，一成一敗，何常之有？萬曆之末，指翼儲爲沽名；天啟之初，目移宮爲生事。讒夫懦臣，異口同喙，此可爲歎息者也。

其二曰以交奄釣奇。奄亦人臣也，懷恩、覃吉，可與振、瑾同科乎？

王守仁、楊一清，不嘗用張永乎？先帝二十餘年之儲宮，三旬之堯、舜，皆賴此老奴之力。移宮之議，與朝論相表裏，雖欲與安異，其將能乎？當熹宗出乾清時，安擁於後，英國奉右手，閣臣一燝奉左手，公奮出班行，手格羣奄。盈朝之人，咸屬耳目，是可謂之交結乎？當安用事時，公不以此時通關致公卿，乞身引退；及其身沉灰冷，顧乃黨附枯骨，與刑人腐夫爭衡，取滅亡之禍，善交結者如是乎？此奴婢小人論公之語，不足辨者也。

其三曰以攻奄激禍。譬如猛虎，一搏不中，飛而擇人，則曰虎本不噬人，是搏者之爲也，其可乎？緇裕妃，害皇子，危中宮，此朝廷何等事，而公奮筆書之。彼雖兇豎，亦破膽矣。公死之後，封爵踰上公，祠廟窮四海，卒以寢移鼎之謀，正參夷之罰，公一疏遂折之也。閣老門生之訴，交媚於公朝；刊章錄牒之籍，競獻於私室。奄用是氣壯手滑，瞋目語難。今没藜藿不採之功，而議一掌堙河之失，逢閹者不以教猱正罪，而擊閹者欲以撩虎追罰。爲此言者，是與於閹之甚者也。其知公者，則曰以公之才之志，身兼數器，惜未盡其用以死。

孔子曰："志士仁人，無求生以害仁，有殺身以成仁。"曾子曰："托六尺之孤，寄百里之命，臨大節而不可奪也。"夫人生而爲志士仁人，亦可以已矣。爲人臣托孤寄命，奠安社稷，其爲用亦不小矣。不咀藥以自屏，不引刀以懟君，慷慨對簿，從容絕命。千載而下，讀枕中嚙血之書，殆未有不正冠肅容，彷徨涕泗，相與教忠而勸義者也。議公者固失之矣，惜公未盡其用者，亦豈知公者哉！

公諱漣，字文孺，其先故關西之裔，流入安南，居唐街。宣德中，從英國歸附，賜居湖南，徙家應山。曾祖諱公鐸，好任俠，爲人報讎。祖諱萬春，以好施予破家，里人稱楊二齋公，葬之夕，鬼誼呼護其窆穴。父諱彥翔，少爲儒，性端重，不輕爲然諾，亦以好施著。母劉氏，以隆慶五年某月某日生公，其卒也，年五十有四。娶張氏，繼室詹氏，生四子：之易、之賦、之言、之環。詹有婦德，公遇難，與後姑棲止譙樓風雪中，二子乞食以養。崇禎元年，之易等詣闕追訟父冤，天子追贈公祖、父如其官，祖母及母、妻皆一品夫人，而任之易爲郎。是年，後姑始没，詹遂擗踴歐血卒。某年某月，之易等卜窆公於某地之賜塋，兩夫人袝焉。

公令常熟時，語謙益曰："吾生平畏友，子與元樸耳。"元樸，陳愚字也。愚於公周旋生死，匿其幼子於廬山，間行過予，謀經紀之事。予方遭黨禍，杜門絶跡，相與屏人野哭。今年，之易寓書曰："婦翁罷公車歸，屬疾且死，猶以碣銘爲念。"謙益泫然久之，是以抆淚執筆，不復敢固辭，不獨不忍負公，抑亦不忍負愚也。銘曰：

國有蠱孽，牙於承平。有城有社，狐鼠作朋。衆口磨牙，嚼齧緘縢。眇然一絲，九鼎曷勝？時危運當，異人乃興。奮臂一呼，宮禁肅清。乾端坤倪，載清載寧。先帝知公，堯舜之明。臥内受遺，參列公卿。公之報塞，誓死隕生。上見九廟，下從大行。夷之初旦，奄忽晦盲。碧血輪囷，震爲雷霆。天門訣蕩，雲旗紛迎。御我三後，陟降帝廷。關西之楊，清白齊聲。暮夜無金，夕陽有亭。青蠅胡點，大鳥俊鳴。沉沉黄土，炯炯汗青。我作銘詩，永詔簪纓。

【校記】見清黄宗羲《明文海》卷四百六十"墓文"三十二"忠義"之"補遺"（清涵芬樓鈔本）。清錢謙益《牧齋初學集》卷五十"墓誌銘"一（四部叢刊景明崇禎本）有録。

望大洪山遥拜忠烈公墓／張九鉞

嵐飛涢水净，遥見大洪山。日月兩宮上，風雷一疏間。
麒麟能食鐵，虎豹敢當關。今代馨香在，應回地下顏。

【校記】見楊祖憲本、胡鳳丹本。清鄧顯鶴《沅湘耆舊集》卷九十四（清道光二十三年鄧氏南邨草堂刻本）載"陶園詩老張九鉞近體詩百四十六首"，清張九鉞《紫峴山人全集》詩集卷十三（清咸豐元年張氏賜錦樓刻本）亦載。張九鉞（1721—1803年），字度西，湖南湘潭人。乾隆二十七年舉人，歷官海陽知縣等，詩學李白，得其真氣，晚主昭潭書院。

謁忠烈公墓/閔衍

澗水悲鳴樹叫風,儼如抗疏哭移宮。
關西有墓曾棲鳥,燕獄無天尚貫虹。
帶血碧來松幹古,傳香青出竹書公。
兹山喚比椒山是,陳俎雲礽孝作忠。

【校記】見楊祖憲本、胡鳳丹本。

謁忠烈公墓/錢清履

山風翊翊寒松楸,蓬蒿三尺土一抔。
忠魂凜凜血化碧,芳名不死留千秋。
吁嗟忠烈公,蹇蹇王臣躬。
顧命翼冲主,號泣悲遺弓。
內家延年有女弟,要封逼據真無忌。
欲安社稷首移宮,一疏憤争報先帝。
委裘元子呼髯楊,獎以忠直名自揚。
女戎已幸去帷幄,璫禍詎料延朝堂。
公也平生骨鯁在,鷹鸇奮擊瞻風采。
彈章伏闕劾閹奸,列欵分陳廿四罪。
薰天毒燄恣披猖,天高聽遠竈獨煬。
太阿之柄逆豎竊,一時羅織皆忠良。
周內以入罪,借題為封疆。
誣冤以定讞,致死為追贓。
鐵釘貫耳土壓囊,哀哉六月天飛霜。
是時我鄉魏忠節,北寺鋃鐺禍酷烈。
更有我祖中丞公,檻車被逮煩冤同。(六君子中魏孔時先生,乃嘉善人。先六世祖滇撫公,同時誣熊案,追贓被逮。)

同文之獄及喬固，九閽莫叩呼蒼穹。
我今得到公鄉土，想見挺然昔對簿。
捐軀慷慨慘膺滂，阿黨鈎連恨節甫。
殘骸零骨埋高丘，鴟鳥落日空山幽。
衣冠祇肅下馬拜，一盂麥飯溪毛羞。
自古成仁有殺身，墓阡石碣表忠臣。
君不見五彪五虎權門犬，何處荒原聚鬼燐。

【校記】見楊祖憲本、胡鳳丹本。

輓楊忠烈／胡維霖

大尉死宗社，大鳥泣其墳。椒山書衣帶，絕筆壯燕雲。
千秋忠義士，昭代屬楊君。請劍誅逆豎，浩氣雄九軍。
黑獄備慘毒，沉水香更芬。剖肝心不折，萇弘血猶殷。
雷霆撼不得，日月爛天文。誰爲忠烈傳？三楊未可分。
誰作三忠祠？乾坤此氤氳。應山高南嶽，蚓髯萬古欣。

【校記】明胡維霖《胡維霖集》"嘯梅軒稿"卷二（明崇禎刻本）。胡維霖，字夢說，新昌（今江西宜豐）人，萬曆四十一年進士，曾官福建左布政使、湖廣黃州府知府、湖北按察使。

輓楊忠烈公（六首）／陳愚

二十四參憤已深，借題況復巧相侵。
血誠許國何辭死，翻恨當年不楚吟。

曾參誤藥慎宮曹，此是忠臣極口襃。
天子豈忘言在耳，其如中禁有兇高。

登極期緣斂畢遲，禮伸機緩衆皆危。
衛宮五夜鬚全白，心血惟應烈考知。

不見鬚官屢注思，公疑冲聖或相知。
何當埋姓云亡久，難識當年保駕姿。

正諫忠臣守太常，先拋成敗與存亡。
若教數定身無死，千古逢干亦不祥。

與公抵掌策時艱，老大無成法應間。
此際任教公有後，永甘披髮入深山。

【校記】見楊祖憲卷本、胡丹鳳本。陳愚，字元樸，湖廣應山人，萬曆三十七年舉人，楊漣友人。

哀應山/尤侗

應山椒山之後身，大聲偉貌如天人。
手扶幼主出宮門，呵叱羣鬼不敢嗔。
忠賢大罪二十四，當如守忠即安置。
言未脫口頭先碎，血衣裹尸無葬地，臣死去訴高皇帝。（原注：楊漣應山人，疏劾忠賢二十四罪，中書吳懷賢讀之擊節稱快，旁注曰："當如任守忠，即時安置。"忠賢聞之逮下獄，拷死。漣之死也，土囊壓身，鐵釘貫耳，僅以血衣裹置棺中，歸無葬地，置於河側。）

【校記】見楊祖憲、胡鳳丹本。又見清尤侗《西堂詩集》"擬明史樂府"（清康熙刻本）。尤侗（1618—1704），字展成，蘇州府長洲（今江蘇吳縣）人，康熙十八年舉博學鴻儒，授翰林院檢討。

哀應山/鮑桂星

應山一疏過椒山，忠憤淋漓動九關。
委鬼昏霾行欲掃，熹宗髹漆未曾間。
移宮幾日顛毛白，詔獄何辭杖血殷。
四海失聲公大笑，六芝原不植人間。

【校記】見楊祖憲本、胡鳳丹本。鮑桂星（1764—1824），字雙五，安徽歙縣人。嘉慶四年進士，曾官湖北學政、工部侍郎。

吊忠詩（爲楊大洪先生作也）/曾異

泰昌祚短事更新，崩齒蟲驕穩負扆。
伊霍比公輸一死，滂膺共爾作三人。
遺弓俱受彌留詔，投杼先除顧命臣。
蔽日浮雲今在不？忠魂嶽嶽揭星辰。

【校記】見明曾異《紡授堂集・二集》卷五（明崇禎刻本）。曾異（1590—1644），字弗人，晉江（今泉州）人，崇禎十二年舉人。

過應城吊楊大洪先生/盧紘

給諫豐裁凜，聲名赫掖垣。直從三代見，義托一身存。
闡豎門方炙，依違類實繁。抗章陳罪狀，碎首哭君閽。
鴛陛纔張膽，豺羣盡冷魂。千秋留正氣，一碧照重原。
堯嗣初懸日，于封已被恩。只今披黨籍，朗朗辨清渾。

【校記】見清盧紘《四照堂詩集》卷三（清康熙汲古閣刻本）。盧紘（1604—1687），字元度，蘄州（今湖北黃州）人，曾任新秦縣令、東昌府知府。

楊忠烈公漣/吳應箕

憶昔甲子年，逐獵聚京陌。時傳中丞疏，讀之摧肝魄。
豈期激禍機，滔天生蛭隙。趙高鹿且馴，王聖天方劇。
悲哉陳寶身，鍛煉銷金石。貫木骨已糜，埋草字成碧。
嗚呼天聽高，寧念捧遺册。忠臣不恤死，要在安宗祐。

大義爭移宫，烈風號窀穸。

【校記】見清吳應箕《樓山堂集》卷二十一《和周仲馭十四哀》之一（清粵雅堂叢書本）。吳應箕（1594—1645），字次尾，南直隸貴池（今安徽石臺）人，復社領袖之一。

過天竈山／陳兆崙

山石多奇峭，曾棲忠烈公。（楊忠烈讀書於此。）魂歸懸瀑外，燈耿夕陽中。

玉帶無留意，朱書枉紀宫。（祠內塑像，懸牌帶間，曰"青宫太保"。朱書。）我來巖下路，叢桂滿香風。

【校記】見清陳兆崙《紫竹山房詩文集》"詩集"卷三（清嘉慶刻本）。陳兆崙（1700—1771），字星齋，錢塘（今杭州）人。雍正八年進士，乾隆六年充湖北鄉試正考官，後官至太僕寺卿。

祭楊忠烈公文（代魏子存學憲作）／錢澄之

嗚呼！古今來建天下之大功，犯天下之大難，不幸而爲忠臣烈士，成天下之大名者，皆氣爲之也。子興氏所爲"集義以生，至大至剛，塞乎天地之間"者，此氣是也。是故，金石可毀，而此氣不毀；星辰可移，而此氣不移；世界可壞，而此氣不壞；功業可朽，而此氣不朽。易代而下，其人與事俱往矣，而使人讀其書則凜然以生，過其里則慨然以慕，是誰爲之乎？氣感之也。而況先世有同氣之孚，其感更有不容已者乎？

明當熹廟時，天下之忠臣烈士中璫禍者，幾一網盡之。惟我忠烈公首攖其鋒，先忠節及諸君子繼之，同時蒙難以死。於時，公氣最盛，擊璫最早，言亦最激，璫恨亦最深，公名亦最著。今去公之歿幾五十年矣，間述公之爭封后、爭移宫諸大案，慷慨激昂，如見公之鬚眉焉，如聞公之音欬焉，如覩公奮臂戟髯以爭。在朝諸老碌碌，因公以成事焉。讀二十四大罪疏，明目張膽，如親覩齊太史書崔杼之簡、朱遊請斬佞人之劍、董宣斃公主奴之挺、段司農擊朱泚之笏。嗚呼！誰爲爲之？氣爲之也。

璫懾於公之氣而不敢動者久之，乃二三鷹犬，必欲因璫殺公以及先忠節諸君子。而翕訛之徒，相與引繩披根，猶謂公争移宫太驟、擊璫太猛。以爲從來國事之壞、君子之禍，皆由激之而成。嗚呼！移宫不驟，則宫不可移也；擊璫不猛，則璫罪不暴也。當國家陽九百六之會，國事既不容不壞，君子既不容不禍。就使諸君子不激，一槳脂韋滑梯，主調停之説，吾不知彼小人者果能潛消而默化否耶？夫君子之禍，天爲之也；君子之激，亦天爲之也。不激則禍不成，不激則氣亦不見。天蓋早搆一禍端，以成其必激之勢。所以禍其身於一時，而存其氣於萬世，彼闇然無氣者烏足以知之？

公既特立莫容，先忠節亦落落寡與，徒以氣相感，不介而孚，故其忤璫也亦不謀而合。及六君子並逮，惟先忠節、左忠毅與公三人受刑極慘，以同日死，屍同出於牢户，血肉狼藉，齒髮幾不能辨。嗚呼傷哉！生同仇，死同慘，氣之同者，固無所不同如此哉！以氣論之，公得其雄，先忠節得其大要，皆子輿氏所爲"集義以生"者是也。

嗚呼！公之氣足以充塞兩間，使地震天昏，而不能啟人主之悟；公之氣足以昭格獄神，使芝生犴狴，而不能釋小人之愠；公之氣足以感大河南北數千里童叟婦孀，盆香哭踴以祝其生還，而不能廻操刀媚璫者之心。今去公幾時矣，國家既改玉改步矣。向之所爲小人者焰銷臭遺，且求爲草木腐朽而不可得，而公之氣猶昭廻於日星河嶽之間。

予小子奉簡書，視學三楚，過公之里。眺其山川，思公之登覽焉；歷其城市，思公之遊處焉；見其父老，思公之齒讓焉；校其子弟，思公之教澤焉。恨生也晚，不及見公，而心目間時有一公，則以氣見之也。緣通家之誼，拜公祠廟，瞻公木主，庶幾從几筵椶桷間，愾然僾然以見公之氣而已。公與先忠節騎箕排閶之餘，聞某哀謳，倘亦粲然顧笑，謂小子之言之尚不謬於國乘、悖於家學矣乎！

【校記】見清錢澄之《田間詩文集》"文集"卷二十五"祭文"（清康

熙刻本）。錢澄之（1612—1693），字飲光，桐城（今安徽樅陽縣）人。復社成員，南明桂王時，任翰林院庶吉士。

弔楊忠烈公/錢載

煖閣蒙宸斷，明綱擅內官。遂令君子輩，酷作黨人看。
晚色應臺靜，涼聲喬木殘。先公竟褫逆，各自報艱難。

【校記】見清錢載《籜石齋詩集》卷十九（清乾隆刻本）。錢載（1708—1793），字坤一，秀水（今浙江嘉興）人，乾隆十七年進士，曾多次充任鄉試會試考官，累官禮部左侍郎。

過應山縣弔楊忠烈公/喬萊

嗚呼，有明神宗之季國虺尩，光宗繼之更短折。
維時先生官給事，顧命乃與大臣列。
防微肩鉅定大計，選侍移宮一朝決。
再起中丞赴雙闕，大柄已被閹人竊。
乾兒義孫滿廟廊，二十四罪憤所切。
赤縣爭高宦者祠，彤庭遍染中丞血。
詎有婪賊楊大洪，舍人寧死心如鐵。
或言漢之廚顧潔其名，唐之牛李營其穴。
宋之洛蜀明東林，黨禍紛紛蹈覆轍。
封疆已被門户誤，遂譏先生太激烈。
我謂此言殊不然，藉口保身附明哲。
假使當年稍婷娙，張禹孔光更何別？
君子豈能誤國家，目爲黨人正氣絕。
嗚呼！正氣絕，國乃滅。

婷娙之徒，每持明哲保身之説以備責直臣，正氣所以喪也。此等詩關係名節不小。○予過忠烈公祠，作詩吊之，中云："人之云亡邦國瘁，明社沈淪等兒戲。只有孤臣一片心，地下可訴高皇帝。"讀喬公詩，偶然節錄。

【校記】見楊祖憲本同治重刻本，清沈德潛《清詩別裁集》卷九（清乾隆二十五年教忠堂刻本）有錄。喬萊（1642—1694），字石林，寶應（今江蘇寶應）人。康熙六年進士，十八年召試博學鴻詞，官翰林院侍讀，著有《喬氏易俟》。

經應山縣吊楊忠烈／吳壽昌

時愈危時臣愈忠，劾璫氣盛過移宮。
容城逝後應山繼，兩疏垂先日月同。

余以庚子冬奉命，分纂《明臣奏議》，兩公疏皆經校錄。彈劾之章，如此兩疏，真千古僅見也。

【校記】見清吳壽昌《虛白齋存稿》卷六"驛程雜詠"（清乾隆五十五年刻本）。吳壽昌，字泰交，山陰（今浙江紹興）人。乾隆三十四年進士，曾官翰林院侍講、貴州學政。

應山吊楊忠烈公／孟超然

顧命當年一諫臣，移宮事變早批鱗。
願除曹節扶沖主，能死陳蕃坐黨人。
北寺一時沈白馬，中原他日愴黃巾。
封疆門戶同漸滅，遺恨空留楚水濱。

【校記】見民國徐世昌《晚晴簃詩匯》卷八十九（民國退耕堂刻本）。孟超然（1730—1797），字朝舉，号瓶菴，福建閩縣（今福州）人。乾隆二十五年進士，曾官吏部郎中、四川學政，著有《瓶菴居士詩鈔》。

過應山楊大洪故宅/彭遵泗

黑風吹獄氣陰陰,何處招魂慰夙心。
解脫龍淵歸北寺,毒流狗監指東林。
大刀未試奸猶在,棋局翻殘恨總沈。
每歎晚來邦國瘁,人亡何禁涕淋淋。

【校記】見民國徐世昌《晚晴簃詩匯》卷七十四(民國退耕堂刻本)"彭遵泗"。彭遵泗(1702—1758),字磬泉,四川丹稜人。乾隆二年進士,曾官涼州同知、黃州同知,著有《丹溪遺稿》。

哭先憲副公/楊可銑

獄底長虹騰宇白,雲間頸血濺衣丹。
可憐泖水招魂日,天井墳頭土未乾。(忠烈公墳在天井澗。)

【校記】詩見南京圖書館藏楊祖憲本之《表忠錄》最後,署曰"元孫可銑"。

卷二　遺像　題像　遺碧贊

遺像

楊忠烈公像

題像

題楊忠烈公小像/陳于廷

江河行地，日月經天。誰其參之，曰維聖賢。
有明御宇，兩楊媲哲。前爲忠愍，後爲忠烈。
嗚呼忠烈，秉國之剛。英風毅骨，千載芬芳。
越稽光宗，庚申之季。鼎湖升天，寔公是恃。
越稽熹廟，踐阼之秋。撤簾即位，寔公是謀。
協律小侯，延年女弟。誰爲掖房，曰李選侍。
西園校尉，北府侍中。誰掌貂璫，曰魏進忠。
故劍雖嗟，遺簪莫惜。移宮一疏，烈宗動魄。
五侯輦下，七貴長安。二十四罪，宵人膽寒。
嗚呼忠烈，忠搆身禍。鍛鍊熊王，深文楊左。
棘亭鎖鑰，北寺鋃鐺。誰收李固，孰頌王章。
衣冠之禍，劇於嬈聖。六月霜飛，白虹貫井。
嗚呼忠烈，涿鹿之濱。蕭蕭策蹇，維予三人。
應山桐城，留丹化碧。子獨何人，鬚髯如雪。
聖人褒卹，炳烺乾坤。老臣拜頌，聊闡忠魂。

【校記】見楊祖憲卷本、胡鳳丹本。陳于廷（1566—1635），字孟諤，宜興（今江蘇宜興）人。萬曆二十三年進士，歷知光山、唐山、秀水三縣，官至左都御史。

楊忠烈公小像記/陳珏

此天地鬼神巧爲訶護忠烈公遺像及憲副公手澤，與日星河嶽共不朽者也。

忠烈名在天壤，人咸思仰，通家世好，瞻拜丰采，亦人情之恆耳。夫何方移邸所，憲副公遂有訪友之行；比其言旋，而是通家子者，適又他往。嗣此萍散風飄，各不相值。迨李闖吳逆，烟飛塵消。我竹翁父臺，純孝念祖，而宜興陳生，遠賫奉還。憶闖寇之蹂楚，非一日也；宜興之距廣德，不異於松江也。若使是像存公家祠，恐不免闖逆之燼。使陳生早歸於松江，亦難脫吳叛之殘。三十年來巧相避而巧相值，謂非有主之者不可。都哉，都哉！至人不沒，大寶不散，信然。

通家世晚學生陳珏薰沐頓首識。

【校記】見楊祖憲本"序"、胡鳳丹本。陳珏，字西霍，嘉興人，諸生，著有《瑤林詞》。

重覯先大父小像記／楊苞

先大父忠烈公小像，先父追傳於前明崇禎乙亥歲。先大父生前未嘗以像傳也，然則先大父生前何爲不以像傳？曰：先大父志在宗社，方捐軀報朝廷矣，何心以像傳也。然則先大父不以像傳，其像固已與日星河嶽同傳矣，先父又何以追而傳之？曰：此固仁人孝子之用心如是也。《記》曰："顏丁善居喪，始死，皇皇焉，如有求而弗得。及殯，望望焉，如有求而弗及。既葬，慨焉，如不及。"先父之追傳先大父像也，亦即皇皇焉、望望焉、慨焉之心也。

苞髫年十三，先父以所追先大父像四軸示苞，三大軸，一小軸。大軸一付三家叔，一付五家叔，一付六家叔，小軸先父自祀之，出入不離。至崇禎丁丑，先父赴選，先大父像亦奉往焉。洎至京，有通家子過邸舍，問及所遺像，先父以實對。伊云："必翌日竭誠方敢謁。"次早備香楮來邸求見。甫見輒拜，拜畢慟哭。復云："正氣遺容，必須暫借歸寓，親切瞻仰。"先父見其誠懇，即以付。越數日，先父以訪友人去，暨旋京，此通家子又他往，其像遂不可得。戊寅春，苞護先母入都拜見先父後，請先大父像拜見。先父以此端末向苞言，辭未畢，先父慟悼欲絶，故不敢復請通家請像者姓字。

厥後，遂值鼎革，諸家叔所存大軸像亦爲烏有。至先父靖難雲間，苞以請卹旅食京師八載，合之上林、河洛、桐川三篆匏繫，不覺廿年有餘。存亡變態，倏忽非常。三家叔、六家叔相繼隕世。不特先大父大軸像不可得，即昔年存大軸像者亦落落晨星矣。

苞於先大父遭瑞禍時，歲尚未週，不諳先大父遺容，即欲命工再繪，無能彷彿。康熙丙午冬，五家叔來桐署，促膝談家務，因敘及再繪先大父像。乘叔留署，命工聽叔口述，繪成六幅，苞亦差慰，然其心猶怏怏於先父昔年身祀小軸不可復得也。

爰命役將所繪成像送姑蘇裝潢。裝成，役賷像至，苞甫懸像禮拜，忽有報宜興陳生又送先大父像至者，苞喜且訝曰："像從何來，得非先父昔年所失小軸耶？"即令役訊陳生顚末。陳生諱維崧，其祖陳公諱于廷，與先大父誼同蘭臭。此像在彼處有年矣，相傳亦異世，其子臨終囑其孫見還者。苞因當年未悉姓字，不審以香楮謁像拜畢哭請者爲陳公之何許人，亦未審別有通家子轉請題贊於陳公。苞迎像至署，設位再拜，不啻先大父亡而復歸、死而復生也。

憶此像去自崇禎丁丑，今還於康熙丁未，事隔兩朝，年歷三十，去而復還，且還於姑蘇所裝像至之日。親友競奇其事，謂苞之精誠所感也，仁孝所孚也。苞曰："否否。天下事與物之存而去、去而復還者，往往多有。亦似俱有數存焉，而非人意想之所可必也。"

但先大父無心以像傳，而先父追像以傳，先父追像以傳而傳而復失，失而復還於今日，此誠子若孫之幸，當亦先父在天之靈所大慰藉者也。然則苞今日再見此像也，是再見先大父光儀也，是再見先父手澤也。未見而思，乍見而喜而悲，苞之心則然，苞之心亦安能不然哉？

康熙六年四月初二日，冢孫苞謹記。

【校記】見楊祖憲本、胡鳳丹本。原皆在序言處，今移置於此。

題楊忠烈公小像/楊懌曾

爲清白吏，現宰官身。烏臺秉筆，霜簡批鱗。
名光日月，節著乾坤。昂昂正氣，稜稜全神。
舍生取義，殺身成仁。馨香共祝，瞻拜猶真。

【校記】見楊祖憲本、胡鳳丹本。

前題/蔣祥墀

豈有貪贓楊大洪，竟將一死報光宗。
當其顧命撫幼冲，九重數目給事中。
自此感激攄孤忠，宸極要正趣移宮。
況復葉韓同協恭，天下喁喁望熙雍。
何來委鬼茄花紅，內外售奸蒙帝聰。
二十四罪彈章封，大義凜然褫羣雄。
苟濟於國忘匪躬，閹夫雖死肯優容。
黃芝生獄河蔥蘢，六君子兮一朝同。
峩峩大節凌丹穹，至今遺像元精通。
虎坊橋畔我拜公，公之孫子其追從。（湖廣鄉祠崇祀公像。）

【校記】見楊祖憲本、胡鳳丹本。蔣祥墀（1761—1840），字盈階，湖北天門人。乾隆五十五年進士，授編修。

前題/易元善

抗疏劾閹閹破膽，閹欲戕之懾不敢。
楊與左在閹必亡，株連乃借遼東贓。
同時黑獄那有此，黃芝竟禍六君子。

凜凜生氣固不死，萬古丹心照青史。
嗚呼！人臣立朝，能折亂臣角，功名勝畫麒麟閣。
當時崔魏遺種今何存，全家白骨俱成塵。
惟有忠孝傳家到奕葉，生前遺像如天神。
豈獨生前遺像如天神？名臣後且生名臣。
君不見孝廉方正楊明府，天下知爲忠烈孫。

【校記】見楊祖憲本、胡鳳丹本。易元善，字允甫，湖北漢陽人。嘉慶七年進士，官翰林院侍讀學士、貴州鄉試正考官、左春坊左中允。

前題／戴修道

往讀明史至光熹，婦寺之禍亦烈矣。
吾郡大洪先生出，慷慨抗疏奇男子。
我聞其事思其人，二百年來空仰止。
先生文孫從我遊，示我遺集感且喜。
開函先睹先生像，拜整衣冠肅然起。
鬚髮凜凜生氣存，骨骴可裂心不死。
一个忠臣鬍子官，幼主當年公知己。
文孫出宰求贈言，兼求題讚付之梓。
我謂先生之像以忠傳，先生之忠以像祀。
爲之後者在克繩，博平望爾亦如是。
不念爾祖常熟時，吏治彪炳在青史。

【校記】見楊祖憲本、胡鳳丹本。戴修道，雲夢人，嘉慶二十四年恩科進士。

前題／喬用遷

搢笏峩冠劍佩垂，精忠亮節溢鬚眉。

左周共逮神人憤，魏客流殃社稷危。

墨弄㫋祠珍世守（阮芸臺先生有"公墨磧一軸移文送公祠內以爲子孫藏"），石留血影有餘悲（刑部堂前有公血影石）。

馨香俎豆夫何恨，況復褒嘉荷聖慈。（高宗純皇帝有褒公御製文。）

【校記】見楊祖憲本、胡鳳丹本。喬用遷（？—1851），字見齋，湖北孝感人。嘉慶十九年進士，歷任廣西南寧知府、廣東按察使。

前題/易鏡清

峩峩大洪山，正氣鬱盤結。篤毓忠亮士，棱骨全奇桀。
嗚虖光熹朝，鼎器已虺隗。公爲顧命臣，攘臂憤勃發。
抗章論移宮，鬚白語聲咽。坐茲中禍深，權璫恨次骨。
土囊半夜來，闔扉濺碧血。髫子官忠臣，冲年猶識別。
云何煬蔽深，忠良任屠滅。或謂公委虵，當可免毒烈。
詎知鐵石堅，焉肯畏鑱折。憶昔讀公傳，悲忿叱咄咄。
今茲遺像瞻，精英炳日月。我欲範鐵人，公前跪森列。
大化顯純輩，路人競掊扺。一笑公義伸，奇冤早湔雪。
非遇大憨奸，何繇彰勁節。峩峩大洪山，五嶽同屹嶭。

【校記】見楊祖憲本、胡鳳丹本。易鏡清（1786—1851），字本傑，湖北京山人。嘉慶十六年進士，曾官慶陽府知府等，著有《二知齋詩抄》。

前題/金光杰

江陵死，國維弛。芝岡去，邊城圮。
應山先生忠被戮，元氣剝喪國亡矣。
於虖先生生後張，學尤純粹志彌光。
襄憨同時事同主，諫疏俱在何煌煌。

有明三百年，尊養天下士。

將相臺諫三楚人，明室存亡此關繫。

異代聖人褒其忠，（謹按高宗純皇帝御製文，以公劾魏璫疏爲明室存亡之所係，又諭刊刻奏疏入《四庫全書》。）當時闇主聵且聾。

廿四大罪言激切，詔獄竟死從龍逢。

殺身公何懼，追諡公何喜。

惟恨大璫未早除，流毒中原盜賊起。

公志未遂書猶存，清白世有賢子孫。（先生八世哲孫星若，孝廉方正，應廷試，擢優等引見，以知縣用。時在都候銓，以先生文集賜讀，並命題遺像。）

忠孝一編鼎彝重，鬚眉萬古衣冠尊。

於虖，讀公書。拜公像，日月光，星辰象。

【校記】見楊祖憲本、胡鳳丹本。金光杰，字伯英，湖北黃陂人。嘉慶二十五年進士，官翰林院編修、河南道御史、福建道御史。

前題/劉誼

吁嗟乎，如公者。

冰霜操，鐵石心。置生死，鑠古今。

乾坤氣，河岳靈。

盟日月，炳丹青。

椒山後，公一人。莊嚴相，俎豆新。

【校記】見楊祖憲本、胡鳳丹本。劉誼，湖北锺祥人，嘉慶二十五年恩科进士。

前題/朱材哲

漢室亡於十常侍，唐政亂於軍容使。

墮明紀綱由婦寺，朋仇脅權囚正士。
當公捧日升扶桑，誓掃氛曀開穹蒼。
歷階叩閣聲琅琅，豈意國瘁人云亡。
我朝襃揚逾衮錫，天章煌煌重珪璧。
起公九原可慰藉，文孫胡爲淚沾臆？
噫嗟百世知我公，矧在桑梓生敬恭。
拜瞻遺像欽英風，雲雷煥赫行春空。

【校記】見楊祖憲本、胡鳳丹本。朱材哲（1795—1869），湖北監利人，嘉慶二十五年進士，官翰林。

前題/何天衢

直轅陑陒何蒼蒼，蜿蜒磅礴落大荒。
中州清淑此爲近，誕毓大洪扶綱常。
我肅衣冠拜起立，忍看眉端百憂集。
髯官袍笏此儼然，西風瀏泚神於邑。

【校記】見楊祖憲本、胡鳳丹本。何天衢，《湖北詩征傳略》卷二十一"安陸"云："何天衢，字雲會，乾隆進士，官安陸府教授，有《峒邨詩草》《宋元詩選》。"或是此人，然查乾隆年間，安陸進士無名"何天衢"者。

前題（并序）/徐嘉瑞

儀封張清恪公薈萃理學名臣文集，分爲四部：首立德，次立功，次立言，次氣節。氣節部所錄者，宋則文文山、謝疊山，明則方正學、楊椒山、楊大洪，皆銓敘而品騭之。

嘉瑞，大洪先生之鄉人也。蚤歲嘗讀公集，想見其爲人。竊以公之氣節，大著於劾魏璫之時，而先見於請移宮之日。當光宗大漸，公疏誅文昇，深結主知，遂以七品官與閣部大臣同受顧命。錦衣衛宣入時，在廷皆爲失色，而公處之淡然。其定見定力，純白不二心之致，魏應嘉已極讚揚矣。及論選侍事，爲賈繼春所侵，力求歸里，願奉"忠直"二字，出告親友，入教子孫，俯仰皆寬。公之所以盟心報國，上不負天子，下不負所學者可知也。後被召出山，危言讜論，公爾忘私。批當寧之龍鱗，蹢巨憝之虎尾，聲怛寰域，氣蓋風雲。疏入而忠賢下泣辭廠務，其忠直之氣，足以褫權奸之魄而抒賢豪之憤者，千載下猶有餘快焉。及矯詔切責，慰留逆閹，不踰年而起大獄。正人君子，一網打盡，而明社墟矣。人之云亡，邦國殄瘁，公之不幸，實明之不幸也。懍懍然，皜皜然，不與文山、椒山諸君子後先媲美、爭光日月也哉。

道光己丑，公之裔孫祖憲候銓都門，以公遺像見示，且屬爲贊。嘉瑞幸讀公集，又幸拜瞻公集，得藉以挂名於簡末，乃忘其讇陋而爲之贊。曰：

宇宙正氣，賦畀新人。讀書體道，乃葆其真。公秉忠義，英英若神。志安社稷（熹宗褒公語），願爲良臣。急流勇退（公疏請回籍語），翛然出塵。再登朝寧，誼不顧身。二十四罪，披瀝以陳。公骨可碎，公名難湮。公家可破，公裔振振。朱衣玄冠，佩玉垂紳。勤勞宛在，鬚髮如銀。日星炳燿，山嶽嶙峋。嗚呼，遇合誠非易，氣節自有真。歎公爲濁亂之鷹獮，而不獲爲承平之鳳麟。

【校記】見楊祖憲本、胡鳳丹本。徐嘉瑞，字毓珊，湖北安陸縣人。嘉慶十八年拔貢，由刑部員外郎補授江南道御史，掌廣西道。

前題/劉夢蘭

泱漭江漢流，山川鬱奇氣。異世懷孤忠，高風渺難企。
明季方泯亂，惛惛天心醉。唯女子小人，傾軋分族類。
偉哉忠烈公，一身宗社寄。奮髯朝堂上，倉卒定大議。
肘腋消戈矛，宮闈肅清閟。主少國疑時，仗公勇與智。

我閱移宮案，至今心尚悸。設非突薪徙，將毋禍水沸。
　　公力竟回天，惟斷斯能濟。所嗟國事非，終見遺老棄。
　　大柄移權閹，厰臣專帝制。委鬼恣跳盪，茄花蔽天地。
　　二十四罪疏，字字森忠義。碧血埋一區，丹心炯萬世。
　　整衣拜遺像，生氣凛可畏。想見擊大璫，肝膽生芒刺。
　　嗟明全盛時，三楊同輔治。應山踵椒山，致命遂遂志。
　　數賢抱負同，所處時則異。治世需良臣，選舉隆道誼。
　　鳳毛異常羽，渥水徠騏驥。勉旃宏遠猷，家世清白吏。

【校記】見楊祖憲本、胡鳳丹本。劉夢蘭，康熙三十年在河南正陽縣知縣任，參修《真陽縣志》。

前題／蔡紹江

　　鬍子官，真忠臣，我讀明史懷其人。
　　懷其人，不得見，文孫示我書一卷。
　　爇香讀之爲校讐，日星雷電豁雙眸。
　　既讀公文拜公像，千載英風森紙上。
　　文存像存即公存，浩然正氣塞乾坤。

【校記】見楊祖憲本、胡鳳丹本。蔡紹江，字曉沙，蘄水人。嘉慶二十四年進士，官刑部員外郎，著有《周易本義補説》《味薺書屋文存》等。

前題／胡美彥

　　義膽忠肝鐵石身，寫來紙上亦精神。
　　千秋景慕瞻丰采，一片存亡繫死生。
　　清白家聲長不墜，莊嚴道貌久彌新。
　　幸依梓里光輝近，展拜焚香誼倍親。

【校記】見楊祖憲本、胡鳳丹本。胡美彥,湖北黃岡人。嘉慶二十四年恩科進士,曾官廣東高州知府。

前題/史致蕃

明天啟間,奸瑺兇頑。維持國脉,賴有應山。
廿四大罪,伏闕直陳。朝廷若悟,中運可新。
孰意數奇,奸瑺矯詔。逮公下獄,從容談笑。
長虹爲氣,河岳爲精。浩然千古,雖死如生。
覩公遺像,鬚眉霜雪。忠賢害賢,忠烈何烈。

【校記】見楊祖憲本、胡鳳丹本。史致蕃,字德滋,北京宛平人。道光三年進士,曾官福州知府、雲南布政使。

前題/馮春暉

洪巖鬱葱,瀴流泱溁。誕生藎臣,用獻誠讜。
大議移宮,孤忠除黨。抗疏直陳,慨當以慷。
殺身成仁,霜寒星朗。讀公之文,瞻公之像。
正氣凜然,常存天壤。

【校記】見楊祖憲本、胡鳳丹本。《(道光)濟南府志》卷三十(道光二十年刻本)載,馮春暉字旭林,河南光州人,嘉慶十年進士,官至東昌知府。《(道光)博平縣志》載有楊祖憲、馮春暉所作之序。

前題/郭道閭

宮弗移,御史悲,錚錚大義御史持。
奸弗去,御史恥,彈章一上御史死。
御史死,國運止,百死元氣蕩盡矣。

丈夫不幸處亂世，罵賊而死亦快事。
魏閹之虐今尚存，天心自古不長醉。
悲乎哉！
西曹白月照人寒，忠魂忠骨何摧殘。
官家若問鬍子官，試展秋風圖畫看。

【校記】見楊祖憲本、胡鳳丹本。郭道闓，湖北漢陽孝感人，道光六年進士。

前題/陳光亨

白虹亘天，應山死矣。神化丹青，死猶未死。
披圖見公，偉哉夫子。想見當年，衝冠髮指。
女禍方終，奄禍又始。始終一心，丹忱自矢。
貪贓大洪世豈有？此二祖列宗鑒此心耳！
嗚呼！噫嘻！
少讀公書，我心則瘦。今拜公容，我心則喜。
峩峩楚山，滔滔漢水。天地全人，水澄山峙。

【校記】見楊祖憲本、胡鳳丹本。陳光亨，興國（今湖北陽新）人，道光六年進士。

前題/潘煥龍

江漢靈秀，篤生偉人。巖巖其貌，嶽嶽其神。
不遇數奇，誰知節勁。委鬼茄花，羣陰太盛。
貫魚弭禍，投虎燭姦。血雖埋碧，心不改丹。
遺像如生，孤忠獨貢。一角神羊，九苞威鳳。

【校記】見楊祖憲本、胡鳳丹本。潘煥龍（1794—1866），字四梅，號臥園，道光五年舉人，官知縣，著有《四梅屋詩鈔》《臥園詩話》。

前題/喻樹儔

我讀楊公傳,義膽大於身。給事預顧命,熹帝稱忠臣。
感激誓圖報,讜論規朝紳。當時趙與左,協力如芳鄰。
揚清抑險邪,諸閹遭叱嗔。移宮事孔亟,排闥爲披陳。
中官卒怖懾,此議方獨伸。無何逆璫魏,迺復肆兇橫。
大罪劾廿四,陷害奸謀生。匪不畏鯁直,奈何黨羽成。
誣以受賄事,被逮禍轉攖。豈有楊大洪,貪贓污令名。
助資出鄉里,忠義能感人。正氣鍾應山,追贈褒精誠。
一死且不朽,公言方足徵。其光炯日月,青史昭公評。
慕公覩遺像,識公面目真。爲問小醜輩,何事徒相傾。

【校記】見楊祖憲本、胡鳳丹本。喻樹儔,無考。

前題/陳元弼

抗疏劾魏璫,奇節炳國史。吾謂爭移宮,厥功尤偉矣。
唐室既爲周,何爲明不李。
小臣預顧命,綽有大臣風。鬚髮盡爲白,幼主識其忠。
令人發義感,下至賣菜傭。

【校記】見楊祖憲本、胡鳳丹本。陳元弼,安徽歙縣人,曾爲繁昌縣知縣。

前題/林縉光

凛凛猶生氣,千秋拜下風。鬚眉男子相,社稷老臣功。
璫禍三朝烈,丹心一疏中。怒濤江漢湧,遺恨古今同。

【校記】見楊祖憲本、胡鳳丹本。林縉光,南海(今廣東佛山市南海）人，黃安知縣，道光二年主修《黃安縣志》。

前題/儀克中

三閭千載有替人，應山奇節標霜筠。
兩朝恩遇碎身報，丹青凛凛傳精神。
泰昌之際多疑案，紅衣婦人手搴幔。
乞封頻數向彌留，宴駕倉皇喧達旦。
叱梃呼嵩獨見機，移宫尅日真能斷。
兩字榮膺天語褒，躬承顧命敢辭勞。
鑠金衆口殊可畏，縻爵何心去自高。
白雲親舍歸暫得，時事遙聞更憂國。
一再徵書到里門，毅然請劍清君側。
八千女鬼亂朝綱，閣臣大老避竈煬。
披肝一疏何煌煌，二十四罪襪逆璫。
同時被逮六君子，天鏡沉昏一至此。
血淋漓筆寫丹誠，烏有獄須明白死。
不爲張儉之逃亡，不爲楊震之仰藥。
丈夫始終成磊落，如戟鬚眉庶無怍。
迄今展卷覯遺容，想見羣奸驚謷謣。

【校記】見楊祖憲本、胡鳳丹本。儀克中（1796—1837），字協一，廣州番禺人，道光十二年舉人。

前題/譚大勳

爭移宫，公之忠，奮髯呼叱殿生風。
擊奸孽，公之烈，霜臺氣肅羣陰閉。
委鬼當頭茄花紅，天不祚明公摧折。

嗚呼公學重東林，嗚呼公心大臣心。
手捧虞淵走魑魅，豈獨循良傳古今。
二十四罪疏草在，霜容鐵面俱千載。
當時聞説髯子官，今從圖畫識丰采。
我後公生二百年，公有文孫客幽燕。
示公遺像蘭若邊，高顴長鬚宛生前。
正色立朝懍中涓，奄兒但能傾明社，不能使公今無傳。
此像在世鬼神護，試問麟閣雲臺誰比肩？

【校記】見楊祖憲本、胡鳳丹本。譚大勳，字力臣，道光五年拔貢，湖北長陽人，著有《習静齋詩稿》，曾與參修《（同治）長陽縣志》。

前題/丁澍

明季弱，權奸強，天爲斯世生兩楊。
椒山抗疏劾權貴，應山正氣除奸璫。
奸璫矯詔宮廷裏，嗚呼應山又死矣。
廿四罪疏昭人寰，喜公雖死猶不死。
文孫與我寄長安，舊德家風舉止端。
得讀公文拜公像，我益望古發長歎。
紙上鬚眉冰霜凛，浩然之氣終不泯。
噫嘻矯詔人何存，千古忠烈繼忠愍。

【校記】見楊祖憲本、胡鳳丹本。丁澍，字燽叔，號春畬，湖北漢陽人，活動於嘉慶、道光時期。

前題/汪世學

湘衡自古多姱節，矯矯楊公忠且烈。
少年奇疾逢異人，生死關頭早透徹。

簪筆侃侃殿陛間，春秋大義冰霜潔。
逆豎鬼母共鴟張，神器睥睨太阿竊。
光皇一月漸彌留，大小臣工皆指蘗。
公承顧命輔冲皇，肅清宮禁議獨決。
宮移主定鼎宴然，無奈刑餘恣媒糵。
公奮捐軀一剪除，二十四欸罪臚列。
中涓有翼虎能飛，孤蹇無援鳳被紲。
鼎鑊刀俎日夕加，骨膚如泥心如鐵。
舉朝巾幗誰敢言，天地鬼神鑒精血。
白虹貫日黃芝枯，忠魂豈墮蟲豸穴。
聖明御極日中天，誰正誰邪一分別。
大膚雨露膏枯殘，翻恨騷人哀怨切。
草木有情欣向榮，牧樵之口解作碣。
拜公遺像神超軼，讀公血書肝腸絕。

【校記】見楊祖憲本、胡丹鳳本。汪世學，無考。

前題/譚敬昭

伯起貽高矩，椒山儼後先。重輪曾捧日，百折莫回天。
碧血黃芝獄，丹心白髮年。令名垂不朽，遺像獨巍然。

【校記】見楊祖憲本、胡鳳丹本。譚敬昭（1774—1830），字子晉，廣東陽春人。嘉慶二十二年進士，官戶部主事，著有《聽雲樓詩鈔》《聽雲樓詞鈔》。

前題/呂庭栩

峭壁雲孤，松梢鶴舞。佇立凝眸，丹青摩撫。
捧日才高，憂國心苦。移宮徙山，托孤縈柱。

悄乎其容，精血一縷。跡躡逢比，軌聯房杜。
二十四罪，疏陳衮補。貂璫褫魄，畏之如虎。
英風浩氣，橫絶今古。遙遙來者，誰其繼武。

【校記】見楊祖憲本、胡鳳丹本。吕庭栩，字宛溪，號梁湖，湖北應城人。嘉慶五年舉人，曾主講應城蒲陽書院。

前題/謝丙

聞公之名，知公之烈。考公之實，知公之忠。謚公忠烈，當公始終。故人以絲絲血滴，稱公之觸奸而罹毒。吾獨以殷殷髮白，難公之定鼎而移宮。繫公之骨爲天植，繫公之命爲神鍾。

當火輪黑罡之下，業已付身心於不辯。今且水落石出，雲散天空，九原含笑。知不爲氣而填胸，閃閃白虹氣爍爍。黄芝根攀箕跨尾，上彼崐崘以永懷君王之恩。

是謂公之忠，公之烈，方且上干霄漢，下絶壤塵。而區區數前代之慷慨捐軀者，雷同標榜，近是雜陳，將累紙所不盡，詎非觀場之矮人。

【校記】見楊祖憲本、胡鳳丹本。謝丙，無考。

前題/祝慶穀

楚山之高高難量，漢水之深深汪洋。
英氣鬱爲邦家光，中有偉人應山楊。
楊公文孺氣激昂，磊落奇節誰頡頏。
生當明季權奸强，五十四年名姓香。
天子起居臣宜詳，力請太子入椒房。
死即死耳罪奚當，小臣顧命恩難忘。
呼吁萬歲見儲皇，主少國疑臣主張。
移宮一疏嚴冰霜，金輪事宜鑒李唐。

六日危言翊泰昌，抗書乞去身徜徉。
帝嘉忠直襃與揚，此心捧日升扶桑。
八罪直劾尚書黃，二十四案折權璫。
女子小人傾朝綱，古今於此爭興亡。
倘教九五明且剛，驅除奸細如驅羊。
爲天珍護此忠良，邦之榮懷一人慶。
獄興詬欺文言汪，六君子兮同日殃。
宮中府中憂未遑，稜稜全神歸大荒。
嗚呼！此生此死炳秋陽，烈烈名媲椒山芳。
薰拜遺像神騰驤，如看掀髯排天閶。
望楚山兮恒蒼蒼，溯漢水兮長泱泱。
哲人有後垂無疆，孝孫公正廉且方。
君不見，常熟令尹留甘棠，博陵士女爭相望。

【校記】見楊祖憲本、胡鳳丹本。祝慶穀，河南固始人，監生，嘉慶時曾署樂亭知縣，霸州同知，道光時曾官東昌府知府。

題彭衣春所藏宋明人畫像册/翁方綱

題彭衣春所藏宋明人畫像册。（宋范文正忠宣、王荆文、包孝肅，明徐武寧、楊忠烈、文貞憲、孫文忠、夏文潛、嚴嵩。）
送君歸權發君篋，哀彈颯然范履霜。
邠祠瀘祠不必肖，河清笑那垢面方。
古人精神匪以貌，亦若言語傳文章。
應山憂時蓋有謂，衡翁胡亦眸不揚。
夏轉怡愉孫轉静，戌削彼獨冠沈香。
高聳雙顴起農圃，賢姦一代備興亡。
伊子若孫等世守，嗟君與我話夜涼。
爲題具銜著小字，秋燈吹起炯炯光。

【校記】見清翁方綱《復初齋詩集》卷十"青棠書屋稿"（清刻本）。翁方綱（1733—1818），字正三，直隸大興（今屬北京）人。乾隆十七年進士，歷督廣東、江西、山東三省學政，官至內閣學士，論詩創"肌理說"。

瞻楊大洪遺像/鄧顯鶴

棱棱正氣自天成，抗疏何曾轉念萌。
廿四條陳褫逆魄，八千里路識忠名。
憐予詔獄相先後，羨爾捐軀異死生。
痛定還思痛何極，笑他狐鼠枉縱橫。

【校記】見清鄧顯鶴《沅湘耆舊集》卷二十三（道光二十三年鄧氏南邨草堂刻本）。鄧顯鶴（1777—1851），字子立，湖南新化人，嘉慶九年舉人。因大量點校刊刻王夫之著作，使船山之學得以顯揚於世，被尊為"楚南文獻第一人"。

題楊忠烈公遺像/徐寶善

三十五日三改元，宮寢洶洶連朝端。
選侍倚寵乞皇后，天子服藥由中官。
攬衣尚欲奪寢閣，垂簾豈欲居喊鸞。
先生六日鬢髮白，危疑乃定宮府安。
茄花委鬼謠讖起，乾兒什伯聚貉獾。
煌煌二十四大罪，抗疏不異丹書刊。
天假權閹斲元氣，忠臣軀肉焉得完。
正人趙左一網盡，東林餘氈衝狂湍。
我瞻公像肅然拜，草堂正晝霜風寒。

霓旌羽葆倏來下，彷彿劍佩峩星冠。
太阿失柄弄椎斧，先生得不摧心肝。
烏乎，先生得不摧心肝！

【校記】見清徐寶善《壺園詩外集》卷六（道光二十三年徐志導等刻本）。徐寶善（1790—1838），字廉峯，安徽歙縣人。嘉慶二十五年進士，改庶吉士，授編修，官御史。

明贈太子太保兵部尚書楊忠烈公畫像/熊少牧

痛哭紅丸疾不起，選侍不移難未已。
擁駕嵩呼九廟安，六日出宮頭白矣。
閣臣庸劣內臣私，劉孫趙左相維持。
小臣再召預顧命，寸心耿耿先皇知。
豈不聞萬工部，朝上彈章暮膏斧。
豈不聞劉知府，夜醮未終慘對簿。
肝膽義激死生輕，二十四罪血縷縷。
此疏一入會極門，兇璫駭栗褫其魂。
不殺東林無東廠，按名點將煙塵昏。
籲嗟乎，委鬼當頭立，茄花滿地紅。
白日矯翻三大案，羣小羅織爭爲功。
縱誅失律熊經畧，豈有貪贓楊大洪？
死囚一呼臣節表，冷光遠映黃芝草。
編公手疏涕交橫，楚浦風雷護遺稿。

【校記】見民國徐世昌《晚晴簃詩匯》卷一百三十八。熊少牧，字書年，號雨臚，長沙人。道光十五年舉人，官內閣中書，著有《讀書延年堂集》。

敬題先忠烈公像/楊可銑

一夜霜華染鬢腮，躊躇國是百縈懷。
靈芝葉墮忠臣斃，尚問鬍官安在哉？
【校記】見楊祖憲本、胡鳳丹本。杨可銑，楊漣五世孫。

遺碧贊

楊忠烈公遺碧贊/鄭鄤

嗚呼噫嘻，天道茫茫。是耶非耶，或存或亡。
繄忠烈公，社稷之隸。天篤明祐，聿鍾間氣。
鼎湖之泣，庚申之秋。期月堯舜，大漸彌留。
惟我光宗，知公之忠。科臣召對，顧命遺弓。
宮移選侍，門擊中涓。是襄冲聖，夾日虞淵。
天清日霽，曾不終朝。魑魅魍魎，云胡叫囂。
一辭而退，杖履蕭然。帝旌忠直，不得免焉。
三年再召，國事已非。妖狐逆豺，翼以封豨。
士氣秋籜，如風斯靡。黃扉傴僂，蕭規曹隨。
我按罪狀，告天子王。乾坤不毀，日月爭光。
宵人毒怨，倒授太阿。不殺不已，公如之何。
必盡清流，公實領袖。曄曄黃芝，六枝挺秀。
仰對獄神，有虞皋陶。今古同直，灑血穹霄。
體無完膚，肉飽蠅蛆。香通閶闔，風馬雲車。
絕筆告神，絕以血書。蒼黃翰墨，忠孝衣裾。
告太夫人，兒今死矣。母同范母，含笑青史。
載告淑人，身存義存。高堂相累，稚子繼孫。
兒姪聽之，讀書勿忘。亦有良朋，勉尋向上。
血肉淋漓，語無他及。地慘天昏，神欽鬼泣。
公騎箕尾，既還太虛。排閶呼帝，帝其念予。
是憪是度，是相是保。眷我聖人，奄宅大寶。
帝牗皇衷，大姦距脫。滌蕩重陰，英魂激烈。

煌煌綸命，頒下城樓。八旬老母，扶杖夷猶。
惟皇天高，惟后土厚。惟君恩深，惟太母壽。
天地君親，惟公無負。立懦興頑，浩然不朽。
惟公之生，不能不捐。惟公之神，不能不傳。
留丹一片，遺碧萬年。誰芳誰臭，誰佞誰賢。
猗猗國狗，永聽斯言。

【校記】見明鄭鄤《峚陽草堂詩文集》"詩集"卷十一（民國二十一年活字本），題《楊忠烈公遺碧贊》。楊祖憲本、胡鳳丹本錯誤理解鄭文主題，以爲是贊楊漣小像，遂將其置於陳于廷《題楊忠烈公小像》之後，題爲《前題》。今放置於此。清汪啟淑《水曹清暇錄》卷二（清乾隆五十七年汪氏飛鴻堂刻本）云："刑部大堂階石上有血影如人形，相傳是前明楊忠烈公被拷處流血沁入石中所成。"

題楊忠烈公血影石歌（在刑部堂階下）/秦瀛

東林前事漚影滅，留得西曹一點血。
大洪有骨骨如鐵，不怕鋃璫三木折，大呼高皇眦欲裂。
嗚呼！熹宗之際何事無，日月昏霧纏妖狐。
許顯純輩肆毒痡，人頭畜鳴有是夫。
君不見點將錄楊忠烈，刑部堂血影石。

【校記】見楊祖憲本、胡鳳丹本。清秦瀛《小峴山人集》"詩集"卷十八（清嘉慶刻增修本）有錄。秦瀛（1743—1821），字凌滄，江蘇無錫人，曾官浙江溫處道台。

前題/王友亮

太阿柄失刑餘竊，委鬼茄花喋人血。
羣賢網盡可憐生，抗疏楊公首稱烈。

明知玉碎非瓦全，二十四罪雷轟天。
剛腸激發石爲泐，卻笑君心比石堅。
此身糜爛非所悔，遺恨未能除國害。
一點凝丹鎮不磨，百年化碧長如繪。
我來下馬吊忠魂，莓苔匝地迷燒痕。
公名赫赫播天壤，片石去留奚足論。

【校記】見楊祖憲本、胡鳳丹本。王友亮（1742—1797），字景南，婺源（今江西婺源）人。乾隆五十六年進士，官至通政司副使。

前題／何道生

有明天啟乾綱頹，鴟張奄豎攻黨魁。
東廠逮人稱詔逮，如楊大洪真哀哉。
大洪之獄下廠衛，胡爲血影留堂隈。
想當會鞫到刑部，乾兒鞭撲争喧豗。
公時胸有女媧石，補天不成天柱摧。
誰言匪石不可轉，血肉狼籍隨飛埃。
此心貫石石爲裂，受公之影如胚胎。
日光照耀毛髮動，天陰雨黑啼呼哀。
公名不朽石不爛，百年不見生蒼苔。
高皇鐵碑久已毀，石載公影無隳隤。
後來宦佞倘過此，顧影慎莫留徘徊。
石不能言影猶動，倉猝摔汝起風雷。

【校記】見楊祖憲本、胡鳳丹本。何道生（1766—1806），字立之，山西靈石人。乾隆五十二年進士，歷工部主事、御史，著有《雙藤書屋詩集》。

前題/李鴻賓

東廠焚，東林滅。西曹血，永不竭。臣節高皇知，臣冤不可雪。

百喜降，六芝萌，臣弗生兮臣節明，人間片石何須存。

君不見侍中夫人江上祠，椒山榆樹復淋漓。

【校記】見楊祖憲本、胡鳳丹本。李鴻賓（1767—1846），字象山，江西德化縣人。嘉慶六年進士，先後充雲南、貴州鄉試副考官、湖南鄉試正考官。

前題/沈欽韓

虎彪虤戲飡人血，大刀殺賊刀環折。

黃沙獄中祭皋陶，涮籬涌柱冤難刷。

智囊一疏礪齒牙，二十四罪口嚼鐵。

仙翁招手箕尾乘，浮丘挹袖囊頭噎。（沈欽韓本原注：謂彭幼朔左僉都。）

想其握拳透爪時，一片丹心相映徹。

青黃隱起非雕鏤，凜凜鬚眉不可滅。

至今賜睒青燐馮，怒鬥麒麟飛列缺。

公死不因熊芝岡，顧命老臣難並列。

鬍子官亡立仗忠，野貓頭羨登仙決。（沈欽韓本原注：公同年生梅之煥。）

浩然之氣塞天地，黃芝犴狴表奇節。

亡須酹酒收王琳，一碧補天天不裂。

入甑磨煅尚如新，印壁鏟除猶未歇。

小常村與羅剎磯，齊諧志怪往聞說。

大賢浴血鬼哭哀，相好宛然精爽結。

要典逆案儋轉關，蠅蚋蝗螟又騷屑。
市朝變易石無言，雨氣涌騰助嗚咽。
荒陵石馬已生毛，滿地茄花怨妖孽。

【校記】見楊祖憲本、胡鳳丹本，均刪去原注。清沈欽韓《幼學堂詩文稿》"詩稿"卷二（清嘉慶十八年刻道光八年增修本），題《楊忠烈公漣血影石歌》云云。沈欽韓（1775—1831），字文起，江蘇吳縣人。嘉慶十二年舉人，授安徽寧國縣訓導。

楊忠烈公血影石歌/張塤

相傳刑部堂階石上有血影如人形，是公被拷之處。乾隆三十六年，堂毀於火，此石乃不存。王君友亮作詩以志靈跡，屬予同賦詩也。

八千女鬼九千歲，大刀楊漣想殺之。
刀鐶斷折殺不得，獄中冤苦生黃芝。
乙丑七月廿六日，魂走當訴高皇知。
片石公血所漬染，陡出幻相風雨時。
不鑿不刻不圖畫，非神非鬼非行屍。
頭面仿佛若怒虎，要背以下如盤螭。
摩石弗腥鑒公潔，坤石成影憐公癡。
妻孥身世一無戀，胡聚光怪偏如斯。
傳聞當日被拷掠，對簿只在鎮撫司。
如何血影落刑部？是必會鞠來於茲。
殺公不出一人手，李養正等皆閹兒。（時李養正爲刑部尚書。）
石若能言述公恨，皇天后土亦涕洟。
君不見侍中香火江上祠，夫人節烈萬人悲。
風鬟霧鬢留天地，比作望夫山更奇。（今江寧黃觀祠堂龕置夫人翁氏血影石，是夫人殉烈臥屍於此，石乃留影也。予拜祠下見之，陰雨則影愈明，肩以上皆見，似愁睇側顧之狀。族父京兆公扁曰"誠則明"。）

【校記】見清張塤《竹葉庵文集》卷二十三"詩"二十三"賜研齋

集"中（清乾隆五十一年刻本）。張塤，字商言，號瘦銅，江蘇吳縣人。乾隆三十四年進士，官内閣中書。

楊忠烈公血影石/陸元鋐

豈有貪贓楊大洪？借刀何事砍東風。（公絶筆書云，刀砍東風於我何有哉？）

已拚碧血千年化，竟使清流一網空。

仰藥肯因恭顯死，殞身甘與俊厨同。

不教幻相留終古，正氣猶堪貫白虹。（石已燬於火。）

【校記】見清陸元鋐《青芙蓉閣詩鈔》卷二（清刻本）。陸元鋐（1750—?），字冠南，號彡石，桐鄉人。乾隆五十二年進士，曾官廣東高州知府。

卷三　題跋　遺墨　其他

題跋

讀忠烈公文集書後/喻文鏊

委鬼當頭坐，茄花滿地紅，豈有貪贓楊大洪？
杜漸防微匪易事，女主垂簾恐專制。
城狐社鼠相排詆，貂璫煬竈令人哀。
哀哉，楊公精誠貫白日，千言勁草袖中出。
曰臣昧死頓首言，目嗔髮豎聲振天。
霜簡膽栗九千歲，臚其大罪二十四。
東廠捉人不可當，紛紛羅織賢與良。
緹騎到門萬衆泣，銀鐺就逮殊忿惶。
文言文言等閒耳，縉紳之禍從此始。
九鼎一變正人扶，同時獄獄六君子。
一朝排擊牢戶填，大往小來象曰否。
水旱盜賊乃乘之，雖有善者奚能爲？
一網盡矣況慘烈，東林黨錮靡孑遺。
非亡國君亡國臣，此語憤激尤堪悲。
君不見古來奄豎備灑掃，祖訓煌煌清宮殿。
不看楊漣疏，何不看《趙高傳》。（熹宗一日幸張皇后，問"几上何書"，后曰"《趙高傳》"，熹宗默然。）

【校記】見楊祖憲卷本、胡鳳丹本。喻文鏊（1746—1816），字冶存，號石農，又號考田老人，黃梅人。乾隆五十年貢生，官竹溪縣教諭，著有《紅蕉山館詩文集》。

前題/陳若霖

　　有明一代，前後三楊。椒山應山，疏奏流芳。
　　光宗彌留，危疑宮府。抗志憤爭，立消呂武。
　　羣小側目，疑忌頻生。三疏乞退，去就分明。
　　目擊時艱，悲憶皇考。身家罔恤，泣書諫草。
　　九重弗聞，陰謀計深。二祖十宗，實鑒此心。
　　身非鐵石，忠肝義膽。慷慨赴義，冤沉悲慘。
　　五毒俱辱，虹白芝黃。臣家已破，難緩追贓。
　　惜公孤忠，時雍不遇。萬古常存，巍然祠墓。

【校記】見楊祖憲本、胡鳳丹本。陳若霖（1759—1832），字宗觀，福建閩縣（今福州）人。乾隆五十二年進士，歷任主事、巡撫、總督等。

前題/邱樹棠

　　蠹以棟固，鼠以社尊。攻之勢格，觸禍之門。
　　端宮弄斧，嗟嗟童惛。如委嚼火，蔽以重垣。
　　相顧慘懍，噤莫敢言。造士三百，培節養根。
　　聲其大罪，勿謂無人。固知獨舌，難叫九閽。
　　孤憤所切，長號疾呻。恭顯並坐，賢傳沉冤。
　　昔猶悼惜，茲冥不聞。當其受命，六尺何親。
　　冒梃吒吒，鳥散獸奔。雙手捧日，實首廷臣。
　　天乎不祚，玩孺椓人。讀公手疏，駭膽驚魂。
　　四星虐焰，至此薰天。太阿倒授，理無生存。

黄芝在獄，神扇其芬。凡六君子，毅魄爲鄰。
閹族雖赤，神器旋淪。如甘鴆毒，深潰肺肝。
歧俞殄絶，延喘其難。於今宮豎，灑掃惟勤。
追痛前哲，獨生不辰。

【校記】見楊祖憲本、胡鳳丹本。邱樹棠（1771—1831），字景召，湖北漢陽人。嘉慶七年進士，曾官山西巡撫、刑部侍郎。

前題/帥承瀚

茄花耀日天若死，逆黨氣燄無倫比。
諸兒竊伺廠臣顔，朝端無復知天子。
應山先生血疏來，呼天指髮情悲哀。
百年疆宇頃喪敗，珍此七尺胡爲哉？
七尺昂藏豈不愛，可憐國祚微如芥。
拼得熱血洒蘭臺，羣鼠跳擊那足怪。
公運雖窮公志終，天不祚明争無庸。
至今血蝕刑曹紅，展圖颯颯生陰風。

【校記】見楊祖憲本、胡鳳丹本。帥承瀚（？—1842），字海門，湖北黄梅人。嘉慶十年進士，曾官翰林院檢討、副都御史。

前題/程德潤

天生偉人，獨禀正氣。用舍行藏，國運攸繫。
生不逢辰，逆璫用事。力挽狂瀾，未竟其志。
慷慨陳書，從容赴義。耿耿孤忠，千秋廟祀。

【校記】見楊祖憲本、胡鳳丹本。程德潤，字玉樵，湖北天門人。嘉慶十九年進士，歷官山東鹽運使、甘肅布政使等，編有《續修中衛縣志》等。

前題（四首）/石時渠

風仰前明有二楊，髯公居近覯幽光。
應山節比椒山烈，溳水愁添漢水長。
自古成仁和取義，只分宮府與疆場。
進賢冠一新加後，整日攢眉御榻旁。

眷念先皇顧命恩，虛淵啟日立宮門。
審幾預絕垂簾弊，憤激猶留排闥痕。
二祖十宗默鑒在，千秋萬世赤心存。
浩然正氣真男子，欲振乾網奉至尊。

出山心緒已淒然，景仰三忠志益堅。
條列白麻奸罪大，封來墨敕逐臣還。
那知獄借文言起，更假贓誣廷弼連。
笑斫東風虛利刃，白虹早已見堯天。

居同梓里幸前因，忠孝雙成本性真。
效死既偕名下士，捐軀先稟太夫人。
奇從天樂鳴時兆，喜自仙書到日新。
國步艱難應力竭，固當不願為良臣。

【校記】見楊祖憲本、胡鳳丹本。石時渠，清代湖北應山人，其他不詳。

前題/黃士瀛

乾坤有正氣，浩然流不竭。君子志成仁，坎壈矢孤節。
吁嗟前明季，國運丁兀甈。宮車相繼出，神器付孤子。
婦寺煽危言，弄權肆盜竊。營營集青蠅，原火撲難滅。

公時預顧命，感恩意激切。厲色呵朝端，一叱目眥裂。
心如廣平石，面如御史鐵。同寮聽指麾，危疑立談決。
少帝開紫極，拜舞羣方悅。寢閣撤垂簾，草莽慴姦桀。
抗疏千萬言，披誠瀝丹血。爲謀豈不臧，密機忽中泄。
羅織遘兇殘，積冤誰能雪。白虹亙青天，萬衆啼悲咽。
嗚乎千載後，大義昭若揭。熙朝沛恩寵，兩字謚忠烈。
凜凜生陰風，卓哉古賢傑。

【校記】見楊祖憲本、胡鳳丹本。黃士瀛（1794—1875），字仙嶠，湖北松滋人。道光三年進士，曾官迆南兵備道、四川監茶道，著有《儕鶴軒詩文集》。

前題／熊莪

相業如江陵，權勢毋乃專。
將畧如江夏，性氣毋乃偏。
不及應山楊忠烈，孤忱耿耿節獨完。
有明之季太草草，豺狼狐狸橫塞道。
天子輔毗閹豎兒，聖媼宮中作阿保。
礦使四出誅求繁，鄧喪國脉應不少。
六君子起批逆鱗，安危所係皆力争。
二十四罪疏尤切，閹黨聞之心膽驚。
霜飛燕市風拔木，狼籍圜扉濺血肉。
一死未已嚴追贓，流禍幾遍衣冠族。
人之云亡事可知，寇滿秦晉連年饑。
信王入繼正要典，天不祚明奚能爲？
當其穆宗馭龍初上賓，不生萬曆泰昌天啟三嗣君。
上有思宗勵宵旰，下有江陵作輔樞，江夏桓桓當邊城。
楊公正色長臺憲，左顧周魏黃同升。

豈非天下一大治，水旱盜賊何由起。
吁嗟乎，丈夫慷慨抽白筆，不憂臣死憂國脈。
崔魏就戮明隨亡，仆碑削祀竟何益？
至今九原心尚丹，不徒千載血化碧。

【校記】見楊祖憲本、胡鳳丹本。熊我，字璧臣，湖北天門人，官刑部主事，著有《寄情草堂詩鈔》。

前題／奚先凱

選侍宮既移，紅丸病不起。
屢觸奸邪猶末已，首劾閹罪二十四，六君子遂同日死。
風霾晝晦天隕霜，明祚將傾乃有此。
嗚呼！公官御史中丞耳，閣部以下皆靡靡。
豈有婪贓楊大洪，不愧楚國奇男子。

【校記】見楊祖憲本、胡鳳丹本。奚先凱，原名先愷，字虞門，湖北黃岡人。嘉慶二十二年進士，官中書。

前題／單懋謙

主少國疑人心玩，誰能預靖宮闈亂。
權黨倚勢重如山，誰敢抗疏發其奸。
有明養賢積數世，先生應運生此際。
建策為移選侍宮，擢髮直數逆璫罪。
但願國害此驅除，臣身何足關有無。
逮公下獄速公死，胡乃天心一至此。
天心難回臣心烈，一片精忠成奇節。
嗚呼，楚山高，漢水深，先生英氣鬱古今。
卓哉先型杳難覯，萬古衣冠森俎豆。

【校記】見楊祖憲本、胡鳳丹本。單懋謙（1802—1879），字仲亨，湖北襄陽人。道光十二年進士，歷任左都御史、協辦大學士，著有《峴雲山房遺稿》。

前題/胡思賢

難容閹豎誓批鱗，共識椒山有後身。
碧血灑空六君子，青山埋骨一完人。
同歸性氣先生傳，不染模糊逆案塵。
疏草稜稜嚴斧鉞，焚香雒誦淚沾巾。

【校記】見楊祖憲本、胡鳳丹本。胡思賢，無考。

前面/葉爲珪

河山天遣覆羣陰，受禍如公慘更深。
豈有死刑來北闕，但無生路脫東林。
千言已奪權奸魄，七廟應知御史心。
世亂人才總狼籍，捧圖教我淚沾襟。

【校記】見楊祖憲本、胡鳳丹本。葉爲珪，湖北蘄水人，道光十五年進士，曾任江華縣知縣。

前題/祝維則

天不祚明羣小起，神器幾希屬鄭李。
先生獨抱經綸材，願捨身家佐天子。
特達恩深報稱難，有奸當除臣分耳。
封章烈烈數千語，廿四罪猶恨切齒。
當時緘默殊紛紛，公以不言獨爲恥。

委鬼聞之心膽驚，陰謀誣坐公危矣。

東林戮東廠燬，賜諡追封公不死。

公不死，克家有子繼公忠，兩朝忠義輝青史。

【校記】見楊祖憲本、胡鳳丹本。祝維則，蘇州元和人，道光二十九年曾任杭州候補運副，輔助吳文鎔治理水災。

前題／方燧

勝國忠臣推二楊，椒山應山雙不朽。
姓字長留天壤間，日星海嶽同爭壽。
忠愍遺文恨未窺，得親忠烈遭非偶。
幸遇麟孫托葭莩，貽我一編光徹斗。
快讀二十四罪疏，直驚風雨蛟螭走。
其餘著述皆血性，不摹左史曾歐柳。
動關社稷與蒼生，一筆半墨都非苟。
但把文章撐世界，三立當在姚江右。
憶昔閹兒盜太阿，東林禍烈公其首。
正士清流一網收，邦國殄瘁奚其咎。
九重不復問髯官，笑斫東風我何有。（公遺札語。）
鼎湖龍去恨難攀，顧命彌留真無負。
倘非一拳擊門者，已將國祚潛移久。
劾璫當居左魏先，安劉豈在平勃後。
奈何三案多是非，致令羣奸來攻掊。
汗青頭白竟何成，三朝會典從誰剖。
但以一死重千秋，先生掀髯當不受。

【校記】見楊祖憲本、胡鳳丹本。方燧，生平事迹不詳。

前題（二首）/戴廷謨

數卷楊公集，千秋正氣書。孤臣血未散，奸寺膽先鋤。
碎首侔棲楚，陳尸類史魚。焚香讀一過，撫膺且歔欷。

玉碎爲誰苦，瓦全不自謀。聲聲君父泣，筆筆鬼神愁。
閹黨重陰結，英流一旦休。非關持太急，嫉惡本如仇。

【校記】見楊祖憲本、胡鳳丹本。戴廷謨，清謝山居士《粵氛紀事》卷十（清同治八年刻本）載：江西樂安縣"監生戴廷謨"，死於太平軍之難，或是此人。

前題（二首）/劉體仁

三百年來哭二楊，椒山已矣應山亡。
鐵肩道義當時荷，金管聲名異代香。
廿四飛章驚委鬼，九重無策庇神羊。
靈均淚盡何人繼，一卷《離騷》付古湘。

東廠鴟張志已灰，鶴書難遣又重來。
全家垂淚收燕骨，獨力移宮仗楚材。
虹白芝黃千古恨，花茄獄黑萬人哀。
可憐一片忠臣血，風雨模糊碧葬苔。

【校記】見楊祖憲本、胡鳳丹本。劉體仁，字元聊，嘉慶年間舉人，曾官雲南保寧通判，或是此人。

先君遺稿序/楊之易

此先君遺稿也。先君筆不存底，如生平制藝盡失去；兼以再攖家難，諸作化爲烏有。此特親友之家所存剩幅，什不得一二耳，甚有兼原題失却者。每見先君爲文與所裁答，概不欲倩人粉藻，真抒其至性之所近。然文詞古雋，雅有先民風軌，惜不多見。想其神情，大約雲水親而塵緣淡。乃其雅意作人，寸長必披，又何婆心肫切也？至於牘不一人，人不一牘，其指無念不歸，輔養君德，聯合正人，圖共天下收治平之福。遠爲宗社杜漸防微，寧使國受其益，而我不必有其名。一片苦心，灑血筆端，寄懷天上，有不願哀集人間者。曾記一夕妄向先君曰："以大人才高著作，奚不修名山業？"先君莞爾而笑曰："予固不在文字落腳者。"夫不在文字，則落腳端在何處？古稱三不朽，曰立德、立功，言其緒餘耳，夫固先君之志也。茲特鼎之一臠，倘海內有心君子，笥中存有隻字，望各出相示，以俟補綴。不孝男之易記。（《楊忠烈公集》）

【校記】見楊祖憲本、胡鳳丹本。《湖北文徵》卷五，題《先君遺稿序》。

原序/楊苞

先大父清白所貽，惟斯一編。後遇滄桑，没於一炬。及直指李望石公祖採風餘楚，網羅先集，輶軒所至，剞劂成書。甚盛心矣，拜賜豈鮮哉？但其間斟酌時諱，頗多改易。時余筮仕洛陽，恐日復一日，以疑文而失信史。於是校讐原本，删其忌諱，寧爲闕疑，庶不失真，實未敢輕質有道也。時奉上論，雖有忌諱亦不治罪。往烈先忠再見於寬大之朝，誠千載一時也，猗歟盛哉！康熙乙巳秋九月，江南廣德州知州冢孫苞謹識。

【校記】見楊祖憲本、胡鳳丹本。

耿耿二章/鄭鄤

楊忠烈公冢嗣之易過遜齋，以遺文屬編定。予不識公，而辱公薦剡，又璫奴列予名爲公黨之魁。生死函蓋，爰賦《耿耿二章》，以續《大招》。

其 一

耿耿一燈明，深杯洗碧傾。孤臣輕萬死，孝子重餘生。
道氣塵中練，天心險處平。遺文何遽讀，相對涕縱橫。

其 二

十二年前事，編摹此一時。艱難臣節苦，浩蕩主恩私。
直爲綱常在，休疑身世危。長安多蟒玉，芳臭幾年知。

【校記】明鄭鄤《峚陽草堂詩文集》"詩集"卷十一（民國二十一年活字本）有錄。

楊忠烈公奏疏書後有序／詹應甲

公諱漣，字大洪，明萬曆三十五年進士，由常熟縣知縣行取擢戶科給事中，陞太常寺少卿、都察院右僉都、右副都御史。《明史》載公糾璫逆魏進忠二十四大罪，死於詔獄，蓋附魏者嗾魏死之。懷宗誅魏璫，始贈公太師，追諡忠烈。余權應山，謁公祠墓，拜公遺像。公九世孫孝廉方正炳以重鐫遺集三卷出示，受而讀之，因書此詩於奏疏之後。

二十四罪案鑄鐵，五千三字疏濡血。
大書特書璫惡揭，天厭明社死忠烈。
天啟乙丑月逢七，詔下獄中廿四日。
陰霾蔽空如黑漆，靈芝一莖正氣結。
公由行取詣臺闕，三朝綱紀手提挈。
極言邊事能洞澈，乞清宮禁何猛決。
彼時權奸已震慄，虺蛇壁鼠未出穴。
光熹之間勢猖獗，毒流朝野禍尤切。
一腔忠憤大發泄，公之精誠靁電掣。
公之讜論肝膽裂，及身未見委鬼滅。

此心不死貫日月，隔代易名且贈卹。
公當含笑書命絕（見公獄中所寄家書），聖朝褒忠祀典設。
後進爲公守墓碣，式瞻公像許伏謁。
偉哉中丞大賢哲，六君子外誰敢匹。
讀公遺書口結舌，公之裔孫手加鍥。
展卷燦如星斗列，傳家忠孝紀其實。
怨悱不傚汨羅屈，萬古綱常扶此筆。
孝廉新除絳縣秩，先世宰官作良弼。
此書經濟載之出，方信文章重氣節。

【校記】見清詹應甲《賜綺堂集》卷十八"詩"（清道光止園刻本）。詹應甲（1760—?），字鱗飛，婺源虹關人，寓居吳縣（今蘇州）。乾隆五十三年舉人，歷任湖北天門、恩施等地縣令。

讀楊漣劾魏忠賢二十四大罪疏/弘晝

從來不忠之臣其端有三，而叛逆不與焉。一則諂諛其君圖己富貴，一則先意逢迎陷君不義，一則承順嬖人以固己寵。是三者皆亂臣，所爲人人得而誅之者也。若夫犯主忌諱觸怒奸臣，如楊御史之劾魏璫者，豈不毅然大丈夫哉！

是時漣非不知湯火在前蹈之立斃，但忠君愛國之心不能自已，以爲與其緘默不言以苟安歲月，不如拚己一死以上正君心、下除民毒。倘君心大寤忽開，立起而正之，其被澤寧有既耶？熹宗此時誠能思漣之所以爲此疏者，乃爲國爲君而非自爲；猛然起悟，痛爲創懲，使奸臣膽喪，忠臣氣吐，則轉禍爲福，易危以安，豈非國家臣民之一大幸歟？無如楊御史之疏，雖言之痛切而熹宗罷不省悟，使奸宄反得以陰肆其毒而誅之。俾忠直含冤於地下，而在朝者莫不寒心，此天下之所以再世而亡也。

或曰："楊御史劾忠賢二十四大罪，其言迫切宜足以落奸璫之魄矣，乃擊之不勝而受禍最慘。後此朱之俊、陸澄淵、錢元愨輩，其疏未能如此激烈，而忠賢反敗，何也？"曰："時不同也。"曰："楊御史何不觀時而發？"曰："挫之於方盛之鋒者，壯士之爲也；撲之於將敗之際者，巧士所行也。當懷宗即位時，忠賢亦幾敗露矣。雖無諸公之疏，而忠賢亦必潰。孰若楊御史劾於未敗之前，其事雖不成，而芳聲垂於後世也耶？"嗚呼壯哉！漣也語曰："公爾忘私，國爾忘家。"洵可以當之而無愧！

【校記】見清弘晝《稽古齋全集》卷五（清乾隆十一年内府刻本）。弘晝（1712—1770），雍正帝第五子。雍正十三年設辦理苗疆事務處，弘晝參與辦理苗疆事務。

原跋/汪廷珍

余讀明史知應山大洪先生移宫劾閹，忠君愛國。防患未然，功在社稷。迄今聞其風者，無不感奮興起。誠足誅千古殺諫官之奸慝、愧千古不指佞之言官，更爲身膺主知者立感恩圖報之準。乾坤不毁，精爽如新，公之生平已可概見矣。

癸未春，其裔孫祖憲以孝廉方正入覲都門，復得讀公文集。其節義文章，皆可傳可法。使後之爲人臣者，讀公之文想見其爲人，而是則是傚，則可以止矣。即爲公之後者，守公之學、遵公之訓而不愆不忘，亦可以無憾矣。豈尋常摘藻扻華者所可語哉？

協辦大學士太子太保禮部尚書山陽後學汪某某跋。

【校記】見楊祖憲本、胡鳳丹本。汪廷珍（1757—1827），字玉粲，山陽（今江蘇淮安）人。乾隆五十四年進士，官至禮部尚書，著有《實事求是齋詩文集》。

讀楊忠烈公文集書後/張祥河

觥觥大集髯先生，日星河嶽同光明。
我朝金鑒援勝國，明臣奏議編三清。

公疏魏璫廿四罪，純廟特筆襃忠貞。
太阿倒置君綴旒，羣奸竊柄勢已成。
公豈不知不可爲，欲廻主意以死爭。
方其內擢擧循政，給諫小臣預顧命。
一爭封后一移宮，中外危疑片言定。
文言之獄羅織工，楊左有黨誰異同？
哀哉大呼仰天語，豈有貪贓楊大洪？
明心堂作昧心處，出袖獄詞又何據。
黃芝墜地虹亘天，笑口東風就刀鋸。
讀公家書悽斷腸，不爲仰藥不逃亡。
丁□親筆宜著意，尚以令名貽先皇。
噫吁嘻！母妻城樓一枝借，子孫廬山寄僧舍。
千人資助萬人哭，留得公文關造化。
思宗即位逮厰臣，易名已見正氣伸。
何如我朝奎藻弁簡首，廷試孝廉公後人。（今博平令楊祖憲擧孝廉方正科。）

【校記】見楊祖憲本同治重刻本，清張祥河《小重山房詩詞全集》"詩舲詩錄"卷六（清道光刻光緒增修本）有錄。張祥河（1785—1862），字元卿，婁縣（今上海松江）人。嘉慶二十五年進士，官至工部尚書。

楊忠烈公集跋/蔡紹江

應山楊星若明府，示予以所刊先世忠烈公遺集，冠以高宗純皇帝御製文。余讀之而歎我朝寬大之宏恩，激揚之鉅典，及藎臣之成名遠而貽澤長也。曩覯乾隆時《欽定名臣奏議》，著千古是非之準。又《欽定勝朝殉節諸臣錄》，諸儒臣以爲聖人之心大公至正，視天下之善如一，不以異代而歧視。至吾楚江夏熊忠愍公，則在明代爲扞疆圉計者，國家猶錄其子孫。若應山楊忠烈公，其大節在移宮劾璫，而其書簡詩歌俱昭忠悃。

憲皇帝於其裔孫農部可鏡公，特加録用。嗣是使臣之視學楚邦者，無不甄拔其後人。其後人亦多續學修行，無忝厥祖。天恩固極渥厚，楊氏亦綦榮哉！

因思人心皆有忠直之性，其所以漸汨於利欲而莫能保者，爲身計、爲禄位計、爲子孫計耳。卒之豐嗇榮瘁，於一定之分，毫無所補，徒敗其名，檢求爲庸庸免咎人而不可得。而如公之骨鯁忠直絶無顧戀者，天特綿其祀以隆其報。聖天子奉天行道，既襃之以宸翰，又疊録其子孫，以視隨俗俯仰之人孰得孰失、孰智孰愚？尚不可憬然悟、决然擇哉？紹江遭逢盛世，竊功名而霑微禄，捫心對古，且愧且懼。惟冀星若明府，以英偉卓犖之才出膺民社，纘前美而酬國恩，當使四海咸知達人有後也，豈第爲吾楚光哉？

賜進士出身户部貴州司主事蘄水後學蔡某某謹跋。

【校記】見楊祖憲本、胡鳳丹本。蔡紹江，湖北蘄水人，嘉慶二十四年恩科進士，著有《漕運河道圖考》。

表忠録跋/達鏞

夫文章根於忠義，非徒托諸空言；性道發爲事功，要必徵諸實學。是以才如賈誼，痛哭偏多。遇似屈原，《離騷》斯作。顔平原之正氣，大集觥觥。岳武穆之英風，遺編鼎鼎。此皆丹心炳著，碧血常留。誓九死以不回，亘千秋而如昨。

吾讀明忠烈公集而歎其當光熹之朝遭膺滂之禍，方其牽裾正論，折檻危言，志在澄清，功存搏擊。其抗奏移宫也，則鳳攬德而長鳴。其糾劾閹豎也，則豸遇邪而必觸。其移書朝列也，則吐詞皆經濟之敷。其訣别母子也，則出語悉孝慈所發。以至贈言紀事、咏物述懷，要皆抒寫性真，不事琢鏤章句。迨至黄芝遽隕，白虹當空，鬼亦含愁，天何此醉，嗚呼慘矣！然而茄花委鬼旋見銷煙，勁草疾風終蒙昭雪。烈皇既加之贈謚，熙朝乃特予襃揚。固足發潛德之幽光，慰忠魂於歿世。

裔孫星若明府作宰掖縣，值余亦攝篆東萊，見其製錦彌工，處膏不潤。早知繩武無忝詒謀，鐫大集以廣傳，揚光芬於未艾。示余卒讀，謹綴蕪詞。深愧蟲鐫，聊同蠡測云爾。

【校記】見楊祖憲本同治重刻本，無題；胡鳳丹本，題《表忠錄跋》。清黃叔璥《國朝御史題名》（清光緒刻本）"道光九年"："達鏞字慎夫，號和生，一號容齋，漢軍正藍旗人，嘉慶戊寅舉人，內閣侍讀，考選山東道御史，陞任山西潞安府知府。"

讀楊忠烈公文集書後／吳詠棣

久拚雲水定知音，一任虞山起作霖。
六月諫垣章屢上，兩朝恩遇眷何深。
宮移選侍驚華髮，罪數權璫見赤心。
借得封疆冤詔獄，百年士氣歎消沉。

【校記】見楊祖憲本同治四年重刻本，吳詠棣，生平事迹不詳。

景慕詩讀楊大洪黃石齋兩先生集／俞聃

其　　一

義即操槌命即砧，快於叔夜柳遮陰。
枕中暢論空千卷，旛下冤書價萬金。
抛大患身肩北寺，屈長安指首東林。
移官一疏低嵩嶽，已折姦璫七載心。

其　　二

九陛孤擔路幾盤，未能車輔墜權官。
門牙嚼短通身熱，橋舌拖長隔世寒。
扶義杖提延命策，成仁纓結進賢冠。
雖然錯拾將軍首，終勝嚴顏活轉看。

其 三

赤骨烘天犯血光，兩逢赤縣化邊鄉。
可憐生禀青林下，何敢死辭白日長。
安角礙人存兔穎，數毛留我棄牛腳。
命懸大義鬚眉落，痛定其中痛未忘。

【校記】見清俞聃《兩孤存·大剛集卷下》（清康熙臥齊刻本）。俞聃，字鷹中，《慎妄集》作者；俞塞，字吾體，《大剛集》作者。二人爲兄弟，皆鶩源人。

原序/劉繹

自古忠臣烈士，其義存乎君父，其誠達乎天地鬼神。初不爲名也，何有於文？然世必求其議論著述，以爲景仰師法者，非其人之必待文，以傳世之賴其文，以爲感發獲益者多，而不能已於傳也，況其後世子孫乎？

有明楊忠烈公之死也，非逆閹所能死之也。其性之正、氣之剛、學之醇，職在當言，值有明之將亡不能不死之也。而褒揚逮於勝朝，廟祀隆於昭代，此不待後人之辯論而後定也。其立朝建議之大者，既載《明史》；其逸文他説，公之冢孫苞再爲裒輯，當時名流序文言之詳矣。至我高宗純皇帝降諭史臣，編公諸疏入《歷代名臣奏議》，以其劾魏閹二十四罪爲係有明之存亡，此又不待後人之表章而後傳也。嘉慶間，其七世孫徵策重刊於武昌；道光癸巳，八世孫星若明府再刊於歷下，前後序者以十數。

嗟夫，公之忠義著於今古，其議論文章既爲聖主之所採、名卿大儒之所論列，後之序者雖千萬言，何毫末之能加哉？然星若明府猶時將以此質當世，雖譾陋如余亦且鰓鰓焉從而序之，何也？蓋明府非徒以此揚先人之美，而實欲藉以自勵其官守。故其涖官自博平徙掖，無不以此編示其士民而不敢少有軼行粃政以辱其先。余之言誠不足爲公文增輕重，而不能不嘉明府之爲吏能奉前訓以施於有政，故雖馳驅鞅掌之餘而不禁三復是編之不已。夫人接乎嚴師益友猶可以勸善規過，而況明府日奉其先人之遺議以爲質對者哉？見人之一善，猶必獎而錄之，而況覩賢明府思紹祖宗之義烈、以爲國家循吏者哉？此余所以汲汲不能已於言者，非僅藉是集爲驥尾之附，而實感公之英靈，所以啟迪其後人，而以循良貽惠天下蒼生者爲無窮已。

道光二十年歲次庚子秋八月，賜進士及第南書房供奉山東學政永豐後學劉某頓首拜譔。

【校記】見楊祖憲本同治四年重刻本之"序"、胡鳳丹本。劉繹（1196—1878），字景芳，號詹巖，江西永豐人，道光十五年進士，授修撰，曾任山東學政，長期主持白鷺洲書院，著有《存吾春齋詩鈔》。

敬書先忠烈公集後/楊徵午

委鬼儺楊毒倍殘，一番展卷忿閹奸。
虹騰直使乾坤白，獄斃誰憐骨血寒。
三案是非憑鼠輩，九重高遠忘鬍官。
惟餘幾疏傳青簡，得見臣心萬古丹。

【校記】見楊祖憲、胡鳳丹本。楊徵午，楊漣七世孫，《楊忠烈公年譜》編者，道光十三年刻本《楊忠烈公文集》編纂者楊祖憲之父。

書楊漣左光斗傳後/方濬頤

魏閹定《三朝要典》，移宮一案以楊左爲罪魁。夫文孺、遺直協心建議，排閹奴，扶沖主，宸極獲正，朝野並稱，功在社稷，同爲千秋不可磨滅之人。文孺初宰常熟，即舉廉吏第一，擢臺諫。遺直則以中書選御史，巡中城，捕治豪吏，有直聲。出理屯田，上"三因""十四議"，北人始知藝稻。閹人稱東宮旨，索廢莊，拒不啟封。迨神宗寢疾半月，皇太子未得見，兩人偕諸言官走謁閣臣，趣問疾，教宿閣。帝疾亟，太子尚躊躇宫門外。文孺、遺直遣語王安，力請太子入侍，嘗藥侍膳。二公之忠若此，閣臣能無愧死耶？

光宗嗣位，紅丸案起，有封貴妃爲皇太后之命。乃倡言於朝，共詰責鄭養性，令貴妃移宫。文孺遂劾崔文昇，請推問。衆謂忤旨必廷杖，閣臣且勸引罪，文孺抗聲弗屈。及召入，帝溫言久之，數目漣，語外廷毋信流言。遂逐文昇，停封太后。再召大臣皆及漣。以小臣而預顧命，烏能不感激誓以死報歟？

帝崩，諸大臣慮皇長子孤子，欲托之李選侍，文孺力言不可。請亟見儲皇，偕諸大臣共趨乾清宫，罾持梃不容入之閹人，乃得入。臨呼"萬歲"，奉駕至文華殿。甫至中宫，内豎出阻，欲攬衣奪還。格而訶之，乃得至殿。禮畢，入慈慶宫，以選侍尚居乾清也。羣臣退議登極期，紛紛未定，先是請於初六日，有請改初三日，有請於即日午時者。文孺謂："含歛未畢，衮冕臨朝非禮。"或言登極人心安。文孺又謂："安與不安不在登極。"斯時文孺忽憒憒，脱非遺直與徐太僕唾面，責其誤大事，則事幾誤矣。文孺乃悚然，偕上移宫之疏，而遺直疏尤懇。選侍得牋怒，將嚴譴。遣使宣召，不赴，益怒。邀皇長子至乾清議之，熹宗不肯往，使取牋視之，心以爲喜，趣擇日移宫。當内豎之召皇長子也，文孺遇諸麟趾門，内豎備言狀，則正色告以選侍不得召皇帝，怒目視之，其人退。而臺臣以選侍欲垂簾處道甫，駭相告，文孺決其無。尋傳聞欲緩移宫期，文孺又語閣臣趣之，閣臣曰"遲亦無害"，力持不可。中官或言選侍亦顧命中人，即斥之以死争。劉一燎、周嘉謨助之，詞色俱厲，聲徹御前。皇長子宣諭乃退，復抗疏言之。其日，選侍遂移居仁壽殿，明日熹宗即位。

自光宗崩至是凡六日，文孺與劉、周定宫府危疑，言官惟遺直助之，餘悉聽指揮，文孺鬚髮盡白。此固他人之所萬不敢爲、萬不敢言者，而毅然爲之，決然言之，籲亦難矣哉！

當選侍之移宮也，文孺即言於諸大臣曰："選侍不移宮，非所以尊天子。既移宮，又當有以安選侍。是在諸公調護，無使中宮取快私讎。"然則諸閹流言早已料及，而賈繼春遂首發難，周朝瑞詆之，遺直疏辯，文孺亦上《敬述移宮始末疏》，帝優詔褒之。繼春及其黨，益忌之，誣以結王安圖封拜，文孺憤而抗章乞去，帝復褒其忠直，許歸。嗣繼春亦罷。而改元之議，遺直力排衆説。未幾，督學畿輔，力杜請托，識鑑如神。天啓初，起用熊廷弼，遺直爭之，已而廷弼竟敗。嗣與文孺同掌西臺。魏閹已用事，憚衆正盈朝，不敢大肆。二公則激揚諷議，務植善類抑憸邪，正人咸賴之，而忌者浸不能容。

　　懷寧與遺直同里，招之入京，是其疏處。尋以争缺，疑遺直發其謀。致興汪文言獄，將羅織諸人，事雖獲解，然正人勢日危。文孺抗疏，劾忠賢二十四大罪，遺直本與其謀。嗣忠賢逐夢白、存之孔時，將及二公。遺直憤甚，草奏劾忠賢及魏廣微三十二斬罪，未及上，而忠賢詗知，先二日，假會推事，削二公籍罷歸。

　　再興文言獄，其黨劾文孺、遺直黨同伐異，招權納賄，遣使往逮。而應山士民數萬人擁道攀號，所歷村市悉焚香建醮，祈佑生還。桐城之父老子弟擁馬首號哭，聲震原野，緹騎亦爲雪涕。至則下詔獄，誣以受賄，同斃於獄。文孺之母妻止宿譙樓，二子乞食以養。徵贓令急，鄉人競出資，下至賣菜傭亦爲輸助。而遺直之贓，孫奇逢、鹿正以有德於畿輔，倡議醵金數千，謀代輸緩其獄，而已不及。忠賢令撫按嚴追，其長兄坐累死，母以哭子死。

　　嗚呼！二公忠貫日月，節勵冰霜，而慘遭璫禍。其害最酷，其名益顯。即移宮一案，百世而下，孰能有異議哉？

　　【校記】清方濬頤《二知軒文存》卷八（清光緒四年刻本）。方濬頤（1815—1888），字飲苕，安徽定遠人。道光二十四年進士，同治八年授兩淮鹽運使，後於揚州創辦淮南書局。

楊忠烈公全集跋/楊祖憲

　　顏之推云："祖宗之嘉名美譽，亦子孫之冠冕牆宇也。"自古及今，獲其庇蔭者多矣。唐柳玭又云："門第高者一事墜先訓，則無異他人。"是以修己不得不至兩說並備而義始完。夫嘉名美譽，莫大於忠孝節義。先忠烈公在明熹宗時，亮節精忠，昭垂史冊，家乘邑志，代有藏書。至文集，初刻於先六世祖竹如公，次刻於對三堂叔，亦既歷有年所矣。憲承先人餘澤，作宰博陵。公餘之暇，復網羅散失，補綴舊文。始壬辰孟夏，迄癸巳仲秋，積歲餘梓成。用以質諸海內大人先生，得共睹正氣於披覽之下。凡我雲仍宗族，亦儼承提命於卷軸之間，因述顏氏、柳氏兩說，以自幸而自勉。並識其歲月於簡末。

　　時道光十三年，歲次癸巳仲秋之吉，廷試孝廉方正知山東東昌府博平縣事，八世孫某某謹跋。

　　【校記】見楊祖憲本、胡鳳丹本。《湖北文徵》卷五有錄，題《楊忠烈公全集跋》。楊祖憲，字星若，應山人，楊漣八世孫，舉孝廉方正，道光年間官山東博平、掖縣知縣，重輯刊刻《楊忠烈公文集》。

遺墨

題楊忠烈手書五劄/胡維霖

其一謂小兒送老母過化城,即長途攸往,定有戒心等語,覽之悽然。

其一謂霖昔年閈工力持中瑙節省無限,此段公案至今未一發明,守邢咬斷菜根,畿南苦旱,邢州獨雨,誠可通天等語。

其一謂昨店中,大守共一青衣小帽人,促膝深語,攢眉相向。總是憂國,非爲弟慰藉。若夫道義骨肉之雅,即不肖自爲計,不如此之周且密焉等語。呵凍手字,其行書甚小,絶無縱筆,且小心翼翼,無決張負氣之態,清勁如其人。程子謂"作字可以觀心",信然,信然。

【校記】明胡維霖《胡維霖集》"墨池浪語"卷二(明崇禎刻本)。

楊忠烈公絶筆跋/姚希孟

丈夫臥床第,死兒女子手,屬纊未絶,吾吾不休,環伺而筆受,罔非析田授產分香賣履之事,以視忠烈此紙,孰死孰不死哉?蓋諤名臣被禍最烈者,遠不具論,近則容城楊忠湣與忠烈相髣髴。罡風灝氣挾精英而往,以對上帝、對二祖列宗。冥嘿之中,必能庸聖聰而襯奸魄。肅皇帝不久悔悟,逐嵩僇世蕃。今皇帝正二十四罪之案,陳逆閹之屍而磔之,亦知兩先生方掀髯抵掌其旁,請霆師、電伯以行尚方之劒乎?又豈獨殪一奸輔一逆閹?凡後之爲此輩者,煌煌赫赫臨之在上,可不畏哉?可不戒哉?

此數行殘紙,血淚浸漬,腐鮆封裹,以寄其太夫人。夫人渺諸孤,金昆石交,無所不委悉,是時,邏卒獄吏方日夜偵伺告密者,受上賞而不至沉淪。將來與忠湣椷床所書《年譜》同登琬琰而揭日月,豈非鬼神謹護、魑魅不敢睨視哉？邇來士氣繭萎，節甫之徒漸張，言出禍隨，亦復不少，履霜堅冰，令人拊心浩歎，幸陟降左右者有公等若而人。

又今皇帝所表章而旌恤也，恭嘿思道之際，得毋有帶血模糊、颯然而效啟迪者乎？望之人未可必也，望之神幾幾乎？一遇之矣。題此卷竟，以歸其伯子之易。

【校記】見明姚希孟《棘門集》卷八（明清閟全集本）。

五忠手蹟跋/孫奇逢

此數紙啟美偶存笥中，恐再遺失，彙爲一卷。置之案頭，恍見其人。今且數年矣，啟美亦作古。余每撫此卷，淒斷不堪讀。

蓋余受伯順四十年直諒多聞之益，迄今無日不入寤寐間也。浮丘、廓園，吾家兄若弟受恩最深，而余之辱知不淺。蓼洲以伯順之好，好余一如伯順。大洪雖僅半面識，然每向克諧伸知己之言。余自慙形穢，何偏有緣於諸大君子哉？

此卷啟美擬借質公題數字於其首，而質公亦往矣。余因題曰"五忠手蹟"，俾吾家之子若孫存之。千百世後，此紙應與諸君子之精神不朽，而啟美亦與之俱不朽矣。

【校記】見清孫奇逢《夏峰先生集》卷五（清道光二十五年大樑書院刻本）。孫奇逢（1584—1675），字啟泰，保定府容城縣（今河北容城）人，理學大家，世稱夏峰先生，與李顒、黃宗羲齊名。

前明五君子墨蹟册子爲彭進士（紹升）作/蔣士銓

天啟丙寅夏徂秋，先朝正人一網收。
文言廷弼張兩獄，出此入彼均纍囚。
精靈在天不可見，翰墨落地誰藏留？
眼中突兀五公字，曰楊魏繆偕兩周。

應山最蚤成進士，女子小人争切齒。
豈有貪贓楊大洪？卻與諸賢同歲死。
當時季侯景文三同年，繆公特識排瘋顛。
閣中論事宰相愧，郊外送人天地憐。
大書斃獄四月晦，一死獨在諸公前。
嘉善行人稱後進，鍵户入朝風骨峻。
墨吏苞苴且避門，債帥金銀偏入費。
君不見罪人親家同臥起，畏死人非好男子。
八千女鬼究何爲？一笑吴中五人死。
季侯蚤祖王德完，東林側目疑非賢。
高名何必入黨錮？毅魄一樣誅神姦。
同時君子不止此，五劄留傳到君子。
桐城一幅乃割去，手跡寧容雜疑似？
嗚呼，宗建罵閹目不識一丁，何以解乞昌期作墓銘？
小雲樓額書就了心事，正人文筆豈染南園腥？
彭君學佛參龍樹，語言文字歸何處？
真性原憑節義全，斷縑合有人天護。
籲嗟乎！五彪五虎十狗銷遊魂，五賢遺墨今人尊。
虎丘髑髏夜相語，願將此帖化爲疋練縣吴門。

【校記】見清蔣士銓《忠雅堂文集》卷二十（清嘉慶刻本）。蔣士銓（1725—1784），字心餘，江西鉛山人，戲曲家。乾隆二十二年進士，官翰林院編修。

五君子遺墨跋／彭紹升

右册爲楊忠烈、魏忠節、繆文貞、周忠毅、周忠介書。乾隆三十七年春二月望，有以此册見示者，予售而得之。册舊爲商丘宋公犖所集，名《六忠册》。

其第二幅有詩三首，無款識，又失紙尾，筆墨亦草草。旁標副都御史左忠毅公，未敢信其然也，遂割去之。其他無可疑者，因改名《五君子册》。

後有蒲人彭鵬奮斯跋，跋言："商丘先生撫吴時，於古先正寸紙隻字羅而得之，珍若拱璧，所以顯忠遂良、廉頑立懦者，寓此矣。先生言：客有以宋時某某行書請售者，吾愛其字而心薄其人，遂舍之。古今男子，脊樑不自豎，縱手捥飛鴻舞鶴，其技與雕蟲等耳。"

奮斯之言如此，嗚呼，豈不然哉！然予竊怪奮斯初官科道時，伉直敢言，事後爲廣東巡撫，耄矣，乃以黷貨聞。（事見鈕玉樵《觚賸》。）以彼其人，亦安能無愧於所言邪？予既病其人，且其書亦劣，遂削其跋。俟吾黨數君子作爲詩歌以嘉歎之，斯五君子之志也。

【校記】見清彭紹升《二林居集》卷八"跋尾"二（清嘉慶味初堂刻本）。彭紹升（1740—1796），字允初，號尺木，長洲（今蘇州吴中）人。乾隆四十三年進士，辭官不就。后歸心佛法，自號"知歸子"。

五忠手蹟跋/黄彭年

右楊忠烈、左忠毅手蹟各一，魏忠節、周忠介各二，鹿忠節六，容城孫啟美裒而存之，有夏峯先生辛巳丁亥書題及魏忠節子學濂、金壇蔣超跋語，今藏鹿忠節後裔學尊家。學尊與彭年同與修志之役於蓮池，乃獲敬觀而書其後曰：

五忠死閹禍者四，定興死國，而其始以論金花忤璫；太公之救左魏，亦幾不免焉。自古閹寺之患莫如漢唐，而明爲尤烈。以思陵之賢，誅鋤閹黨之厲，而傾陷諸賢之李實減死，丁啟睿廷爭而不得。卒以內臣監軍，所在通賊，至於滅亡。議者不咎明之任用寺人，反咎諸賢之過激，以爲朋黨誤國。嗚呼，其亦慎矣！予觀《乙丙紀事》，左魏之難，夏峯與太公欲營救之，義聲動燕趙；而《明史》紀忠烈之死，賣菜傭亦爲輸助完贓；忠介之被逮，五人倡義，不期而集者萬人。閹黨能殺諸賢之身，而不能没諸賢之義；能惑當時之主，而不能阻天下好義之心。豈非浩然正氣常存於兩間歟？予於五忠，猶以忠毅乞召賈繼春、薦阮大鋮，於君子小人之界未嚴爲恨，而論者顧以過激爲譏，其自居不知爲何如人矣！魏忠節之死也，學洢殉孝，世競稱之。學濂亦有大志，乃以受闖賊偽職，隳其家聲，卒亦悔而自縊。或謂宜去其跋語，毋爲全璧之玷。予謂存以示戒，使人知父子不相及之義，明德之後尤當自慎也。同治十有三年十月既望，貴筑黃彭年敬題。（玉縉謹案，吳陳琰《曠園雜志》云："子一當國變日，語所知曰：'吾不難一死，然不爲徒死。'逡巡偽命，約唐通赴難，而身任内應。某日以草場舉火爲驗，通乃子一好友也。三遣人而通不報，知事無成，始作絕命辭投繯死。今不原本末，而置之六等之列，冤矣。"此說當存參。）

予既題此册，歸之鹿君杏儕，復録副本，命子國瑄檢《明史》諸書考而存之，以補五忠及夏峯集之缺。彭年又記。

【校記】見清黃彭年《陶樓文鈔》卷十（民國十二年刻本）。黃彭年（1824—1890），字子壽，貴筑縣（今貴州貴陽市）人。道光二十七年進士，官至湖北布政使。

東林五君子書劄册／顧文彬

五君子爲楊忠烈、魏忠節、繆文貞、周忠介、左忠毅。國初宋西陂尚書得其手劄，裝池成册者也。後爲二林居士所藏。今册後有汪大紳、羅臺山、蔣心餘、潘榕皋諸先生詩，皆彭氏所徵題。

劄凡五通。魏與雲衢、周與宇傳無考。惟繆與異度，當是張異度，名世偉，吳縣人，萬曆壬子舉順天鄉試，有《自廣齋集》。周與存翁，當是韓存良，名世能，長洲人，隆慶戊辰進士，有《雲東草》，並見《御選明詩》。至楊劄，在汪文言考竟之後，行入詔獄矣。所云"日前拷問汪文言招扳，至於五毒俱備，又用鐵繡鞋迫之死，死而復生，汪竟未招"，與本傳稱"文言至死不承"合。五毒曰械、曰鐐、曰棍、曰桚、曰夾棍，即《刑法志》所謂許顯純拷楊漣、左光斗者，則劄中所言"忠烈行將自及"矣。《志》文相傳出姜湛園手，最爲詳覈，然無鐵繡鞋等名。東廠慘酷，至於史不忍書，迺知"火中鋘斧，戴就之肉皆焦；堂上炭甕，周興之囚竟入"，古人殆不余欺也。

冊初得之金保三，一日偶訪徐燮堂大令，齋頭則石刻在焉，亟以他畫易歸，堪怡園壁間，使世知《尋聲集》後，大有遺文；《碧血錄》中，非無軼事云爾。

【校記】清顧文彬《過雲樓書畫記》卷一"畫類一"（清光緒刻本）。顧文彬（1811—1889），字蔚如，號子山，元和（今江蘇蘇州）人，道光二十一年進士，曾官寧紹臺道。

題東蒙秦氏藏忠烈公墨蹟卷/葉澤森

明臣死忠推二楊，前有容城後應山。
讀書每披二公奏，至今寒芒凜凜星斗間。
神宗在御康且久，宮闈釁蘖萌掖肘。
黨局玄黃三十年，宵小交關二五耦。
光朝嗣服甫一月，梃擊紅丸互樛結。
艷妃煽處踞昭陽，冲子皇皇更杌陧。
應山彈事負大名，玉几宣召廷臣傾。
德清方相工模棱，衆正倚公如長城。
喊鶩既遷謗益起，公亦拂衣歸故里。
公歸旋復召掌臺，三案小人怨入髓。
王安悻直好強諫，忠賢狡猾導遊宴。
聖媺節甫爲一人，主威國柄從茲擅。
公時義憤亦填膺，抗章論列揚於庭。
隻手障天天不語，傀儡播弄維叢靈。
一朝告密飲章入，飛頭換面覆盆黑。

何難百口服歐刀，所爭九廟胥荊棘。
嗚乎，百世知公死擊閹，詎知死伏移宮案。
定計維彼三案人，假手殺公報羣怨。
東蒙秦氏弆公墨，宛宛銀鈎仍鐵畫。
卷中娓娓說移宮，千秋信史當誰白。
山崩地塌幾經秋，漢寢唐陵亦已休。
片紙不隨殘劫盡，尺牋聊爲故人留。
秦生爾飲一杯酒，薊州（崔呈秀）南樂（魏廣微）君知否？
紫綬爛東日，黃金高北斗。
黃金北斗今何在？惟有丹心常不朽。
秦生秦生，此卷永貽後。
【校記】見楊祖憲本、胡鳳丹本。葉澤森，江蘇崑山人，其他不詳。

跋楊忠烈公與王軒麓司馬往復書／徐元文

此長垣大司馬王公暨楊忠烈公往復劄藁，正熹廟時事也。忠烈疾風勁草，比陳竇尤烈。而司馬公周旋患難，有何顒之風焉。不二十年丁國難，司馬亦潔身而死。嗚呼！兩公相得，豈偶然哉？

【校記】見清徐元文《含經堂集》卷三十"題跋"（清刻本）。徐元文（1634—1691），字公肅，江蘇崑山人。与兄徐乾學、徐秉義，號稱"崑山三徐"。王軒麓，即王軒錄。

雙忠遺翰跋／宋犖

明熹宗時，逆璫魏忠賢竊弄威福，其惡在王振、劉瑾上。當時攖其兇鋒，受禍慘毒如楊左諸公，較之東漢黨人，不啻什百過之。迨後甲申三月，一時盡節諸臣，半屬東林君子。雖曰三百年養士之報，亦楊左諸公有以風勵之也。

長垣王少司馬家楨爲楊忠烈同年生，當忠烈被逮，兩致書於公。公復劄稿，並致崔冢宰景榮劄稿，又忠烈獄中寄兒絕筆，皆爲司馬公子武進令元烜輯而藏之，題曰《雙忠遺翰》。康熙丙子六月，余舟過毗陵，從元烜借觀忠烈劄，有"死爲厲鬼殺賊"語，絕筆有"楊大洪爲臣死忠，此心耿耿，不愧天地鬼神"語，何其烈也！書法秀整，胸次具見。司馬公復劄稿云："大丈夫獨行其志，但要拿得定，做得成，利害禍福可置不問。"致崔劄，極爲忠烈拯救，書亦蒼然有顏書《爭坐位》風骨，均宜永寶。忠烈死，司馬公與崔前後去位。甲申之變，司馬公亦以起義誅僞官，不勝死。與忠烈先後一揆，雖爭光日月可也。

　　嗟乎，歲月變易，手澤依然，如元烜者亦可謂賢子孫哉！余幸覯名蹟，肅然起敬，再拜題此。

　　【校記】見清宋犖《西陂類稿》卷二十八"題跋"（清文淵閣四庫全書本）。宋犖（1634—1714），字牧仲，河南商丘人，詩與王士禎、施潤章齊名。

書雙忠遺翰卷後／邵長蘅

　　右長垣少司馬軒錄王公與楊忠烈公往返手劄，而司馬公令嗣似軒先生輯而傳之者也。

　　按忠烈公疏論魏璫二十四罪，在天啟甲子六月。是年十一月削籍，明年三月被逮，六月下北鎮撫獄。一劄署"六月二十五日燈下弟漣再頓首"，即論璫之六月也。其一則就逮時筆，所稱崔公爲大冢宰崔景榮，崔亦東林賢者，甲子十一月起官冢宰，明年七月即移疾去；公去而忠烈亦慘填牢戶。自是緹騎四出，清流一網盡矣。

　　卷中載司馬公復忠烈書及上太宰崔公書，皆在乙丑三月後。蓋忠烈就逮時，崔猶在朝也。後二十年，遭甲申之變，司馬公以起義謀誅僞令不勝死。

　　余嘗謂明祚之亡，人知亡於賊，而不知實亡於閹。蓋正人者國之元氣，方闖燄肆毒，斬刈誅鋤惟恐遺種。譬之病人元氣耗竭，奄奄者僅餘息耳。思陵初政，如人將死而神清，詎能延已絕之大命哉？二公一死於閹，一死於賊，皆與明祚相關。

閒循覽遺墨，其感槩激烈之氣蟠鬱紙上，更千百年讀之，凜凜如生。嗚呼！當天地晦暝滄桑灰刦之餘，後人能掇拾而表彰之，使司馬公之名與忠烈並垂天壤，則王氏子孫亦賢已哉！

司馬公歿且四十七年，似軒先生來令吾邑，某因得覽所爲雙忠遺翰卷。獵襟莊誦，爲之肅然改容。庚午臘月望日。

緊陗何減半山，公識見議論則遠勝之。○諸作議論醇雅，部伍謹嚴，至不可增損一字。當今主盟斯道，非公其誰？妄跋數語，直是隔膜不知痛癢，聊志嚮往之意而已。（姜西溟）

【校記】見清邵長蘅《邵子湘全集》"青門旅稾"卷四（清康熙刻本）。邵長蘅（1637—1704），字子湘，武進（今江蘇常州）人。諸生，以布衣終。詩多寄托懷念明室之意，文與侯方域、魏禧齊名。

跋楊忠烈公尺牘家書卷／何紹基

應山楊忠烈公以天啟五年乙丑七月死詔獄，越九年癸酉爲崇禎六年，公子之易收錄遺文，經鄭鄤、遊士任先後編訂付梓，是爲初刻。至我朝道光十四年甲午，八世孫博平令祖憲重付手民，蓋距公之死二百十年。文集十卷，整比如新。信鬼神呵護之靈，而後世矜式景仰者之幸也。

茲卷中尺牘，兩番皆不載於文集。賤簡往來，固不盡存稿。且璫禍方烈，多從毀削。然使得而讀之者，又拾奇珍於尋常耳目之外，其悲且快何如乎？兩劄中推重甚至，又有勉作神仙及子房、赤松等語，與集中《致王軒籙書》相近，是皆與軒籙劄矣。古未有不塵視軒冕而能甘蹈艱危者，顏魯公好道家言，忠烈其同此微尚乎？最後一紙，乃獄中臨危寄子書，與集中互有詳畧。蓋恐死後爲璫黨所棄匿，故一再書之，致有參差。其鎮定周密、臨危不亂如此，而不意其兩存也。

咸豐丁巳秋八月十九日，余晨過虎坊橋湖廣會館，於桉頭見公文集，涼風颯然，靜無塵軌，綽署閱竟。晡過榨子橋，至松筠庵，坐諫草堂茶話，心泉上人忽出此卷相示。一日兩逢，不勝感異。"諫草堂"者，余所篆，心泉昔年刻楊忠湣公疏稿，嵌石於壁處也。忠烈此跡，理宜並壽。心泉雖逃白業，而欽重前賢，爲朝紳所罕逮。貞瑉之勒，其有意乎？吾願襄事焉，既爲篆其卷首，復詩以聲之。

【校記】清何紹基《東洲草堂文鈔》卷十一"題跋"（清光緒刻本）。何紹基（1799—1873），子貞，道州（今湖南道縣）人。道光十六年進士，曾官四川學政、典福建等鄉試，主持山東濼源書院、長沙城南書院。《東洲草堂詩鈔》卷十九（清同治六年長沙無園刻本）復録此文，且有詩："朝讀忠烈集，暮見忠烈字。使我心骨驚，疑有英靈寄。壁上劾奸奏，卷中被逮書。忠肝正氣合，互崎華嵩如。雅尚托神仙，同心狎雲水。脫屣富貴中，致身湯火裏。絕筆謝親友，蓋示夏與駢。完得一身事，心並三忠懸。烏乎兩楊公，遺墨來先後。幾時付芝鶴，同堂壽瓊玖。詔獄血影石，柴市典刑刀。見者不敢玩，矧此親揮毫。自古有貞臣，不盡工藻翰。鬱鬱松筠庵，星光騰夜半。"

楊忠烈三劄卷／李佐賢

第一劄藍格紙本，凡八接，高一尺二寸，長共七尺三寸，"久未領教"（起至）"不必多求也"。（止行書□□行）

第二劄亦藍格紙，八接，式同前，"惟我老公祖實是於今經綸好手"（起至）"弟漣再頓首"。（止行書□□行）

第三劄白紙本，高同前，寬六寸餘，"再字之易"（起至）"徒完得自己一身事耳"。（止行書□□行）

後裱綾跋：忠烈公自述移宮始末一疏後，即抗章去位。天啟二年，起禮科都給事中，洊進左副都御史。三年，疏劾魏忠賢二十四大罪。忠賢甚懼，日與同黨謀公。既以廷推事矯旨削籍，再興汪文言獄逮公，遂置之死。時天啟五年七月也。遺墨三劄，皆被逮時作，第一劄似致王軒籙，第二劄當即所云崔公祖者，末一劄諭二子後事，蓋絶筆也云云，不備録。咸豐七年歲次丁巳六月，壽陽祁寯藻敬觀並記，行書□□行押尾名印，未記。

後附二劄，文不録，亦有祁文端公跋云，或即軒籙筆一致。

崔公一復忠烈公者：後接紙有道州何紹基一跋，未録。

【校記】見清李佐賢《書畫鑒影》卷八"卷類"（清同治十年利津李氏刻本）。李佐賢（1807—1876），字仲敏，山東利津縣人。道光十五年進士，曾官國史館總纂、福建汀州知府等。

跋楊忠烈公遺墨/陳祖范

公宰常熟，去爲給事。一奮其氣，奪儲皇於婦寺之手，而正之位。退而復起，抗疏擊巨璫，陷奇禍。其精忠浩氣如轟雷揭電，撐決乎天地之垠。而舊治下里間，婦孺至今猶竊竊然私之曰"吾邑侯楊公大洪也"，攸好之在人心蓋若是。

二札未審遺誰，一在移宮後羣小側目引疾退歸時，一在起副憲未上疏之日。情辭悃欵不自矜伐，亦無骯髒憤激引頸承戈披胸受死之概。迹其前後驚人事，乃以身膺重任不得已而後爲。夫惟不得已而後爲者，化盡血氣而純乎義勇也。

乾隆十七年正月哉生明，国子監司業陳某撰。

【校記】見楊祖憲本、胡鳳丹本。清陳祖范《司業文集》卷三（清乾隆二十九年刻本）"跋楊忠烈公遺墨"云云。陳祖范，字亦韓，常熟人。雍正元年舉人，賜國子監司業。

跋楊忠烈遺劄/彭紹升

予早歲志慕東林諸君子，既讀其遺書，復訪求其生平翰簡。先後得周忠介、文文肅、魏忠節、繆文貞、周忠毅諸公手劄。而楊忠烈劄先後兩得之，其一論楊熊獄事，其一爲有司薦德行之士及節孝婦當表章者。予自得公手蹟，益以想見公行。觀其筆墨之性，廉直靜正，冲然有餘。頃之，有自虞山來者，以此卷見示，其字體，與予所藏同，反覆觀不猒。嗚呼！百年一息爾，人之所以死而不亡者，果安在哉？覽斯卷者，其亦有聞東林之風而興起者乎？

【校記】見清彭紹升《二林居集》卷八"跋尾"二（清嘉慶味初堂刻本）。

楊忠烈公漣疏槀跋／梁同書

右楊忠烈公手書疏槀一通，句容馮君得之書賈，以示予，惜失去後半四大罪。予爲檢本集補足之，中間落句誤字尚多。想當時憤懣，一書草草，未暇點檢。字細行窄，不敢校改，使先賢筆墨更遭塗抹，故仍之，自有本集在也。

【校記】見清梁同書《頻羅庵遺集》卷十"題跋"一（清嘉慶二十二年陸貞一刻本）。梁同書（1723—1815），字元穎，錢塘（今浙江杭州）人。乾隆十七年特賜進士，官侍講。

明忠節諸君子手牘／翁方綱

（凡十九幅：高忠憲、劉忠介蕺山、顧裕潛名大章常熟人、徐忠烈名從洽海鹽人、楊忠烈應山、周忠介、范文貞吳橋、李忠毅名應昇江陰人、黃忠端名尊素、倪文正、祁忠惠名彪佳、侯忠節名峒曾、袁忠毅、名繼咸宜春人、凌忠清名義渠、姜貞毅如農二幅、左忠貞名懋弟、黃忠節陶庵、史忠正道鄰。）

嗚呼！書不忍觀，事不忍論，非其書也伊其人。鑒書至此何代可比倫？讀史至此何感來酸辛？嗟爾區區細楷書衙書謚煩鮑君，嗟爾勤勤裝潢襲之篋之太史秦。儼如祠宇拜寫真，赫如雲軿瞻降神。行行字字光星辰。尚俾觀者頑廉懦立勉敬身。淋漓浩氣墨猶新，一尺之牘重千鈞。

【校記】清翁方綱《復初齋詩集》卷六十一"石畫軒艸"四（清刻本）。

書楊忠烈公寄唁許（手簡後）/孫原湘

一雲而一泥，一士與一宰。能交楊大洪，我慕許渤海。
一死而一生，一西復一東。不忘許渤海，我服楊大洪。
不見雲和塘百里長，誰其築者知縣楊。
惟處士許實贊襄。浮言蠭起由兵糧，齮之齕之幾中傷。
莫爲護惜善類亡，一緘千里生芻將。
廉如閔仲叔，豬肝累賢令。才如馬長卿，臨卬繆恭敬。
相知以公不以私，維楊與許真相知。
我聞翁媼夜深語，決頓楊公嫁其女。（公嘗夜微行，聞一家私語云："明日出脫私鹽包，決頓楊知縣矣。"繫其人至，蓋其家將嫁女，有窨酒一鐔，將以享客，私鹽包比女、楊知縣比酒之至清也。）
公之清兮比清醑，渤海之靈來格取。

【校記】見清孫原湘《天真閣集》卷二十四"詩"二十四（清嘉慶五年刻增修本）。孫原湘（1760—1829），字子瀟，昭文（今江蘇常熟）人。嘉慶十年進士，先後主持玉山、遊文等書院。

題楊忠烈公寄常熟許若水手劄後/梁章鉅

死生元伯交何厚，來往澹臺宰自賢。
碧血已看前史重，素書還向後人傳。
奇冤北寺歸忠日，大惠南塘捍患年。
聞道吳民猶歲祭，豈徒義憤爲呼天。

【校記】見清梁章鉅《退菴詩存》卷十五（清道光刻本）。梁章鉅（1775—1849），字閎中，生於福州。嘉慶七年進士，曾任江蘇布政使、江蘇巡撫等職。

明楊忠烈公手劄五通　左忠毅公手劄五通/吳慶坻

明楊忠烈公手劄五通，皆與姚現聞者，現聞爲文文肅甥。劄中言"令母舅"，文起是也。李申耆跋，考據頗詳。第一劄，天啓元年冬，因賈繼春黨詆公，公乞去時也。二劄，天啓二年，起太常少卿，時現聞已假歸。三劄，當在三年中，言汪文言之獄也。四劄，乃四年正月八日。公三年冬拜左僉都御史，四年春進左副都御史，劄中有"上不能保其妃與子"語，則三年七月間事。四年夏即有劾忠賢二十四罪之疏矣。其曰："接數次手教，孰非爲世道人心先事遠慮？夫使當事諸君子盡有此心此識，無事豫有照理，臨事妙有劑量；已不受焦頭爛額之功，而世自享清寧太平之福。皞皞氣象，自是如此，而惜乎君子亦未必能也。"

諸劄有憂有憤，如聞啜泣，如聞長歎，讀之悚然起敬。

左忠毅公手劄五通，亦皆與姚現聞者。一劄，乃公出督畿輔學政時作，天啓元年。二劄同三劄，賀文文肅大魁，二年。四劄，現聞假時作。五劄同，中有云："年來世道清明，正人尚在，似覺門面可觀。而小人不得志於清議者，往往鋌而走險，投身中璫，以求奇勝，如南昌、景陵、晉陵、吉水、長安、芮城、益都、婺源、安邑、潼關，皆以中旨去。其法專用於內，而以外合之。近又兼用挑激之法，使外之人離心異志。謠諑訛訛，千態萬狀，乘間而發，而以內收之。"

諸劄繫心君國，與忠烈同。而詞氣稍異，忠烈縝密，忠毅豪邁，書跡亦如之。有李申耆同日跋。

【校記】見清吳慶坻《蕉廊脞録》卷七（民國求恕齋叢書本）。吳慶坻（1848—1924），字子修，錢塘（今杭州）人。光緒十二年進士，歷任四川學政、湖南提學使、政務處總辦、資政院碩學通儒議員。

跋楊忠烈公與吳司馬公三書／方東樹

　　右明楊忠烈公與吾鄉司馬吳公三書，公之族裔孫卓仁所藏，友人姚石甫、馬小眉、朱魯存跋尾，亦既感時撫事揚摧言之矣。

　　以東樹考之，其事多牴牾不合。（石甫云：楊公此書蓋在天啟四年削籍之後，因據《本紀》謂書所偁當柄爲顧秉謙、魏廣微。眉據勅書，偁公以天啟四年正月總督宣大山西，二月改命督薊遼。又據《孫承宗傳》，謂楊公此書皆公督薊遼時事也。朱君云是時已與左忠毅諸君子削籍歸矣，云云。）按《明史稿·神宗紀》，公以萬曆四十二年巡撫四川，其總督宣大山西，《明史》無傳，年月不可考。要之，楊公此書正公在西師日無疑也。若天啟四年楊公以劾魏璫削籍時，公督薊遼，雖年正月先有總督宣大山西勅書，然旋即改命。且楊公以十一月去，公以三月督薊遼，蒞任已久。而書中方言今公以西師行，用臨淮入汾陽軍故事以冀其轉移，前轍又不合矣。且薊遼在東，何云西邪？

　　考楊公於神光熹際代之日，爭選侍移宮，與賈繼春訐，冬十二月抗章乞去，天啟二年起禮科給事中。然則公此書當爲萬曆四十八年、泰昌之冬去國時，及天啟元年之事也。楊公書在是時，則吳公之總督宣大山西亦必是時也，其事蓋在楊公未起之先。獨書中所云不肖之履虎尾得此猶福，尚感聖恩，結此忤逆璫之局，似指劾忠賢事。

　　夫楊公之劾逆璫，固將以死自處，而猶欲從赤松子房從容作無官一身輕之計，謂山中人猶可無慮，公不應闇昧於事機如此。此書一則臨行據鞍，一則到家後薦翁應元者。案公以十一月削籍，吳公以明年三月冠帶閒住，相距僅三閱月，不應此三月之內疊有三書。故愚直疑此書爲泰昌之冬去國時及天啟元年之書也。是時王安未死、忠賢未盛，故公猶有"弟恐中外大柄倒授中璫，將來不可收拾"之語。若天啟五年，則許顯純、崔呈秀已用事，璫燄大熾，中外沸騰，劾疏中所言："已如彼不得猶如上，弟恐將來云爾已也。"獨小眉據《孫承宗傳》，疑高陽與公有未洽，此則不可知。考高陽與遼撫張鳳翼争畫關退守之說，嘗請勿設撫臣以撓戰守，及與督臣王象乾争趙率教、王楫事，又請勿推經畧總督以一事權。此事在三年十一月，故十二月有停推薊遼總督、歸經畧之命，及廷議不可。明年三月朔，王象乾以母憂去朝廷，用吳公爲總督。五月孫公自劾乞罷，舉趙彦自代，不聽。六月命王守謙往關門諭留，而《傳》稱承宗惡本兵多中制，稱疾求罷。是時趙彦爲兵部尚書，而公舉以自代者，則未知公意所惡爲趙公與、爲吳公與？據《南陽集》三十五忠詩，則高陽固以公與楊公並重已。今據《熹宗本紀》，作天啓元二三四五年時事，四官表並六君子媾禍年月，俾公歷仕時事，與楊公、孫公並箸而僧契靈冢狀之，牴牾不復辨也。

丁亥二月鄉後學方東樹謹識。

【校記】見清方東樹《考槃集文録》卷五"書後題跋"（清光緒二十年刻本）。方東樹（1772—1851），字植之，安徽桐城人。一生無意科場，以授徒爲生，著述豐富。

楊忠烈公與吳大司馬書跋尾/姚瑩

前明應山楊忠烈公與吾鄉大司馬吳公三書，紙色雖敗，墨蹟尚奕奕有生氣，洵寶物也。

吳公以萬曆四十二年巡撫四川，討平叛猓，見《神宗本紀》。其總督宣大山西及經畧薊遼，《明史》未載年月。觀楊公此書，前後皆以安攘爲言，至云"嚴關十萬甲兵，作一人萬里長城"，則正經畧薊遼時也。

第二書言"從二三君子遂出春明，尚感聖恩，結此忤逆璫之局"，蓋在天啓四年削籍之後。又謂："當柄者借内以逐其所忌，第恐中外大柄倒授之，中璫將來未易收拾。"按《明史·本紀》：天啓三年正月，禮部尚書顧秉謙、南京禮部侍郎魏廣微俱以尚書入閣，預機務。此所謂當柄者也。又謂："不肖青衣匹馬直走至家，尋二三道人作自家正經事，伴子房赤松子遊。"嗟乎！豈知璫禍已深，不旋踵而緹騎已至乎？讀公此書，不禁爲之泫然矣。

末一書稱："臺翁以西事行。"又云："無憂三十六家犬豚。"先是二三年間，炒化、煖兔諸部時有侵掠邊郡，四年以後晏靖。豈非吳公克有成績，楊公長城之言果驗耶？迨數年後，袁崇煥召對平臺，革炒化、煖兔及薊鎮三協，三十六家之賞不行，遂爲本朝効命。然則，吳公其猶不可及乎？楊左遘禍，吳公亦以璫忌罷歸，始終不愧正人。楊公此書可以考吳公之節概云。

道光乙酉十月，後學姚瑩謹跋。

【校記】見清姚瑩《東溟文集》文集卷二（清中復堂全集本）。姚瑩（1785—1853），字石甫，安徽桐城人。嘉慶十三年進士，官至廣西、湖南按察使。

題荇農丈所藏應山楊忠烈公尺牘墨蹟卷後/曾紀澤

騷些賡酬楚水濱，後塵踵武得芳鄰。
六經羽翼三成劄，萬古綱常一致身。
至大至剛天地塞，曰貞曰悔水雷屯。
衝霄碧血凝霜雪，鶗鴂哀鳴草不春。
（前詩意有未盡復成五絕句）
五夜騰輝照碧空，榑桑萬葉射雙瞳。
當時昏暗無天日，光斂忠臣翰墨中。

羣小何能㐲薦紳，鸑鷟往往困荆榛。
化工作意維名教，故遣煩冤閉九閽。

控鶴驂鸞事有無，真靈位業別成圖。
神仙自與天同老，不藉丹砂入藥鑪。

北風雲漢畫中景，流水高山琴上音。
勝國留遺忠義蹟，感人猶有淚霑襟。

根福軒中萬寶羅，日馴孔翠狎蛟鼉。

鯫生迂議編籤軸，此卷應班最上科。

【校記】見清曾紀澤《歸樸齋詩鈔》"戊集下"（清光緒十九年江南製造總局本）。曾紀澤（1839—1890），字劼剛，湖南雙峰人，曾國藩次子。清代著名外交家，官至户部左侍郎。

其他

忠俠堂記/李之椿

忠俠堂者，予外叔祖光宇高公客豫之堂，楚楊大洪先生就繫病篤時，曾主之云。

楚豫相去千里，其間郵亭館樹，蔽日翳雲，獨高公之堂有楊先生乎？先生往來豫楚二十餘載，前此未居此堂，鳴驢負弩候館偏（胡鳳丹本作"便"，據《媚幽閣文娛二集》改）繁。至此行，為魯朱家者誰哉？季布亡將讎主，魯朱家毅然敢匿。先生社稷臣，排闥立孤，請劍誅逆，天地震動。則此行爭而館之者，當人百其身以相贖，何必俠也。迨儼然東道而俠如魯朱家者，正不可得旨哉。太史公於俠深致意焉，夫詎止為荊軻聶政者流而傳之？

以先生兼程赴死，露處霜行，實獲我所。未幾不戒於霜露，岌岌乎旦夕莫保。先生誓欲全軀歸國，僦地養疴，乃販舍避先生如避兵，郡邑大夫縉紳先生尤甚於販，偵聲扃戶，察影削迹，尚有餘恐，然則先生遂死道路耶？李子欷歔歎息而為之記曰："有高公，而魯朱家有人矣。"公與先生素未締交，從揚（胡鳳丹本作"楊"，據《媚幽閣文娛二集》改。）徙輝，襲官潞藩，窮而好義，水邊數椽，梁上一榻。河北久知有高公寓，先生方當進退維谷，塗之人密指公曰："此河北好義之士也。"先生且喜且疑，命使者往告，公聞命恐後，急語使者曰："予不館先生，誰館先生者？"即日授餐，問藥起居備至。郡邑縉紳聞而股栗，懼將及己，多端恐喝，大聲趨行。公戒僕堅鍵拒之，亦如人之拒先生，俠哉公也，較諸魯朱家而過焉。亡布固讎主，而讎者明主，明主可與忠言，魯朱家蚤見及此。若虎彪擇肉媚璫，即醢公未足雪璫怒；而公嗜義忘禍，色笑自如，蓋俠而進於道矣。

公寓友義素相許，公邀之曰："胡可覿而失楊先生，友唯唯否否。有投足縮趾者，有界塗裹足者，有履閾卻步者，悲乎！此堂寧遂火城而殃魚也哉？"公執椿手，愴然曰："小子曾見先生乎？"椿曰："曩嘗交先生於都，先生呼椿爲小友，椿竊窺先生浩然溢眉宇間。"公曰："小子洵可交先生矣。先生館於予，病甚篤而浩然如初。臥三晝夜方語，語及死生，漠不動心，惟以殺瑺未遂爲恨。且惓惓於邊事方殷，無人奮身而捍社稷，則死目不瞑，先生忠於社稷於此。留十日，病始痊。軀全死可，浮雲無繫，祗攜兩橐難棄，此中豈徐夫人匕首，抑張子房博浪椎？請發所藏，纍纍若若，雜沓錯落。或粢或炙，或布或蚨；或薑與桂，或蘗與茶；或首陽薇，或井螬李；或義麥分粒，或孝椹餘旨；或囊而馨，或筐而承，或裹而滋物；或紀名人，或紀地緘，或紀時。公愕然曰："毋乃縉紳先生、郡邑大夫之所遺與？"先生曰："乞惠也，檻車所至，不遠數百里而來，母子背負、夫婦肩攜。聾者以口，啞者以指，瞽者以胸，跛者以首，喫者以目，厥至必親。雖微咸潔，喘吁涕泗，罵瑺不絕。匪輿搶首，道路哽咽。以是故，挾之與俱。"公曰："吁嗟哉！禮失而求諸野，義失而求諸乞乎？逆瑺能殺盡忠臣義士，而不能殺乞。彼乞爲孝子順孫者，視此乞奚啻蜩蟬之與蟪蛄？"先生行，公騎而送，送而哭，哭而失聲。去隔歲，餘人猶未敢至斯堂。

予登堂徘徊不忍去，先生忠魂在屋梁，招之恍欲與予語。予因誌此堂曰"忠俠堂"。自長安歷此堂也，停驂武穆之祠，灑酒比干之墓，忠義填膺，悲憤裂眦。迴思逆燄彌天，輦轂鼎沸，而四海清流忍死守正以待河清，皆賴二十四罪一疏爲木鐸耳！時蹈險觸兇，慰先生於詔獄者，長安舊役，可方椒山瘞骨屠兒。而公居停患難，世多未聞，小子椿淚而記之，千秋而往，此堂當並于墓岳祠鼎峙伊洛，較之鳴驢負弩之候館也孰多？

天啟七午，徂徠李某撰。

【校記】見楊祖憲本、胡鳳丹本。明鄭元勳《媚幽閣文娛二集》卷三有錄，且文後有兩條評語，"其事一二語可盡而無中生有波波相屬愈轉愈奇大出意表真化工筆也","鍾伯敬謂漢末諸儒名福太盛幽明所忌故有黨禍之敗,如先生曷嘗以名福自矜但身後不免耳"。李之椿(1600—1651),字大生,號徂徠,如皋(今江蘇如皋)人。明天啟二年進士,福王朱由崧時,曾官尚寶寺卿、禮部侍郎。

崇效寺

清王士禛《帶經堂詩話》卷二十六"記載門八""韻事類下"(清乾隆二十七年刻本):五月門人蔣景祁、宋至、殷譽慶、蔣仁錫邀看棗花於崇效寺。予賦五言古詩二章,諸子和之。寺有楊忠烈公漣榜書"無塵別境"四大字,極遒勁。

觀廉泉師藏楊忠烈公牙印(一白文楊漣之印 一朱文文孺)/蔣敦復

應山古之社稷臣,一手帝座移星辰。
宿衛六日髮盡白,先朝顧命不顧身。
此印流留二百祀,大名嶽嶽鑄青史。
委鬼茄花滿地來,劂盡忠肝血凝紫。
文言獄起鍛煉工,豈有貪贓楊大洪。
封疆忽入鈎黨禍,金帛翻輸賣菜傭。
獄中一夜臣畢節,母住譙樓子乞食。
同時左魏亦堪哀,維公浴日勳尤烈。
籲嗟茲印篆勢精,朱文白文六字成。
不知作手定誰某,直與天壤懸公名。
陰風出匣蛟螭走,合並精忠壽不朽。(師藏岳忠武王玉印一。)
腰金橫玉印如斗,錦衣官校盡閹狗。

【校記】見清蔣敦復《嘯古堂詩集》卷二（清光緒十一年王韜淞隱廬刻本）。蔣敦復（1808—1867），字克父，寶山（今屬上海）人，清代文學家。

楊忠烈公劍歌／謝啟昆

在湖北應山縣大龜山僧寺，銘其右曰："天啟三年秋月，楊大洪造。"左曰："大龜山督工謝子成、楊一元記。"胡雛君修《湖北通志》，以拓本見貽。

靈濟祠前蟫蜓起，白龍下吸聖泉水。
老僧夜駭七星流，逆黨魂飛三尺死。
是時魏客燄方張，欲斬佞頭煩尚方。
自鑄寶劍龜山傍，監造者誰謝與楊。
其廣一寸長九寸，上士佩之威八荒。
忠肝義膽淬寒鍔，氣蒸雲夢吞衡湘。
新銜初拜都御史，廿四罪書溢諫紙。
此物觸邪甚獬豸，豺狼之肉安足齒。
二百年後潛孤忠，至今啟匣光熊熊。
豈有貪贓楊大洪？不平聲吼如鴻鐘。

【校記】見清謝啟昆《樹經堂詩初集》卷八"補梅軒草下"（清嘉慶刻本）。謝啟昆（1737—1802），字良壁，江西南康人。乾隆二十六年進士，歷官編修、鄉試主考、知府、按察使、布政使、巡撫。

卷四　友人信箋　傳記　其他

友人信箋

寄贈楊大洪年兄／梅之焕

謫來香案吏，忽現宰官身。浪出真何事，吾生合有鄰。
祇應持素服，遮莫任緇塵。岐路由來逼，乾坤今未貧。
暫從仙尉隱，久別草玄人。一鴈雲中隔，雙鳧日下親。
行行承湛露，去去及陽春。何用羈金馬，終須返石麟。
昔年攜手地，遲爾對華茵。

【校記】見明梅之焕《梅中丞遺稿》卷八（清順治衛貞元刻本）。

送楊大洪之官常熟／何慶元

邯鄲夢遠若爲求，世諦餳膠不自由。
大造無私金在冶，小人有母雪蒙頭。
漢廷射覆從吾好，葉縣尋真任爾游。
獨羨海虞佳山水，天教僊尹擅風流。

【校記】見明何慶元《何長人集》"南北遊草・詩類"（明萬曆刻本）。何慶元，字長人，六安州（今安徽六安）人。萬曆二十六年進士，授工部主事，分司高郵築堤，頗有功於民，參修《六安州志》。

答楊大洪父母一／高攀龍

　　清芬遠播，實足洗滌塵宇，則功化豈在百里間耶？鄧按臺好惡極正，保撫臺一疏，似累而實非累；參福唐一疏，似非累而實累。大要舉事，必於人心同然。苟其同然，即有不同不足恤。苟非同然，即有同者不足恃也。而察於同然處，須是一念不從軀殼上起，乃得之耳。以臺臺之明，因物察，則如此等處，儘堪著眼也。信筆及之，以當抵掌。

　　【校記】見明高攀龍《高子遺書》卷八下（清文淵閣四庫全書補配清文津閣四庫全書本），下三篇同。

與楊大洪二／高攀龍

　　向見考選報，深慶世間有真是非，朝廷得真人品，天理之終不可絕如此。夫乃裘葛再易，不敢一字通問者，時義然也。攀龍遭此世界，甚得便宜，何者？一味株守，乃安樂法；一味冰兢，乃補救法，二法足以卒歲矣。惟是山林人一飯兩粥下得腹，一頭兩腳貼得席，在縣父母而已。敝邑姜父母，提躬則冰寒檗苦，宜民則甘雨和風，蓋循良之最也。乃以鄉紳鄉飲一事，不能以無實無據之事趨時人之局，遂失時人之歡。若或中傷，是父母能使山林人相忘於江湖，而時人能借山林人驅父母於羅網矣。自是而後，山林人其危矣哉！惟臺臺念之。

與楊大洪中丞三／高攀龍

　　弟自來心疑老父母之不宜去也，而未能決。至昨聞聖躬不安，中夜徬徨不能合眼。因思古所稱社稷臣者，決不於自身起見，決不於格套起見，並不於道理起見。去此三見，方是真道理。始奮然起，憬然悟，決知老父母萬萬非去之時，萬萬無去之理。今日乃敢開此口，非苟焉而已也。幸高明勿疑，聖上視學，豈可憲地無人？孫老先生未知體中何如，老父母與左滄老，不容不出矣。

與楊大洪四/高攀龍

人世風波所不敢避，聖朝雨露所不能勝。即精神之衰，可知福分之薄。爲力所不及之事，一失腳時，悔之無及矣。趙師已有書盡言之。望老父母垂念，只使之趁好住，爲所全者大也。

同楊大洪都諫共觀/胡維霖

殿門工程，余監督大工，經營伊始。
漢家金殿始經營，日照蒼龍瞻鳳鳴。
禹室前星映輦道，堯階瑞草扶昇平。

【校記】見明胡維霖《胡維霖集》"嘯梅軒稿"卷一（明崇禎刻本）。

楊大洪疏逆璫廿四大罪遂送大夫人南歸過邢書來謂元配願與大洪同死不得與大夫人同生還余因遣人護送並詩寄大洪悲而壯之占得文字作滂母行/胡維霖

君山作神玉爲骨，呼吸洞庭靈均魂。
故產楊公扶社稷，欲爲朝廷掃妖氛。
疾惡如仇心浴日，直聲振殿似雷碜。
侍中之血常山舌，中涓保母豕牙獢。
何惜刺血灑彈文，漢廷忠義楊伯起。
手剪元兇李元禮，攬轡澄清范孟博。
皋陶不與訴帝閽，願葬首陽夷齊羣。

李杜齊名真謗母,扳輿過邢觀者欣。
夫致身兮妻誓死,烈烈雙忠古未聞。
念及牛衣王章妻,史臣奚足掛齒芬。
君不聞李篤藏儉竟出塞,解綬俱亡郭令君。
又不聞汝南童子死不懼兮赴義殷,徐州異人賣卜撫孤姓名薰。
爾慈即我慈,防護心應勤。
邯鄲道上眠食穩,河北河南自闇闇。賢哉,大夫人謂:
"鳳儀中州符聖瑞,楊家大鳥鳴墳上。
子孫清白輔明君,忠必見諒犬不猜,日當空兮渺停雲。"
【校記】見明胡維霖《胡維霖集》"檗山吟"卷一(明崇禎刻本)。

答堂翁楊大洪問去留書/黃尊素

前日進見,某進言於堂翁,以爲在今,堂翁唯有一去。堂翁躊躇未決,又復令李道長仲達過某以決之。

從來閹宦之禍,小臣擊之,其害止於一身;大臣擊之,其害及於天下。彼以小臣,無所輕重,故其致怨也淺。漢唐以來,朱穆、李渤、范祖禹之屬,論閹人者累累,往往無事。若爲大臣之所不容,彼誠知犯天下之怒,計畫無復之,則必逞於一決。此寔何以至王涯,蹀血禁庭,每相望也。然大臣擊之,不勝而身退,其禍緩;不勝而身不退,其禍亟。彼既仇大臣,則勢不兩立,視大臣之進退,即其身之安危,故其謀亦有緩急。蕭望之自殺,身不退也;韓文禍止落職,繇身退也。今堂翁倡舉朝之人而擊之,既不勝矣。而且杖萬郎中、杖林御史,以示太阿之在握,其勢駸駸乎不止也。堂翁能以一掌堙江河之下乎?

堂翁曰:"除吾一身,生死成敗,莫要照管。"如死而有益,亦是不妨。皇天后土,實聞斯言。然以道事君,不可則止。孔氏家法,本是平常。身名俱全者,上也;身死名存者,次也。當此之時,有一毫畏死之心,固爲非道;即有一毫求死之心,亦爲非道。君子不顧成敗,未有不顧出處者也。且今之時勢亦與往事不同，既無文宗之密詔，又無遼菴之內應；徒仗單言正色以廻天聽，而力已敗於魯縞。總使在朝，更復何益？

然堂翁之所以徘徊兩岐者，無乃爲同志之牽挽乎？其間亦有二端：一則不著痛癢，猶是承平熟套，言進而不言退者也。一則以玄黃勝負未分，尚欲秣馬屬兵，賈勇恃衆，豈肯聽堂翁之去，自仆旗鼓？是故堂翁去留，當決諸己。若與人議之，必不以去之一言進也。

某之所見如此，不敢不詳。

【校記】見明黃尊素《黃忠端公集》"文署"卷三（清康熙十五年許三禮刻本）。黃尊素（1584—1626），字真長，餘姚人。萬曆四十四年進士，天啟初擢御史，忤魏忠賢，被削籍歸。不久被逮下詔獄，受酷刑死。

寄楊大洪副院書（甲子）／茅元儀

方明公在言路時，與世仰望丰采。儀以受之兄因緣，可以仰通下執事。而未敢唐突者，疎賤之道宜然也。微聞明公齒牙常有茅止生，豈以受之兄乎？亦別有所察耶？受之方誤於儀，明公又何爲而誤？所誤苟非然也，又何足以當齒牙者？中心懷之而已。

昨歲以來，泰道始開，秉鈞藉倚，儀又以寄命危邊，托身閒幕，不敢仰通下執事。今于役江南，有迫切至情，非向明公，則亦空剖心肝數片肉耳。故敢署陳左右。儀時春在寧遠，中外欲肆諸市朝。今如得，弗以意爲誅，弗以先爲阻，弗以欲摧幹而事於枝，弗以無可摘而故深文。此世道之幸，而豈儀孤蹤弱植之所敢望哉？

雖然幕府方以激而成剛，世路方以忤而釀鬥。主持公論端在明公一人，闔鎮志士無不陰仗明公，以自白其赤衷。況儀素辱齒牙，爲明公所憫，其不能而矜其志者耶？道出潞河，不敢晉謁。齋沐奏記，心骨懍懍。

【校記】見明茅元儀《石民四十集》卷七十四"書"十七（明崇禎刻本）。茅元儀（1594—1640），字止生，歸安（今浙江吳興）人，輯有《武備志》。

送楊掌院漣赴司敗／甘簣

破帽青衫賦北征，一天風雨暗山城。
得全忠孝原無死，漫比龍逢浪擲生。
晉室清談忘國是，漢家黨錮坐虛名。
傷心怕問同文獄，愴別孤臣泣五更。

【校記】見清丁宿章《湖北詩徵傳畧》卷二十一（清光緒七年孝感丁氏涇北草堂刻本），云："甘簣，字大衡，萬曆舉人。簣少有神童之目，工吟詠，善懷素書，與楊忠烈從海祝韋遊。同時稱詩有柯守白名文，著《十泉吟》；雷羅峰名生，著《水竹居詩鈔》，皆以進士官京師，與楊忠烈友善。羅峯性尤耿介，以詩文聲振都下，而句皆佚傳。《送楊掌院漣赴司敗》云。"

啟都諫楊大洪／冒日乾

伏以虞庭觀羣后，輯五瑞，干朝端周典辨，百官操三管於揆席，簪紱騰歡，蒼黔徯志。恭惟台臺，才饒王佐，學贍帝師。羅象緯於胸中，壯猷浴日。運乾坤於掌上，偉畧補天。嘉謨入告，一誠紓納庸之忱。正色立朝，片語剖盈庭之議。寰宇欽其丰采，朝廷有人。宗社係以安危，宵旰無慮。會見金甌，覆姓宋命。相而遼燧潛消，行看玉鉉調元。禹昌言，而苗氛頓格。乾質同，樗櫟分隔雲泥。悵一長之未效，自計齷齪。念六察之惟嚴，莫逃犀照。苡藉垂雲，妄覬洪鈞之埏埴。情傾就日，敢忘大造之栽培。敬修尺素，薄展寸丹。仰泰堦之紫氣夢繞燕山，瞻斗極之祥光膏流漢水。

【校記】見明冒日乾《存笥小草》卷四（清康熙六十年昌春溶刻本）。下文同。冒日乾，字孺文，如皋人。萬曆十三年舉人，官安陸知縣、京山知縣、直隸永平府同知、參理遼陽軍務。天啟元年袁應泰在遼陽兵敗自焚，冒日乾也自縊而死。

柬應山楊大洪都諫/冒日乾

自台臺發賑以來，郡邑百姓以訟牒至者，每自陳窶狀，必極口誦盛德。不曰"賴明府粥之，得延視息"，則曰"非明府粥之，且轉徙爲溝中瘠矣"。其沾暨何博，而其淪洽一何深也。其爲玄穹所歆，暋庸止渡蟻哉？不肖猥以椎戇，待罪鄰邑，閱歲且半矣。善無一聞，戾有萬狀。所賴台臺覆露之，使駑駘下駟不遽僨轅而裂蹄者，皆鴻造也。鐫之肺腑，敢忘明德！頃以敉治免多賦重，閻閻患苦之。不揣棉力，奏記當路，爲民請命，顧奈失免者怨何？台臺以經國緒餘，俯籌桑梓，必有碩畫，使兩利而存之。敢屏息以跂槳誨，詳稿塵覽。

寄楊大洪/繆昌期

自兄跨驢而南，驚風怪雨，日甚一日。詷弟者，無所不至；相愛者，勸弟稍避形跡。而弟之疎戇如故，得罷免之旨，而小人之喜可知也。內外搆局已定，聞仍用乙卯五月、庚申七月之事。而外之最黠者，日夜思算。據識者云，另有巧著，非此不足，以爲除根之計也已矣。聽之而已，或又云保不至，是所謂天若祚宋，必無此事也。然，安可必耶？

【校記】見明繆昌期《從野堂存稿》卷六（明崇禎十年刻本），下文同。繆昌期（1562—1626），字當時，南直隸江陰人（今屬張家港）。萬曆四十一年進士，因觸怒魏忠賢而遭忌恨，慘死獄中。

與楊大洪/繆昌期

不肖於翁臺，分則君侯，情則兄弟，此非沾沾繾綣之私也。以翁臺至公血誠，不流不倚，所謂奴隸小人亦知其清明者，況吾黨乎？不肖晚來一遇，會時之艱微，嚮所托誰可告語？翁臺，不肖知己也。不肖歸矣，便可不復出。翁臺暫歸，不可不早出。非獨處勢使然，要以有翁臺在，政不須我耳。見梅長公寄問，山居無恙，役人還，草此代謝。舍親趙玄度、文度與叔度之子，想翁臺以賢者之後，道地於新父母矣。唯是玄度家貧薄宦，先業盡洗，不過瘠鹵田二頃耳。而户上田數頗不貲，蓋合兄弟伯叔而合爲一户，不使分析，先少宰之教也。今老父母爲趙氏計，無使玄度有厚産之嫌，無使其叔季氏有過厚於其伯氏之嫌，概及張父母之覆庇，則皆老父母庇之矣。蓋文度以玄度之盡廢也，撐持轉苦，而叔度之子名士履者，孤露顛覆，尚不成青衿。今日將官户之名，可以稍庇兩家。而知其情事之實，則伯氏又可以免於富公子之累。惟翁臺知之真，念之切，可以此言告也。不肖情誼關切，附言及此，至感知惜別，總非寸牘所傳耳。

民部劉念劬枉函並致到楊大洪手劄卻寄（劉任滸關）/繆昌期

懷人秋思正難禁，千里相煩寄遠音。
國事紛呶徵定痛，（原文注：移宫事言者不止。）關門氣色掃重陰。
船廻笠澤風初落，鐘起寒山月半沉。
偏是使君垂照逈，蒼蒹白露漫蕭森。
【校記】見明繆昌期《從野堂存稿》卷七（明崇禎十年刻本）。

與楊大洪/魏大中

微聞有警動，此何消息也？疑是山鬼伎倆耳。以不聞不見應之，何如？病不得叩，懸懸。（甲子六月初二日）

【校記】明魏大中《藏密齋集》卷二十一"書牘"（明崇禎刻本）。魏大中（1575—1625），字孔時，浙江嘉善人。萬曆四十四年進士，歷任行人司行人，工、禮、戶、吏各科給事中、都給事中等職。楊漣疏劾魏忠賢，大中亦上《擊逆璫疏》。天啟五年，蒙冤被逮，與楊漣等同死於獄中。

寄楊大洪／魏大中

天之傾，無如之何矣。風林無寧翼，一丘一壑遂可以息弋人之慕耶？孝若當世奇男子，千里一介，敬附起居。爾時懷抱無可言者，然無不可知也。計此時可周旋烈焰中，不至已甚者，宜莫如張蓬翁。蓬翁今日之乖崖也，忽圖之，炎洲、芸閣二兄何如，何如？若吾輩自處之道，惟有修身□俟之而已。千古相要，疇血爲碧。（乙丑正月十一日。）

【校記】見明魏大中《藏密齋集》卷二十三"書牘"（明崇禎刻本）。

獄中同楊大洪魏廓園顧塵客周衡臺袁熙宇夜話／左光斗

噫嘻哀哉！當今之事不可問，誰信慷慨廻氣運。
長安猛虎晝食人，霧蓋燕雲十六郡。
我欲呼天，天高不可呼！我欲告人，人心毒如荼！
皋陶平生正直神，瓣香可能悉其辜。
夜來牀頭生芝幹如鐵，不在李膺之前，則在范滂之側。
英雄對此益增奇，天地愁之失顏色。
噫嘻，籲嗟乎！
明月蝕於天，高山崩入淵，如何長夜如長年？
安得魂去飛翩翩，上與二祖列宗訴其緣，肯教鸞鳳獨死、梟獍乘權？

【校記】見明左光斗《左忠毅公集》卷三（清康熙刻本），下同。

楊大洪歸里後感示惠元孺給諫二首／左光斗

一

痛殺龍髯攀不及，幛天毒霧滿朝危。
觸階流血君方見，叩閽排簾宮始移。
北闕雨風號二祖，西山霜雪致三疑。
至今永夜傷心事，空向乾清涕淚垂。

二

孤危少主自堪憐，姑息翻爲婦寺牽。
利口果能昏白日，杞人只恐墜皇天。
行吟無地終懷楚，擊筑增悲竟離燕。
一死一生原是幻，肯同舉國飲狂泉。

檻車至濠梁時楊大洪書至／左光斗

荒郊一帶慘風煙，緹騎徵車江楚聯。
含淚開書猶罵賊，同心共請祇呼天。
此生莫作無家別，萬死惟知有劍縣。
寄語故人須早發，相期面折聖王前。

傳記

天人合徵紀實/燕客具草

善言天者必驗之於人，人事而不能徵實於天，則七政亦具文矣。客少嗜象緯之學，長而彌篤，披霜沐露，幾歷分至，遂能於渾蓋二家會其微渺。乙丑春冬，旅泊都下，目擊天人之異，爲記其本末，以徵天人合一之符，使後之言災祥者採而擇焉。

季春旬有三日，月入太微垣，犯左執法。客大詫曰："執法大臣當有非辜被禍者，奈何？"友人聞之，躍然曰："此甚善事也，今天下操重輕之衡者，璫也。璫禍而衡復歸於所司，清明之治行復見矣。"客曰："非也，璫小臣，不入紫微垣，不列二十八次第，於天市中占其微星，此禍最大亦最毒。楊、左故司衡者也，其當之乎？"踰月而六君子俱被逮。

孟秋廿四日夜，客露坐中庭，見白氣如匹布，長數百丈，起尾箕間，貫紫宮，掩天樞五星。不覺淚涔涔下。同坐者問故，客曰："紫宮爲帝庭，尾箕燕墟也，白者金象，按占，當有急兵起輦轂下。然國家福祚如天，保無他慮，其冤徵乎？六君子行死矣。"明發，而楊、左、魏之凶問至。攷白氣竟天之時，正獄卒承璫命之時也。嗚呼！

仲秋下旬七日，太白午經天。客曰："星與日爭明，下與上爭權之象，今璫之權至矣。何用爭乎？豈將殺周、顧二公耶？"翌午而周卒死顏賊之手，顧絕命之疏遂入。嗚呼，冤哉！周、袁二公俱於五月初到北司。顧公五月廿六到南鎮撫，廿八日送北司。魏公六月廿四日到南鎮撫，六日送北司。楊、左二公六月廿六日到南鎮撫，次日送北司，又次日之暮，嚴刑拷問。諸君子雖各辨對甚正，而堂官許顯純袖中已有成案，第據之直書，具疏以進。是日，諸君子各打四十棍，梏敲一百，夾扛五十。

七月初四日，比較，六君子從獄中出，各兩獄卒挾扶左右手，傴僂而東，一步一忍痛，聲甚酸楚。客不覺大慟。諸君子俱色墨而顛禿，用尺帛抹額，衣裳上膿血如染，楊公鬚白爲最。頃之，至廳事前，俱俯伏簷溜下。楊居中，左居楊之左，魏居楊之右，顧居魏之右，周居左之左，袁居周之左。顯純處分畢，還獄。

初九日，比較，顯純猶作爾汝聲，嗣後則呼名，詫叱如趨走吏矣。五君子各打十棍，袁以病特免。

十三日，比較，午飯後六君子到堂，顯純辭色頗厲，勒五日一限，限輸銀四百兩，不如數，與痛棍。左、顧嘵嘵置辨，魏、周、袁伏地不語，楊呼家人至腋下，大聲曰：“汝輩歸，好生服事老太太，分付各位相公，不要讀書。”是日各毒打三十棍，棍聲慟地，嗣後受杖諸君子股肉俱腐，各以帛急纏其上，而楊公獨甚。

初十日爲楊公誕辰，諸君子皆裹巾揖賀。是日，公始知璫意不可回，每晨起，多飲涼水以求速死。兼貽書家人，索腦子甚苦，前此猶望生還也。

十七日，比較，楊、左各三十棍。是日，顯純辭色更惡，勒五限各完名下所坐贓數，不中程，受全刑。

十九日，比較，楊、左、魏俱用全刑。楊公大號而無回聲。左公聲呦呦如小兒啼。周、顧各受二十棍，梃敲五十。袁梃敲五十。魏呼家人至前，謂之曰：“吾十五日已後，聞穀食之氣則嘔，每日只飲寒水一器，蘋果半隻而已，命盡想在旦夕，速爲吾具棺。然家甚貧，無能得稍美者，差足掩骼可也。”家人守其言，以十五金買柏棺以殮。

二十日，中丞家人送飯，芽茶中雜金屑以進，爲獄吏所覺，家人輩俱默逃去，中丞嗣後遂絕傳單者矣。

二十一日，比較，楊、左俱受全刑，魏三十棍，周、顧各二十棍。顯純呼楊公名，叱之曰：“爾令奴輩潛匿，不交贓銀，是與旨抗也，罪當云何？”楊公舉頭欲辨而口不能言，遂俱舁出。彼時諸君子俱已進獄，獨楊、左投戶限之外，臀血流離，伏地若死人。已而，楊大聲曰：“可憐！”後乃舁入。左公轉回而東，顧其家人。是日雨，棍淫重倍常，且儘力狠打,故呼號之聲更慘。

二十四日,比較,楊、左、魏各受全刑,顧梜敲五十。刑畢,顯純呼獄卒前,張目曰:"六人不得宿一處。"遂將楊、左、魏發大監。客聞之,以問獄吏,吏嗟吁曰:"今晚各位大老爺當有壁挺(方言,死也)者。"是夜,三君子果俱死於鎖頭葉文仲之手。葉文仲爲獄卒之冠,至狠至毒,次則顏紫,又次則郭二劉,則真實人也。

二十七日,比較,顧公獨受廿棍。是日獄吏猶稱犯官,顯純怒罵曰:"此等俱犯人也,何官之有?"嗣後遂呼犯人。

二十九日,比較,三君子之尸俱從詔獄後户出。户在牆之下,以石爲之,如梁狀,大可容一人匍匐。是日,刑曹驗畢,籍以布褥,裹以葦席,束以草索,扶至牆外,臭徧街衢,尸蟲沾沾墜地。

八月初一日比較。

初四日比較,顧公用夾刑杠十五,周梜敲三十。

初七日比較。

初九日比較。顧公用梜刑敲三十。

十二日比較,袁公贓完,公家饒,出橐中,故特爲易。

十四日比較,周公贓完。

十六日比較。

十八日比較。

十九日,袁故。未故前一日,先暗注大監,實孤身在關王廟,鎖頭顏紫手斃之。是日顯純上疏云周某病劇,上命撥醫調治。次日醫來,顯純呵之以出。彼時周公自以贓完,裏巾結襪,逍遙獄中。方怨顧贓相累,不得速發西曹。未嘗有恙也。

二十二日比較,袁尸出。

二十四日比較。

二十六日比較,顧公用梜刑敲八十。

二十七日,獄吏具片紙報顯純云顧大章大病,客雜輿人中竊窺之,不覺涕淚沾衣,曰:"一網盡矣。"次日而顯純遂以顧公病疏上,當獄吏揭報時，太白適經天。嗚呼，公亦不凡矣！

二十八日，周故。是日之午，周、顧二君子暨孟弁三人共飯。未畢，鎖頭郭姓者疾呼曰："堂上請二位爺講話。"遂著械而出。行不數武，劉鎖頭從後牽顧公之衣，曰："且還，今日不干爺事，內裏要周爺命耳。"押周公至大監，不半時，遂斃郭賊之手。

二十九日比較。

九月初二日比較，周尸出。是日劉卒密語客曰："堂上已勒顧爺死期矣，期甚迫，奈何！"客曰："能緩五日乎？"曰："能。"厚賄之而去。

初四日比較，顧公棍三十，梭敲八十。

初六日，顧公發部之旨已下閣中，客知之，躑躅竟夕，恐入顯純之耳，不能留公至明晨也。

初七日之晨，劉卒復至曰："五日之期足矣。今晚必不能相全，奈何！"客曰："然會當有變。"獄卒竊笑而走。已而西曹之命下。是日顯純復比較，踞案厲色如前，呼顧公曰："爾十日後復當至此追贓。"蓋六君子之禍，顯純頗有力，暨用刑之楚酷，死期之緩促又顯純獨為之。畏顧公到部發揚其惡，故以追贓之說相嚇，欲令其不敢言。此日不死，亦斷無生理，劉卒非妄談也。

十三日，會審都廟，會審官共十人。公座俱南向，在簷溜之下上承以葦席。顧公北面跪，反覆辨論甚直，而十人承璫命，竟擬斬刑，又責公十竹板。嗚呼，璫之虐焰一至於此！是日，璫遣聽記人立司官之後，審畢，十人旋以連名帖及獄僻付去，禮甚恭。

十四日，顧公勺水不飲，鼓後服毒不殊，次夜投繯而逝。

十九日，顧公尸出於獄，衣冠俱如禮。

楊公有遺稿二千餘言，又親筆謄真一通，叩首牀褥，以托顧公。獄中耳目嚴密，無安放處，藏之關聖畫像之後。已而埋臥室北壁下，蓋以大磚。後公發別房，望北壁，真如天上。倩孟弁竊之以還，隨寄弁弟持歸。

楊公又有血書二百八十字，藏之枕中，冀死後枕出，家人拆而得之，竟爲顏紫所竊，紫亦號於人曰："異日者，吾持此贖死。"

魏公性不嗜食，尤不喜血肉之物。每日所供唯雜菜一把，扁豆莢斤許及蘋果五六個而已。

魏公受刑，較之楊、左爲少，而困憊獨先。七月十三日加刑，叫聲便不能朗。十七以後，兩足直挺如死蛙，不能屈伸。

袁公素善病，到北司後遂僵臥不能起，陰囊大如三斗器，行履頗有所妨。然竟以病故，竟死不受一棍，唯夾桚二刑加三五番而已。（其壻云錦衣李不矜左右之。）

袁公贓止六千而每限輸納倍於他人，故受刑爲少。

周公亦善病，面黃白色。初入獄中，終日與孟弁對弈以自遣，家亦饒，弟姪輩又悉心幹理，故萬金不四十日而具。

周公贓完日，鎭撫匿其五十金，公必欲清算，且出累限納銀私籍以相質，左右管事者以支辭爲解。或云公死之速，係此一算也。

周公固戇直之士，居獄中常大言曰："死亦何難？只須尺布便了。"又念贓銀已完，可望生路，不思處置家事。顧公與孟弁竊笑之而不敢明言。八月初，顧公張目視日，久之不已，笑謂孟曰："嘗聞鬼不得見日，今幸片時未死，當快覩之。"未幾周至，孟正色曰："顧先生到此地位，不思大事，終日浪談，何益？"顧向周公曰："所謂大事者，身後事也。吾自七月中便知無生理，訣別家人書作之已久，無便付出，故尚留榻下，何至瞢瞢乃爾？"周慨然曰："吾亦作數行，可乎？"死後其家人所得遺書，蓋顧、孟二公亦合謀以促之云。

周公家書一通，向藏顧公處。周死，獄情加嚴，無從得出。顧作蠅字帖，密付客，客持金俟詔獄後戶，至周尸出日，厚賄獄卒獲之。後客南還，托友人寄其家，前此周氏合宗竟不知公有遺墨也。

顧公對簿後遂病創，臥至七月中方能行履，右股瘡潰，中墮腐肉一塊如小鼠。

顧公發刑部日，謂客曰："吾向在詔獄中，如有人扼吾之吭不令吐一語，自分從來鬱勃之氣，無從得伸。今來西曹雖無多日，然顯純之兇惡及下毒手者之姓名播之天下、傳之同調者之耳。異日世道復清，此曹斷無遺種，吾目瞑矣。"

顧公平生佞佛，於生死之際，了無畏怖。見家人啼哭，輒大笑曰："淚緣情生，任情則爲人。天種子，不能上蓮花寶座，汝輩愼勿作兒女子態。"

顧公到西曹，一意求死，客勸之從容觀變，公曰："吾自八月初已作處置家事一二紙，函之又開，凡五六次，思無剩語。第易署封時日，彼時已置革囊於度外矣。且丈夫不再辱，吾向爲顯純所毒，怦怦不已，忍再見其面乎？惟速盡爲快。"

每鎭撫比較日，侵晨，各家屬持銀候大門內。當事者到後，衙役出問各屬，本日納贓多少，報數訖，鳴鼓升堂而坐。坐定開獄，呼各犯官到應事前跪伏。方出手牌，喚家屬入二門，隨跪門之左右以次交贓。

鎮撫納贓如以石投水，不敢争輕重之衡，亦不敢問多寡之數。納已，急驅而下。

鎮撫刑具凡五。一械，堅木爲之，長尺五寸，濶四寸許，中鑿兩孔著臂上，雖受刑時亦不脱，入獄則否。凡殺中（案供月本作人），惟械手則甚便。故周公之死，郭賊誘之上堂，上堂理應著此物也。一鐐，鐵爲之，即銀鐺也，長五六尺，盤左足上，以右足受刑，不使動也。一棍，削楊榆條爲之，長五尺，曲如匕，執手處大如人小指，著肉處徑可八九分，每用棍，以繩急束其腰，二人踏繩之兩端，使不得轉側。又用繩繫兩足，一人牽繩背立，使不得伸縮。一桚，楊木爲之，長尺餘，徑四五分。每用桚，兩人扶受桚者起跪，以索力束其兩端。隨以棍左右敲之，使桚上下，則加痛。一夾棍，楊木爲之，二根，長三尺餘，去地五寸許，貫以鐵條，每根中間各帮桚三副。凡夾人則直竪其棍，一人扶之，安足其中，上急束以繩，仍用棍一具，支足之左，使不移動。又用大扛一根，長六七尺，圍四寸以上，從右畔猛力敲足脛。吁，可畏哉！宜諸君子之足皆流血洒地也。此客習見之，非關謷説。

楊公尸棺之歸，負以二騾，其子從一二蒼頭踉蹡道上，知者皆爲之飲泣。

六君子之獄，天下皆知内外二魏爲之。其死也，則更有説焉。楊、左、魏，璫所甘心者也，廣微實力圖之。周、袁、顧，則馮銓續爲之者也。彼時銓新入政府，感璫之特遇，故殺三公以當謝。京都貴人言之，向與銓爲龍陽之好者也。

楊、左、魏同時絶命，顯純慮物議沸騰，基異日之禍，故於楊、左分其先後，時魏復緩疏一日。

鎮撫每當比較日，璫遣聽記人坐顯純後，棍數之多寡及刑之輕重，惟其意所指，而顯純又加之虐。一日，聽記者以他事出，顯純袖手至晚，抵暮方廻，始敢審問。

鎮撫中惟比較日，家屬因交贓，得伏脇下細語。顯純後恐密露其惡，勒令跪一丈外，高聲問答，不許爲方言。

詔獄土地廟前樹，於六月間生一黄芝，日夜漸長，六君子畢至時，則奕然光彩遠映矣。環而視之，適六瓣，獄卒皆驚以爲奇。或曰此吉兆也。顧公歎曰："芝，瑞物也，而困於獄，其不祥乎？"月餘，獄卒墮之。

【校記】見楊祖憲本、胡鳳丹本，節録自明黄煜《碧血録》卷下（清知不足齋叢書本）。僅節録楊漣部分，其他删去，文字與《碧血録》略有差異。末有楊祖憲識語，云："節録《碧血録·比較刑酷始末録》，燕客撰。客不知何許人，少耽酒任俠，聞北地饒名酒、多慷慨士，負笈徒往，抵易涿間。聞六君子之獄興，慨然思及身識其人，遂抵燕都，旅泊詔獄左右。日與輿夫馬圉相歡狎，久乃混入鎮撫，因得見比較慘毒始末。當日諸公亦陰識爲有心人，遺言、遺劄多默附之，因得成此録以傳，録載《知不足齋叢書》，祖憲識。"較之《碧血録》卷下（清《知不足齋叢書》本）所録，文字畧有差異，今依據《碧血録》補足所删部分。

楊忠烈公傳/陳仁錫

微子去之，箕子爲之奴，比干諫而死。孔子曰："殷有三仁焉。"異時爲題，比干之墓不著文辭。子殷人也，宗國之事尚忍言哉？古今諫者多矣，死於諫者多矣，孔子不稱焉，諫而死，係之仁，特筆也。雖然，諫一也，遭逢異矣。故殷以殺諫亡，明以旌諫聖，痛哉！大洪忠烈楊公，刀鋸殺之生前，借題殺之死後，勒追以殺子孫，塗抹以殺青史，邪橫以殺人倫天道何？雖然子孫賢不可殺，青史嚴不能殺，人心活不敢殺，則亦自殺其心而已矣！

大哉！皇上之爲君也，全給廡謚建祠賜額，如楊忠愍例。及生員楊之易進獄中遺筆，有"忠肝義膽、慷慨壯烈"之褒。復其兄楊清憲察職。

我皇緝熙，紹庭陟降。赫赫皇考，貽此直臣。三召而受顧命，六日而白髮鬚，千秋而毅魂魄。顯忠遂良，國家禮亦宜之。明示履霜之戒、干政之禍，至深遠也。光廟之召對也，諭諸大臣必輔爲堯舜。亡何再召，急指熹廟曰"輔他要緊"，且屢目公。蓋公首擊崔豎，誓不與賊醫俱生。屬東宮伴讀官，慎起居，無夜出。又疏請擇端人輔翼太子。上盡然之，若曰："乘此要緊之時，儲此要緊之人。"濫恩陳乞，其何要緊之有？諸公與聞繁命，優游疲軟。而公獨以要緊之人吐要緊之論，若貞皇帝提耳告之者。我皇篤孝，繼序思不忘，有臣若此，繼自今無復，口啣天憲，干我天威，予用汝嘉褒顯曷靳焉？初神廟不豫，公引"文潞公問仁宗疾"，所以挫折內侍者，旋請立皇長孫。繼事兩朝，彌留末命，欲封太后鄭，則曰："尊以嫡母，礙大行皇后；尊以生母，礙本生皇后。不宜封。"欲封皇后李，則曰："范文正不從遺命封楊太妃，選侍無恩，濫乞無謂，不宜封。"而折戚璫於松棚，揮內侍無得執梃格大臣於宮外，與閣臣未登極即日呼萬歲。引楊公士奇例，請夜宿閣，訶擅宣回宮者。奉入慈慶宮，謁孝端皇后。几筵叱李進忠，無弄十六歲長君股掌之上。乾清宮不移，死無處所。已而逐文昇、止封后，無言不讎，並急流機緊之著。公自宿宮門外，同駱錦衣嚴警衛、備非常，何功可讓？何謗可分？

嗚呼！光廟以公論不封鄭，熹廟以痛母不封李，善則歸君，萬古爲烈。公疏不云乎："君幸有子，不必心憂杞國之天。臣獨何人，乃言手捧虞淵之日。"又不云乎："選侍不移宮，非所以尊今上；既移宮，又當有以安選侍。"一移慈慶，一移噦鸞殿，所以安全之甚厚，徐請存問，選侍恩禮不薄。熹廟有"極正、極公、極切、極真"之旨，鼎革移宮，自是常事。公又處置最平，人倫於是乎？

至。自二十四罪之疏出，始有昧心反唇者。逆璫魏忠賢非之，黨逆魏天子門生輩非之耳。又恐緩公死，急令崔呈秀輩借受賄、通內、致誤、封疆，而六君子逮矣。公固先疏糾熊，移書同鄉，切責以不死，何必辨、何足辨？聊白一不辨之心，上質皇天后土耳！票擬歸閣，用舍聽銓，刑罰付法司，中官必不可干預外政，庶幾尸諫之意，亦僅與道上岳武穆一商署告語耳。遭逢堯舜之主，頻煩天語，異數優渥，則比干不幸而公幸也。獨計比干死，飛廉、惡來之徒，奄然結舌；公一諫而讒口囂囂，開飛廉、惡來不開之口，古今小人不相反耳。雖然，皆仁也。仁比干者，孔子。仁忠烈者，皇上。不辨之心，其白乃如此。

公嘗危言逆魏馳馬御前，曾射殺其馬，斷之不早？客氏旁解，小不忍亂大謀。異日夜半，出片紙殺人。上不知，閣不救，爲之奈何？正與貞皇帝"要緊"之諭合。可憐千言萬語，付之"姑不究"三字中。讒讒訕訕，不憾隨者養之，反謷謷者激之，此皆自殺其心而不自哀者也。嗚呼！韓宗功之奸細不發，一旦近逼城下，九門內外生靈安頓何地？公於疆事可謂神矣，而反以此罪，忠臣義士有拊心大慟耳。

獄樹一芝九瓣，色黃而香，日夜漸長，以婆娑於桁楊拷掠之側。許顯純急忙著手天工，從容著花。彼蒼，彼蒼，聖人出矣，聊爲公開笑口。蓋公傷林侍御之杖也，萬屯郎之死也。二十四罪之牘既上，不用其言又不殺其身也。墨勑削公於二更草疏，不獲上夜半片紙。果如公言，向所爲"極正、極大、極切、極真"者，忽化爲極可殺之人矣。

或言公宜少婉，又或宜商署照應，又或云裕妃語，酷發瑠隱，急求兩解。會議之日，諸大臣漠然不語，坐失機會。是皆不然，殷之垂爐也，天地間必不可少比干一死。逆魏之方焰也，天地間必不可少忠烈一死。楊忠愍不請問閣臣乎？閣臣不言也。藉有言者，幸而不死，豈成一忠愍哉？忠愍不死，賊嵩不敗；忠烈不死，逆魏不誅。噫！人心不同，極矣。

移宮則曰離間，值宿問疾，未登極呼萬歲，則曰無故事亂封典。此亦曰"保護"，彼亦曰"保護"。初光廟下考選，撤稅發帑，則曰"宜留中"，曰"更張勿太驟"。公皆大聲疾呼，拚九死以爭，誰爲照應？有何調停？枝梧兩解，小人豈可作緣？

嗟乎！天不生忠烈，寶可盜，大臣可格之宮外，祖宗家法可變亂，十六歲長君可弁髦，"輔佐堯舜要緊"一諭可盡委之。不痛不癢之語，仕路上大乖巧，大便益。富貴可長占，而國家大體緊關之際，悉作秦越人旁睨。則是非羞惡之心絕，而惻隱之心亦絕，造物必不忍。嗟嗟，義子孫而逆君父，殺忠直而崇彪虎，比比然也。公於是時將伯助予，夏夏乎難之哉！即有賢者流落放棄，行吟澤畔，甚則與公同逮同死，奚望救於他人哉！人涉卬否，公不屑矣。

公自稱癡愚冷落，迂腐拘攣，人皆指爲怪物。噫！人不自怪而怪公，從宗社立心則怪之，從君父起見則怪之。若然而虞山石堤長四十里，學田八百畝，雩而步禱血流撲體長跪達旦七晝夜而雨，爲循良第一人，可怪也？若然而應山肩挑數百里乃下漢口，無田子粒派入條編，急請折籲免，有功德於民，亦可怪也？豈其然乎？繹公言，無使後世謂顧命之中此時無一人有男子氣。噫！舉朝皆婦人，則真怪物也已。

更可怪者謂："公宜死法吏，而不宜死詔獄。"奪其忠義之實，姑予慘苦之名，尤怪之怪也已。繼夫人詹窺疏草泣諫，知公意決，遂止不言，終不少泄。詹嘗割股愈姑，辭旌。已而三子就犴狴，孤幼寄廬山，風城樓四年，戛戛以死殉姑者，其夫人，弗怪也。母夫人宋同入邸，見公手疏經宵旦，問云："何？"曰："爲應山桑梓寬繇役耳。"已以實告，母曰："子禍吾亦甘之。"血衣數片，斷髮幾莖，頭面破矣，留鬚浩然。子死母俱，母死婦俱，繇斯以談其母夫人，亦弗怪也。

史氏曰：公有四子，余識其二。檻車潛移，走盧龍而瀕殆，洒血上書，瀟湘之濤皆立，天子爲改容，加禮秩焉。公入別孀母，從容就死。故其言曰："願國家強固，聖德剛明。即身無完肉，屍供蛆蟻，終不作一怨。"尤情辭藹惻，較三閭大夫過之矣。夜語刺客曰："殺我，無傷我母。"其人謝而去。同獄孟淑孔藏公絕筆，顯純並殺之以滅口，孰知孔埋地下，密示弟藏己屍背以出。神物呵護。顯純又火公血書凡一百八十字，則珠商慧而密記，出獄為脫稿，敬之哉！嗟乎！公以死許國，自憑几而決矣。故曰："臺諫折之而有餘有天下者，滋言路剛大之氣，而聳發其精采，至死不變，蓋自為社稷計哉！"

左春坊左諭德兼翰林院侍講陳某謹撰。

【校記】見楊祖憲本、胡鳳丹本。陳仁錫（1581—1636）字明卿，長洲（今蘇州）人。天啟二年進士，官至國子監祭酒。陳仁錫《無夢園初集》"駐集"二、《無夢園遺集》卷六兩處亦有載錄，文字略有差別。

贈太子太保諡忠烈楊公／金日昇

楊公諱漣字大洪，湖廣應山人。登萬曆丁未科進士，筮仕姑蘇海虞令。甫下車，召父老詢民間疾苦，以興利除害為己任。凡縉紳士民無不虛懷俯接，人人以為得公之意。至有作姦犯科者，則風行雷厲，毫無所借。勢豪某務為奸利，以魚肉善良。公廉得其穢迹，白部使者褫其衣冠，抵以重辟，輿論稱快。織監某委役至邑，役藉璫勢以上供為名橫索不貲，公杖而遣之。璫怒欲，疏論公。郡人某素與璫善，力解而止。公卒不屈也。邑濱海，故多抄盜，而奸民實為之藪。公呼伍伯密授方畧，一日盡擒，邑無夜警。尤愛才重士，建書院，遴有志之士，俾肄業其中，給飲食，而課其高下焉。生平以冰檗自矢，凡贖鍰羨餘火耗之類，時宰藉以供交際潤私橐者，公一無所染。由邑達郡百里而遙，舊有石塘，為水所齧，往來病涉殊苦。公欲新之，不忍煩民，甫捐俸補緝，而邑中巨室欣然樂助。乃委勤幹吏庀材鳩工，成以不日，至今便之。大抵廉明天稟，恩威互施，當時有真父母活神明之號。考最入諫垣，舉劾允當，國是待公而定，累遷至御史中丞。

值神廟光廟相繼賓天，熹廟幼冲登極，公與顧命。倉卒危疑之際，悉心奉公，衣不解帶者三閱月，有擎天捧日之功。詎意逆璫竊權亂政，威福自擅，當事者觀望無敢先發。公獨奮不顧身，歷數其二十四罪，首觸兇鋒，立遭削黜。公夷然策蹇就道，甫入里門而緹騎已至矣。逮付詔獄，以無影之事誣無名之贓，酷加箠楚，身無完膚。公度不免，乃齧指血草疏千言，冀以尸諫，埋所臥地中。緹帥許顯純發之，付火以滅其迹。時當盛夏，死十餘日方奉領埋之旨。顯純希璫意，復停數日，皮肉腐盡。賴宛平尉程應詔、義烏人奉委相驗特憐之，以單布被裹出，骸骨獲全。遠近聞之，痛心酸鼻。海虞士民，日集公生祠號哭，香楮充棟，僧侶百人禮懺四十九日。老叟稺兒，邨媼市儈，莫不拜像流涕，詈罵權璫。時恐偵卒爲權璫緝知，或以爲罪及，傳旨毀祠弃像。嗚呼，猶之此邑此令耳，積威所劫，遂至是邪？

公死而捏贓嚴追，家無所依，八旬老母棲于城樓，具見劉司農六大苦情疏中。幸逢聖明御極，迅掃元兇，昭雪公冤，盡蠲贓罪，尋賜金五百緡贍其家，今又奉恩旨叙卹矣。生當蒙廕，歿當廟食，以視籍產戮尸者，其得失竟何如哉？

【校記】僅見明金日昇輯《頌天臚筆》卷五上"贈廕"（崇禎二年刻本）。金日昇，字茂生，明末吳（今蘇州）人，布衣，好漫游，著述豐富。

天啟六君子贊並序／袁翼

明熹宗之世，太阿倒持，逆璫煽虐。鬼謀曹社，孝陵之夜哭時聞。劍賜杜郵，遼左之長城已壞。內則臺閣重臣稽顙於媼相，外而封疆大吏接迹於閹門。此輩清流，投白馬而將盡。皇帝乳臭，置黃襁而可憐。再世淪亡，非不幸也。

然而松柏後彫於歲寒，桑榆亟思夫晚補。請斬童貫之疏，我乃陳東。願與杜密齊名，卿真孟博。此六君子之所以揰挂綱常也。當識興委鬼，孽起妖狐，百八罡煞錄已編成，四十猴猻樹猶未倒。爲六君子者，指銅駝而長歎，聞杜鵑而炳幾。愍後患於苴簬，戒失聲於破甑。北使若來，休詢朝事。秋風乍起，便引扁舟。豈非明哲保身之道哉？乃豺狼當道，安問狐狸，菴蕳抽心，勁於蕭艾？銜衣折齒，白簡飛六月之霜。抉眼拔釘，丹陛灑一腔之血。亦謂疢疾彌年，姑銷以丸藥；虞淵欲墜，可揮以魯戈。強稱宣項，壓任秦頭，縱生一網打盡之謀，尚有九鼎難窺之慮。

蓋自二十四大罪之疏入，而干奴咋舌矣。自熊廷弼、汪文言之獄成，而諸賢噬臍矣。於是緹騎四出，爭傳瓜蔓之抄。鎮撫五刑，復有羅箝之目。積屍之氣，蒸出妖芝。裹帛之尻，重加溼棍。南衙贓簿，飽五彪五虎而猶追。東市朝衫，呼列祖列宗而不省。自古縉紳受禍，未有若斯之慘者也。然而諸賢破生死之關，求仁義之是，心鍊彌丹，血藏成碧。院飛甘露，拚白首以同歸；鐙閃青燐，對赭衣而含笑，又何烈乎！嗟乎，茄花落後，日照冰山，木子歌來，雨銷火樹。觀端禮之碑，金人怒踣，祭潼亭之墓，大鳥重歸。或有複壁餘生，酒儁匿跡，吉玬藥草，元慶枕戈，恥戴天於嘗膽之時，幸完卵於覆巢之頃。地非陽武，響驚力士之椎。殿異含元，憤擊司農之笏。此亦足以襮雌臣之魄，而慰鯁輔之靈也已。

余讀《明史》及燕客《雜錄》，至六君子被禍，未嘗不掩卷三歎。後諷其文集，拜其遺像，又肅然起敬。知造物生此賢豪，非欲挽明社於將墟，實陰培士風於弈世也。逆案昭彰紹述，尚沿於南渡。正氣磅礴道學，毋諔乎東林。乃各爲之贊，曰：

泰昌短祚，選侍據宮。簾衣立撤，顧命元功。二十四罪，魑魅繪容。蒼鷹搏翅，鍛於遙穹。干將失手，折其霜鋒。於我何有，刀砍東風！（楊忠烈公漣。）

巖巖浮丘，威生赤豸。三朝作養，忠義自許。應山一疏，公稿先擬。家國破碎，何復多語。咄哉道鄰，竊入狌囤。公吒之出，目光如炬。（左忠毅公光斗。）

副使佞佛，了無恐怖。願學賈彪，不入黨錮。福清南昌，宵小構怒。調停洛蜀，遂與璫忤。人天種子，自登覺路。虞山錫山，千秋兩顧。（顧忠節公大章。）

衡臺戇直，如呂大防。矯矯奇氣，鬱而不揚。既爲翻鳳，復爲神羊。

世路鬼域，我心日霜。曰有忠孝，以代文章。家書蠅字，神閒語詳。（周忠介公朝瑞。）

宇山示疾，龍性難馴。良知講學，姚江之薪。孟曰取義，孔曰成仁。得其一體，乃泯萬塵。風霆硠駭，蛇虺輪困。公於其間，俯仰屈伸。（袁忠節公化中。）

魏公多難，處家定識。魏公晚達，立朝定力。公有良友，都諫景逸。公有令子，從祀孝烈。自譜萬言，檻車操筆。氣凌河嶽，身膏斧鑕。（魏忠節公大中。）

【校記】見清袁翼《邃懷堂全集·駢文箋註》卷五（清光緒十四年袁鎮嵩刻本）。袁翼（1789—1863），太倉州寶山縣（今屬上海）人。道光二年舉人，官至江西玉山知縣。

楊漣/周聖楷

楊漣，字文孺，德安應山人，爲諸生，落拓自喜，里中呼爲狂生。少與陳愚結交，以豪傑相期許，嘗雪夜兩人行歌遍邑中，倚柱而嘯，畫地而書，狂呼痛哭，人莫能測也。

舉萬曆丁未進士，知常熟縣。其爲治，好古教化，豪強大姓爲姦猾，亂吏治，必收案致法。吏人捧手縈氣，丞尉嚴事如大府。字養小弱，問民所疾苦，徒行阡陌間，執手慰勞，如家人父子。亦更以此察知謠俗，及閭里姦利。訟衰盜息，邑以大治。邑令俸薄，不足贍家口，其兄清賣田以資之。五年入觀，毀所束帶，以佐辦裝，舉清官第一。庚申，擢兵科給事中。

先是光宗久在東朝，間于鄭氏，儲位危，懌然後定。是年秋，神宗寢疾，皇太子希得召見，日旰尚徬徨寢門外。公慮之，走告閣臣，當直宿閣中，日率百官問安，效宋文潞公訶內侍故事。傳語伴讀王安，太子當力請入侍，遲明而出，日暮還宮，以備非常。安故守正，力擁佑太子，同心憂懼者也。光宗踐祚，五日而病，輒封鄭貴妃爲皇太后，及所愛李選侍爲皇貴妃。傳旨旁午，中外奸邪詗知上病不能自還，扇動鄭、李謀踞兩宮，挾皇長子以專國命。公要諸大臣集左掖門，面折貴妃姪養性，貴妃知不可奪，即日移慈寧宮去。公遂上疏，極論鄭氏所遣醫文昇侍疾無狀，宜下司禮監，推舉窮究，宣示中外。罔俾賤臣誣汙起居發病狀，虧損盛德。上暫輟萬幾，進皇長子及皇子扶牀繞膝，導迎和氣，收廻封太后成命，無輕發詔令，以尊國體。事闖禁近，皆人臣所難言者。疏上三日，上特命錦衣召公。人意公且得罪，上對羣臣從容言病狀，既而數注視公，指皇長子："科臣謂不當去朕左右。"皆理公疏中語也。故事，宣召羣臣，止及吏科掌垣，他垣不得與。公以兵垣特召，閣部咸在，兵衛甚嚴，示以設九賓廷見之意。自是再召，與聞末命。

　　光宗崩，選侍踞乾清宮，羣閹教選侍閉皇長子不聽出，度外廷無可如何。公首定大計："大行在乾清，羣臣哭臨畢，即擁皇長子升文華殿呼萬歲，暫御慈慶宮，須選侍移宮而復。則羣閹之計格，我輩得以事少主矣。"初詣乾清宮，閹人持挺誰何。公大罵"奴才"，手格卻之。將及宮門，內豎傳李娘娘命，追呼泣還者至再，公復手格叱退之。皇長子既居慈慶，選侍猶踞乾清不肯去，宣言將垂簾，詰責御史左光斗疏中武氏何語。公抗論於朝房、於掖門、於殿廷者，日以十數；叱小豎於麟趾門者一，叱閣臣從哲及大閹於朝者再。選侍乃移一號殿，而天子復還乾清。後先諍辨，謂選侍不得母天子，天子不當托宮嬪。反覆痛切，聞者口噤。移宮之日，奮髯叫呼，聲淚迸咽："選侍能於九廟前殺我則已，今日不移宮，死不出矣。"聲徹御座，殿陛皆驚。上亦語近侍："鬍子官，真忠臣也。"當是時，三朝大故，變起旬月，舉朝匈匈，不知所爲。公儼然行顧命大臣之事，外戒金吾，簡緹騎，周廬儆備；內戒中官乳母，禁宮人闌入；身露坐宮門外，五日夜不交睫，頭鬚盡白。每有大議，大臣左右顧視，問楊給事云何，莫敢專決也。自神廟中年，羣小窺菀枯之勢，開離間之隙，浸淫蘊崇，而發作於鼎革之交。公察知奧窔，誓死仗節，奪人主於婦寺之手，其功最爲奇偉。然移宮既竣，羣小失所馮依，膏唇拭舌，造作謠語，聳動朝士。好異者進安選侍之揭以撼公，公乃上《移宮始末疏》，優詔歎嘉。則誣公交關司禮安，脅取中旨以恚公。公發憤再疏，移病歸。逆閹魏忠賢漸用事，搆安殺之，羣小私相幸，以爲殺公有基矣。

明年，即家起太常寺少卿，擢都察院左僉都御史，轉左副都御史。羣小日夜中公，忠賢所顧，猶未敢即發，使其私人疏糾左光斗、魏大中，牽連公客汪文言以嘗公。公家居時，嫉忠賢關通阿母，竊弄威福，必爲社稷憂，扼腕流涕，草疏藏弄篋中，至是乃修飾爲二十四大罪上之。忠賢驚且恚，擲地展轉號哭。羣小教之曰："毋恐，逐楊某，公可安枕矣。"忠賢喜，假會推，盡逐公等。羣小又嗾之曰："不殺楊某，公之禍未艾也。"忠賢復大懼，急徵公等，坐故經畧熊廷弼贓，羅織成獄。先是考文言，五毒備極，迫使引公。文言號去呼公，仰天笑曰："安有貪贓楊大洪乎？"至死不服。及考公，獄吏顧以文言爲徵，公大呼太祖高皇帝、神光兩宗，竟坐誣服以死。

公死後，大舉鈎黨，轉相連染，死徙廢禁，逮捕相望。乃爲閹定三案，刊要典，借公爲質的，以欺誣天下，而羣小所以殺公之本謀始大露。然後知公之死，不死於擊閹，而死於移官。定計殺公者，非操刀之閹，而主張三案之小人也。詔獄後三年，今天子即位，追錄死閹忠臣，以公爲首。會其子之易等。詣闕訟父冤，詔所司上公死狀，閹孽猶用事，初贈僅平進一級，再贈削去部銜不肯上，羣小之忌公而憎其骨餘，至於此極哉。

公爲人孝友潔廉，正直誠篤。家貧喪父，躬自相地，勞瘁得疾幾殆。夜聞鼓樂聲，有神人降其室，爲處方，病良已。事繼母至孝，事其兄清，更衣並食如一人。其妻有違言於母兄，痛歐之，令長跪謝罪而後已。在省垣，四方貨賂不敢窺其門。間受故人問遺，隨手散盡，家無餘財。蘊義生風，抗論悟俗。採纖芥之善，貶毫末之惡，是是非非，明白洞達。推賢讓能，慰薦單素，手疏口贊，如恐不及。與人交，輸寫心腹，貿易首領，奮迅感慨，急人之危甚於已，以故知與不知皆傾心倒身，願爲公死，無所辭也。當其舁櫬就徵，自鄖抵汴，哭送者數萬人，壯士劍客，聚而謀簒奪者幾千人。所過市集，攀檻車看忠臣，炷香設祭祝生還者，自豫、冀達荆、吴，綿延萬餘里。追贓令亟，賣菜洗削者争持數錢投縣令甌中，三年而後止。昭雪之後，街談巷議，驚而相告，耘夫牧豎有歎有泣。公之忠義徽烈，波蕩海内，蓋亦從古所未有矣。

嗚呼！公之死在天啟五年七月二十四日也。慘毒萬狀，暴屍六晝夜，蛆蟲穿穴。畢命之夕，白氣貫北斗，災眚疊見，天地震動，冤抑可勝痛哉？崇禎五年，其死友陳愚始爲公狀，率其二子，跋跋數千里，屬錢太史謙益志之。兹蓋傳其畧云。

聖楷曰：楊大洪先生，固社稷臣也。抑予讀陳元樸狀，知世間尚有死友；讀錢太史志，知世間尚有公道。頃奉高督學師檄修《四朝三楚文獻》，錄大洪傳，屬之華容孫穀。又知世間極大忠孝，即是極大文章。以之作人，而訓行善俗，流風遐邇；以之報國，而樹勛建業，彪炳丹青。太史亦云：千載而下，讀枕中嚙血之書，殆未有不正冠肅容，傍徨涕泗，相與教忠而勸義者也。吾師文獻一錄，造楚之功寧有暨哉。

【校記】見明周聖楷《楚寶》卷二十六"忠義"（明崇禎十四年刻本）。周聖楷（1594—1643），字伯孔，湘潭人。四十歲時猶爲貢生，遂絶意科舉，專心著述，其詩受竟陵派影響較大。

楊忠烈傳／鄒漪

公諱漣，字文孺，號大洪，其先故關西裔，流入安南，居唐街。宣德中從英國公歸附，賜居湖南，徙應山。公少負大志，與陳愚交，以豪傑相許。嘗雪夜行歌遍邑，倚枉笑，畫地書，狂吟痛哭，人莫能測，里中呼曰"狂生"。

舉萬曆丁未進士，知常熟縣五年，舉清官第一，得上考。歷遷户兵兩科給事中，天下大議一出公手。是時光宗在東朝，爲鄭間，儲位未定。神宗疾，皇太子罕召見，日旰，旁皇寢門。公走告閣臣，當直宿閣中，率百官問安，效宋文潞公訶内侍故事。傳語伴讀王安，太子當力請入侍，遲明而出，日暮還宫，以備非常。體念東宫，殆無休日。光宗立五日病，趣封鄭貴妃爲皇太后，及李選侍爲皇貴妃。傳旨旁午，中外奸邪扇動。鄭李謀踞兩宮，挾皇長子以專國命。公要諸大臣集左掖門，面折貴妃姪養性。貴妃知不可奪，即日移慈寧宮去。公上疏極論鄭氏所遣醫崔文昇侍疾罪，宜發司禮究問，宣示中外。因進皇長子及皇子扶床繞膝，導迎和氣；收廻封太后成命，無輕發詔令以尊國體。疏上三日，上命錦衣召公；公入見，衆疑上必杖公。上目注久，諭曰："國家事重，卿等盡心，朕自加意調理。"

未幾，駕崩，羣臣將哭臨，公排闥入，內使持挺下，公厲聲曰："皇上崩，正臣子入臨會，誰敢辱天子？"從官者手挺卻，及宮，追呼拉還者再，公復手卻，羣臣因得入。哭臨畢，問皇嗣所在，諸璫張口不對。時皇長子爲選侍置煖門，王安紿選侍，抱出寢門。英國公張維賢捧右手，大學士劉一燝捧左手，呼"萬歲"。皇長子稱"不敢當"。尚書周嘉謨請御殿，選侍召廻三，公叱之。擁登輿至殿，羣臣禮退。皇長子居慈慶，選侍猶踞乾清不出。公發憤上言曰："先帝升遐，人心危疑，謂深宮選侍儼然母道自居。外托保護之名，陰懷專擅之實。故力請陛下暫居慈慶，實有鑒於皇祖鄭貴妃事。欲先擇別宮遷之，然後奉駕還宮。今諸臣靜俟五日，登極已定明日矣。既登寶位，天子豈有偏處東宮之理？今奉移宮明旨，若復耽延，豈真欲天子遜避一宮嬪乎？"公抗論於朝房、於掖門、於殿廷，日以十數，選侍乃移噦鸞宮。瀕移，奮髥呼叫，聲淚迸咽，大言曰："選侍能於九廟前殺我則已，今日若不移宮，死不去！"聲徹御座，殿陛皆驚。上顧近侍語曰："鬍子官，真忠臣也。"當是時，女主內制，羣奄外結，公儼然行顧命大臣事，以一身奪人主於婦寺。登極不已，繼以移宮。外戒金吾、簡騎從，周廬儆備，內戒中官乳母宮人闌入。身露坐宮門外五日夜，不交睫，頭鬚盡白。皇祖有靈，實鑒臨之。

然一時宵小思中傷之矣，因述移宮本末奏，上優詔褒嘉。公謝疏謂："皇上量同天海，孝隆唐虞。但微臣荷綸綍之褒，過徼忠直之譽。一不安。俯慚卑末，豈可掩人於朝？仰藉清平，何敢貪天爲力？二不安。受朋友之虛譽尤愧，過情叨君父之寵嘉，能無深愧？三不安。臣引分自循，唯有決去一著。"上留之，尋告歸，予廻籍。

明年壬戌，起太常寺卿，擢都察院左僉都御史，轉左副都御史。時逆閹魏忠賢權藉甚，朝堂之上知忠賢不知皇上，都城之内知忠賢不知皇上。即大小臣工又積重所移，積勢所趨，亦止知忠賢不知皇上。莫敢出一語者，公扼腕流涕，首疏劾二十四罪，遂羣攻之。忠賢驚且恚，擲地哭，羣小慰之曰："毋恐，逐楊某，公可安枕矣。"忠賢假會推事，盡逐公等。羣小又嗾之曰："不殺楊某，公之禍未艾也。"忠賢大懼，急徵公等，坐故經畧熊公廷弼贓。

廷弼者，公垣中所推也。公條奏天下事，言遼事必大壞，宜置經畧辦遼。後熊公為御史馮三元劾，公救之，謂："議經畧者，終難抹殺其功；憐經畧者，亦難掩飾其咎。功在支撐辛苦得二載之倖安，咎在積衰難振，悵萬全之無策。"熊公得解任聽勘。廣寧陷，熊公下獄，忠賢以贓坐公，曰"不如此，無以殺楊某也"。

先是考汪文言，五刑備極，迫使引公。文言仰天笑，曰："安有貪贓楊大洪乎？"至死不服。及考公，獄吏顧以文言為徵，公大呼太祖高皇帝、神光兩宗。竟坐誣死，時年五十有四。

公死慘毒萬狀，暴屍六晝夜，蛆蟲穿穴。畢命之夕，白氣貫斗，災眚疊見，天地震動，天下冤之。

當是昇襯就繫，哭送者數萬人，壯士劍客聚而謀劫奪幾千人。所過市集，攀檻車看忠臣、炷香設祭祝生達者，自豫冀達荊，綿亘千里。追贓令亟，賣菜傭亦爭以數錢投縣令甌中，三年後止。夫人詹氏與後姑棲止樵樓風雪中，二子乞食養。末子幼，賴舊交陳愚匿於廬山，得長大。戊辰，毅宗立，追錄死閹忠臣，以公為首，詔贈右都御史，加贈太子太保，諡忠烈，廕子與祭葬。

論曰：楊公其霍光流與？當光宗顧命，上未嘗畫圖示曰："爾輔我長子。"下不敢涕泣，問曰："君誰嗣？"不過色授意喻已耳，卒至成大事、安社稷。嗟嗟，若公者殆霍光之流，而非霍光之流也。光輔弗陵於鈎弋既死之時，公輔長子於選侍尚存之日。鈎弋死，誰與弗陵爭天下？選侍存，先與長子爭一宮。自古事出宮禁，未有不爲國家患者，公以"移宮"二字全其君，卒以"移宮"二字殺其身。籲，可畏也夫！

【校記】見清鄒漪《啟禎野乘一集》卷五（明崇禎刻清康熙重修本）。鄒漪，字流綺，明末常州無錫人，著有《啟禎野乘》《明季遺聞》等。

楊漣/計六奇

楊漣字文孺，號大洪，應山人。萬曆三十四年（丙午、丁未）進士，授常熟縣尹，贈太子太保，諡忠節。公初爲縣令，遷戶禮兵垣給諫，歷事三朝。以移宮一事，爲羣小所忌。庚申冬告歸，癸亥起用，升禮科，歷都御史。

見魏忠賢、客氏專擅，遂聲罪首攻。於天啟四年甲子六月初一日，有二十四罪之奏。權璫驚怖累日，既乃大泣於上前云："外邊有人計害奴婢，且謗皇爺。"上云："前日有科道官沈參立枷事，你如何說？"忠賢知上意叵測，送匿漣疏不進。首輔葉素善璫，調停爲"姑不究"之旨。南北臺省交章劾忠賢，悉留中不報。越幾日，二更許，忠賢手封墨敕，不由閣票，竟送該科，削漣等爲民。

時值苦署，鈕鎖鐵鐺，慘如炮烙。鄖城士民數萬擁道攀號，争欲碎官旗而奪公。公四向叩頭，告以君臣大義，始得解散。及至都城，竟下鎮撫。許顯純問："你如何首倡移宮？"公答云："我只見乾清宮之當靜，皇上之當尊，舊宮人當避新天子，九卿科道俱有公疏。至於宮内處得相安不相安，與我論移宮者不相干。"又問云："你如何陷皇上不孝？"將刑具過來。公答云："有天日在上，此地明心堂，不要改作昧心處。"又問大計事。公答云："大計時，我在家，我在京時，未遇大計。如今考選諸人，現在何不拿來對審？"又問熊廷弼贓事。公答云："遼陽未敗時，我尚豫上參疏，豈既失廣寧，而反爲營脱。試問廷弼原招，曾改輕半字否？"又叫加起刑來。公云："加什麽刑，如今有死而已。"許顯純密承璫意，異刑酷拷，肉綻骨裂，坐贓二萬，五日一比，髓血飛濺，死而復蘇。

許顯純竟將頭面亂打，齒頰盡脫，鋼針作刷，遍體掃爛都絲。公罵不絕口。復以銅錘擊胸，脅骨寸斷，仍加鐵釘貫頂，立刻致死。時七月二十四日也。

是夕，白虹亘天。挨延七日，始得領埋之旨。隨行舁櫬，田爾耕又復使人劫去。赤炎蒸暴，蛆蠅填集，止存血衣數片、殘骨幾根，以惡木殮之。老僕比贓身死，三歲幼弟驚死，親戚朋友填滿囹圄，家貲產業席捲掃賣完贓。

至崇禎元年始得贈諡，子國子監生，子名之易。

【校記】見清計六奇《明季北略》卷之二，清活字印本。計六奇（1622—1687），字用賓，無錫人，明末清初史學家。

楊漣/朱彝尊

楊漣，字文孺，應山人。萬曆丁未進士，除常熟知縣，徵授戶科給事中，歷禮科都給事中，升太常少卿，擢右僉都御史，進副都御史。死璫禍，贈太子少保，左都御史，諡忠烈，有集。

六君子被逮，周（朝瑞）、袁（化中）、顧三公以五月到北司，魏、楊、左三公以六月到北司，比較之日，六君子伏簷溜下，楊居中，左居楊之左，魏居楊之右，顧居魏之右，周居左之左，袁居周之左。許顯純初猶作爾汝稱，旋竟呼名叱咤。獄吏有稱犯官者，顯純怒罵曰："此等犯人爾，何官之有？"其刑具有械、有鐐、有棍、有梭、有夾棍，遇比較，流血灑地。楊、左、魏三公先斃，次袁，次周，次顧，投繯而逝。是年六月，詔獄土地祠前樹下生一黃芝，六君子至日，光彩映人，環視適六瓣，見者疑吉兆。顧公歎曰："芝，瑞草也。而生於獄，其妖乎？"未幾，六君子皆斃於獄。

楊公之歸櫬也，負以二騾，其子及一二蒼頭徒跣道上，行路皆為飲泣云。

【校記】見清朱彝尊《靜志居詩話》卷十七（清嘉慶扶荔山房刻本）。

朱彝尊（1629—1709），字錫鬯，秀水（今浙江嘉興）人。康熙十八年舉博學鴻詞科，博通經史，詩詞名家。

楊忠烈公傳/趙吉士

　　有明三百年相臣，前有三楊，曰楊榮、楊溥、楊士奇，最後楊一清，能實逆奄劉瑾於死，爲尤著。諫臣亦有三楊，曰楊爵、楊最、楊繼盛。最後楊漣，攻逆奄魏忠賢以死，爲尤著。而一代盛衰之概，約畧可見矣。

　　某字文孺，號大洪，湖北應山人，萬曆丁未進士。初令常熟，劇甚，政廉明，豪猾慴服，縣大治。俸薄不足贍家口，其兄破產資之，以高等優擢諫垣。公之在諫垣也，章數十上，如參經畧熊廷弼、兵部尚書黃嘉善，皆侃侃中機要。而功莫大於移宫，節莫壯於劾奄。

　　萬曆寢疾久，皇太子希得進見，公告首輔方從哲當直宿閣中，每日率百官候安，如宋文潞公故事。不令見上，亦不必令上知，第令内侍知，大臣在問足矣。又傳語東宫伴讀王安，皇長子當力請入侍，遲明而入，日暮而退，以備非常。

　　及泰昌即位甫十日，不豫。先是鄭貴妃新集女樂十人，將進萬曆，因病調攝而停。至是即以進賀，帝體素羸，一夕連御二生二旦，次日得疾。御藥房内侍崔文昇用大黄泄之，遂洞下不止。公抗言藥誤，請召皇長子入侍，且寢鄭貴妃封后命。未幾，傳錦衣宣公並各部大臣，咸疑上怒且予杖，閣臣咎公言太戇。公不爲動，執之愈堅。既入，上目注公者久之，慰諭諸臣出。辛未再召，上顧皇長子曰："科臣楊漣説，渠宜在朕左右，極是。"又諭封李選侍爲皇貴妃者再。甲戌，上大漸，復召諸臣及公入，受顧命。顧命，大臣事也。公以七品官得之，益感激思報。

　　上崩，諸臣將哭臨，内侍守門，持梃亂下。公厲聲叱之，乃入。先是受顧命時，選侍披幃立，呼皇長子入，復趣之出，啓上册立爲后，上不應。至是復擁遏皇嗣於内，司禮監王安詔之出，羣臣呼萬歲。選侍召回皇嗣者三，公厲聲格之。遂登文華殿，羣臣禮見畢，擁皇嗣歸慈慶。

而選侍猶踞乾清，儼然以母道自居。公與冢宰周嘉謨、御史左光斗，連疏請移宮。首輔方從哲議稍緩其期，公面折之。復呼選侍內使，責以屬辭，聲淚併咽。上顧內侍曰："鬍子官，真忠臣也。"於是宮乃移，選侍亦卒不得封皇貴妃。

當是時，公以一身奪人主於婦寺之手，外戒金吾，內防宮掖，坐宮門外五日夜，目不交睫，頭髮盡白。非公識力堅定，事且不可知。雖不自以為功，而忌其功者多矣。

宮既移，言者分左右袒，互訐不已。公復疏言："臣於當日即語諸大臣，移宮自移宮，隆禮自隆禮。必兩者相濟而後二祖列宗之靈始安，先帝在天之靈始安。即令日緝獲盜寶罪璫，只宜殲厥渠魁，毋滋蔓引。大抵宸居未定，先帝之付托為重，平日之寵愛為輕。宸居已定，既盡臣子防微之忠，即當體皇上如天之度。臣之議移宮者，始終如此。伏乞皇上於皇弟皇妹時勤召見，於李選侍酌加恩數，庶幾仰體先帝遺意。"疏上報聞。公持論本平，終為羣小所側目，適孫如游入閣，公出孫門，忌者指公為之地。於是屢疏求退，乃予告。御史高弘圖深惜其去，特疏請召公，隨陞副憲。魏忠賢與客氏譖殺王安。公家居時，見宮府可駭事，不勝憤惋，推案起曰："吾必誅此豎，以報先帝。"其出也，托少子於執友，而御老母以行，意如受顧命時，得行其志。不知羽翼已成，豐蔀見斗，而莫能摧也。既而忠賢逐老成，冒恩蔭，創內操，用立枷，稔毒愈肆。

公疏列二十四大罪，盡發其奸。忠賢惶恐，泣訴御前。客氏與奄黨王體乾曲為彌縫，溫旨慰賢且責公尋端沽直。然自公首請上方而攻忠賢者，疏且綑至矣。會推冢宰，公以註籍不與，矯旨責以規避褫職。而憾公刺骨，必欲殺之。第移宮名甚正，難以坐罪。復逮汪文言，搆熊廷弼大獄。廷弼者，公垣中所推也。熊為臺省排搆，公疏直之。謂議經畧者，終難抹煞其功；憐經畧者，亦難掩飾其罪。功在支撐辛苦，得二載之倖安。罪在積衰莫振，悵萬全之無策。熊得解任聽勘，公持論甚平。奄黨迎奄意，誣公與左、魏等納賄故縱，遣緹騎逮公。

先酷拷汪文言，逼使引公，文言仰天笑曰："安有貪賊楊大洪乎？"

有甥見其受刑慘毒，悲失聲。文言叱曰："孺子真不才，死豈負我哉？而效兒女子泣耶？"死不承公。至許顯純迎奄意，酷刑坐贓。公惟呼太祖高皇帝，不少屈。卒斃於獄，時年五十有四。

公之死，土囊壓身，鐵釘貫耳，慘毒萬狀，暴屍六晝夜，蛆蟲穿穴，僅以血濺衣裹置棺中。畢命之日，白氣貫斗。櫬歸無葬地，置於河側，天下冤之。諸君子在鎮撫司面黑如墨，頭禿如僧，用尺帛裹之，衣服上膿血如染。公鬚髮俱白，更爲可憐。

皆坐贓而死，發撫按比追家屬。公素貧，家既破，老母妻子寄居譙樓上，親戚恐禍及，無敢留者。追贓限急瀕死，忠賢殛乃免。當就逮時，士民團聚洶洶，道府委曲開諭不散，且激變。公帶刑具向士民叩頭哀懇，乃解。起程之日，哭送者數萬人。所過市集，扳檻車看忠臣，炷香設醮祝生還者，自荆達豫，綿亘千里。送至黃河者，以千計。販夫菜傭，亦爭以數錢投縣令匱中，代爲輸贓。八十老母及四子僅出城永訣，旗尉屏呵不許隨行。至河南許州，鄉紳郎中蘇繼歐，與公爲舊識，送飯一席，被偵探削奪。蘇懼後禍，自經。

崇禎改元，乃膺卹典，特贈太子太保左都御史，謚忠烈，蔭其子爲郎。已追在官贓銀五百兩，給還贍母。繼歐亦贈太常卿，從優，予祭葬。公與左光斗爲同年，同貳憲府，同劾逆奄，同以七月二十四日死，故天下稱楊左，如漢李杜云。

李遜之《三朝野記》曰："羣小計陷六君子，初擬移宮。以止屬楊左，與顧大章無預，且苦於無贓。封疆，周朝瑞薦熊廷弼、顧大章同奄黨爭辯，與楊左四人，又無預。於是合兩案爲一局，而首倡封疆之説，以定殺人之謀。又獻串通王安之説，俾殺之有名，而諸君子一網盡矣。"趙吉士曰："公處危疑之際，居政府者錯愕不敢發。公獨毅然任嫌，怨而不恤。方諸吕簡之銷閣、韓琦之撤簾，何以異焉？追身後罹瑨禍，九死不回，於諸楊尤烈矣。"恒夫趙吉士撰。

【校記】見楊祖憲本、胡鳳丹本。趙吉士（1628—1706），字天羽，安徽休寧人，入籍錢塘。順治八年舉人，官至户科給事中，著有《寄園寄所寄》等。

楊忠烈公/吳肅公

楊忠烈方疏劾逆奄，當時匹馬過從。每離，立長安道上，停車拊馬，戟手罵璫。及忤璫就徵，經毗陵驛舍，緹騎抹首韄袴，猙獰植立。當時與客談時宰諂附當路狀，俯躬起立，低聲磬折，曲盡情態，緹騎為哄笑失聲，跌宕嘔噦自若。

【校記】見清吳肅公《明語林》卷十一"簡傲"（清光緒刻宣統印碧琳琅館叢書本）。吳肅公，宣州（今安徽宣城）人，明末清初江南遺民文士。

楊大洪/蒲松齡

大洪楊先生漣，微時為楚名儒，自命不凡。科試後，聞報優等者，時方食，含哺出問："有楊某否？"答云："無。"不覺嗒然自喪，咽食入鬲，遂成病塊，噎阻甚苦。衆勸，令錄遺才，公患無資。衆醵十金送之行，乃強就道。夜夢一人告之云："前途有人能愈君疾，宜苦求之。"臨去，贈以詩，有"江邊柳下三弄笛，拋向江中莫嘆息"之句。明日途次，果見道士坐柳下，因便叩請。道士笑曰："子誤矣，我何能療病乎？請為三弄可也。"因出笛吹之，公觸所夢，拜求益切，且傾囊獻之。道士接金，擲諸江流。公以所來不易，啞然驚惜。道士曰："君未能恝然耶？金在江邊，請自取之。"公詣視，果然。又益奇之，呼為仙。道士漫指曰："我非仙，彼處仙人來矣。"賺公迴顧，力拍其項曰："俗哉！"公受拍，張吻作聲，喉中嘔出一物，墜地塯然，俯而破之，赤絲中裹飯猶存，病若失。迴視，道士已杳。

異史氏曰："公生為河嶽，沒為日星，何必長生乃為不死哉？或以不能免俗，不作天仙，因而為公悼惜。余謂天上多一仙人，不如世上多一聖賢，解者必不議予説之儻也。"

【校記】見清蒲松齡《聊齋志異》卷九（清鑄雪齋鈔本）。蒲松齡（1640—1715），字留仙，淄川（今山東淄博）人，清代著名文學家。

楊大洪先生/高廷珍

《涇皋藏稿‧常熟修學記》署云：琴川楊侯之爲令也，持己以廉，牧民以慈，接士以誠，懲暴以法，不愧古之循良。一日詣學，目擊蕪莽，退而捐俸金，散鍰金，修尊經閣，鼇復祀典，創置學田。虞人士詣余，屬予爲記。予惟世之爲令者，上之清筦庫，勤聽斷，規規簿書，期會之間以見能。下之，盛厨傳，都筐篚，務稱貴人意，以博一時之譽。其於民之疾痛屙癢，猶然不暇問，而又何有於教化之事哉？乃侯孜孜汲汲，顧不在彼而在此耶？是必其卓越之識，有以超出流俗之表。又必其一片精神周流灌注，有以通聖人吾人而爲一體，通千百世之上下而爲一息，始有此作用耳，侯於是乎過人遠矣。

陳定九傳先生云：先生令常熟時，東林大興。每遇講會，必至無錫，與顧憲成、高攀龍諸君子探性理之要，詢治道之原。政暇即與邑之士子相勉勵，講道論德無虛日。每問民疾苦，徒行阡陌間，以是遍知閭里利病。

【校記】見清高廷珍《東林書院志》卷二十二（清雍正刻本）。清鄒鍾泉《道南淵源録》卷十二（清道光刻本）有録，无"陳定九傳先生云"數句。《東林書院》卷十又有《楊大洪先生傳（明史稿）》，今不録。高廷珍，字和鳴，無錫人，高攀龍後人，《東林書院志》主要編撰者。

楊漣傳/王頌蔚

漣、光斗乃倡言於朝，共詰責鄭養性。

按：帝有疾之後，都督僉事鄭養性有請收廻封后成命一疏。至是漣疏中並劾養性云："當年主鬯未定，實不聞有調護之深心。而此時長君踐阼，儘無取乎？沾沾承奉之虛文矣。"見《明史紀事本末》。

越三日丁卯。（改越四日戊辰。）

帝召見大臣並及漣。

按：帝因漣有劾文昇一疏，故召見部院吏科河南道外特及漣云，見《明實錄》。

再召大臣皆及漣。

按：《光宗實錄》，八月癸酉召見惟賢、從哲等於乾清宮。甲戌大漸，復召諸臣受顧命。蓋八月二十八九日也。所謂再召大臣者指此。

且選侍昨於先帝召對羣臣時，強上入，復推之出。

按：八月乙卯，光宗諭禮部封選侍為皇貴妃，至甲戌召見羣臣，復申前諭語。未既，選侍呼皇長子入，趣之出曰"欲封后"，帝不語。見《明史紀事本末》。

羣臣遂退。

按：漣退時語內監王安等曰："外事緩急在諸大臣，調護聖躬在爾等，責有所歸。"復語錦衣帥駱思恭，嚴緹騎，內外防護。見《明史紀事本末》。

御史馮三元極詆熊廷弼。

按：是時三元詆廷弼無謀八、欺君者三，詔下廷臣議。見《春明夢餘錄》。

漣疏論其事，獨持平。

按：漣論廷弼疏云："議經畧者，終難抹煞其功；憐經畧者，亦難掩飾其咎。功在支撐辛苦，得二載之倖安；咎在積弱難持，悵萬全之無策。"見《明實錄》，所謂持平者指此。

大學士從哲封還上諭。

按：從哲之封還上諭也，帝再諭，發鈔南京御史王允成糾從哲曰："陛下發一諭，不過如常人表明心跡耳。而從哲輒敢封還，'司馬昭之心，路人知之'。"見《明史紀事本末》

亦上《敬述移宫始末疏》。

按：漣疏並言："前此宸居未定，則先帝付托爲重，而平日之寵愛爲輕。宸居已定，既盡臣子防危之忠，即當體皇上如天之度。因請於皇弟皇妹，時賜慰安，並酌加選侍恩數。"見《明實錄》。

其年六月漣遂抗疏劾忠賢，列其二十四大罪。

按：是時御史李應昇以內操諫、給事中霍守典以忠賢乞祠額諫、御史劉廷佐以忠賢濫廕諫、給事中沈惟柄以立枷諫，忠賢皆矯旨切責。漣於是憤極劾之。見《春明夢餘錄》。

孫慎行、鄒元標以公義發憤。

按：二年四月，慎行以紅丸事力劾方從哲，元標相繼言之。見《明實錄》。所謂以公義發憤者，指此。

忠賢初聞疏懼甚，至遂令魏廣微調旨切責漣。

按：漣疏既上，忠賢懼甚。求解於韓爌，爌不應。遂趨帝前乞訴，且辭東廠。而客氏曲爲剖析，體乾等翼之，遂温旨慰留而切責漣。見《明史紀事本末》。

先是漣疏就，至遂於會極門上之。

按：漣被責後，給事中魏大中、陳良訓、許譽卿，御史劉璞、楊玉珂等，太常卿胡世賞、祭酒蔡毅中、撫寧侯朱國弼、南京兵部尚書陳道亨、侍郎岳元聲等七十餘人，交章論忠賢不法，皆不聽。見《明實錄》。

【校記】見清王頌蔚《明史考證攟逸》卷二十四（民國嘉業堂叢書本）。王頌蔚（1848—1895），字芾卿，長洲（今蘇州）人，長於金石考證。

楊忠烈傳附汪文言/汪有典

公諱漣，字文孺，號大洪，應山人，萬曆丁未進士，知常熟縣，入爲兵科給事中。

光宗在東朝，爲鄭貴妃間，希得見。神宗不豫，公走告閣臣，當直宿閣中，率百官問疾。傳語伴讀王安，太子當力請入侍，夜無輕出，以備非常。神宗崩，光宗立五日病，趣封鄭貴妃皇太后，李選侍皇貴妃，公上疏力爭，以故事得已。於是特疏請遺詔中首册立，擇謹愿內臣侍皇太子，謂機在防微，事在慎始。光宗閱奏，語皇長子曰："此汝忠臣。"目屬者久之。皇長子即熹宗，任內侍魏忠賢傾社稷者也，時年蓋十有六矣。

光宗崩，李選侍據乾清宮，覬垂簾，閉皇長子，不聽出。公語諸大臣曰："宗社事大，李選侍非可托少主者。"遽排闥入，閽豎梃交下，止不內，公攘臂大訶，閽者卻。羣臣隨入哭臨畢，問皇長子安在？諸璫張口不能對，公大呼曰："皇長子少，汝曹何爲者？今何時，不急請見顧命大臣，何爲者？"聲徹簾內，簾內傳令旨，勑簾外嵩呼。公抗聲曰："簾不撤，諸臣不敢拜也。"顧錦衣帥梁慈，目攝之，慈登階舉袂，命近侍撤簾。簾撤，選侍退避，然猶閉皇長子暖閣中。公急呼曰："誰敢匿新天子者！"王安趣入，紿選侍第一出皇長子，即返；不者，諸大臣不能退。選侍頷之，安即負皇長子出。已而選侍中悔，使使挽皇長子裾，比抵門扉聲猶達外，追還者三四。至公叱之，擁登輿至殿見羣臣正位而後退，然而選侍猶據乾清不出也。公發憤昌言："選侍不當母天子，天子不當托宮嬪。選侍能於九廟前殺我則已，今日不移宮，死不去！"抗論於朝房、於掖門、於殿廷者日以十數，叱小豎於麟趾門一，叱內閣方從哲及大閹於朝者再，奮髯叫呼，聲淚迸咽。選侍乃移仁壽殿，皇長子始遷乾清。當是時，三朝大故，變起倉卒，舉朝洶洶，不知所爲。公儼然行顧命大臣之事，外戒金吾，簡緹騎，周廬徼備；內戒中官乳母，禁宮人闌入。身露坐宮門，五日夜不交睫，頭髮盡白。每有大議，大臣左右顧視，問楊給事云何，莫敢專決也。

移宮既定，羣小滋疾公，誣以交關司禮王安，欲中傷之，遂引疾歸，而魏忠賢益用事。公雖家居，顧念天子冲幼，而閹黨之竊弄威福，危亂國家也。扼腕流涕，草疏欲劾之，會起都察院左副都御史，則於是條次其罪上焉。其畧曰（畧）

疏入，忠賢持不下，佯辭廠乞罷，上慰留之。而徐出嚴旨切責公，公憤激，欲理前疏對仗。忠賢詗知，遏帝不御朝者三日。已而御皇極門，衛侍森列刀劍倍常時，侍班官僚益嚴警，左班官毋得輒出奏。當此之時公憤愈甚，而南北科卿寺數十百人前後申奏，俱爲忠賢持以罪去。先是羣小黨忠賢謀盡逐衆正，科臣傅櫆疏論左公光斗、魏公大中交通汪文言，比暱匪人。詔下，文言於獄廷杖，革職。左、魏二公，疏辯得免。至是御史梁夢環復論文言，而大理寺丞徐大化劾公與左公等招權納賄，藉文言入罪以傾之。文言者，徽人，以監生工書授中書舍人，負氣有聲公卿間，遂目爲東林之黨。再下鎮撫獄，鍛鍊兩月餘，弗承，刑益酷。其甥悲失聲，文言叱曰："孺子真不才，死豈負我哉？而效兒女子泣耶？"卒不承，鎮撫司許顯純勒令誣公等以贓，文言蹶起曰："天乎冤哉，以此嶁清廉之士，有死不承！"顯純相與謀曰："不引移宮，則罪名不大；不借封疆，難與追贓。"於是爲讞獄之辭曰："移宮建議爲立名躐等之資，整頓銓政爲偏聽招權之藉，布買命之金而楊熊之刑停，啓賄賂之門而陞遷之法濫。"逮公等下鎮撫獄，訶詬百出，裸體辱之，五毒備至，見者無不切齒流涕，而顯純拷掠猶懼不當忠賢意也。

　　公逮時，哭送者數萬人，壯士劍客聚而謀篡奪者幾千人。所過市集，攀檻車看忠臣，及炷香設祭祝生還者，自豫冀達荆吳，綿延萬餘里。老嫗、菜傭、瞽瞍、乞兒，各爭持一錢爲贈。許州有舊識郎中蘇繼歐，通謁具飯，後被偵削奪，自經死。公歷事三朝，親受顧命；自下獄，體無完膚；及其死也，土囊壓身，鐵釘貫耳，僅以血濺衣裏置棺中；櫬歸無葬地，置於河側；母妻俱棲息城樓，撫按猶日夕追贓也。烈帝誅璫，追錄死閹忠臣，以公爲首，詔贈右都御史，加贈太子太保，謚忠烈，蔭子，與祭葬。

　　外史氏曰："嗚呼！公區區一曹郎，非有貴戚肺腑之親，大臣心膂之重，直以光宗病中之詔，奉爲顧命之尊。身先勳舊大臣，攘臂疾呼，奪天下於婦人之手而歸之王器，擎天捧日，當無與公比烈者矣。以故冲人亦歎爲忠臣，舉朝交欽其大節。然而移宮之諍，國是雖定，而禍即釁焉。

遂至逆閹主烹，羣小行燉，連染三案，並及邊鎮長城。既煨，盜賊遂橫，國祚卒斬，殃禍未竟。籲嗟悲夫，斯豈曰命乎。

【校記】見清汪有典《明忠義別傳》卷五（清道光墨花齋活字本）、清汪有典《史外》卷五（清乾隆十四年淡豔亭刻本）。汪有典，字啟謨，號訂頑，無爲州（今安徽無爲縣）人。通經史，搜集明代三百年間抗節死義諸賢事蹟，編纂成《史外》三十二卷。

楊忠烈漣/嚴遂成

禁掖危疑地，維持護聖躬。大聲麟趾殿，立刻喊鸞宮。
入井言皆妄，垂簾智自雄。頭鬚一夜白，腔血九霄紅。
賄枉熊飛百，仇深魏進忠。趙高謀叵測，王聖事交通。
擢髮罪難數，燃臍膏易融。義兒鷹犬布，酷吏鼠狐叢。
一網連株染，三琶虐焰攻。釘囊牢穴下，妻子堞樓中。（公素貧，死後，母妻止宿譙樓。）

醮祐同文獄，（被逮時，士民數萬、建醮祈祐緩獄生還。）錢輸買菜傭。（徵贓令急，賣菜傭亦輸錢助。）小臣陪顧命，帝鑒有餘恫。

【校記】見清嚴遂成《明史雜詠》卷三（清乾隆刻本）。嚴遂成（1694—?），字崧占，烏程（今浙江湖州）人，雍正二年進士。

其他

奏父死難慘狀泣請贈卹疏／楊苞

　　原任江南松江府同知死難楊之易男、湖廣德安府應山縣儒學生員臣楊苞謹奏：爲臣父死難異慘，比例泣請聖恩，懇祈俯憐孤忠，勅部查例贈卹，以慰幽魂，以彰勸典事。

　　臣父楊之易，於順治二年投順，補授松江府同知。伊時地方初定，招徠安集，備極苦心，斬棘披荆，一生九死。不意於四年四月十六日，突遭逆督吳勝兆，搆通海寇，陰謀不軌，相逼附從。守節不屈，被賊亂砍，登時絕命。

　　當蒙招撫江南大學士洪承疇，特疏上聞。隨經兵部覆，聖旨：吳勝兆核議具奏，沈蘭等倡義誅叛，功勞可嘉，著詳核優議。逃叛顧有成，嚴緝務獲，該部知道。科抄在案。

　　竊思沈蘭諸弁擒叛，猶幸保生，業經分別陞敘。臣父爲國，不惜捐軀，至今湮沒孤忠。彼時吳逆之難，東南震動，設非臣父首攖其鋒，得以先事擒執，則松城無復有全理矣。是以臣父之死，功在地方，誠非淺鮮。且歷閱邸報，如山西太原府同知張國賢等，俱蒙聖恩贈卹。較之臣父身先赴難，盡節全城，事同一體。

　　伏乞皇上俯憐異慘，勅部照例贈卹，以慰忠魂，以彰國典，則羣工感奮，犬馬爭馳矣。臣不勝惶悚待命之至。（《楊忠烈公集·表忠錄》）

　　【校記】見《湖北文徵》卷六，云錄自《楊忠烈公集·表忠錄》，但各本均未見。

特贈江南按察司副使楊公勉齋狀畧／楊苞

　　不孝苞，煢煢在疚，痛念父殉國難，攀柏拊膺，不勝其涕之潛潛矣。

先嚴庭訓有加，義方倍摯。自筮仕以至終天，罔不親承色笑，日奉杖履，是以立身行己，慷慨節義，善政遺愛，小子誌之，未敢忘也。嗟乎，凡人績著一邑，德合一鄉，尚且光昭史冊，垂於無窮。況先嚴功在社稷，豈忍湮沒無聞乎？且盤根錯節，克全忠孝，以吉彥霄之白父冤，顏常山之死國事，而事不紀於旂常，名不垂於青史，此非爲子孫者抱憾無涯日夜痛心者哉？苞神愴心裂，不能搦管細述，敢畧呈梗槪。懇請名公史筆，用光泉壤，先嚴死且不朽矣。

　　先嚴諱之易，號勉齋，祖先世系，敢云淵源，然已載之先大父《實錄》中，不贅。大父忠烈公，生叔季四人，先嚴長子也。幼事大父母，循牆偏僂，克稱純孝。長偕諸叔父，長枕大被，極盡友，于有古人風焉。其孝友出於天性，非勉强者之所能幾。至於生而岐嶷，資性穎悟，屢試冠軍，即禮部試卷，亦領袖羣英。生平不苟言行，不侵然諾，一嚬一笑，不輕假人。忠信誠慤，姻睦任恤，即反側子莫不生敬畏焉。且能見幾未形，當大父由京堂而遷總憲，間里之間，莫不稱慶。父憂形於色曰："都御史，言官也。父孤介性成，忠貞自矢。當此宦勢方張，肯俯首下心爲顧命羞耶？"未幾，果以二十四大罪首發奸惡，璫怯膽懼，下石之術益工，削奪始歸，緹騎旋至。先嚴即欲赴闕上書，願以身代，大父止之曰："俱死無益也。"

　　檻車北上，父亦隨踵而去。徒步間關，晝夜跋涉，將至京師。夜次盧溝橋旅舍，有客排牆而入，操杖相向曰："予奉魏命捕汝，此汝畢命之秋也。"先嚴泣對曰："父逮被獄，冤沈海底，安見覆巢之下有完卵乎？今日之事，授首甘心。"客曰："父爲忠臣，子爲孝子，吾亦不忍死汝。"然身受鞭篓，赤足奔脫，主僕不及顧矣。自後恐其物色，改姓爲易，裝扮貧丐，孑孑孤蹤，艱難險阻，無不備嘗。

　　大父慘斃獄中，先嚴悲哀飲泣，死而復蘇，多方斡旋，蕢爲料理，始得收屍而殯，追贓之矯旨又下矣。父以分膚長子，力爲撑持，家世清貧，捏贓二萬，從何措辦乎？不但田房人口，盡爲一空，即敗絮敝屣，亦變賣入官矣。猶復催檄如火羅織無休，凡屬姻婭株連殆盡。先嚴枵腹藍縷，手口卒闍，求助不給，從而募化，足跡遍天下，鵠面鳩形，幾不能保其生矣。嗚乎痛哉！幸剝而復返，烈宗登極，賢奸判然，雖忠臣義士，漸有生機，而乾兒虎彪之儔，猶然在列，誰敢赴湯蹈火？先嚴奮不顧身抗疏陳情，幸遇明君立爲昭雪，綸綍重光，至今猶奕奕也。

大父文集素不存稿，雖章疏入告尚藏秘院，而詩歌篇什半落人間矣。先嚴搜羅採輯搆成一書，即令大父餘韻猶在，手澤猶存也。

明季國步多艱，四郊多壘，吾應乃巖邑，疆域彈丸。賊至城下，外無蜉蝣蟻子之援，而當數萬日滋之衆。先嚴身冒矢石，捐囊以備戰守，而人皆樂從，無不以一當百，俘渠斬級，賊抱頭而竄者不一次。及父宦遊，則棄城而不保矣。

初授後軍都督府都事，旋轉本府經歷；陞工部虞衡司主事，奉差管理驗試廳；轉都水司員外郎，奉差濟寧泉閘。凡歷一任，必革除公費，詢察利弊，躬悉泉源，皆著令績，琤琤有聲。尋遷四川龍安府知府，全蜀爲賊所據，未獲赴任。父見時事日非，無復有仕進之志矣。

皇清定鼎，查官職，起舊紳，父高臥堅不應詔。客有勸之者曰："當此滄桑之時，哀鴻遍野，能招集流亡，俾民安堵，不猶愈於南山之南北山之北乎？何爲問水尋山之計，不慮株連我十家鄰佑耶？"强之出，以知府銜管理松江府海防同知。

雖駐節雲間，而公署舊設於金山衛。沿海一帶，延袤三百餘里，隅陬海澨，當鼎革之會，觀聽驟易，綏輯不其難哉？父身從荆棘中，遍歷所屬，温詞婉語，鼓舞向化，率圳者數千萬家，咸爲太平之民。夫何孔叛悖德，越志横行。父老泣曰："吾族無噍類矣。"父復請兵聲討，隨顧左右曰："恐玉石其俱焚乎？"時父在城南隅，見大兵將入，匯城老幼，爲鬼爲人，命判須臾。父令標官陳世忠入重圍，申言南匯效順之故，而衆始釋戈就地，隨令壺漿以迎。故兵不血刃，老幼無驚擾，迄今海濱，室家依然，廬墓如故，家人婦子，咸沐更生。其事最奇，其功最巧，非吾父好生之德，何以全此億萬之命也哉？至於兼攝府縣篆務，如菼任安撫、勸慰流亡、奠安黎赤、鋤抑强豪、招集工賈、收埋白骨、查歸子女、清理居房、整頓軍容、修築海塘、疏理冤抑、禁革火耗、澹泊明志、開徵有法、清查餉額、培養子衿、殄除妖黨、殲滅土寇、招撫衛所、勸諭經催，則口碑載道，《實政》有錄，難以枚舉。姑撮其一二，置之"循吏傳"中，又何多讓焉？

豈料天不長善，禍生肘腋。提督吳勝兆潛通海寇，所謂司馬昭之心路人已知之矣。忽於順治四年四月十六日酉時，傳請會審賊情。同司李方公至，勝兆爪牙四布，罵聲未絕，而叛將李奎等已操刃相加矣。嗚呼痛哉！是夕風悲氣瞑，神號鬼泣。衙舍後垣，相距勝兆止隔一帶水。次日黎明，苞緣牆而望，則見兵環甲胄，操弓挾矢，鼓噪相攻，茫然不知就裏。心驚肉跳，亦逆知其有變矣。又見一人從轅門而出，手持令箭，口傳兩家子弟。又一人奪其令箭，折而擲之。少頃，則訃音至矣。苞一痛幾絕，嘔血摳心，呼天搶地。又慮禍至覆巢，隨隱身他所，爲復仇地，不然亦無生理矣。

嗚呼痛哉！冤無不報，事有好還。當日勝兆如奪其魄，若縛其身，爲中軍副將詹世勳率領神將所擒，獻馘於公，而李奎等旋即就戮。説者以爲非伍子胥之英魂，則張睢陽之厲鬼，冥冥之中，若或擊之。不然，其何相報之速哉？苞既越月日，咽有微息，扶櫬歸里，即匍匐帝廷，跪闕進疏，泣陳顛末。聖天子爲之憐憫，特賜殊典，以光寵錫。贈江南按察司副使，與祭一壇，造墳安葬，廕一子入監讀書。

父生於萬曆壬寅年四月二十七日巳時，卒於順治丁亥年四月十六日亥時，享年四十五歲。先慈陳氏，詔封恭人，通經史文藝。瑎禍追贓，家計簫然，先慈女紅紡績，以資日用。兩代姑嫜，患難顛沛，事之如一。親操井臼，滫瀡之養，無不自出其手。即文伯之母，無能過其勤。係本邑孝廉陳公諱愚之女。男即苞。孫男三：際熹、際照、際勳。

【校記】錄自《湖北文徵》卷六。

魏忠賢始末／趙吉士

魏忠賢者，原名李進忠，河間肅寧人。父曰魏志敏，母劉氏。娶妻馮氏，生一女，嫁楊六奇。少孤貧，好酒色，能右手執弓，左手彀絃，射多奇中，而猜狠自用。惟以賭博爲事，人以傻子目之。久而落魄，遂自宮，將妻改適。萬曆十七年，選隸司禮監孫暹名下，派與御馬監劉吉祥照管。復本姓後，改名忠賢。

中宮舊例，本官者，視甲科之大考照管。老叔者視房考，皆如師生，亦若父子。然其曰同官者，猶之同門也。孫暹名下又有徐應元，與賢爲同年。而神宗時，四川稅監邱乘雲乃暹之掌家，又徐貴者亦暹之名下，於賢爲前輩，乃乘雲在京之掌家也。賢因貧困，詣乘雲任，希乞餘潤。徐貴早悉，數其無賴狀於乘雲，賢不之知也。邱一見大怒，瑣賢空室中，絕飲食者三日，意欲斃之。僧秋月力爲解釋，邱僅給路費十金，遣之歸。僧爲致書所善內官馬謙，囑其厚遇賢。馬謙方爲總理，其鄭貴妃名下林廷宦女，謙之所侍，如古所稱對食者，方用事。凡賢困乏，謙每資之。適天啟生母才人王氏，後封孝和皇后者，缺人辦膳，賢夤緣承應。其引進者魏朝，則王太監安之名下也。

朝初與天啟乳媼定興縣民侯二妻客氏通，賢亦乘間暗通客氏，客氏厭朝而意向於賢。天啟即位數月，兩人爭擁客氏，醉罵喧呶，漏將丙夜，直達御前。天啟問曰："客奶你要隨那箇，我爲汝主張。"客氏既心向逆賢，王太監安亦惡其名下人穢行敗露，遂批魏朝頰，勒令朝告病離御前。逆賢始得專客氏，天啟惟二人言是聽，而尾大不掉之患成矣。

司禮監掌印王體乾寔黨逆之元兇，秉筆李永貞、李朝欽，復羽翼之。凡文武糾劾忠賢者，共七十餘疏，概置不報，逆賢從此放手爲惡。南昌蒲州去，而昆山南樂進，崔呈秀首贊奄幕。廷臣又有五虎之黨惡，廠衛更有五彪之助逆，南樂取《縉紳便覽》一部，以己意標識，不附奄極重者三點，次則二點、一點。葉向高韓爌等，共六七十員。其附奄者三圈二圈一圈。阮大鋮又進《點將錄》，仿《水滸演義》，羅織天罡地煞，一百八人。崔呈秀進《天鑒錄》，李某進《同志錄》。凡遇陞遷，查錄中有名者，即行罷黜。其大僚削奪則傳特旨行之，或令逆黨共疏糾參。正人君子，盡納鉗網中無一或遺者。因而緹騎四出，人皆裏足。初尚疑皇上何以知某係邪黨、某係門户、某係熊廷弼之姻家、某係劉鐸之宗族？久之逆賢與奄黨，公然指出某錄有名，毫不之諱也。

七年八月二十二日，天啟崩。信王於二十四日登極，逆賢猶掌司禮監。御史楊維垣於十月十七日，首參崔呈秀，阿媚厰臣以當上意。賈繼春繼之，亦彈射呈秀，然猶未敢指及忠賢也。十月二十三日，兵曹陸澄源。二十五日，武選錢元慤。二十六日，御史吳尚默皆直攻忠賢，而嘉興貢生錢嘉徵開列惡款。上命內臣朗誦諸疏，令忠賢跪而聽之，震慄失魄，竟不能出一語，伏地哀泣而已，准予告病。十一月初二日，降淨軍發鳳陽。初六日，行至阜成縣，夜半與其名下心腹李朝欽，同縊於南關旅店。崇禎元年二月十一日，御史卓邁，奉旨凌遲逆屍，梟示河間府之西門。

客氏九月初三日，奏歸私第，五鼓宮門開，衰服赴仁智殿天啟梓宮，前出一小匣，將天啟胎髮瘡痂及累年剃髮落齒，焚化痛哭而出。十一月，奉旨籍没，步赴浣衣局，差乾清宮管事趙本政笞死，發净樂堂焚屍揚灰，人心始快。忠賢死時年六十歲，客氏四十八歲。

先是忠賢初直東宮，有道人歌於市曰："委鬼當朝立，茄花滿地紅。"蓋先兆云。

康熙辛巳臺中祁門張靜齋，持疏請毀魏忠賢碑墓，千古快事，疏錄於左。

巡視西城江南道監察御史臣張瑗謹題，爲逆惡之罪，既已正典於前朝；私豎之碑，豈宜傳留於後世。亟請乾綱敕毀，以敬奸邪以垂鑒戒事。

竊惟建祠立廟、刊碑、題額，乃皇上報功之盛典。恭聞我皇上前歲翠華南幸，敕修岳飛之墓，賜題于謙之碑，誠以此二臣者，忠貫日月，義扶山河。恐其歲月浸久，埋荒烟而没衰草也。故特表而揚之，以風示天下。凡天下之抱負志節者，無不感激涕零，共仰我皇上之彰善於前代，如此其崇隆也。夫善在必彰者，則惡在所必癉。

臣奉命巡城，前往西山一帶查閱。遥見香山碧雲禪院，俗呼于公寺。寺後峻宇繚牆，覆壓數里，鬱蔥綿亙，金碧輝煌。疑是前代王侯之寢宮，詢之土人，知爲故明罪惡滔天磔屍身後逆璫魏忠賢之墓。臣不勝駭異，迫而視之，見有穹碑二座，屹然並立，合書"欽差總督東廠官旗辦事掌惜薪司內府供用庫尚膳監印務司禮監秉筆總督南海子提督保和等殿完吾魏公諱忠賢之墓"。

臣觀覽之餘，輒爲髮指。夫魏忠賢者，在故明天啟時竊操國柄，屠毒忠良，惡貫滿盈，一時羣小皆出其門，德碑生祠，幾遍天下，神人共憤。直至崇禎初年，罪惡發露，潛行自盡，後乃磔其屍於河間，差快人心。迄今公論在人，尚恨戮屍不足以蔽厥辜，又何可於畿輔近地，留此穢惡之蹟僭越之制，以欺壓山靈玷污勝境。且使後代無知之閹寺，誇詡歆羨，以爲身雖遭顯戮於生前，墓猶留壯觀於奕世，何以儆巨憝、昭大法哉？尤可異者，碑後刻有孝官、孝孫等六七十人姓名，並不填寫年號。

使其造於故明之日，豈有顯遭正法之逆璫敢於僭橫乃爾？若造於我朝鼎定之後，則不書昭代之年號，尤屬狂悖不法。在豎碑者皆喪心無知之徒，不足深罪，其如駭遠邇士庶之見聞何？況當奉旨敕修明史之時，凡明季忠良、被禍諸臣，無不爲之立傳表揚，以彰公道。皦皦光天化日之下，豈容奸孽黨羽大膽潑天，目無三尺，一至於此？伏乞皇上天威乾斷，即敕地方有司，立仆其碑，剗平其墓，俾天下後世，曉然知兇惡之徒，並不能保全墳塋於身後。其於聖明癉惡之義，不啻炳如日星，嚴於斧鉞矣。

緣係條陳事理，字多逾格，貼黃難盡，未敢另繕。如果臣言不謬，仰祈皇上睿鑒施行，爲此具本謹題，請旨。康熙四十年五月十三日題。

二十二日，奉旨：魏忠賢碑墓著交與該城官員仆毀、剗平，該部知道。

疏載《說鈴》，冬夜籤記。

【校記】見楊祖憲本、胡鳳丹本。明劉若愚《酌中志》卷十四（清《海山仙館叢書》本）有錄。趙吉士（1628—1706），字天羽，安徽休寧人，入籍錢塘。順治八年舉人，官至户科給事中，著有《寄園寄所寄》《萬青閣全集》等。

表忠録敘／黃興道

　　古之忠臣孝子志士仁人，其浩然之氣磅礴古今，若天之有日星、地之有河嶽。蓋有不待生而存、不隨死而亡者，此中關乎節義焉，文章特其末耳。然文章亦有二焉，離節義而言文章，則文章輕；以文章著其節義，則文章重。是故古之文章根乎節義者，在朝廷則爲金鑑，在儒林則爲心源，在子孫則爲家學。不獨言治法者重之，言學術者重之，而言世守典則者尤重之。文章之足表章節義也，固矣。

　　嘗執此以觀古人，則於吾郡應邑楊忠烈公見之。公顯於前明泰昌天啟間，距今祇二百餘年，而應邑之去郡城，亦未及百里。道幼聞長老談公軼事，心嚮往之。及長得讀公之文集，未嘗不泫然流涕，想見其爲人。且歎公之得於天者厚、成於學者純而深於養者粹以精也。嘗讀公之全集，見其劾文。辯進御也，則防君父之患於隱微；其沮封后請移宮也，則銷妃嬪之禍於倉卒；其論兵事也，則爲邊陲捍患生民請命而才識兼優；其攻魏璫也，則從宗社立心君父起見而死生不計。至書簡詩歌，其於內而家廷、外而朋友，無不以嚴正出之，而究不鄰於激烈。此公之文章根乎節義，前人之說備矣，後生小子不且擬議之無從哉？而道尤有感焉，古之言著作者工矣，而或不傳，傳矣而或不遠。此其莫或沮之而卒歸於湮沒者，蓋文章不足感天地而動鬼神，亦聽其存亡而不之惜。若公人爲千古不朽之人，文亦爲千古不朽之文。

　　其自擊闇致命後，平生所爲文章賢子孫裒爲一集，流傳海內。自前明以訖國朝，莫不寶重，罔敢失墜。不幸近年寇賊跳梁，吾郡數經烽火，公後嗣所藏公集，板多殘毀。公七世嗣孫徵笏先生慨然傷之，以續承家學爲己任。至郡城，主於同里孔硯友廣生家，獲公全集於板闕中，盡心檢校一月有餘，補付剞劂始如舊觀。道於拜謁笏翁得捧讀之，乃歎此中有天焉。夫公之精誠能弭女禍於方萌之際，而不能杜奄難於甫熾之秋；能動刺客徙義之心，而不能挽許顯純徐大化黨逆之志；能悟闇主於登極之初稱爲忠直，而不能開其沉錮於數年之後卒詔獄亡。天殆以此顯公之節義歟？

公卒迄二百餘年，公之子孫或出司民牧，或望重膠庠，皆克世守家學。公復重刊文集，使海內讀者皆歎善人之遺澤無窮，且得由文章以慕公之節義而歌也。有思泣也、有懷其懦立頑廉莫不聞公之風而起興者，此又天之以文章顯公也。然則公之文章與節義不朽，其入人深也矣。況爲後嗣者讀公之文，思公之行，有不繼公之志以求頡頏乎古人、而世德相承以永傳於無極哉？

同治四年歲次乙丑八月中旬，候選訓導鄉後學黃興道頓首拜撰。

【校記】見楊祖憲本同治四年重刻本。黃興道，生平事迹不詳。

楊大洪先生忠烈實錄

昔椒山楊公疏出，嚴氏父子即借疏中"二王"語殺之。夫罪案取之疏中，猶近似今大洪楊公廿四罪之疏出，始則借移宮案，後復借封疆案。題目愈大，假托愈巧，而事情愈遠，伎倆愈窮。又向者，嚴氏父子所竊笑也，誰爲逆璫畫此者？然爲逆璫計，自不得不出此。外廷何爲亦復爾爾？甚至有奏稱其家不貧，請立循環簿，嚴比其妻子者。不知下筆時，亦曾念及天地間尚有所謂天道神明否？然小人之自爲計，亦不得不出此。彼一時也，崑岡之火正烈，舉國之泉盡狂。此皆尋常事，何足異，又何足責？

　　惟當此時，而突有一意表行事者出焉，如羣梟一鳳，衆虎一麟，自不禁目奪心駭矣。今雖聖主當陽，幽沉畢照，而邪說之習染猶深，公論之明晦各半，正占風者徘徊觀望之時。乃太守胡公甫下車即爲之傾囊贖宅，捐俸建祠，且錄忠節實蹟，壽諸梓，以昭揭千秋。其以義殉友，一如楊公之以忠殉國者。然回視椒山廷杖下獄時，刑曹有《年譜》，至不許人扶掖以行者，何如？蘇文忠公嘗嘆士大夫爭半年磨勘，殺人亦爲之，至于今而殆又甚焉！前德安太守李公、應山令君夏公皆能掀翻此案，其見于給諫閣公所表章者，斯已奇矣，今更有如胡公者，何聖賢豪傑之偏萃此一郡也！楊公令常熟時，冰操異政，業已衙官卓魯，伯仲夷齊。被逮之日，合郡士民哭聲震野，官箴鄉評不止忠犯逆璫一節，得非天鑒素行，有所假手以慰藉之耶？

　　世之成敗論人者，謂逆璫之禍以有激之而成。夫使果由激之而禍成，則宜媚之而禍解，何以諛言日進而手愈滑、禍愈酷也？彼王莽時止聞有頌之者不聞有激之者，何以竟移漢祚？且曹節輩之不至爲莽，又安知非節義默維之力哉？從來趨彼一途者，原自不少，何不存此一種以稍分其勢？而復作如是觀以摧折之？將令舉朝盡化爲彪虎孫孩而後可乎？

　　嗟乎！乾坤有盡，正氣常新。河岳星辰，誰非實錄？其托梓以傳者，猶一映耳。先正有《節婦吟》云："爾輩借將扶世教，妾心原不願忠臣。"容知此錄傳而楊公不益凄然于地下也。

　　崇禎元年七夕，信天居士梅之煥頓首謹題[1]。

竊惟取義成仁，英雄立慷慨之節。礪世磨鈍，師帥實風化之標。若有忠弗闡、有節弗揚，雖聖王無以易世。而取忠導順、取節導廉，即叔季可以還淳。

如今上所贈卹應山總憲楊公諱漣者，性篤忠貞，長多奇節。當鼎湖顧命之日，拚七尺以酬知。及權璫播虐之時，誓九死而解悖。今讀移宮之疏，精誠可泣鬼神。覽聲罪之條，忠義直貫金石。雖罹禍不測，而矢志無他。沉痛三年，聖明出而忠邪立剖。洗冤一旦，恩綸渙而人鬼交懽。此疇非從孝弟之良率性而出，豈別有隱怪之術旁行而流？純此念，即大聖大賢。而雜此心，即可奸可佞。葆此性，則真英真傑。而斷此脉，則為獍為梟。從來節述，逢干只此寸腸激烈。穢流督萬，無非片念沉淪。故興起于前徽，不若觀感於近哲。提醒於行素，何如觸目于典型。

是用捐俸建祠，借公砥世。先為湊鏹以贖其五畝之宅，次為授梓以傳其千秋之神。更將集輓計于鉅公、討悲歌於志士。庶可以鼓吹靈瑣、羽翼騷經，使凡民知致命原非奇士求仁，只在存心。唯妻子厚而君父薄，斯身家重而道義輕。苟借影以鞭衷，遂染時而薰俗。是表忠旌節、慰公之愴巨痛深者猶小，而勸忠勵節、賴公廉頑立懦者甚大也。惟是事關風紀，合請命于上臺。若非典出皇恩，敢阿私於年譜。

崇禎元年五月，知德安府事巴蜀胡繼先書于四虛公署[2]。

謹按楊公諱漣字文孺，號大洪，謚忠烈，德安府應山人。登萬曆丁未進士，初授蘇州府常熟縣令。癸丑考選，清官第一，擬戶科給事中，遷兵垣都諫。歷事三朝，軍國大儲，多所論定。庚申九月，當光廟不豫，疏明聖體違和之繇，特鑒忠直，三蒙召見，親承顧命于御榻之前。時熹宗勢處孤危，公倡議先移宮後登極，值宿宮門，伺察非常。六日鬚髮盡白，宗社賴以奠安。輩小因而生忌，公不屑與較，予告歸里。每聞宮府有可異事，輒憤惋推案起，曰："吾必請誅此奴，以報先帝。"癸亥起用，除陞禮科都，賀客踵至，公子之易等有喜色。客退，公呼諸兒謂曰："兒曹何癡而以而父進賢冠為而作馬牛者耶？今冲聖子立，所在伏戎。外有□□，內有逆豎。疆場宮府，皆我之死所也。憂且不暇，何喜之有？"聞者駭之。公獨處東齋，每焚香設位，遙叩光宗皇帝曰："臣受知最深，受托最重，今國事至此，臣罪當誅。拙戇愚生，恐不能爲報。"語訖，輒搥胸涕下。因念老母未終養，子女尚未婚嫁，只欠此願，遂密致戚友陳愚、王延世、劉應遇、徐養量、蕭毅中、傅淑訓等，分屬後事。每自笑曰："楊漣這番出山，不知歸路是如何也！"其矢志蓋非一日矣。

尋以奉常卿赴闕，歷陞都御史。目擊魏忠賢、客氏專擅益無忌，致有謀皇子殺貴妃等事，此時不言，迨至逆謀已成，請劍何及？無使天下後世笑舉朝無一人有男子氣。遂聲罪首攻，于甲子六月初一日有二十四罪之奏。（文畧，詳見卷二《劾魏忠賢二十四大罪疏》。）

疏既上，忠賢驚怖累日，既乃大泣於上前云："外邊有人計害奴婢，且謗皇爺。"欲激怒以治公也。上云："前日有科官沈惟炳參立枷事，你如何説？"忠賢知上意叵測，遂匿漣疏不進。首輔葉意在調停，權爲姑不究之旨。自是忠賢彌縫益巧，舉朝文章竟不得旨。

先是枚卜孫慎行等，魏廣微名次第九，忠賢不點首推，而廣微以腹親點陪亂政，遂自此始。公知廣微實爲厲階，且前疏"門生""宰相"等語，已攖其怒，至是註籍草疏，兼責相臣，稱其父以愧之。廣微偵知，謀以會推事謫漣，輔臣韓爌矯爭不得。當日二更許，忠賢手封墨勅，不繇閣票，竟送該科，削漣等爲民，詰旦催行。原疏遂未及上，今載於此。（文畧，詳見卷二《止內批屢降疏》。）

先是忠賢數購死士殺公於私第，皆至牆却步，瞀無所覩。使者返告以故，忠賢驚曰："這蠻子還有些造物，只是苦不容我耳！"後有人子夜飛簷而至，公見之，呼曰："君奉委而來，幸無妄殺老母。"其人曰："公忠臣也，孝子也，吾豈忍爲，然此後吾亦不復居此土矣。"遂不言姓名而去。後聞其人先獲忠賢四千金，携家人入遼云。及公削籍，青帽策蹇辭出國門，偵鬼刺客充塞驛道，少司馬張公鳳翔，密遣精銳二十餘人，及公門人張宿、朱光斗護公單騎渡河，乃免。

公既歸，或勸爲赤松遊，公曰："某自夜半草疏時，早拚七尺矣。普天之下，即有土堪逃，寧有義可逃哉？"居家惟青衣小帽，府縣勸其行服,公曰:"此君命也。安見金紫即爲榮,此即爲辱乎?"亡何,內外謀成,削逐如雨,有啣公者累參招權納賄,及營脱罪經畧等語[3],思借汪文言以興大獄。公遂被逮。

初忠賢欲以移宮殺公,但恐無處揑贓;又密遣邏卒,至常熟應山兩處,偵其官評鄉評,並無可揑贓者,遂借題裝誣,盖積憾然也。聞逮之日,郡縣驚慟,德安城南有勇士數千人,擁入公署,欲手磔官旂,固閉乃免。開讀之日,郡邑士民,集城外者數萬,閧聲徹天。府道屢諭不能散,公自登城樓,泣告父老:"官旂未嘗苦我,朝廷未必殺我。毋使我反忠爲逆,且累三族。"然後解散。是時,州邑村舍,爲公祈禱生還者,情詞不一。有郡城士民陳玉帝表,另載于後。公既就纍車,邏卒滿目,冠蓋親知皆爲爲足。惟部郎劉應遇、掌科沈惟炳入城至報恩寺僧舍,與公一訣。公子之易、婿黃登選慮緹騎中途加害,相伴不離。公曰:"我此身已歸之朝廷,前後不免一死,北司與中途何異?汝等在此,徒亂人意。"于是禁阻不容。乃潛逸至京。惟戚徐應徵雜諸僕中,得侍左右。行過中州,自關以北,皆焚香頂迎,設醮請禱。送公渡黃河者,絡繹于道。

邸次朱仙鎮,作《告岳武穆文》。(文畧,詳見卷九《禱岳武穆王文》。)

公至京,詔下鎮撫司。許顯純拷問云:你如何首倡移宮。公答云:我只見得乾清宮當静,皇上當尊,舊宮人當得避新天子,當初九卿科道俱有公疏。至於宮内處得安不安,與我論移宮的不相干。又問:你如何陷皇上不孝。公答云:有天日在上,此是明心堂,不要改作昧心處。又問大計事。公答云:大計時,我在家居。我在京時,未遇大計。又問熊贓事。公答云:廷弼遼陽未敗時,我尚預上參疏。豈既失廣寧,反爲營脱?試問廷弼原招今日曾改輕半字否?顯純喝令加起刑來。公答云:加甚麼刑,於今只有你説的了。殺人媚人,天下後世,汝肉不足食。公入獄草揭自明。因熊廷弼出揭爲楊左辯贓,有旨切責刑官。顯純屬禁不許獄卒傳寸紙,遂未得出。原揭載於此。(文畧,詳見卷三《被逮赴都揭》。)

公被逮將至之日，獄樹生一黃芝，凡六瓣，日夜漸長，香色非常。及公等既至，適六君子，人皆以爲異。彪弁許顯純密承瑞意，異刑毒拷。旋有旨，五日一比。而用刑人又迎許顯純意，施于公獨酷。公子之易促徐戚歸，變產業，屬僕楊忠傳單送食；自奔盧龍、永州、真定、新城等處告貸，爲萬死一生之計，未返而公卒矣。時七月二十四日也。是夕白虹亘天，黃芝墮地，顯純驚懼，隱匿六晝夜，始得領埋之旨。刑曹及宛大二縣驗過，藉以布褥，裹以葦席，臭遍街衢，蛆虫蠕蠕墮地。公頭面俱碎，皮骨盡脫，僅有鬚存，幾不可識。家僕赴獄領屍，顯純猶恐屍還贓緩，意欲請旨拘繫，俱皆驚散潛避。向公赴逮時，載棺而往，寄一寺中，原差官旂已密獻田爾耕矣。至是，武學教諭沈惟耀、禮部郎中楊金通爲具資備棺，屬公舊識吳江朱光斗密爲經理，徽州吳繼道共襄其事，始得薄殮。公子之易自盧龍奔至，則已蓋棺矣，撫柩號慟。又爲邏卒所獲，備極拷詐。賴同伴爲江右劉之禎，不類楚音，支展得脫，覆卵倖存，蓋再世也。

先是嚴比令下，公知借贓索命，於初八日從茶注中有字寄子，言同鄉挑激之事。于十五日遂絕粒不食，惟求速死，無爲同事累。有告獄神絕筆、寄母寄子及親友絕筆數紙，付同獄孟叔孔。後顯純以孟與公同鄉，又目擊慘殺公狀，恐爲日後口實，欲致之死。孟自知不免，埋公絕筆于寢室北壁下，密以字示弟宗孔知。既而宗孔收兄屍，掘得公親筆，藏兄屍背帶出，踰年手授公家。公臨絕有嚼指血書一百八十字，顯純索而毀滅。先是，鎖頭顏紫持以示人，曰："吾異日可藉片楮贖死。"時獄中有珠商，性甚穎，見而密記，後出獄授稿公家。今諸絕筆不具錄，惟告獄神文並血書載于此。（文畧，詳見卷九《書獄神廟壁文》。）

《獄中血書》（文畧，詳見卷三。）

公既卒，家僕扶櫬歸里，大河南北孔道間，所過村店皆爲公設祭，嘆惋流涕。遂平令夏之鼎祭送，獨如生禮。至確山，有一負薪老人，撫棺大哭，袖出一詞，粘於棺旁。詞云："先生之心，忠君之心。先生之口，嫉奸之口。奸魄未褫，先生死矣。先生雖死，萬古如生。嗚呼哀哉，夫復何言。"叩其姓名，終不肯言。噫，亦奇矣。

及追贓檄下，三子幽繫，莫能湊辦。楚撫覲明楊公楷密諭有司，多方設處。親友破家捐助，務期保全。太守李公行志、邑令夏公之彥，仁心勁骨，不避偵邏，爲作將伯，籍募緣引付之僧道，爭先募化。遠近憐公者，捐貲濟苦，不敢一書姓名。追後催檄戒嚴，而公之少子不免，老僕死者數命。不得已，券借富室。更不得已，竟賣親友之產。三閱歲，始得報完。計公之家所未鬻者，惟母妻子女數口而已。且慮璫怒未休，族誅踵至。公有幼子幼孫甫四歲，密寄廬山爲僧，餘息洶洶，莫必其命。

幸天厭兇德，聖明御宇，手執河魁，雪消見睍。崔魏二奸，次第屏逐。户部郎中劉應遇極口爲公鳴冤，有六大苦情之疏。台省部寺諸君子爲公稱冤，抑表節義者，疏亡慮數十。上屢勤敕諭昭雪，明旨優卹，不能悉載，姑以俟之來日。

附

原任都察院左副都御使楊漣男廩膳生員楊之易、楊之賦，附學生員楊之言、楊之環奏，爲恭謝天恩，泣陳冤苦，仰祈聖鑒，以明臣節事。

臣父楊漣，孤介性成，忠貞自矢。初任常熟知縣，非惟載米飲水，海虞尸祝；更兼負債陪產，天下共知。考察清官第一，選授户科，候命七年，纔得實補兵垣。當皇考光宗朝，三蒙特召，親受顧命于御榻之前。值先帝鼎成，以移宮一事，杜漸防微，憂危六日而鬚髮盡白。臣父不敢居功，固請歸田。越二年，以禮科召還，由太常卿歷陞副院。每思恩重身輕，誓圖仰報，遂以逆璫一擊，遭羣奸百計朋殺。荷蒙皇上特鑒臣父忠貞，特矜臣父冤慘，屢諭優卹，起既死于九淵，隆餘生于再造。是知臣父之苦者，惟我皇上。而臣父之沉冤積苦，敢不一言，爲我皇上告乎？

自二十四罪首破奸謀，忠賢一黨，胆懼心驚，日夜合算，思死臣父。臣父亦日日拚死。未行削奪，先謀刺殺。有持刃者，越墻入室，臣父呼之曰："爾奉委而來，殺止殺我，勿傷老母。"其人徘徊，不忍而去。身坐漏舟，舉家湯火，不虞僅以削奪嘗也。策蹇衝寒，狼狽歸里。又欲謀殺于途，賴侍郎張鳳翔差兵護送得免，而賊黨之怒不休也。未幾，復借封疆題目而逮繫之。旨下矣，時值酷暑，鈕鎖銀鐺，慘如炮烙。鄖城士民數萬，擁道攀號，閧然激變，爭欲磔官旂而奪臣父。臣父四向叩頭，告以君臣大義，始得解散。入別孀母，出就檻車，明知必死，輿櫬偕行。雖沿途村店城市，焚香建醮祈祐生還，而匹夫匹婦之心，安能回在廷在旁之計乎？

及至都城，竟下鎮撫。白日黑天，拷掠鍛鍊，肉綻骨裂。懸坐贓銀二萬兩，不時嚴比，髓血飛濺，死而復甦。臣父大叱許顯純曰："熊廷弼初在遼陽，我引有樹無皮一疏參之。及廣寧陷後，我謂奉命而出，失事而入，何辭不死？廷弼恨欲殺我。此豈受賄爲營脫者？至于移宮始末，舊宮嬪自宜避新天子。初一至初五，原不爲促。曲突徙薪，十廟神靈，鑒臣熱血。昧心殺人，天下後世，汝肉不足食。"顯純大怒，竟將頭面亂打，齒頰盡脫，鋼針作刷，遍體掃爛如絲。臣父罵不絕口，復以銅錘擊胸，脇骨寸斷。仍加鐵釘貫腦，立刻致死。是夕，白虹亘天，顯純驚遑無措。挨延七日，始得領埋之旨。隨行舁櫬，田爾耕又復使人劫去。赤炎蒸暴，蛆蠅填集，止存血衣數片，殘骨幾根。傷心天乎！臣父止爲社稷鋤姦，何辜遭此極慘痛哉？死矣，足快賊心矣。奈何殺人之胆既滑，破卵之計轉工。游魂孤子，奄奄旅舍，而撫按追贓之旨又下。

臣父家世清貧，平日尚多稱貸。二萬捏贓，粉骨難完。罄賣田房人口及敝衣細物，絲粟不留，並將臣伯楊清所有盡沒入官，不足千金。祖母漂寄城樓，父屍暴露荒郊，骨敲髓盡，母子兄弟，計惟駢死獄底而已。知府李行志，不避偵邏，親書募文。知縣夏之彥，四門設櫃，捐俸首倡。士民好義者，傾家樂助。更屬僧道，遍化吳楚申浙諸省。攢窮砌義，完及一萬餘兩。後欠之數，周應秋巧逢璫惡，勒限四月，催檄如火，羅織無休。老僕伏明比死，三歲幼弟驚死。親戚朋友，填滿囹圄。家資產業，席捲掃賣。完贓急欲污名，合郡慘過抄沒。

皇上試思，追贓諸臣，何以尚有未完未解者？俱叨皇恩蠲豁。而臣赤貧之家，何以報解不寬時刻？止緣臣父觸兇最早，諸奸恨入骨髓。故危疑愁慘，負累株連百倍諸臣，自難逃于睿鑒矣。尤有不忍見聞者，爰書之娼疏一出，赤族之兇傳風起；偵邏四布，人避如瘟。豈止臣家鬼哭神號，凡屬姻親，妻竄子離。以致臣伯楊清，數月府佐，有何過犯？何足碍眼？潘汝禎娼祠迎合，借計典並填罷黜。忠義之報，固如是乎？又賴知府胡繼先，目擊顛連，救焚拯溺，孤危餘孽，偷延視息。種種積苦，當年不敢言。

即聖明御宇之初，皇上倡言之，諸臣迫言之，而臣終不敢匍匐叩閽者。彼時，護璫餘黨，布列在位，臣等驚魂未定，談虎色變。至今始得伏闕謝恩，臣罪殊深，臣苦更難言矣。

冤長幅短，容臣另疏披陳，臣無任感激哀號之至。

奉聖旨：覽奏謝，并陳父楊漣冤苦，知道了。楊清著覆原職，該部知道。崇禎元年十月日。

原任都察院左副都御史楊漣男廩膳生員楊之易、楊之賦、楊之言奏，為羣兇構陷千般，孤臣冤死萬狀，冒死籲天，懇乞聖明，大彰國法以慰冤魂，以垂忠勸事。

人臣致身報國，苟利社稷何惜一死。惟死而不明死之故，及致死之人更當堯舜在上，優卹特加，而死終不明；子又隱忍畏禍，不敢出一言以明之；豈惟可惜，真可痛耳！從來亂臣賊子欲舉天下第一等事，必先除天下第一碍手之人。故逆璫蓄謀無將，人第知于甲子數年以後，臣父知于天啟元年以前。思患預防，在兵科時即有疏參魏進忠矣。進忠者，忠賢之原名也。

自臣父去國三年，忠賢羽翼已成，殺機浸露，不得已棄身家捐性命，直陳逆惡二十四罪，一以冀先帝之悟，一以解中外之交。庶幾仰對光宗，報凡前受命、再起田間之大恩耳。乃擊賊不勝，而賊謀轉毒。魏廣微以門生翻為父子，偵知臣父復有參疏，授柄佐逆而通天老猾、殺人最狠之徐大化正欲投歡，又有資孽田弘慈乘機挑激。於是深怨積恨，居間申合，教之升木，教之同心，教之放開手眼廣募死士；而臣父無死所矣。命梁夢環舉汪文言舊綱，而詔獄復興。霍維華、楊維垣應死士之募，感恩圖報，一出封疆之計，一出移宮之計。徐大化遂兩收之，以受賄逮、移宮殺，爲身亡家破之計。文言未到，預捏口單。當先一疏，取旨逮問，維華即隨疏倡和。諸奸協力，政府集成。

忠賢喜其事情重大，鍛鍊周詳，特調許顯純、崔應元主其獄。派贓指掌，緹騎四出。先殺文言以滅活口，又勒限獄官以索父命。臣父既死，廣微胆落。而賈繼春復出奇曰："我有一計能欺天下後世，皆以楊漣爲該殺。蓋不以參忠賢爲借題，則楊漣之死爲非法；不扭定移宮貫串王安在內，則楊漣之死爲無名。"於是盡反向疏之所云誤聞，書札之所云借攻，倒戈橫刺，請創爰書。既殺父命，以快璫心。又污父節，以堅璫寵。此非諸奸朋謀設穽通內殺人之罪案哉？

罪案自定，又值皇上秦鏡當空，諸奸安所逃匿？轉生一計曰："不若堅持前說，楊漣自是當死，但不死于法吏而死于詔獄。"死處難赦，慘處堪憐。奪其忠義之實，姑予慘苦之名。既不悖優恤明旨，又不露攢殺本相。更有忠賢、顯純塞責，仍思縱橫，顛倒作事、外說公道之人。故楊維垣借參罪樞之名，邀旨站腳忙下王安一着，以巧嘗于先。又恐公道漸著，獨力難支。則借起廢之明旨，急引朋謀殺人之徐大化、霍維華、阮大鋮等，而用之于繼春，且不次陞遷焉。繼春自知幻術已破，清議難容，急將年來真受璫禍者，並一二呈身逆璫、隨爲厭逐者，黑白不分，瑕瑜混錄，爲兩踩之船、翻身之計。遠倡近和，彼倡此和。曰"此前後忤璫者也"、"此不入門戶者也"。

嗟乎！冤哉！首擊元兇身亡家破生死仳離者，橫目爲通內之人。內外呼應好官由我，殺人如麻者，反指爲忤逆之人。聖明在上，尚作如此舉動，則當年之加刃臣父，尚待臣言之畢哉？通內殺人無調停之法，大逆不道無分首從之法。懇乞大奮乾剛，將主謀導逆之徐大化、進讒左使之田弘慈、下石加功之賈繼春等，照律定罪，明正典刑。更將賣權助逆之魏廣微並振天誅，以爲屠戮忠良傾危宗社者之戒。

外，臣父獄中絕筆一書，悉移宮始末。遺字一紙，述徐大化啣恨緣由。血肉淋漓中，原字潦草，不敢徑呈，謹抄謄恭進御覽。更祈勅下史館，以備採擇。

臣無任泣血哀號，待命之至。

奉聖旨：覽楊之易奏父楊漣冤死情狀及進漣獄中遺筆，忠肝義膽，慷慨壯烈，朕心愴然。奏內指稱構陷諸臣情事不一，着部院看議來說。崇禎元年十月日。

《絕筆》（刻在前錄中）[4]

《遺字》（文畧，詳見卷三《獄中遺子》。）

原任都察院左副都御史楊漣男廩膳生員楊之易、楊之賦謹揭：爲國是既已大明，國法不容終枉，仰承看議之明旨，俯悉攢殺之情由。一字不根，願甘九死，三尺未協，誓不再生事。

從來乞丐身故，終必經官。匹夫枉死，亦求抵命。況身爲憲臣，心抱丹赤，有何罪過，以致夥璫助逆，屠戮半天下，株連遍三黨。普天之冤皆其冤，普天之仇皆其仇。是獄也，天地鬼神二祖十宗之靈實式鑒之，仁人君子相應惻然。易是以艱關萬里，洒血九閽，得"構陷諸臣情事不一部院看議"之旨。夫看議者，正以事體重大，將前後造意左使、下石加工、閃爍變幻及不見不聞之事情，看而議之，未刑于市，先訊於衆之意也。至魏廣微以絲綸作劊子，徐大化、霍維華以參疏起逮問，楊維垣以逃察之錦囊爲殺人之陷阱。阮大鋮欲掩叩馬偷換之陰謀，先滅二十四罪之活口。前既連雞，後難卸駝。此長安兒童走卒人人共知，一看即明者也。

惟是賈繼春握定移宮之案，曲行擒縱之毒。投閣誣揭，已置易父于几上；悔罪書疏，復游易父于榖中。授刃于賜環之前，加工于入朝之後。方易父之未殺也，鷥身清流暗定白馬之禍。及易父之既殺也，快心巢覆，復深遺卵之謀。試觀前後書揭，移宮只是一事，楊左同是一案，忽稱其糾交通，忽罪以身爲交通，忽稱其定孤危，忽罪以粧成孤危，忽稱其同心而扶千古之大常，忽罪以忍心而導先帝之不孝。豈真初終三截，還是蛇蠍一心？豈真已姑舍之而突變其機，還是必欲殺之而自終其局？豈真殺易父以媚忠賢，還是借忠賢以殺易父？豈徒假愛書以株連赤族，實欲假易父之愛書以一網名賢？人之有心，天之有日。事後乃迫自解曰"是救楊也"、"是緩贓也"，嗟乎！性命不保，妻子不保，即有相愛大德，何人領受？且聖明御宇優卹之旨屢下矣，豈復有追贓可緩。何以放開諸賢扭定易父，放開忠賢扭定王安？豈非謂楊有罪，則殺楊者爲無罪？楊在對案則殺楊者可逃正案？護愛書之人即造愛書之人，而造愛書之心即首揭階禍之心乎？殺謀愈變愈幻，殺機愈藏愈露，信如明旨所云情事不一，若不細細看議，則通內之律、殺人之律、主使之律、加功之律，總藏于説謊欺君語言支吾之律，典刑將誰正焉？更可笑者，蘇公以欵接易父獲戾，今掠之以爲私論崔、魏首肯之故。夫聽者，僅一首肯，遂受喪身之慘禍。何言者猶然服豸繡衡畿輔也？豈功過之相准，抑情誼之難解耶？況繼春亦言官，何以只在坐間孤憤？願當事君子并看之也。若田弘慈事情，又不一矣。關越人之弓，盛同室之鬭。徐借璫力、田借徐刀，人知負嵎之虎爲徐、魏，誰知含沙之鬼有弘慈？人知大化以門戶請兵于魏，誰知弘慈以贛撫發弩于徐？易父非苦極冤極終抱投鼠之忌而不肯言，易非痛父之苦極冤極亦深虎口之懼而不敢明言。事中之事，情中之情，藏于九地，發于九天，此豈尋常看議可以結局也哉？一人一事，一事一情，一情一證。

　　皇上以法治天下，當道君子於以法佐皇上治天下。懇乞大賜主持，按律明刑，勿使祖宗條令至今日而可以不遵；聖明在上，首惡漏綱，開天下可以通內謀逆、可以任意殺人之路。縱或生面難負，死友可忘，然天下豈有無父之人哉？言念及此，肝腸寸裂，易不勝痛哭哀號之至，謹揭。

　　揭已刊就[5]，伏讀田世兄大揭，以情以理似不應至此，然不幸已至此矣。壬戌皮差在里，甲子鄉試在京。止因贛撫其父不得越次推補，啣恨入骨，遂乘易父忤璫削奪時結義傅應星夤入賊幕，與徐大化密謀構成大獄。及乙丑四月易父被逮後，五月始討金花差，爲殺易父而借劍肆毒，知易父之必殺，更巧去以圖滅跡。細按歲月，愈見肺肝。父遺子筆，子報父仇。一字一恨，一點一血。乃以風聞造謗目之，嗟嗟，彼何時、何地、何暇以風聞爲他人快忿哉？至田雙老不得與徐、霍輩一歲九遷，就中亦自有説，易何必言？如執此以爲解，是引退之魏廣微當在贈廕之列、削奪之曹欽程不應居逮問之科矣。且來年楚禍纍纍相望，有何奥援？猶得入贅中翰，出賁皇華，數載榮施，滿門清吉，田世兄母訝殺人之賞太薄也。再揭。

部院勘語：吏部都察院會題爲羣兇構陷千般、孤臣冤死萬狀等事，看得楊之易爲父鳴冤，疏列多人，然所稱主謀導逆者徐大化也、進讒左使者田弘慈也、下石加工者賈繼春也、賣權助逆者魏廣微也。除魏廣微已經削奪、徐大化已經驅逐外，竊照田弘慈傾心比匪、間發讒言，以致徐大化剚刃忠良，釀成重禍。舌雖三寸，機逾九淵。據楊漣將死之書，定弘慈今日之罪。宜加褫斥，以警譖人，所當削籍爲民者也。又照賈繼春初爭登極移宮之一案，似與漣各行其是。而後發逆臣伏辠之一疏，實繼春自遂其非。若非結冤對于正人，何事肆機抨於慘骨？至于主張要典，更覺如見肺肝。然漣身殁於賈未起官之先，而賈疏出於漣既就義之後，繼春雖自壞生平，似不關漣生死。但事尋夫緣起，而謗及于殁身。此孝子所以錐心，而公評所以冷齒也。雖復首擊奸樞，疏揚善類，欲借名而掩過，難取後以蓋前。亦當削籍爲民，以謝慘忠者也。奉聖旨是。崇禎元年十二月日。

原任都察院左副都御史，今贈太子太保、右都御史楊漣男廕生楊之易奏，爲奸逆無可逭之罪，祖宗有不赦之條，謹據律再陳，仰祈誅討事。

逆璫之惡，無過謀逆殺人。然不能一人謀逆，一手殺人。逮問起于參疏，參疏成于密計。臣刀俎餘生，飲痛三年，始得以主謀之徐大化、魏廣微，加功之賈繼春、霍維華、楊維垣，左使之田弘慈，泣血入告。

奉聖旨："覽楊之易奏父楊漣冤死情狀，並進漣獄中遺筆，忠肝義膽，慷慨壯烈，朕心愴然。奏内指稱構陷諸臣，情事不一，着部院看議來説。欽此。"臣思此法司事也，何以部院看議？正以事情重大，未棄于市，先訊于朝，仰見我皇上敕法慎刑盛心也。今賈繼春既看，其肆機抨于慘骨，結冤對于正人，主張要典，如見肺肝矣。田弘慈既看，其間發讒言，以致徐大化剚刃忠良，釀成重禍。慈復自吐自供，急為大化出脫。且明攻暗射，殺機滿紙矣。左使加功，僅僅削籍，而徐大化等槩置不問，豈以四兇之惡未甚耶？臣請再陳其詳。

臣父首擊逆璫，一時朋逆者，誰不腐心？終覺磋口。雖兇惡如梁夢環借端汪文言，尚未顯指。而徐大化復職，陳言當先巧詆，于是有招權納賄，楊漣左光斗其尤，待汪文言逮至，審明追贓之旨矣。霍維華復將移宮極力粧捏，于是有宣付史館改正實錄，待楊漣逮至，追贓後一體治罪之旨矣。臣不論移宮血誠天地鑒察，且事在四五年後，遷恃豈有不安？況臣父與逆黨為難，危若朝露，即無狐兔之悲，應有附逆之忌。果何事傷心，必觸疑冒嫌，婉轉以求痛快耶？即言察心，能逃聖鑒哉？若楊維垣，則又慘且毒焉。

先是維垣交結客氏，計除王紀，恐吏議難逃，轉思托人自保。突將紀所推重司官顧大章，誣以受熊廷弼賄銀四萬。覆辯雖明，賊謀已伏。迨大獄甫興，即以逃察之錦囊，為殺人之陷阱。又將一人增至六人，四萬衍至十萬，隨璫恨之深淺，為派贓之多寡。非刑毒比，相繼併命。是臣父死于移宮，而主移宮者，霍維華也；死于封疆，而主封疆者，楊維垣也；死於移宮、封疆兩案，而主持兩案者，徐大化也；死於節次矯旨，而暗授票擬、明肆誅鋤者，魏廣微也。

臣父何罪？妻孥何罪？親戚朋友何罪？捏贓貳萬，三黨灰燼。向非知府李行志、胡繼先，知縣夏之彥，前後救援，藐爾覆卵，死且無所。嗟嗟！誰獻追贓之計？誰票嚴追之旨？虛借助工為名，實則分充豁壑。殺人于室，罔利于朝。在崔魏之世，厚實而顯名。即在今日，雖無顯名，猶享厚實。有是法乎？諸奸罪極，祖宗法嚴。照謀逆律，則不分首從皆死；照殺人律，則主使者斬，加功者絞；照通內律，則互相交結，扶同奏啟者皆斬。以情以法，何處躲閃。即如劉鐸一外吏耳，隱寓譏諷，遭兇意外。較挺身擊賊、甘蹈虎口者，何如？乃既殺始禍之張體乾，隨繫誣坐之薛貞，獨于殺臣父者，自普天公共之忠賢、顯純外，悉從寬政。

是薛貞何不幸而殺劉鐸，諸奸何幸而殺臣父也？

伏乞皇上敕下法司，將徐大化、霍維華、楊維垣、魏廣微等按律定罪，肆市戮屍。更按籍追沒，以其全充軍餉，以其餘救株連。殺命填命，劫財還財，庶國法申而人心快。毋再以調停姑息，詘祖法于法祖之朝也。臣無任瀝血呼籲待命之至。

奉聖旨：徐大化等，朕自有處分，不必續奏，該部知道。崇禎二年二月日。

名者，造物所忌，故廉污相挫，功罪相覆，真似相疑，每俟蓋棺論定。然未有計殺之以附逆，復巧詆之以文奸，冀以莫須有之案，塗一時之耳目，不終日之謀，蔑萬古之綱常，如近日閹黨之于楊公者也。

楊公溫粹，與人無忤，超然塵埃之外，忠孝節義，根于至性，有莫知其所以然而然者。自諸生攖奇疾活于異人之手，即已透生死關矣。區區毀譽，何足更縈其懷？作令批大郤導大窾，不覺為盤錯也。入司耳目，論朝事則詆時宰，陳邊務則駁舊經，亦不以為風稜也。

光宗堯舜之主，一月賓天。先是楊公侃侃獨膺聖眷，致有耽耽側目者，及移宮定議，不過按先朝舊典，合之廷臣之公，即云過慮垂簾，亦復何功可居？惟一時意見不盡同，遂有借異見為挑激者，而後喙長三尺，倿罪倿功，楊公不任受也。

及逆閹盜神器，表裏竊弄，羽翼已成。羣小觀望，方左右投足，鼎鉉大臣各務持重，乘隙以俟。自天之隤，即命為正氣君子，亦争為和不為倡，誰當首攖其鋒者？楊公感知遇之恩，念顧命之重，憤時事之漸壞，逼迫于一念之不能已，積以歲月，合之聞見，不謀妻子，不告友生，毅然以二十四大罪入告請討。盟心自矢，庶幾仰報君父萬一。即機緣之暌合，事會之濟否，不暇轉念也。

而忌者遂乘璫怒中之，忽謂移宮之攘功為罪也，忽謂棄疆之議辟為贓也。殺案一定，殺手大滑。媚璫者，復導之以快其所恨，則又謂發奸之輕率為激也。夫鼎革之際，宮妃未有不移者也。倉皇間深念及此，即不敢言功，何至反以為罪？且未聞先帝有遺命加恩選侍也，而謬被楊公以歸過于君之名。

即欲罪楊公，奈何辱誣先帝也？且三案之翻，何居乎？安見風癲出脱之必是，而請究龐保、劉成者之必非？安見致疑于崔文昇、李可灼者之必非，而力護者之必是也？若封疆則楊熊袁王之所共任，安見此之爲疆，而彼之非疆？又安見申救彼之必不賄，而論駁乎此者之必出于賄也？借此排陷楊公，希以掩其功，敗其名，三尺童子，不可欺也。至于年來縉紳之禍，誰受之以隙？誰假之以用？誰爲入幕佐籌以張其威？而乃謂劾者激之耶？不知未劾以前如所謂二十四罪者，又誰激之也？除君側之惡，唯力是視。一擊不中，至于身受慘殺，家被顯禍，天地祖宗實憑之矣。而必欲令預算到撩虎以後，虎咆哮以噬人，俱宜一一代受其咎也；又孰如躊躕利害之間，而以蓄縮養亂者之爲無可指也。

《易》曰："過涉滅兇，无咎。"而夫子贊之曰："不可咎。"蓋凛凛有人心之防焉。如楊公，正夫子所謂過涉无咎者也。種種異議。知有逆璫，不知有天下萬世。孰知聖主當陽，此輩自呈本來面目于水落石出之後，而楊公心事且揭日月乎？嗚呼，雲翳易布，光彩不磨。楊公精神照天照地，流注人間，即盛名亦附贅矣，而疑者忌者又安用之也？

時崇禎元年秋八月吉，年弟陳以聞識[6]。

【校記】

〔1〕又見明梅之焕《梅中丞遺稿》卷六（清順治衛貞元刻本），題《忠節實錄序》，文中内容實是《忠烈實錄序》，文字署有差異。《楊大洪先生忠烈實錄》包括：梅之焕《忠節實錄》序、胡繼先序、二十四罪疏、止内批屢降、禱岳武穆文、被逮赴都揭、書獄神廟壁文、獄中血書。另外是"附"，包括：昭雪期間楊漣諸子兩次上疏、楊漣的《絶筆》《遺字》、楊之易等兩篇揭以及昭雪後的一篇奏疏。最後是"後跋"。相關文章，前面已經涉及的，今以省署形式處理。

〔2〕胡繼先，四川漢州人，萬曆三十五年進士，曾官鄒縣知縣、順天府照磨、順天府通判、南京户部主事、開封府知府，崇禎初年任德安知府。

〔3〕"及管脱罪經畧等語",底本脱"畧"字。當時閹黨誣陷楊漣等收熊廷弼賄,爲其開脱,熊曾爲遼東經畧。

〔4〕此處括弧内爲原文内容,原文此處亦省畧。

〔5〕此篇前,原有"再揭"二字,作爲標題。今爲統一格式,删去此二字。因爲篇末有"再揭"二字,不影響文意。

〔6〕陳以聞,字寄生,號石泓,麻城人。萬曆三十五年進士,曾在吴縣、無錫爲官,遷禮曹晉尚寶寺丞。以與楊漣、高攀龍友善,忤魏璫,遭削籍。崇禎年間,累官少司寇,被論歸家。著有《寄生草》。